治家格言·增广贤文·笠翁对韵

让传统经典来充当读者的精神食粮，
使读者在阅读的过程中收获的不仅仅是启发和进步，还有影响一生的宝贵财富！

蒙学经典

必读精选集【青少版】

孙朦◎主编

中国文史出版社

图书在版编目（CIP）数据

蒙学经典必读精选集：青少版：全3册 / 孙朦主编
. -- 北京：中国文史出版社，2014.11
ISBN 978-7-5034-6044-9

Ⅰ．①蒙… Ⅱ．①孙… Ⅲ．①古汉语－启蒙读物
Ⅳ．①H194.1

中国版本图书馆 CIP 数据核字（2015）第 028912 号

责任编辑：戴小璇
封面设计：孙希前

出版发行：中国文史出版社
网　　址：www.chinawenshi.net
社　　址：北京市西城区太平桥大街 23 号　邮编：100811
电　　话：010-66173572　66168268　66192736（发行部）
传　　真：010-66192703
印　　装：北京毅峰迅捷印刷有限公司
经　　销：全国新华书店
开　　本：1/16
印　　张：46.25　字数：449 千字
版　　次：2015 年 5 月北京第 1 版
印　　次：2015 年 5 月第 1 次印刷
定　　价：108.00 元（全三册）

前　言

　　《朱子家训》的作者是朱用纯，字致一，自号柏庐，江苏昆山人（今昆山市），生于明万历四十五年（1617 年）。其父朱集璜是明末的学者。朱柏庐自幼致力读书曾考取秀才志于仕途。清入关明亡遂不再求取功名，居乡教授学生并潜心程朱理学主张知行并进，一时颇负盛名。康熙曾多次征召，然均为先生所拒绝。著有《删补易经蒙引》、《四书讲义》、《劝言》、《耻耕堂诗文集》和《愧讷集》。

　　家训是中国家庭教育的一大特点，若从孔夫子庭训儿子孔鲤算起，可说是渊远而流长。北齐的颜之推作《颜氏家训》，发扬光大，集为系统，惠泽后世蔚然成风。柏庐先生采园蔬若干，就这么顺手一串，撰成《朱子家训》，给我们寻常百姓送来了一道美味可口的家常菜。

　　《朱子家训》通篇意在劝人要勤俭持家安分守己。讲中国几千年形成的道德教育思想，以名言警句的形式表达出来，可以口头传训，也可以写成对联条幅挂在大门、厅堂和居室，作为治理家庭和教育子女的座右铭，因此，很为官宦、士绅和书香门第乐道，自问世以来流传甚广，被历代士大夫尊为"治家之经"，清至民国年间一度成为童蒙必读课本之一。

　　《朱子家训》用骈体形制写就，计 516 字，很短，有韵脚，易于上口，三百多年来，流布于大江南北，上至文人雅士，下至乡村野老，差不多都能熟诵。这也是很有意味的文化现象。它是从儒家处世角度来要求家庭关系的，方方面面都涉及，点到为止，文质并美，耐人寻味。提到的许多治家准则，虽有时代烙印，至今看来，某些方面，仍体现了家庭美育的规范要求。文与质之外，它能盛传的另一个重要原因，就是常以楷书中堂的形式张于居家庭堂，既有墨香，又可作为修身齐家的座右铭，三美并具，朱子一家自然不会独享。

目 录

1. 黎明即起，洒扫庭除，要内外整洁。

【译文】

黎明的时候就要起床，要清扫院落，要内外整洁。

【注解】

这是讲到我们每天应该早起，天刚蒙蒙亮就应该起床，古人所谓的"三更灯火五更鸡，正是男儿读书时"。人能够早起，他的精神面貌就能够振奋，一日之计在于晨，黎明能够早起，他这一天也能够过得非常的充实。古人早上起来之后，洗漱完毕，就要"洒扫庭除"，庭除就是庭院，把屋里屋外都打扫得干干净净、整整洁洁，这家里有了正气。《弟子规》上讲，"房室清，墙壁净，几案洁，笔砚正"，一个人的心正，屋里屋外他的住宅的环境都会正，都会整洁。这句是格言的首句，自古以来首句都是提纲挈领，它是全文的总纲领。这句首句似乎讲的是非常平常的生活小事，怎么能够作为提纲挈领？其实我们认真看一下，这一句里面有三部分，"黎明即起"教我们早起，人能够早起，他就能够自强不息。《易经》上讲，"天行健，君子以自强不息"，君子效法天地，跟天地运作是同步的，天亮了就要早起，晚上就得休息，所谓"日出而作，日落而息"，正是在这样规律的、有序的生活当中，就能练就自己自强不息的品性。所以人生活如果有规律，他自然就能够长久，他的事业、学业都能有成。洒扫庭除，这是教我们要勤劳，勤俭持家，持家两大最重要的注意事项，一个是勤，一个是俭。勤怎么培养？打扫卫生做家务就是培养勤劳，小孩自小就应该养成勤劳，多劳务、多工作的这样一个好习惯。通过打扫卫生做事情，炼我们的一个认真负责的态度，恭敬心就在这个工作当中培养起来。

"要内外整洁"，这是我们的环境要清净，环境清净会影响我们的心灵，使我们的心灵也能够清净；反过来，我们的心清净，也会影响环境。实际上心和境是一不是二，所以这里讲的"内外整洁"，内是对心而言的，外是我们的环境，心内要整洁。怎么整洁？心里头不要有恶念，不要有烦恼，不要有妄想，你的内就整洁。内整洁了，必然感召外整洁。所以内外整洁，它的意思非常深，学者能够从这个字里行间去体会里头的道理，你会觉得这一篇格言每句话实际上都是奥义无穷。现在我们提倡和谐世界，这是外整洁，而外整洁取决于内整洁。所以我们要构建和谐社会、和谐世界，从哪做起？从我们内心做起，先要心内整洁，外面的国土、天下自然也就整洁。这是古圣先贤教学的大道，也是我们的修学总纲。《大学》通篇告诉我们，以修身为本，而修身在正其心、在诚其意、在格物致知，格物致知就是教我们内整洁，然后你就身修、家齐，国也治了，天下也太平了，这就是外整洁。

【故事链接】

陈蕃愿扫除天下

东汉时有们大臣叫陈蕃，字仲举，汝南平舆（今属河南）人，他从小就立下大志，要铲除邪恶，平治天下，有一次，他父亲的一位叫作薛勤的朋友来看望他，发现他的住房乱七八糟的，也不整理功夫一下，园子里落叶满地，也不打扫一下。薛勤就对他说："你应该勤快一些。早上早点起床，把房间收拾整洁，把园子打扫干净。这样，客人来了也好看一些。"但陈蕃听后却不以为然地说："男子汉大夫，要扫就应当扫除天下，一家一室又怎值得去打扫呢？"薛勤见陈蕃小小年纪就有这样的大志，心里既佩服，又高兴。进一步引导他说："你以天下为己任，实难能可贵。但要成就任何大事，都必须从小事做起。不积小流，无以成江海嘛。你一家一室都江堰市未能治理好，又怎能去平治天下呢？"薛勤的话句句在理，陈蕃很信服。从此以后，陈蕃完全改掉了懒散的习惯，每天早早起床，把房间收拾得整整洁洁，再把庭园打扫得干干净净，然后开始专心致志地读书。

后来，陈蕃在政治上果然有所作为。汉桓帝时，陈蕃任太尉，当时宦官专权，胡作非为，许多人是敢怒不敢言。但陈蕃却敢于进行抗争，被时人称为"不畏强御陈仲举"，受到太学生的敬重。桓帝死后，灵帝继位。陈蕃为太傅，继续对抗宦官的专权，并与窦武相谋诛杀宦官，但因计谋被泄，没有成功，反被宦官杀死。

"大丈夫处世，当扫除天下，安事一屋？"我们很多人并不缺乏鸿鹄之志，甚至每个人从小就有一个很大的理想，少有人安于现状，总是思索着，怎样能实现自己的伟大理想，但是，遗憾的是能明白自己所谓的大志到底是什么的人却不多，很多人只知道自己是个有伟大理想的人，却并不知道自己的理想到底在哪儿，自己的目标是什么，这可能是困扰很多人的问题。即使这样很多人还都自视甚高，都自我感觉良好，都对别人不以为然，总觉得自己有所谓的伟大理想远大抱负，就比别人强，总以为燕雀安知鸿鹄之志，但是，仔细想想我们真的比别人强吗？我们哪方面比别人强？一个连自己的目标都不清楚的人，又怎么能自慰到只要有"理想"就比别人强呢？纵然有伟大的理想，有明确的目标，但处处不如人，试问又有什么可以保证我们达到自己的理想呢？此种人，我们周围应该是比比皆是。说得白一点，这种心态是酸腐，浮躁，这是传统的阿Q精神，这是如古时候多喝了一点墨水就以为自己是社会栋梁，就趾高气扬的秀才般的迂腐，毫无一技之长，却喜欢品头论足，自己仅是一只乌鸦，却看不起黑猪。这种浮躁是很多人的通病，也是阻挠人看清真相的屏障，那些有"鸿鹄之志的人"少了脚踏实地的作风，却多了满腹牢骚，不满于成规定制，不满于别人的所为，不屑于别人的见解，总以为自己英雄无用武之地。努力追求，却不知道自己的追求在那儿，人们追求的理想过于虚拟，过于空洞，结果望洋兴叹，空老白头。

许多人喜欢寻找"一扫天下"的捷径，寻寻觅觅，喜欢用"路曼曼其修远兮，吾将上下而求索"来标榜自己的追求，结果往往却是按图索骥，一无所得。

难道就真的没有捷径吗？

有。"一屋不扫何以扫天下""千里之行，始于足下"我想这就是我们达到鸿鹄之志的"捷径"，是我们要铭刻于心，要化到骨子里，渗透到我们的意念里的捷径。遍观那些成功人士，我们真的很惭愧。成功的人少，是因为不屈不挠的少，是因为肯吃苦耐劳的少，是因为忍受得住枯燥寂寞的少，是因为踏踏实实走路的少，一步一个脚印，说着容易做着难。我们天天看那些成功之术，成功人士的经验却很少有能成功的。吃不得苦，受不得累，好高骛远，不肯脚踏实地地干，造成了我们追求成功之路变成了比着葫芦画成瓢。想一步登天的人太多，喜欢脚踏实地，按部就班的少，所以我们周围就多了一些悔恨遗憾，失魂落魄的人，少了一些满面春风，得意扬扬的人。成功的路没有捷径，只能是认真，客观的分析好出路，一步一个脚印地走下去，终点就是我们的理想。

所以想"扫天下的人"不要不屑于"扫一屋"，想行千里的人，也不要看不起自己脚下的一小步，让我们少一分抱怨，多一分行动，少一点一步登天的想法，多一点脚踏实地的念头。人的命运可以掌握在自己手里，就看自己的路怎么走了，成功的路千万条，却离不了一条"行动"，从一丝一毫做起。

2. 既昏便息，关锁门户，必亲自检点。

【译文】

到了太阳落山的时候就休息，把门窗都关好，一定要亲自检查一下。

【注解】

既是已经，已经到了晚上，我们就应该休息，休息之前要关锁好门户，而且必须亲自检查。这是什么？谨防盗贼。同时也说明我们的生活很有规律，到晚上，天已经休息了，我们也要休息，与天同步，生活是清净有规律的，人就能健康。而这里面有一个深层的意思，是告诉我们什么？"既昏便息"，是教我们知止，我们的心也要这时候收回来，不能够老散在外面，人要常常懂得收心。孟子所谓"学问之道无他，求其放心而已"，把放出去的心收回来，这是"既昏便息"的一个深意。"关锁门户"谨防盗贼，更重要的是对我们的心中要谨防恶念，恶念不就是盗贼吗？所以古人讲的防心离过，我们的正气的门常常要关好，不要露出门缝让那些恶念、烦恼乘虚而入，这是关锁好门户的意思。要"亲自检点"，这是我们每天做反省的功夫，曾子所谓"吾日三省吾身"，每天都检点自己，到底这一天有什么过错？有过必须把它改过来，改了就是进步。所谓《大学》里讲的"苟日新，日日新，又日新"，如果说一天没有过失可改，那这一天就没有进步，这一天也就荒废了。所以学问要做到真实处，没有别的，就是每天检点改过而已。

【故事链接】

空城计

空城计，这是一种心理战。在己方无力守城的情况下，故意向敌人暴露我城内空虚，就是所谓"虚者虚之"。敌方产生怀疑，更会犹豫不前，就是所谓"疑中生疑"。敌人怕城内有埋伏，怕陷进埋伏圈内。但这是悬而又悬的"险策"。使用此计的关键，是要清楚地了解并掌握敌方将帅的心理状况和性格特征。诸葛亮使用空城计解围，就是他充分地了解司马懿谨慎多疑的性格特点才敢出此险策。诸葛亮的空城计名闻天下。此事虽是小说家演义，其实，早在春秋时期，真的出现过用空城计的出色战例。

故事一：

春秋时期，楚国的令尹公子元，在他哥哥楚文王死了之后，非常想占有漂亮的嫂子文夫人。他用各种方法去讨好，文夫人却无动于衷。于是他想建立功业，显显自己的能耐，以此讨得文夫人的欢心。

公元前666年，公子元亲率兵车六百乘，浩浩荡荡，攻打郑国。楚国大军一路连下几城，直逼郑国国都。郑国国力较弱，都城内更是兵力空虚，无法抵挡楚军的进犯。

郑国危在旦夕，群臣慌乱，有的主张纳款请和，有的主张拼一死战，有的主张固守待援。这几种主张都难解国之危。上卿叔詹说："请和与决战都非上策。固守待援，倒是可取的方案。郑国和齐国订有盟约，而今有难，齐国会出兵相助。只是空谈固守，恐怕也难守住。公子元伐郑，实际上是想邀功图名讨好文夫人。他一定急于求成，又特别害怕失败。我有一计，可退楚军。"

郑国按叔詹的计策，在城内作了安排。命令士兵全部埋伏起来，不让敌人看见一兵一卒。令店铺照常开门，百姓往来如常，不准露一丝慌乱之色。大开城门，放下吊桥，摆出完全不设防的样子。

楚军先锋到达郑国都城城下，见此情景，心里起了怀疑，莫非城中有了埋伏，诱我中计？不敢妄动，等待公子元。公子元赶到城下，也觉得好生奇怪。他率众将到城外高地眺望，见城中确实空虚，但又隐隐约约看到了郑国的旌旗甲士。公子元认为其中有诈，不可贸然进攻，先进城探听虚实，于是按兵不动。

这时，齐国接到郑国的求援信，已联合鲁、宋两国发兵救郑。公子元闻报，知道三国兵到，楚军定不能胜。好在也打了几个胜仗，还是赶快撤退为妙。他害怕撤退时郑国军队会出城追击，于是下令全军连夜撤走，人衔枚，马裹蹄，不出一点声响。所有营寨都不拆走，旌旗照旧飘扬。

第二天清晨，叔詹登城一望，说道："楚军已经撤走。"众人见敌营旌旗招展，不信已经撤军。叔詹说："如果营中有人，怎会有那样多的飞鸟盘旋上下呢？他也用空城计欺骗了我，急忙撤兵了。"这就是中国历史上第一个使用空城计的战例。

故事二：

三国时期，诸葛亮因错用马谡而失掉战略要地——街亭，魏将司马懿乘势引大军 15 万向诸葛亮所在的西城蜂拥而来。当时，诸葛亮身边没有大将，只有一班文官，所带领的五千军队，也有一半运粮草去了，只剩 2500 名士兵在城里。众人听到司马懿带兵前来的消息都大惊失色。诸葛亮登城楼观望后，对众人说："大家不要惊慌，我略用计策，便可教司马懿退兵。"

于是，诸葛亮传令，把所有的旌旗都藏起来，士兵原地不动，如果有私自外出以及大声喧哗的，立即斩首。又叫士兵把四个城门打开，每个城门之上派 20 名士兵扮成百姓模样，洒水扫街。诸葛亮自己披上鹤氅，戴上高高的纶巾，领着两个小书童，带上一张琴，到城上望敌楼前凭栏坐下，燃起香，然后慢慢弹起琴来。

司马懿的先头部队到达城下，见了这种气势，都不敢轻易入城，便急忙返回报告司马懿。司马懿听后，笑着说："这怎么可能呢？"于是便令三军停下，自己飞马前去观看。离城不远，他果然看见诸葛亮端坐在城楼上，笑容可掬，正在焚香弹琴。左面一个书童，手捧宝剑；右面也有一个书童，手里拿着拂尘。城门里外，20 多个百姓模样的人在低头洒扫，旁若无人。司马懿看后，疑惑不已，便来到中军，今后军充作前军，前军作后军撤退。他的二子司马昭说："莫非是诸葛亮家中无兵，所以故意弄出这个样子来？父亲您为什么要退兵呢？"司马懿说："诸葛亮一生谨慎，不曾冒险。现在城门大开，里面必有埋伏，我军如果进去，正好中了他们的计。还是快快撤退吧！"于是各路兵马都退了回去。

空城计是《三国演义》里特别精彩的一个计谋，历来为人们津津乐道。空城计是一种虚而虚之的心理战术，在战争的紧急关头和力量虚弱的情况下运用这种战术，故意以空虚无兵之势示敌，就可能使敌人疑中生疑，怕中埋伏，从而达到排危解难的目的。这个智谋故事见于《三国演义》第九十五回马谡拒谏失街亭武侯弹琴退仲达。

诸葛亮冒死做出假象，最后成功了。但只出现于小说里和偶然的情况。

故事三：

西汉时期，北方匈奴势力逐渐强大，不断兴兵进犯中原。飞将军李广任

治家格言

上郡太守，抵挡匈奴南进。

一天，皇帝派到上郡的宦官带人外出打猎，遇到三个匈奴兵的袭击，宦官受伤逃回。李广大怒，亲自率领一百名骑兵前去追击。一直追了几十里地，终于追上，杀了两名，活捉一名，正准备回营时，忽然发现有数千名匈奴骑兵也向这里开来。匈奴队伍也发现了李广，但看见李广只有百名骑兵，以为是为大部队诱敌的前锋，不敢贸然攻击，急忙上山摆开阵势，观察动静。

李广的骑兵非常恐慌。李广沉着地稳住队伍："我们只有百余骑，离我们的大营有几十里远。如果我们逃跑，匈奴肯定会追杀我们。如果我们按兵不动，敌人肯定会疑心我们有大部队行动，他们绝不敢轻易进攻的。现在，我们继续前进。"到了离敌阵仅二里地光景的地方，李广下令："全体下马休息。"李广的士兵卸下马鞍，悠闲地躺在草地上休息，看着战马在一旁津津有味地吃草。

匈奴部将感到十分奇怪，派了一名军官出阵观察形势。李广立即上马，冲杀过去，一箭射死了那个军官。然后又回到原地，继续休息。匈奴部将见此情形，更加恐慌，料定李广胸有成竹，附近定有伏兵。天黑以后，李广的人马仍无动静。匈奴部将怕遭到大部队的突袭，慌慌张张引兵逃跑了。李广的百余骑安全返回大营。

故事四：

北宋真宗年间，马知节做延州的知州。有一年元宵节，派出去侦察的士卒回来禀报说：边寇的大队人马正向延州开来。马知节心想：城内军民正准备过节，如果听到这个消息，一定会混乱不堪。再就是自己的兵马太少，不足以抗敌，怎么办呢？想着想着，他忽然眼前一亮，立即有了应对的办法。

马知节首先命令大开城门，然后张灯结彩，大摆宴席，全军上下与民同乐，共度佳节。将士们看到知州如此镇定自若，知道定有破敌良策，军心稳定，行动有序。城中百姓见如此情形，也都安心过节。

边寇来到城下，见城门大开，城中百姓正欢天喜地过佳节，猜疑城内有重兵埋伏，认为此次进犯不是时候，便主动地撤走了。

故事五：

明孝宗时，孔镛任田州知府。上任后的第三天，州内的军队到别处执行任务去了，只留下一座空城。当地的峒族山民得到这个消息，马上聚集在一起拿着刀枪包围了田州城。

众人惊慌失措地关起城门，下决心死守几天。可孔镛却说："把城门打开！"有人劝他说："大人，峒族山民是十足的野人，他们不知道什么空城计，你只要一开城门，他们就会杀进来。"孔镛不慌不忙地说："把门打开，我要出去和他们谈，我要以皇上的恩威与孔孟之道来劝导他们。"众人一听全都哭笑不得，心想这个迂腐的知府老爷怕是死定了。

城门打开了，孔镛带着几个随从骑马走了出来。峒族首领喝道："你是什么人，还不下马受死！"孔镛镇定中带着威严："我是新来的知府，我正要到你们的山寨视察，还不前头带路。"

以前的知府不关心峒族人的生活疾苦，从来没去过峒族山寨。峒族首领听说孔镛要去山寨，便欣然应允了。

来到山寨，孔镛一屁股坐在中间的座位上，厉声喝道："无礼之辈，还不跪下！"首领不服气地说："区区知府，竟敢向我们发号施令！"孔镛说："我是你们的父母官孔知府，有责任管教你们。"

有人问："您可是孔圣人的后代？"孔镛回答："敝人正是孔圣人的子孙。"众人一听，对孔镛肃然起敬。孔镛接着说："我知道你们本是良民，因饥饿所致入城抢夺。现在我来做你们的父母官，把粮食和布匹分发给你们。如果你们不听我的话，一意孤行，我就派官兵兴师问罪了！"

峒族山民聚众闹事目的就是为了抢粮食和布匹，听说知府大人可以无偿供给他们，纷纷表示不再造反，诚心悔过。峒族首领安排孔镛在山寨住了一个晚上。第二天，孔镛带领他们来到田州城下，叫城上的士兵丢下粮食和布匹。峒族山民扛着粮帛，兴高采烈地返回山寨。

故事六：

第二次世界大战中，德国法西斯军队入侵前南斯拉夫。铁托领导的前南斯拉夫共产党组织了解放军和游击队。前南斯拉夫军队充分发挥灵活、快速、机动的特点，给德军以重创，使德军疲于奔命。

1942年4月，德国集合了几个德国师、几个意大利师和几个前南傀儡军队师，全力进攻前南斯拉夫解放军最高司令部所在地——东波斯尼亚解放区。

德军包围了东波斯尼亚解放区，企图摧毁前南斯拉夫解放军最高司令部。

铁托制定了巧妙的战略方针，他没有倾所有兵力保卫和死守东波斯尼亚解放区，而是将这个解放区让出来。撤出来的解放军主力行至中、西波斯尼亚一带，突然掉头反攻。刚刚进入东波斯尼亚的德军措手不及，被打得狼狈不堪。解放军还游动到萨拉热窝和杜勃罗夫尼克之间，毁坏70多公里的铁路，切断了进攻之敌与后续部队的联系。最后，德军妄图攻占东波斯尼亚的计划落空了。

铁托主动让出东波斯尼亚解放区，唱空城计，目的是诱敌深入，找机会袭击敌人，一点点地蚕食敌人。试想，如果不是采取这种灵活战术，而是一味地死守，不仅伤亡惨重，而且未必能守住东波斯尼亚解放区。

开门揖盗

东汉末年，江东地区是孙策的势力范围。吴郡太守许贡见孙策在江东的势力不断扩大，便写信给汉献帝，请求将孙策调走，以免后患。不料送信人被孙策的士兵抓获，孙策得知许贡有叛逆之心，一怒之下便绞死了许贡。

许贡有三个门客，决心为许贡报仇。有一天，这三个门客趁孙策在丹徒西山行猎的时候，埋伏在隐蔽的地方突然向孙策发动了攻击。孙策躲闪不及，脸上中了一箭，伤势很重。回府没几天，孙策便箭伤发作，医治无效而死。孙策临死前将代表权力的印绶留给了弟弟孙权，要他励精图治，把江东治理好。

孙策死后，孙权十分伤心，一直沉浸在兄长去世的悲痛之中。孙权手下有一个谋士张昭，劝他说："现今奸邪作乱，豺狼当道，如果只顾悲伤，而不去考虑天下大事，这就好像开着门请强盗进来一样（原文是："开门揖盗"），岂不自招祸患？希望主公以国事为重，这样才能不辜负您兄长的嘱托啊！"

听了张昭的劝说，孙权止住悲伤，很快便振作起来。张昭请孙权换上衣服，扶他上马视察军队。东吴从此有了新主，人心逐渐稳定下来。过了几年，吴与蜀、魏形成三国鼎立的局面，成为一方霸主。

后来人们就用"开门揖盗"来表示开门请强盗进来，比喻引进坏人，招来祸患。揖，拱手作礼。

3. 一粥一饭，当思来之不易；半丝半缕，恒念物力维艰。

【译文】

一碗粥一碗饭，应当考虑它们是来之不易的。（衣服、布料上的）半丝，半缕线，一定要想他们来的是很困难的。

【注解】

一碗粥、一顿饭，也应当想到它来得不容易；即使是半根丝、半根线，也要想到劳作的艰辛。"历览前贤国与家，成由勤俭败由奢。"这是唐代诗人李商隐在总结唐朝由盛世走向衰败的历史教训时写下的警世名言。唐玄宗李隆基登位之初，他胸怀大志，励精图治，积极推行"开元之治"，开创了中国封建历史上的鼎盛时期。然而，也是他，在成功面前，没有汲取隋朝灭亡的历史教训，贪图安逸，不思进取，终日沉溺于酒色。"一骑红尘妃子笑，无人知是荔枝来"，就是当时唐朝宫廷腐朽糜烂生活的真实写照。也正是这些原因，直接导致了"安史之乱"，使唐朝从"开元盛世"逐渐走向衰亡。一个没有勤俭节约精神的国家难以繁荣昌盛、长治久安，同样，一个没有勤俭节约精神的人难成大业。

在我们的校园中，一幕幕这样的画面在上演：教学楼雪白的墙壁上印着的脚印，教室里白天亮着的电灯，课桌上时常出现的涂鸦，餐厅里到处洒落的饭粒，宿舍里撑开了肚子的门⋯⋯

"自古英雄多磨难，从来纨绔少伟男"。面对青少年成长中的种种问题，我们必须进行勤俭节约的教育，树立勤俭节约的意识。教育学生勿以善小而不为，勿以恶小而为之，要养成节约每一粒米，吃饭时不乱倒饭菜；节约每一度电，人走灯关；节约每一滴水，洗手后要关紧水龙头；节约每一张纸，不要乱扔白纸，用过的纸反面可以写草稿；爱惜每一本书，不乱撕书本；爱

11

护每一桌椅、门窗、教学仪器等良好的行为习惯，树立正确的价值观和消费观。

让我们从衣食知足进而精神知足，宁做衣食的匮乏者，不做精神的满足者。处处以身作则，以此谨行，真正做到勤俭节约。

勤俭节约是中国人的一种传统美德，是中华民族的优良传统。小到一个人、一个家庭，大到一个国家、整个人类，要想生存，要想发展，都离不开勤俭节约这四个字。可以说修身、齐家、治国都离不开勤俭节约。

【故事链接】

古今名人勤俭节约的故事

故事一：季文子

季文子出身于三世为相的家庭，是春秋时代鲁国的贵族、著名的外交家，为官 30 多年。他一生俭朴，以节俭为立身的根本，并且要求家人也过俭朴的生活。他穿衣只求朴素整洁，除了朝服以外没有几件像样的衣服，每次外出，所乘坐的车马也极其简单。见他如此节俭，有个叫仲孙它的人就劝季文子说："你身为上卿，德高望重，但听说你在家里不准妻妾穿丝绸衣服，也不用粮食喂马。你自己也不注重容貌服饰，这样不是显得太寒酸，让别国的人笑话您吗？这样做也有损于我们国家的体面，人家会说鲁国的上卿过的是一种什么样的日子啊。您为什么不改变一下这种生活方式呢？这于己于国都有好处，何乐而不为呢？"

季文子听后淡然一笑，对那人严肃地说："我也希望把家里布置得豪华典雅，但是看看我们国家的百姓，还有许多人吃着粗糙得难以下咽的食物，穿着破旧不堪的衣服，还有人正在受冻挨饿；想到这些，我怎能忍心去为自己添置家产呢？如果平民百姓都粗茶敝衣，而我则装扮妻妾，精养粮马，这哪里还有为官的良心！况且，我听说一个国家的国强与光荣，只能通过臣民的高洁品行表现出来，并不是以他们拥有美艳的妻妾和良骥骏马来评定的。"

既如此，我又怎能接受你的建议呢？这一番话，说得仲孙它满脸羞愧之色，同时也使得他内心对季文子更加敬重。

此后，他也效仿季文子，十分注重生活的简朴，妻妾只穿用普通布做成的衣服，家里的马匹也只是用谷糠、杂草来喂养。

故事二：苏轼之房梁挂钱

唐宋八大家之一的苏轼21岁中进士，前后共做了40年的官，做官期间他总是注意节俭，常常精打细算过日子。公元1080年，苏轼被降职贬官来到黄州，由于薪俸减少了许多，他穷得过不了日子，后来在朋友的帮助下，弄到一块地，便自己耕种起来。为了不乱花一文钱，他还实行计划开支：先把所有的钱计算出来，然后平均分成12份，每月用一份；每份中又平均分成30小份，每天只用一小份。钱全部分好后，按份挂在房梁上，每天清晨取下一包，作为全天的生活开支。拿到一小份钱后，他还要仔细权衡，能不买的东西坚决不买，只准剩余，不准超支。积攒下来的钱，苏轼把它们存在一个竹筒里，以备意外之需。

故事三：赵匡胤

"天上神仙府，人间帝王家"。作为一国之主的皇帝应该说是人间最富有的，金银财宝任其享用。可是宋朝开国皇帝宋太祖赵匡胤却不但生活俭朴，反对奢侈浪费，还严格教育子女生活上也讲究俭朴。

有一次，永庆公主穿着一件价值连城的新外衣晋见父亲，宋太祖像打量一个陌生人似的看着衣着华丽的女儿，表情很不满意。他说："你把衣服脱下，以后不许再穿它！"

公主很不理解地反驳说，宫里珍宝无数，自己身为公主，一件衣服只用去微不足道的一点点，有什么要紧？宋太祖严厉地说："正因为你是公主，所以不能奢侈享受。公主穿了这么华丽的衣服到处炫耀，只会引起别人纷纷效仿，这样一来，全国要浪费多少钱财，你怎么可以带头铺张浪费呢？"

听了父亲的批评，公主无可奈何地脱下华衣，但心里十分不甘，她想，你既然是皇上，又是我的父亲，对我要求那么严格，对自己又怎么要求呢？于是她试探性地建议父亲用黄金装饰一下那顶旧御轿。

宋太祖心平气和地说："我是一国之主，要把整个皇宫都用黄金装饰起来也能办得到，何况是一项旧轿子！可是古人说得好：'让一人治理天下，不能让天下供奉一人。'我应该身体力行地这样做。如果我带头奢侈浪费，必然也会有很多人效仿，这样，天下穷苦老百姓就会怨恨我们，天下的事就难办了！"公主磕头谢罪。

故事四：周恩来

周恩来总理勤俭节约的故事，妇孺皆知，成为美谈。他一贯倡导勤俭建国、艰苦奋斗，要求"一切招待必须是国货必须节约朴素，切忌铺张华丽、有失革命精神和艰苦奋斗的作风"。朱光亚同志曾回忆过这样一则故事：1961年12月4日召集专门委员会对当时第二机械工业部的一个规划进行审议，会议从上午开到中午还没结束，周总理留大家吃午饭。餐桌上是一大盆肉丸熬白菜、豆腐，四周摆几小碟咸菜和烧饼。周总理同大家同桌就餐，吃同样的饭菜。这个故事至今听来让人觉得很有教育意义。在周总理身上，这样的例子也数不胜数。1962年夏，周总理到辽宁省视察工作，刚一住下，他就从口袋里掏出一张纸，交给负责接待的同志，说："上面写的东西都不能做。"原来，这张单子开着20多种禁吃的菜名，鸡鸭鱼肉之类都包括在内。正是这一桩桩、一件件小事，铸就了他们伟大的人格魅力，使之成为中华民族传统美德和我党我军光荣传统的化身！

故事五：毛泽东

毛泽东要求别人的自己首先做到。他一生粗茶淡饭，睡硬板床，穿粗布衣，生活极为简朴，一件睡衣竟然补了73次、穿了20年。经济困难时期，他自己主动减薪、降低生活标准，不吃鱼肉、水果。20世纪60年代，有一次他召开会议到中午还没有结束，他留大家吃午饭，餐桌上也是一大盆肉丸熬白菜、几小碟咸菜，主食是烧饼。伟人在勤俭节约方面为国人做出了表率。

故事六：邓小平

邓小平厉行节俭伴随他三落三起的一生，有许多感人的细节，魅力无穷，再三回味。"一粥一饭，当思来之不易；半丝半缕，恒念物力维艰"。现在一些先阔起来的人已把节俭看作小气抠门，把浪费当成促进消费。但是这些人完全忘记了我们资源匮乏的国情。我国耕地、淡水、森林、石油和天然气等重要资源的人均占有量，分别只有世界平均水平的1/3、1/4、1/5、1/10

和1/22。在全国六百多个城市中，已有四百多个供水不足。"天育物有时，地生财有限，而人之欲无极。以有时有限奉无极之欲，而法制不生其间，则必物暴殄而财乏用矣。"这是唐朝诗人白居易的资源危机观。厉行节俭，是应对资源短缺的最重要的选择。今天，深感水荒、电荒、煤荒、油荒切肤之痛的我们，应比白居易更加具有节俭的紧迫感，深深感到领袖们厉行节俭的细节魅力的永存。

故事七：雷锋的节约精神

共产主义战士雷锋在生活中处处注意节约，他参军后，每月领到的津贴费，除了交团费，买书等必需的生活日用品外，其他的全部存入了储蓄所。他的袜子总是补了穿，穿了又补。变得面目全非了还舍不得买双新的。搪瓷脸盆和洗口杯有许多疤子，还不愿意丢掉另买。他的内衣也补了许多补丁。但部队发夏装时，按规定每人可领两套单军装，两件衬衣、两双鞋，而雷锋却只领一份，说是"够穿了"。

故事八：英国女王伊丽莎白二世

英国女王伊丽莎白二世经常说的一句英国谚语是"节约便士，英镑自来"，每天深夜她都亲自熄灭白金汉宫小厅堂和走廊的灯，她坚持皇家用的牙膏要挤到一点不剩。号称"车到山前必有路，有路必有丰田车"的日本丰田公司，在成本管理上从一点一滴做起，劳保手套破了要一只一只的换，办公纸用了正面还要用反面，厕所的水箱里放一块砖用来节水。一个贵为一国之尊、一个是世界著名的跨国公司，节约意识竟如此强烈，令人赞叹。

故事九：勤俭节约的民间故事

有这么一个民间故事：从前，在中原的伏牛山下，住着一个叫吴成的农民，他一生勤俭持家，日子过得无忧无虑，十分美满。相传他临终前，曾把一块写有"勤俭"两字的横匾交给两个儿子，告诫他们说："你们要想一辈子不受饥挨饿，就一定要照这两个字去做。"后来，兄弟俩分家时，将匾一锯两半，老大分得了一个"勤"字，老二分得一个"俭"字。老大把"勤"字恭恭敬敬高悬家中，每天"日出而作，日入而息"，年年五谷丰登。然而他的妻子却过日子大手大脚，孩子们常常将白白的馍馍吃了两口就扔掉，久而久之，家里就没有一点余粮。老二自从分得半块匾后，也把"俭"字当作"神谕"供放中堂，却把"勤"字忘到九霄云外。他疏于农事，又不肯精耕细作，每年所收获的粮食就不多。尽管一家几口节衣缩食、省吃俭用，毕竟也是难以持久。这一年遇上大旱，老大、老二家中都早已是空空如也。他俩情急之下扯下字匾，将"勤""俭"二字踩碎在地。这时候，突然有纸条从窗外飞进屋内，兄弟俩连忙拾起一看，上面写道："只勤不俭，好比端个没底的碗，总也盛不满！""只俭不勤，坐吃山空，一定要受穷挨饿！"兄弟俩恍然大悟，"勤""俭"两字原来不能分家，相辅相成，缺一不可。吸取教训以后，他俩将"勤俭持家"四个字贴在自家门上，提醒自己，告诫妻室儿女，身体力行，此后日子过得一天比一天好。

故事十：卖狗嫁女

东晋有个大官叫吴隐之，他幼年丧父，跟母亲艰难度日，养成了勤俭朴素的习惯。做官后，他依然厌恶奢华，不肯搬进朝廷给他准备的官府，多年来全家只住在几间茅草房里。后来，他的女儿出嫁，人们想他一定会好好操办一下，谁知大喜这天，吴家仍然冷冷清清。谢石将军的管家前来贺喜，看到一个仆人牵着一条狗走出来。管家问道："你家小姐今天出嫁，怎么一点筹办的样子都没有？"仆人皱着眉说："别提了，我家主人太过分节俭了，小姐今天出嫁，主人昨天晚上才吩咐准备。我原以为这回主人该破费一下了，谁知主人竟叫我今天早晨到集市上去把这条狗卖掉，用卖狗的钱再去置办东西。你说，一条狗能卖多少钱，我看平民百姓嫁女儿也比我家主人气派啊！"管家感叹道："人人都说吴大人是少有的清官，看来真是名不虚传。"

故事十一：鲁迅珍惜时间的故事

鲁迅的成功，有一个重要的秘诀，就是珍惜时间。鲁迅十二岁在绍兴城读私塾的时候，父亲正患着重病，两个弟弟年纪尚幼，鲁迅不仅经常上当铺，跑药店，还得帮助母亲做家务；为免影响学业，他必须作好精确的时间安排。

此后，鲁迅几乎每天都在挤时间。他说过："时间，就像海绵里的水，只要你挤，总是有的。"鲁迅读书的兴趣十分广泛，又喜欢写作，他对于民间艺术，特别是传说、绘画，也深切爱好；正因为他广泛涉猎，多方面学习，所以时间对他来说，实在非常重要。他一生多病，工作条件和生活环境都不好，但他每天都要工作到深夜才肯罢休。

在鲁迅的眼中，时间就如同生命。"美国人说，时间就是金钱。但我想：时间就是性命。倘若无端的空耗别人的时间，其实是无异于谋财害命的。"因此，鲁迅最讨厌那些"成天东家跑跑，西家坐坐，说长道短"的人，在他忙于工作的时候，如果有人来找他聊天或闲扯，即使是很要好的朋友，他也会毫不客气地对人家说："唉，你又来了，就没有别的事好做吗？"

故事十二：聚萤读书

车胤，生于晋朝，本是富家子弟，后来家道中落，变得一贫如洗。可是，他在逆境中却能自强不息。

车胤年轻时就很懂事，也能吃苦耐劳。他因为白天要帮家人干活，就想利用漫漫长夜多读些书，好好充实自己；然而，他的家境清贫，根本没有闲钱买油点灯，有什么办法可以突破客观条件的限制呢？最初，他只得在夜间背诵书本内容，直到一个夏天的晚上，他看见几只萤火虫在飞舞，点点荧光在黑夜中闪动。于是，他想出了一个好法子：他捉来许多萤火虫，把它们放在一个用白夏布缝制的小袋子里，因为白夏布很薄，可以透出萤火虫的光，他把这个布袋子吊起来，就成了一盏"照明灯"。

车胤不断苦读，终于成为著名的学者，后来还成了一名深得人心的官员；那时候，每逢举行什么集会或庆祝活动，如果车胤没有到场，大家就觉得扫兴。

故事十三：爱迪生珍惜时间

爱迪生一生只上过三个月的小学，他的学问是靠母亲的教导和自修得来的。他的成功，应该归功于母亲自小对他的谅解与耐心的教导，才使原来被人认为是低能儿的爱迪生，长大后成为举世闻名的"发明大王"。

爱迪生从小就对很多事物感到好奇，而且喜欢亲自去试验一下，直到明白了其中的道理为止。长大以后，他就根据自己这方面的兴趣，一心一意做研究和发明的工作。他在新泽西州建立了一个实验室，一生共发明了电灯、电报机、留声机、电影机、磁力析矿机、压碎机等等总计两千余种东西。爱迪生的强烈研究精神，使他对改进人类的生活方式，做出了重大的贡献。

"浪费，最大的浪费莫过于浪费时间了。"爱迪生常对助手说。"人生太短暂了，要多想办法，用极少的时间办更多的事情。"

一天，爱迪生在实验室里工作，他递给助手一个没上灯口的空玻璃灯泡，说："你量量灯泡的容量。"他又低头工作了。过了好半天，他问："容量多少？"他没听见回答，转头看见助手拿着软尺在测量灯泡的周长、斜度，并拿了测得的数字伏在桌上计算。他说："时间，时间，怎么费那么多的时间呢？"爱迪生走过来，拿起那个空灯泡，向里面斟满了水，交给助手，说："里面的水倒在量杯里，马上告诉我它的容量。"助手立刻读出了数字。爱迪生说："这是多么容易的测量方法啊，它又准确，又节省时间，你怎么想不到呢？还去算，那岂不是白白地浪费时间吗？"助手的脸红了。

爱迪生喃喃地说："人生太短暂了，太短暂了，要节省时间，多做事情啊！"

故事十四：耀邦同志爱惜粮食

1955 年 5 月，耀邦同志来河南检查共青团的工作。一天上午，他听完团省委负责同志汇报以后，和大家一起在团省委食堂吃饭。和许多团干部一样，吃的是中灶，午餐多是两荤两素加一碗清汤。

我们耀邦同志吃完饭离开餐桌，正从食堂往外走，六十多岁的老炊事员郑协志发现餐桌上有一块核桃大小的馒头块，便大声吆喝起来："这是谁剩下的馒头？咋这样不爱惜粮食！"

我们一时众人停步，感到愕然。耀邦同志听到吆喝后转身回来，向郑师傅点头致意，带着歉意说："我的饭量小，吃不下，不该扔下的。"说着拿起剩馒头吃了，并对大家说："郑师傅有阶级觉悟，他这种勤俭节约的精神，值得我们大家学习！"

4. 宜未雨而绸缪，毋临渴而掘井。

【译文】

最好未雨绸缪，不要到了渴了才想起来掘井。

【注解】

"人无远虑，必有近忧。"孔子的这句话，充满了圣贤的智慧，它告诫我们要未雨绸缪，不要老看眼前的事物，而忘却了人之所以积极奋斗的远景期待。

人在生活中首先要谋求生存，不会生活的就不会发展，也就不会实现自己的人生目标。所以，不管你的长远理想多么的宏伟，如果你不谋求眼前的利益，那么一切都是空谈。相反，如果一个人只顾着眼前的利益而没有长远目标，那么他也不会有多大的前途。他就像一只只知道忙忙碌碌的蜜蜂，一年到头，东奔西走，不知生活的快乐，也不知道成功的喜悦，这样的人是最苦命的。

古往今来，能够真正做到这句话的精髓的必是大贤大贵。战国时期的管仲便是这样一个人。

战国时期，召忽、管仲与鲍叔牙很要好，决心在事业上互相合作，他们曾经合伙做过生意，但他们更想合作治理国家。当时的齐王有两个儿子，一个叫纠，一个叫小白，召忽认为公子纠是长子，一定继承王位，因此对管仲和鲍叔牙说："对齐国我们就像大鼎的三条腿，缺一不可。既然公子小白不能继承王位，那我们三人一同辅佐公子纠吧。"管仲说："不行啊，这样等于吊在一棵树上。万一公子纠没有继位，我们三个不是都完了吗？齐国的百姓都不喜欢公子纠和他的母亲。公子小白自幼丧母，人们必定可怜他。究竟谁继承王位还很难说，不如由一个人辅佐公子小白，将来统治齐国的肯定是这两个人中的一个，这样，不管哪个当了齐王，我们当中都有功臣，可以相互照顾，进退有道路。"于是他们决定由管仲和召忽辅佐公子纠，鲍叔牙辅佐公子小白。后来，管仲射杀小白，鲍叔牙叫小白装死。管仲以为小白已死，从容的陪公子纠回国继位，不料公子小白已经先回国当了国王，鲍叔牙成了功臣，管仲和召忽成了罪人。正是因为管仲先想到了退路，所以，鲍叔牙在齐桓公面前游说管仲的能力，最后齐桓公不但没有杀管仲，反而拜他为相。

在现实生活中，努力培养自己的忧患意识，提高自己对事物发展的把握能力，是很有必要的。因为生活每天都在进行，我们身处的环境也在发生着日新月异的变化，我们也应该积极地面对这种变化，开拓思路，避开隐藏于暗中的危机，以获得更大成功。

北宋的张咏任崇阳县知县的时候，当地的居民都以种植茶树为生。张咏知道后说："种植茶叶的利润丰厚，官府将来一定会对茶叶进行垄断，我们还是尽早改种其他植物为好。"然后他下令全县拔除茶树而改为种桑养蚕，这一举动使得百姓们怨声载道。后来国家果然对茶叶进行了垄断，其他县的农民全都丢了饭碗，而崇阳县种桑养蚕的大环境已经形成，每年出产的丝绸有几百万匹之多。当地的居民们感激张咏给他们带来的福利，修建了，祠堂来纪念他。

宋仁宗晚年精神错乱，时有狂癫之状，宫廷内外，人心惶惶；京城开封，气氛紧张。一代名臣文彦博和另一个人品不怎样的刘沆同为宰相。这一天，文彦博等人留宿宫中，以便处理紧急事务，应付非常之变。一天深夜，开封府的知府王素急慌慌地叩打宫门，要求面见执政大臣，说是有要事禀报。文彦博拒绝了："这是什么时候，还敢深夜开宫门？"第二天一大早，王素又来了，报告说昨天夜里有一名禁卒告发都虞侯（禁军头目）要谋反。有的大臣主张立即将这名都虞侯抓来审问，文彦博不同意，他说："这样一来，势必扩大事态，闹得人人惊惶不安。"他召来了禁军总指挥许怀德问："这位都虞侯是个什么样的人？"

许怀德说："这个人是禁军中最为忠诚老实的一个人。"

文彦博问："你敢打保票吗？"

"敢。"

文彦博说："一定是这个禁卒同都虞侯有旧仇，所以趁机诬告他，应当立即将他斩首，以安众心。"大家都同意他的意见。

文彦博便要签署行刑的命令，他身边有一个小吏在暗中捏了一把他的膝盖，他顿时明白过来，软磨硬拉地让刘沆也在命令上签了名。

不久，仁宗病情有所缓解，刘沆便诬告说："陛下有病时，文彦博擅自将告发谋反的人斩首。"话虽不多，用意却十分恶毒，分明是暗示文彦博纵容造反者，甚至是造反者的同谋。文彦博当即拿出了有刘沆签名的行刑命令，这才消除了仁宗的疑心。幸亏刘沆签了名，否则，文彦博真是有口难辩了。

人无远虑，必有近忧。一个取得成功的人，必须拥有长远酶眼光。唯有如此，才能不被眼前的繁荣所迷惑，看到隐藏在繁荣背后的危险。否则，一味陶醉在目前的成功之中，在前进的道路上裹足不前，就有可能被潜伏的危险击倒，使原有的成就都化为乌有，自尝失败的苦果。张咏正是凭借他的深谋远虑，才透过种植茶树表面的繁荣，看到了其不利的因素，帮助崇阳的百姓躲开了可能降临的灾祸；而文彦博身边的小吏更是熟知官场中的复杂残酷，偷偷地指点了文彦博一下，替其免除了一场杀身之祸。

生活中，无论做什么事，都要懂得为自己谋划，为自己的明天和未来多作考虑，这样才能在人生道路上走得沉稳。

詹姆斯是美国一家跨国公司驻华代表，全权负责公司在中国地区的业务。在他的文件柜里，放着一份公司未来 15 年发展规划书。

这份规划是 3 年前做的，里面分析预测从 2000 年到 2015 年全球市场环境及发展趋势，包括产业形势和竞争形势等，企业目前产品定位及现有任务在未来发展方向，拓展哪些新的增长点，如何为未来发展建立完善的组织机构、企业机制等，厚厚的像一本大学教材。

对此，公司内的一些华人员工表示不解。他们知道，国内的企业家们也有规划，但太宏伟，太抽象，什么赶超一流、进入五百强、跻身世界先进行列等等，缺乏具体细致、切实可行的方法和分析数据。而且时间最长的也不过 5 年。像詹姆斯这样一直做到 2015 年，太遥远了！谁能想到那时会是什么样！

对于同事的疑惑，詹姆斯说道："罗马不是一天建成的。我在美国以及来中国这 6 年，陆续接触了一些中国内地的企业家，他们有一个共同特点，就是每考察一个项目，总要先问多长时间能收到回报。当然，注重回报是必需的，我们也要首先考虑。但不同的是，我们至少要做一个 5 年短期、10 ～ 15 年中期、30 年以上的长期计划，而你们中国企业家一般只做 1 年、3 年，最长也不超过 5 年的短期计划，我感到非常惊讶。这怎么可能呢？企业也像人一样，是一个鲜活的生命体，有一个累积发展的过程。一个人要学习积累二十几年，到 30 来岁才能比较胜任一项工作，怎么可能要求企业一岁就辉煌呢？"

治家格言

　　詹姆斯说："许多人不成功是因为他们把大部分时间和精力都花在眼前的紧要事情上，而无暇去做重要的事。我认为正确的做法是——用20％的时间去处理眼前的紧要事情，而把80％的时间留给未来，去做那些暂时没有收益但以后会重要的事情。我就是这样做的，给自己订一个10年计划，并不断地更新。否则，到时候可能会付不起账单的！"

　　的确，在现实生活中，满足而没有忧虑的人并不一定快乐，因为他们总会想到那遥不可及且不可预期的未来。因此，现在和未来是必须要相互联系，奋斗的曲线必须是专注且连续的，才能有好的人生旅程。反而是那些生活在困境中的人，总忙着应付眼前的一切，却只会在"知足常乐"中平庸一生。

【故事链接】

四门大开表忠诚

　　郭将军位高权重，但他的府邸却四门大开，让人自由进出。

　　一次，皇帝派来太监找郭将军议事，当时他正在卧室里帮夫人梳妆，就让太监直接进到卧室。

　　郭将军的儿子看不过眼，说："这事传出去岂不有损名誉？而且府门随意大开，不成体统！"

　　郭将军听后，微微一笑："我问你，我若把府门都关上，不轻易与外人交往，你猜会发生什么？"儿子懵了，连连摇头表示不知。

　　郭将军替儿子答道："会带来灭九族之祸！"

　　儿子不解了，问："为什么？"

　　郭将军解释说："一旦那样，会有小人到皇上那打小报告，猜测和诬陷我，说我要密谋造反。这些话说得一多，皇上也难免会起疑心。但现在府内一切都明明白白，那些想诬陷我的人，便找不到借口了，皇上也会放心。"

　　这番话让儿子茅塞顿开，郭将军本人也因此做到了"权倾天下而朝不忌，功盖一代而主不疑"，在85岁高龄时善终。

身在风平浪静的江面上，也要未雨绸缪，想着如何智慧地避免恶浪的来袭。

故事一：

周武王攻灭商朝后，还留下了纣王的儿子武庚没有杀掉。武王不放心，就派自己的三个叔叔管叔、蔡叔和霍叔对其进行监视，称为"三监"。武王去世后，周成王继位，而武王的弟弟周公旦则总揽了政权。周公旦的摄政，引起了管叔等人的不满。他们便造谣说周公旦企图篡位。成王听到这些流言蜚语后，也产生了怀疑。周公旦为了避嫌，就离开镐京，前往东都洛邑。武庚不甘心商朝灭亡，想卷土重来。他见到周氏兄弟之间有矛盾，便派人勾结"三监"起兵反叛。周公旦得知此事后，便写了一首诗《鸱鸮》送给了成王，讲述了未雨绸缪的意思。诗的大意是："猫头鹰啊猫头鹰！你已夺走了我的儿子，不要再破坏我的家。趁着天还未下雨，我就忙着剥下桑根，抓紧修补好门窗。"诗中猫头鹰是指武庚，哀鸣的母鸟则是周公旦自己，反映了周公旦对国事的关切和忧虑。后来，成王明白了周公旦的意思、便派人杀了武庚、管叔和霍叔，后蔡叔也死于流放途中。周王朝也从此得以巩固。

故事二：

从前有一位农场主，在大西洋沿岸耕种一块土地。他总是不断地张贴雇用人手的广告，可还是很少有人愿意到他的农场工作。因为大西洋沿岸的风暴总是摧毁沿岸的建筑和庄稼。直到有一天，一个又矮又瘦的中年男人找到农场主应聘。

"你会是一个好帮手么？"农场主问他。

"这么说吧，即使是飓风来了，我都可以睡着。"应征者得意地回答。

虽然这听上去有点狂妄，农场主心里也有点怀疑，但是农场主还是雇用了这个人，因为他太需要人手了。

新来的长工把农场打理得井井有条，每天从早忙到晚，农场主十分满意。

不久后的一天晚上，狂风大作。农场主跳下床，抓起一盏提灯，急急忙忙地跑到隔壁长工睡觉的地方，使劲摇晃睡梦中的长工，大叫道："快起来！暴风雨就要来了！在它卷走一切之前把东西都拴好！"

23

长工在床上不紧不慢地翻了个身，梦呓一样地说："不，先生。我告诉过你，当暴风雨来的时候，我能睡着的。"农场主被他的回答气坏了，真想当场就把他给解雇了。

他强压着火气，赶忙跑到外面，一个人为即将到来的暴风雨做准备。不过令他吃惊的是，他发现所有的干草堆都早已被盖上了防水布，牛在棚里，鸡在笼中，所有房间门窗紧闭，每件东西都被拴得结结实实，没有什么能被风吹走。农场主这时才明白长工的话是什么意思。

这个长工之所以能够睡得着，是因为他已经为农场平安度过风暴做足了准备。如果你在精神、心理、身体等方面做好了准备，那么就没有什么东西可以令你害怕了。

当风暴吹过你的生活的时候，你能睡得着吗？

故事三：

战国时候，四公子之一的孟尝君，他养了三千食客，所谓食客，就是他招揽来为他出谋划策办事的人。其中有一个叫冯谖，听说孟尝君乐于招揽食客，他就来了，孟尝君也收留了他。后来，孟尝君需要去家乡薛邑收债，因为他养了很多食客，需要有赋税收入，贷的款，放的债，或者是租的田地，这些税都要去收取，那么派谁去？就想到冯谖，于是让他去索债。冯谖临走的时候就问孟尝君："我回来的时候，您想要我买些什么东西？"孟尝君说："你就看着办吧，看我们家里缺什么，你就买什么。"于是冯谖就到了薛城，把欠债的百姓统统召集在一起，把他们的债券拿出来，跟他们讲："凡是还不起债的人，一概都免了。"结果大家还将信将疑，冯谖干脆点起一把火把这些债券都烧了，然后告诉大家说："孟尝君非常有仁德，特别是对家乡的父老乡亲，你们有困难的、还不起债的可以免除。"

冯谖回来后，孟尝君知道了这件事情，很气愤，他说："你怎么能把我的债券都烧了？"冯谖却不慌不忙地说："我临走的时候，您不是说过吗，家里缺什么就买什么，我觉得您家里什么都不缺，就缺人心和老百姓的情意，我帮您买来了这人心和情意。"孟尝君当时很不高兴，但是他也很大量，就没有跟冯谖计较。孟尝君是在齐国做宰相，后来他的声望愈来愈大。秦国当时也是个大国，秦国的昭襄王，就暗中派人到齐国散布谣言，说孟尝君收买民心，想要谋反，齐国国君听到之后，担心孟尝君威胁他的地位，所以就把孟尝君的相印给收回来了，把他革了职，让他回家乡薛城。有很多食客因此都散掉了，孟尝君就带着留下来的这些食客，冯谖也跟着他，他们驾着车，到了薛城。离薛城还有一百里路的时候，就看到薛城的老百姓扶老携幼，出来迎接，孟尝君看到这番情景，十分感动，对冯谖说："我现在真正看到了你给我买的情意，买的民心。"后来冯谖又用巧计，帮助孟尝君恢复了齐国的相位，使得孟尝君又重新恢复了他的家业。

鲁昭公：知"仪"不知"礼"

公元前 537 年（鲁昭公五年），鲁昭公去晋国朝拜晋平公。从郊劳（晋国在郊外举行的欢迎仪式）直至馈赠等所有的外交仪式，鲁昭公都做得非常到位。

晋平公不禁对鲁昭公刮目相看，他对晋国大夫女叔齐说："鲁国国君不是很知礼吗？"不料，女叔齐却不认可晋平公的说法。他说，鲁昭公擅长的只是仪式，而不是周礼，"是仪也，不可谓礼。"女叔齐解释说："礼所以守其国，行其政令，无所失其民者也。今政令在家，不能取也。……公室四分，民食于他。思莫在公，不图其终。为国君，难将及身，不恤其所。礼之本末，将于此乎在，而屑屑焉习仪以亟。言善于礼，不亦远乎？"女叔齐这段话的意思是，礼是用来守卫国家、执行政令、不失去百姓的东西。现在，鲁国国君的大权旁落到了士大夫的手中。鲁国公室被季孙氏、叔孙氏、孟孙氏三大政治家族分成了四份。由于大权旁落，老百姓现在都不怎么关注国君的处境了。身为国君，祸难就快降临到自己身上了，还不赶紧想办法解决，却还在琐琐屑屑地学习礼仪。这哪里算得上是知礼呢？

女叔齐的说法切中肯綮，"礼"的核心精神绝对不是掌握各种"仪式"的细节，而是要通过"礼"达到协调人事关系、巩固政权、安定世道人心的目的。以此考量，鲁昭公确实是不知礼的。《史记》记载："昭公年十九，犹有童心"，"居丧意不在戚而有喜色"，可以说，他是一个情商很低的人。正是在鲁昭公五年，季孙氏、叔孙氏、孟孙氏三大政治家族将鲁国分成四大"股份"，其中，季孙氏占两股，叔孙氏和孟孙氏各占一股，形成了"三桓专权"的局面（因季孙氏、叔孙氏、孟孙氏三家都是鲁桓公的后代，故称"三桓"）。后来，鲁昭公于公元前517年联合一些与季孙氏结怨的贵族攻打季孙氏，试图收回大权。结果，季孙氏、叔孙氏、孟孙氏三家联手，打败了鲁昭公的部队，并将鲁昭公驱逐出国。其后，鲁昭公多次图谋返国，均失败，最后只能客死他乡。

鲁昭公知"仪"而不知"礼"，他熟悉外交礼节，却在治国上犯错，这就叫"小事明白，大事糊涂"。作为一国之君，若不能很好地治理国家，而只是把精力用在学习外交仪式，那无疑是舍本逐末的做法。

需要说明的是，像鲁昭公这样对待文化的人从来就不在少数。他们简单地以为，礼就是出席各种场合懂规矩，不丢份儿，乐就是有点音乐才艺，能演奏乐器，会唱歌。其实，这些想法是非常肤浅的。孔子就曾感慨地说："礼云礼云，玉帛云乎哉？乐云乐云，钟鼓云乎哉？"意思是，礼难道就仅仅是指用来送礼的玉和帛吗？音乐难道就是会撞钟会敲鼓吗？玉帛只是用来表达敬意的礼物，不是礼本身，礼的核心精神是"敬"，用现在的说法就是要"心存敬畏"。钟鼓是乐器，不是音乐本身，音乐的核心理念是"和"，即协调各种关系，使之和谐、优美。这才是礼乐文化的实质。若不把握这个精髓，学礼也好，学乐也罢，就难免学成鲁昭公那样，光知道学"术"，不懂得悟"道"。

5. 自奉必须俭约，宴客切勿流连。

【译文】

奉，给予。约，节俭。谓自身使用的必须节俭，不可奢侈。勿，不要。流连，留恋不止，舍不得离去。谓宴请宾客要有节制，切忌沉迷。

【注解】

生活中要求自己自始至终勤俭节约，确实不是容易做到的事。像晏子那样的一国之相，仍驽马弊车，实不多见。大凡腰包膨胀起来的人都或多或少会得富贵病，呼朋引类，吃喝玩乐，挥霍一番。

朱子先生这两句话的含义是指：每个人在日常生活居住日行中，必须奉行勤俭持家的美德，要深深思处懂的一粥一饭的不易和半丝半缕的维艰。宴请宾客方面要有适度，对待宾客亲朋关键在于自己优雅良好的举止礼数和一颗对宾朋的坦诚之心，不在于酒宴的丰盛和奢华。

俭约奉己，积功修德是我们中华民族传承至今的行为美德。这些美德从圣人的言传身教到圣达贤明的遵循相传，这些足以证明中华民族是一个伟大、文明、厚德载物的一个民族。常言之理，一个人在逆境中可以奋起达到峰顶，在奢华中能慢慢颓变一落千丈。

一个人一直在清贫节俭中生存，那么，他就会懂得物质的来之不易，他就会惜福，他就会在坎坷荆棘中磨炼自己的意志，能在自己的仕途之道上则会催马扬鞭。

宋朝名相范仲淹先生一生贫寒，那真是自奉俭约的楷模。范仲淹从小丧父，跟随母亲改嫁到朱家。当范仲淹长大之后，朱家的人一直排挤他，此时他才明白自己不是朱家之人。很有骨气的范仲淹噙泪辞母，十年之后，衣锦还乡，乃至以后成为当朝一代名相，传为佳话。

十年之中，范仲淹借宿破陋不堪的庙宇，吃的是稀粥野菜，生活得很拮据。传说中，他在读书时，发现一棵大树之下埋着好大一袋白银，可他面对不宜之财毫不贪心，他将那些白银悄悄地埋在那棵树下，继续他的仕途学业。等到他做到当朝的宰相时，大家都知道他是个自奉俭约，布施善德的好官。一天有个化缘的和尚来求他化缘，目的是修缮寺庙。同和尚交谈的过程之中，得知和尚就是他读过书的那座寺庙的和尚，此时，范仲淹风趣的一笑，你们那寺庙不是有钱吗，还化缘？

范仲淹于是将那个寺庙的秘密慢慢告诉和尚，和尚为这个当朝宰相不为金钱所折腰的厚德所震慑称赞。

相反而之，夏朝的最后一个国君夏桀，这是一个贪图享受挥霍无度的淫王。他聚天下财物为己有，生活整天骄奢淫逸，无心节俭亲政，最后暴死在反抗者的乱刀之下。

我们想想这个荒淫无耻的国君夏桀和厚德载物的名相范仲淹，一个遭到天戮，骂名千载。一个后福回报，万代流歌。

'宴客且勿流连'。每个人在现实生活中都有他的属性和圈子，在这些属性和圈子之中你会有很多的知己好友。知己好友聚在一起小酌几杯也是人类交往和联络情感的一种方式。

朱子先生预示我们，我们应该用心去体会宴客的深层次。菜肴的美味和浊酒的香甜只是物质的炫耀，朋友之间的真实交往乃是彼此的坦诚和关爱，否则酒樽之间海誓山盟就会成为酒肉之约！我们要时刻牢记君子之交淡如水的交友体会。

宴请朋友宾客时，自己要礼数相敬，不要刻意的去露富和炫耀自己，为人中和，不拘贵贱，谦谦为人亮君子之风骨。

常言道：天下没有不散的宴席，宴客要适中，对宾客有时要做到敬而远之，让自己的良好美德始终在对方心目之中流连忘返。

【故事链接】

晏子俭约持国

晏子名婴，字平仲，是春秋时齐国的名相。先后三朝协助齐灵公、齐庄公和齐景公处理国政。他为人正直，有才辩，其俭我持国更为世人所称赞。

他虽身为高官，而在衣食住行方面却十分俭约。平时用餐，都以蔬菜为主，最多只有一种肉食，而决不允许有两种肉食同时上餐桌。在衣着方面也十分俭朴，他的妻子儿女都不得穿丝织品。晏子平时所乘的车子十分破旧，驾车的马也是驽钝的劣马。按照他当时的级别，他的车子不但没有超标准的问题，而且还远远达不到标准。

有一次，晏子上朝，齐景公见到他乘坐的是这样破旧不堪的车子，拉车的又是这样驽钝的劣马，大惑不解。于是便问晏子："给你的俸禄是不是太少了呀？为什么乘坐这等不像样的车子呢？"晏子回答说："幸赖君王的恩赐，使我能够吃饱穿暖，还有一辆破车和几匹瘦马可供使用，已经足够的了，还能有什么更高的的要求呢？"但齐景公总觉得晏子贵为一国之相，乘坐这样的破车，实在有失身份。他就派人给晏子送去一辆豪华的车子和几匹骏马，晏子却不肯接受。来来回回，送了多次，晏子就是拒而不收。办事的人没了办法，只好回来把情况向齐景公汇报。齐景公听完之后，立即派人把晏子招来。并很不高兴地对晏子说："你如果不接受我送的车马，我也不乘车了。"晏子回答说："蒙你的信赖，让我掌管一国的百官吏事，我希望自己能给国人做个俭约的榜样，就现在这样我还怕自己做得不好。如果我再乘坐豪华的车子，许多人就会在衣食住行方面跟着追求奢侈。这样一来，国家的事情就不好办了。"齐景公觉得晏子讲得有道理，就不再坚持要晏子接受他送的车马了。

晏子不仅以身作则，坚持俭朴，而且尽力劝谏齐景公，倡行俭约办事。齐景公心爱的一只狗死了，感到很心痛，决意要厚葬它，下令让人准备贵重的棺材和精美的祭品。晏子知道了就去劝阻。景公说："区区小事，何必这样认真呢？我不过也是想借这件事让大家快乐一下罢了。"晏子说："这不是什么小事，而实在是太过分了。世上有许多孤寡老人因饥寒而死，而狗却得到丰厚的礼祭；许多无妻丧夫之人因得不到抚恤而死无葬身之地，而狗却有高贵的棺椁。向百姓征敛赋税却不关心民众的疾苦，用国家的钱财为大臣寻欢作乐而不为百姓办实事，这样能指望国家富强吗？这种事只会让四邻的诸侯见笑，让国内的民众产生怨恨。"景公听后，感到很惭愧。于是赶快让厨师把狗烹了，供大家打牙祭。

故事一：

"克己奉公"这则成语的克己是克制、约束自己；奉公是以公事为重。约束自己的私欲，以公事为重。比喻一个人对己要求严格，一心为公。

这个成语来源于《后汉书·祭遵传》，遵为人廉约小心，克己奉公。赏赐辄尽与士卒，家无私财。

祭遵，字弟孙，东汉初年颍阳人。祭遵从小喜欢读书，知书达理，虽然出身豪门，但生活非常俭朴。

公元24年，刘秀攻打颍阳一带，祭遵去投奔他，被刘秀收为门下吏。后随军转战河北，当了军中的执法官，负责军营的法令。任职中，他执法严明，不徇私情，为大家所称道。

有一次，刘秀身边的一个小侍从犯了罪，祭遵查明真情后，依法把这小侍从处以死刑。刘秀知道后，十分生气，想祭遵竟敢处罚他身边的人，欲降罪于祭遵。但马上有人来劝谏刘秀说："严明军令，本来就是大王的要求。如今祭遵坚守法令，上下一致做得很对。只有像他这样言行一致，号令三军才有威信啊。"

刘秀听了觉得有理。后来，非但没有治罪于祭遵，还封他为征虏将军，颍阳侯。

祭遵为人廉洁，为官清正，处事谨慎，克己奉公，常受到刘秀的赏赐，但他将这些赏赐都拿出来分给手下的人。他生活十分俭朴，家中也没有多少私人财产，即使在安排后事时，他仍嘱咐手下的人，不许铺张浪费，只要用牛车装载自己的尸体和棺木，拉到洛阳草草下葬就可以了。

祭遵死后多年，汉光武帝刘秀仍对他的克己奉公精神十分怀念。

故事二：

狄仁杰，生于唐贞观四年（630年），卒于武则天久视元年（700年），字怀英，唐代并州太原（今山西太原）人。武则天时期宰相，杰出的封建政治家。

狄仁杰出生于一个官宦之家。祖父狄孝绪，任贞观朝尚书左丞，父亲狄知逊，任夔州长史。狄仁杰通过明经科考试及第，出任汴州判佐。时工部尚书阎立本为河南道黜陟使，狄仁杰被吏诬告，阎立本受理讯问，他不仅弄清了事情的真相，而且发现狄仁杰是一个德才兼备的难得人物，谓之"河曲之明珠，东南之遗宝"，推荐狄仁杰作了并州都督府法曹。在此任内，狄仁杰通晓了吏治、兵刑等封建典章和法律制度，这对他一生的政治活动都有重大影响。

唐高宗仪凤年间（676～679年），狄仁杰升任大理丞，他刚正廉明，执法不阿，兢兢业业，一年中判决了大量的积压案件，涉及1.7万人，无冤诉者，一时名声大振，成为朝野推崇备至的断案如神、摘奸除恶的大法官。为了维护封建法律制度，狄仁杰甚至敢于犯颜直谏。仪凤元年（676 年），武卫大将军权善才误砍昭陵柏树，唐高宗大怒，命令将其杀死。狄仁杰奏罪不当死，唐高宗疾言厉色地说："善才斫陵上树，是使我不孝，必须杀之！"狄仁杰神色不变，据法说理："犯颜直谏，自古以为难。臣以为遇桀、纣则难，通尧、舜则易。今法不至死而陛下特杀之，是法不信于人也，人何措其手足！""今陛下以昭陵一株柏杀一将军，千载之后，谓陛下为何主？此臣不敢奉制杀善才，陷陛下于不道"。终于迫使唐高宗改变了主意，赦免了权善才的死罪。

不久，狄仁杰被唐高宗任命为侍御史，负责审讯案件，纠劾百官。任职期间，狄仁杰恪守职责，对一些巧媚逢迎，恃宠怙权的权要进行了弹劾。调露元年（679 年），司农卿韦弘机作宿羽、高山、上阳等宫，宽敞壮丽。狄仁杰上奏章弹劾韦弘机引导皇帝追求奢泰，韦弘机因此被免职。左司郎中王本立恃恩用事，朝廷畏之。狄仁杰毫不留情的揭露其为非作歹的罪行，请求交付法司审理。唐高宗想宽容包庇王本立，狄仁杰以身护法："国家虽乏英才，岂少本立辈！陛下何惜罪人以亏王法。必欲曲赦本立，请弃臣于无人之境，为忠贞将来之戒！"王本立最终被定罪，朝廷肃然。后来，狄仁杰官迁度支郎中，唐高宗准备巡幸汾阳宫，以狄仁杰为知顿使，先行布置中途食宿之所。并州长史李冲玄以道出妒女祠，征发数万人别开御道。狄仁杰说："天子之行，千乘万骑，风伯清晨，雨师洒道，何妒女之害耶？"，俱令作罢，免除了并州数万人的劳役。唐高宗闻之赞叹说"真大丈夫矣！"

武则天垂拱二年（686 年），狄仁杰出任宁州（今甘肃宁县、正宁一带）刺史。其时宁州为各民族杂居之地，狄仁杰注意妥善处理少数民族与汉族的关系，"抚和戎夏，内外相安，人得安心"，郡人为他勒碑颂德。是年御史郭翰巡察陇右，宁州歌狄刺史者盈路，郭翰返朝后上表举荐，狄仁杰升为冬官（工部）侍郎，充江南巡抚使。狄仁杰针对当时吴、楚多淫词的弊俗，奏请焚毁祠庙 1700 余所，唯留夏禹、吴太伯、季札、伍员四祠，减轻了江南人民的负担。垂拱四年（688年），博州刺史琅琊王李冲起兵反对武则天当政，豫州刺史越王李贞起兵响应，武则天平定了这次宗室叛乱后，派狄仁杰出任豫州刺史。当时，受越王株连的有六、七百人在监，籍没者多达 5000 人。狄仁杰深知大多数黎民百姓都是被迫在越王军中服役的，因此，上疏武则天说："此辈咸非本心，伏望哀其诖误。"武则天听从了他的建议，特赦了这批死囚，改杀为流，安抚了百姓，稳定了豫州的局势。其时，平定越王李贞的是宰相张光弼，将士恃功，大肆勒索。狄仁杰没有答应，反而怒斥张光迅杀戮降卒，以邀战功。他说："乱河南者，一越王贞耳。今一贞死而万贞生。""明公董戎三十万，平一乱臣，不戢兵锋，纵兵暴横，无罪之人，肝脑涂地。""但恐冤声腾沸，上彻于天。如得上方斩马剑加于君颈，虽死如归。"狄仁杰义正词严，张光迅无言可对，但怀恨在心，还朝后奏狄仁杰出言不逊。狄仁杰被贬为复州（今湖北沔阳西南）刺史，入为洛州司马。

但是，狄仁杰的才干与名望，已经逐渐得到武则天的赞赏和信任。天授二年（691 年）九月，狄仁杰被任命为地官（户部）侍郎、同凤阁（中书省）鸾台（门下省）平章事，开始了他短暂的第一次宰相生涯。身居要职，狄仁杰谨慎自持，从严律己。一日，武则天对他说："卿在汝南，甚有善政，卿欲知谮卿者乎？"狄仁杰谢曰："陛下以臣为过，臣当改之；陛下明臣无过，臣之幸也。臣不知谮者，并为善友。臣请不知。"武则天对他坦荡豁达的胸怀深为叹服。

狄仁杰官居宰相，参与朝政之时，也正是武承嗣显赫一时，踌躇满志之日。他认为狄仁杰将是他被立为皇嗣的障碍之一。长寿元年（693 年）正月，武承嗣勾结酷吏来俊臣诬告狄仁杰等大臣谋反，将他们逮捕下狱。当时法律中有一项条款："一问即承反者例得减死。"来俊臣逼迫狄仁杰承认"谋反"，狄仁杰出以非常之举，立刻服了罪："反是实！"来俊臣得到满意的口供，将狄仁杰等收监，待日行刑，不复严备。狄仁杰拆被头帛书冤，置棉衣中，请狱吏转告家人去其棉。狄仁杰的儿子狄光远得其冤状，持书上告。武则天召狄仁杰等"谋反"的大臣面询："承反何也？"狄仁杰从容不迫地答曰："向若不承反，已死于鞭笞也。"又问："何为做谢死表？"答曰："臣无此表。"武则天令人拿出谢死表，才弄清楚是伪造的。于是下令释放此案 7 人，俱贬为地方官。狄仁杰被贬为彭泽令。如此，狄仁杰运用自己的才智机谋死里逃生。以后，武承嗣欲根除后患，多次奏请诛之，都被武则天拒绝。

在彭泽（今江西彭泽）令任内，狄仁杰勤政惠民。赴任当年，彭泽干旱无雨，营佃失时，百姓无粮可食，狄仁杰上奏疏要求朝廷发散赈济，免除租赋，救民于饥馑之中。万岁通天元年（696年）十月，契丹攻陷冀州（今河北临漳），河北震动。为了稳定局势，武则天起用狄仁杰为与冀州相邻的魏州（今河北大名一带）刺史。狄仁杰到职后，改变了前刺史独孤思庄尽趋百姓入城，缮修守具的做法，让百姓返田耕作。契丹部闻之引众北归，使魏州避免了一次灾难。当地百姓歌颂之，相与立碑以记恩惠。不久，狄仁杰升任幽州都督。

狄仁杰的社会声望不断提高，武则天为了表彰他的功绩，赐给他紫袍、龟带，并亲自在紫袍上写了"敷政木，守清勤，升显位，励相臣"十二个金字。神功元年（697年）十月，狄仁杰被武则天招回朝中，官拜鸾台（门下省）侍郎、同凤阁鸾台平章事，加银青光禄大夫，兼纳言，恢复了宰相职务，成为辅佐武则天掌握国家大权的左右手。此时，狄仁杰已年老体衰，力不从心。但他深感个人责任的重大，仍然尽心竭力，关心社会命运和国家前途，提出一些有益于社会和国家的建议或措施，在以后几年国家的社会政治生活中发挥了巨大的作用。

圣历元年（698年），武则天的侄儿武承嗣、武三思数次使人游说太后，请立为太子。武则天犹豫不决。狄仁杰以政治家的深谋远虑，劝说武则天顺应民心，还政于庐陵王李显。当时，大臣李昭德等也曾劝武则天迎立李显，但没为武则天接受。对武则天了解透彻、洞烛机微的秋仁杰从母子亲情的角度从容地劝说她："立子，则千秋万岁后配食太庙，承继无穷；立侄，则未闻侄为天子而附姑于庙者也。"武则天说："此联家事，卿勿预知。"狄仁杰沉着而郑重地回答："王者以四海为家。四海之内，孰非臣妾？何者不为陛下家事！君为元首，臣为股肱，义同一体。况臣位备宰相，岂得不预知乎？"最终，武则天感悟，听从了狄仁杰的意见，亲自迎接庐陵王李显回宫，立为皇嗣，唐祚得以维系。狄仁杰因此被历代政治家、史学家称为有再造唐室之功的忠臣义士。

圣历元年（698年）秋，突厥南下骚扰河北。武则天命太子为河北道元帅、狄仁杰为副元帅征讨突厥。时太子不行，武则天命狄仁杰知元帅事，亲自给狄仁杰送行。突厥默啜可汗尽杀所掠赵、定等州男女万余人退还漠北，狄仁杰追之不及，武则天改任他为河北道安抚大使。面对战乱后的凋残景象，狄仁杰采取了四条措施：一、上疏请求赦免河北诸州，一无所问，使被突厥驱逼行役的无辜百姓乐于回乡生产。二、散粮运以赈贫乏。三、修驿路以济旋师。四、严禁部下侵扰百姓，犯者必斩。很快恢复了河北的安定。

久视元年（700年），狄仁杰升为内史（中书令）。这年夏天，武则天到三阳宫避暑，有胡僧邀请她观看安葬舍利（佛骨），奉佛教为国教的武则天答应了。狄仁杰跪于马前拦奏道："佛者，夷狄之神，不足以屈天下之主。彼胡僧诡谲，直欲邀致万乘所宜临也。"武则天遂中道而还。是年秋天，武则天欲造浮屠大像，预计费用多达数百万，宫不能足，于是诏今天下僧尼日施一钱以助。狄仁杰上疏谏曰："如来设教，以慈悲为主。岂欲劳人，以在虚饰？""比来水旱不节，当今边境未宁。若费官财，又尽人力，一隅有难，将何以救之？"武则天接受了他的建议罢免了其役。

作为一名精忠谋国的宰相，狄仁杰很有知人之明，也常以举贤为意。一次，武则天让他举荐一名将相之才，狄仁杰向她推举了荆州长史张柬之。武则天将张柬之提升为洛州司马。过了几天，又让狄仁杰举荐将相之才，狄仁杰曰："前荐张柬之，尚未用也。"武则天答已经将他提升了。狄仁杰曰："臣所荐者可为宰相，非司马也。"由于狄仁杰的大力举荐，张柬之被武则天任命为秋官侍郎，又过了一个时期，升位宰相。后来，在狄仁杰死后的神龙元年（705年），张柬之趁武则天病重，拥戴唐中宗复位，为匡复唐室做出了巨大的贡献。狄仁杰还先后举荐了桓彦范、敬晖、窦怀贞、姚崇等数十位忠贞廉洁、精明干练的官员，他们被武则天委以重任之后，政风为之一变，朝中出现了一种刚正之气。以后，他们都成为唐代中兴名臣。对于少数民族将领，狄仁杰也能举贤荐能。契丹猛将李楷固曾经屡次率兵打败武周军队，后兵败来降，有关部门主张处斩之。狄仁杰认为李楷固有骁将之才，若恕其死罪，必能感恩效节，于是奏请授其官爵，委以专征，武则天接受了他的建议。果然，李楷固等率军讨伐契丹余众，凯旋，武则天设宴庆功，举杯对狄仁杰说"公之功也"。由于狄仁杰有知人之明，有人对狄仁杰说："天下桃李，悉在公门矣"。狄仁杰回答："举贤为国，非为私也"。

34　　　在狄仁杰为相的几年中，武则天对他的信重是群臣莫及的，她常称狄仁杰为"国老"而不名。狄仁杰喜欢面引廷争，武则天"每屈意从之"。狄仁杰曾多次以年老告退，武则天不许，入见，常阻止其拜。武则天曾告诫朝中官吏："自非军国大事，勿以烦公。"

久视元年（700年），狄仁杰病故，朝野凄恸，武则天哭泣着说"朝堂空也"。赠文昌右丞，谥曰文惠。唐中宗继位，追赠司空。唐睿宗又封之为梁国公。

纵观狄仁杰的一生，可以说是宦海浮沉。作为一个封建统治阶级中杰出的政治家，狄仁杰每任一职，都心系民生，政绩卓著。在他身居宰相之位后，辅国安邦，对武则天弊政多所匡正。狄仁杰在上承贞观之治，下启开元之治的武则天时代，做出了卓越的贡献。

故事三：

包拯（999～1062），字希仁，庐州合肥（今属安徽）人。和传说不同的是，他有一个很圆满的家庭，有在双亲照顾呵护下成长的童年。他的父亲包令仪，字肃之。进士及第，授朝散大夫，行尚书虞部员外郎，出帅南京（今商丘），上护军。死后被朝廷赠刑部侍郎。用今天的官阶来衡量，包拯生于一个厅局级干部家庭。

包拯自幼接受儒学教育，走科举之路，宋仁宗天圣五年（1027），包拯满29岁那年终于中了进士。朝廷已经任命他为建昌县知县，可他却以父母年老、家中无人照顾为由，辞不就职。史书上没有记载他有兄弟。从他考取进士不愿意出任官职来看，家里没有其他能够侍养父母的兄弟，他应该是个独子。

包拯在家一待10年，直至父母病逝、3年守丧完毕，他才在乡亲们的劝勉之下接受了朝廷的任命，出任天长市知县。这一年是仁宗景祐四年（1037），他已是一个39岁的中年人了。

包拯的宦途非常顺利，除了因"失保任"（被他保荐升职的官员犯罪而受连带处罚）被降级一次，包拯的官阶一直向上。他担任了10年的地方官，后来转到朝廷监察系统任3年，主持过谏院、代理过御史中丞，在这段经历中，包拯建立起自己的疾恶如仇的名声。弹劾了很多的朝廷重臣，包括当时的宰相宋庠、宋庠的弟弟宋祁、名臣张方平等人。

皇祐二年（1050），宋仁宗决定任命自己宠幸的张贵妃的堂伯张尧佐宣徽南院使、淮康军节度使、景灵宫使、同群牧制置使。另外三个官职意义不大，而宣徽使来源于唐代，主持朝廷朝会，北宋初年往往以宣徽使兼枢密使，掌握军事指挥。到了仁宗朝，这个官职已经没有实际意义，但是在朝廷礼仪上，位次仅次于宰相、枢密使。包拯当时主持谏院，率领谏官上谏，认为按照宋朝惯例，后妃亲属不得担任宰相及军职，这次是皇帝恩宠贵妃过度，宰相木能及时阻止，"反复数百言"，包拯自己言辞激烈，以至于溅了仁宗皇帝一脸的唾沫星，直到皇帝将错误任命"罢之"为止。（宋·朱弁：《曲洧旧闻》卷一）

至和三年（1056）阴历十二月，包拯被任命"权知开封府事"，嘉祐三年（1058）阴历六月解任，实际上包拯在开封只有 18 个月多一点而已。刚到庭，书吏们要检验一下包拯的能耐，故意一起围上来、捧着公文汇报事情。包拯一一听取阅读，当场处断几十起。未能了结的，几天后一一催问，没有完成的立刻严究。书吏再也不敢糊弄长官。原来民间起诉要到衙门口的书吏把持的"牌司"，包拯下令打开大门，直接由自己受理案件。包拯在开封任职期间还整治了沿河的违章建筑，执法不避权臣。

包拯的个人人品绝对无可指摘。他为官廉洁，六亲不认。他为人极其严肃，史称他"不苟言笑"，开封民众称包拯"笑比黄河清"，自诩"未尝伪色辞以悦人"。他极其节俭，做再大官，"奉己俭约如布衣"。

后来包拯主要担任财政系统的官职，当了 4 任转运使（地方最高财政长官），最后被任命为三司使，这个官职是北宋特创的，号为"计相"，主管财政审计，其地位仅次于宰执（宰相和枢密院）。

包拯最后的结局是进入到"宰执"之列。宋仁宗在 1060 年任命包拯为枢密副使，包拯开始正式进入朝廷的决策班子，可是这时包拯的身体却开始出状况了，枢密副使一职他基本没有到任，拖了一年多时间就去世了。

包拯的个人家庭生活也很平淡。他娶妻董氏，也是官宦之家出身。长子包繶，出任潭州通判，死于任上。包公中年丧子，伤心欲绝。包繶已经成婚，没有孩子，他的妻子崔氏不顾包拯的劝导和母亲的威逼，坚持要在包家守寡。在包拯死后，崔氏听说当年被包拯赶出家门的包拯的妾，在回娘家后曾生育一子，于是崔氏将那个孩子接回包家，取名包綖，作为包拯的后代。

6. 器具质而洁，瓦缶胜金玉；饭食约而精，园蔬愈珍馐。

【译文】

餐具质朴而干净，虽是用泥土做的瓦器，也比金玉制的好；食品节约而精美，虽是园里种的蔬菜，也胜于山珍海味。我们也许会抱怨天气、饭菜、住宿条件、人际关系等种种因素，似乎是它们阻挡了我们求知探索的道路。殊不知这只是我们挑剔的借口，我们在为我们懒惰的态度寻找着看似合理的借口。其实物质条件终究是外在的，我们把它们看得过于重要。一名优秀的医者，并不一定要借助先进的仪器才能救助病患，精湛的医术，崇高的医德，也许更为重要。拥有不挑剔的态度，怀抱着知足常乐的心态，也是我们应当学习的准则。

【注解】

2500 年前的曲阜，孔子用餐的情景呈现在我们面前……正襟危坐的孔子，端庄肃穆。餐桌上有青菜、有肉、有汤，还有一份粟米饭。食物都很普通，但态度却马虎不得。孔子一再主张"食不厌精，脍不厌细"，所以这些食物都做得很精致，每份菜需要配的不同样的酱也有序地摆放在一边。除此之外，还有一份姜片放在餐桌的一侧，这是孔子每餐必不可少的。

陪同就餐的家人和弟子们鸦雀无声。孔子郑重地从每样饭菜中取出一点，放在餐桌的一角，为的是缅怀发明这些食物的先人，这也是孔子每餐必修的功课。在悄然无声的肃静气氛中，孔子平静地结束了这次进餐。没有热闹的喧哗，没有灯红酒绿，抛开一切纷扰，寻常生活留下品味和思索的空间。

吃的文化——让经典成为家常便饭

为我们今天所熟知的"和谐"观念，就出自于吃的文化。"和"是中国哲学思想的精髓，但其本源意义上是指烹饪艺术所追求的最高境界。这个概念最早可追溯到周代，《左传·昭二十年》："和如羹焉。水火醯醢盐梅以烹鱼肉，燀之以薪，宰夫和之，齐之以味，济其不及，以泄其过。君子食之，以平其心。君臣亦然。"这段话的意思是说，"和"就像烹制羹汤一样，用水、火和各种佐料来烹制鱼肉，掌管膳食的人去调和，再努力去达到适口的味道。君臣治国，也是这个道理。所以古人常用"调和鼎鼐"一词来形容治国，鼎鼐就是煮肉的器皿。

《周易》是我国古老的经典，是东方智慧的源头，这么一本被称为"六经之首"的皇皇巨著，多次提到吃的问题，尤其是六十四卦中，单独列出专门讲吃的一卦——颐。颐卦的卦辞是：贞吉。观颐，自求口实。意思是占卜得此卦是个吉兆。研究颐养之道，在于自食其力。

我们今天常说的两个词：染指、食指大动，即从一次吃饭衍生出来，虽然与其本源意义相去甚远。春秋郑国灵公时，楚国送给郑灵公一只大龟，这是当时难得的美味。郑国的权贵公子子家与子公去见郑灵公，将进宫门子公忽然停住脚步，抬起右手，只见他的食指一动一动的。子家很惊奇，子公得意地说："看样子今天有好吃的。以往每当我这食指动起来以后，总能尝到新奇的美味！"两人进宫拜见郑灵公，发现郑灵公正在吃这只做好的大龟，公子子家对公子子公食指大动的预感非常佩服。郑灵公得知原委后有些生气，命人分一些给公子子家吃，就是不给公子子公。子公由尴尬变得愤怒，抢到煮龟的鼎边用手指蘸了一点汤尝了尝。当然此举令郑灵公也很气愤。后来不久，子共发动政变，杀死了郑灵公。为一脔之味而酿成巨变，吃的学问不可谓不大矣。

寓教于吃——餐桌是中国人的礼仪课堂

中国是礼仪之邦，而礼仪的发端却是从饮食起始的。

作为儒家经典的《礼记》明确指出："夫礼之初，始诸饮食。"饮食活动中的行为规范是礼制的发端，是儒家文化的核心思想——礼的本源。从《周礼》中我们可以看出，礼仪的推行是在王室中建立一系列等级森严，用礼仪烦琐的膳食机构，来主宰王室的饮食、祭祀、宴会等与吃紧密联系的一系列活动。主管王室饮食的职位叫"宰正"，也就是宰相的最初本义。所以后世往往称赞好宰相善于"调和鼎鼐"，依然也没有离开烹饪这头等重要的职业。

一生以恢复周礼为己任的孔子，自然对于饮食礼仪高度重视，餐桌就是他除杏坛之外的另一处课堂。

礼仪是对他人尊敬的态度，所以准备就餐的孔子总是"席不正，不坐"，"君赐食，必正席先尝之。君赐腥，必熟而荐之。君赐生，必畜之。侍食于君，君祭先饭。"国君赐食物，必正了席位先尝它。国君赐腥的，必煮熟后先荐奉于祖先。国君赐活的，必养着。侍奉国君同食，在国君祭时，便先自吃饭了。

参加乡人的"乡饮酒"活动结束后，必定先让年长者出门，然后再随后走出来。只有内心的恭谨才能外化成庄重的礼仪。

在用饭过程中，也有一套文明进餐的礼节。《礼记·曲礼》载："共食不饱，共饭不择手，毋搏饭，毋放饭，毋流歠，毋咤食，毋啮骨。毋反鱼肉，毋投与狗骨。毋固获，毋扬饭，饭黍毋以箸，毋嚃羹，毋刺齿。"这段话的大意是讲：大家共同吃饭时，不可只顾自己吃饱。如果和别人一起吃饭，就要检查手的清洁。不要用手搅饭团，不要把多余的饭放进锅中，不要喝得满嘴淋漓，不要吃得喷喷作声，不要啃骨头，不要把咬过的鱼肉又放回盘碗里，不要把肉骨头扔给狗。不要专据食物，也不要簸扬着热饭，吃黍蒸的饭用手而不用箸，不可以大口囫囵地喝汤，也不要当着主人的面调和菜汤。不要当众剔牙齿。这些餐桌上的文明礼仪，我们到今天有些依然还在学习和延续。

求精求细——饮食折射出品德与精神

清代的朱柏庐写下过一篇著名的《朱子治家格言》，其中论述到饮食的名言有两处：一粥一饭当思来之不易，这句话为大家熟知；另一处是"器具质而洁，瓦缶胜金玉；饭食约而精，园蔬愈珍馐"。餐具只要朴实整洁，瓦盆瓷盘也比金杯玉盏好；饭菜只要简约精细，青菜豆腐好过鱼翅燕窝。反对奢华，求精求细，这种简约而精当的饮食精神，一直为我们数千年来所秉承传扬。

在我们的传统文化中，历来反对饮宴无度与奢靡浪费。商纣王酒池肉林，随之国亡身死；晋代王恺家里洗锅子用饴糖水，石崇命令他家厨房用蜡烛当柴火烧，两人都下场可悲。春秋五霸之首的齐桓公尝遍人间美味，想尝尝婴儿的肉是什么味道，他的厨师易牙就把自己的孩子蒸熟献给齐桓公，由此得宠，但齐桓公也最终命丧易牙之手。所以宋代欧阳修总结得最好："忧劳可以兴国，逸豫可以亡身"。富贵不淫方为大丈夫。

所以，孔子常常教导弟子们不要去追求饱食终日、无所事事的生活，而应该能接受一种简朴平凡的饮食观。"君子食无求饱，居无求安，敏于事而慎于言"，把主要的精力用在对于人生大道的不懈追求上面，从而成就自己的圣贤品格。孔子谆谆教诲他的弟子们"饭蔬食，饮水，曲肱而枕之，乐亦在其中矣。不义而富且贵，与我如浮云。"

对于家境贫寒、箪食瓢饮、居住陋巷、好学不倦的弟子颜回，孔子大加称赞："贤哉回也！"意即颜回的品质是多么高尚呀！从吃的问题上看出人的品质，孔子大概是中国历史上第一人。

孔子周游列国的途中，受到一次"绝粮七日"的困窘。《史记》记载：在陈绝粮，从者病，莫能兴。子路愠见曰："君子亦有穷乎？"子曰："君子固穷，小人穷斯滥矣。"孔子在陈国断了粮，跟随的人都饿病了，不能起身。子路愤愤不平地见孔子说："难道君子也有穷困的时候吗？"孔子说："君子安守穷困，小人穷困便会胡作非为。"依然弦歌不辍。圣人的情怀，竟是如此的高远！

吃与不吃——面对欲望学会拒绝

美食当前，美酒在杯，美人在侧，诱惑在前，有几人能拒绝欲望的诱惑？追随欲望，就是凡人；拒绝欲望，就是君子。

敢于面对前的美食说不，是孔老夫子的高明之处。他提出"肉虽多，不使胜食气"、"不多食"、"食无求饱"、"唯酒无量、不及乱""疏食菜羹"等一系列养生主张。"肉虽多，不使食胜气"意为：面前的肉虽然很多，但不要吃得比主食还多。应当说，孔子的这一思想观念完全符合现代营养科学及平衡膳食的要求。

不仅如此，孔子还强调饮食的卫生及环境问题，这在当时尤为难得。"色恶，不食。"意思是说，食物的颜色变坏了，不吃。"臭恶，不食。"色味不好，不吃。"失饪，不食。"烹饪当有度、有节，否则不吃。"不时，不食。"如果不是进餐时间，就不吃。"割不正，不食"，在宰杀猪、羊时割肉不合常度，是失礼的，食物形态也被弄坏了，所以不吃。"唯酒无量，不及乱。"意思是只有酒没有限制，但以不醉为度。"沽酒、市脯不食。"市上买来的酒和熟肉熟菜，往往不清洁卫生，都不能吃。

孔子的审慎在生病时依然警觉，有人送给他治病的药，他面对这种新特效药，说"丘未达，不敢尝"，我没弄明白这药的药性，不敢乱吃。

以食为天——珍惜生命时的感恩与敬畏

《论语》中说孔子："虽疏食菜羹，必祭，必齐如也。"即使是粗饭菜汤，临吃前也必祭祀，而且容貌肃敬。孔子若看到丰盛的食物，必定面色变得庄重，形态变得恭敬，"有盛馔必变色而作"。主人准备了丰盛的饭菜，客人就要表示诚挚的感谢，这既是对他人的尊重，也是对美食的敬畏。孔子"食不语，寝不言"，用餐、就寝时不说话，恭敬一如往昔。天地赋予我们生命，就要好好珍惜，对赖以生存的吃饭，能不心怀感恩与敬畏吗？

庄重的庆典和欢乐的喜悦中体会生命的欢愉，悲戚与哀痛时尤其能感受到生命的可贵。《论语》说"子食于有丧者之侧，未尝饱也"，孔子在吃饭的时候遇到服丧的人，总不吃饱，表达出自己对对方的哀怜与同情。

孔子一个学生叫宰我，和孔子讨论过服丧时间的问题。宰我认为"三年之丧，期已久矣。君子三年不为礼，礼必坏；三年不为乐，乐必崩。旧谷既没，新谷既升，钻燧改火，期可已矣。"子曰："食夫稻，衣夫锦，于女安乎？"曰："安。""女安则为之。夫君子之居丧，食旨不甘，闻乐不乐，居处不安，故不为也。今女安，则为之。"宰我出。子曰："予之不仁也。子生三年，然后免于父母之怀。夫三年之丧，天下之通丧也。予也有三年之爱于其父母乎？"宰我说：三年守孝太长，很耽误事，一年还差不多。孔子很是恼火，质问宰我：服丧期间你吃细粮，穿华美衣服，心里安吗？老实的宰我说：心安。这话自然得到只是孔子的鄙视：宰我不仁不义，儿女被父母养育三年才能脱离怀抱。为父母服孝三年正是报答养育之恩，难道你没有在父母怀抱三年吗？父母去世，本是为人子的大悲痛，哪有心情锦衣玉食？孔子在此再一次深深表达出对于生命易逝的悲悯，对于珍惜生命的感恩，对于天地好生之德的敬畏。

儒道相近——谋食悟出长治久安之道

历来的大贤大德，无不在饮食的问题上予以高度关注，因为吃饭是关乎长治久安的大事。

在《论语》一书中，孔子非常尊崇大禹："恶衣食，致孝乎鬼神。"自己吃得很差，但祭祀的食物很丰盛。所以孔子后来教育他的学生们说："君子谋道不谋食。耕也，馁在其中矣。学也，禄在其中矣。君子忧道不忧贫。"君子谋求好的大道而不谋求食物，种地的人常常挨饿，做学问的人有钱，君子担心的是大道能不能实现，不担心自己是否贫穷。君子不要顾及自己的饭碗，而要着眼于天下大众。由吃饭上升到国家社会层面，让社会长治久安才是君子的职责。

孔子的学生子贡请教如何治理国家，子曰："足食足兵，民信之矣。"

食物与战争武器被放在同等重要的地步。当不能同时满足这两个条件时，孔子坚持要先去战争武器，因为食物比之更加重要。

从《史记》的《货值列传》到《盐铁论》，从王安石到张居正，从《土地法大纲》到联产承包责任制，所有的一切，无不是从天下百姓须臾不可离的食物问题出发。因为，吃得饱进而吃得好，是关系社稷国家安定、关乎长治久安的头等大事。

孔子不仅是伟大的教育家、思想家，也是伟大的美食家。他的"美食"从来也不丰盛，甚至有些寒酸，但是孔子从其中看到了美、发现了善，体悟出人生的大道。

大道至简，也许就蕴藏在像吃饭这么简单的事情中间。我们还要向圣人学习，学习他从吃饭中所得到的思想与智慧吧。

【故事链接】

一代帝范，节俭成风

朱元璋出身贫苦农家，不仅深深体谅农民生活的艰辛、物力的艰难，而且他还身体力行，带头倡导节俭。明朝建立后，按计划要在南京营建宫室。负责工程的人将图样送给他审定，他当即把雕琢考究的部分全去掉了。工程竣工后，他叫人在墙壁上画了许多触目惊心的历史故事做装饰，让自己时刻不忘历史教训。有个官员想用好看的石头铺设宫殿地面，被他当场狠狠地教训了一顿。

朱元璋用的车舆器具服用等物，按惯例该用金饰的，但他下令以铜代替。主管这事的官员说，这用不了多少金子，朱元璋说，"朕富有四海，岂吝惜这点黄金。但是，所谓俭约，非身先之，何以率天下？而且奢侈的开始，都是由小到大的。"他睡的御床与中产人家的睡床没有多大区别，每天早膳，只有蔬菜就餐。

在朱元璋的影响下，宫中的后妃也十分注意节俭。她们从不乔装打扮，穿的衣裳也是洗过几次的。有个内侍穿着新靴子在雨中行路，被朱元璋发现了，气得他痛哭了一顿。一个散骑舍人穿了件十分华丽的新衣服，朱元璋问他："这衣服用了多少钱？"舍人回道："五百贯。"朱元璋痛心地说："五百贯是数口之家的农夫一年的费用，而你却用来做一件衣服。如此骄奢，实在是太糟蹋东西了。"

朱元璋不喜欢喝酒，他多次发布限制酿酒的命令。他不爱奢华，讲究实际。他命令太监在皇宫墙边种菜，不要建造楼台亭阁。为了让儿子们得到锻炼，他命令太监织造麻鞋、竹签自用，规定诸王子出城稍远，要骑马十分之七，步行十分之三。由于他出身贫寒，从小没有读书的机会，从军后，到称帝晚年一直保持勤奋好学的作风。作战之余，理政之后，他常常请儒生讲述经史。经过几十年的刻苦自学，他不但能写手扎、军令，还能写诗作赋。他终生严格要求自己，不懈怠，不腐化。

还是在大明王朝建立的前夕，朱元璋将文武百官请到自己的身边，给大家出了个题目：元朝为什么会迅速土崩瓦解？不久将诞生的新王朝当务之急是什么？请大家各抒己见。

高参刘基首先进言："宋元以来，宽纵日久，当使纪纲整肃，然后才能实施新政。"朱元璋感到言之有理，也深感大明朝的当务之急，应是制定法律，以法治国。根据朱元璋的命令，法律的制定工作加紧进行，到洪武三十年(1397)正式颁布了几经修改的《大明律》。《大明律》简于《唐律》，严于《宋律》。《大明律》规定"谋反"、"谋大逆"者，不管主、从犯，一律凌迟，祖父、子、孙、兄弟及同居的人，只要年满16岁的都要处斩。

43

对官吏贪污，处罚也特别重。犯有贪赃罪的官吏，一经查清，一律发配到北方荒漠中充军。官员若贪污赃银60两以上，将被处枭首示众、剥皮实草之刑。命在各府州县衙门左侧设皮场庙，就是剥皮的刑场，贪官被押到这里，砍下头颅，挂到竿子上示众，再剥下人皮，塞上稻草，摆到衙门公堂旁边，用以警告继任的官员。朱元璋对自己制定的法律，带头实行，而且执法相当严厉，这在中国古代封建皇帝中是少有的。他的女婿、驸马都尉欧阳伦，凭着自己是马皇后亲生女儿安庆公主的丈夫，不顾朝廷的禁令，向陕西贩运私茶。后来河桥巡检司的一位小吏向朱元璋告发了此事。朱元璋立即下令赐死欧阳伦，同时他还发了通敕令，表扬那位小吏不畏权贵的斗争精神。

朱元璋唯一的亲侄，开国功臣朱文正，亦违法乱纪，朱元璋毫不留情废了他的官职。开国功臣汤和的姑夫，自以为有硬邦邦的靠山亲戚，就隐瞒常州的土地，不纳税粮，朱元璋也将他依法处死。

朱元璋当皇帝的30年中，还公开镇压了几起大贪污案，其中最大的是郭桓案。郭桓案发时为户部侍郎。洪武十八年（1385），御史余敏等告发北京承宣布政使司、提刑按察使司的官吏李彧、赵全德等人，伙同郭桓等人贪污舞弊，吞盗官粮。朱元璋抓住线索，命令司法部门依法严加追查。这个案子后来又牵连到礼部尚书赵瑁、刑部尚书王惠迪、兵部侍郎王杰、工部侍郎麦志德等高级官员和许多布政使司的官员。贪污盗窃的钱折成粮食达2400多万石。案件查清后，朱元璋下令将赵瑁、王惠迪等人弃尸街头；郭桓等六部侍郎及各地方布政使司以下的官员有上万人被处死；有牵连的官吏几万人被逮捕入狱，严加治罪。各地卷入这个案件的下级官吏、富豪，被抄家处死的不计其数。

故事一：

东汉末年，朝政腐败，贿赂成风，公开买官卖官，军阀割据，人民苦不堪言。然而，却出了个廉洁无私、力倡俭朴、帮助曹操统一北方的谋臣，他就是被称为"清公"的毛玠。

毛玠，字孝先，东汉末年陈留平丘（今河南长垣县西南）人，以清廉公正著称于世。建安十三年（208年），曹操被任命为丞相，他提拔毛玠为丞相府的东曹掾，负责人事管理工作，与尚书崔琰一起负责官吏的选拔、考核与任免。由于他们自身清廉，为人正直，因而所选任的官员，也都是清廉正直的人才。有些人虽然名望很高，但是品行不好，也一律不予任用。他们二人选任的原则是既要有真才实学，又必须廉洁俭朴，尤其注重敦厚务实与谦逊温和的人才。对于那些华而不实，只会空谈的浮华虚伪之辈，一概不用；对于那些结党营私，投机取巧的人，坚决摒弃；对于现任官吏，长期无政绩，或利用职权营私舞弊、贪赃枉法者，一律罢免。

这样一来，满朝文武无不以清廉俭朴的节操自勉。即使是朝中的显官宠臣，也不敢妄为，出门乘坐的车子和平时穿的衣服都不敢过度奢华，超越朝廷的规定。东汉末年以来竞相奢靡的风气为之一变，以至于有些高官为标榜俭朴，赴任时穿着朝服徒步而行，上朝时也自己带着粗茶淡饭，在离任回乡时，也都穿着朴素，坐一辆柴车回去。以清廉俭朴为荣，以铺张奢华为耻的社会风气逐渐形成了。有钱人收敛了无度之欲，原本廉洁的官吏更加克己自律，不敢有分外之想。曹操大为赞赏："像这样选用人才，使天下人都能自我节制，我还有什么可做的呢？"

毛玠选任官吏坚持原则，不徇私情，即使亲朋显贵，也不为所动。建安十六年（211 年），曹操的儿子曹丕，乘曹操西征马超、韩遂的机会，亲自到毛玠的官邸，请他给自己的几个亲信家属安排较好的职位。面对权臣无理的要求，毛玠不卑不亢地回答说："老臣因为平素尽忠职守才免于别人的指责，如今你所说的这几个人还不够升迁的资格，请你原谅，我是不敢任命他们官职的。"

后来曹操决定整顿和精简臃肿的官僚机构。那些对毛玠选官不满的人乘机发难，纷纷请求撤去毛玠主持的东曹。他们借古讽今，振振有词地说："按照古代旧典，西曹为上，东曹为下，因而应该兼并东曹。"曹操一向信任毛玠，对他的工作十分满意，也深知那些主张并省东曹的人用心不良，于是下令说："太阳从东方升起，人们平时谈到方位时，也总是先说东方，为什么要省去东曹呢？"毛玠深感曹操的知遇之恩，更加克尽职守。

曹操被封为魏王，毛玠也被提升为尚书仆射，仍然主管官吏的选任工作。后来曹操大会群臣，在毛玠起身去厕所时，曹操一面目送着毛玠的背影，一面对群臣说："这个人就是古代所说的国家的司直，我的周昌啊！"司直是汉代辅佐丞相，检举不法的官职。周昌是汉初的御史大夫，曾力谏汉高祖刘邦想废太子一事，以忠直敢谏著称。曹操把毛玠比作周昌和克尽职守的司直，信任和赞誉之情溢于言表。

先前，曹操在北征乌桓、平定柳城（今辽宁朝阳西南）后，把所获的珍宝财物赏赐给从征将士时，特意挑选了一幅洁白的屏风和一件白色的玉几赐给毛玠，并满怀深情地说："你有古代君子忠厚朴实、廉洁奉公的美德，所以特赐给你古人的用具以作纪念！"毛玠身居高官显位。掌握着用人大权，但从未以权谋私。他对自己要求很严，常常布衣素食，所得俸禄与赏赐大都抚育了兄长的遗孤，接济了贫苦百姓。为官数十年，家无余财。

建安二十一年（216年），一向竭心尽力，清廉无私的毛玠，因为同事崔琰一案而蒙受谗言，被曹操免职入狱，送交大理寺（司法审判机关）审讯。在审讯中，毛玠慷慨陈词："我在朝为官，数十年兢兢业业，主管选任大权，自然得罪了不少人，遭人诬陷也早在预料之中。我自以为光明磊落，而无徇私枉法的行为，因而请求当面对质。如果查明确实有罪，我甘愿受重处。"毛玠为官多年的品行一直为人称颂，所以桓阶、和洽等大臣都积极为他辩护，拼死相救，曹操最终免毛玠一死。

勤俭一生的老舍

在北京的西城，有一个小胡同，叫"小羊圈胡同"。"小羊圈胡同"非常小，全是低矮的草棚一样的房子，住的老百姓都是些穷苦人家。每逢刮风下雨，小胡同里低洼的地方就成了水塘。冬天，这里奇寒无比，屋里和屋外一样冷，缸里的水常常冻得结成冰。这里的老百姓吃的东西，常常是盐拌小葱，冬天是腌白菜帮子，有的人家长年只能从菜市场里找些烂菜叶子。

1899年2月3日，中国现代文学史上的代表人物老舍就降生在这个小胡同里。老舍上面有4个姐姐和3个哥哥，他最小。由于生活艰苦，长大成人的只有5个——大姐、二姐、三姐、三哥和老舍。老舍出生时是狗年，姑母就给他起了个很不好听的名字——小狗尾巴。老舍的妈妈靠拼命地给人洗衣裳，来养活一大家人。由于长年地洗衣裳，妈妈的手始终都是鲜红和微肿的。

而晚上，她还要在一盏小煤油灯下，做白天接下来的缝纫活。过年了，老舍喜欢到大街上看人家放焰火，看人家穿新衣、戴新帽。每当他看到街上谁家又宰了两头大猪，谁家又弄了一大筐冬天看不到的水果，妈妈总是说："孩子，我们家的饺子肉少菜多，是北京城最好吃的，不要去看人家的了。别看咱们家穷，可咱们要穷出志气来，让别人看到咱的腰不是泥做的，硬着呢。"穷要穷出志气来，这句话深深地印在了老舍的心里。

老舍上小学那年，已经出嫁多年的姐姐，给小弟弟做了一双新袜子。她兴高采烈地给老舍穿上了，看着弟弟一蹦三跳地去上学了。可是弟弟放学回来时，她发现弟弟的脚上却是空空的。她问老舍："弟弟，你的新袜子呢？"老舍从书包里掏出那双新袜子，说："老姐，我一出校门就脱掉了，我怕穿坏了。我上学时穿，放学了就脱掉。姐姐，我要和那些有钱人家的孩子比学习，不是比阔气。"

第二天上学，老舍仍穿着以前穿的旧袜子，头抬着上学去了。走着走着，老舍想，我把鞋也脱下来，不就可以少磨些鞋底吗？于是，大街上多了一个光着脚走路的小小读书郎。一天中午放学回到家，老舍问正在洗衣服的妈妈说"有没有吃的？"妈妈正在洗衣裳，头也没抬地说："没有啊，我还没有时间做呢。"老舍听了，扭头又回学校去了。中午当别的孩子在玩耍，在家里吃饭的时候，他一个人在教室里埋头写作业，头也不抬地写，他希望这样能让自己忘记饥饿。下午上课，他仍然若无其事地和同学有说有笑。穷人的孩子特别看重自己的尊严，他不希望自己因为贫穷而被人看不起。

梅花香自苦寒来。老舍在艰苦的生活环境中培养了勤俭节约的精神，树立了远大的志向。当他功成名就之后，仍然保持着勤俭的好习惯。一次，朋友邀请他参加一个舞会。舞会是一个隆重的场合，穿着自然要讲究一些，可是老舍只有两套灰布中山装，洗过几次后，就显得旧了，穿在身上像个清洁工。老舍就穿着这套衣服进了舞会，他对投来不解目光的朋友说："对不起了，这已经是我最好的衣服了。

老舍以是中国的大文豪，但他依然那么的勤俭，那么的廉洁。这都是儿时培养了精神。

林则徐拒贿拾遗

清嘉庆二十五年（1820年），林则徐被任命为江南监察御史，巡视江南各地。他到澎湖群岛寓所刚歇下，有个自称"花农"的人献上一盆玫瑰花，还说是要请林大人换个大盆栽花。林则徐心知有异，一脚踢翻花盆，盆里现出一个红包。包里是一只足有半斤重的金老鼠和一纸信笺，笺上写着："林大人亲收，张保敬献。"林则徐当场将张保行贿的金老鼠没收，上缴国库。

道光十九年（1839年），林则徐赴广州查禁鸦片。5月间，英国商务代表义律请林则徐到他的私邸参加宴会，并将一只精致方盒捧送给林则徐："请大人笑纳我们的小小见面礼。"林则徐接过来打开一看，大红软缎衬垫上放着一套鸦片烟具：白金烟管，秋鱼骨烟嘴，钻石烟斗，旁边是一盏巧雅孔明灯和一把金簪，光彩夺目，起码值10万英镑。林则徐道："义律先生，本部堂奉皇上旨意，到广州肃清烟毒。这套烟具属于违禁品，本当没收，但两国交往，友谊为重，请阁下将烟具带回贵国，存入皇家博物馆当展品吧！"义律被讽刺得无地自容，只好将礼品收回。

林则徐1820年赴湖北接任时，由襄阳发出《传牌》，云："伙食一切，亦已自行买备，沿途无须致送下程酒食等物。所属官员，只在本境码头接见，毋庸远迎。"1830年他离京赴粤查禁鸦片，行前，从良乡县向广东省发出《传牌》，云："此行并无随带官员供事书吏"，"并无前站后站之人"，"所有尖宿公馆，只用家常饭菜，不必备办整桌酒席，尤不得用燕窝烧烤，以节靡费。此非客气，切勿故违。至随身丁弁人夫，不许暗受分毫站规、门包等项。需索者即需扭禀，私送者定行特参。言出法随，各宜禀遵毋违。"

从《传牌》令可看出，林则徐升任出差途中，一不准下属远迎；二不准摆酒席；三不准索贿受贿。林则徐这种廉洁正派的作风，确实值得称道。他是一位鸦片战争时期的民族英雄，而他那种堂堂正正做人的品格和廉洁正派的作风，更值得后人久久怀念。

一代贤相卢怀慎

卢怀慎是唐朝的宰相，此人出身范阳卢氏，是河北名门望族，因此非常重视自己的门第声望，丝毫不敢玷辱。唐朝注重门第到了什么程度？皇帝老李家的门第不高，因此，皇帝的女儿在唐朝是很愁嫁的——考诸唐代的婚姻，皇帝的女儿，一般名门子弟、士人，对公主唯恐避之不及，不愿与皇室结亲，无意攀龙附凤。《新唐书》载，皇帝最疼爱的女儿岐阳公主待嫁，皇帝让宰相李吉甫到多位大臣的子弟中求婚，但是，这些名门望族，面对前来说媒提亲的李丞相，"皆辞疾"，都说自己的儿子身体不好，甚至有性功能障碍什么的，最后只有一位名叫杜悰的被选中了——哪里是选中了，简直就是把小杜缠住了、赖上了。因为小杜丝毫不认为这桩婚姻是令人羡慕的，更谈不上荣耀。

原因就是当时的人，一注重门第——以李唐皇帝之至尊，门第却不是当时沿革下来最尊贵的姓氏，这很让唐代的皇帝们郁闷。二注重礼法——娶公主和身份地位比自己高的女人为妻，难免不流露骄横，在一个礼义廉耻四维大张的时代，攀龙附凤、升官发财当然也很重要，但若失守礼法，一切都是浮云。

卢怀慎重视门第不是给自己家乡建豪宅、建地库以便藏东西，也不是利用职权请人给自己的祖宗编写传记以虚美先祖，给死人脸上画油彩，让死人脸上的彩光照亮自己的仕途。更没有勾结地方官提拔自己的兄弟子侄，成为范阳一霸。而是非常注重自己的名声，在古人看来，所谓门第，不是门楼高、宅第大，而是名望高，让人尊敬仰慕。注重门第，简单通俗地说，就是要脸。这个意思，后来有一句话：大学之大，不在大楼，而在大师。即滥觞于此。

卢怀慎认为，居官发财是可耻的。朝廷给官员的俸禄是朝廷的制度，但是，官员自身，既然读圣贤书出身，就不应该看重钱财，凡看重钱财，其内心必然怀揣偷私，办事必然不竭诚公正，而生活奢靡，就更有害了，因为奢靡是上不封顶，没个尽兴的，一旦官员沾染了奢靡习气，就很难戒除。奢靡本来是非分的，但是让他戒除，他却满腹埋怨，心生怨恨。官员追求奢靡，俸禄不够，就会接受贿赂，出卖国家利益、透支社会公正，侵害朝廷和百姓的整体利益，所谓"居官必贿、居乡必盗"。所以，他主张，一开始就追求清贫，这样就对奢靡有了最坚固不可破的防火墙。

卢怀慎由于甘守清贫，所以他头脑时刻保持高度清醒，在初唐后期呈现经济社会兴旺之象的时候，奢靡之风随之兴起，阴险小人为了忽悠朝廷和皇帝，就吹嘘说现在是太平盛世好日子。卢怀慎当时任黄门监兼吏部尚书，就是负责考核和提拔官员的官，他对自己非常欣赏的干部宋璟和卢从愿等说：老百姓感到自足，说自己赶上了盛世享太平，咱们当官的可不能这么想，要时刻保持如履薄冰的警惕，稍微一放松，就被裹挟到奢靡昏昧中去，不能自拔。他还告诫这些人，我们要竭诚尽力辅佐皇帝，我们稍微一松懈，小人就乘机钻营到皇帝身边去了，本来现在国家安定，作为皇帝自然就会放松，这样就给小人以机会。我听说现在各地都派人到京城驻扎，专门跑关系，这是很危险的，不好好干事，专门跑关系，干的无疑都是坏事。一旦小人在皇帝身边站住了脚，就很难清除，小人由于利益，还会结党，只有结党，才能营私。小人就像奢靡的生活一样，很容易让人着迷喜爱。卢怀慎的告诫，被若干年后的唐文宗深有感触地证实了："去河北贼（安史之乱）易，去朝中朋党难。"

卢怀慎针对官员的升迁任用存在的问题，给皇帝上书，他讲的道理，即使千古之下，也不过时——他说：官员们在皇帝面前千方百计争宠求升迁，而不将注意力放在工作上，这样必然贪图贿赂，又相互激发追求奢靡之心，因为只有奢靡是不能够满足的，不满足就有了投其所好的机会，这实在是国家和政事的极大祸害。臣发现朝廷内外官员中，有的贪污受贿、声名狼藉，侵害平民百姓利益，给皇帝和朝廷聚恨敛怨的官员，虽然被查处、流放或贬官，但没多久就很快就异地当官，甚至升迁，朝廷只是粗略表示一下惩罚而已。这些官员有的经此轻惩薄处，被贬斥，内心自暴自弃，放弃了理想和健康的价值观，贪财聚敛变本加厉，不顾其身，根本没有悔改之心。圣明的皇帝，如果用犯过错误的官吏治理一方，等于是给奸人贪官乱施恩惠而遗弃出卖了一方百姓。普天之下，莫非王土，四方州郡，哪个地方的百姓辜负了皇帝您和朝廷的圣明教化，要倒霉承受这种坏人的恶政呢？尤其是边境地区，本来多民族杂居，情况复杂，自古以来容易闹乱子而难于长久安定。如果治理这种地方的官员没有德行和才能，就会加剧这种地方的动乱。而被贬斥到这种地方的官员，他们贪受妄用而荒怠政事，朝廷念他们远在边鄙，不予苛求，在花钱方面睁一只眼闭一只眼，这样就养成了他们无论如何奢贪婪都觉得国家欠他们的。而那些没有希望再升迁的人，就更加利用这种机会奢靡享受，贪贿聚敛。一般来说，平凡之才都不可用，何况奸猾贪婪的官吏呢？臣请求对那些因贪赃而被停罢官职的人，罢官不到数十年，不得赐恩重新录用。《尚书》说："识别善恶"，讲的就是这个道理。

卢怀慎平常居家清贫自甘，甚至连百姓的日子都不如。他去世后两年，一天，唐玄宗到长安城南游玩，路过一个村庄，见一户人家有人出出进进，派人去问，才知道是卢丞相去世两周年，家人祭奠，但因为太穷，只能招待客人吃斋饭。玄宗感慨万千，赏赐甚厚，罢游乐。

传说卢怀慎死了两次——第一次死后，家里儿女痛哭，卢夫人安慰孩子们：你父亲给你们留下的宝贵财富，就是清廉。但是，我们家穷得连给你父亲办丧事的钱都没有，而那些贪官却活得奢靡，死得风光……旁边有人议论：他这样当官一辈子有什么意思？当那么大的官，一天好日子都没享受过。不料，到了晚上，卢怀慎又活过来了。他回忆自己到阴间游了一圈,说: 阴间种种刑罚，异常酷烈，都是给贪官和奢靡之人准备的，我去了，发现没有一样是给我预备的，我的罪都在活着的时候免了。说完，含笑而逝。

7. 勿营华屋，勿谋良田。

【译文】

凡经营高堂广厦者，一为炫耀乡里，二为子孙着想。殊不知你既然炫耀富有，人家便想"均贫富"。而富有之家，多出浪荡子孙，也就是拆屋子孙，卖屋子孙。既为良田，必然已有主，谋人良田，夺人所爱，便种下祸根。故自古以来之远见卓识者，以诗书礼教传家。

【注解】

现如今，房子问题成了国人关注的焦点，不仅有专门说房子问题的电视剧，连《婚姻法》也对房子问题专门做了司法解释，以至于有人说，你爱的究竟是人还是房子。在当今这个一切都可以成为资本的时代，炒房子成了一些人快速发财的重要门径。

也许有人会说中国人多，住房紧张很自然。其实不然。中国历来人多，但是没有出现现在这种全民忧房的现象。想当年曾国藩、鲁迅们在北京租房子都是非常便宜的。为什么？就是因为没有今天这样的炒房热。

古人不炒房，也不热衷于营造豪华住宅。清人朱柏庐的《朱子治家格言》就有一句很有名的话："勿营华屋，勿谋良田。"这是对古人智慧的总结，因为在这之前有过许多关于房子和土地的著名故事。其中一个是郭子仪修汾阳王府的故事。据元末明初学者陶宗仪所编纂的笔记《说郛·谈宾录》记载，唐朝中兴重臣郭子仪在奉旨兴建汾阳王府时，曾拄着拐杖到工地视察，顺口吩咐一位砌墙工匠，墙基要建得坚固一些。这位工匠回答说，请王爷放心，我家祖孙三代在长安，都是做泥水匠的，不知盖了多少府第，可是只见过房屋换主人，还未见过哪栋房屋倒塌了的。工匠的无心之语，使郭子仪领悟到了人世变幻无常的道理，从此再也没到过工地。中国古代哲人教导人们："高岸为谷，深谷为陵"，"君子之泽，五世而斩"。老百姓也说："富不过三代"。如果从国家社会的变化的大范围长过程看，那就更是如此。古人的怀古诗抒发的大都是这种感慨，如刘禹锡的"旧时王谢堂前燕，飞入寻常百姓家"、"人世几回伤往事，山形依旧枕寒流"，李白的"吴宫花草埋幽径，晋代衣冠成古丘"等等。"六尺巷"的故事也表达了同样的智慧。

"六尺巷"的故事说的是安徽桐城，有条著名的小巷——六尺巷。原本这里没有巷，一边是清朝宰相张英的房子，一边是平民商人吴氏的房子。有一次两家修房子，吴氏企图占据张英的地基，张英家人修书北京，要张英管一管吴氏。结果张英回复了一首诗："一纸书来只为墙，让他三尺又何妨；长城万里今犹在，不见当年秦始皇。"家人得诗，将墙主动退后三尺。吴氏受到感动也后撤三尺，于是成了六尺巷。许多人赞扬的是张家的"忍让"精神，而我觉得张英之所以让，首先是他看到了"长城万里今犹在，不见当年秦始皇。"我们老家也有一句民间俗语："至穷不卖屋，至发（财）不起屋。"为什么"至发不起屋"？新房尤其是豪宅，惹眼，在旧社会不太平的时代，常常成为打劫的对象。即使抛开这一层不说，修屋也是一件很费心费力费钱的事，所以民国时期有"若要一天不得安，请客；若要一年不得安，盖房；若要一生不得安，娶姨太太"的说法。

至于说到"勿谋良田"，最著名的当数孙叔敖教子了。春秋时期楚国令尹孙叔敖临死时告诫儿子："我活着没有接受楚王的封地，死后楚王必定封你城邑，到时，你一定不要接受别人都争着要的城邑。在楚越边界有个叫寝丘的地方，低洼脊背，城名也不吉利，历来没有人争，你只管要它，能保你衣食饱暖且常保不失。"孙叔敖为相清正廉洁，不蓄余财，死后几年，儿子穷愁潦倒，只好上山砍柴为生。孙叔敖的好友优孟得知后，上朝提醒楚王，楚王立即下令给孙叔敖儿子重赏封地。孙叔敖的儿子按其父嘱，不要肥缺城邑，只求瘠薄的寝丘。庄王封给孙叔敖的儿子寝丘四百户赋税，还夸奖贤者之后有贤风。按楚国规定，功臣的封地经过两代，别的人要封时就收回。由于寝丘是人们不屑一顾之地，所以在孙叔敖的子孙那里一直传了十几代。孙叔敖不以俗念争肥缺而得长利，后人称之为"短智佐君王，长智利子孙"。

因此，"勿营华屋，勿谋良田"是古代智者告诉人们的生存智慧。

【故事链接】

<h1 style="text-align:center">遗子以金，不如遗子认经</h1>

西汉益乡里，东海兰陵（今山东枣庄东南）有个人叫疏广，字仲翁，天

性聪颖，又自幼勤奋好学，他的学识受到当时人们的称赞，尤其是对《春秋》很有研究。他在家开门授学，远近慕名而来的人很多。不久，疏广便被朝廷征为博士。宣帝地节三年（公元前 67 年），立皇太子，疏广便被朝廷任命为少傅，与太傅丙吉一起教授太子，几个月以后，丙吉升任御史大夫，疏广接任太傅。

疏广的兄长有位儿子叫疏受，字公子，人品学识都小有名气，被地方推举为贤良，也与疏广一起被征到太子家为太子服务。有一次，宣帝到太子宫来，疏受负责接待，言行举止都很得体，既聪明又谦恭。太子身边有这样的人引导，宣帝感到很高兴。疏广任太傅之后，宣帝便命疏受任少傅，叔侄两人共同教授太子。在疏广疏受叔侄的悉心教导之下，皇太子的学业进展很快，十二岁便能通晓《论语》、《孝经》等儒家经典。宣帝对他们的教育很满意。因而常常给他们赏赐。

历史上，许多任太傅或少傅的人，往往凭借他们与太子的特殊师徒关系，一旦太子成了皇帝，他们便成了朝中把持权柄的大臣。但疏广考虑的却是功成身退。当时，他已当了五年太傅，皇太子已长大，学业又有长进。于是，他便与疏受商量隐退的事。他对疏受说："一个人要知足才不至受辱，要适可而止才不会有危险。现在我们已功成名就了，不如引退归家，以养终年。"疏受觉得叔父说得有理，同意一齐辞官。于是他们上书给宣帝，声称自己年老体弱，不再胜教导太子之任，要求告老还乡。宣帝舍不得他们走而再三挽留，但见他们辞恳意决，也只好同意了。临别前，宣帝赐了二十斤黄金作酬劳，皇太子为感谢教育之恩，也赠送了五十斤黄金。这可以说是一笔不少的财富了。

疏广疏受叔侄带着宣帝和太子临行所赠的黄金及平时所赏的钱物回到家乡，亲朋故旧听说了都回来探望。疏广便每日设宴，邀请亲友开怀畅饮。还不时给一些穷人赠送一些钱物。这样坚持了一段时间，所带回来的钱用去了不少。

疏广的儿子原以为父亲必定会给子孙买些田宅家业的。但一直没见有动静，便旁敲侧击地提了几次，但都得不到反应。于是便想办法让疏广平时所敬重的人去提这件事。被托的人对疏广说："你告老还乡，亲朋好友都沾光不少。你带回的黄金也和大家花了许多。为长远计，应该给子孙买些田地房屋，荫福后代。"

疏广说："我明白你的好意，我也不是老懵懂，不想为子孙做好事，只是按你说的去做，是害子孙而不是造福子孙。"

"给子孙买田宅，置长久基业，怎么是害了子孙呢？"

"我原有的田地，已够子孙耕作，如他们能勤勤恳恳地劳动，则已能和普通农户一样过上丰衣足食的日子。如果现在增置产业，使子孙不用辛勤劳作，也能有较多的收获，这样实际上是教子孙懒惰。并且，有大志的人，财产多了，会损害他们的理想；愚而无为的人，财产多了，会助长他们犯错误。财富多了还会招惹众人的妒恨。这怎能说是造福子孙呢？"

来说劝词的人反而被疏广说得心服口服，不再说什么了。疏广始终没有给子孙增置产业，他认为"遗子以金，不如遗子认经"，他希望留给子孙的是勤奋好学的美德。

大贪官和珅

乾隆帝做了六十年皇帝，在文治武功方面，取得了胜利。他志满意得，骄傲起来，把自己称作"十全老人"。他越来越喜欢听颂扬的话，于是，就有人用讨好奉承的手段取得他的宠信，掌握了大权。

有一次，乾隆帝准备出外巡视，叫侍从官员准备仪仗。官员一下子找不到仪仗用的黄盖。急得不知怎么才好。乾隆帝十分恼火，问："这是谁干的好事？"

官员们听到皇帝责问，吓得张口结舌。有一个青年校尉在旁从容不迫地说："管事的人不能推卸责任。"

乾隆帝侧过脸一看，那个校尉眉目清秀，态度镇静，乾隆帝心里高兴，把追问黄盖的事也忘了，问他叫什么名字。那青年校尉回答，名叫和珅。乾隆帝又问他的家庭情况，读过哪些书，和珅也无不对答如流。

乾隆帝十分赞赏和珅，马上宣布他总管仪仗，以后又派他当御前侍卫。和珅是个非常伶俐的人，乾隆帝要什么，他件件都办得十分称心；乾隆帝爱听好话，和珅就尽说顺耳的。日子一久，乾隆帝把和珅当作亲信，和珅也步步高升。不出十年，从一个侍卫提升到了大学士。后来，乾隆帝还把他女儿和孝公主嫁给和珅的儿子。和珅跟皇帝攀上了亲家，那权势更别提有多大了。再加上乾隆帝年老力衰，朝政大事，就自然落在和珅手里。

和珅掌了大权，别的大事他没心思管，却一味搜刮财富。他不但接受贿赂，而且公开勒索；不但暗中贪污，而且明里掠夺。地方官员献给皇帝的贡品，都要经过和珅的手。和珅先挑最精致稀罕的留给自己，挑剩下来再送到宫里去。好在乾隆帝不查问，别人也不敢告发，他的贪心就越来越大了。

有一回，有个大臣叫孙士毅，从南方回到北京，准备朝见乾隆帝，正巧在宫门口遇到了和珅。和珅一见孙士毅手里拿着一只盒子，就问："你手里是什么东西？"

孙士毅说："没什么，是一只鼻烟壶。"

和珅走上前去，不客气地把盒子抓在手里。打开一看，那只鼻烟壶竟是用一颗大珠子雕刻出来的。和珅拿在手里，看了又看，嘴里连声啧啧称赞，涎皮赖脸地说："好宝贝！就送给我，怎么样？"

孙士毅慌忙说："哎，不行了。这件宝贝是准备献给皇上的，昨天已经奏明皇上了。"

和珅脸色一沉，把珠壶往孙士毅手里一塞，冷笑着说："我不过跟你开个玩笑，何必那样寒酸相！"

孙士毅把那只珠壶献给了乾隆帝。过了几天，他又跟和珅碰在一起，只见和珅得意扬扬地说："我昨天也弄到一件宝贝，您看看，能不能跟您上次进贡的那只比？"

孙士毅走过去一看，原来就是他献给乾隆帝的那只珠壶。孙士毅嘴里随口应付了几句，心里想，这件宝贝怎么会落到和珅手里，一定是乾隆帝赏给他了。后来，他偷偷打听，才知道和珅是买通太监从宫里偷出来的。

和珅利用他的地位权力，千方百计搜刮财富，一些朝臣和地方官员，知道他的脾气，就尽量搜刮珍贵的珠宝去讨好和珅。大官压小吏，小吏又向百姓层层压榨，百姓的日子自然越来越难过了。

乾隆帝在做满六十年皇帝后，传位给了太子颙琰，颙琰即位，就是清仁宗，又叫嘉庆帝。

嘉庆帝早知道和珅贪赃枉法的情况。过了三年，乾隆帝一死，嘉庆帝马上把和珅逮捕起来，叫他自杀；并且派官员查抄和珅的家产。

和珅的豪富，本来是出了名的，但是抄家的结果，还是让大家大吃一惊。长长的一张抄家清单里，记载着金银财宝，绫罗绸缎，稀奇古董，多得数都数不清，粗粗估算一下，大约值白银八亿两之多，抵得上朝廷十年的收入。后来听说，那查抄出来的大批财宝，都让嘉庆帝派人运到宫里去了。于是，民间就有人编了两句顺口溜讽刺说："和珅跌倒，嘉庆吃饱。"

海瑞巧治胡公子

海瑞（1514～1587），字汝贤，号刚峰，广东琼山人，回族。明嘉靖举人，历任淳安、兴国知县，户部主事、吏部右侍郎、应天府巡抚、南京右佥都御史等职。

明朝嘉靖年间，社会风气腐败。达官贵人经州过县，除了酒肉招待之外，还要送上厚礼。那礼帖上写的是"白米多少石"、"黄米多少石"。但其实，这"白米"、"黄米"都是隐语，指的是白银多少两、黄金多少两。这样的风气蔓延开来，连一些公子衙内路过，地方也要隆重接待。

一天，总督胡宗宪的儿子，带着一队人马来到淳安。驿站官员不知道来者是谁，接待上稍有怠慢，惹得胡公子大怒，当场命令家丁，把驿吏五花大绑，吊在树上，用皮鞭狠狠抽打。淳安知县海瑞听说后，马上赶到驿站，见光天化日之下竟有如此无法无天之举，顿时义愤填膺。他大喝一声："住手！"立即命令给驿吏松绑。胡公子的手下见"半路杀出了程咬金"，呼啦一下把海瑞团团围了起来。胡公子趾高气扬，挥着马鞭，说："你知道大爷是谁吗？"

海瑞理直气壮、义正词严，指斥道："不管你是谁，都不准在我管辖的地方胡作非为！"胡公子手下的家丁威吓说："狗官，你瞎了眼！这是胡总督胡大人的公子！"海瑞一听，心中早已有谱。他冷冷一笑，说："哼，以往胡大人来此巡查，命令所有地方一律不得铺张。今天看你们如此行装威盛，如此胡作非为，显然不是什么胡大人的公子，定是假冒的！"说时迟那时快，海瑞挥手喝令将胡公子捉下，驱逐出境，并把他沿途勒索的金银财物统统充公。

57

事后，海瑞马上给胡宗宪修书一封，一本正经地禀告说："有人自称胡家公子沿途仗势欺民。海瑞想胡公必无此子，显系假冒。为免其败坏总督清名，我已没收其金银，并将之驱逐出境。"

胡宗宪是一代抗倭名将，他收到信后并不怪罪海瑞。就这样，海瑞巧妙地制服了胡公子的巧取豪夺。

海瑞一生刚正不阿，在老百姓当中流传着这样一段称颂他的歌谣："海刚峰，不怕死，不要钱，不吐刚茹柔，真是铮铮一汉子！""不吐刚茹柔"，意思是不吐出硬的、吃下软的。它高度评价了海瑞不吃软怕硬的硬骨头精神。

一代名相诸葛亮

三国时期，蜀国境内"刑法虽峻而无怨者"，很重要的一个原因，是蜀国名相诸葛亮严于律己，一身清廉使然。诸葛亮一生"抚百姓，示官职，从权制，开诚心，布公道"。

刘备三顾茅庐，诸葛亮深为其所动，之后跟随刘备征战南北，奇功屡建。刘备死后，诸葛亮"受任于败军之际，奉命于危难之间"，蜀国国事，事无巨细，每必亲躬。他5次亲率大军，北伐曹魏，与曹魏短兵相接。他严格要求子侄辈，不以自己位高权重而特殊对待。他亲派侄儿诸葛乔与诸将子弟一起，率兵转运军粮于深山险谷之中。为此，他专门给其兄诸葛谨写信说，诸葛乔"本当还成都"，但"今诸将子弟皆得转运"，"宜同荣辱"。马谡失街亭后，他引咎自责，上疏后主刘禅，"请自贬三等"，从此更兢兢业业、勤勉有加。"夙兴夜寐，罚二十以上，皆亲揽焉；所啖食不至四升。"长期的废寝忘食使他心力交瘁，积劳成疾，年仅54岁便英年早逝。诸葛亮以他的实际行动验证了自己"鞠躬尽瘁，死而后已"的诺言。

诸葛亮生前，在给后主的一份奏章中对自己的财产、收入进行了申报："成都有桑800株，薄田15顷，子弟衣食，自有余饶。至于臣在外任，无别调度，随身衣食，悉仰于官，不别治生，以长尺寸。若死之日，不使内有余帛，外有盈财，以负陛下。"诸葛亮去世后，其家中情形确如奏章所言，可谓内无余帛，外无盈财。

诸葛亮病危时，留下遗嘱，要求把他的遗体安葬在汉中定军山，丧葬力求节俭简朴，依山造坟，墓穴切不可求大，只要能容纳下一口棺木即可。入殓时，只着平时便服，不放任何陪葬品。这就是一代名相诸葛亮死后的最高要求，其高风亮节实为可圈可点。

白居易怒打行贿人

唐朝贞元年间，著名诗人白居易考中进士后，被派往陕西周至当县令。

他刚上任，城西的赵乡绅和李财主就为争夺一块地跑到县衙打官司。为了能打赢官司，赵乡绅差人买了一条大鲤鱼，在鱼肚中塞满银子送到县衙。而李财主则命长工从田里挑了个大西瓜，掏出瓜瓤，也塞满银子送了来。收到两份"重礼"后，白居易吩咐手下贴出告示，明天公开审案。

第二天，县衙门外挤满了看热闹的百姓。白居易升堂后问道："你们哪个先讲？"赵乡绅抢着说："大人，我的理（鲤）长，我先讲。"李财主也不甘示弱说："我的理（瓜）大，该我先讲。"白居易沉下脸说："什么理长理大？成何体统！"赵乡绅以为县太爷忘了自己送的礼，连忙说："大人息怒，小人是个愚（鱼）民啊！"白居易微微一笑说："本官耳聪目明，用不着你们旁敲侧击，更不喜欢有人暗通关节。来人，把贿赂之物取来示众。"

衙役取来鲤鱼和西瓜，当众抖出银子，听审者一片哗然。白居易厉声喝道："大胆刁民，胆敢公然贿赂本官，按大唐律法各打四十大板！"赵乡绅和李财主吓得瘫倒在地，衙役把他们拖到一边狠狠地打了起来，众百姓无不拍手称快。

杖刑完毕，白居易斥道："周至县就是被你们这些不法之徒搅得乌烟瘴气，今日责打，就是要你们今后奉公守法，老实做人。至于这些行贿的银子，我看就用来救济贫苦百姓吧！"

刘少奇的廉洁

1942年麦熟的时候，大树村熊老爹家隔壁住下了一个高个子、约莫三十来岁的干部。这干部到村后，每天晌午，拿张报纸到熊老爹菜园里去看。逢着熊老爹没事，他就唠家常，还帮着熊老爹薅草。日子久啦，比一家人还亲。熊老爹心里可乐呵呵的，逢人就夸，说他懂穷人们的心思。

一天，这干部到熊老爹菜园里来买菜。熊老爹正在摘黄瓜、刨小葱，忙得团团转。这干部二话没说，就帮着熊老爹一起摘，一起刨。待把菜弄好了，才从袋里摸出一卷票子递给熊老爹，说是菜钱。熊老爹一看，就动了气，两手一推，说："同志啊！你这就见外啦。自己种的，还能说要钱？你三天两头地帮俺弄地，别说你来拿，俺送也得送给你呀！"这干部见老爹高低不肯要，就坐下和老爹磨蹭了一会儿，只好拿着菜走了。

到了傍晚，熊老爹想吸袋烟，摸着烟袋里有卷东西，不像烟丝。掏出一看，嗨，还不是那票子！熊老爹气又来了，冲着他老伴说："这个人，他高低给钱，我高低不收，他又把钱放在我的烟袋里啦！"说着，就要给送回去。大娘说："别啦！天不早啦！再去抹黑碰门的，惊动人家。明儿待他来看报，再给他不得啦？"这老爹才把票子叠了又叠，放进贴肉的小口袋里。可巧，打从这天起，熊老爹在家等了一天、两天、三天，但再也不见那干部来看报了。到了第四天，熊老爹等不及了，就出门找去。才出门，就见村上三个一堆儿、五个一圈儿地谈得正欢。老爹上去一打听，都说那干部就是刘少奇同志。三天前就走啦！

这一下，可把个熊老爹乐坏了。他一口气奔回家，捏着那一卷票子，对老伴说："你晓得这卷票子是谁的？——刘少奇同志的！"当下，熊老爹就叫老伴给他小褂上缝个口袋，缝在左襟靠胸口的地方。他把票子装在小口袋里，袋口又别了根儿别针。

打从这天起，熊老爹那件褂子再也不离身了。干活热了，别人对他说："老爹，热啦，把褂子脱了吧。"熊老爹说："我不热，我褂子上有宝贝。"累了，别人对他说："老爹，累啦，歇会儿干吧。"熊老爹说："我不累，我褂子上有宝贝。"这卷票子就一直靠在熊老爹的心上，从没离开过。

60 8. 三姑六婆，实淫盗之媒；婢美妾娇，非闺房之福。

【译文】

　　三姑六婆那些人，她们实在是荒淫和盗贼的媒人（这里不是"三姑六婆"，而是指一些爱搬弄是非的女人，象水浒里面的王婆）。美丽的婢子漂亮的妾，这并不是家内的福气

【注解】

　　"三姑六婆"，按古人的笔记讲，指的是尼姑、道姑、卦姑，牙婆、媒婆、师婆、虔婆、药婆、稳婆。卦姑即以算卦为业的妇人，牙婆指女人贩子，媒婆指专给人做媒的妇女，师婆指女巫，虔婆即妓院的鸨母，药婆指女医，稳婆即产婆。这里三姑六婆并非实指，而是泛说那些搬弄是非、说长道短的中老年妇女。实当确实讲。淫本指雨水过多，如《岳阳楼记》中写的"淫雨霏霏"，后引申为不正当的性行为。媒当媒人讲，也就是牵线搭桥之人。婢指女仆。妾指正妻以外的妻子，古代是一夫多妻制。闺房本指女子住的房间，这里指家庭。这句的意思是：那些搬弄是非、说长道短的妇女，确实是淫乱盗窃的媒人；而女仆太美丽、妻妾太娇媚，并不是家庭的福气。

　　为什么说三姑六婆就是淫盗之媒呢？旧时代女性大多没读过书，没读书就不能明理，认识、判断、处理事情就每以利益和个人好恶为标准，难从道义大局着眼。结婚以后管理家务离不开钱财。俗话说："开门七件事，油盐柴米酱醋茶，样样都要钱。"要用钱，自然要想着钱，不知不觉钱财就成了生活第一要义。处理事情不顾大局，只顾自己，则处理不好家庭关系，婆媳、妯娌、姑嫂、邻里矛盾随之而来。看重钱财则容易唯利是图，利欲熏心。这些势利俗气的妇女聚在一起，就相互攀比，说长道短。著名漫画家丰子恺先生画了一幅画，水井边两个妇人在一起洗衣服，妇人都没画眼睛鼻子，只画了两个张开的嘴，题名"东家长，西家短"，这是对三姑六婆形象的生动写照。

　　三姑六婆一旦有机会便会做淫乱盗窃的中介人。中国古典小说中这种为淫盗之媒的三姑六婆屡见不鲜。最典型的就是明朝《水浒传》里，恶霸西门

庆看上了武松哥哥武大郎的妻子潘金莲，就去收买潘金莲的邻居王婆。王婆见钱眼开，为了西门庆的十两银子，竟为西门庆勾引潘金莲出谋划策，穿针引线，最终居然给西门庆出主意，将武大郎活活害死。你说这王婆可恶不可恶，不过王婆最终也没有好下场，被武松给除掉了。还有《喻世明言》的第一回写了个薛婆。《喻世明言》是明朝著名通俗文学家冯梦龙写的白话短篇小说集"三言"中的一部，另两部为《警世通言》、《醒世恒言》。故事讲有个叫蒋兴哥的公子娶了王三巧，婚后二人非常恩爱。不久蒋兴哥到异乡做生意，王三巧一人在家独守空房，异常思念丈夫。恰在此时外地来了个做生意的陈公子，无意间看到了在街旁二楼窗前守望丈夫的美貌的王三巧，便生非分之想。为了能接触亲近王三巧，陈公子寻到了王三巧的街坊薛婆，如此这般说了自己心意，并用钱财贿赂薛婆，薛婆先用计接近王三巧，相熟后又百般挑逗王三巧，待王三巧酒醉春心荡漾之时，引陈公子夜来相会，从此做了数月的露水夫妻。后来陈公子又因生意要离开此地，临别时王三巧将丈夫蒋兴哥家祖传的一件珍珠衫赠予陈公子为念。哪想陈公子客行他乡在一同乡会上识得蒋兴哥，二人相投，竟约再见，吃酒发热时，陈公子脱去外套，将贴身穿的珍珠衫露出，蒋兴哥见了诧异，赞美衣衫，询问来由。陈公子酒兴正浓，就将如何识王三巧、得珍珠衫的风流韵事津津有味地说了一遍。蒋兴哥气愤极了，回乡休了王三巧，又痛打了薛婆。而陈公子回家异常珍爱珍珠衫，其妻平氏奇怪就将珍珠衫藏了。第二年陈公子想再去寻王三巧，刚到王三巧的家乡就被土匪抢了，又听说三巧被丈夫休了后已再嫁，气得一病不起，急写家书令妻子平氏来救他。未想平氏赶到，丈夫已死，平氏的仆人将其首饰盘缠偷了个精光。平氏守着丈夫棺木，无钱还乡下葬。暂住处的邻居来与平氏做媒，平氏为卖身葬夫，也就嫁了，未想嫁的正是蒋兴哥。平氏赶来救夫，它物带得很少，因怀疑珍珠衫，就随身带了，蒋兴哥认出询问，平氏说出来由，蒋才恍悟所娶正是陈公子妻，深叹人世之奇。婚后蒋兴哥又外出做生意，与一个做生意的老者争执，轻轻一推老者就倒在地上死了。老者儿子拉蒋兴哥吃官司，结果这判案的县令正是王三巧再嫁的丈夫。王三巧央告丈夫救了蒋兴哥，二人相见，抱头痛哭。县令见状，问明二人原是恩爱夫妻，也就成全他们，叫蒋兴哥把王三巧带走。回家以后，平氏做正房，王三巧做偏房，从此三人恩爱到老。这故事很奇巧有趣，所以详细讲给大家听听。但书归正传，还是说回这做淫盗之媒的薛婆。若无这薛婆，也不会让一对恩爱夫妻生出许多悲欢离合。若无那王婆，武松一家也不会搞得家破人亡，最后武松也被逼上梁山。讲了这两个故事，大家就能比较形象地体会到什么叫"三姑六婆，实淫盗之媒"了。另外，在中国戏剧中，三姑六婆都是被人取笑的丑角形象。

再说什么叫"婢美妾娇，非闺房之福"。旧时代都是聚族而居，大家庭人很多，女仆丫鬟太漂亮了，难免生是非。这是非或许根本不是女仆丫鬟主观愿意的，但如果太漂亮，客观上就会招来意想不到的麻烦。比如《红楼梦》中贾母的丫鬟鸳鸯，本是很真正的，就是生得俊美，竟被年龄可以当她父亲的大老爷贾赦看上，要纳为妾，逼得鸳鸯差点上吊自杀，又惊动贾母，闹得满城风雨。小妾太娇媚，则难识大体，必然任性撒娇，或恃娇卖宠。像巴金老人《家》、《春》、《秋》中高老太爷的小妾陈姨太，就恃娇卖宠、呼风唤雨，搞得高家不得安宁。所以说婢美妾娇常是家庭祸乱的根源。不过今天社会不同了，婢妾都没有了，这里讲讲只是让大家了解以前的情况。但三姑六婆这样的妇女在今天还是有的，遇到这类人，我们依然要多加提防。

童仆勿用俊美，妻妾切忌艳妆。

童仆指丫鬟、小厮、佣人等，切当切记讲，忌当禁止讲。意思是家中的丫鬟、小厮、佣人不要用那些长得漂亮的，妻子和小妾也切记不要浓妆艳抹。不用漂亮的人和不要浓妆艳抹，除了上一句讲的怕生是非、惹麻烦以外，更重要的是反映出传统文化追求朴实内敛之美的特征。孔子的弟子子夏说过"贤贤易色"，意思是要尊重那些贤德的人而轻视美色。如果妻妾成天想着涂脂抹粉，打扮得花枝招展，足见她爱慕虚荣，离贤淑还有距离。爱美是人的天性，尤其是女性，适当而得体的打扮是无可厚非的，而且是很好的。但如果沉溺其中，只知穿衣打扮，甚至拼命追求，那就不仅不美，反而是丑了。美总是以善为基础的，如果这个人内心不善，她再怎么打扮也不美，还会露出俗气和戾气。俗话说"相随心生"。有些人说，好人坏人又没写在脸上，怎么看得出来？其实从一个人的相貌中就能看出个七八分。心地善良的人即使五官长得不是很完美，但总能给人一种舒服和蔼的感觉。而且人真正永恒的美丽是从她的内在修养中流露出来的，内在修养越深厚，气质就越优雅。像大学者钱钟书先生的夫人杨绛、历史地理学创始人侯仁之先生的夫人张炜英、大科学家钱学森的夫人蒋英、新月派大诗人陈梦家的夫人赵萝蕤、社会活动家雷洁琼这些女性，她们到90多岁了，依然美丽动人。这就是所谓"腹有诗书气自华"的道理。你的精神有文化的涵养，你就美丽，而且越老越美，越老越有气质。

有些女性只追求外在的装扮，而对自己的人品修养、言谈举止则全不注意。有些女性打扮得十分漂亮，一听她开口，则粗话怪话连篇，让人顿倒胃口，开始的美感荡然无存。还有些女性害怕衰老，年龄很大了还和青年女性一样打扮，穿个超短裙，烫个爆炸式的头发，走出来，结果把人吓倒一大片。为什么？因为不得体。穿着打扮不符合其身份、年龄、职业或者个人的形体、肤色、脸型。而要想青春常在，更重要的还是要有良好的心态。若有一颗平和、宽容、善解人意、乐观向上的心，你一定青春常在。反之你如果狭隘小气、嫉妒贪婪、患得患失，必定容颜易老，再怎么打扮也是徒劳。正如法国著名小说《红与黑》上讲的："一个人只要她有纯洁的心灵，无愁无恨，她的青春定可因此而延长。世间上有许多漂亮女人，心中忧愁过多，年龄未老，而美貌已经消逝了。"另外美和漂亮是有区别的，漂亮是外在的，美是由内而外生发的。漂亮是短暂的，美是永恒的，这值得大家细细体会。"童仆勿用俊美"，更重要的是对主人忠诚和体贴。"妻妾切忌艳妆"也是同理，做妻子更需要的是内在的贤善、宽容、豁达。虽然现代社会已没有童仆小妾，但对于怎样做一个好妻子，这句话仍然是有意义的。

【故事链接】

张仲景治病驱巫术

张仲景名机，史称医圣。南阳郡涅阳（今河南省邓州市穰东镇张寨村，另说河南南阳市）人。生于东汉桓帝元嘉、永兴年间，（约公元150～154年），死于建安最后几年（约公元215～219年）。相传曾举孝廉，做过长沙太守。

他自幼嗜好医学，年轻时曾跟同郡张伯祖学医，后成为中国医学史上一位杰出的医学家。张伯祖当时是一位有名的医家。

张仲景刻苦学习《内经》，广泛收集医方，写出了传世巨著《伤寒杂病论》，确立了辨证论治的原则，是中医临床的基本原则。在方剂学方面，《伤寒杂病论》创造了很多剂型，记载了大量有效的方剂。其所确立的六经辨证的治疗原则，受到历代医学家的推崇。这是中国第一部从理论到实践、确立辨证论治法则的医学专著，是中国医学史上影响最大的著作之一，是后学者研习中医必备的经典著作，广泛受到医学生和临床大夫的重视。

《伤寒杂病论》确立了中医学重要的理论支柱之一——辨证论治的思想，对后世中医学发展起到了绝对的主宰作用。使用寒凉药物治疗热性病，是中医的"正治法"；而使用温热的药物治疗，就属于"反治法"。但是这两种截然不同的治疗方法都是用于治疗热性疾病的，相同的症状，不同的治疗方法，如何区别和选择呢？就是要辨证。不仅仅是表面的症状，还要通过多方面的诊断（望闻问切四诊）和医生的分析（辩证分析）得出证候特点，才能处方。这种"透过现象看本质"的诊断方法，就是张先师著名的"辨证论治"观点。这也是几千年来中医长盛不衰，至今仍能傲立于世界医林的基础，也就是通过望、闻、问、切四诊，综合分析疾病的性质，因人、因病、因证来选方用药。

同时，书中提出了治疗外感病时的一种重要的分类方法，就是将病邪由浅入深地分为6个阶段，每个阶段都有一些共同的症状特点并衍生出很多变化，这一时期的用方和选药就可以局限在某一范围，只要辨证准确，方子的运用就会有很好的疗效。这种方法后人称为"六经辨证"，但"经"绝不同于经络的"经"，它包含的范围要宽泛得多。书中的113首处方，也都是颇具奇效的经典配方，被后人称作"经方"，运用得当，常能顿起大病沉疴，因此，《伤寒论》也被称为"医方之祖"。

古代封建社会，迷信巫术盛行，巫婆和妖道乘势兴起，坑害百姓，骗取钱财。不少贫苦人家有人得病，就请巫婆和妖道降妖捉怪，用符水治病，结果无辜地被病魔夺去了生命，落得人财两空。张仲景对这些巫医、妖道非常痛恨。每次遇到他们装神弄鬼，误人性命，他就出面干预，理直气壮地和他们争辩，并用医疗实效来驳斥巫术迷信，奉劝人们相信医术。

有一次，他遇见一个妇女，一会儿哭一会儿笑，总是疑神疑鬼。病人家属听信巫婆的欺骗，以为这是"鬼怪缠身"，要请巫婆为她"驱邪"。张仲景观察了病人的气色和病态，又询问了病人的有关情况，然后对病人家属说："她根本不是什么鬼怪缠身，而是'热血入室'，是受了较大刺激造成的。她的病完全可以治好。真正的鬼怪是那些可恶的巫婆，她们是'活鬼'，千万不能让她们缠住病人，否则病人会有性命危险。"在征得病人家属同意后，他研究了治疗方法，为病人扎了几针。几天后，那妇女的病慢慢好起来，疑鬼疑神的症状也消失了。张仲景又为她治疗了一段时间就痊愈了。从此，一些穷人生了病，便不再相信巫医的鬼话，而是找张仲景治病。张仲景解救了许多穷苦人。

为了使更多的病人能从巫术迷信中解脱出来，早日康复，张仲景刻苦探索，创立了许多新的医疗方法。一次，有个病人大便干结，排不出，吃不下饭，很虚弱。张仲景仔细做了检查，确认是高热引起的一种便秘症。当时碰到便秘，一般是让病人服用泻火的药。但是这个病人身体很虚弱，如果服用泻药，他会经受不住。但不用泻药，大便不通，热邪无法排除。怎么办呢？张仲景经过慎重考虑，决定做一种新的尝试：他取来一些蜂蜜并将它煎干，捏成细细的长条，制成"药锭"，慢慢地塞进病人的肛门。"药锭"进入肠道后，很快溶化，干结的大便被溶开，一会儿就排了下来。大便畅通，热邪排出体外，病人的病情立刻有了好转。这就是我国医学史上最早使用的肛门栓剂通便法。这种方法和原理至今还被临床采用，并拓展到其他一些疾病的治疗。

还有一次，张仲景外出，见许多人围着一个躺在地上的人叹息，有几个妇女在悲惨地啼哭。他一打听，知道那人因家里穷得活不下去就上吊自杀，被人们发现救下来时已经不能动弹了。张仲景得知距上吊的时间不太长，便赶紧吩咐把那人放在床板上，拉过棉被为他保暖。同时叫了两个身强力壮的年轻人，蹲在那人的旁边，一面按摩胸部，一面拿起双臂，一起一落地进行活动。张仲景自己则又开双脚，蹲在床板上，用手掌抵住那人的腰部和腹部，随着手臂一起一落的动作，一松一压。不到半个时辰，那人竟然有了微弱的呼吸。张仲景关照大家不要停止动作，继续做下去。又过了一会儿，那人终于清醒过来。这就是现在在急救中广泛使用的人工呼吸。

有一次，两个病人同时来找张仲景看病，都说头痛、发烧、咳嗽、鼻塞。经过询问，原来二人都淋了一场大雨。张仲景给他们切了脉，确诊为感冒，并给他们各开了剂量相同的麻黄汤，发汗解热。

第二天，一个病人的家属早早就跑来找张仲景，说病人服了药以后，出了一身大汗，但头痛得比昨天更厉害了。张仲景听后很纳闷儿，以为自己诊断出了差错，赶紧跑到另一个病人家里去探望。病人说服了药后出了一身汗，病好了一大半。张仲景更觉得奇怪，为什么同样的病，服相同的药，疗效却不一样呢？他仔细回忆昨天诊治时的情景，猛然想起在给第一个病人切脉时，病人手腕上有汗，脉也较弱，而第二个病人手腕上却无汗，他在诊断时忽略了这些差异。

病人本来就有汗，再服下发汗的药，不就更加虚弱了吗？这样不但治不好病，反而会使病情加重。于是他立即改变治疗方法，给病人重新开方抓药，结果病人的病情很快便好转了。

这件事给他留下了深刻的教训。同样是感冒，表证不同，治疗方法也不应相同。他认为各种治疗方法，需要医生根据实际情况运用，不能一成不变。

张仲景系统地总结了"辨证施治"，他的医术大大提高，技艺超群。张仲景行医到过很多城市，接触过许多政治家和文学家，这些人对张仲景都很敬重。建安年间一位有名的诗人，在朝廷作过侍中（一种官职），名叫王仲宣，与张仲景有较深的交往。张仲景与他接触几次后，就辨出他身上潜伏着一种名叫"病疾"（麻疯病）的病原。张仲景对他说："你身上有一种病，得早点医治，要不然到 40 岁时会脱眉毛，脱眉至半年，将会有生命危险。我劝你还是先服几剂五石汤。"当时王仲宣才二十几岁。患有"病疾"在那时是非常危险的，也被认为是很丢脸的事。所以张仲景不说出病名，只说出症状。王仲宣听懂了他的意思，但以为是吓唬自己，便没有听张仲景的劝告。不久二人再次相见，张仲景问王仲宣："你服过五石汤了吗？"王仲宣有些反感地说："服过了。"张仲景仔细观察了他的气色说："不像，看你的气色，肯定没有服过。为什么你不听从医生的劝告，而轻视自己的生命呢？我劝你还是赶快服些吧，不然就麻烦啦！"可王仲宣还是不信，未按张仲景说的做。果然 20 年后，王仲宣开始脱眉，脱眉到第 187 天，便不治身亡。可惜这位极有才华的文学家，过早地离开了人世。

诸葛亮娶妻

传说当年诸葛亮在襄阳隆中隐居时，天天都在用功读书，平时很少出门。一晃已经二十多岁了，还没找到一个称心如意的媳妇。

离隆中十多里的黄家湾，有个名士叫黄承彦。黄承彦有个独生女儿月英，也将二十岁了，还没有找到婆家。黄承彦看中诸葛亮的人才，有心把女儿许给他，就托诸葛亮的好友崔州平去探探诸葛亮的口风。诸葛亮听旁人说，黄家小姐长得丑，就支支吾吾没有答应。黄承彦心里清楚诸葛亮的想法。

有一次，诸葛亮同崔州平、徐元直、石广元一同去拜访黄承彦。他们来到黄家门口，刚要进去，突然从屋里窜出一只大黄狗，直往他们身上扑。他们正急着左右躲闪，忽然又从门后跳出一只老虎，诸葛亮吓得转身就跑，被崔州平一把拦住。回头一看，那老虎没来咬他们，却把那只狗撵回门旮旯里去了。诸葛亮等人小心翼翼地进去，再一看，原来狗和老虎都是木头做的。这时，黄承彦出来把他们让进了屋。待宾主坐定，黄承彦伸手把桌子角一按，从门后走出两个端茶人，把茶递给了他们。诸葛亮正要道谢，抬头仔细一看，端茶人也是木头做的。他惊奇地说："黄先生能做出如此奇巧的机关，实在令人敬佩。"黄承彦听后，哈哈大笑，说："这哪里是我做的，都是小女阿丑捣鼓出来的小玩意儿。"诸葛亮听说这些神奇的玩意都是黄小姐做的，十分佩服。心想：这女子有如此奇艺绝技，真是天下难得的才女，如果能娶她为妻，真是三生有幸。诸葛亮后悔当初没有答应崔州平的提亲。这时，石广元说："先生有女如此，真是有福之人啊！"黄承彦摇了摇头，盯着诸葛亮说："只是小女长得丑，怕是没人要她。"听了这话，诸葛亮满脸通红。这时，崔州平有意放开嗓门说："黄小姐如此才华，并非嫁不出去，只是她一心要找那'明亮'之人。"听了崔州平的话，大家哈哈大笑。笑罢，徐元直慢条斯理地说："这'明亮''之人的明'不就是孔明的'明'，'亮'不就是诸葛亮的'亮'吗？"大家又是一阵哈哈大笑。笑过后，诸葛亮乘机说："我父母早亡，到如今功不成，名不就，怕黄先生不会应承这门亲事吧？"黄承彦早看中了诸葛亮，先前还托崔州平去提过亲，咋会不应承呢？他连忙说："只是小女长得丑，你不会嫌弃吧！"诸葛亮忙说："我高兴都来不及，岂敢嫌弃！"大家又是一阵哄堂大笑，这门亲事就成了。

诸葛亮与黄月英成婚那天，他在草庐里来回踱步，迟迟不愿进洞房。此时此刻，他心里喜中有愁。喜的是娶了个才女，愁的是娶了个丑媳妇。自古英雄爱美人，诸葛亮当然也不例外。他心里很不平衡，暗自感叹道："我诸葛亮风流倜傥，才貌双全，该娶个花容月貌的女子才般配，没想到竟娶了个丑媳妇。"感叹之余，他又为黄月英惋惜，月英啊月英，你心灵手巧，为什么却生就一副丑陋的相貌呢？

一直到深夜，诸葛亮才磨磨蹭蹭进了洞房，硬着头皮掀开了黄月英的红盖头。仔细一看，顿时惊得目瞪口呆：这哪里是人们说的黄头发、黑面孔的黄阿丑，分明是下凡的仙女！黄月英看着惊呆的诸葛亮说："怎么，人家长得不好看吗？"诸葛亮说："别人都说你长得丑，你怎么会是如此漂亮的美人儿呢？"

原来，黄月英并非人们所说的那样奇丑无比，而是一个才貌双全的女子。那么黄承彦为什么给女儿起个阿丑的小名，又放话说女儿长得很丑呢？这里面有几个原因：一是民间有起贱名孩子容易养活的说法；二是黄承彦怕一些地痞恶少上门纠缠；三是想看看自己未来的女婿是否会以貌取人。

据说，诸葛亮跟黄月英成婚后，从她那儿学会了很多本事，夫妻俩恩爱无比。

9. 童仆勿用俊美，妻妾切忌艳妆。

【译文】

童子和仆人不要选面貌俊美的，妻妾一定不要浓妆艳抹。

【注解】

治国平天下之权，女人家操得一大半。以世少贤人，由于世少贤女。有贤女，则有贤妻贤母矣。有贤妻贤母，则其夫其子女之不贤者，盖亦鲜矣。

"窈窕淑女，君子好逑"，"窈窕"是内心有关德，外表也庄严美好，有其内必有其外。"淑"是美善的意思。一个人美不美不是光看打扮穿着，那种美是假的，真正的美是内心中有贞德，表现在外面的气质是贤淑安定，这一种气质就是窈窕淑女的美。"逑""是伴侣，是配偶，这种淑女是君子的好伴侣、好配偶。

"女子无才便是德"，不是说真的无才，而是她没有把才放在心上，心中无才，即使自己的才艺很高，她也不觉得自己有才，这叫无才，谦卑到极处，这就是德，她的德是谦卑。

女德也叫坤德，坤是代表大地，大地厚德载物，它包容、抚育万物。万物离开了大地不能生长，所以大地就像母亲一样孕育万物，女子要效仿大地这种真正的仁爱、坤德、母仪。

夫义妇听，听是顺从，因为夫义妇才听，所以听的不是夫，听的是义。夫要有义，如果对方不义你还从，那就是陷之于不义，那是盲从。可是不能盲从又不能够抛下他不管，抛下不管也是不义，应该在顺从当中旋行教化，用智慧去改变先生。

【故事链接】

皇权背后的"女人"

从来只听说红颜薄命，好女无好夫，就算嫁了好夫，不是好夫移情别恋，就是自己无福消受好夫而香消玉殒,比如中国古代四大美女,比如戴安娜王妃。自古文人墨客为这些美人扼腕叹息，如今的男人却因为娶了美女也遭受短寿的命运，实在令人唏嘘。

夏代：妹喜

中国历史上三个亡国的女性，分别是夏朝末年的妹喜、商朝末年的妲己和西周末年的褒姒。她们是中国男权政治话语的最大牺牲品，并且由她们开始了女人亡国史的漫长历程。

夏朝末年的妹喜是夏桀（夏代最后一个国王）的宠妃。公元前十八世纪，夏桀发动大军，攻击位于山东省蒙阴县境的有施部落。有施部落在灭亡和屈膝之间，施部落酋长为了复仇而选择了屈膝求和，献出他们的牛羊、马匹、美女——包括酋长的妹妹"妹喜"。

妹喜有三个癖好：一是笑看人们在规模大到可以划船的酒池里饮酒；二是笑听撕裂绢帛的声音；三是喜欢穿戴男人的官帽。

夏桀在建造其规模大到可以划船的酒池时，首先下令处死了阻止其建造酒池的忠谏臣子关龙逢，然后"邀请"三千名饮酒高手在击鼓声中下池畅饮，结果他们中的一些人因酒醉而淹死。面对这种荒谬的场景，妹喜嫣然一笑，由此激发了国王的情欲，令其行为变得更加"荒淫"。

因妹喜听到撕扯缯帛的声音就笑，故桀为此下令宫人搬来织造精美的绢子，在她面前一匹一匹撕开，以博得妹喜的欢心。在农业时代初期，丝绸织造业刚刚兴起，破坏这种稀有昂贵的物品，无异于暴殄。

妹喜喜欢穿戴男人的官帽，喜欢像男子一样，愿意过问政治。夏桀常将妹喜置于膝上，言听计从，昏乱失道。因此说妹喜又是一个政治人物。

此时，强大起来的商国的汤用了苦肉计也派来一位间谍——伊尹。伊尹很快受到夏桀的信任，并与妹喜配合行动。加之夏桀受妹喜这三个奇怪癖好的蛊惑，终被商汤所灭，结束了长达近500年的夏王朝。从这个意义上说，妹喜曾帮助商灭掉了夏，也可以算是我国有史以来第一位女间谍。

妹喜为商灭亡夏朝做出了重要贡献，但却没有受到赏赐，反而连同夏桀一道被流放到南巢。这可能是妹喜过于妖艳，汤怕自己受不住诱惑而走夏桀老路的原因吧。

商代：妲己

妲己这个女人是随着《封神榜》的流传而为人所熟知的。《封神榜》上说她艳如桃李，妖媚动人，是千年狐狸精幻化成人，蛊惑纣王荒淫误国。周人灭商后，欲杀此妖姬，因妲己使妖术，两个砍手晕倒，周武王举刀砍去，但砍不了，姜子牙亲自斩首，终于现出原形，被百姓踏成肉酱。

此外根据正史的记载，是纣王征伐有苏部落（今河南温县），俘获到美艳的妲己为妾，纣王非常宠爱她，为她作酒池肉林，天天与她酣饮作乐，更设炮烙之刑，使人裸体相逐，妲己于是大乐。到武王伐纣，斩妲己头，悬在小白旗上示众。

以上的种种记载及传说，久已家喻户晓，深植人心，一直到十九世纪末，二十世纪初，考古学家在河南省安阳县小屯村，挖掘出土许多殷商时期的遗物，其中的玉器，铜器，尤其是龟甲与兽骨上所刻的大量文字与"卜辞"，使得我们对周代以前历史状况的认识，远较孔子、司马迁当时所能接触的资料为多时，才对妲己和纣王的真实面貌，有了接近事实的评估。

首先，"纣王"并不是正式的帝号，是后人硬加在他头上的恶谥，意思是"残又损善"。再莫名其妙的人，也不会如此不堪地往自己的脸上抹灰吧！他正确的名称应该是商代的第三十二位国王子辛，也叫"帝辛"。其次，帝辛暮年热衷于声色之娱与酒食之乐是事实，虐杀比干也有确切的记载，然而砍掉赤脚在冰上行走的人的脚，以及剖开孕妇的肚皮就有些难以令人置信了，特别是"唯妇人之言是听"这一条罪状，根本不切实际，因为商人颇重迷信，任何重大举措，都要求神问卜来决定吉凶休咎，在出土的甲骨文中是有确切记载的，妲己能够影响的力量，实在微乎其微。

再说帝辛性情刚猛，好自用，不喜听人摆布，妲己只能算是他晚年生活的伴侣，谈不上言听计从，干涉到商朝的政治策略；倘若妲己在被帝辛宠幸的那些年月之中，具有政治权力，何以有苏氏的一族人，始终就没有能够得势呢？妲己的恶名是周人宣传的结果。

帝辛三十余岁嗣位，当时商朝开国已经六百年了，国力雄厚。物阜民丰，帝辛血气方刚，孔武有力，能手格猛兽，神勇冠绝一时，又能言善辩，还兼通音律，性好美色，更刚愎自用，于是凭丰沛的国力与自己过剩的精力，大举向东南方发展，征服了土地肥沃的人方部族（今日的淮河流域），从而拓地无算，国威远播。

他在位的第三十年，也就是公元前 1047 年，他又对有苏部落发动进攻。这时他已是六十开外的人了。征伐有苏部落，载回的战利品之一就是妲己，当时帝辛已经垂垂老矣，而妲己正值青春少艾，骨肉停匀，眉宇清秀，浑身充满了几近爆炸性的火热气韵，迅速地在帝辛的内心深处，重新点燃起他生命的火焰。

当时的商朝，已经从游牧社会进入农牧社会，十分迷信鬼神巫卜。为了酬神祭祀，时常载战载舞，饮酒欢唱，甚至作长夜之饮，几至醉死，宫廷如此，民间也是这样。

妲己进入帝辛的生活领域时，正是商朝国力如月中天的时候，那时新的都城正在风光明媚，气候宜人的朝歌（今河南淇县）建造起来，四方的才智之士与工匠，也纷纷向朝歌集中，形成了空前的热闹与繁荣。离宫别馆，次第兴筑；狗马奇物，充盈宫宝；以酒为池，悬肉为林；丝竹管弦漫天乐音，奇兽俊鸟遍植园中，从此戎马一生的商纣王帝辛，终于在妲己这个小女人的导引下，寄情于声色之中。

就在帝辛宠爱妲己时，在陕西渭水流域的周部落逐渐发展壮大，周部族原是夏朝后稷的后裔，早在古公时代，便有了东下图商的企图，《诗经》中的《鲁颂》中有这么一段：“后稷之孙，实维大王，居歧之阳，实始镇商。”

事实上对付强大的商朝，不是那么简单的事，一直传到姬昌，力行仁政，国力日盛，附近的部族都非常信服，才开始沿黄河东下，把触角伸向商都朝歌。

姬昌也就是后世所称的周文王，他的长子伯邑考曾因前往朝歌朝觐时，竟然感于妲己的美色，展开热烈的追求行动，因而触怒帝辛，把他剁成肉酱，做成肉饼，赐食姬昌，并把姬昌囚禁在羑里两年，由于周部族的臣子们多方营救，并向帝辛纳贿，才获得释放，种下了深仇大恨。

在往后的日子里，帝辛的臣子们似乎都刻意地在经营东南一带的广大地区，而忽略了雄踞西北的周氏族，姬昌首先并吞了泾、渭平原上的密须、阮等部落；更越过黄河，征服了黎、刊等部落，黄河以南的虞、芮等部落也已望风归附，周人的势力渐渐威胁到商的中心地区。

周人的首都由歧地迁到渭南的丰邑（今陕西户县），一面整军经武，一面展开对帝辛的宣传攻势，重点放在污蔑妲己与丑化帝辛上。说妲己是一个骄奢淫逸的妖孽、心肠毒辣的蛇蝎美人；说帝辛好大喜功，不恤民命、残酷昏淫的暴君，归结到"唯妇言是用"的傀儡。

公元前 1056 年，周文王姬昌驾崩，由他的次子姬发继位，他的第四个儿子姬旦（周公）有贤德，多才艺，对于政略的掌握和战略的运用都十分娴熟，争取马国、离间商朝君臣、争取民心与鼓舞士气，自封其二哥姬发为周武王，贬抑帝辛为商纣王，并宣布帝辛的十大罪状，于是联合天下诸侯，以堂堂之阵，正正之旗，进军商朝的新都朝歌。

帝辛的哥哥微子衍率领一批东南灵人组成的军队，把周武王的联军拒于朝歌以外四十里的牧野（今河南汲县），周人望见商军整齐的阵容和精良的装备，先是为之胆怯不已，想不到这些夷人组成的军队，忽然一夜之间哗变，周人居然不费吹灰之力，长驱直入，兵临朝歌城下，帝辛眼看大势已去，举火自焚而死。

据司马迁的说法是：纣王自焚而死，妲己为周武王所杀。另外《世说新语》[2] 中引孔融的话说，周师进入朝歌以后，妲己为周公所得，后来成为周公的侍姬，这可以从周师进入朝歌以后，再也没有贬抑妲己的话语，得到一些侧面的证实。[《后汉书》卷七十《郑（太）孔（融）荀（彧）列传第六十》：曹操攻屠邺城，袁氏妇子多见侵略，而操子丕私纳袁熙妻甄氏。融乃与操书，称"武王伐纣，以妲己赐周公"。操不悟，后问出何经典。对曰："以今度之，想当然耳。"]

周文王和周武王立誓要灭掉商朝，是基于政治发展与私人仇恨所产生的态度，丑化妲己只是一种政治手段。商朝的灭亡是因为大力经营东南，重心已经转往长江下游地区，使得中原一带空虚，周人才得以乘机蹈隙，硬是把商朝的亡国，推到一个女人身上，就常识的观点看，也是很难使人苟同的。顶多只是苏妲己入宫以后，由于争宠而与其他的妃嫔引起纷争，那些失宠的妃子各有氏族背景，因而加深了纣王与诸侯小国之间的冲突而已；如果硬要说苏妲己是亡国的祸水，未免太高估了她啊！妲己之所以留下如此恶名，是因为周人怀恨纣王而宣传的。理由是：据现有的甲骨文献中，未有记载妲己恶行的篇章，只有纣王恶行的记录。所以妲己只是纣王晚年的伴侣，并无任何恶行。

周朝：褒姒

褒姒原是一名弃婴，被一对做小买卖的夫妻收养，在褒国（今陕西省汉中西北）长大，公元前七七九年（周幽王三年），周幽王征伐有褒国，褒人献出美女褒姒乞降，幽王爱如掌上明珠，立为妃，宠冠周王宫，翌年，褒姒生子伯服（一作伯般），幽王对她更加宠爱，竟废去王后申氏和太子宜臼，册立褒姒为王后，立伯服为太子，周太史伯阳叹气道："周王室已面临大祸，这是不可避免的了。"

果然不出伯阳所预料，原来褒姒平时很少露出笑容，偶露笑容，更加艳丽迷人，周幽王发出重赏，谁能诱发褒姒一笑，赏以千金，虢国石父献出"烽火戏诸侯"的奇计，周幽王同褒后并驾游骊山，燃起烽火，擂鼓报警诸侯一队队兵马闻警来救，至时发现平安无事，又退兵回去，褒姒看见一队队兵马，像走马灯一样来来往往，不觉启唇而笑，幽王大喜，终回此失信于诸侯，公元前七七一年，犬戎兵至，幽王再燃烽火，诸侯不再出兵救援，幽王被杀，褒姒被掳，（一说被杀），司马迁说："褒姒不好笑，幽王欲其笑，万方故不知，"（《史记·周本纪》）意思是说，褒姒不喜笑，周幽王为了她一人的笑，天下百姓再也笑不起来了。西周遂亡。

春秋：西施

西施，本名施夷光，是中国古代四大美人的沉鱼，春秋末期的浙江诸暨一带人氏，又称西子，是家喻户晓的美人。

浙江诸暨苎萝山下有两个村子，分为东西两村。村中的人大多数姓施，施夷光住在西村，所以大家称其西施。西施经常与伙伴们在江边浣纱。当时的越王勾践为了报复吴王夫差，便想献上美女郑旦等人迷惑夫差，其中就有西施。

越王勾践命乐师教西施歌舞仪态，过了三年，让范蠡带着西施进献给吴王。范大夫见到吴王，跪拜着说："东海贼臣勾践，感大王之恩德，遍搜境内，得善歌舞者，以供洒扫之役。"可是伍子胥进言："臣闻：夏亡以妹喜，殷亡以妲己，周亡以褒姒。夫美女者，亡国之物也，王不可受。"

吴王不听其劝谏，马上把西施收了下来，并在姑苏台建造春宵宫，在灵岩山上建造馆娃宫，还修筑大水池，以供西施嬉戏游玩。夫差对西施宠爱至极，出入都是效仿王妃的派头和排场，他沉迷于西施的美色，荒废朝政，勾践趁机休养生息，养精蓄锐，然后乘虚而入，一举消灭吴国。

西汉：吕雉

吕后，（公元前242～公元前180年），汉高祖刘邦结发之妻，名雉。秦时单父县（今山东单县）人。其父吕公因避仇家，移居沛县，在一次宴会上认识刘邦，遂以吕雉许配。楚汉战争开始不久，吕雉和刘邦父母被项羽俘虏，置军中以为人质。汉王四年（前203年），项羽因形势失利，被迫与刘邦讲和，吕雉和刘邦父母获释。次年，刘邦称帝，立吕雉为后。

公元前202年，刘邦称帝，封吕雉为皇后。吕后为人有谋略而性残忍，在刘邦剪除异姓诸侯王的过程中起了很大作用。高帝十年（前197年），陈豨谋反，刘邦率兵亲往平定，吕雉留守长安，听说韩信阴谋诈救诸官徒奴发兵策应陈稀，遂与萧何商议，骗韩信入宫后处死，并夷三族。刘邦击陈豨，至邯郸，向彭越征兵。彭越称病不往，被刘邦废为庶人，徙居蜀地。吕后认为不可遗患，又指使人诬告彭越谋反，夷灭其宗族。

吕后生汉惠帝刘盈及鲁元公主。刘邦嫌刘盈柔弱，生前曾打算另立宠姬戚夫人之子赵王如意为太子。由于大臣反对，吕后又多方设法为刘盈辅翼，废立太子之事未成。刘邦死后，吕雉以惠帝年少，恐功臣不服，密谋尽诛诸将；后畏惧诸将拥有兵力，不敢下手。后来她毒死赵王如意，砍断戚夫人手足，挖眼熏耳，用药使之变哑，置于厕中，名曰"人彘"。对其他刘氏诸王，亦加残害。惠帝为人仁柔，不满吕后所为，弃理朝政，吕后便执掌大权。惠帝七年，刘盈忧郁病死后，吕后，"临朝称制"掌握朝政大权8年。成为中国皇朝历史上第一个独揽国家大权的女人。

吕后称制期间压制功臣势力，大封诸吕为王，拔擢亲信，专擅用事。但其称制的八年期间，继续执行汉高祖以来与民休息的政策，奖励农耕，废除夷三族罪和妖言令等苛法；对外通过和亲保持和匈奴的和平，因此人民生活比较安定，残破的社会经济也得以恢复，为汉初经济社会的发展做出了一定贡献。

公元前180年，吕后去世，享年62岁。她死后，太尉周勃和丞相陈平联合刘邦的旧臣，杀掉相国吕产、上将军吕禄，灭吕氏家族，恢复了刘氏政权。

三国：貂蝉

貂蝉，是我国民间传说中人物，为东汉末年司徒王允家的义女，为拯救汉朝，由王允授意施行连环计，使董卓、吕布两人反目成仇，最终借吕布之手除掉了恶贼董卓。之后貂蝉成为吕布的妾，董卓部将李傕击败吕布后，她随吕布来到徐州。下邳一役后，吕布被曹操所杀，貂蝉跟随吕布家眷前往许昌，从此不知所踪。

有人说貂蝉是历史上最早的间谍。其一：貂蝉只是小说家可能为了增添色彩而加进去的，正史并无记载（对当时局势影响这么大的人物，如果真有其人，历史会不记载吗？）；其二：小说人物貂蝉从事的活动并不具有"国家性质"，而"间谍"是"国家性质"极强的职业。是帮敌军（或敌国）搜集国家情报的特务人员（新华字典89年版"间谍"的定义）。貂蝉只能说是个"卧底"，而并非"间谍"。据此，认为貂蝉是"间谍"的说法非常错误。

貂蝉是东汉末年司徒王允的义女，国色天香，有倾国倾城之貌，见东汉王朝被奸臣董卓所操纵，于月下焚香祷告上天，愿为主人担忧。王允眼看董卓将篡夺东汉王朝，设下连环计。王允先把貂蝉暗地里许给吕布，再明把貂蝉献给董卓。吕布英雄年少，董卓老奸巨猾。为了拉拢吕布，董卓收吕布为义子。从此以后，貂蝉周旋于此二人之间，送吕布于秋波，报董卓于妖媚。

貂蝉是这部以男性为人物主体的《三国演义》之中，出场的少数几位女子中最为光彩夺目的女性形象。可以这样说，正是由于貂蝉的出现，才有了司徒王允巧施连环计的佳话，才有了吕奉先大闹凤仪亭的风波，才有了凶横无忌权倾一时的董卓宫门前的被戮，才有了儿女情长武功盖世吕布的白门楼上的殒命。貂蝉形象存在的意义就在于，在这个清一色男人争霸的世界里，成功地显示出了一个绝色女子的胆量与智慧，正是这种非凡胆量的展示与高度智慧的运用，加速了汉末军阀战乱时代的结束，促成了一代雄才曹操、刘备、孙权等人的崛起，从而使已经风雨飘摇的汉室江山得以继续延续。

然而，自从吕布白门楼殒命之后，这位胆色俱佳的奇女子便就此不见了踪迹。是随失败的吕布同赴了九泉，还是被胜利的曹操掳回了许昌等疑问从群雄争霸开始一直到归晋统一也没有解开，是作者无意间忽略了这样一个重要的人物，还是出于某种考虑有意识地避开不谈已无从考证。

元代杂曲《连环计》，杂曲中说她本名任红昌，是任昂女儿，在宫中专管貂蝉冠因此又叫貂蝉。实际历史上只有王允利用一宫女挑拨吕布和董卓关系，貂蝉的故事一般认为由此故事改编而来。

晋朝：贾南风

贾南风（256～300年），小名旹，平阳郡襄陵县（今山西襄汾县）人。西晋的开国元勋贾充的三女（亦是其平妻郭槐的长女），西晋晋惠帝的皇后，又称惠贾皇后、贾后。贾南风在皇后位置十年，其间因司马衷懦弱而得以专权，促成并参与过对西晋影响深远的八王之乱。

泰始七年（271年），贾充被任命到长安镇守，令贾充十分忧虑，荀勖于是建议贾充嫁女儿给尚未娶太子妃的太子司马衷，藉婚事而令到出镇计划被搁置。经过皇后杨艳及荀勖等极力推荐之下，晋武帝司马炎最终都同意让司马衷娶贾南风。泰始八年（272年），贾南风正式被册立为太子妃。

司马炎认为太子司马衷并不聪明，不宜作储君，而大臣和峤等亦曾这样说过，于是司马炎特意试验他，召集所有东宫属官参加宴会，同时写了问题给司马衷作答。贾南风见问题后，知道司马衷必不懂作答，于是十分害怕，但东宫属官都参加了宴会，于是找来外面的人代答，答案大多都引据古义。给使张泓看后说："太子不读书，但答题却引经据典，一定会被识破是代答的，倒不如按意思直接作答吧。"贾南风同意，并让张泓代答，而由司马衷抄写。司马炎看后十分高兴，更将司马衷的答卷给太子少傅卫瓘观看。

另外，因为司马衷畏惧贾南风的嫉妒和诡诈，所以其他妃嫔都很少获宠幸。同时贾南风亦曾杀人，看见其他妃嫔有孕，竟然以戟打她们的腹部，令他们流产。司马炎知道后大怒，恰好金镛城落成，于是打算废掉贾南风，将她囚禁在金镛城。但充华赵粲、皇后杨芷和大臣杨珧都为贾南风求情，荀勖等人更是四处奔走去保著贾南风太子妃的地位，故此最终都没有成事。

永熙元年（290年），惠帝继位，贾南风被封为皇后。贾后在早年被废的危机之中，受到皇后杨芷的多次劝诫，却不知杨芷曾尽力营救她，反倒以为是她向司马炎中伤她，因而对杨芷极为怨恨。惠帝继位后贾后都不对杨芷尊敬礼待，反而更打算参与政事，却被身为外戚的太傅杨骏阻挠。次年，贾南风因杨骏的阻碍而勾结殿中中郎孟观、李肇和寺人监董猛等密谋诛除杨骏和废掉太后杨芷。贾南风又派李肇联络汝南王司马亮和楚王司马玮，要求他们领兵讨伐杨骏，其中司马玮同意，于是请求入朝，杨骏不敢阻止。司马玮入朝后，孟观、李肇等又指使司马衷下诏，诬告杨骏谋反，又派东安公司马繇领四百人讨伐杨骏，司马玮驻屯司马门。杨骏最先在府第中被杀，后又收捕卫将军杨珧、太子太保杨济等，皆夷三族。贾南风后又因杨芷曾在布帛中写"救太傅者有赏"而称太后一同谋反，矫诏废皇太后杨氏为庶人，徙于自己亦曾被囚禁之金墉城，第二年被活活饿死。

诛杀外戚杨氏集团后，贾南风征召司马亮为太宰，与太保卫瓘录尚书事，一同辅政，又任命司马玮为卫将军，司马繇为尚书左仆射。贾南风则与族兄贾模、从舅郭彰、妹妹贾午之子贾谧、司马玮和司马繇一同干预国事。此时，因贾南风愈来愈暴戾，令司马繇打算废掉她，但因司马亮指控司马繇意图专擅朝政而将他免官，并将他流放到带方郡，危机才得以解决。后贾南风又看准了司马玮和司马亮不和，要司马衷罢免二人，后又矫诏命司马玮诛除司马亮和卫瓘两名辅政大臣。司马玮诛杀二人后，太子少傅张华派董猛劝贾南风顺道诛杀司马玮，贾南风听从并称司马玮矫诏杀害司马亮和卫瓘，从而令司马玮部下四散，司马玮被捕诛杀。司马亮、卫瓘和司马玮被杀后，贾南风得以专权，并树立党羽，例如任命贾模为散骑常侍，加侍中，张华为侍中、中书监。

贾南风母亲郭槐见贾南风无子，常常劝他疼爱太子司马遹，直至临死亦恳切要求贾南风要爱护太子。但贾南风不听，与太妃赵粲和妹妹贾午一同谋害太子。元康九年（299 年），贾南风假称有孕，并拿来妹夫韩寿之子韩慰祖充当儿子，并要废掉司马遹，以韩慰祖作为太子，于是强行灌醉司马遹，让他在酒醉迷糊之中写下"陛下宜自了，不自了，吾当入了之。中宫又宜速自了，不自了，吾当手了之。并与谢妃共要，刻期两发，勿疑犹豫，以致后患。茹毛饮血于三辰之下，皇天许当扫除患害，立道文为王，蒋氏为内主。愿成，当以三牲祠北君。"的字句。因酒醉而有一半的字不成字形，贾南风又修改了，最终将字句交给司马衷和各宗室，称司马遹谋反，最终废掉了他的太子地位，与三个年幼的儿子都囚禁在金墉城，又杀司马遹生母谢玖和司马虨生母蒋俊。司马遹的岳父王衍急忙奏请离婚，司马遹的妻子王惠风只好痛哭而去。

次年（300 年），因甚有名望的太子被废，很多人都十分愤怒，右卫督司马雅、常从督许超、殿中中郎士猗等更图谋废掉贾南风，重新立司马遹为太子，并向赵王司马伦的亲信孙秀游说。孙秀听后同意，并报告司马伦，更图谋为司马伦夺取权力。孙秀后即施行反间计，称宫中有人打算废掉贾南风而让司马遹复位，配合民间怨恨之声，令贾南风大为惊惧；司马伦和孙秀于是劝贾谧杀死司马遹以绝民众之心。贾南风于是命太医令程据带毒药，矫诏命黄门孙虑前去毒杀司马遹，但司马遹不肯服食，孙虑最终以药杵将司马遹杀害。这个举动成了赵王司马伦讨伐贾南风的借口。

后来，赵王司马伦假造诏书，以谋害太子的罪名要废掉贾南风，得到很多人的支持，入宫后即杀掉贾谧，又派齐王司马冏收捕贾南风并押她到金墉城，又废她为庶人，后又收捕贾南风的党羽如赵粲、贾午、程据等。同时，司马伦将一些有声望的大臣如司空张华、尚书仆射裴頠等收捕并处死，方便专权。司马伦在诛杀贾后党羽和张华等人后自领相国位，独揽大权，不久即以金屑酒毒杀贾南风，贾南风死时只有四十五岁。

唐代：杨玉环

杨玉环（公元 719～756 年），名玉环，字太真，唐玄宗李隆基的宠妃，原名杨芙蓉，出生地为四川成都，祖籍山西永济。杨贵妃自小习音律，善歌舞，姿色超群。曾祖父杨汪是隋朝的上柱国、吏部尚书，唐初被李世民所杀，父杨玄琰，是蜀州四川司户，其叔父杨玄璬曾任河南府士曹，杨玉环的童年是在四川度过的，10 岁左右，父亲去世，她寄养在洛阳的三叔杨玄璬家。后来又迁往山西永乐。

在她 17 岁时，武惠妃洛阳选寿王妃，挑中了她。她天生丽质，有倾城倾国之美，又精通音律，擅歌舞，并善弹琵琶。

婚后本来生活幸福甜蜜。然而皇帝唐玄宗见她有国色，竟悖常伦，欲占为己有。于是以"做女道士"为名招入宫，经过一番暗度陈仓后，于天宝四年（公元 745）封为贵妃（此等手法与当年高宗朝武则天削发为尼后入宫如出一辙），并为她修建了专门沐浴用的海棠汤，父兄均因此而得以势倾天下。

贵妃每次乘马，都有大宦官高力士亲自执鞭，贵妃的织绣工就有七百人，更有争献珍玩者。杨贵妃喜爱岭南荔枝，就有人千方百计急运新鲜荔枝到长安，有诗云"一骑红尘妃子笑，无人知是荔枝来"，所以荔枝又称"妃子笑"。

杨玉环是唐代宫廷音乐家、歌舞家，其音乐才华在历代后妃中鲜见。杨玉环天生丽质，加上优越的教育环境，使她具备有一定的文化修养，性格婉顺，精通音律，擅歌舞，并善弹琵琶。

天宝十五年安禄山起兵造反，沉迷于酒色歌舞之中的唐玄宗仓皇逃离长安，西幸成都。途经马嵬坡，右龙武军将军陈玄礼等六军将士认为杨家祸国殃民，不肯前行，说是因为杨国忠通于胡人，而致有安禄山之反，玄宗为息军心，乃杀杨国忠。左右羽林军和左右龙武军又不肯前行，说杨国忠为贵妃堂兄，堂兄有罪，堂妹亦难免，贵妃亦被缢死于路祠。安史之乱与杨贵妃无关，她成了唐玄宗的替罪羔羊。贵妃死时，年38岁。

这位以胖为美的杨贵妃，是最简单的美人、最幸福的美人，也是最令人感慨的美人。

杨玉环与西施、王昭君、貂蝉并称为中国古代四大美女。用成语"沉鱼落雁，闭月羞花"形容4人。杨玉环是我国古代四大美女中地位最高、权力最大的一位美女，也是我国在世界范围内影响最大的一位后妃。传说杨玉环初入宫时，因见不到君王而终日愁眉不展。

有一次，她和宫女们一起到宫苑赏花，无意中碰着了含羞草，草的叶子立即卷了起来。宫女们都说这是杨玉环的美貌，使得花草自惭形秽，羞得抬不起头来。唐玄宗听说宫中有个"羞花的美人"，立即召见，封为贵妃。从此以后，"羞花"也就成了杨贵妃的雅称了。含羞草"羞"于见人，是由于植物电的缘故。

唐明皇对杨贵妃也可谓是三千宠爱于一身了，这是生活在宫廷里众女子无上的荣誉。可自从拥有美人之后，他整日沉醉在美色之中，连早朝也懒得上。导致了后来的安史之乱，内部又引起兵变，一切把矛头都指向了杨贵妃身上，好像引起这场叛乱的罪魁祸首就是她一人。将杨贵妃活活吊死在马嵬坡，至于有人说她逃到日本去了，这一些反正都已成历史，你爱怎么看都成。

杨贵妃被吊死了，安史之乱平息了。也没人敢说唐明皇好色，反正就算是好色，那也是理所当然的了。修史的大概也是为了讨好皇族，顺其自然的把一切的罪名都加在杨贵妃的身上，反正历史上有关"红颜祸水"之说又不是第一例，多一例又有何妨，天下有谁敢说修史的胡言乱语，那简直就是跟大唐过不去，逆臣贼子，人人得已诛之！在各方面支持下，杨贵妃也就顺理成章的背上了"红颜祸水"的罪名。依这些人说，能背上这个罪名的女人大都是非等闲之辈，一般女人想背还背不上呢？呵呵，看来杨贵妃泉下有知也该谢谢这帮人了。

后人有很多诗文骂杨贵妃，也有很多诗文为她喊冤。骂杨贵妃的大都是痛恨杨贵妃的哥哥杨国忠的行为，为她喊冤的大都是她倾城倾国的容貌惋惜。后来到了唐朝末代那个说自己打球的技巧可以考状元的僖宗皇帝，为避黄巢之乱，也逃到了马嵬坡。有人便在马嵬坡的驿馆题了一首诗，至于是谁题的，有人说是罗隐，反正不管是谁，这人题诗的目的好像是在为杨贵鸣不平。这首诗：马嵬烟柳正依依，重见銮舆幸蜀归。泉下阿蛮应有语，这回休更怨贵妃。大概的意思就是说这一回你们的后人逃到马嵬坡，不能再埋怨杨贵妃了吧！也算是为杨贵妃洗脱了一番罪名。

明朝：客氏

客氏名巴巴，原是河北农妇，定兴县侯巴儿（侯二）之妻，生子侯国兴。客氏姿色妖媚，为人狠毒残忍，生性淫荡。

十八岁入宫成为皇孙朱由校的乳母，朱由校是当时太子朱常洛的长子。泰昌元年（1620 年）九月，刚刚登基一个月的明光宗朱常洛猝死。年仅十五岁的朱由校登基。当时魏忠贤、客氏深受宠幸。未逾月，封客氏奉圣夫人，儿子侯国兴、弟客光先及魏忠贤兄魏钊俱锦衣千户，除此之外，客氏也和魏朝、魏忠贤淫乱。

天启元年（1621 年），熹宗下诏赐客氏香火田，叙魏忠贤治皇祖陵功。御史王心一谏，熹宗不听。天启元年二月，熹宗大婚大婚，娶了张皇后，御史毕佐周、刘兰请遣客氏出外，大学士刘一爆亦言之。熹宗恋恋不忍客氏离去，曰："皇后幼，赖媪保护，俟皇祖大葬议之。"魏忠贤和客氏深受熹宗信任，后宫中无人敢违背他们的意志。不久客氏离开宫廷，复又召入。

客氏在朱由校做皇帝期间，作为一个乳母所受到的隆遇，的确是前所未有的。每逢生日，朱由校一定会亲自去祝贺。她每一次出行，其排场都不亚于皇帝。出宫入宫，必定是清晨除道，香烟缭绕，"老祖太太千岁"呼声震天。

客氏"每日清晨入乾清暖阁侍帝，甲夜后回咸安宫"，二人可能有淫乱的嫌疑，客氏常常将龙卵（马的外肾）烹煮给熹宗食用。客氏曾与魏朝（魏忠贤先前侍奉过的太监）、魏忠贤等宦官对食，"忠贤告假，则客氏居内；客氏有假，则忠贤留中"。

客氏更害怕皇帝的妃子产下皇子，母以子贵，从而得到熹宗的喜爱，而使自己失宠。因此，天启一朝中朱由校生下了不少的皇子，但无一能够长成。

熹宗总共有过三个孩子。长子朱慈然，谥怀冲太子。天启三年（1623年）张皇后怀有身孕，即怀冲太子朱慈燃。张皇后怀孕时突然腰痛，找了一个会按摩的宫女或是宫外的人来按摩，客氏出了主意，其被魏忠贤利用，按摩师使张皇后流产生下死胎，此后张皇后未再生育。次子朱慈，慧妃范氏所生，未满1岁即夭折。三子慈炅，容妃任氏所生，未满1岁亦夭折。一些学者认为，这都有可能是魏忠贤和客氏下的毒手。

更有甚者，不少的皇子其实是在胎中已遭客氏的暗算，例如裕妃张氏之孕。裕妃张氏因为无意中得罪客氏和魏忠贤，客氏、魏忠贤就假传圣旨，将裕妃幽禁于别宫，逐去宫女，断绝饮食。当时的裕妃已然怀有身孕，却被活活地饿死宫中。

宫中的其他妃子，从此对客氏非常恐惧。例如，曾生育皇二子的慧妃范氏，担心自己会落得和裕妃同样的下场，就在平时预藏食物，后来果然被客氏幽禁半月之久，靠着私藏的食物活了下来。

天启七年（1627年）熹宗无子而逝。十一月，其弟思宗即位后，籍没宦官魏忠贤及客氏。魏忠贤自杀，乾清宫牌子赵本岐奉命将客氏笞死于浣衣局，在净乐堂焚尸扬灰。其子侯国兴、其弟客光先与魏忠贤的侄子魏良卿同日被斩首。《明季北略》记述，客氏曾在熹宗逝世前，安排怀孕的宫女进入后宫，以冒充熹宗子嗣，但张皇后不同意，僵持很久后，张皇后说服了明熹宗，将皇位传弟。

客氏宫中为恶的第一步，就是除去光宗朱常洛的原来亲信宦官、司礼监秉笔太监王安。王安是明代少有的为士大夫所称道的宦官之一。他为人刚直，从万历二十年（1592）就服侍朱常洛、朱由校父子。尤其在移宫一事上，他联合外延的杨涟、刘一璟等大臣拥朱由校登基，使朱由校摆脱了"西李"（李选侍）的控制。熹宗登基后，也很感激王安，言无不纳。魏忠贤也投靠在他门下。然而，王安此人，"刚直而疏"，心思不够缜密，又常常患病。因此，他与熹宗的接触逐渐变少，而魏忠贤借客氏之力日益亲近熹宗，大有取而代之之势。天启元年（1621）五月，朱由校任命王安为司礼监掌印太监。按照惯例，王安自然要推辞一番。这时候，客氏的作用便显现出来了。她劝熹宗干脆批准了王安的辞呈。然后，魏忠贤嗾使给事中霍维华弹劾王安，再利用秉笔太监的身份矫旨将王安发配到南海子去做净军——宦官军队。从魏忠贤本人来说，王安于他有恩，不忍加害。但是，客氏的一句话坚定了魏忠贤除去王安的决心。客氏说："尔我孰若西李，而欲遗患也！"意思是说，你我跟李选侍比怎么样，她都被王安逼得移宫僻居，我们为什么要留下遗患呢？客氏身为妇人，却无妇人之仁，做事非常狠毒。其实，王安有恩于熹宗，如若不死，随时都有可能翻身。客氏和魏忠贤于是派当初李选侍宫中的太监刘朝去掌管南海子。刘朝本就与王安有仇。让刘朝掌管南海子净军，是欲处死王安无疑。刘朝到任后，就不让王安饮食。王安就取篱落中的"芦蕧"为食。芦蕧又名葡萄，其根茎可食用。大概王安当时也就是掘草根为食吧。然而，就这样，王安仍坚持了三天没死。刘朝实在有点不耐烦了，于是"扑杀之"，遂为客氏和魏忠贤除了心头大患。

　　魏忠贤与客氏两人，一方面处心积虑地除去宫中一切可能对他们不利的因素，一方面向熹宗进献自己的养女，冀图能生得一男半女。然而，熹宗一生三男二女，都早早夭折，魏忠贤与客氏的如意算盘始终没有拨转。所以，熹宗的去世，对于客氏的打击是非常沉重的。信王朱由检入宫即位后，客氏就再没有居留宫廷的理由了。九月初三日离宫的那一天，客氏早早地起床。五更时分，身着哀服，入熹宗灵堂，取熹宗幼时的胎发、痘痂及指甲等物焚化，痛哭而去。两个多月以后，即天启七年的十一月十七日，客氏被从私宅中带出，押解到宫中专门处罚宫女的地方浣衣局，严刑审讯。审讯得出的结果令人诧异：当时宫中有8位宫女怀孕，客氏承认这8名宫女都是自己从外面带进去的婢女，是想学吕不韦的榜样，觊觎皇位。结合魏忠贤曾在熹宗死前说已有两名宫女怀孕，宫女怀孕这件事也许真是客氏和魏忠贤精心安排的。如果客氏所说是真的话，那么客氏自然是罪不容诛，于是在浣衣局被活活笞死。

清朝：慈禧

慈禧太后，叶赫那拉氏，满洲镶蓝旗人。生于清道光十五年（1835年）十月，咸丰二年（1852年）五月入宫，封兰贵人，居储秀宫。咸丰四年（1854年）晋封为懿嫔。咸丰六年（1856年）生皇子载淳（即同治皇帝），晋封懿妃。咸丰七年（1857年）又晋封为懿贵妃。咸丰十年（1860年），英法联军攻占北京，咸丰皇帝携皇后钮祜禄氏、懿贵妃叶赫那拉氏及皇子载淳等逃往热河行宫。咸丰十一年（1861年）咸丰皇帝病重。下诏立皇长子载淳为皇太子，命载垣、端华、肃顺等八人赞襄政务，称"赞襄政务王大臣"。分别赐予皇后钮祜禄氏及皇太子载淳"同道堂"、"御赏"玺，作为即位后下达圣谕的符信。

咸丰皇帝病死热河，载垣等八大臣辅政热河行宫"烟波致爽"殿，载淳即位，改明年为祺祥元年。十月，又改明年为同治元年。皇后钮祜禄氏晋封皇太后，称母后皇太后，上徽号慈安；懿贵妃叶赫那拉氏以载淳生母身份晋封皇太后，称圣母皇太后，上徽号慈禧。

慈禧太后为独揽朝政大权，视载垣、端华、肃顺等赞襄政务王大臣为敌，联合恭亲王奕訢发动北京政变，废除了八大臣，授奕訢为议政王，慈安、慈禧开始垂帘听政。因此年为农历辛酉年，史称"辛酉政变"。自此，慈禧大权在握，直至1908年死去，统治中国长达48年之久。

慈禧统治时期，朝内依靠亲信，地方依靠曾国藩、李鸿章等；对内镇压人民革命运动，对外勾结外国侵略势力，出卖中国主权，以维护摇摇欲坠的封建政权。同治十三年（1874年）底，同治帝载淳死于养心殿平安室，皇后阿鲁特氏，因慈禧太后待之甚虐，亦吞金而死。同治帝无子，慈禧立醇亲王奕譞之子（即慈禧胞妹之子）载湉为皇帝，两太后再次垂帘听政。光绪七年（1881年），慈安皇太后暴死。慈禧独揽大权。

光绪十年（1884年），中法战争爆发，慈禧以越事失机之由开去恭亲王奕訢一切差使，撤去亲王双俸，仅保留世袭罔替亲王。同时罢黜五军机大臣，安排自己的亲信进入军机处及内阁。从此，清朝廷成了慈禧太后的独家天下。光绪二十年（1894年）中日战争爆发，又正值慈禧太后六十岁生日，慈禧不惜挪用海军军费重修颐和园，致使战败，割地赔款。光绪皇帝亲政，支持康

85

梁变法。二十四年（1898 年），慈禧太后发动政变，"复垂帘于便殿训政"。囚光绪帝于瀛台，杀谭嗣同等六人于菜市口，取消一切新政。光绪二十六年（1900 年），俄、美、英、法、日、德、意、奥八国联军侵略中国，攻占北京，慈禧太后携光绪帝等逃往西安。《辛丑条约》签订后回到北京。

光绪三十四年（1908 年），孙中山领导的资产阶级革命运动风起云涌。为抵制革命，慈禧太后又进行了假立宪，为期九年。但此时已 74 岁的慈禧太后，于光绪三十四年（1908 年）十月二十二日，在光绪帝含恨死于瀛台的次日，也死于西苑仪鸾殿。

谥孝钦慈禧端佑康颐昭豫庄诚寿恭钦献崇熙配天兴圣显皇后。葬河北遵化定东陵。

10. 祖宗虽远，祭祀不可不诚；子孙虽愚，经书不可不读。

【译文】

祖宗虽然距离我们遥远，但是祭祀的事情不可不诚心。子孙即使是愚钝，经书也不可不读。

【注解】

祖宗虽远，祭祀不可不诚。六十年清明李里绘于故乡。祖是指一个家族的始祖，宗是这个始祖的儿子，一个儿子就是这个家族的一宗。现在农村里还有许多聚族而居的家族，一个大家族的成员祖祖辈辈生活在一起。比如我外祖父老家黄村坝，就全是姓黄的人家住在一起；我外祖母老家苏家沟，就全是姓苏的人家。这些聚族而居的人家就爱说我们共同是哪个祖先，而我们这一家又是出自哪一房。这哪一房就是指的哪一宗，也就是始祖的哪一个儿子。这里顺便说一下家族这个词，在古文中家就是指一个小家，族是指一个祖先繁衍的整个大家。祖和宗的概念不是固定不变的，一个家族在某地的一宗迁到另一个地方，就可能成为那个地方的祖。比如我祖父老家四川蓬溪县花莲寺李家塆，始祖叫李坤吉，是大清乾隆年间由湖广来到蓬溪的。坤吉老人迁来蓬溪就在花莲寺耕作生息，繁衍后代，子子孙孙多了，聚居在花莲寺附近，就形成李家塆。坤吉老人在李家塆是祖，但在湖广的老家则只是宗了。坤吉老人的儿子在李家塆是宗，但若他到了另外的地方去繁衍生息，那他就是那地方的祖了。我们四川人大多是湖广填来的，所以更远的祖先就很难追溯了，故而祖宗总是很遥远的。《家训》因此讲：祖宗即使很遥远，祭祀却不能不诚敬。儒家文化是很重视祭祀的，因为祭祀的根本目的是为了报本返祖，培养人报恩的观念。祖宗是很久远的亲人了，对很久远的亲人都能有一颗诚敬感恩的心，那么对很近的父母亲人就更能关爱了。所以孔子的弟子曾子说："慎终追远，民德归厚矣。"谨慎地对待人生命的完结，追怀远祖，即谨慎地对待丧祭二事，那社会风气就能变得淳厚。儒家重丧祭，目的还是对活人的教化。什么是诚敬呢？孔子说："祭如在。"就是说祭祀祖宗的时候，好像祖宗就在你面前一样。以前的人家，每天早晚都要给祖宗烧香，叫作"晨昏需报祖宗香"。传统中国民风淳朴、社会和睦与重视祭祀是有极大关系的。新中国建立后奉行唯物主义，认为人死则灰飞烟灭，很长时间不大提倡祭祀之类的活动，忽略了祭祀的重大教化作用。现在国家提倡构建和谐社会，敦化民风，我们应当重新认识归厚民德的祭祀活动，对民众进行正确引导，让他们深刻理解祭祀的意义。而祖宗越往上推就越少，推到远古就你我都是一家了，都是炎黄子孙，所以祭祀还可以起到凝聚民族精神、培养爱国主义情怀的作用。不过我们也要坚决杜绝打着祭祀旗号搞封建迷信的行为，清除祭祀的负面作用，最大限度地发挥其积极的教化作用。

"子孙虽愚，经书不可不读"，意思是子孙即使愚笨，经典书籍也不能不教他们读。经和书也是有区别的，经是被朝廷认定的儒家经典，书就是一般的书籍。中国的儒家经典是在汉武帝时确立的，从汉武帝到北宋，朝廷认定的儒家经典共有十三部，称为儒家十三经。而民间通行、影响最大的则是四书五经。四书五经包括在十三经中。"五经"是《诗经》、《书经》、《礼经》、《易经》、《春秋》，为孔子修订。"四书"是《论语》、《孟子》和《礼经》中的两篇文章《大学》、《中庸》，为宋朝大儒朱熹编定。四书五经几乎是传统中国读书人的必读书，承载着我们中华民族的宇宙观、世界观、人生观、价值观，决定着中国人的思维方式、行为准则、处世态度、立身标准，甚至风俗习惯。读这些经典，能让人明白宇宙人生的道理，寻到通向人生光明的道路，开启除迷去惑的智慧。正如佛家所云："深入经藏，智慧如海。"深入到经典中去学习钻研，可以收获如海的智慧。

书是指儒家经典以外的子、史、百家诗文、小说等。读经典是涵养人格气象，形成基本的价值观，提高人的境界，而读其他各种书籍，则是为了丰富人的知识学问，增广见闻，陶冶性情。读经是生长树干，读书是生长枝叶，读经是构建框架，读书是充实血肉，二者都是必要的。只读经的人容易板正，只读书的人容易枝蔓，故而二者要结合读。一个人要由粗俗变斯文，由野蛮变文明，由愚昧变智慧，由刚暴变温润，由紊乱变有序，由蛮横变明理，陶冶性情以脱胎换骨，必须要读经和书。儿童如同一张白纸，这时候学习的东西将会铭刻在心。给青少年读的书，内容很重要，好的内容能让青少年的精神得到滋养。《易经·蒙卦》讲："蒙以养正，圣功也。"就是说在儿童启蒙的时候，给他以正确的指导，有圣人般的功劳。我和学生办了一份报纸叫"国学蒙正"，意思是用国学给青少年以正确的导引。现在国家实行九年制义务教育，青少年基本上都能上学读书，但为什么很多学生书读到大学了还是迷茫、郁闷呢？这不能怪我们的青年，根本问题是要看现在的青少年读的什么书。现在青少年读的书以教授知识技能的为多，而培养人格、建立价值、陶冶性情的少。读了十几年书，却不知道人之何以为人，怎么解决人生诸如理想与现实、婚姻与爱情、人与人的关系、世俗与崇高等的困惑与矛盾。问题的实质是现代教育只教青少年读书，没教青少年读经。

"子孙虽愚，经书不可不读"，经与书是相连的，只读书不读经，如同只有枝没有干，只有肉没有骨，那是肯定不行的。现代许多大学生知识学问不少，但统领这些知识学问的独立人格没建立起来，自然难以顶天立地。五四新文化运动时废止读经，是有特定时代原因的，因为当时的时代主题是救亡图存。现在中华民族雄强于世界，恢复对承载着民族精神灵魂的儒家经典的学习，是当今时代的需要，这就是儒家文化讲的经权之变。"经"是任何时代都需要的常道、真理，"权"是应特殊时代需要而做的调整。废除读经是特殊时代的权宜之计，恢复读经是正常时期的正常要求。所以现在对青少年开展读经教育，是时代的需要，是历史发展的必然。因为儒家经典的核心就是完成对真正的人的教育，对祖宗的祭祀和对子孙的教育就构成了中国文化的承上启下。这种承上启下也就构成了中华民族与中华文化的延绵不绝。

【故事链接】

苏秦一心只读圣贤书

苏秦是战国时代著名的谋略家，他早年读了不少书，自认为很有本事，便向各国君主推介自己的政治主张，却屡屡碰壁。失意潦倒的苏秦回家后，亲人都认为他没出息，对他十分冷淡。苏秦发誓从此要发奋苦读，充实自己。他孜孜不倦，日夜钻研，每到深夜疲乏欲睡时，就用锥子猛刺自己的大腿，让剧烈的疼痛驱走睡意，振作精神。后来，他终于学有所成，得到六国君主重用，担任六国宰相！汉朝时的孙敬，为了驱走深夜困意，在房梁上拴了一根绳，将自己的头发缚于绳上，只要一打瞌睡，低头时绳索紧拽头发，痛意袭来，困意即消。此二人的事迹便是历史上的苦读代表，"头悬梁，锥刺骨"。不仅古代文人苦学的事例多，近现代也不胜枚举。

我国著名教育学家蔡元培先生的书斋有一条字幅："都无做官意，唯有读书声。"这两句话真实地道出了先生勤奋治学、刻苦读书的状况。夏季酷暑难耐，蚊虫滋生，为了集中精力，避免蚊虫叮咬，专心读书，他把两脚伸进桌下一个大空口坛子里，留下了"空坛驱蚊法"的苦读美谈。

经典作品《金粉世家》与《啼笑因缘》的作者张恨水先生是我国著名的现代作家。早在17岁时他便已熟读《三国演义》、《红楼梦》等几百种古代经典作品和大量唐宋诗词,张恨水勤奋苦读也有妙法,与蔡元培先生异曲同工,即"水桶驱蚊法"。夏夜读书时,他把自己的双腿伸进桌底下盛满清水的大木桶里以避免蚊虫叮咬。

著名将领冯玉祥出身于一个行伍之家,为了挣到每月三两三钱的饷银,他十二岁就扛枪当兵。兵营操练集训紧张异常,但冯玉祥不顾疲劳,抓紧空余时间自学。为了在夜间读书不影响他人睡觉,他找来一只大木箱,上面开个口,把油灯放在其中,读书时把头伸进木箱就灯读,一读就是几个小时,脸熏黑了,眼睛也熬红了,却毫不在意。

中国经济学家王亚南,曾留学日本、德国,历任中山大学、厦门大学、清华大学教授。他自小便胸有大志,酷爱读书。就读中学时,特意把自己睡的木板床的一个脚锯短半尺,成为三脚床。每天读书到深夜,疲劳困乏时上床去休息片刻,迷糊中一翻身,床向短脚方向倾斜过去,便会一下子惊醒过来,随即立刻下床,伏案夜读。天天如此,从未间断,后来终于成为我国杰出的经济学家。

孔子读《易》,韦编三绝

像孔子这样的圣人,也并不是生下来就知道很多东西的,一切都是后天努力的结果。这个韦编三绝的故事就告诉我们,孔子学习曾经非常刻苦,非常专注,非常执着。

"学而不厌,诲人不倦";"发愤忘食,乐以忘忧,不知老之将至",这都是孔子用来自我勉励的话。他读书非常多,学识非常渊博,但晚年的时候还感慨说:"如果能再给我些时间,让我从五十岁就开始学《易》,该多好啊!"

这《易》究竟是怎样的一本书呢?

传说远古时代,孟津河里出现一个麒麟一样的巨兽,背有图文,波中踏水,如履平地。人们将巨兽背上的图文画在石头和竹板上,后人称之为河图。伏羲对河图整日苦苦地研究,仰观天文,俯察地理,根据鸟兽虫鱼的脚印,创立出一套抽象的符号系统,也就是八卦,用来教导人们决断疑惑,明辨吉凶。

伏羲氏易，经十九传，传到神农。神农，又号连山氏、烈山氏，后人称神农的《易》为"连山"。神农氏后又经八传，传到了黄帝。黄帝推广易的用途，发明文字、音律、干支、五行、天文、历算、舟车等。黄帝，又号归藏氏，后人称黄帝的《易》为"归藏"。据说，夏朝人占卜吉凶，主要用"连山"；商朝人占卜主要用"归藏"。但今天，"连山"和"归藏"都失传了。

商朝末年西伯侯姬昌也喜欢《易》，特别是他被商纣王抓起来的那段时间里，致力于研究阴阳之理、天地之机，他由八卦演绎出了 64 卦、384 爻，给各卦写了相应的卦辞。姬昌就是后来的周文王，周文王的儿子周公旦接着写了爻辞。他们父子整理出的这套理论被称为《周易》。

孔子及其弟子们为了解释《周易》，写了象（上、下）、象（上、下）、文言、系辞（上、下）、说卦、序卦、杂卦七部分十篇文章，叫作《十翼》。翼，翅膀的意思，也称为《周易大传》，简称《易传》。今天的《周易》就是由《易经》和《易传》两部分组成的。

从伏羲创八卦，经姬昌演周易，周公做爻辞，到孔子写成《易传》，历经二千多年。孔子到了晚年开始学《易经》，一遍不懂，再读第二遍、第三遍，直到读通了为止。他反复地读，不停翻书，使得"韦编三绝"。"韦"，就是熟牛皮，牛皮很牢，就是用刀也很难割断。"三"，形容次数很多。

孔子那时候，还没有发明造纸，书籍是用竹片做成的，这种竹片，叫做"竹简"；把字用漆写在竹简上，用皮制的带子把一片片的竹简，像帘子似的编起来。孔子读《易经》，因为反复钻研，竟把带子都磨断了。断了一次，修好以后，又磨断了，前后断了很多次。

所以，"韦编三绝"就成了后人读书刻苦勤奋的典故，一直为大家传诵。

朱买臣负薪苦读

话说汉景帝时，御史大夫晁错劝景帝削除诸侯封地，汉景帝采纳晁错的建议，先后削掉楚、赵等封国。吴王刘濞得知楚、赵诸侯封地被削，怕自己的封地也要被削掉。后来京都真得传来消息，说晁错已向景帝提议削吴。果然不出所料，心想束手待毙，不如先发制人。因独力怕难成大事，必须联络

91

各国诸侯，方好起兵。汉景帝三年（前154），吴王刘濞以诛晁错为名，联合各国诸侯拥兵起反，史称吴、楚七国之乱。朱买臣夫妻俩为逃离战乱，背井离乡逃到会稽郡富春县下涯（今建德下涯镇），见前面一条溪流，清澈透明，因唇干舌燥，忙蹲下来用双手捧水饮之，口感甘爽。他们来到大周（今大洲）源里，在这人烟稀少的深山冷坞里，搭个茅棚居之。

朱买臣，字翁子，家贫如洗，勤奋好学，满腹经纶，四十岁仍然是个落魄儒生，以砍柴为生的樵夫。夫妻俩同到山上砍柴，挑到下涯木材市场上去卖，维持生计。古时候，下涯有个木材市场，分上市和下市，虽然下涯木柴市场早已烟消云散，但上市和下市的地名却流传至今。朱买臣在挑柴途中背诵诗文，有人在背后笑他是个书痴，当作新闻传来传去。惹得妻子羞愧难堪，所以劝他挑柴时不要嘴里念个不停，让周围人当笑柄。可朱买臣不听妻子的劝告，无动于衷。反而越念越响，甚至如唱山歌一般，弄得周围人都围过来看热闹。古人说得好，同声相应，同类相聚，社会上也有些人觉得朱买臣能说会道，说说笑笑，非常有趣，愿意与他交朋友。

不久，大周源里下了一场狂风暴雨，山洪暴发，把茅棚冲得一干二净，本来苦得要命，现在连避风遮雨地方都没有了，真个是"浓霜只打无根草，祸来只奔无福人"。没有办法，夫妻俩从大周源里逃了出来，找朋友帮忙借点钱，在下涯上游找块地方，在一口池塘边搭个茅棚，总算有了安身之地。朱买臣常在池塘边洗笔涤砚，后人称此地为朱池。家境越来越困难，单靠一两担柴，如何度日？往往有了早餐，没有晚餐。妻子觉得跟这个穷书呆子在一起过日子，不晓得猴年马月才有出头之日，心里越想越懊恼。不如另寻一条生路，省得在他身边受苦，决定与朱买臣离婚。买臣对她说："您别看我是个穷鬼，我找瞎子算过命，我的八字命是先苦后甜，五十岁要大富大贵，您跟我吃苦已有二十多年，现在我已经是四十多岁的人，再等我几年，待我富贵了，我们吃穿就不用愁了。"妻子骂道："你这个穷鬼，相信那算命瞎子胡言乱语，穷得连肚皮都吃不饱，还痴迷不悟？还挑柴背诵诗文，真是穷开心，羞得我无脸见人。如再这样下去，终要饿死在这里。你还是放我一条生路，让我去吧！"买臣再三劝说，妻子便索性大哭大闹，没有办法亦只好同意离婚，写了休书，递到妻子手里，妻子毫不留恋，离家而去。

买臣重操旧业，仍然卖柴读书写字。清明节来临，春寒依旧，买臣挑柴下山，突然乌云密布，雷雨交加，寒风刺骨。买臣被雨淋了个落汤鸡，冻得浑身发抖。待到雨止天晴，又觉得饥肠乱鸣，头昏眼花，支撑不住，昏倒在地。事有凑巧，来了一男一女，前来扫墓，见有人昏睡在地上，走近一看，见是前夫朱买臣，慌忙将他叫醒。买臣见是前妻，却装着不认识，亦不去理悉她。倒是前妻有点良心，见他一副讨饭相，实在很可怜，心里觉得过意不去，将祭毕酒饭，分给买臣吃。买臣也顾不得羞耻，便接过来饱餐一顿，说声"谢谢！"也不问男子姓名。其实这个男子，就是他前妻的丈夫。

光阴似箭，日月如梭。暑往寒来，转眼已数年过去了，太尉周亚夫率军大破吴楚军，吴王刘濞逃到东越被杀。汉景帝驾崩，皇太子刘彻登基，就是赫赫有名的汉武帝。朱买臣经朋友帮忙到会稽郡上计邸中当一名差役。古时候，每逢年终，遣上计吏到朝廷上计簿，将辖区全年人口、钱、粮、赋税、盗贼、狱讼等事向朝廷汇报，作为朝廷考核官吏政绩的依据。上计吏进京要带些银两、账册、衣服，以及供途中吃的食物。会稽郡上计吏要进京汇报，派朱买臣去押车。买臣随上计吏乘马车去京都长安。

却说朱买臣到了长安，他借此机会，即上书汉武帝刘彻，但书被执事官压下，久等不见音讯。会稽郡上计吏是个势利小人，他眼里根本瞧不起朱买臣，办好公事便独自回去了。买臣身边带钱不多，住旅馆要钱，上饭馆要钱，住了几天，口袋里摸不出钱来，被人从旅馆里赶了出来，饿着肚皮在长安街头流浪。天无绝人之路，事有凑巧，在街上撞着老乡严助骑着大白马从南方出差回京。朱买臣忙跑到马前阻拦，严助见是老乡朱买臣，急忙下得马来，带朱买臣来到自家府中，严助叫家人设置佳肴，两人碰杯饮酒交谈。严助对朱买臣说："贤弟来京有何事相求？"朱买臣说："小弟这次随郡上计吏来京城办点公事，顺便上书武帝，久等不见音讯。求仁兄帮助引见皇上。"严助便答应帮他这个忙，叫他暂时住在府中，等待消息，还特地给买臣挽上新衣裳。严助，会稽郡余姚人，为官中大夫，本来姓庄，后人因避汉明帝名讳，改庄为严，与后人严子陵同一家族。次日上午，严助乘上朝之机向汉武帝推荐朱买臣。武帝召朱买臣进宫面试。买臣说《春秋》，谈《楚辞》，深得汉武帝的赏识，遂拜朱买臣为中大夫，与严助同侍禁中。想不到上任不久，官

治家格言

93

运尚未亨通，屡生波折，把官给丢了，铁饭碗亦给砸了。

朱买臣丢官后，又回到会稽郡上计邸中，寄居饭食，免不得遭人白眼，说他是个白食鬼。后来他想想太敝气，便离开会稽郡上计邸，回到富春县下涯朱池。

汉建元五年（前135年），闽越王弟余善杀其王郢以谢汉，罢兵，余善自立为王，被汉武帝封之为东越王。余善是个反复无常之人，经常与朝廷作对，屡征不朝。武帝非常烦恼，召集文武大臣献计讨伐。经文武大臣提议，武帝刘彻将朱买臣召回，恢复官职。武帝遂令买臣乘机献策，朱买臣认为："东越王据守泉山（今福建泉州），一人守险，千人难攻。今闻东越王更徙南行去泉山五百里海中（金门岛），欲平东越王叛乱，必须发兵渡海击破东越王"。汉武帝非常高兴，采纳他的作战计划，敕封他为会稽郡太守，买臣取得铜章墨绶。受命辞行。

朱买臣来到会稽郡城外，令随从在城外等候，中饭后驱车前来郡上计邸门前迎接。朱买臣仍旧穿上有脏又破的旧衣裳，怀里藏着太守印绶。步行来到邸中。邸里坐着郡上计吏，设宴饮酒狂呼，见朱买臣进来，亦不邀请他入席。以为他又来吃白食，买臣亦当着没看见，便低头进入后厅，与差役一道吃饭。待吃好饭，便从怀里露出绶带。被旁边差役看见，遂走到买臣身旁，随手将绶带从他怀里取了出来，绶带上悬着一颗印章，一看才晓得是会稽太守官印，差役跑到外厅把此事报告郡上计吏。郡上计吏喝得醉醺醺说："你不要胡言乱语，朱买臣穷光蛋一个，早被削职为民，哪里来的太守官印？"差役说："你如不相信，你自己去看！"郡上计吏跑去一看，朱买臣手里果真拿着太守官印，急忙重整衣冠，双膝跪下磕头道："小人该死，有眼不识泰山，大人不记小人过，望太守大人恕罪！"买臣付之一笑。郡上计吏忙召集差役，至中庭排班而立，众差役怕酒后失礼，加意谨慎，不敢胡来。朱买臣来到中庭，众人拜倒在地，买臣向他们摆摆手，示意让他们站起来。待众人起来，外面已驱入驷马高车，迎接买臣赴任。有些马屁精平时根本瞧不起朱买臣，这次见买臣任会稽太守百般奉承，争着要送买臣去郡衙，都被买臣婉言谢绝。

朱买臣到会稽郡（郡治在今苏州市）上任后，按规矩新官上任巡城三天。吏民夹道欢迎，买臣从人群中看见故妻，亦站在道旁，不由得触起旧情，便令随行军士呼她过来。故妻随军士来到车前，羞愧难当，呆若木鸡，低头不语。还是买臣笑着问道："你们为何到此？"故妻道："家中男人被官府派到郡城做路。我就随他而来。听说新太守巡城，我们跟着大伙来看看热闹。"买臣叫她丈夫前来相见。令后车载其夫妻到郡衙，当下腾出后园房屋，令他们夫妻同居。故妻又羞又悔，且见买臣已另娶妻室，自己跟随买臣吃苦多年，平白把富贵让给别人，如何甘心？左思右想，覆水难收，势难再返，还是自尽了事，乘后夫外出做工时，投缳毕命。买臣见故妻自缢身亡，心里亦觉得悲痛，毕竟是一日夫妻百日恩，哪有不痛之理。便取出银两，令他后夫买棺殓葬。

且说朱买臣为打败东越王，造战船，制兵器，备军粮，接到汉武帝诏书后，即率军与横海将军韩说等渡海击败东越王，斩俘东越兵数千人。因平叛有功，武帝封朱买臣为主爵都尉，列于九卿。越数年，为官丞相长史。

张汤原先是个小吏，在朱买臣前趋承奔走，相当于现在的秘书。张汤与公孙弘脾气相投，莫逆之交，弘称汤有才，汤称弘有学，互相推荐，标榜朝堂。武帝敕封张汤为廷尉。

淮南王刘安父子谋反被抓，刘安服毒自尽，余犯交廷尉张汤审讯此案。张汤心狠手辣，怎肯从宽？将他们全部杀死。古人云："天有不测风云，人有旦夕祸福"。张汤还诬告严助与淮南王刘安有私，经查严助实属冤枉，本应无罪赦放，张汤入朝固争，武帝大怒，命将严助绑缚刑场斩首。张汤害死严助。买臣失去好友，对张汤恨之入骨。偏张汤官运亨通，晋迁至御史大夫，甚得汉武帝的恩宠，每当丞相告假，张汤代替丞相执政，向来小人得志骄傲自大，旁若无人，作威作福。张汤眼里瞧不起丞相府里三长史（即朱买臣、王朝、边通三人），而且对他们傲慢无礼。三长史对张汤心怀怨恨，待机报复。

不久，孝文帝陵中瘗钱被盗。庄青翟既为丞相，应四时派人巡守帝陵。瘗钱被盗，此事非同一般。庄青翟便邀张汤一同入朝谢罪。张汤对青翟早有忌妒之心，所以不肯与他一同谢罪，妄图将帝陵瘗钱被盗一案，全部推卸在庄青翟头上，而且还要办他明知故纵的罪名，免去他的官职，然后由自己代替丞相位置。张汤为御史首领，暗地里召集御史密谈，要御史照他的计谋定案，御史隐受汤命。古话说得好，若要人不知，除非己莫为。张汤正在得意之时，不料有人将隐事泄漏出去，相府内三长史知道张汤要陷害丞相庄青翟，便一起去通报庄青翟，并对他说："束手待毙，不如先发制人，除掉张汤方为上策。据说商人田信等皆为张汤爪牙，与张汤勾结，营奸牟利，凭此条罪状好教张汤死心服罪"。丞相庄青翟且令三人代为办理。三人遂暗中命令吏役去抓商人田信等到案审讯。一经廷审，严刑逼供，只得招认。

武帝已有所闻，便召张汤进宫，帝问张汤："朝廷每有举动，为何商人早得知，莫非有人泄密不成？"张汤佯为诧异道："是否有人泄密？臣亦不太清楚。"御史中丞减宣，已将此案调查确凿，张汤极口抵赖。武帝命廷尉赵禹审讯张汤，赵禹对张汤说："你犯了欺君之罪，本应灭九族，天子不忍加诛，不如就此自行了断，方可保全家人性命！"张汤知自己必死无异，便向赵禹伸手要来纸笔，张汤挥笔写道："臣汤无尺寸之功，起刀笔吏，幸蒙陛下恩宠，晋升三公，臣无罪过，谋陷汤者，乃三长史也。臣汤临死上奏！"写毕，将纸笔递交赵禹。取剑在手，往颈部一挥，当即毙命。

赵禹知张汤已死，乃拿着张汤遗书向武帝复命。武帝看了张汤的遗书，心里感到很后悔。便命令抓捕三长史，一体抵罪。将朱买臣、王朝、边通绑赴刑场斩首。丞相庄青崔受牵连，被抓进监狱，服毒自尽。独廷尉赵禹较为幸运，保全性命。汉元鼎二年（前 115 年）。朱买臣儿子朱山扶护灵柩回故里建德朱池，葬朱买臣于幽径山。

11. 居身务期质朴，教子要有义方。

【译文】

平常做人修身一定要品质淳朴简约，教育子孙一定要用好的方法。

教字要有义方。教者孝也。教子当自胎教始。共和国六十年季春季里绘于庆云山下顶顶庙。质字的本义是抵押，所谓人质，即以人作抵押。抵押的东西必定是实实在在的，故质又引申为实在、朴实的意思。朴的本义指未经过加工的木材。未经过加工的木材就是天然朴实的。"居身务期质朴"就是说做人应实在，朴拙无华。

孔子说："巧言令色，鲜矣仁。"儒家是反对花言巧语的。一个质朴的人绝不会这样。孔子又说："刚毅木讷近于仁。"意思是说一个人有刚健、坚毅、朴实、诚厚的品德，就接近于仁者了。中国人对人的评价标准自古看重老实、厚道。因为老实、厚道是和诚信挂钩的。"诚"是宇宙的本质，大千世界万物，没有一样的生命过程不是真实的。就像人的生命，从出生到辞世，每一秒都是真实地在代谢、在运动，如果哪一秒不代谢、不运动了，人就会生病会死亡。人效法天道，就应有真实不虚即诚的品格，而朴实是诚的基本要义。另外质朴更接近自然。凡非天然的，而是人自己做的，就叫伪。伪字，人为的就是伪。所以质朴有一种天然之美。从人的感受来讲，质朴的人给人以安全可靠、值得信任的感觉。要做到质朴，必须力戒浮华虚伪，生活上不奢侈，与人相交诚信不欺也就是质朴了。

"教子要有义方"，就是教育子女既要有大义，还要讲究方法。什么是有大义？用今天的话说就是要使子女成为有理想、有道德、有文化、有纪律的人，成为对国家对社会有用的人。当今不少家长在子女教育上，普遍存在片面重视智力技能教育而忽略品德教育的现象。从孩子三四岁直到上小学中学，争着送去读奥数班、钢琴班、书法班、绘画班、围棋班、乒乓球班、舞蹈班、音乐班，这班那班，巴不得孩子什么都会，弄得子女喘不过气来，不少孩子由此产生厌学情绪。家长看重的是成绩、分数、名次，至于子女的品性、追求、内心世界却漠然视之，考好了什么都可以，考不好则什么都免谈。久而久之，子女衣来伸手，饭来张口，样样满足，事事顺心，将父母长辈的关爱看成应该的，既不知为他人着想，又缺乏劳动观念，独立生活能力差，学习无兴趣，对生活缺乏热忱，贪图享乐，受不得委屈，经不起挫折。教育子女的首要任

97

务是要使其成为一个有高尚理想、善良勤劳、尊老爱幼、乐于助人、爱生活、爱学习的人。有了这些做人的基本品格，知识技能的学习才会水到渠成，学成后也才可以为国家、为社会、为人民、为民族做贡献。没有高尚的情操，只有知识技能，那知识技能就可能变成谋取个人私利的资本，更有甚者或以知识技能作为威胁破坏社会的武器。所以家长教子，首在德行，这就是教之以大义。至于音乐、美术、书法、棋艺等兴趣教育，都是有利于陶冶情操培养德行的，可以引导子女学习，培养其学习兴趣，但一定要明确学习目的。要把重点放在引发子女对真、善、美的感知与热爱上，且不应门类过多，使陶冶变为枯燥的灌输。我三岁就习画，那是因为母亲发现我在这方面有浓厚的兴趣，但她并没有功利地要求我一定要这样、一定要那样。她总是教育我，一个人有才华、有大成就固然好，即使不行也没关系，但最起码必须做一个好人。我的外公在我期末考试成绩册发下来后，从来是首先看老师的评语，成绩差了，外公不会说我，要是品行上有不足，则一定要批评教导我。

教子除了要明之以大义，还需要恰当的方法。最好的方法莫过于身教。所谓身教，即以身作则，父母希望子女有良好的品德，自己应率先做到。子女在童年时期有很强的模仿性，而父母则是其第一模仿对象，父母的语言、动作、表情、待人接物的方式、生活习惯都会对子女产生很大影响。古人云：身教胜于言教。父母以身作则的教育远远胜过言语的教育。比如父母一边打麻将，一边对子女说要努力学习，不要贪玩好耍，不要打麻将，子女能听得进吗？父母天天吵架，出口即骂脏话，要子女性情平和、说话文明，可能吗？《小儿语》上说："老子终日浮水，儿子做了溺鬼。老子偷瓜盗果，儿子杀人放火。"这就是上行下效的道理。如果父母恩爱，讲话文明，待人宽厚，勤劳善良，爱读书学习，家庭气氛温馨，子女在这种环境中成长，不需要你过多说教，他必定受到潜移默化深层次的影响。所以要将子女教育好，父母要完成自身的教育。这也就是孔子所谓的"子率以正，孰敢不正"的道理。父母自己做好了，子女谁不跟着做好呢？

除了身教以外，还要注意尊重理解子女。传统文化不太重视儿童与青少年的内心世界，这是我们现代教育应注意弥补的。尽量了解子女内心，尊重他们在不同时期的不同想法。因为子女在成长中对人生、世界必定有一个逐渐认识的过程，家长不能将成人的认识强加于子女，有时哪怕让子女犯点错误，也是必要的。犯错以后子女自然知道此路不通，就像小孩子不摔跤就学不会走路一样。尊重理解子女，子女也愿意将心里话告诉父母，这样更利于家长了解子女从而及时引导。现代许多家长对子女的物质生活异常关心，对子女的精神世界则淡漠忽视，这就是为什么很多家长总抱怨说自己对子女那么好，可子女却老是和自己疏远的原因。另外还要注意尊重差异，因势利导。要发现子女的特点，不管是性格上的还是兴趣上的，根据特点作相应导引，不能一刀切，看见别人的子女怎样，也要自己的子女必须怎样。差异性是宇宙的本质，大千世界没有哪两片树叶是一样的，没有哪两个人的眼睛鼻子是一模一样的，人的性格、兴趣更是如此。像毛主席读书的时候数学就很差，但你能因为他数学差就否定他是一代伟人，是大诗人、大政治家、思想家吗？每个人的长短是不一样的。这其实也就是孔子说的因材施教的道理。

　　另外，在子女教育上一味放纵、什么都不管和什么都管、不给子女一点空间，都是不可取的。只有在给子女一定空间的基础上加以必要与恰当的引导，才是家长应努力做到的。教育子女的方法还有很多，这里只能将几条最重要的列举出来，引起大家的注意。"教子要有义方"这句话真是微言大义，值得好好体会，而每一个做家长的人更应该认真学习，恰当地落实于子女教育中。

【故事链接】

窦燕山教子有方

　　宋代学者王应麟编写的蒙学教材《三字经》说："窦燕山，有义方。教五子，名俱扬。"窦燕山教子成才的事迹，不仅在当时被人们景仰，而且传颂至今，家喻户晓。

　　窦燕山，本名窦禹钧，是五代时期人。他家住蓟州渔阳，也就是现在天津市的蓟县。过去，渔阳属古代的燕国，地处燕山一带，因此后人称他为窦燕山。

窦燕山生有5个儿子，在他的教育培养下，都考中进士，成为国家栋梁。长子窦仪，授翰林学士，任礼部尚书；次子窦俨，授翰林学士，任礼部侍郎；三子窦侃，任左补阙；四子窦偁，任左谏议大夫，官至参知政事；五子窦僖，任起居郎。窦家五子，被称为"窦氏五龙"。

窦燕山将5个儿子都培养成才，他的义风家法，成为人们争相效仿的榜样。侍郎冯道赋诗一首称赞道："燕山窦十郎，教子以义方。灵椿一株老，仙桂五枝芳。"

窦燕山家庭如此美满，令人赞叹。但他年轻时并不明白道理，虽然家境富裕，他不懂得接济穷人，广行善事，到了30岁还没有儿子。正当他愁眉不展之时，忽然有一天晚上，做了一个梦，梦见已故的祖父和父亲聚在一起，教训他说："禹钧，你要赶紧回心向善！因为你今生的命运不好，不仅没有儿子，而且寿命也很短促。孩子，努力多做救人济世的善事，或许可以改变你的命运。"窦燕山从梦中醒来，吓得出了一身冷汗。他把祖父和父亲的叮咛，一一铭记在心，立志从此改过行善，大积阴德。

窦家有一个仆人，盗用了主人的钱。后来，这个仆人担心被人发觉后受罚，就写了一张债券，系在十二三岁的女儿胳膊上，债券上写着："永卖此女，偿所负钱。"从此仆人远逃他乡。

窦燕山知道这件事之后，看到小女孩身上缚着的债券，心里很哀伤，很可怜这个孤苦无依的孩子。他马上焚毁债券，收养了仆人的女儿，并嘱咐妻子："好好抚养这个女孩，等她长大了，给她找个好人家的子弟嫁过去。"女孩成年以后，窦燕山替她备了嫁妆，为她选了一位非常贤德的夫君。

那位仆人听到了这件事，非常感动，就从外地回来，到窦燕山家里，哭着忏悔自己以前的过错。窦燕山不仅没追究往事，还劝他浪子回头，重新做人。仆人全家感恩不尽，不知道该如何报答。于是，他们把窦燕山的画像挂在堂前，早晚供养，以表达知恩图报的心愿。

有一年的正月十五晚上，窦燕山到延庆寺佛前进香，忽然在后殿的台阶旁边，拾到一个钱袋，里面装了200两银子、30两黄金，他想，这一定是别人遗失的。金银的数额很大，他不敢在寺内久留，赶快拿着钱袋回家了。

第二天清晨，窦燕山早早来到寺庙，在那里守候失主。不一会儿，见一个人远远地痛哭流涕而来。窦燕山问他为何痛哭，那个人实情相告："父亲犯罪，将要被发配到荒僻的边疆充军，为了给父亲赎罪，我恳求哀告所有的亲戚，好不容易借来了钱，都装在一个袋里，须臾不敢离身。谁知，昨天晚上和一个朋友喝酒，喝醉以后头昏脑涨，不知怎么回事，钱袋竟然丢了。没有钱，我怎么给父亲赎罪啊，这辈子恐怕再也见不到父亲了。"说着，他悔恨交加，号啕大哭起来。

听他这么说，窦燕山知道此人就是失主，经过验证，钱数相符，窦燕山把他带回家，不仅把失物还给他，还安慰他不要着急，并且赠给他一些财物。那个人欢天喜地道谢而去。

窦燕山一生做了很多好事。例如，亲友中有丧事无钱买棺者，他出钱买棺葬殓；有家贫子女无法婚嫁者，他出资助其婚嫁。对于贫困得无法生活的人，他借钱给他们，使他们有做生意的资本，因此各地的穷人，由他帮助而得以维持生活的，不可胜数。

他为了要救苦济人，所以自己的生活很俭朴，丝毫不肯浪费，每年衡量1 岁的收入，除了供给家庭的必要生活费用外，都作救苦济急之用。他还建立书院 40 间，聚书数千卷，礼聘品学兼优的老师，教育青年，对于无钱而有志求学的贫苦子弟，不管认不认识，只要来书院学习，他都代缴学费和生活费。就这样，窦燕山建的书院先后造就了很多品学兼优的人才。

有一天，窦燕山又做了一个梦。梦见祖父和父亲对他说："你多年以来，做了不少善事，上天因为你阴德很大，给你延寿 36 年，并且赐给你 5 个贵子，将来都很显达，能够光宗耀祖。你寿终之后，可以升天作真人。"说完，又嘱咐他："因果报应的道理，确实不虚。行善造恶的报应，或见于现世，或报应在来世，或影响子孙。天网恢恢，疏而不漏，绝对没有疑问啊。"

从此以后，窦燕山更加努力地修身积德，后来果然生了 5 个儿子。他以身作则，治家非常严格，窦氏家规上说："家庭之礼，俨如君臣；内外之礼，俨如宫禁。男不乱入，女不乱出；男务耕读，女勤织纺。和睦雍熙，孝顺满门。"严格的家教培养出孩子杰出的品德和才能，窦家 5 子都荣登了进士，被称为"五子登科"。从此以后，"五子登科"成为天下父母对儿女的殷殷期望。

后来，窦燕山官至谏议大夫，享寿 82 岁，临终前预知时至，他沐浴更衣，

治家格言

向亲友告别，谈笑而卒，令人羡慕。

窦燕山通过努力行善，不仅改变自己无子短寿的命运为"长寿、富贵、康宁、好德、善终"，而且使后代子孙昌盛显达。由此可见，"因果报应，丝毫不爽"，善恶祸福在一念之间，每个人的命运掌握在自己的手中。

宋朝的范文正公，曾将窦燕山的事迹记录下来，训示子孙，范公自己也身体力行，倡办义学，购置义田，因而后代非常昌盛发达。而范公为了使窦公的事迹流传天下，好善好德之人都能看到，特意详细记录，并嘱咐子孙广为传播，其拳拳爱人之心，跃然可见。

司马温公在家训中也说："积金以遗子孙，子孙未必能守；积书以遗子孙，子孙未必能读；不如积阴德于冥冥之中，以为子孙长久之计。"真可谓是英雄所见略同。

12. 莫贪意外之财，莫饮过量之酒。

【译文】

请不要贪求意外而来的钱财，饮酒要适可而止，不要过量。

【注解】

意外之财，非劳动所得，贪不劳而获之物，整天巴望走路踢中金戒指，龙卷风将金库卷到院中来，难免成为守株待兔之徒。酒乃天赐尤物，滴酒不沾，大体是不健康的人。嗜酒如命，整天牛饮，便是废人。高洋为开国之君，何等英豪，一旦耽于杯中物，便做出丧失人伦、伤天害理的事来，实足为贪杯者鉴。

拾金不昧的状元

明朝成化年间，吉安永丰（今属江西）有位读书人叫罗伦，他家境贫寒，很小就要上山砍柴和替人放牧，以补家用。罗伦因家穷而进不了学，但他并不因此而放弃学习，而是更加勤奋地苦读，他无论是上山砍柴还是放牧都带着书去读，终于学有所成。

他通过了当地的考试之后，就于成化二年（公元 1466 年）从家乡到京城去参加三年一度的会试。一位仆人随行。因家境不宽裕，盘缠不多。走了大半路程之后他便常常为费用问题发愁，仆人见他这样，就问："公子为什么愁眉苦脸？"罗伦说："恐怕我们的盘缠不一定够用。""这个您不用发愁，我自有办法。您把心思用在应考上就得了。"仆人满有把握地说。

听他的这个口气，罗伦感到十分惊奇，"你有什么办法呢？难道你能变出金子来。"仆人说："我偏就能变出金子来。"说变就变，他把手伸入怀里，掏出一个金光闪闪的金手镯。罗伦擦下眼睛，证实不是自己眼花，知道这可不是开玩笑了，于是追问这金镯的来历。

原来，在五六天前，他们路过山东时，仆人在一户人家的门口前发现这个金镯，他拾起来，悄悄放进怀里。"我打算在急需时，把它变卖作费用。"仆人说。

"这是不义之财，我们怎能要呢？应立即回去寻找失主。"

仆人这才慌了："往返要十多天，误了您的考期可怎么办？"

但罗伦执意要回去，仆人拗不过，只好沿途返回山东。到了仆人拾镯的地方，他们很快就把失主找到了。

原来是这家的主妇在洗脸时不留神把镯丢在脸盘里，丫鬟连水带镯洗掉了。主妇怀疑丫鬟偷走了金镯，把她打得浑身是伤。丫鬟几次自杀，幸好被人救了。主妇的丈夫则怀疑妻子行为不端，整日辱骂。主妇有口难辩，又羞又冤，愤然悬梁，幸被人及时发现，救了下来。

正在这家人为失镯之事闹得沸沸扬扬，不可开交的时候，罗伦上门送还金镯来了。失主一家对罗伦万分感激，都说："公子真是拾金不昧的大好人，是公子救可我们这个家。"

"没有及时送还，真抱歉。"罗伦说完，便告辞上路了。

罗伦赶到北京，幸好没有耽误考期。他考得好，会试选为进士，在皇帝亲自发问的殿试上，他上对策万余言，直言不讳抨击时弊，受到明宪宗的赞赏，被点为状元，授官翰林修撰。

13. 与肩挑贸易，毋占便宜；见穷苦亲邻，须加温恤。

【译文】

与那些挑着扁担做小生意的人做买卖，不要占人家的便宜。见到贫苦的亲戚或者是邻里，要多加体恤安抚。

【注解】

人们做人做事要善良厚道，怜悯弱者，尊敬苦力。与那些肩挑力扛，出力流汗赚辛苦钱的人打交道，一定不能占便宜；遇到穷困潦倒的亲戚邻居，要施以温暖和帮助，有钱的捧个钱场，没钱的捧个人场，绝不能欺善怕恶，嫌贫爱富。

鲁智深拳打镇关西

三人来到潘家酒楼上，拣个齐楚阁儿里坐下。提辖坐了主位，李忠对席，史进下首座了。酒保唱了喏，认得是鲁提辖，便道："提辖官人，打多少酒？"鲁达说："先打四角酒来。"一面铺下菜蔬果品按酒，又问道："官人，吃甚下饭？"鲁达道："问什么！但有，只顾卖来，一发算钱还你！这厮，只顾来聒噪！"酒保下去，随即烫酒上来，但是下口肉食，只顾将来摆一桌子。

三个酒至数杯，正说些闲话，较量些枪法，说得入港，只听得隔壁阁子里有人哽哽咽咽啼哭。鲁达焦躁，便把碟儿盏儿都丢在楼板上。酒保听得，慌忙上来看时，见鲁提辖气愤地。酒保抄手道："官人要甚东西，吩咐卖来。"鲁达道："洒家要什么！你也须认得洒家！却恁地教什么人在间壁吱吱的哭，搅俺弟兄们吃酒？洒家须不曾少了你酒钱！"酒保道："官人息怒。小人怎敢教人啼哭，打搅官人吃酒？这个哭的是绰酒座儿唱的父女两人，不知官人们在此吃酒，一时间自苦了啼哭。"鲁提辖道："可是作怪！你与我唤得他来。"酒保去叫。不多时，只见两个到来：前面一个十八九岁的妇人，背后一个五六十岁的老头儿，手里拿串拍板，都来到面前。看那妇人，虽无十分容貌，也有些动人的颜色，拭着眼泪，向前来深深地道了三个万福。那老儿也都相见了。

鲁达问道："你两个是那里人家？为甚啼哭？"那妇人便道："官人不知，容奴告禀。奴家是东京人氏，因同父母来渭州投奔亲眷，不想搬移南京去了。母亲在客店里染病身故。女父二人流落在此生受。此间有个财主，叫作'镇关西'郑大官人，因见奴家，便使强媒硬保，要奴做妾。谁想写了三千贯文书，虚钱实契，要了奴家身体。未及三个月，他家大娘子好生利害，将奴赶打出来，不容完聚，着落店主人家追要原典身钱三千贯，父亲懦弱，和他争执不得，他又有钱有势。当初不曾得他一文，如今那讨钱来还他？没计奈何，父亲自小教得奴家些小曲儿，来这里酒楼上赶座子，每日但得这些钱来，将大半还他，留些少女父们盘缠。这两日酒客稀少，违了他权限，怕他来讨时受他羞辱。女父们想起这苦楚来，无处告诉，因此啼哭。不想误触犯了官人，望乞恕罪，高抬贵手！"

鲁提辖又问道："你姓什么？在那个客店里歇？那个镇关西郑大官人在那里住？"老儿答道："老汉姓金，排行第二。孩儿小字翠莲。郑大官人便是此间状元桥下卖肉的郑屠，绰号镇关西。老汉父女两个只在前面东门里鲁家客店安下。"鲁达听了道："呸！俺只道那个郑大官人，却原来是杀猪的郑屠！这个腌臜泼才，投托着俺小种经略相公门下做个肉铺户，却原来这等欺负人！"回头看着李忠、史进道："你两个且在这里，等洒家去打死了那厮便来！"史进、李忠抱住劝道："哥哥息怒，明日却理会。"两个三回五次劝得他住。

鲁达又道："老儿，你来！洒家与你些盘缠，明日便回东京去，怎么样？"父女两个告道："若能回乡去时，便是重生父母，再长爷娘。只是店主人家如何肯放？郑大官人须着落他要钱。"鲁提辖道："这个不妨事，俺自有道理。"便去身边摸出五两来银子，放在桌上，看着史进道："洒家今日不曾多带得些出来；你有银子，借些与俺，洒家明日便送还你。"史进道："直甚么，要哥哥还！"去包裹里取出一锭十两银子放在桌上。鲁达看着李忠道："你也借些出来与洒家。"李忠去身边摸出二两来银子。鲁提辖看了见少，便道："也是个不爽利的人！"鲁达只把这十五两银子与了金老，吩咐道："你父女两个将去做盘缠，一面收拾行李。俺明日清早来发付你两个起身，看哪个店主人敢留你！"金老并女儿拜谢去了。鲁达把这二两银子丢还了李忠。

三人再吃了两角酒，下楼来叫道："主人家，酒钱洒家明日送来还你。"主人家连声应道："提辖只顾自去，但吃不妨，只怕是提辖不来赊。"三个人出了潘家酒肆，到街上分手。史进、李忠各自投客店去了。

只说鲁提辖回到经略府前下处，到房里，晚饭也不吃，气愤愤地睡了。主人家又不敢问他。

再说金老得了这一十五两银子，回到店中，安顿了女儿，先去城外远处觅下一辆车儿，回来收拾了行李，还了房宿钱，算清了柴米钱，只等来日天明。当夜无事。次早五更起来，父女两个先打火做饭，吃罢，收拾了。天色微明，只见鲁提辖大踏步走入店里来，高声叫道："店小二，那里是金老歇处？"小二道："金公，鲁提辖在此寻你。"金公开了房门道："提辖官人，里面请坐。"鲁达道："坐什么！你去便去，等什么！"金老引了女儿，挑了担儿，作谢提辖，便待出门。店小二拦住道："金公，那里去？"鲁达问道："他少你房钱？"小二道："小人房钱，昨夜都算还了；须欠郑大官人典身钱，着落在小人身上看管他哩。"鲁提辖道："郑屠的钱，洒家自还他，你放这老儿还乡去！"那店小二哪里肯放。鲁达大怒，搽开五指，去那小二脸上只一掌，打得那店小二口中吐血；再复一拳，打落两个当门牙齿。小二爬将起来，一道烟跑向店里去躲了。店主人哪里敢出来拦他。金老父女两个忙忙离了店中，出城自去寻昨日觅下的车儿去了。

且说鲁达寻思，恐怕店小二赶去拦截他，且向店里掇条凳子，坐了两个时辰。约莫金公去得远了，方才起身，径到状元桥来。

且说郑屠开着两间门面，两副肉案，悬挂着三五片猪肉。郑屠正在门前柜身内坐定，看那十来个刀手卖肉。鲁达走到门前，叫声"郑屠！"郑屠看时，见是鲁提辖，慌忙出柜身来唱喏道："提辖恕罪！"便叫副手掇条凳子来，"提辖请坐。"鲁达坐下道："奉着经略相公钧旨：要十斤精肉，切作臊子，不要见半点肥的在上面。"郑屠道："使得，——你们快选好的切十斤去。"鲁提辖道："不要那等腌臜厮们动手，你自与我切。"郑屠道："说得是，小人自切便了。"自去肉案上拣了十斤精肉，细细切做臊子。

那店小二把手帕包了头，正来郑屠报说金老之事，却见鲁提辖坐在肉案门边，不敢扰来，只得远远的立住，在房檐下望。

这郑屠整整的自切了半个时辰，用荷叶包了道："提辖，叫人送去？"鲁达道："送什么！且住，再要十斤都是肥的，不要见些精的在上面，也要切做臊子。"郑屠道："却才精的，怕府里要裹馄饨，肥的臊子何用？"鲁达睁着眼道："相公钧旨吩咐洒家，谁敢问他？"郑屠道："是合用的东西，小人切便了。"又选了十斤实膘的肥肉，也细细地切做臊子，把荷叶包了。整弄了一早晨，却得饭罢时候。

那店小二哪里敢过来，连那正要买肉的主顾也不敢拢来。

郑屠道："着人与提辖拿了，送将府里去？"鲁达道："再要十斤寸软骨，也要细细地剁做臊子，不要见些肉在上面。"郑屠笑道："却不是特地来消遣我？"鲁达听得，跳起身来，拿着那两包臊子在手，睁着眼，看着郑屠道："洒家特地要消遣你！"把两包臊子劈面打将去，却似下了一阵的"肉雨"。郑屠大怒，两条忿气从脚底下直冲到顶门，心头那一把无明显火焰腾腾的按捺不住，从肉案上抢了一把剔骨尖刀，托地跳将下来。鲁提辖早拔步在当街上。

众邻居并十来个火家，那个敢向前来劝。两边过路的人都立住了脚，和那店小二也惊得呆了。

郑屠右手拿刀，左手便来要揪鲁达；被这鲁提辖就势按住左手，赶将入去，望小腹上只一脚，腾地踢倒在当街上。鲁达再入一步，踏住胸脯，提起那醋钵儿大小拳头，看着这郑屠道："洒家始投老种经略相公，做到关西五路廉访使，也不枉了叫作'镇关西'！你是个卖肉的操刀屠户，狗一般的人，也叫作'镇关西'！你如何强骗了金翠莲？"噗的只一拳，正打在鼻子上，打得鲜血迸流，鼻子歪在半边，却便似开了个油酱铺，咸的、酸的、辣的一发都滚出来。郑屠挣不起来，那把尖刀也丢在一边，口里只叫："打得好！"鲁达骂道："直娘贼！还敢应口！"提起拳头来就眼眶际眉梢只一拳，打得眼棱缝裂，乌珠迸出，也似开了个彩帛铺，红的、黑的、紫的都绽将出来。

两边看的人惧怕鲁提辖，谁敢向前来劝。

郑屠当不过，讨饶。鲁达喝道："咄！你是个破落户！若只和俺硬到底，洒家倒饶了你！你如今对俺讨饶，洒家偏不饶你！"又只一拳，太阳上正着，却似做了一个全堂水陆的道场，磬儿、钹儿、铙儿一齐响。鲁达看时，只见郑屠挺在地上，口里只有出的气，没了入的气，动弹不得。

鲁提辖假意道："你这厮诈死，洒家再打！"只见面皮渐渐地变了。鲁达寻思道："俺只指望痛打这厮一顿，不想三拳真个打死了他。洒家须吃官司，又没人送饭，不如及早撒开。"拔步便走，回头指着郑屠尸道："你诈死，洒家和你慢慢理会！"一头骂，一头大踏步去了。

街坊邻居并郑屠的火家，谁敢向前来拦他。

鲁提辖回到下处，急急卷了些衣服盘缠，细软银两，但是旧衣粗重都弃了；提了一条齐眉短棒，奔出南门，一道烟走了。

现实生活中，有正义感不仅仅体现在像《水浒传》中的鲁智深一样行侠仗义、打抱不平、敢和坏人坏事做斗争方面，更多的是体现在人的一言一行中，体现在社会生活的方方面面和大大小小事情上。遵纪守法、尊老爱幼、文明礼貌、救死扶伤、扶贫济困、抢险救灾等行为都是有正义感的表现。当我们遇到这种情况时，应该挺身而出，做一个见义勇为的，有正义感的人。

14. 刻薄成家，理无久享；伦常乖舛，立见消亡。

【译文】

如果为人刻薄主持这个家的话，天理是不会让你久享福气的。如果违背伦常，乖戾叛逆的话，马上就会消亡。

【注解】

先辈告诫我们：如果一个人总是看别人不好的一面，总是喜欢挖苦人、挑剔人、指责人、看不起人，这种人就是刻薄。用刻薄的方法处人处事，总是处理不好与别人的关系，这样的人他自己的命也很薄。本来人和人相处，由于性格、出身、生活习惯、遗传基因等诸多因素的不同，思想的差异总是存在的。如果我们能求大同、存小异，处处事事都能以宽容的态度和谐相处，相处中善待自己、也善待人家，大家都舒服，就能凝聚成一个彼此吸引的磁场。否则，待人刻薄，自己就不舒服，下场和结局也不会好。这就是"刻薄成家理无久享"的含义之所在。

伦常出现了谬误或错误，这个家庭就面临着消亡，这也是先辈对我们的忠告。人与人之间的关系可以总结为5种：夫妇、父子、弟兄、君臣、朋友。其中君臣关系是由父子关系衍生的，朋友关系是由弟兄关系衍生的。这5种关系称为五伦，5 种关系要用 5 种道德来维系即仁、义、礼、智、信，它们又称为五常。

仁字从字形上就可看出，它表达的是两个人。因为人是群居动物，人的天性决定了人从降生开始就需要爱，因此仁是爱的道理；人要爱人，总要在具体的关系中相爱，在 5 种关系中彼此相爱就称之为义。比如父慈子孝、夫敬妇爱、兄友弟恭都是指应尽到的义，故仁是抽象的爱之理；具体的爱要用具体的形式来表达，这种表达不能有缺失，也不能超过节度，这种义的具体形式就是礼；如何达到礼使其做到礼的表达恰到好处就是智，这就要求我们处人处事要会审时度势；如果你能坚持认为仁、义、礼、智是对的，这就是信。从理论上讲，你崇敬什么、相信什么，这就是一个人的信仰，每时每刻你都能牢记你的信仰，这就是信念。所以，信是仁、义、礼、智的保障。

【故事链接】

朱博恩威并施善待人

汉朝时的朱博，因善于用人而名重当时。

有一次，其手下的府功曹向他进言道："长陵有一位名叫尚方禁的富豪，才华颇为出众，现如今为副守尉。而以他的才干，当个守尉都绰绰有余。"

朱博听到府功曹如此说，便派人暗中去调查那个尚方禁。调查的人回来禀报道："此人年轻时行为不太检点，曾与别人的妻子私通，后来被人发现了。现在他脸上的那处刀疤，就是当时被人砍伤的。府功曹可能是收受了尚方禁的钱财才为他说话的。"

朱博点头不语。过了几天，他又以了解治安情况为由把尚方禁招来，暗中察看他的脸，发现果然有一处很深的疤痕。朱博便命众人退下，单独留下尚方禁，询问他脸上的伤疤是怎么回事。

尚方禁将前情如实告之，然后跪在地上请朱博饶恕。朱博见状大笑，对他说道："男子汉大丈夫，有一点过失算什么？改过了就行。我准备为你洗刷掉原先的耻辱，你看如何？"尚方禁闻言感动得泪流不止。朱博又趁机说道："如果我为你洗刷了耻辱，你可愿为朝廷效力？"

尚方禁连声应诺，朱博就告诉他："这次谈话的内容除了你知我知外，没有其他人知道。你今后的任务就是遇到奸邪之事便记录下来。"

然后朱博撤销了尚方禁蒙羞的案底，并张贴告示"澄清"尚方禁的冤枉，还在一天之内召见尚方禁三次，以示亲近。

尚方禁从此四处奔走，早出晚归，揭发了境内多数盗首及其亲信。短短一年时间，由尚方禁提供线索而侦破的案卷就厚达两尺，朱博借机提拔尚方禁为遵县县令，尚方禁感恩戴德的赴任去了。

朱博又召见了那个府功曹，责问道："你收受他人贿赂，依刑律该如何处置？"

府功曹一听，吓得脸色惨白，赶紧跪地谢罪。朱博便以将功折罪为由，命府功曹将历年来所收受的贿赂及其他不义之财，一毫不差地记录下来交给他。那府功曹害怕不已，忙将自己由不正当途径获得的财物全都写了下来，呈给朱博。朱博查看了记录，知道他已老实交代，就对他说：

"此事只有你我二人知道，我有心惩治你，可又委实不忍；但如果不给你一个罪名，又如何对得起刑律和皇上？你说应该怎么办？"

府功曹垂首坐在那里，一言不发。朱博便命令道："你马上坐下来写一个改过自新的赦文，然后……"朱博说着扔给府功曹一把刀，"把你刚才所记的一切全部销毁。"

府功曹如逢大赦，惊喜万分，急忙写完赦文，拿刀把自己刚才所记的竹简划烂。朱博便让他仍归旧职，府功曹从此以后兢兢业业，再也不敢做错事了。

象牙筷子

商纣王在刚开始请工匠用象牙为他制作筷子的时候，他的叔父箕子就表示出了一种担忧。箕子认为，既然你使用了稀有昂贵的象牙作筷子，与之相配套的杯盘碗盏就再也不会用陶制土烧的笨重物了，而必然会换成用犀牛角、

111

美玉石打磨出的精美器皿。餐具一旦换成了象牙筷子和玉石盘碗，你就一定不会再去吃大豆一类的普通蔬菜，而要千方百计地享用牦牛、象、豹之类的胎儿等山珍美味了。紧接着，在尽情享受美味佳肴之时，你一定不会再去穿粗布缝制的衣裳，住在低矮潮湿的茅屋下，而必然会换成一套又一套的绫罗绸缎，并且住进高楼大厦之中。

箕子害怕照此演变下去，必定会带来一个悲惨的结局。所以，他从纣王一开始制作象牙筷子起，就感到了一种不祥的恐惧。

事情的发展果然不出箕子所料。仅仅只过了 5 年光景，纣王就演变到了穷奢极欲、荒淫无耻的地步。在他的王宫内，挂满了各种各样的兽肉，多得像一片肉林；厨房内添置了专门用来烤肉的铜格；后园内经过酿酒后剩下的酒糟已经堆得像座小山了，而盛放美酒的酒池竟大得可以划船。纣王的腐败行径，不仅苦了老百姓，而且将一个国家搞得乌七八糟，最后终于被周武王所剿灭。

箕子因纣王无道，受到政治迫害的箕子率其族人出走朝鲜。箕子入朝鲜半岛不仅传去了先进的文化，先进的农耕、养蚕、织作技术，还带入了大量青铜器，另外还制定了"犯禁八条"这样的法律条文，以至于箕子朝鲜被中原誉为"君子之国"。

15. 兄弟叔侄，须分多润寡；长幼内外，宜法肃辞严。

【译文】

对于兄弟叔侄，要多多安抚贫寡，长幼内外，应当家法严格。

【注解】

兄弟叔侄之间要互相帮助，富裕的要周济贫穷的，使得家庭成员和睦共处。后半句写了治家要严，无论长幼，都要恪守家规、法纪，这样家庭才更幸福、美满。正所谓："治家严，家乃和。"

【故事链接】

刘备大义灭亲斩义子

刘封本是罗侯寇氏之子，长沙郡姓刘的一个人的（演义里作刘泌）外甥，刘备投靠荆州刺史刘表后，暂时安居于荆州，因为当时刘备未有子嗣，于是收刘封为养子。

公元211年（建安十六年），刘备受刘璋之邀入蜀抵御张鲁。刘备北驻葭萌，后与刘璋决裂，于是召诸葛亮等入蜀。刘封当时年仅二十余岁，但已武力过人，于是率军随同诸葛亮、张飞、赵云等溯流西上进攻益州，所过之地战无不克。益州平定后，刘备任命刘封为副军中郎将。

公元218年（建安二十三年），刘封跟随刘备北攻汉中，曹操率领大军来援，刘备栖于山头，派刘封向曹操挑战，曹操大骂说："卖鞋的小子，只会叫你的假儿子来挡你家太公么！等我叫我家长黄胡子的真儿子来打你。"于是派人召曹彰来与刘封对敌，但曹彰未到，曹操已经撤军。

公元219年（建安二十四年），刘备彻底占领汉中全境，另外又派遣宜都太守孟达率军攻占了房陵郡。其后孟达又挥军进攻上庸郡，刘备暗地里担心孟达难以独力取胜，于是遣刘封从汉中顺沔水南下去统领孟达的军队，刘封率军与孟达上庸合兵一处后成功地逼降了上庸太守申耽。占领上庸后刘封迁为副军将军。

公元219年（建安二十四年）末，关羽围襄樊，多次要求刘封和孟达派兵相助，但被刘封和孟达却以上庸三郡占领不久，不敢轻易离开为由拒绝。关羽战败后，刘备因此怪罪于刘封、孟达二人。公元220年（建安二十五年），孟达与刘封不和，刘封夺取了孟达演奏鼓乐的乐队，孟达一方面害怕刘备治罪，另一方面又对刘封十分愤恨，于是修书一封给刘备，然后率领部曲投降曹魏。

孟达投降魏国之后，魏文帝曹丕派遣夏侯尚与徐晃助孟达袭取东三郡。孟达写信给刘封，劝刘封投降，但被刘封拒绝。申耽、申仪两兄弟背叛刘封，刘封因此被孟达徐晃等击败。刘封回到成都后，刘备责备他欺凌孟达，且不救援关羽。诸葛亮考虑到刘封刚烈勇猛，刘备死后最终难以制服驾驭，于是劝刘备借此机会除掉他。于是刘备赐刘封死，让他自尽。刘封叹息说："我后悔不听孟子度的话。"刘封自裁后，刘备非常伤心，为刘封哭泣。

16. 听妇言，乖骨肉，岂是丈夫；重资财，薄父母，不成人子。

【译文】

听从妇人的言论，溺爱骨肉，这那里是大丈夫的作为？偏重钱财，不孝顺父母，不是人的子孙的行为。

【注解】

人生的所求所欲，名利也好，地位也好，艺术或逍遥也好，都是人生的一种抉择。天下熙熙，皆为利来；天下攘攘，皆为利往。人生看不破名利二字，就会受到终身的羁绊。名利就像是一副枷锁，束缚了人的本真，抑制了人们对理想的追求。

一代名相房玄龄

古人云："非淡泊无以明志，非宁静无以致远"。淡看名利，以糊涂待之，是幸福人生道路上的一种策略，一种大智慧，是一种淡泊名利，泰然安详的境界。能在众人面前不骄傲自满，在别人讥讽面前不灰心丧气。始终保持一种平和从容，乐观豁达的人生态度。不做名利的俘虏，也不为各种利欲所左右，使自己的人生不断升华。

房玄龄生于一个官宦之家，自幼就聪明机警，在父亲的教育下，不仅写得一笔体兼草隶的好书法，更深受父亲那恢廓娴雅的文笔影响，文章也写得篇篇珠玑，非同一般。

公元 618 年，李渊建唐，李世民受封为秦王。房玄龄官拜秦王府记室，封爵临淄侯。贞观元年，唐太宗任命房玄龄为中书令。这一年的九月，唐太宗对朝中官员论功行赏。结果，房玄龄、杜如晦、长孙无忌、尉迟敬德、侯君集功名列第一，得到了重赏。后来，房玄龄又升迁至相位。

虽然房玄龄身居相位，但从不居功自傲，更不贪权图利。唐太宗曾经召集大臣，讨论世袭之事，封房玄龄为宋州刺史和梁国公。唐太宗之所以要封房玄龄为宋州刺史，目的是为了让房玄龄的子弟世袭。但房玄龄觉着自己身为宰相，应为各位大臣做出榜样，不应贪图私利，便上奏唐太宗说："臣已经担任宰相，现在又封为宋州刺史，这样恐怕会使大臣们争相追逐名利，使朝政大乱。臣认为不妥，请陛下先罢免臣的刺史职位。"

唐太宗便依了房玄龄的奏折，只封他为梁国公。房玄龄辞掉了宋州刺史之后，朝中大臣纷纷仿效，辞去能世袭的官职。唐太宗十分感慨地说："上行下效，朝中大臣今天能有这样行动，都是玄龄的功劳！"

后来，房玄龄又加封为太子少师，当他初到东宫见皇太子时，皇太子要拜他。房玄龄慌忙躲避一旁，坚决不受。人们看到当朝宰相如此谦虚恭谨，不由得暗中称赞，都说他是亘古未有的贤相。

贞观十六年（642 年），房玄龄觉得自己当了很长时间的宰相，不宜长期身居高位，多次提出辞呈。唐太宗对他说："辞让，固然是一种美德。然而国家长久以来都依靠您，如果失去了像您这样的贤相，朕就好像失去了左右手一般。"

晚年的房玄龄经常疾病缠身。唐太宗依旧委以重任，下诏说："玄龄多病，就让他在家里办公，躺在床上处理公务。"朝中遇到大事，便命人抬他上殿。每一次遇到这种场面，唐太宗便流泪不止。

后来，房玄龄处于病危状态，唐太宗不仅派皇太子去他家里慰问，还亲临探视，与房玄龄握手诀别。不久，房玄龄便去世了。唐太宗下诏为他举行了隆重的葬礼，赠官太尉、并州都督，谥号"文昭"。

人生者，生死荣辱，祸福成败，皆如过眼云烟。成事在天，谋事在人。到头结果如何，皆各人善恶之所造，非能强求。因此，《三国演义》的开篇词这样说：是非成败转头空，古今多少事，都付笑谈中。只有做到"宠辱不惊，闲看庭前花开花落；去留无意，慢观天外云卷云舒"，用范仲淹的话解释说就是"不以物喜，不以己悲"，糊涂以对，才能安然地享受自己幸福的一生。

跨越百年的美丽

居里夫人是法国籍波兰物理学家、化学家，一生崇尚科学，看淡名利。居里夫人从小就树立了用科学成果报效祖国和造福人类的伟大志向。她从不把金钱放在眼里，说："如果为了经济上的利益是违反纯粹的研究观念的。"她这么说，也是这么做的。居里夫人发现了镭，用 3 年零 9 个月时间从矿石中提炼出 0.1 克镭盐，却没有申请专利，放弃了一笔巨额财富。她把造福人类看成是最大的幸福。

为了奖励居里夫人对世界的贡献，当时的美国总统胡佛以政府名义赠给她价值 75 万法郎的一克镭，并把关于此事的文件送给她看。她读完文件后说："这个文件必须修改，美国赠我的这一克镭，应该属于科学。只要我活着，不用说，我将只把它用于科学研究。但是假如就这样规定，那么在我死后，这一克镭就成为个人财产，成为我女儿们的财产，这是不行的。我希望把它赠予实验室。"经手人只好按照居里夫人的意见修改了文件。1923 年，法国居里基金研究会庆祝镭的发现 25 周年，法国政府赠给居里夫人 4 万法郎作为"国家酬劳"，并规定她的两个女儿可享有继承权。居里夫人把这笔属于个人的赠款毅然赠送给祖国波兰，用于创建一个镭研究院。这件事在波兰传为美谈。

居里夫人成了名人后，有数百个社会团体请求她在各种宣言上签署自己的名字，但都被居里夫人婉言谢绝了。在法国和波兰，居里夫人"奖牌只是玩具"的故事可谓家喻户晓：有一天，居里夫人的一个朋友来她家作客，突然看到她的小女儿正在玩英国皇家学会刚刚颁发给她的金质奖章，惊讶地说："英国皇家学会的奖章是极高的荣誉，你怎么能给孩子玩呢？"居里夫人笑了笑说："我是想让孩子从小就知道，荣誉就像玩具，绝不能看得太重，否则将一事无成。"居里夫人有一句名言："在科学上，我们应该注意事，而不应该注意人。"她还在一篇短文《我的信念》中写道："近 50 年来，我致力于科学的研究，而研究，基本上是对真理的探索……我一生中，总是追求安静的工作和简单的家庭生活。为了实现这个理想，我竭力保持宁静的环境，以免受人事和盛名的侵扰。"正是居里夫人这种不为名利所累，一心倾注于科学研究的品质，使她最终到达辉煌的科学巅峰。

在居里夫人去世后的悼念会上，爱因斯坦这样评价居里夫人："第一流人物对于时代和历史进程的意义，在其道德品质方面，也许比单纯的才智成就方面还要大。"居里夫人的高尚品质令世人崇仰，也在为人处世方面留给我们诸多启示。

17. 嫁女择佳婿，毋索重聘；娶媳求淑女，勿计厚奁。

【译文】

听信妇人挑拨，而伤了骨肉之情，那里配做一个大丈夫呢？看重钱财，而薄待父母，不是做儿子的道理。

【注解】

听从妇人的言论，溺爱骨肉，这哪里是大丈夫的作为．作为家长，一定要有主心骨，哪些话该听就听，不该听的不要听。中国有句古语："百善孝为先"。意思是说，孝敬父母是各种美德中占第一位的。古人说："老吾老，以及人之老；幼吾幼，以及人之幼"。我们不仅要孝敬自己的父母，还应该尊敬别的老人，爱护年幼的孩子，在全社会造成尊老爱幼的淳厚民风。

【故事链接】

朱元璋痛失贤后

公元 1382 年，55 岁的朱元璋称帝已经 15 个年头了。马皇后也 51 岁了，虽然朱元璋嫔妃众多，不乏年轻美貌女人，但朱元璋始终不忘结发患难之妻，对马氏的宠幸始终没变，这在历代帝王之中是很少见的。朱元璋不仅钟情马氏，而且敬重马氏。

俗话说："天有不测风云，人有旦夕祸福。"作了 15 年皇后的马氏，这一年却得了疾病。

当时，黄河决口，先是在 3 月河决朝邑，马皇后在内宫得知，带头吃粗粮素菜，为民请愿，朱元璋于是免畿内、浙江、江西、河南、山东税粮。没想到秋天 7 月，黄河又在荥泽、阳武决口。朱元璋忧心忡忡，一面派人救灾赈粮，一面命御医为马皇后治病。

御医奉命来到后宫，隔帘诊脉，朱元璋亲自侍诊，说："务必治好皇后的病，否则定斩不饶。"

御医跪地叩头说："启奏圣上，皇后是中了邪气而病，可祛邪治疗。"

朱元璋听了大怒，说："自古邪不侵正。皇后堂堂正正，端庄自重，为国之仪表，何邪之有？推出斩了！"

马皇后正在发高烧，迷迷糊糊听朱元璋说"斩了"，强睁开眼睛，用力气说："陛下不可因我乱杀医者，若不准请，再不要请医者来！"

朱元璋见马皇后如此，只好放了医者，另觅名医为马皇后看病诊治。

当时有一个叫王履的人，字道安，江苏昆山人。曾著有《医经溯洄集》，创立了瘟病学说，指出瘟病不能混同于伤寒，救活了不少人，被称为神医。朱元璋派人把王履请来给马皇后治病。

王履诊脉之后，断为风寒，开方煎药。朱元璋亲手把药端在马皇后面前，说："皇后，此药吃下可好。"

马皇后拒绝服药，怕病不好，连累医者得罪遭祸，说："生死有命，富贵在天，岂是药力能治得了的吗？"

朱元璋再三劝解，终是不肯服药。挺到8月，竟溘然逝去。朱元璋抚着马皇后的尸体，放声大哭，想着马氏在自己被囚之时，送蒸饼烫伤前胸，又在郭子兴面前左右周旋，使得自己化险为夷。和州后方多赖马氏团结将士家属。大军渡江以后，又赖马氏在后方供应军需，才使得前方将士取胜，平定天下，自己做了皇帝，全靠马氏内助。称帝之后又多提建议。记得诸王傅李希颜教诸王学习时，一个小王不听话，被李希颜用戒尺打伤了额角。哭着找朕诉苦，朕一面用手抚摸小王的额头，一面拉长着脸说"李老儿太不识好歹了，连皇子也敢打，待我治他的罪"。马皇后在旁说："圣人管束弟子用戒尺，李王傅用圣人的道理管教孩子，怎么可以生气呢？"听马皇后一说，安慰小儿子几句，并不把这事放在心上。以后李希颜更加用心教导诸王了，孩子们多有长进。

还记得自己刚称帝时，马皇后告诫自己不要忘了贫贱时过的日子，也不要忘了和群臣共患难的日子，要有始有终。

朱元璋越想越伤感，越伤感哭得越厉害。左右百官也都伤心落泪，又唯恐皇上有个三长两短，急忙劝住。

朱元璋节哀顺变，命礼部治丧，选吉日，择钟山之阳安葬，亲制《大行皇后谥册文》：

皇帝制曰：皇后马氏。亘古帝王之兴，淑德之配，能共致忧勤于政治者，盖鲜克开泰寰宇，福被苍生。惟后与朕，起自寒微，忧勤相济。越自扰攘之际，以迄于今，三十有一年，家范宫闱，母仪天下，相我治道，成我后人。淑德之至，无以加矣。朕意数年之后，吾儿为帝，当与后归老寿宫，抚诸孙于膝下，以享天下养。何期一疾弗瘳，遽然崩逝，使朕哀号，不胜痛悼。虽然，有生必有死，天道之常。后虽崩逝，而后之德不泯者存。谨遵古谥法，册谥皇后曰"孝慈"。呜呼！公议所在，朕不敢私。惟灵其鉴之。

这一年 10 月，朱元璋亲行孝慈皇后祔庙礼，并亲撰祭文与告庙文。礼毕时又一次"奄及卒哭"。

回朝后，有人奏议可再选嫔妃中贤德者立为皇后。

朱元璋沉吟不语，想起开国之初，自己要提拔外戚为官时，马皇后曾说的话："国家官爵，当用贤能。妾家亲属，未必有可用之才。且闻前世外戚家，多骄淫不守法度，每致覆败。陛下加恩妾族，厚其赐予，使得保守足矣。若非才而官之，恃宠致败，非妾所愿也。"

于是，朱元璋不再立皇后。

退朝回到后宫，睹物伤情，郁郁不乐。按自己的习惯，伏案写札记。朱元璋的习惯是每天随时随地都写札记，甚至在吃饭的时候，忽然想起什么事该处理，怎样处理，都用小纸片记下来，以免忘记了。写完之后，总是马皇后替他精心整理归类，等到朱元璋查问时，立刻取出来，省了朱元璋许多精力。

马皇后原来不识字，没有文化，与朱元璋在军旅生活中，常见有公文书信，就求人教认，背地里照样子描摹。久而久之，竟也能认识许多常见字了。做了皇后以后，她教宫中女官每天都教读书写字，不仅懂得历史上许多著名的女杰故事，而且还可以协助朱元璋做一些文秘的工作了。

120 　如今，朱元璋失去了马皇后得力内助，不免又是一阵酸楚，长叹一声，自己动手整理札记纸片，更加辛勤地操持国事。

18. 见富贵而生谄容者，最可耻；遇贫穷而作骄态者，贱莫甚。

【译文】

看到富贵的人，便做出巴结讨好的样子，是最可耻的，遇着贫穷的人，便做出骄傲的态度，是鄙贱不过的。

【注解】

写了两种不同社会地位和层面的人所绝不应有的两种不同的心态和神态。意思是说：自身贫穷，见到有钱有势的人就露出一副点头哈腰、奉承拍马的卑贱神态，这种向人讨好的人，是最可耻的；而富贵的人如果遇到贫穷的人，就露出一副不可一世，傲视对方的神情，这种人的人格就是最低贱的了。

【故事链接】

君子坦荡荡，小人长戚戚

自古以来，阿谀逢迎、溜须谄媚的人总是大有人在。唐朝"安史之乱"的始作俑者安禄山即是。

有一次，玄宗拍着安禄山的肚子问："你这胡人的肚子里有什么，怎么这么大？"听皇帝这么一问，这位武夫顿时乖巧精明起来："这里面没有别的东西，只有忠于陛下的一颗红心。"

为人处世，一味阿谀逢迎，虚伪造作，终将为人所不齿。真正的君子，有着铮铮傲骨，是不会"摧眉折腰事权贵"的，也不会向恶势力低头，更不会同流合污。

唐玄宗六十一岁那年，宠爱上了年轻的杨贵妃。据说，杨贵妃是个少见的美人，而且生得聪明伶俐，懂得音乐。唐玄宗把她的两个哥哥都封了官，三个姐姐都封为夫人。杨贵妃有个远堂兄弟杨钊（后来改名杨国忠），在蜀中穷得过不了日子，听到他堂妹封了贵妃，就带点礼物到长安找杨贵妃。杨贵妃在玄宗面前说了几句好话，杨国忠就当上了一名禁卫军参军。

唐玄宗早把政事交给了李林甫。有了杨贵妃以后，他更是经常留在宫里寻欢作乐，连每天例行的早朝也懒得出来了。杨贵妃想要什么，他就总想方设法给她办到。杨贵妃爱吃新鲜的荔枝。荔枝是南方出产的果品，长安在西北，哪来的荔枝？唐玄宗为了讨杨贵妃的欢喜，专门下命令叫岭南官员派人骑着快马拼着命赶送，像接力棒一样，一站一站把荔枝运到长安。荔枝到杨贵妃手里的时候，还又红又香，味道也保持鲜美。

唐玄宗、杨贵妃每天饮酒作乐，少不了叫人奏奏音乐，唱唱歌曲，但是宫里原来的一些老歌词都听腻了。他想找人来给他填点新歌词。

有一个官员贺知章在唐玄宗面前说，长安新来了一个大诗人，名叫李白，是个天才，无论作诗写文章，都十分出色。唐玄宗也早就听到过李白的名声，就吩咐贺知章赶快通知李白进宫。

李白字太白，是唐代最著名的大诗人之一。他出生在碎叶，上代是陇西成纪（今甘肃秦安东）人，从小博览群书，性格豪放，除读书之外，还练得一手好剑。李白二十多岁起，为了增长见识，到各地游历。他不仅到过长安、洛阳、金陵、江都许多大城，还到过洞庭、庐山、会稽等许多名山胜地。由于他见识广博，加上才智过人，因此，他在诗歌写作上有了杰出的成就。

李白是个有政治抱负的人，他生性高傲，对当时官场上的腐朽风气很不满意，希望得到朝廷任用，让他有机会施展政治上的才干。这一次到长安来，听到唐玄宗召见他，也很高兴。

唐玄宗在宫殿上接见了李白，和他谈了一阵，觉得他的确很有才华，高兴地说："你是个普通人士，但你的名字连我都知道了。要不是有真才实学，怎么可能这样出名呢？"接见以后，唐玄宗就把李白留在翰林院，要他专门给他起草诏书。

李白爱好喝酒，喝起酒来，还非喝到酩酊大醉没有完。进了翰林院之后，他改不了这个习惯，空下来，还是找一些诗友到长安酒店里去喝酒。

有一次，唐玄宗叫乐工写了一支新曲子，还没填上歌词，就命令太监去找李白。太监们在翰林院和李白家，都找不到李白。有人告诉太监，李白上街喝酒去了。

太监们在长安街上四处寻找，好容易在酒店里找到李白，原来李白喝醉了酒，躺在那里睡着了。太监把他叫醒，告诉他皇上召见他。李白揉揉眼睛，站起了身，问是怎么回事。太监们来不及跟他细说，七手八脚把李白拉进轿子，抬到宫里。

李白进了内宫，抬头一看是唐玄宗，想行朝拜礼，身子却不听使唤。太监们见他醉得厉害，就有人拿了一盆凉水，洒在李白脸上，李白才渐渐醒过来。

唐玄宗爱他的才，也不责怪他，只叫他马上把歌词写出来。

太监们忙着在他面前的几案上放好笔砚绢帛。李白席地坐了下来，忽然觉得脚上还穿着靴子，很不舒服。他一眼看见身边有个年老的宦官，就伸长了腿，朝着那宦官说："请您帮我把靴子脱下来！"

那个老宦官原来是唐玄宗宠信的宦官头子高力士。他平时仗着皇帝的势，在官员前作威作福，现在一个小小的翰林官居然命令他脱靴，简直气昏了。但是唐玄宗在旁边等着李白写歌词，如果得罪了李白，让唐玄宗扫了兴，也担当不起。他忍住气，装出满不在乎的样子，笑嘻嘻地说："唉，真是喝醉了酒，拿他没办法。"说着，就跪着给李白脱了靴子。

李白脱了靴子，连正眼也不看高力士，拿起笔来龙飞凤舞地写起来，没有多少时间，就写好了三首叫作《清平调》的歌词交给唐玄宗。

唐玄宗反复吟了几遍，觉得文辞秀丽，节奏铿锵，确是好诗，马上叫乐工演唱起来。

唐玄宗十分赞赏李白，但是那个给李白脱过靴子的高力士却记恨在心。

有一次，高力士陪伴杨贵妃在御花园里赏玩景色。杨贵妃很高兴地唱起李白的诗来。

高力士装作惊讶地说："哎呀，李白这不知天高地厚的家伙，在这些诗里侮辱了贵妃，您还不知道吗？"

杨贵妃奇怪地问怎么回事。高力士找出其中一句"深夜千帐灯，美人梦不成，屋外海棠红"，说："李白这意思是您别高兴太早了，外面还有比您漂亮的，让您觉都睡不好，这不'屋外海棠红'吗？"杨贵妃让高力士这么一解释，禁不住对李白怀恨在心。

几天后，杨贵妃和唐玄宗在一起喝酒，唐玄宗说李白很有才华，朕想提拔他。杨贵妃一听擦起了眼泪，并把高力士的话说了一遍，特别强调李白喝酒时说的"李白喝酒赛神仙"。唐玄宗想："朕是皇帝，他是神仙，他比朕大啊！这样的人怎么能提拔重用呢？"

就这样，李白被唐玄宗渐渐疏远了。

李白终于看出在唐玄宗周围，都是一些像李林甫、高力士那样的趋炎附势的小人；他留在唐玄宗身边，不过帮他解闷散心，要想政治上有所作为是不可能的。到了第二年春天，就上了一道奏章，请求辞官还家。唐玄宗顺水推舟批准了他的要求，为了表示他爱才，还赐给李白一笔钱，送他回家。

李白离开长安以后，重新过着诗人自由自在的生活，有时隐居读书，有的时候周游各地。在这些日子里，他写下了许多讴歌祖国壮丽山河的诗篇。

19. 居家戒争讼，讼则终凶；处世戒多言，言多必失。

【译文】

居家过日子，禁止争斗诉讼，一旦争斗诉讼，无论胜败，结果都不吉祥。处世不可多说话，言多必失。

治家格言

争讼分两种情况：一种是自家的成员争斗，一种是和其他家庭争斗而起官司。自家的争斗如弟兄之间为分家产而起争端；家族之间、家庭之外的争端，如与亲戚起争端，与亲家起争端，与邻居起争端，与朋友起争端等。而这些争端严重了则会引起官司。且不要说打官司，单这争端对于一个家庭就不是好事。俗话说"家和万事兴"，家庭不和睦，其他一切事情都受影响。家庭是每个人的港湾，在社会上不管遇到什么麻烦矛盾，回到家就应感到轻松温暖。如果家中乱七八糟，那人还有什么最后的栖息地呢？家庭矛盾首先引起心情不愉快，工作不顺，也影响子女的成长，但凡是在家庭矛盾中成长起来的儿童，心理都是不健康的。所以只要有争端，家庭就有凶患。

处世为什么忌多言呢？因为"言为心声"，语言是心灵的声音，既是心灵的声音，就有几点当忌：第一，心灵的声音不是随时都发，随时都发，这个声音就不诚挚、不厚重。试想，一个人一天到晚都说个没完，一个人很少说话，哪个说出的话更能引起别人的重视呢？第二，每个人由于出身、环境、经历、性格、受教育程度不同，内心世界也不相同，所以对事物的理解也大不相同。这就是"说者无意，听者有心"的道理。也许同一句话，你是这个意思，甲听成那个意思，乙又听成另外的意思，丙更不知道听成了什么意思……生活中由此而引出的误会多得很。比如甲关心乙，说你穿这么薄的衣服会冷，乙就理解为甲是在嘲笑自己没有衣服穿，这也是我在生活中亲身遇到过的。第三，人是很复杂的，内心也随时在变化，今日似乎好得很的朋友，说不定哪一天因为某种原因反目成仇，昔时你告诉他的那些知心话，现在就全变成了你的罪状。第四，话说得少，那所说的话必定经过深思熟虑。随时都在说话，自然欠考虑，容易引起矛盾，给生活、工作都带来许多麻烦。第五，说话还有词不达意的时候，这在生活中也时有发生。以上几个原因都说明话要少说，说多了就会有失误。当然也不是教人一天到晚都小心翼翼、战战兢兢，话都不敢说，那就太压抑、太累了。家训中说得很清楚，少言是针对处世，并不是所有的时候都如此。在家中、在至亲的人面前，在知己面前多说几句、推心置腹说几句是无妨的。儒家教人做人谨慎，要有节制，内敛，所以对说话

125

也要求慎重、严谨，不夸夸其谈，不随便乱说。孔子说："巧言令色，鲜矣仁。"意思就是花言巧语、嬉皮笑脸的人离仁德是很远的。

【故事链接】

谨言慎行，谦逊为人

"刚愎"，指人个性太强、骄傲暴戾的意思。《左传·宣公十二年》所记载的一段故事中说道："先縠刚愎不仁。"故事是这样的：

先縠，春秋时期晋国军事将领，在一次对楚国的战争中，因为不听从统帅的军令，擅自行动，结果致使晋军大败而归。当时，战场形势本来对晋军很有利，楚军已经开始撤退，晋军统帅苟林父和其他将领通过判断敌情、分析形势后，认为不宜轻率进军，如按照这一推断作战，晋军就可以避免后来的失败。而先縠却悄悄带着自己的军队去追击楚军。苟林父发觉后，已经无法制止，只得下令全军前进，追击楚军。楚军听说晋军追来，大夫伍参主张回击，令尹孙叔敖主张撤回国内。伍参直接面见楚庄王，进谏说："为什么不打呢？您看，苟林父新任中军主将，威信不高，令出不行。而'其佐先縠，刚愎不仁'，不听将令，其余将领也意见不一，其士兵无所适从。如我军回击，必胜，而晋军必败。"楚庄王采纳了伍参建议，令孙叔敖停止撤退，回师北进。结果，晋军果然大败。

"刚愎"一语经常和"自用"连在一起使用，因为"刚愎"的人往往"自用"。《金史·赤盏合喜传》说："性刚愎，好自用。"自用，是自以为是，固执己见而轻举妄动的意思。《中庸》说："愚而好自用。"《尚书仲虺之诰》说："好问则裕，自用则小。"《左传·桓公十三年》有一段说到莫敖屈瑕"自用"的故事。

"莫敖"，楚国官名。那是春秋时楚武王时期，莫敖屈瑕率领军队征伐楚国临近的小国罗国（在今湖北宜城市）。出兵时，大夫斗伯比送行归来途中，对他的车夫说："此次出征，莫敖必败。你看他那趾高气扬、狂妄得意的劲儿！"原来，在此之前，屈瑕曾对郧国的战争中，在蒲骚（今湖北应城市）之役中获得胜利。自此以后便开始骄傲起来。随后斗伯比进宫对楚武王说："赶快给莫敖屈瑕增加援军吧，否则打不了胜仗。"楚武王听后深感纳闷，这仗还没打，怎么便需要增兵了？再说楚国国内可以用来出征的军队几乎都被屈瑕带走了，这斗伯比是知道的呀。楚武王不解斗伯比所言之意，就问王后邓曼，王后略加思索说："大夫斗伯比说的话，主要用意恐怕不在于'增援'，而是要告诉大王您莫敖屈瑕这次要打败仗了。的确，莫敖自蒲骚之役后，被胜利冲昏了头脑，'将自用也，必小罗'（将要自以为了不起，不听劝告而小看罗国）。……"楚武王急忙派人追赶屈瑕，令他务必要虚心谨慎。可是已经来不及了，屈瑕正在号令全军："不得乱提意见，违者处斩！"部队刚过鄢水，就被罗国和卢戎国联军两面夹击，被打得落花流水，狼狈而逃，屈瑕自杀身亡。

"刚愎自用"这句成语，和骄傲自负的意思相仿，都是处事为人的大忌。

生活中，一个人如果总是把自己看得太重要、太高明、太有能耐，觉得凡事有了自己才行，没有自己就不成，一副高高在上的姿态。这样的人迟早会遭遇失败。因为，过于抬高自己，而不客观地审视自己，过分自我膨胀，就注定会与成功背道而驰。

张女士是某市人事局的一名职员。由于她工作勤奋，方法对头，取得了不错的成绩，于是人事局领导经过几番讨论研究，最终派她到本市某一区人事局做主任。

在她刚到区人事局当主任的几个月当中，她春风得意，对自己的机遇和才能满意得不得了。她觉得自己高高在上，不可一世，每天都使劲吹嘘自己在工作中的成绩，如何拼搏取得，如何被重视，如何受到上司的表扬等等。但同事听了之后都非常不高兴，都避之唯恐不及。这使得她百思不得其解。过了一段时间，她发现根本没一个人再理她，甚至连上面的几位局长都不愿理她。在接下来的日子里，她觉得自己活得很空虚，也很孤独，每天回到家里不停地唉声叹气。这一切都没有逃过丈夫的眼睛。有一天晚饭后，丈夫与她做了一次推心置腹地谈话。在听了她的烦恼之后，他一语点破了她的自负

127

心理，她这时才意识到自己的症结到错在哪里。

每个人都有爱表现的心理，只不过各自表现的方式不一样。喜欢炫耀自己，对别人说三道四的人往往并没有多少才学，就便有点才学，拿自己的聪明优势招摇，唯恐别人不知道，也是很愚蠢的表现。而那些真正有才学的人是不会这样做的，因为他们知道不用语言，人们迟早会知道自己的优点。

其实，在心理交往的世界里，那些谦让而豁达的人们总能赢得更多的朋友，相反，那些狂妄自负，自以为是，高看自己，小看别人的人总会引起别人的反感，最终使自己走向失败。

小周自小就非常聪明，被周围的人称为"神童"。大学毕业后他被分配到一家国有企业做技术员。凭着自己的才智和勤奋，他很快成为企业工程估价部主任，专门估算各项工程所需的价款。他的工作能力毋庸置疑，可他自身存在的问题也非常突出：过于自负，从不肯接受别人的批评。

有一次，他的一项结算被一个核算员发现估算错了5万元，幸亏发现的及时，要不然公司白白损失一笔资金。事后，老板把他找来，指出他算错的地方，请他拿回去更正，并希望他做人谦虚一点，工作再细心一点。

没想到盲目自大的周海既不肯认错，也不愿接受批评，反而大发牢骚，说那个核算员没有权力复核自己的估算，更没有权力越级报告。

老板问他："那么你的错误是确实存在的，是不是？"

小周说："是的。可是……"

老板见他又要诡辩，本想发作一番，但因念他平时工作成绩不错，就原谅了他，只是叫他以后要注意。

不久，小周又有一个估算项目被他的老板查出了错误。老板把他找来，准备和他好好谈谈这件事，可刚一开口，周海就想当然地认为是老板故意和他过不去，态度傲慢地说："不用多说了。我知道你还把上次那件事记在心上，这次特地请了专家查我的错误，借机报复。但这次我依然认为肯定没错。"

老板根本没想到周海死不认错，还随便怀疑自己，便对小周说："现在我只好请你另谋高就了，我们不能让一个不许大家指出他的错误、不肯接受别人批评和建议的人来损害我们公司的利益。"

自信有助于一个人的成功，而脱离实际的自负不但不能帮助他成就事业，

128

反而影响他的工作、生活和人际交往，严重的还会损害人的身心健康，就像例子中的周海，因为过于自负才使他忘乎所以，最终落个离职的下场。所以，对于那些想要获得成功的人来说，一定要及早抛弃刚愎自用的自负心理，用一种客观、理智的态度面对工作和生活。

惹祸只因闲口舌

　　明代开国皇帝朱元璋，出身贫寒，少年时就放牛，给有钱人家做工，甚至一度还为了果腹而出家为僧。但朱元璋却胸有大志，风云际会，终于成就一代霸业。

　　朱元璋当了皇帝以后，有一天，他儿时的一位穷伙伴来京求见。朱元璋很想见见旧日的老朋友，可又怕他讲出什么不中听的话来。犹豫再三，总不能让人说自己富贵了不念旧情吧，还是让传了进来。

　　那人一进大殿，即大礼下拜，高呼万岁，说："我主万岁！当年微臣随驾扫荡庐州府，打破罐州城。汤元帅在逃，拿住豆将军，红孩子当兵，多亏菜将军！"

　　朱元璋听他说得动听含蓄，心里很高兴，回想起当年大家饥寒交迫时有福同享、有难同当的情形，心情很激动，立即重重封赏了这个老朋友。

　　消息传出，另一个当年一块放牛的伙伴也找上门来了，见到朱元璋，他高兴极了，生怕皇帝忘了自己，指手画脚地在金殿上说道："我主万岁！你不记得吗？那时候咱俩都给人家放牛，有一次我们在芦苇荡里，把偷来的豆子放在瓦罐里煮着吃，还没等煮熟，大家就抢着吃把罐子都打破了，撒下一地的豆子，汤都泼在泥地里，你只顾从地下抓豆子吃，结果把红草根卡在喉咙里，还是我出的主意，叫你用一把青菜吞下，才把那红草根带进肚子里。"

　　当着文武百官的面，"真命天子"朱元璋又气又恼，哭笑不得，只有喝令左右："哪里来的疯子，来人，快把他拖出去砍了！"

　　会说话的人可以凭借三寸不烂之舌升官发财，不会说话的人却因为言语不当遭到灭顶之灾。可见说话的重要性。在社交场合中，少说多听是一条永恒的守则。侃侃而谈不见得给自己增添光彩，更不能说明自己有学问，相反，会给人带来言而不实的感觉。

口有蜜，腹有剑

唐玄宗时，有个大臣叫李林甫。他千方百计地收买皇帝身边的太监和宫妃来替自己说好话和探消息。皇帝喜欢什么，他就做什么，因此，得到唐玄宗的信任和宠爱。

李林甫对有才能的人非常嫉妒。谁的才能、功劳超过了他，或者谁受到了皇帝的信任，他就要想方设法地除掉他。和人交往时，总是装得很和善，很谦虚，说起话来满嘴甜言蜜语，其实心里老盘算着害人的诡计，所以一些人被他陷害了都没有觉察。

后来，李林甫这虚假的面目终于被人们识破了。人们都说他是一个"口有蜜，腹有剑"的人。

成语"口蜜腹剑"就是由"口有蜜，腹有剑"简化来的。常用来形容嘴甜心毒、阴险狡猾的人。类似的成语还有"笑里藏刀"，也是形容坏人的阴险狡猾。唐高宗时的大臣李义府，见人说话总是面带笑容，可是心里却藏着杀人的奸计，所以人们说他"笑里藏刀"。

触詟劝谏，巧说太后

公元前265年，赵惠王逝世，其子赵孝成王即位。因孝成王年幼，由其母赵太后执掌政权。秦国为报与之战之仇，趁机出动大军进攻赵国。赵国急忙向齐国求救。齐王说："一定要长安君作人质，我们才肯出兵。"

长安君是赵太后的小儿子，视为掌上明珠，赵太后断然回绝。在赵国存亡之际，大臣们心急如焚，纷纷劝谏。赵太后很生气，向大臣们说："谁再敢说让长安君到齐国作人质，老妇必唾其面！"

诸臣一听这话，都缄口不语。这时左师触詟请求见赵太后。赵太后满脸阴云，含怒以待。触詟慢慢进门后，向太后说："老臣的脚有毛病，行动不便，很久没来看望太后了，听说太后玉体欠佳，才来看望太后。"

太后说："我现在出门离不开车。"

"每天饮食未减吧？"

"肠胃不好．每天只能喝粥。"

"老臣近来也是食欲不振，每天散步三四里，饭量才略有增加。"

"我可没法散步。"

这时太后脸上的黑云逐渐散开，语气也温和些。触詟说："臣有一小儿子，名叫步祺，什么也干不了。老臣很疼爱他，希望太后恩准，让他补充卫士的空缺，保卫王宫。我想在我这把老骨头未填沟壑之前，把他托付给太后。"

太后一听这话，心中暗笑，老家伙原来是向我走后门。遂问道："令郎多大岁数了？"

"十五岁。"

"大丈夫也疼爱小儿子吗？"

"比妇人还要疼爱。"

太后笑道："妇人对自己的小儿子，才真正疼爱。"

"我认为太后偏爱燕后，远远超过长安君。"

太后摆摆手说："你错了，我爱燕后远不如长安君。"

触詟说："天下父母没有不爱护子女的，这要看怎么个爱惜法。依我看。在我们在世之日，一定要为他们作长远考虑。当燕后出嫁后，太后惦念她远嫁在外，为她悲伤。她走了以后，太后时常想念她，祭祀时，总要为她祝福说：一定不要让她回来（古时诸侯之女嫁到他国，只有被遗弃或亡国才回到本国），希望她的子孙世世代代相继为王。这正是为她作长远考虑。"

太后点头道："正是这样。"

触詟问："从现在追溯到三世以前，赵侯建立赵国时，赵侯的子孙被封侯的，今天还有吗？"

"一个都没有了。"

触詟又问："其他诸侯子孙被封侯的还有吗？"

"我还没有听说过。"

触詟接着说："这说明只靠权势不行。从近处看可以危害自己，从远处看可以危害子孙。这能说国君的子孙都不好吗？主要是位尊而无功，俸厚而

治家格言

无劳。太后一再提高长安君的地位，封给他肥沃的土地，赐给他无数珍贵财物，如不及时让他为国立功，一旦太后百年之后，长安君凭什么在赵国立身呢？我觉得太后并未替长安君作长远考虑，所以我才认为太后爱惜长安君远不如爱惜燕后。"

触詟这番话阐明了爱惜子女之道，句句点到了太后的心上。太后痛改前非，当即决定送长安君到齐国作人质，换取齐兵援救。触詟根据太后之令，为长安君准备了一百辆车马，择日送他到齐国。齐国立即发兵救赵，秦国撤退，赵国转危为安。

20. 勿恃势力而凌逼孤寡；毋贪口腹而恣杀牲禽。

【译文】

不可用势力来欺凌压迫孤儿寡妇，不要贪口腹之欲而任意地宰杀牛羊鸡鸭等动物。

【注解】

前一句是写人际交往中，不应仗势欺人，尤其不能欺虐孤儿寡妇。后一句讲不能因为贪嘴而去无休止的残杀禽兽。用今天的话说，就是要保护自然生态，不能人为地破坏生态平衡。

做真实的自己，不要仗势欺人

一天，在林中散步的驴拾到一个包袱，打开后，发现里面有张狮子皮。他高兴极了，连忙将它披在身上，对着池水看自己的姿态。"啊，我变成狮子啦！现在我要让森林中的动物认为，我是最有威严的。"

驴子挺胸抬头地走着，他最先遇到了野猪，"哇，狮子！"野猪吓得掉头就跑，慌乱中"通"的一声撞到树上。"嘿嘿嘿，真过瘾！"驴子十分得意。

接着，他又遇到了狐狸，狐狸吓得膝盖发软，"狮子大王，你的毛发真漂亮啊，您饶了我吧！"狐狸跪下不停地作揖求饶。

一时间，这个披着狮子皮的驴走哪就乱成一团！小猴子爬到树上逃命，小兔子抄小路跑得远远的……"我在学学狮子吼，他们就更怕我了。"驴子想到这就打叫起来。

动物们听到叫声，都停下来。咦，那不是驴的叫声吗？小棕熊发现了其中的秘密，"大家快看，这个狮子是驴子披着狮子皮装的，是冒牌货。"

驴子听到后气坏了，恶狠狠地盯着围观的动物们，小动物们的脸上充满了嘲笑的神情。

大家看完这个故事觉得驴子可笑吗？他不喜欢做自己，却喜欢做狮子，想借狮子的威严吓唬其他小动物，最后遭到嘲笑。我们在日常生活中，要做真实的自己，千万不可借着强大势力欺负别人。

诛胡惟庸及其结党

胡惟庸，本是定远（今属安徽）人。是明朝首任丞相李善长的亲戚，淮西官僚集团的重要人物。元末红巾军起义即跟随朱元璋，历任和州主簿、知县、通判等官。由于李善长极力推荐，于公元1370年升中书省参知政事，3年后升右丞相，进左丞相。深得朱元璋信任，仗着是朱元璋的淮西旧部，又得李

133

善长等元老重臣的支持，便一意专行，朝廷上生死人命、升降官员等大事也不向朱元璋报告，径自处理。有关对自己不利的奏折，首先拆看，扣下了事。

朱元璋是翻脸六亲不认的。谁影响他打天下就消灭谁，谁威胁他的皇权地位就整死谁，决不心慈手软。

公元1362年，朱元璋的初起时战友骁将邵荣、赵继祖凭战功从枢密院同知升为中书平章政事，地位在大将常遇春之上，危及朱元璋。当邵荣平定了处州苗军叛乱，回到应天府时，检校宋国兴告发，说邵荣和赵继祖密谋暗杀朱元璋。朱元璋不露声色，命廖永忠安排酒宴，席间擒了邵荣、赵继祖缢死了事。

谢再兴也是淮西旧将，朱元璋亲侄子朱文正的岳父，在与张士诚的拉锯战中屡立战功。有两个部将带违禁物品去扬州贩卖，朱元璋怕泄露军机，杀死那两个部将，并将人头挂到谢再兴的大堂上，贬谢再兴为副将，派李梦庚节制诸暨兵马。并将谢再兴的次女嫁给徐达。谢再兴十分恼怒，说："女嫁不令我知，有同给配。又着我听人节制！"于是捉住李梦庚向张士诚的部将吕珍投降了。

后来谢再兴弟弟谢三谢五投降，李文忠保证不杀他二人，向朱元璋求情。朱元璋说："谢再兴是我亲家，反背我降士诚，情不可恕！"下令立斩二谢。

因此，朱元璋对任何人都信不过了。凡是对自己不利的人，一概处斩不赦。

这日，胡惟庸向朱元璋报告说，家中井内长出了荷花，请皇上过府宴饮赏花。朱元璋好奇，命驾去丞相府。

朱元璋上车刚要启程，内侍一人说："丞相府内有伏兵，皇上小心。"

朱元璋闻言，急调锦衣卫队，亲自指挥来到丞相府，果然见府中兵丁走动，人来人往。朱元璋下令包围丞相府，不许走漏一人，活捉丞相胡惟庸，然后回朝，就在奉天殿审问，处胡惟庸磔刑。所谓磔刑，就是分尸处死的刑罚。受株连处死的主要人物还有御史大夫陈宁、中丞涂节、太师韩国公李善长、延安侯唐胜宗、吉安侯陆仲亨、平凉侯费聚、南雄侯赵庸、荥阳侯郑遇春、宜春侯黄彬、河南侯陆聚、宣德侯金朝兴、靖宁侯叶、申国公邓镇、济宁侯顾敬、临江侯陈镛、营阳侯杨通、淮安侯侯华中、大将毛骧、李伯、丁玉、宋濂的孙子宋慎。宋濂也拟处死，马皇后求情说："百姓家替子弟请先生，对待极恭敬，好来好去，何况是皇家的师傅？而且宋濂一向住在原籍，一定不知情。"

朱元璋听了，执意要处死宋濂。到吃饭的时候，朱元璋见马皇后不喝酒，也不吃肉，低头不语。朱元璋惊问："皇后，是菜饭不对口味呢，还是不舒服？"

马皇后说："我心里难过，替宋先生修福。"

朱元璋听了，也十分伤感地放下筷子，第二天上朝才传旨赦免了宋濂，贬谪四川茂州，途中死去。其余胡党夷灭九族。

于是，朱元璋编《昭示奸党录》，公布刑讯口供和判案记录，让全国人民都知道胡党的罪状。

公元1380年，又编《相鉴奸臣传》，朱元璋亲自作序云：洪武十三年春，因丞相胡惟庸不法，后朕尝叹息其事，特命诸儒检历代史书，纂杀身权奸为类。一日试目之，乃知今古不才者，终不悟杀身，累祖宗之恶如是，往往蹈习其非，以致身亡姓灭。云何？盖聪之至极，返复愚者也。且是奸臣，初出庶民，本布衣之士，一旦人君擢用之，身贵家荣，名彰先祖，位居一人之下，更何以加？而乃不守人臣之分，恃要特权，窥觎人主之意，包藏祸心，舞文弄法，肆志跳梁。不以人主信任之恩为恩，返行乘几愚弄。殊不知人以诚推己，己以伪从，祸将有日矣。是奸臣也，初欲荣父母而反累父母，本欲荣身而又杀身，欲显父母而至于灭姓也。朕观斯传，古今得罪于人神者无出于斯，奸臣之愚昧也斯若是。昔之奸也，玄鬼神鉴，即显当时，纪无私观，由生之在，余辜千万世，更何磨灭者耶？以至古今永为罪人也。特述之。

21. 乖僻自是，悔误必多；颓惰自甘，家道难成。

【译文】

性格乖僻自以为是，后悔的事情和失误肯定会多。颓废懒惰自甘现状，家道是难以成就的。

【注解】

乖僻的人往往是有聪明才智的人，他们中的一些人趾高气扬，好胜心强，自以为是。这样的人来"治家"，肯定使人望而生畏，做出许多日后要后悔的错事来。另一种人则贪图安逸，消极颓废，也很难把家治好。勤则成，惰则败，凡事都是这样。

【故事链接】

匡衡凿壁借光

汉朝时，少年时的匡衡，非常勤奋好学。

由于家里很穷，所以他白天必须干许多活，挣钱糊口。只有晚上，他才能坐下来安心读书。不过，他又买不起蜡烛，天一黑，就无法看书了。匡衡心痛这浪费的时间，内心非常痛苦。

他的邻居家里很富有，一到晚上好几间屋子都点起蜡烛，把屋子照得通亮。匡衡有一天鼓起勇气，对邻居说："我晚上想读书，可买不起蜡烛，能否借用你们家的一寸之地呢？"邻居一向瞧不起比他们家穷的人，就恶毒地挖苦说："既然穷得买不起蜡烛，还读什么书呢！"匡衡听后非常气愤，不过他更下定决心，一定要把书读好。

匡衡回到家中，悄悄地在墙上凿了个小洞，邻居家的烛光就从这洞中透过来了。他借着这微弱的光线，如饥似渴地读起书来，渐渐地把家中的书全都读完了。

匡衡读完这些书，深感自己所掌握的知识是远远不够的，他想继续看多一些书的愿望更加迫切了。

　　附近有个大户人家，有很多藏书。一天，匡衡卷着铺盖出现在大户人家门前。他对主人说："请您收留我，我给您家里白干活不报酬。只是让我阅读您家的全部书籍就可以了。"主人被他的精神所感动，答应了他借书的要求。

　　匡衡就是这样勤奋学习的，后来他做了汉元帝的丞相，成为西汉时期有名的学者。

　　22. 狎昵恶少，久必受其累；屈志老成，急则可相依。

【译文】

　　与那些恶少交往，久而久之一定会被他们拖累。与老成的人交往，如果碰到急的事情可以依靠他们。

【注解】

　　这句话讲了择友的重要性。与不同的人交往，就会有不同的结果。狎昵恶少有直接、间接两重连累，直接的就是因参与干坏事而受惩，间接的就是自己不知不觉间学坏，最终也变成一个坏人。君子和恶少是很难成为朋友的，因为物以类聚，人以群分嘛。像老舍先生的长篇小说《四世同堂》里，祁老太爷的二孙子祁瑞丰本质并不是多坏，就是因为和坏人冠晓荷、大赤包等人交往亲近，最终成了汉奸。而且恶少都是酒肉朋友，你真正有危难时，他们早已逃之夭夭。

　　与社会阅历广、经验丰富、稳重厚道的人交往，可以学到许多人生道理，涵养性情，改掉自身的许多毛病。与老成者交朋友，他们能肯定朋友的长处，

137

批评朋友的短处，不会阿谀奉承、敷衍塞责，朋友急难的时候更是鼎力相助，出谋划策。《颜氏家训》中讲："人在少年，神情未定，所与款狎，熏渍陶染，言笑举动无心于学，潜移默化，自然似之，何况操履艺能较明易暗习者也。是以与善人居，如入芝兰之室，久而自芳也；与恶人居，如入鲍鱼之肆，久而自臭也。墨翟悲于染丝，是之谓也，君子必慎交友焉。"意思是说：少年人性格没有定型，和朋友常常亲密相处，互相熏陶浸染，虽然没有存心学习，却因潜移默化，言笑举止，自然相似，何况操行和才能是很容易习练养成的呢？所以和好人相处，如入满栽兰草之室，时间一久，自己便全身是香了；和坏人交往，如入卖鲍鱼的铺子，时间一久，自己也沾染了浑身臭气。墨子看见染丝就感慨，丝放进什么染缸就会变成什么颜色，所以有德行的人必定谨慎交友。这段话也深刻地反映了少年谨慎交友的重要性。

其实和恶少或老成朋友交往只是表象，只有你自己心中是非善恶标准分明，你自然就不会去和恶少来往，只有你自己分不清是非，自己也有不良习气或者意志不坚定，才会和恶少交友。关键在自己要修身成德。所谓"清者自清"，倘若你的德行更高，还可以去教育感化那些品行不好的人。比如《论语》第九篇《子罕》中所记："子欲居九夷。或曰：陋，如之何？子曰：君子居之，何陋之有？"意思就是说，孔子想到东边的少数民族那里去住，有的人就说，那里那么鄙陋，怎么能住呢？孔子说：有君子住在那里，又怎么会鄙陋呢？故而真正有德的人可以改变别人甚至移风易俗，又怎么会被别人改变呢？但这是指成德以后的情况，而青少年处在人格养成期，交友是一定要有选择的。那什么是青年择友的标准呢？孔子说："益者三友，损者三友。友直，友谅，友多闻，益矣。友便僻，友善柔，友便佞，损矣。"孔子的意思是说：有益的朋友有三种，有害的朋友有三种。正直、诚实、见识广博的朋友是有益的，搞歪门邪道、阿谀奉承、花言巧语的朋友是有害的。另外，孔子的弟子曾子说："君子以文会友，以友辅仁。"就是说要在各种积极向上的文艺活动中去交友，交朋友的目的是辅助自己涵养仁德。孔子还说："无友不如己。"就是每个朋友身上都有值得学习的地方，没有哪个朋友不如自己。所以"见贤思齐，见不贤而内自省也"，看到贤德的人就向他看齐，看到不贤德的人就反思自己身上有没有类似问题，这样自己的品德慢慢就提高了。

治家格言

伯牙遇子期

有一次，俞伯牙乘船沿江旅游。船行到一座高山旁时，突然下起了大雨，船停在山边避雨。伯牙耳听淅沥的雨声，眼望雨打江面的生动景象，琴兴大发。伯牙正弹到兴头上，突然感到琴弦上有异样的颤抖，这是琴师的心灵感应，说明附近有人在听琴。伯牙走出船外，果然看见岸上树林边坐着一个叫钟子期的打柴人。

伯牙把子期请到船上，两人互通了姓名，伯牙说："我为你弹一首曲子听好吗？"子期立即表示洗耳恭听。伯牙即兴弹了一曲《高山》，子期赞叹道："多么巍峨的高山啊！"伯牙又弹了一曲《流水》子期称赞道："多么浩荡的江水啊！"伯牙又佩服又激动，对子期说："这个世界上只有你才懂得我的心声，你真是我的知音啊！"于是两个人结拜为生死之交。

伯牙与子期约定，待周游完毕要前往他家去拜访他。一日，伯牙如约前来子期家拜访他，但是子期已经不幸因病去世了。伯牙闻听悲痛欲绝，奔到子期墓前为他弹奏了一首充满怀念和悲伤的曲子，然后站立起来，将自己珍贵的琴砸碎于子期的墓前。从此，伯牙与琴绝缘，再也没有弹过琴。

鲍叔牙与管仲

春秋时期，鲍叔牙和管仲二人是好朋友，彼此相知很深。

他们两人曾经合伙做过生意，分利的时候，管仲总要多拿一些。别人都为鲍叔牙鸣不平，鲍叔牙却说："管仲不是贪财，而是他家里穷呀。"管仲几次帮鲍叔牙办事都没办好，而且他三次做官都被撤职，别人都说管仲没有才干。这时，鲍叔牙又出来替管仲说话："这不是管仲没有才干，只是他没有碰上施展才能的机会而已。"更有甚者，管仲曾三次被拉去当兵参加战争，而且三次逃跑。人们讥笑地说他贪生怕死。鲍叔牙再次直言："管仲不是贪生怕死之辈，他家里有老母亲需要奉养啊！"

后来，鲍叔牙当了齐国公子小白的谋士，管仲却为齐国的公子纠效力。两位公子在回国继承王位的争夺战中，管仲曾驱车拦截小白，引弓射箭，正中小白的腰带，小白弯腰装死，骗过管仲，日夜驱车抢先赶回国内，继承了王位，称为齐桓公。公子纠失败被杀，管仲也成了阶下囚。齐桓公登位后，要拜鲍叔牙为相，并欲杀管仲报一箭之仇。鲍叔牙坚决辞掉相国之位，并指出管仲之才远胜于己，劝说齐桓公不计前嫌，用管仲为相国。齐桓公于是重用管仲。

果然，如鲍叔牙所言，管仲的才华逐渐施展出来，终于使齐桓公成为春秋五霸之一。

23. 轻听发言，安知非人之谮诉，当忍耐三思。

【译文】

他人来说长道短，不可轻信，要再三思考。因为怎知道他不是来说人坏话呢？因事相争，要冷静反省自己，因为怎知道不是我的过错？

【注解】

一个人只有时刻反省自己，深刻地了解和掌握自己的优缺点，才会有觉悟，有了觉悟，才会吸取教训和改过自新，这样才能超越自我，然后才能进步。否则，如果一味地把失误归咎于他人，只会更加自欺欺人，陷入不能自拔的自我陷阱之中。

【故事链接】

指鹿为马

秦朝有一个大奸臣，名叫赵高。他出身卑微，其父因犯重罪，不仅自己被处以宫刑，而且也连累其母罚没为官家奴婢，后来其母与人野合而生下赵高。赵高就是在秦灭亡赵国后，作为阉宦被掳入秦的。由于他身体强壮，又粗通法律，很快得到了秦始皇的信任，被任命为中车府令。

秦始皇死后，担任中车府令的宦官赵高，和秦始皇的小儿子胡亥串通起来，并且威胁丞相李斯，伪造遗诏，由胡亥继位，称为秦二世。赵高作为拥戴秦二世上台的头号功臣，理所当然受到了胡亥的宠信，被任命为中书令，身居列卿之位，成为朝中的实权人物。为了堵住众大臣与诸皇室公子对矫造诏书的怀疑与不满，赵高与胡亥对众人展开了残酷无情的诛杀。

后来，赵高又设计杀死了李斯。李斯死后，赵高官拜中丞相，事无大小都由赵高裁决。虽然赵高当了丞相，把朝中的一切大权都把持在手里，可是他并不满足，还想篡权当皇帝。可朝中大臣有多少人能听他摆布，有多少人反对他，他心中没底。于是，他想了一个办法，准备试一试自己的威信，同时也可以摸清敢于反对他的人。

一天，上朝的时候，赵高牵来一只鹿，献给了秦二世。他当着大臣们的面，用手指着鹿故意说："这真是一匹好马呀！我特意把它献给陛下。"秦二世一看，心想：这哪里是马，这分明是一只鹿嘛！便笑着对赵高说："丞相搞错了，这里一只鹿，你怎么说是马呢？""这的确是一匹好马，陛下不信吗？请陛下看清楚，这的确是一匹千里马。"秦二世又看了看那只鹿，将信将疑地说："马的头上怎么会长角呢？"赵高一转身，用手指着众大臣，大声说："陛下，这是马不是鹿，不信可问问大臣们，它究竟是马还是鹿？"

大臣们都被赵高的一派胡言搞得不知所措，私下里嘀咕：这个赵高搞什么名堂？是鹿是马这不是明摆着吗！大臣们都知道赵高为人阴险狠毒，许多人畏惧他的权势，明明知道赵高说的"马"是一只鹿，但是为了拍赵高的马屁，

141

就顺着赵高说："是呀，这的确是匹宝马啊！"

一些胆小又有正义感的人都低下头，不敢说话，因为说假话，对不起自己的良心，说真话又怕日后被赵高所害。

有些正直的人，坚持认为是说鹿而不是马。还有一些平时就紧跟赵高的奸佞之人立刻表示拥护赵高的说法，对皇上说，"这确是一匹千里马！"

事后，赵高暗中对不承认是马的大臣加以迫害，将他们投入监狱。此后，大臣们对他更畏惧了。

后来，就连秦二世对长期专权的赵高也产生了不满。坏事做尽的赵高害怕二世追究他的过失，决定先下手为强，利用自己掌握的宫内外大权派亲信强迫秦二世自杀，然后操纵政局，欲立秦二世之子公子婴为秦王。

秦王婴认识到赵高的险恶用意，经过周密的策划，在赵高督促其到宗庙受玺的时候，令早已埋伏好的手下人挥剑杀死了赵高，结束了赵高罪恶滔天的一生。

成语"指鹿为马"就是从这个历史故事来的。人们常常用它来比喻那些故意颠倒黑白，混淆是非的行为。

24. 因事相争，焉知非我之不是，须平心再想。

【译文】

因为一点事情起了口角，怎知不是我自己的不对？必须平心静气的自己反省！

【注解】

古人特别讲究"反省"。子曰："吾一日三省吾身"，说的是自己要每天多次地检审一下自己的行为和思想。

反省是认识自己的必由之路。无论你通过什么途径得到的答案，都必须经过你的深思熟虑，真切地发自内心的认识到它的正确以后，才有可能真正地转化为行动。这个深思熟虑的过程就是反省的过程，就是拷问自己心灵的时候。

反省，首先是对自身所作所为进行的思索和总结。自己说过的话、做过的事，都是自己直接经历和体验的，对自己的一言一行进行反省，反省不理智之思、不和谐之音、不练达之举、不完美之事，往往能够得到真切、深入而细致的收获。曾子曰："吾日三省吾身。"反省不但要勇于面对自己、正视自己，并且要及时进行、反复进行。疏忽了、怠惰了，就有可能放过一些本该及时反省的事情，进而导致自己犯错。

反省也是对别人的经验教训的思考和总结。个人的经验教训虽然来得更直接更真切，但其广度和深度毕竟是有限的。要获得更加广博而深刻的经验，还要在反省自身的基础上，善于从别人的经验教训中学习。成本最低的财富是把别人的教训当作自己的教训。

反省，主要是对挫折和失败的思考和总结。邓小平同志指出："过去的成功是我们的财富，过去的错误也是我们的财富。"正确的东西会使你变得更加聪慧，错误的东西会使你变得更加清醒。成功的经验大多相似，失败的原因却千差万别，从失败的教训中学到的东西，往往要比从成功的经验中学到的多，而且更为深刻。

夏朝时候，一个背叛的诸侯有扈氏率兵入侵，夏禹派他的儿子伯启抵抗，结果伯启被打败了。他的部下很不服气，要求继续进攻，但是伯启说："不必了，我的兵比他多，地也比他大，却被他打败了，这一定是我的德行不如他，带兵方法不如他的缘故。从今天起，我一定要努力改正过来才是。"从此以后，伯启每天很早便起床工作，粗茶淡饭，照顾百姓，任用有才干的人，尊敬有品德的人。过了一年，有扈氏知道了，不但不敢再来侵犯，反而自动投降了。

在人们的意识里，一提到反省，似乎是老年人的事情，而与青年人无缘，青年人就是要敢闯敢干，勇往直前，其实并不尽然。反省是不分年龄的，除了不懂事的孩子，反省对于任何年纪的人都是必要和有意义的。实际上，反省对于年轻人而言，更具有重要性：走过的路短，很容易出现失误和差错；后面的路长，反省就更有必要、更有价值。

青年是早晨八九点钟的太阳。在任何一个时代，青年都是社会上最富有朝气、最富有创造性、最富有生命力的群体。经验证明，进步较快的青年人，必定是善于反省的人，反省能使人走向成熟，变得深邃，臻于完善。我们希望年轻人善于从自己和他人的经验教训中学习，克服自身经验和履历的局限，进而从更广阔、更深厚的大地上汲取思想和经验的营养，使自己更好更快地成长起来。

现实工作中，一些人思想定位不准，总认为自身不错，一遇到问题或挫折就怨声载道，不断地埋怨别人的过错，指责别人的缺点，他们觉得周围的环境和人处处跟自己作对；或者是认为自己"曲高和寡"，周边人无法理解自己丰富而深刻的思想。实际上，他们缺乏自我反省的能力，没有意识到真正的问题不是来源于周围，而是来自于他们对自己存在的缺点毫无察觉或者满不在乎，不能从根本上清楚自己的错误，把责任时时处处推给别人。

自我反省是净化心灵的手段，是提高认知能力和办事能力的手段，是认识缺点、改正错误的前提。一个人之所以能够不断地进步，在于他能够适时地调整心态，不断地自我反省，自我修炼，自我检讨，找出自己的缺点或者做得不好的地方，然后不断地改正，以追求完美的态度去做事，从而取得一个又一个的成功。一个善于自我反省的人，往往能够发现自己的优点和缺点，并且能够扬长避短，发挥自己的最大潜能；而一个不善于自我反省的人，则只会抱怨他人或环境，对自己的缺点浑然不觉，一次一次地犯同一类错误，使自己一步一步走向输家的角色。

著名的古希腊哲学家苏格拉底曾说过，"没有经过反思的人生，是没有意义的人生。"一个人只有先认识了自己，才能去认识别人。只有真正认识自己的人，才能对事情做出准确的判断，否则只能一次次做出错误的抉择。

失败是成功之母，反省是成功之父。一个人如果懂得了成功之道，又明白了失败之因，再将这些经验教训用在今后实际工作过程中，那么他成功的概率定会大很多。

【故事链接】

成大事者，争百年

有一位没有社会背景的小伙子，大学本科毕业后进入一家全球500强的跨国能源大公司工作。公司安排新员工从基层简单工作做起。其他新员工都在抱怨："为什么让我们做这些无聊没意义的工作？""做这种简单平凡的工作会有什么希望呢？"这位小伙子却什么也不说，他每天都认认真真地去做每一件领导交给的工作，而且还力所能及地帮助其他员工去做一些最基础、最劳累的工作。由于他的态度端正，做事情的效率很高。

更难能可贵的是，小伙子是个非常有心的人，他从进入公司基层上班的第一天起，始终坚持了写日记的习惯，对自己每天的工作都有一个详细的记录，做什么事情出现问题，他都记录下来、深刻反思；然后，他就很虚心地去请教老员工。由于他的态度和人缘都很好，大家也非常乐于教他。

不到一年的磨炼，小伙子迅速掌握了基层的全部工作要领，很快，他就被调到公司机关工作；又过了两年，他就成了机关部门的负责人。而与他一起进去的其他员工，却还在基层一直议论着、抱怨着，老觉得自己生不逢时，怀才不遇，而世风日下，人心不古。

司马光警枕励志

司马光是个贪玩贪睡的孩子，为此他没少受先生的责罚和同伴的嘲笑，在先生的谆谆教诲下，他决心改掉贪睡的坏毛病，为了早早起床，他睡觉前喝了满满一肚子水，结果早上没有被憋醒，却尿了床，于是聪明的司马光用

145

园木头作了一个警枕，早上一翻身，头滑落在床板上，自然惊醒，从此他天天早早地起床读书，坚持不懈，终于成了一个学识渊博的，写出了《资治通鉴》的大文豪。

陈平忍辱苦读书

陈平西汉名相，少时家贫，与哥哥相依为命，为了秉承父命，光耀门庭，不事生产，闭门读书，却为大嫂所不容，为了消弭兄嫂的矛盾，面对一再羞辱，隐忍不发，随着大嫂的变本加厉，终于忍无可忍，出走离家，欲浪迹天涯，被哥哥追回后，又不计前嫌，阻兄休嫂，在当地传为美谈。终有一老者，慕名前来，免费收徒授课，学成后，辅佐刘邦，成就了一番霸业。

万斯同闭门苦读

清朝初期的著名学者、史学家万斯同参与编撰了我国重要史书《二十四史》。但万斯同小的时候也是一个顽皮的孩子。万斯同由于贪玩，在宾客们面前丢了面子，从而遭到了宾客们的批评。万斯同恼怒之下，掀翻了宾客们的桌子，被父亲关到了书屋里。万斯同从生气、厌恶读书，到闭门思过，并从《茶经》中受到启发，开始用心读书。转眼一年多过去了，万斯同在书屋中读了很多书，父亲原谅了儿子，而万斯同也明白了父亲的良苦用心。万斯同经过长期的勤学苦读，终于成为一位通晓历史遍览群书的著名学者，并参与了《二十四史》之《明史》的编修工作。

唐伯虎潜心学画

唐伯虎是明朝著名的画家和文学家，小的时候在画画方面显示了超人的才华。唐伯虎拜师，拜在大画家沈周门下，学习自然更加刻苦勤奋，掌握绘画技艺很快，深受沈周的称赞。不料，由于沈周的称赞，这次使一向谦虚的唐伯虎也渐渐地产生了自满的情绪，沈周看在眼中，记在心里，一次吃饭，沈周让唐伯虎去开窗户，唐伯虎发现自己手下的窗户竟是老师沈周的一幅画，唐伯虎非常惭愧，从此潜心学画。

叶天士拜师谦学

叶天士自恃医术高明，看不起同行薛雪。有一次，叶天士的母亲病了，他束手无策，多亏薛雪不计前嫌，治好了他母亲的病。从此，叶天士明白了天外有天，人上有人的道理。于是他寻访天下名医，虚心求教，终于成了真正的江南第一名医。

杨禄禅陈家沟学艺

杨禄禅受到乡里恶霸的欺负，他不甘心受辱。一个人离开了家，到陈家沟拜师学艺。拳师陈长兴从不把拳法传外人，杨禄禅也不例外。不过，杨禄禅的执着精神终于感动了陈长兴，终于学到了拳法，惩治了恶霸，也开创了杨式太极拳。

柳公权戒骄成名

柳公权从小就显示出在书法方面的过人天赋，他写的字远近闻名。他也因此有些骄傲。不过，有一天他遇到了一个没有手的老人，竟然发现老人用脚写的字比用他手写的还好。从此，他时时把"戒骄"记在心中，勤奋练字，虚心学习，终于成为一代书法大家。

勾践灭吴

越王勾践退守到会稽山上，向三军下令说："凡是我父辈兄弟和黎民百姓，只要有能够帮助我出谋划策打败吴国的，我将和他共同管理越国的政事。"大夫文种进见回答说："我听说，商人夏天的时候就准备皮货，冬天的时候就准备细葛布。天旱的时候就准备船，有大水的时候就准备车辆，就是打算在缺少这些东西的时候派上用场。即使没有被四邻侵扰的时候，然而谋臣与武士，不可不选拔出来供养他们。就像蓑笠一样，雨已经下来了，肯定要到处找。现在君王您已经退守到会稽山上了，然后才寻求出谋划策的大臣，恐怕太迟了吧？"勾践说："如果能够让我听听您的高见，又有什么晚的呢？"于是就拉着文种的手，跟他在一起商量。终于使文种去吴国议和。

随后，越王就派文种到吴国去求和。文种对吴王说："我们越国派不出有本领的人，就派了我这样无能的臣子，我不敢直接对您大王说，我私自同您手下的臣子说：我们越王的军队，不值得屈辱大王再来讨伐了，越王愿意把金玉及子女，奉献给大王，以酬谢大王的辱临。并请允许把越王的女儿嫁给您作为婢妾，大夫的女儿嫁给吴国大夫作为婢妾，士的女儿嫁给吴国士作为婢妾，越国的珍宝也全部带来；越王将率领全国的人，编入大王的军队，一切听从大王的指挥。如果大王您认为越王的过错不能宽容，那么我们将烧毁宗庙，把妻子儿女捆绑起来，连同金玉一起投到江里，然后再带领现在仅有的五千人同吴国决一死战，那时一人就必定能抵两人用，这就等于是拿一万人的军队来对付您大王了，结果不免会使越国百姓和财物都遭到损失，岂不伤害大王所心爱的东西了吗？是情愿杀了越国所有的人，还是不花力气得到越国，请大王衡量一下，哪种有利呢？"

夫差想听取文种的建议，与越国和好。吴国大夫伍子胥进谏说："不行！吴国与越国，是世代的仇敌，经常打仗；外有三条江水环绕，老百姓没有地方迁移。有吴国就没有越国，有越国就没有吴国。这种局面将不可改变。我听说，住在陆地上的人习惯于住在陆地上，依水而居的人习惯于住在水旁。中原各国，即使我们主动进攻，把他们打败了，我们也不能长期住在那里，也不习惯乘坐他们的车子；而越国，我们主动进攻，把他们打败了，我们就能长期住在那里，也能乘坐他们的船。这是消灭越国的有利时机，千万不可失去。大王您一定要消灭越国！如果您失去这个有利的时机，以后后悔也来不及了。"

越国人把八个美女打扮好，送给吴国的太宰，对他说："您如果能够让吴王赦免了我们越国的罪行，还有更漂亮的美人会送给您。"太宰就向吴王夫差进谏说："我听说，古代讨伐一个国家，对方认输也就行了；现在越国已经认输了，您还想要求什么呢？"吴王夫差就与越国订立了盟约而后让文种离开。

勾践对国人说道："我不知自己的力量不够，与吴国这样的大国作对，导致老百姓流离失所，横尸原野，这是我的罪过。我请求你们允许改变治国政策。"于是埋葬已经死去的人，慰问受伤的人，供养活着的人；谁家有忧就去慰问，谁家有喜事就去祝贺；欢送要远处的人民，欢迎回家的人民；除去人民讨厌的，补充人民缺乏的。然后恭卑地服侍夫差，派三百个士做吴王的仆人。勾践自己还亲自为夫差充当马前卒。

勾践的地盘，南到句无，北到御儿，东到鄞，西到姑蔑，土地面积长宽达百里。又召集他的父辈兄弟和他的兄弟发誓说："我听说，古代贤明的国君，四方的老百姓都来归附他，就像水往低处流一样。现在我无能，将率领你们夫妇们繁衍生息。"于是下令：青壮年不准娶老年妇人，老年不能娶青壮年的妻子；女孩子十七岁还不出嫁，她的父母有罪；男子二十岁还不娶妻生子，他的父母同样有罪。快要分娩的人要报告，公家派医生守护。生下男孩，公家奖励两壶酒，一条狗；生下女孩，公家奖励两壶酒，一头猪；生三胞胎，公家给配备一名乳母；生双胞胎，公家发给吃的。嫡长子死了，减免三年的赋税；庶子（妾所生的孩子）死了，减免三个月的赋税；埋葬的时候还一定要哭泣，就像自己的亲儿子（死了）一样。还下令老而无妻的人、寡妇、患病的人、贫苦和重病的人，由公家出钱供养教育他们的子女。那些明智理之士，把他的住宅打扫清洁，给他们穿漂亮的衣服，让他们吃饱饭，而切磋磨砺义理。前来投奔四方之士，一定在庙堂上举行宴享，以示尊重。勾践亲自用船载来稻谷和肉。越国的流浪儿童，没有不供给饮食的，没有不给水喝的；一定要问他叫什么名字。不是自己亲自耕种所得的就不吃，不是他的夫人亲自织的布就不穿。这样连续十年，国家不收赋税，老百姓都存有足够三年吃的粮食。

越国的父老兄弟都请求说："从前吴王夫差让我们的国君在各诸侯国面前丢尽了脸；现在越国也已经克制够了，请允许我们为您报仇。"勾践就推辞说："从前打败的那一仗，不是你们的罪过，是我的罪过。像我这样的人，哪里还知道什么是耻辱？请暂时不用打仗了。"父老兄弟又请求说："越国全国上下，爱戴国君您，就像爱自己的父母一样。儿子想着为父母报仇，做臣下地想着为国君报仇，难道还有敢不尽力的人吗？请求再打一仗！"勾践就答应了，于是招来大家宣誓，说："我听说古代贤明的国君，不担心自己的人力不够用，担心的是自己缺少羞耻之心。现在夫差那边穿着水犀皮制成铠甲的士卒有十万三千人，不担心自己缺乏羞耻之心，却担心他的士兵数量不够多。现在我将帮上天消灭他。我不赞成个人逞能的匹夫之勇，希望大家同进同退。前进就想到将得到赏赐，后退则想到要受到惩罚；像这样，就有合于国家规定的赏赐。前进时不服从命令，后退时没有羞耻之心；像这样，就会受到合于国家规定的刑罚。"

伐吴行动果断开始了，越国的老百姓都互相鼓励。父亲劝勉儿子，兄长勉励弟弟，妇女鼓励丈夫，说："为什么这样恩惠的君王，而可以不为他战死呢？"因此在笠泽打败了吴国，又在没（古地名，在苏州附近）再次打败了吴国，又在吴国郊外再次打败它。于是越国就灭掉了吴国。

越王为会稽山战败的耻辱而痛苦，想要深得民心以求得和吴国死战，就身体不安于枕席，吃饭不尝丰盛的美味，眼睛不看美色，耳朵不听钟鼓音乐。三年里，煎熬身体，耗费精力，唇焦肺干。在内亲近群臣，在下供养百姓，用以招徕他们的心。如果有甜美的食物，不够分的话，自己就不敢吃；如果有酒，把它倒进江里，和人民共同享用它。自身亲自种来吃，妻子亲自织来穿。吃的禁止珍异，穿的禁止过分，色彩禁止使用两种以上。时常外出，跟着车子，载着食物，去看望孤寡老弱当中染病的、困难的、脸色忧愁憔悴的、缺吃少喝的人，一定亲自喂他们。于是聚集各位大夫，告诉他们说："我宁愿与吴国一决谁应得到上天的宠爱。如果吴越两国彼此一同破灭，士大夫踩着肝肺同一天死去，我和吴王接颈交臂而死，这是我的最大愿望。如果这样做不行，从国内估量我国不足以伤害吴国，对外联络诸侯不能损害它，那么我就将放弃国家、离开群臣，带着剑，拿着刀，改变容貌，更换姓名，草着簸箕、扫帚去臣事他，以便有朝一日和吴王决一死。我虽然知道这样会腰身和脖竟颈不相连、头脚异处、四肢分裂，被天下人羞辱，但是我的志向一定要实现。"

于是，他日果然和吴王在五湖决战，吴军大败。继而大举围攻吴王王宫，城门失守，擒获夫差，杀死吴相。消灭吴国二年以后就称霸了。这是首先顺应民心啊！

夫差求和说："我的军队，不值得屈辱您讨伐了。请允许我把财宝、美女进献给您来慰劳您的辱临。"勾践回答说："过去上天把越国赐予吴国，可是吴国不要；现在上天又把吴国赐予了越国，越国难道可以不听从天命，却听从您的指令吗？请允许我送你到甬江句章的东边，彼此以后仍像两个国君一样。"夫差回答说："从礼节上说，我已先有小惠于越国（另一版本为：我比您年长一点），你如果不忘周室，给我们吴国一小块立足之地，这也是我所希望的。你如果说：'我将会灭了你的国家，毁了你的宗庙'，我只有请求一死，我还有什么脸面来面对天下人呢？越君你只管进入吴国居住吧。"越国就此灭了吴国。

25. 施惠无念，受恩莫忘。

【译文】

对人施了恩惠，不要记在心里，受了他人的恩惠，一定要常记在心。

【注解】

古人有"受恩莫忘"的说法。我们受到别人的帮助，应该牢记在心，并想办法回报帮助我们的人。恶毒而且贪心的人，最后只能一无所有，没什么好下场。我们也不能因为自己帮助了别人，而向被帮助的人索取报酬。古人还有一个说法——"施惠无念"。这告诉我们，给予他人帮助，给予他人温暖，不是为了他人的回报！

【故事链接】

良心和天鲤

有个青年叫良心，这天，他在湖里打鱼，天下着雨，快要黑天了，连一条小鱼也没有打着，浑身淋得像个落汤鸡。他垂头丧气地背起渔网正想回家，忽然听到湖水里哗啦一声。"是鱼！"良心把网一张撒了过去，拉上网来一看，竟是一条几十斤重的大鱼。良心高兴了，就背着大鱼回了家。

刚一进门他就喊起来："娘，快烧锅，熬鱼吃！"

良心的娘已经饿了一天，慌忙接过鱼篓一看，大吃一惊："老天爷啊，这哪里是吃的鱼，是天鲤神鱼啊！吃了会遭天打五雷轰的。"

良心一听娘说是天鲤神鱼，也害怕起来。又过了一会儿，就背着天鲤神鱼上镇上去了，想用鱼换点米面来。良心来到镇上的菜市里，把鱼往摊上刚一摆，就围了很多很多买鱼的，这个要买，那个也要买。正要卖给一个人，一个老渔翁说："这是天鲤神鱼，吃了会有罪的。"老渔翁这么一说不要紧，买鱼的人走得一干二净，谁也不敢买了。良心只好饿着肚子，背起天鲤鱼走回家里。

良心的娘一见神鱼没卖，就小心地将鱼接过来，放进了一个大水缸里。

过了一会儿，良心饿得难受极了，不问三七二十一，摸起把菜刀就在缸沿上磨了起来。

天鲤鱼见良心在水缸上磨刀，就说话了："良心哥，你磨刀干什么？"

"杀你吃！"良心说。

"求求你，好心的良心哥，甭杀我了，你要啥我给你啥。"天鲤鱼求饶。

良心一听说要啥给啥，就说："好吧，你每天能给俺送一吊钱来，够俺娘俩吃饭穿衣的，就不杀你。"良心说完，只见天鲤鱼在水缸里一打挺，缸里涌出一吊钱来。打那，良心就不再下湖打鱼了，靠天鲤鱼送钱吃饭穿衣。

一年过去了，良心又想，天鲤鱼的钱只够维持生活的，还没有积存呀。

这天，良心又拿着菜刀，在缸沿上哧哧地磨起来，天鲤鱼又问："良心哥，你又磨刀干什么？"

"杀你吃！"良心说。

天鲤鱼又求饶了："好心的良心哥，你甭杀我了，你要啥俺给啥。"

良心说："只要你每天给送两只元宝来，就不杀你。"说完，只见天鲤鱼一打挺，水缸里蹿上来两只明晃晃的元宝。打那，天鲤鱼每天都给良心送两只元宝。

春去秋来，整整三年，良心盖得楼房瓦舍一片明，成了方圆几百里的富裕人家。

这天，良心骑马来到一个小镇上，见一群人围在街旁看京里发来的皇榜，上面写着："皇上的女儿腹疼不止，只有吃了天鲤神鱼才能治好，谁要是把天鲤鱼献上，就招谁为驸马。"

良心看完皇榜，高兴地勒马回家。俗话说："家有财产万贯，不如进京做官。"机会已到，这驸马可不能给别人争跑喽。良心想着想着回到了家里，派人套上大车，水缸里又添了水，连鱼带缸拉着进京上供去。

到了金銮殿前，御史禀报皇上："有人进贡天鲤鱼来了。"皇上大喜，马上派了大臣去接贡品。大臣们把水缸抬到皇上面前过目，谁知一掀缸盖，水缸空空的，既没鱼也没水了。

原来，在大臣们接水缸的时候，天鲤鱼带着水就往东海去了。

皇上一看空缸，大发雷霆："这个小畜生，竟敢欺君，快快拉出去斩了！"良心当即被斩首在午门。

天鲤鱼走了，良心被杀了，这是忘恩负义的结果。打那就留下了"不讲天理，没有良心"的说法。

看完这个故事，不禁让人想起诗人普希金用叙事诗写成的童话故事《渔夫和金鱼》，故事中的良心和《渔夫和金鱼》中的老太婆很相似。

"他在湖里打鱼，天下着雨，快要黑天了，连一条小鱼也没有打着，浑身淋得像个落汤鸡。"这表明良心家里很穷，但他当时还是爱劳动的。"好吧，你每天能给俺送一吊钱来，够俺娘俩吃饭穿衣的，就不杀你。"从这里来看，良心的愿望还不高，要的是满足生活需要的钱。但是"打那，良心就不再下湖打鱼了，靠天鲤鱼送钱吃饭穿衣"，"只要你每天给送两只元宝来，就不杀你"，从后来的这句话中，可以发现良心开始得寸进尺。靠着天鲤神鱼送给他的元宝，他"成了方圆几百里的富裕人家"。按说良心应该很知足了，但他贪婪的心还不满足，不知恩图报，去报答天鲤神鱼，反倒忘恩负义，为当驸马，将天鲤神鱼上贡，落了个被斩首的下场。

曹冲机智救库吏

东汉末年，丞相曹操为了稳定社会秩序，制订了许多严刑苛法。属下稍有过失，就会挨重罚。

一天，库吏发觉收藏在仓库里的曹操坐骑的马鞍，给老鼠咬坏了一点，于是吓坏了，心想："这下可完啦，丞相如若追究起来，我是必死无疑的了。"

想着，他就去找了一根长绳子，想把自己捆绑起来去曹操处负荆请罪，希望得到从宽处理。

路上，他碰到曹操的小儿子曹冲。

曹冲见状，奇怪地问："您这是干啥呀？"

"我工作失职，让马鞍给老鼠咬坏了。"

曹冲想了一想，连忙帮他解除了绳索，劝告道："您别焦急，我自有办法。"

于是，曹冲去找了把小刀将自己穿的衣服戳了许多小洞洞，和老鼠咬坏的一样。完事后，便装成一副忧心忡忡的样子会见曹操。满腹心事地说："父亲，您看，我的衣服给老鼠咬成这样。听说，老鼠咬坏了衣服，主人一定凶多吉少。我真有点发愁哩。"

曹操听了哈哈大笑，摸了摸儿子的头，劝慰道："你别听人瞎说八道，绝没那回事，这是迷信！"

曹冲拜别父亲后，去见那个库吏，充满信心地说："现在，您去自首吧，保您没问题！"

库吏还有点将信将疑，便犹犹豫豫地将自己捆绑了前去报告。

曹操见状，诧异地问道："你这是干啥啊？"

库吏红着脸，结结巴巴地说："我，我工作失职，仓库里的马鞍给老鼠咬坏啦。"

曹操哈哈大笑道："孩子的衣服穿在身上都给者鼠咬坏了，马鞍挂在桩子上，哪有不给咬坏的道理？算了，算了。"

说着，曹操让左右替库吏解除了绳索。

库吏跪谢了曹操，又马上跑到曹冲那儿，向他千恩万谢不已。

26. 凡事当留余地，得意不宜再往。

【译文】

无论做什么事，当留有余的地步；得意以后，就要知足，不应该再进一步。

【注解】

著名作家马克·吐温曾到教堂里去听一位新牧师的募捐演讲。起初，他感觉牧师讲得非常好，令人感动，于是就掏出了自己身上全部的钱，准备捐款。可是，10分钟之后，牧师还没讲完，他就有点不耐烦了，于是改变了主意，决定只捐一点零钱。又过了10分钟，牧师还没讲完，他竟然决定一分钱也不捐了。等牧师终于结束了冗长的演讲，开始募捐的时候，马克·吐温因为太过气愤，不但没捐钱，反而还恶作剧般地从盘中偷了2元钱。

马克·吐温之所以会做出那样的举动，很明显是因为牧师演讲的时间太长了，以至让他感到很厌烦。确实，就算是非常动听感人的演讲，在说清楚事情以后，还要一再重复唠叨，再耐心的人也会心生厌烦。

人们在看完这个有趣的故事之后，除了会轻松一笑以外，可能还会反省自己平时交往过程中的一些行为。这就是孔老夫子所说的"过犹不及"。

"做事过了头，就和做得不够一样。"这是过犹不及的文字释义。的确，生活中的很多现实经历告诉我们，有时做事做过了头倒还不如不做，不做依然是风平浪静，做过了头反而会产生相反的效果。

有一次，鲁定公饶有兴致地问颜回道："先生，您听说过东野毕很擅长于驾马吧？"

颜回答道："擅长是很擅长，不过他的马将来必会跑掉。"

鲁定公听了很不高兴，东野毕擅长驾马是众所周知之事，可如今，颜回却说他驾的马必会跑掉，不知颜回是何用心。便对着旁边的人说："原来君子也会诬人啊！"

颜回听后，并没有辩白什么，退了出去。

在颜回离开后三天，掌管畜牧的官员突然跑来报告鲁定公说："东野毕驾的马不听指唤，挣脱缰绳，车旁的两匹马拖着中间的两匹马，一起回到马厩里了。"

鲁定公一听，惊坐而起，急忙唤人派车将颜回招来。

颜回到后，鲁定公便向颜回请教道："前天，寡人问您东野毕擅长驾马的事，先生您说，擅长是很擅长，但是他驾的马必将跑掉。不知您是如何预先知道的呢？"

颜回起身答道："臣是以政事推测出来的。以前的时候，舜帝善于使用民力，造父擅长使用马力。舜帝不穷尽民力，造父不穷尽马力，因此在舜王的那个时代，没有避世隐居或是逃走的人，而造父手下，也没有不听指示逃离的马。但现在东野毕在驾马的时候，虽然骑着马，拿着缰绳，姿态很端正，驾马的缓急快慢，进退奔走，也很合适，只是当经历险阻到达远方之后，马已经筋疲力尽了，他却仍然对马责求不止，臣是从这里推想到的。"

鲁定公很赞赏地说道："原来如此啊！果真如您所言。不过，先生您话中的含义很大，能不能再稍进一步说明呢？"

颜回说："臣曾听说过，当鸟被逼急时就要啄人，兽逼急了就用爪子乱抓，而人被逼得没办法时便要欺诈、叛乱，马被逼过头了自然就会逃奔。从古到今，没有能使其手下处于极点，而自己没有危险的啊！"

鲁定公听了颜回的话后很高兴，感到非常受益，也很佩服颜回的智慧与德行，便将此事告诉了孔夫子，夫子听后，微笑着说："这就是颜回之所以为颜回了，都是这个样子的啊，难道还值得赞许吗？"

颜回观东野毕驾马，却以舜王政事断定有佚马之后果，看似二者之间并无关联，然而道理却相同，那就是：过犹不及，物极则反。

舜王为圣王，不穷其民力，人民安居乐业，因此没有佚民。东野毕虽然很有一套御马的技术，但对马却无体谅之心，一味穷马力而奔波，马自然不堪忍受而奔逃，这就如后来的秦王朝繁政扰民、刑法严酷，弄得民不聊生、鸡犬不宁，必然也就会招致覆亡了。

凡事如果以私心做过了，必然会走向反面，得到不好的结果。要想避免这种过犹不及带来的恶果，就要懂得把握分寸。

在人们为人处世与安身立命的研究中，研究人员发现，那些成功人士之所以能够在人生的道路上顺风顺水，其原因不仅仅在于他们的聪明，也不仅仅在于他们的勤奋，更不在于他们运用多少方法与手段，而在于他们对人性的洞察，他们懂得什么叫恰如其分，什么叫不偏不倚，什么叫见好就收。一句话，他们善于把握分寸。

服药治病，剂量必须适当，量小治不了病，量大又会造成中毒。在农业生产中，播种量、施肥量等要适度。在工业生产中，机器的运转速度、运转时间要适度。孔子说："过犹不及。"意思是说，事情做过了头，就像做得不够一样，也达不到预期的目的。

我们不管做什么事，都要恰到好处。京剧演员表演，总讲究不温不火。优秀的歌手在热情地歌唱时，情真而又能自持。大千世界，古往今来，任何事都离不开"分寸"二字。人生在世，分寸无处不在。人际关系需要把握分寸，成就事业需要把握分寸，推进工作需要把握分寸。为人行事要有分寸，与人交往也要有分寸；说一句话要有分寸，递一个眼神也要有分寸。有人比喻说，分寸是合脚的鞋，不大也不小。分寸是初春的风，不冷也不热。分寸是知时的雨，不迟也不早。分寸是名厨的盐，不咸也不淡。分寸既是一个理论问题，又是个实践问题。

漫漫人生，既是目的更是过程。人生之旅中的生命闪光处，不一定是草长莺飞时；人生得意时，不一定是踏花归来处。人生的成败兴衰，浓淡缓急，无不在把握分寸中见分晓。

大仲马在俄国旅行，来到一座城市，决定去参观这个城市最大的书店。老板听到这个消息，便想设法做点让这位法国著名作家高兴的事情。于是，他在所有的书架上摆满了大仲马的著作。

大仲马走进书店，见书架上全是自己的书，很吃惊。"其他作家的书呢？"他迷惑不解地问。"其他作家的书……"书店老板一时不知所措，信口说道："全……全都卖完了！"话一出口，连他自己也傻眼了。

书店老板本来是想赞美和讨好大仲马，但他的所作所为实在太过，完全不符合实际。缺少真诚的表现，使双方都陷入了尴尬的局面，使事情完全背离了他所希望的结果。

事实上，还有更多的事例不断地在提醒着我们这样一个真理：做人做事不能太倔强、太死板、太刚硬、太自傲、太聪明、太老实、太软弱。说话不可太满，路不能走太绝……可方可圆，能屈能伸，当忍则忍，随机应变，是许多历史人物成功的重要途径。做人做事能够权衡利害，把握轻重，外表大度圆融，内心见棱见角。如此处事待人，才有回旋之地。

人生当中最难把握的两个字就是分寸，看看我们所处的世界，因为有一个完美的尺度，才显得端庄和谐。看看我们周围的人群，因为有一个人生的分寸，才使得人生既有失败的懊恼，也有成功的欢欣。做人做到恰如其分，是人生的最高境界；做事做到恰到好处，是人生的最大学问。总之，做人做事不要太过分了。把握好了人生分寸，就等于掌握了自己的命运。

【故事链接】

功成身退，明哲保身

张良，字子房，又以封地称留侯。出身名门望族，其祖及父五世为相韩国。韩被秦灭后，他图谋复韩，曾指派刺客持一百二十斤重的大铁锤击秦始皇而未中，因此获罪逃亡在下邳（今江苏睢宁北）藏匿。陈胜、吴广起义后，张良立即聚众响应，先投项羽之叔项梁，并劝说项梁立韩国贵族后裔成为韩王，实现了自己复韩的理想。后韩王因投靠刘邦为项羽所杀，张良复归刘邦，成为刘邦的主要谋臣。他深谋远虑，而且出谋必胜，很为刘邦赏识和佩服，赞誉他是"运筹帷幄之中，决胜千里之外"的人杰。他为刘邦取得楚汉战争的胜利立下了不朽功绩，是汉代立国的大功臣，是史家所称"汉初三杰"之一。他是我国历史上一位名扬史册的大谋略家。

张良先是投奔项梁图谋复韩，"合"之，后韩王为项羽所杀，就投奔刘邦，"忤"项"合"刘。适时地实行忤合术，是张良成功的关键所在。

张良善谋国也善谋身。张良既是一个胸怀宏图大志、敢作敢为（如刺杀秦始皇等）的人，又很谦虚谨慎，懂得适可而止。这充分反映在张良对待刘邦称帝后给他论功行封的态度上。劳苦功高，忠诚汉室，刘邦非常敬重他，因此在论功行封的会议上，刘邦让张良自己选择齐国三万户的食邑，张良却辞让不受，反而谦虚地请求封给他首次与刘邦相遇的留地（今江苏沛县，只有万户）。刘邦为其感动，便同意了他的请求。他辞封时说："自己在韩国灭亡之后沦为一个布衣，一个布衣能得封万户，位在列侯，应该满足。"封建士大夫出身的张良，在业成功垂之后，不仅不居功自傲，还能自谦相让，实在难能可贵！

张良谋国有远虑，谋身知近忧。尽管刘邦待他不薄，但他深知刘邦的为人。当他目睹彭越、韩信等有功之臣陆续招致悲惨结局之后，不能不联想到历史上范蠡、文种在扶助勾践再兴越国后的不同选择和结果。他深悟"敌国破，谋臣亡"的哲理。他不愿意步文种、彭越、韩信的后尘，而是要明哲保身。于是他主动向刘邦提出告退，"忤"之而专事修道养身，并想轻身成仙。后因吕后感德张良，极力相劝，张良才仍食人间烟火。但他对于国政大事已不再积极过问了。

对于张良的功成告退，史家多有褒贬，说法不一。但是作为一个谋略家，张良是非常懂得权衡利弊关系的。在国家大局已定的情况下，身体不好，年迈知退，让位后人，现在看来不失为明智的选择。

治家格言

月满则缺，急流勇退

公元前 496 年，越王允常病亡，他的儿子勾践继位。范蠡和文种继续得到重用，主持越国军政。公元前 494 年，勾践得知吴国加紧练兵，准备伐越，决定先发制人，出兵攻吴。范蠡认为越国实力不充足，准备不充分，时机不成熟，劝勾践改变决定。勾践不听，坚持出兵，以舟师进攻吴国的震泽（今江苏太湖）。吴军迎战越军于夫椒（今太湖夫山、椒山）。结果，越军大败。勾践率残余越军退守会稽山，被吴军团团包围。这时，勾践方才悔悟，对范蠡说："当初不听你的话，致遭如此失败。现在该怎么办？"范蠡认为，为了避免亡军亡国的结局，唯一的办法是求和图存，等待时机，另谋兴复。勾践采纳了范蠡的方策，派文种到吴国求和。经过多方努力，始得吴王夫差允许。自此以后，范蠡先是随勾践到吴国当人质，过了三年忍辱负重的奴仆生活。被遣返回国以后，又协助勾践"十年生聚，十年教训"，振兴越国，伺机灭吴。从公元前 482 年开始，范蠡以上将军之职，辅佐勾践组织和指挥灭吴之战。经过六年奋战，终于攻陷姑苏，灭亡吴国。然后乘胜北进，与中原诸侯会盟，取代吴国的霸主地位，横行江淮，称霸中原，国势达到鼎盛阶段。

在欢度胜利的时刻，范蠡采取了一个出人意料的行动。根据长期的观察体验，范蠡认识到，"大名之下，难以久居"，"且勾践为人，可与同患，难与处安"。如果继续留在越国，说不定哪一天就要灾难临头。于是决定辞官退隐。当越军凯旋到达五湖（今太湖）时，范蠡就婉言提出辞退的要求。说："为人臣者，君忧臣劳，君辱臣死。昔者君王辱于会稽，臣所以不死者，为此事（指灭吴称霸）也。今事已济矣，蠡请从会稽之罚。"（《国语·越语》）勾践假意挽留，软硬兼施，说："你听我的话，我就与你分国而治；不听我的话，就杀掉你和你的妻子儿女！"范蠡的态度也强硬起来，说："我知道了。你实行你的命令，我照我的意志办事！"遂携带财宝和从人"乘舟浮海以行"。勾践乐得除去一个潜在威胁，并不追寻，同时又划会稽周围二百里为范蠡俸邑，用良金铸造范蠡塑像，装出怀念功臣的样子。范蠡写信给文种，劝他早日离开越国。信中说："飞鸟尽，良弓藏。狡兔走，走狗烹。越王为人长颈鸟喙，可与其共患难，不可与其共安乐。子何不去？"文种见信，称病不朝。有人诬告文种将要"作乱"。勾践借机"赐剑"文种，说："子教寡人伐吴七术。寡人用其三而败吴，其四在子，子为我从先王试之！"

　　文种遂被迫自尽。越国赖以兴复的两大功臣，就这样落了一走一死的下场。

　　范蠡功成身退的结局说明，范蠡不仅善于谋国，而且善于谋身，当进则进，当退则退，因而得以避免文种那样的杀身之祸。苏东坡对此发表评论："春秋以来，用舍进退，未有如范蠡之全者也。"范蠡之所以采取这种功成身退的做法，是因为他看到了当时的一种带有规律性的社会现象："飞鸟尽，良弓藏；狡兔死，走狗烹"。当然，受历史条件的限制，他还不能透过现象看清它的本质。勾践所以过河拆桥，不能简单地归结于他的个人品德，更不是因为他长了一副长脖子尖嘴巴，而是由当时的社会制度和他的阶级本性决定的。在当时的历史条件下，君主和谋臣之间，是一种人身依附关系，也是一种相互利用的关系。具有自知之明的君主，知道自己的智力不足以应付错综复杂的斗争，"智不备于一人，谋必参诸群士"。特别是在创业阶段或处境危难的时候，都能程度不同地礼贤下士，虚心听取谋臣的意见。谋略人才则希望依靠有作为的君主，谋取个人的名利，施展自己的才能。但是，这种关系能够维持到什么程度，则以是否有利于君主的权利为准则。为谋臣者，最忌功高震主。勾践在会稽兵败、"十年生聚"的时候，能够比较虚心地听取范蠡、文种等人的意见，甚至宣称要和他们"共执越国之政"；而一旦大功告成，认为不再需要谋臣的帮助，甚至认为谋臣成为自己权位的威胁时，就毫不犹豫地加以排斥和迫害。所以，在当时的社会历史条件下，范蠡的做法，不失为一种明智的选择。

　　"不知范蠡乘舟后，更有功臣继踵无？"（唐代诗人胡曾《咏史诗》。）范蠡的结局开辟了一条可供选择的道路，给后人留下了一个值得深思的问题。

　　当勾践雄心勃勃为天下计时，范蠡主持越国军政，勾践执意攻吴失败后，先是随勾践到吴国当人质，遣返回国后，又协助勾践振兴越国，伺机灭吴，这是"合"；当越国灭掉吴国，进而称霸中原，在欢庆胜利的凯歌声中，范蠡认为勾践为人，可与同患，难与处安，决定辞官退隐，这是"忤"；根据"化转环属，各有形势。反复相求，因事为制"，适时地实施忤合术，这是范蠡的明智之举。

独善其身的萧何

"萧何月下追韩信"的故事可谓家喻户晓了，萧何成就了韩信，同时也成就了自己的千古美名。后来，韩信被封为楚王以后，拥兵自重，引起了很多人的怀疑。韩信被刘邦降为淮阴侯，此时的韩信简直不满得很啊！预谋造反，萧何给吕后出点子，杀死了韩信。真可谓"成也萧何败也萧何"啊！

韩信被杀后，汉高祖封萧何为相国，加封地5000户，使役士兵500人，并且专派一名都尉负责保护相国之安全。大家都向萧何道贺。唯独召平却来致吊。

召平，就是秦朝时的东陵侯，秦朝灭亡后，成为一个平民。召平对萧何说："您将从此遭祸了。陛下连年征战，风餐露露，你却安居都中，不被兵革。如今又被加封食邑，又被人服侍保护，表面上是尊您崇您，实际上是猜疑您呢！"

萧何原不曾想到这一层，被召平这么一说他才明白过来。他意识到韩信被诛之后，自己功高压主，已成了皇帝疑忌的首要对象了，因而非常恐惧。召平建议，不要接受封地，让萧何将全部家产拿来充作军需，自可免祸。萧何依言而行，高祖甚为欢喜，暂时消除了对萧何的疑忌。

汉高祖十二年，黥（qíng）布被逼反汉，高祖亲自领兵征讨。但他身在前方，仍心系宫阙，生怕萧何有异常举动，因此屡屡派人打听了解萧何的所作所为。此时萧何，一如既往。因为皇帝出征，他便教化百姓，勉励耕作，并把自家钱粮运到前方军队中。刘邦了解了此事，竟又猜疑起来。

这时，有人及时警告萧何："照这样下去，您马上就要面临灭族之祸了，您现在的地位、功劳，已经是位极人臣，无以复加了！自您到关中以来，老百姓便十分拥护您，到现在也十余年了。现在您做的这些，又是在提高自己的声望，争取百姓的拥戴。您这样下去，怎么得了？主上屡次询问您的所作所为，怕的就是您久居关中，深得民心，倘若乘虚号召，岂不危及社稷？皇帝怎会不疑忌您呢？"萧何惶恐，请教办法。那人说："您何不多买田地，且胁迫百姓，以贱价出售，在百姓中留些坏的声名，来使主上放心呢？"萧何只好采用了这"自污"的办法。

汉高祖灭了黥布，班师回朝。不少老百姓拦路喊冤，说萧相国用低贱的价钱强行购买百姓的田地住宅达数千万之多。高祖见此，放下心来。当萧相国来拜见时，高祖便把老百姓的奏章发给他，笑着说："你这相国，向称利民，原来你就是这样利民的啊！现在你自己去向百姓请罪吧！"

刘伯温功成身退

为朱元璋平天下，治天下，立下了汗马功劳的刘伯温在功成之后，多次上书请求告老还乡，其原因亦是主动与被动两种因素相撞促成的结果。洪武三年（1371 年），朱元璋授予刘伯温弘文馆学士，封开国翊运守正文臣、资善大夫、上护军、诚意伯。刘伯温为了免遭朝廷官场斗争的不测之祸，随即上书明太祖，要求辞仕过隐居生活。原因有二：一是青少年立下的报国志得以实现，位至开国功臣之列。二是他生就这豪爽刚正、疾恶如仇的思想性格，在为朱元璋出谋划策时曾得罪过不少人，像宰相李善长、胡惟庸等人，就是对明太祖朱元璋，他也常常直谏不讳。因此，他想尽早从官场的旋涡中抽出身来，急流勇退。

洪武四年二月，刘伯温回到浙江青田南田山（今浙江省文成县）故里，在乡间每日读书吟诗，饮酒奔棋，谢绝同一切官府来往，静心修养，乐哉快哉。说刘伯温上书请求辞职含有被迫原因，还可以从他后来被朱元璋剥夺俸禄一事加以佐证。公元 1373 年，胡惟庸当上了丞相，他对刘伯温曾经在明太祖面前不同意自己担任丞相一事，怀恨在心，故诬陷刘伯温在故里谋占有王气之地为自己墓地，图谋不轨。朱元璋因疑心极重，遂于第二年下旨剥夺了刘伯温的俸禄。刘伯温被迫忍气吞声进京说明真情，不想在京积忧成疾，公元 1375 年 3 月他重病不起，被送回乡里，一月后逝世。如果刘伯温在朱元璋登基称帝的前夕，不待封官列侯即隐退故里或山中寺院，恐怕也不至于后来遭到剥夺俸禄的冤屈。由此看来，政治斗争中的急流勇退宜早不宜迟，否则，虽辞职也难保全终身。

刘伯温从朱元璋问相和定都等分歧中，敏锐地感觉到自己面临被冷落、被排斥乃至被铲除的危险。于是，他在年龄刚过六十，便当机立断，急流勇退，告老还乡，闭门谢客，不再过问朝政。就是这样，淮西集团李善长、胡惟庸之流，仍不放过他。在当时的权力倾轧中，刘伯温势单力薄，难以摆脱遭诬陷、受打击的可怕命运，但他依然坦然面对、沉着应付，最终得到较好的结局。

27. 人有喜庆，不可生妒忌心；人有祸患，不可生喜幸心。

【译文】

人家有喜庆的事情，不可生出妒忌的心理。人家有祸患的时候，不要有幸灾乐祸的情绪。

【注解】

有人致富了，就千方百计地宰他；有人要提升，就想方设法告他；有人进步太快，就不择手段地诋毁他；有人长得漂亮，就用放大镜找缺陷贬低他……而一些人之所以这样做，既不是因为与之有怨也不是因为有仇，只是求得自己一时心理平衡。心理学将之归为嫉妒心理。

关于嫉妒，很多人都知道是怎么回事，却不愿去多想。嫉妒是指因自己的品德、才能、长相等不如别人而对其心怀怨恨。嫉妒者往往对别人的优点和成绩不但不感到高兴，反而觉得不舒服，认为有损于自己的利益。这种人看到别人成功比看到自己的失败还难受。嫉妒是一种不健康的心理表现。严重的嫉妒，不仅会造成人与人之间的关系紧张，互相诋毁，而且也是一种严重的心理疾病。

长寿人要解放思想，我们首先就要克服嫉妒心理。现代社会快速发展，改革发展中多种矛盾的交合，让很多人产生新的嫉妒心理而难以自我发现。妒富、妒官、妒美、妒能……种种现象层出不穷，结果造成单位不团结，同事不友好，服务质量差，发展步子慢。由此可见，嫉妒之心危害极大。

如何克服妒忌心理？法国著名作家巴尔扎克曾经分析说，嫉妒者所受的痛苦比任何人遭受的痛苦更大，他自己的不幸和别人的幸福，都使他痛苦万分。那么，熏既然嫉妒是损人不利己的事，我们何不开阔胸境，远离嫉妒心理呢？

记得老一辈无产阶级革命家陶铸同志有两句名言：无烟往事俱忘却，心底无私天地宽。这真是一副根治嫉妒之心的良药。那些有嫉妒心的人，不管你处于什么样的层次，什么样的地位，如不及时改变自己的不良心理状态，拥有容人纳贤的优良品德，都对长寿发展不利。只有每个人的思想素质提高了，长寿人的整体思想素质才会提高，发展环境才会有真正的改善。

【故事链接】

幸灾乐祸的王老疯和李大傻

王屯村早在几年前就办起了农村信用社，信用社的书记就是王老三的大叔李大爷。

王老三这人心眼可多了，自己本来开着个养鸡场，日子过得有滋有味，还盖起了小洋楼。看人家做啥生意赚钱了，他也跟着凑合学人家想去赚几个大钱！这不，几年下来也没赚到什么钱！养鸡场搞垮了不说，还差了信用社几万元的贷款。

李大爷爱摆点小架子，天天挎着一个办公包。一见到王老三就叮嘱他："老三啊！不要老想着去赚什么大钱，脚踏实地、老老实实的把养鸡场再搞活，赶紧把贷款还上！不然，贷款一到期，你家的小洋楼……到时大叔都保不了你了！"

王老三一听这话，心里很不是滋味，什么保不保的，有什么了不起的一个小书记！可他还是把李大爷的话记在了心里！又搞起了养鸡场。不过，近年同行多了，别说还贷款，就连养家糊口都差点成了问题。眼看，贷款差一天就到期了，王老三急得像热锅上的蚂蚁－团团转！找了很多亲戚朋友，也没借到一分钱。

王老三一夜躺在床上都没合上眼，贷款还不了了，只能拿咱们家的小洋楼就去抵债了。无奈之下天也亮了。王老三一把眼泪一把鼻涕的收势着东西，准备搬到老房子去住。

突然听见门外的邻居在叽里呱啦地议论着什么信用社？什么火的……好像在说自己，王老三怒气冲冲地跑了出去。这时，他才明白昨晚信用社被一把火烧成了灰烬。天哪，真是上帝有眼啊！哈哈，贷款单、什么利息单的……给老子统统烧尽。心想这个嚣张的李大爷这次惨了，呸，活该！王老三高兴得像刚得了压岁钱的孩子！

王老三也没高兴了几天，就给派出所的警员给带走了。原因就是全村人都晓得王老三的贷款是最多的。这么巧，王老三的贷款将要到期信用社就被火烧了，他有重大的放火嫌疑。王老三："冤枉啊，冤枉！"

此案在进一步审理中！

李大爷更急了，自己的书记位置应该没了。他赶紧打开自己的办公包，糟了，李大爷那晚喝高了点酒，把自己的办公包和信用社的公文包混错了，把公文包提了回来。天哪，自家准备存在信用社的那一万多元钱，被火烧了？李大爷顿时瘫倒在地！

过了几天，火烧信用社的案件，调查断定为：由于电线老化而引起火灾。王老三也被无罪释放了出来，心想被关了几天也无所谓了，感谢火灾，那几万元钱，哈哈，一了百了！

到了晚上，王老三打开电视看着破案故事节目，正巧节目讲述的就是火烧王屯村信用社的事情，看着看着，电视屏幕里出现了李大爷。主持人："感谢李大爷这位有责任心的书记，不顾生命安危冲进火场提出了信用社的公文包，使这次因电线老化引起的火灾，损失降到最低……此次事件遗留下来的账目问题全部交给了乡信用社处理。"此时，王老三满脑子都是贷款单、利息单。"这个该死的遭老头"王老三崩溃了，精神有些失常，一头栽倒在地。

李大爷这位"英雄"也自然而然被调到乡信用社，本来应是大喜，可李大爷一病不起，嘴里还嚷着："我真糊涂，我老糊涂了……"真是哑巴吃黄梨有苦说不出呀！不说自己家被烧了的那一多万元钱了，就说李大爷用职位之便，贷给儿子的那六万元钱，照样连本带利一起还。想想儿子，这几年做的那生意，养家都有些困难，他啥时候还得起呀！

从此，王屯村便出现了一个王老疯和李大傻！

落井下石

韩愈和柳宗元（字子厚）是中国两位杰出的文学家。大名鼎鼎的唐宋八大家中，唐代有两位，这两位就是韩愈和柳宗元。韩愈长柳宗元七岁，而柳宗元却死在韩愈之前，仅活了四十六岁。

韩愈是柳宗元的好朋友。柳宗元去世后，韩愈责无旁贷地写下了《柳宗元墓志铭》。韩愈在铭文中先概述了柳氏先世的事迹，然后叙说柳宗元仕途的不幸和在文学上的成就。柳宗元被贬官柳州（今广西柳州市地区）时，刘禹锡也将同时被贬往播州（今贵州省遵义市地区）。当时播州新建，地处偏远，生活艰苦，瘴疠时作，"非人所居"；而刘禹锡则上有高龄老母，"万无母子俱往之理"。于是，柳宗元不避罪上加罪的危险，上书朝廷，请求以柳州换播州。

铭文激动地指出："呜呼！士穷乃见节义。"这是韩愈给柳宗元崇尚仁义、忠厚待友的崇高评价。接着，笔锋陡转，描述群小的行径。这些人平时和睦相处，也能一块儿吃吃喝喝，脸上总是堆满笑容，有时还握着对方的手，蹦出几句掏心窝子的话，还满脸热泪地指天发誓："哥们儿，咱们死也得死在一块！"这一切全像是最真实的，好像他最值得信任。但是，一旦遇到毛发般的蝇头利益，这种人便立即翻脸不认人，好像压根儿就不认识你这个人了。"落陷阱（通'井'）不一引手援，反挤之，又下石焉"——看到有人要掉进井里，不立即拉他一把，反而把他挤下井，还往井里扔石头。这种行为连禽兽都干不出来，他自己却洋洋然以为拣了个大便宜。这号人如果得知子厚的高风义举，多少也应该有点惭愧吧。

文中"落陷阱又下石"后被炼为典故"落井下石"。

草船借箭

公元前一世纪左右，中国正处在魏蜀吴三国鼎立的时期，其中魏国占据北方，蜀国占据西南方，吴国占据南方。有一次，魏国派出大军，从水路攻打地处长江边上的吴国。不多久，魏军就进发到离吴国不远的地方，在水边扎下营地，伺机攻打。

吴国的元帅周瑜，在研究了魏军的情形后，决定用弓箭来防守来犯之敌。可是怎么在较短时间内造出作战所必需的十万支箭呢？回为根据当时吴国的工匠情况，要造出这么多箭，至少要用十天时间，而这对于吴国的防守来说，显然是时间太长了。

当时蜀国的军师诸葛亮正好出访吴国。诸葛亮是一个非常聪明的人，周瑜于是向他请教怎样以最快的速度造出所需的箭。诸葛亮对周瑜说，三天时间就可以了。大家都认为诸葛亮是在说大话，但是诸葛亮却写下了军令状，如果到时完不成任务，就会被斩首。诸葛亮接受任务后，并不着急。他向吴国的大臣鲁肃说，要造这么多箭，用普通的办法自然是不可能的。接着，诸葛亮让鲁肃为他准备二十只小船，每只船上要军士三十人，船上全用青布为幔，并插满草，诸葛亮并一再要求鲁肃为他的计谋保密。鲁肃为诸葛亮准备好船和其他必需的东西，可是并不知道其中的奥秘。

诸葛亮说三天时间就能备好十万支箭，可是第一天并不见到他有什么动静，第二天还是这样，第三天马上就要到了，一支箭也没有见到，大家都为诸葛亮捏一把汗，如果到时候没有完成任务，诸葛亮就没命了。

第三天半夜时分，诸葛亮悄悄地把鲁肃请到一只小船中，鲁肃问："你请我来干什么？"诸葛亮说："请你跟我一起去取箭"。鲁肃大惑不解地问："到哪里去取？"诸葛亮笑笑说："到时候你就知道了。"于是诸葛亮命令二十只小船用长绳子连接在一起，向魏军的宿营地进发。

当天夜里，大雾漫天，水上的雾气更是伸手不见五指。雾越大，诸葛亮越是命令船队快速前进。到船队接近魏军营地时，诸葛亮命令把船队一字排开，然后命令军士在船上擂鼓呐喊。鲁肃吓坏了，对诸葛亮说："我们只有二十条小船，三百余士兵，万一魏兵打来，我们必死无疑了"。诸葛亮却笑着说："我敢肯定魏兵不会在大雾中出兵的，我们只管在船里喝酒好了。"

再说魏军营中，听到擂鼓呐喊声，主帅曹操连忙召集大将商议对策。最后决定，因为长江上浓雾重重，不知道敌人的具体情况，所以派水军弓箭手乱箭射击，以防敌军登陆。于是魏军派出约一万名弓箭手赶到江边，朝着有呐喊声的地方猛烈射箭。一时间，箭像雨点一样飞向诸葛亮的船队，不一会儿，船身的草把上都扎满了箭。这时候，诸葛亮命令船队掉转身，把没有受箭的一侧面向魏军，很快上面也扎满了箭。诸葛亮估计船上的箭扎得差不多了，就命令船队迅速返回，这时大雾也渐渐开始散去，等魏军弄清楚发生的事情时，懊悔极了。

诸葛亮的船队到达吴军的营地时，吴国的主帅周瑜已经派五百名军士等着搬箭了，经过清点，船上的草把中足足有十万支箭。吴国的元帅周瑜也不得不佩服诸葛亮的智慧了。诸葛亮怎么会知道当天晚上水上会有大雾呢？原来，他善于观察天气变化，经过对天象的仔细推算，也得出当天晚上水面上有会大雾的结论。就是这样，诸葛亮运用自己的智慧巧妙地从敌军那里弄来了十万支箭。

兔死狐悲

"兔死狐悲"原作"狐死兔泣"。这个成语，原出自《宋史·李全传》。后又见于《元曲选·无名氏〈赚蒯通〉四》。

南宋时期，处在金朝统治下的山东农民，纷纷掀起抗金斗争的浪潮。其中最著名的有杨安儿、李全等领导的几支红袄军。

起义军遭到金军的镇压，杨安儿牺牲。杨安儿的妹妹杨妙真（号四娘子）率领起义军从益都转移到莒县，继续斗争。后来杨妙真和李全结为夫妻，两支部队会合。公元1218年，他们投附宋朝，驻扎在楚州（现在江苏省淮安县）。

此后，李全抱有发展个人实力、割据一方的野心，公元 1227 年 4 月被南下的蒙古军包围，城破投降。

公元 1227 年 2 月，宋朝派太尉夏全领兵进攻楚州，杨妙真派人去争取夏全，对夏全说："你不也是从山东率众归附宋朝的吗？如今你却带兵来攻打我们。打个比方说，狐狸死了，兔子感到悲伤哭泣；如果李全灭亡了，难道独有你夏全能生存吗（原文是'狐死兔泣，李氏灭，夏氏宁独存'）？希望将军和我们团结起来。"夏全同意了。

往后，《元曲选·无名氏〈赚蒯通〉四》里说："今日油烹蒯彻，正所谓兔死狐悲。"后来，人们引用"兔死狐悲"这个成语，来比喻因同类的死亡或失败而感到悲伤。现在多用于贬义。

周郎的反间计

三国时期，赤壁大战前夕，周瑜巧用反间计杀了精通水战的叛将蔡瑁、张允，就是个有名例子。

曹操率领号称的八十三万大军，准备渡过长江，占据南方。当时，孙刘联合抗曹，但兵力比曹军要少得多。

曹操的队伍都由北方骑兵组成，善于马战，可不善于水战。正好有两个精通水战的降将蔡瑁、张允可以为曹操训练水军。曹操把这两个人当作宝贝，优待有加。一次东吴主帅周瑜见对岸曹军在水中排阵，井井有条，十分在行，心中大惊。他想一定要除掉这两个心腹大患。

曹操一贯爱才，他知道周瑜年轻有为，是个军事奇才，很想拉拢他。曹营谋士蒋干自称与周瑜曾是同窗好友，愿意过江劝降。曹操当即让蒋干过江说服周瑜。

周瑜见蒋干过江，一个反间计就已经酝酿成熟了。他热情款待蒋干，酒席筵上，周瑜让众将作陪，炫耀武力，并规定只叙友情，不谈军事，堵住了蒋干的嘴巴。

周瑜佯装大醉，约蒋干周床共眠。蒋干见周瑜不让他提及劝降之事，心中不安，哪里能够入睡。他偷偷下床，见周瑜案上有一封信。他偷看了信，原来是蔡瑁、张允写来，约定与周瑜里应外合，击败曹操。这时，周瑜说着梦话，翻了翻身子，吓得蒋干连忙上床。过了一会儿，忽然有人要见周瑜，周瑜起身和来人谈话，还装作故意看看蒋干是否睡熟。蒋干装作沉睡的样子，只听周瑜他们小声谈话，听不清楚，只听见提到蔡、张二人。于是蒋干对蔡、张二人和周瑜里应外合的计划确认无疑。

他连夜赶回曹营，让曹操看了周瑜伪造的信件，曹操顿时火起，杀了蔡瑁、张允。等曹操冷静下来，才知中了周瑜反间之计，但也无可奈何了。

对于这个典故，一般人都认为，曹操尽管很聪明，但他生性多疑，又有些嫉贤妒能，才导致了他开始并不知是计，待斩了蔡瑁、张允二将后才意识到中了周瑜的反间计。曹操之所以中计后不肯认错，一方面担心手下人知道自己中计会降低自己的威信；另一方面属于一种高高在上的心理，心高气傲，做错了事死不承认。

28. 善欲人见，不是真善，恶恐人知，便是大恶。

【译文】

有善心一定要让别人知道，不是真正的善心。有恶心怕别人知道，这就是大恶。

【注解】

这是提出了衡量善恶的两条标准——欲人见、恐人知，一非真善，一是大恶，很有见地。一个人真正的做好事，是无须自己多张扬的。而恶不敢声张，不外乎两种情况，一是已成大恶，二是日渐将酿成无药可救的大恶。佛家说

善恶皆由心生。衡量一个人的道德操守，不是看他在人前作了什么，而是看他一个人的时候是怎么样怎么作。

【故事链接】

小儿巧言救百姓

秦朝末年，项羽和刘邦为了争夺天下，进行了长时间的争斗、厮杀，还是决不出胜负，这样，双方就陷入了僵持的状态。由于长时间的争战，士兵们苦不堪言，百姓扶老携幼远离家园逃避战祸。

有一次，项羽率兵攻打外黄，它是一个战略重镇。据守外黄的宋军防守得十分顽强，打了好些时候总是攻不下来。项羽为此寝食难安，很是发愁，正在设想自己是不是要亲自率军去支援。忽然，探子飞马前来报告："大王，不好了，外黄的宋军向彭越投降了。"

项羽听后，拍案而起，喝道："彭越有什么才能，竟然在这个时候趁火打劫，不费吹灰之力就坐收渔翁之利。我要让他知道我的厉害，传令全军，随我去踏平外黄，活捉彭越！"

项羽怀着满腔的怒气率军向外黄火速进发，那彭越也是个懂得战略战术的军事家，他知道以自己的现在的兵力难以同项羽抗衡，为了避免与其正面交锋，他率军暂时撤出外黄。

项羽很快进驻外黄。

他余怒不息，把一股怨恨发泄到外黄的百姓身上，于是下了一道让人震惊的命令：凡是外黄城里15岁以上的男丁，全部集中到城东活埋。

命令一出，外黄城里传出一派凄凉号哭的声音。有一些人想尽一切办法，辗转相托，请求项羽取消这个命令，可是依然不起作用。

这时，外黄县令的门客有个13岁的孩子，自告奋勇地叫道："这件事就交给我吧，我有办法说服楚王！"

门客急忙把儿子一把拉住道："这怎么行呢，你去只有死路一条？"

儿子劝慰父亲道："你尽管放心，我这次去一定会成功的，绝无灾祸！"

父亲劝不住儿子，只得放开了手。

孩子跑到项羽所在的房子前，神秘地对哨兵说："赶快通知大王，我有要事相报。"

哨兵进去通报，项羽马上传令召见他。

孩子见了项羽，朗声说道："彭越这家伙想来侵吞我们的财产，全城军民怕他毁坏城池，所以为了安全起见，我们暂时向他投降。其实，我们早就盼望着大王您来接收啊。现在您来了却要活埋我们，请问，外黄往东的老百姓知道了这件事，怎么还肯乖乖地归顺您呢？"

项羽听了连连点头，立即取消了那条残酷的命令。

于是，从外黄往东到睢阳广大地区的老百姓，都称赞项羽的英明抉择，纷纷投奔他。

坐山观虎斗

战国时期，韩国和魏国互相攻伐，打了整整一年，还没有停止。秦惠王想要使他们停止战争。召来群臣问道："我想使韩魏两国停火，和平共处。诸位以为如何？"

一个文官说："对！我们应该去解救他们。"

一个武将说："他们打他们的，关我们什么事？"

有个楚国来的客卿叫陈轸，他说："大王想统一天下吗？"

秦王说："当然想统一天下，您有妙计吗？"

陈轸说："妙计谈不上有，不过我不妨讲个卞庄子刺虎的故事，也许对您有所启发。"

秦王颇感兴趣，说："很好，你讲吧。"

陈轸于是讲了起来——春秋时期，鲁国（现在山东一带）有个武艺高强的人叫卞庄子。一天，他到一个地方住宿，听说当地有两只老虎，经常出来伤害家禽，甚至咬伤、咬死人。卞庄子决定为民除害，带了一把寒光闪闪的青铜剑，就要出去刺虎。

旅店里有个小伙计也要同去。

两人走到一个山谷里，忽然看见一大一小两只老虎正在争着吃一头牛。

卞庄子拔剑就要冲上去。小伙计说："壮大哥，不要性急，你看它们正在津津有味地吃牛，吃到后来，它们一定会争夺，一争夺就必定会互相撕咬起来，小的一定会被咬死，大的一定会被咬伤。这时，你再冲上去，对付一只受伤的老虎，不就比同时对付两只健壮的老虎省力得多吗？"

卞庄子连连点头，两人就在树丛里隐蔽了起来。过了一会儿，两只老虎果然争斗起来，又是剪，又是扑，又是抓，又是咬，斗得旁边的石头乱滚，尘土飞扬。渐渐地，小老虎支持不住了，咽喉处被大老虎咬破，血流干后，便死去了。大老虎也遍体鳞伤，倒在地上动弹不得。这时候，卞庄子猛扑过去，一剑就刺中老虎的要害部位，那老虎长啸一声就断气了。

陈轸讲完故事后又说："如今，韩国和魏国互相攻打，打了一年还不停止，这样，他们之间必定互有损伤。您如果想完成统一天下的大业，就只有让他们继续打下去，到他们伤亡惨重的时候，再用重兵去征讨他们，这样就能一举两得，就像卞庄子刺虎那样。大王觉得如何？"

秦惠王于是决定不解救他们。最后，魏国受了损伤，韩国被打得破败不堪的时候，秦国的军队像潮水般地涌去，一下子就夺了两国的好几个城池。

婧女巧言救父亲

齐景公平时十分喜爱一棵大槐树，常常在树下吟诗观赏，流连徘徊。

一天，他指令下属派人日夜守护大槐树，还在树旁竖立了一块木牌，上面写着告示："碰撞槐树的受刑，损坏槐树的处死。"

从此，齐国京城的人都只敢远远地朝大槐树观望，生怕不小心触犯了景公颁布的刑法，遭受刑罚。

一次，有个叫衍的人喝醉了酒，摇摇晃晃走过大槐树，恰巧看树人坐在树下打瞌睡，一时疏忽了，衍蹒跚地撞到树干上，碰伤了一小块树皮。

齐景公听说此事后，大发雷霆，立即传令将衍逮捕。

衍突遭大难，女儿婧的心情十分焦灼，便急匆匆来到相国的官府里，拜见晏子。

晏子见她面色灰败，神情憔悴，觉得很奇怪，心想：小女孩年纪轻轻，怎么会有满腹心事啊？便问道："婧啊，你有什么事？"

婧女缓慢而沉痛地回答道："我爸爸叫衍，是个城市平民。这两年，他觉得我们国家风雨失调，粮食歉收，心里很是痛苦，便在昨天私自向名山神水祭祀，祈祷连年丰收，国富民安。不料多喝了一些酒，神智失控，不小心损伤了大槐树，触犯了刑法。现在大王要处死我爸爸，这样我就成为孤儿。我个人受点委屈倒是小事，主要是大王这样做，是有损于国家法制的尊严，也会降低君王的威信的。别国的人听了，不就会嗤笑我们齐国制订法律，看重树而看轻人，爱树而害人吗？"

晏子听了，连声喝彩道："有道理，有道理。"不等送走婧，就驱车直往王宫，拜见齐王，谏道："您宣布'触犯槐树的受刑，损害槐树的人处死'，这个刑罚是不够恰当的，它伤害了人民，会给天下人嗤笑的呀。"

齐王恍然大悟，当即下令赦免衍，撤销护树人员，取下告示木牌。

齐国京城的百姓纷纷跷起大拇指，赞扬婧说："小小年纪了不起。她既拯救了父亲的生命，又帮助国家维护了法律的尊严。"

29. 见色而起淫心，报在妻女；匿怨而用暗箭，祸延子孙。

【译文】

见到美色而起淫心，报应就会在妻子女儿身上。藏匿怨心而暗箭伤人，祸患就会延及到子孙。

【注解】

这一句是教导我们淫乱之害。见到美色，就起了邪淫的心，这个报应，往往会在自己的妻子、女儿身上。所谓淫人妻女，自己的妻女也被人淫。这个因果报应非常神速，也非常惨烈。古人讲的，"百善孝为先，万恶淫为首"，这"淫"字的害处，那是说不尽的。古人讲的，"色字头上一把刀"，往往人见到美色的时候，被这外表的一层面皮给迷惑住了，看不到这色字头上有刀，而且这个刀是杀人不见血的刀，让人败德、败身、败家。色这个罪孽又是最容易犯的，相比贪财杀生这些事情，要戒除它更难，难上百倍，这是人有史以来的习气。而它的祸害，使人败坏道德，招致灾殃，又比其他的罪孽要严酷惨烈百倍。《朱子治家格言》里面教导我们，见色起心的时候，不可以不谨慎。淫念稍有启动，要立刻奋勇一刀斩断，不可以纵容，不可以犹豫，不可以容有丝毫的情念，让这个淫心滋长。这个时候是天堂地狱分判的时刻。如果在这个时候认不清、看不破，不能够斩钉截铁，立定脚跟，那么就会让这个淫心瞬间牵引滋长，蔓延开来，就不知不觉飘入罗刹鬼国了，后来的报应也是会很惨烈。

【故事链接】

武则天阴毒的手段

武则天 14 岁时被唐太宗召入宫中，立为才人。唐太宗死后，武则天被迫削发为尼。后来，唐高宗在寺中见到了她，为她的美貌所吸引，又把她召入宫中，拜为昭仪。武则天想扳倒皇后，自己取而代之，暗中设计谋害皇后。待时机成熟时，她谋出一条苦肉计。

武则天当时有个女儿，尚在襁褓之中。高宗和皇后很喜欢这个孩子，常来探望。一次，皇后又来看孩子，武则天借故躲避，皇后独自一人逗孩子玩了一会儿就离开了。皇后一走，武则天马上回来，偷偷地将自己的亲生女儿扼死，再用被子原样盖上。恰巧这时高宗来看孩子，武则天说说笑笑把高宗迎了进来。她掀起被子，突然大叫大喊，痛哭起来。高宗上前一看，小公主已手足冰凉。高宗龙颜大怒，把太监、宫女叫来询问刚才有谁来过，大家都说只有皇后来看过孩子。悲恸欲绝的武则天趁势把平时收集的皇后过失一一向高宗陈诉。高宗从此有了废黜皇后的打算。

永徽六年，高宗废除王皇后，立武则天为皇后。因高宗多病，皇后武则天长期把持朝政，直到后来废唐立周。

古有云："舍不得金子弹，打不着金凤凰"、"不入虎穴，焉得虎子"、"舍不得孩子套不着狼"，这些讲的都是有舍才有得的道理。但有时在道义上又让人觉得过于不择手段了。胡雪岩就曾为了生意把自己所爱作为礼物送给他人，他把自己喜爱的女子作为礼物送给江苏学政何桂清，甚至还将青梅竹马的"黄姑"送给忠心的伙计。

取舍之道是对中国传统智慧的高度概括，在一取一舍的抉择当中，体现的是一种胸怀，一种心态，一种智慧。但是在变幻莫测的博弈中，所谓的"游戏法则"是选择最有利于自己的处境，最终胜者才是王道，所以"伦理道德"也就失去了它的约束力。

茅焦舍命谏秦王

吕不韦通过他的"奇货可居"拥立公子异人当上了秦王，但异人却是个短命国王，从此赵正就登上了历史舞台，这就是后来的秦始皇。吕不韦当上了宰相，可谓荣华富贵至极啊！但是，太后赵姬的春心不减和吕不韦的私情未断，他们私通多年。

随着时间的推移，秦王嬴政已经逐渐长大了，吕不韦唯恐丑事败露，就安排了一个假太监嫪毐进宫侍候太后。

嫪毐与太后淫乱作乐，奸生二子。嫪毐得到太后撑腰，很快荣华富贵。他们的丑事终于暴露了，嫪毐于是铤而走险，发兵造反。被秦王嬴政很快平定，嫪毐落得个车裂而死。

秦王杀死其母与嫪毐奸生的两个弟弟。免去母亲太后的封号，减去俸禄，软禁在棫阳宫，命令三百士兵把守。同时还罢免了吕不韦宰相之职，收其印绶。

这年夏天四月，忽然天气大寒，降霜雪，百姓冻死很多。民间都说："秦王软禁太后，子不认母，所以才出现这种怪事。"

大夫陈忠进谏说："天下没有没有母亲的儿子，应该迎接太后回咸阳，以尽孝道。天气很快就会好转。"秦王大怒，命令剥去他的衣服，躺在蒺藜上，用铁锤把他打死，尸体丢在台阶下。张贴告示："有以太后之事来谏的，就是这个下场！"秦国忠臣相继来进谏的，前后诛杀了二十七人，尸积成堆。

有一个沧州人茅焦，正好游于咸阳。住在旅店，同舍的人偶然谈到此事。毛焦愤然说："儿子囚母，天地反复！"教店主准备洗澡水，说："我将沐浴，明早入谏秦王。"同舍的人笑着说："那二十七人，都是秦王平日亲信之臣，尚且言而不听，一个个都死了，难道还少你一个老百姓吗！"茅焦说："进谏者到了二十七人就截止了。"同舍的人都笑他愚蠢。

茅焦来到台阶下，趴在尸首上大呼："臣齐客茅焦，愿上谏大王！"秦王教内侍出来问："来客所谏什么事？是不是涉及太后的事？"茅焦说："臣正为此而来！"内侍回报："客果然为太后之事而来。"秦王说："你可以指着台阶下的尸体相告。"内侍对茅焦说："客看见台阶下死人累累吗？为什么不怕死到了这种程度？"茅焦说："我听说天有二十八宿，降生于地，则为正人，今死者已有二十七人了，尚且缺其一，臣所以来者，想要填满其数！古之圣贤哪一个不会死，我有什么害怕的？"内侍回报，秦王大怒："狂夫故意违反我的禁令！"看看左右："在大堂之上给我烧一锅开水，我要把他煮熟，凑够二十八人。"

于是秦王按剑而坐，龙眉倒竖，怒不可遏，连呼："召狂夫来就烹！"茅焦故意蹒跚而行，内侍催促他速行，茅焦说："我王快要死了！让我慢一点有什么妨害？"内侍可怜他，扶掖而前。

茅焦至阶下，再拜叩头说："臣闻之：'有生者不讳其死，有国者不讳其亡，讳亡者不可以得存，讳死者不可以得生。'死生存亡之计，是明主应该好好研究的，不知道大王愿不愿听？"秦王缓和一点，问："你有何计，请讲。"茅焦说："忠臣不会进阿谀奉承的言辞，明主不会去做狂悖的事。君主有悖行而臣不说，是臣负其君；臣有忠言而君不听，是君负其臣。大王有逆天之悖行，而大王不自知；微臣有逆耳之忠言，而大王又不欲听。我恐怕秦国从此会危险了！"

秦王悚然良久说："你所言何事？寡人愿听。"茅焦说："大王今日不以天下为事吗？"秦王说："是的。"茅焦说："今天下之所以尊敬秦国，非仅仅是威力的缘故，也是认为大王是天下的雄主，这就是忠臣烈士都聚集到秦国的缘故。""今大王车裂假父，有不仁之心；杀死两弟，有不友之名；软禁母亲于棫阳宫，有不孝之行；诛杀谏士，陈尸阶下，有桀、纣的凶残。以天下为事，而所行如此，何以服天下？古代舜事嚚（yín）母尽道，升庸为帝；桀杀龙逢，纣戮比干，天下叛之。臣自知必死，只恐怕臣死之后，便没有人敢进谏。而抱怨之声越来越多，忠谋之人再也不开口了，内外离心，诸侯必将叛逆，可惜啊！秦国的帝业很快就要成功了，而败于大王之手。臣言已毕，请把我煮了吧！"于是站起来解开衣裳朝着开水锅而去。

秦王急走下殿，左手扶住茅焦，右手指着左右说："把开水锅抬走！"茅焦说："大王已张贴告示拒谏，不把我煮了，无以立信。"秦王又命左右收起榜文，又命内侍与茅焦穿衣，给他看座，感激地说："以前进谏者，都数落寡人的罪状，未尝明悉存亡之计，天使先生开寡人之茅塞，寡人敢不敬听！"茅焦再拜："大王既俯听臣言，请赶快备车驾，前往迎接太后。那些死尸，都是忠臣骨血，请求厚葬！"

秦王即命司里收取二十七人的尸体，各具棺椁，同葬于龙首山，名为"会忠墓"。这天秦王令茅焦驾车亲自前往迎接太后。

秦王家里冒出了天大的丑闻，更何况这奇耻大辱的丑闻还弄得天下尽人皆知。就是普通老百姓也会颜面尽失，秦王自然也会感到尊严受到了伤害，恼羞成怒也是可以理解的。但是，那些忠臣们偏偏又要把天灾与秦王家里的丑闻联系起来，好事还没个好说，换谁也不能接受。

鬼谷子说："故技国事者，则当审权量；说人主，则当审揣情；谋虑情欲，必出于此。"毛焦非常明白秦王把江山社稷看得很重，单说太后之事必然招致杀身之祸，只有从国家安危着手，秦王必然响应。

在现实生活中，有很多人以"耿直"而自居，他们直话直说从不绕弯子。

得罪别人的时候也用"耿直"来解脱自己，其他人也用"耿直"来为他开脱。仿佛"耿直"就可以不给别人留面子，"耿直"就可以得罪人。其实这些行为与没有修养是画等号的，不为别人考虑、不给别人留面子本身就是自身修养差的表现。从古到今，有哪一个大成功者是不给人留面子的？他们都是"海纳百川""宰相肚里能撑船"的人。

彦宾自守己贵子荣

五代时期，伪蜀国罗城兵马使，叫程彦宾，他是山东临淄人。当时他领兵攻打宁城，攻下城之后，他的左右在这个城中夺来三个年轻的女子，献给程彦宾，都是美貌的女孩子。当时程彦宾饮酒后有点酒醉，可是他这个人是一位正人君子，对这些女孩子说："你们也不要害怕，我看你们就像我自己的女儿一样，怎么会侵犯你们？"说完之后，就命人把她们三位女子关到一个房间里面保护起来。到第二天就去找她们的父母，然后把女孩子平安地送还给她们的父母。她们的父母也非常感恩，拿出很多金钱来报答、酬谢程彦宾，程彦宾一概不收。后来程彦宾升官了，在仕途上也很发达。93岁寿终，走得非常的自在，临终是正念分明，跟自己的亲友告别后才去世。他的几个儿子都得到显贵。所以你看看，这都是智慧人。能够忍一时，得到的福分是绵长的。

王曾不淫贵盛无比

宋朝有一位名士叫王曾，他上京赶考。结果在路上见到母女二人，听到她们哭声非常悲切。于是就打听，为什么这母女二人会这么悲痛？才知道原来她们欠了官钱，没办法偿还，这母亲被迫要卖女儿，所以这样哭泣。于是王曾就去拜访这母女俩，跟她们讲："这样吧，我替你还这个官钱，你把女儿卖给我。"这个母亲无可奈何就答应了。然后王曾就替她还了钱，告诉她："我三天之后来迎娶你的女儿。"结果三天之后这个王曾没有来迎娶，这个母亲就等，等了一些时日还不见来，于是就去找这个王曾。找到他住的地方，结果人已经走了，王曾留下一封书信，上面说："我不需要来娶你的女儿了，你还是为她另择佳婿吧。"

所以王曾是代她还了官钱就走掉了，这是一片救济、仁爱之心。后来王曾他是乡试、省试、殿试三次的考试都获得第一名，这是历史上少有的，叫"连中三元"，这是考上状元了。后来王曾被封为沂国公，一生贵盛无比。所以看得出，不淫则贵。

30. 家门和顺，虽饔飧不济，亦有余欢。

【译文】

家里和气平安，虽缺衣少食，也觉得快乐。

【注解】

这句话是教我们要以和为贵。一个家里能不能得到欢乐，其实跟物质的条件优劣关系并不是很大，最重要的是和顺，所谓家和万事兴，以和为贵，和气生财。家里头父子、兄弟、夫妇，长幼内外，都能够和气，互相的恭顺，那么这个家里必定是没有怨恼。大家团结和睦，也就能够创造好的事业。

和顺是指仁道，是要家里的人都要把利字放下，把心放到情义上。

从心上来讲，和顺是要从我心做起，不能要求别人。首先我要跟人和顺，不能要求别人跟我和顺。如果要求别人跟我和，往往不能和。互相要求，就对立起来了。应该要求自己跟他人和，不管他对我和不和顺，我都要对他和顺，从我心做起。

当我们真正有这种和顺的心，与人一体的心，外面什么样的境界，原来不和顺的，肯定都变成和顺了。境由心造，境由心转。

贫苦少年的童年生活

在朱元璋童年的记忆中，感受最为深切的可能就是饥饿。刚生下来时没有充沛的奶水，稍大后又没有足够的口粮，即使吃到肚中的，也是些粗糙或稀释的食物。他的口腹之欲一直处于没有得到满足的压抑状态，他做梦都想着能够饱饱地吃上一顿美味佳肴。后来在当放牛娃时终于寻到了一个爆发的好机会，他与几个年龄相仿的小朋友在野外将田主刘德的一头小牛犊宰了，拣些干柴树叶子就地生火烤着吃，一个个吃得肚胀腹圆。事后，朱元璋又想出一个办法，将小牛的皮骨埋了，尾巴插进一条石缝中，骗那田主说是小牛自个钻了山洞。事情的结果，自然是朱元璋挨了田主刘德的一顿毒打，并被赶回家中。朱元璋那一直压抑着的饥饿欲虽然着实地满足了一番，但也因此而付出了相当沉重的代价。

饥饿、斥骂、毒打、压抑……这些处于社会底层难以避免的磨难与羞辱如长长的皮鞭呼啸着劲厉地一下一下抽打着他那幼小的心灵，他以一副睥睨的眼光打量着这个灾难深重的世界，忍受着、等待着、积聚着，幻想着有朝一日如宰杀牛犊般进行疯狂而快意的报复。

他心头记得最深的，就是母亲多次讲给他听的外公抗元的故事。五六十年前，外公曾在宋朝大将张世杰部下当过亲兵。南宋败亡，张世杰与陆秀夫保着宋朝小皇帝逃到南海中的崖山。元兵继续猛攻，宋军大败，陆秀夫抱起年仅九岁的皇帝跳入大海，张世杰则保护着杨后乘船突围而出，以图东山再起，恢复疆土。不幸四天后遭遇飓风，海船沉没，张世杰等部众全部淹死，外公被人救起，侥幸生还。故事中的忠君报国思想及反抗异族压迫的观念对朱元璋产生了强烈的影响，从小就产生了政治莫测、王朝更替、皇帝可以取而代之的意识。

他小时候做得最多的游戏，就是"扮皇帝"。他找来一块木板顶在头上作平天冠，用碎木片作笏，在土堆上"威严"地坐下，命令其他小伙伴一个个地跪拜在他的面前，齐声高呼"万岁"，"俨然王者"。

童年的生活虽然贫困清苦，但也充满了穷人那份独有的"自得其乐"。

真正让他感到饥饿与灾难的是元顺帝至正四年（公元 1344 年），那一年朱元璋十六岁，正是所谓"吃长饭"、一餐等不得一餐的年龄。从春天开始，旱灾、蝗灾与瘟疫就开始接二连三地在朱元璋的家乡濠州不断肆虐。饥饿与疾病紧紧地纠缠、折磨着三乡四邻的所有贫苦农民，朱元璋家更是在劫难逃。在不到半个月的时间里，就先后死了父亲、大哥、大侄、母亲四口。大姐、二姐早已嫁人，三哥给人家上门做了招赘女婿，家里就只剩下他和二哥两人了。哥俩穷得没有半分银毫，除了勉强保住自身的性命外，对亲人的疾病与折磨无可奈何，只有相对痛哭。这时候，朱元璋才真正感到了什么叫呼告无门、求助无路。

面对亲人的尸体，不仅无钱购置棺木，就连安葬的坟地也没有。朱元璋只得前去哀求田主刘德，求他发发善心，为他的亲人施舍一块小小的安葬之地。谁知刘德非但不允，还一顿臭骂将他轰出大门。幸而邻居刘继祖谦和仁慈，主动提出可以葬在刘家地里。兄弟俩找出几件破衣烂衫，裹了亲人尸体，抬到坟地草草埋葬，父母的在天之灵总算找到了一块"落脚"之地。

灾难的惨痛、富人的冷酷、穷人的慈善，这些全在朱元璋心里打上了深深的烙印，他一辈子也没能忘怀。灾难锻铸了他、培养了他，使他过早地成熟起来。经历了父母双亡的天灾人祸，再大的惨痛朱元璋也能够承受得了；在命运的无情与富人的冷酷面前，他也"练就"了一副铁石心肠；他当上皇帝后，念念不忘刘继祖的"赠地"恩德，特地追赠他为义惠侯、其妻娄氏为义惠侯夫人，也许他此后对富人的坚决打击，对穷人的政策倾斜也与这次刻骨铭心的经历有关。

31. 国课早完，囊橐无余，自得其乐。

治家格言

【译文】

及时交纳该缴付的税收或其他应尽的义务，哪怕是口袋空空，也安稳过日子，自得其乐。不亏欠任何人，尽自己该尽的义务，哪怕没有钱或是一无所有，都会因为达到了自己的目标和理念而感到开心。

【注解】

这段话主要讲了家庭和睦与社会责任两个问题。家庭当中最大的事便是一家人和睦相处。家庭生活有物质、精神两方面，物质生活再穷，一家人只要和睦，也很开心。如果生活很富足，但一家人却钩心斗角，互相攻击，或者关系冷漠，又有什么意思呢？五四时期的文学作品中写了许多大家庭，物质条件都是很优越的，但家庭成员的关系却极差，结果大家都很痛苦。最有名的像巴金的长篇小说激流三部曲《家》、《春》、《秋》就是写的这样的家庭，曹禺的话剧《雷雨》也是。俗话说，家和万事兴，那样的日子才是最温暖幸福的。在和睦家庭长大的人与在不幸家庭长大的人，心理状况是完全不同的。一般前者多比较开朗、自信、阳光、有爱心，而后者多比较内向、自卑、暴躁或孤僻。从这里我们也能看出家庭和睦的重要意义。物质只能满足人的欲望，滋养不了人的情感。孟子说人生有三乐，第一乐就是"父母俱在，兄弟无故"。

中国是农业古国，几千年的国家财政主要来自农业税收，哪怕是读书人也要耕田种地，叫耕读传家。耕地则必须交农税，这是每个人都要尽的义务。无国则无家，我们个人的家是小家，国家才是大家。只有国家好了，老百姓才能好。抗战时，国破家亡，你的小家再好，也只得颠沛流离，所谓"既处覆巢，焉得完卵"。打烂了的鸟巢中哪里还有完好的鸟蛋呢？所以纳税是每一个公民都要做的事。把税交了，心安理得，即使自己口袋里所剩的钱粮不多，心中也是很快乐的。这深刻反映了我们中国文化中强烈的集体主义精神，随时将个人利益置于群体利益中，而不是将个人利益凌驾于群体利益之上。

税收是国家对财富再分配的过程，有了稳定的税收，国家才能拿这些钱去办教育，搞福利，办养老院、孤儿院。所以你交税就是在帮助那些需要帮助的人。家是每个人的依靠，国是每个家的依靠，个人想生活得幸福必须家庭和睦，家庭要兴旺必须国家富强。

【故事链接】

陶妻远虑

周朝的时候，有一个叫陶答子的人，派到陶这个地方做大官。

三年下来，陶地还是老样子，没有一点儿改变，可他家里却暴富起来，财产超过了先前的三倍。这件事引起了他妻子深深的忧虑。

有一次，陶答子回到家里，神采飞扬地交给妻子一颗珍贵的夜明珠。妻子满脸愁容。陶答子不快地说："别家的妻子愁缺吃少穿，愁白了头，你跟着我日有金，夜有银，还有什么不满足的呢？"妻子启发地说："我听人家说，南山有一只豹，因为没有长成花纹，而在大雾中隐藏了七天七夜，没有出来觅食，这是为什么呀？""那是它胆子小，挨饿活该！"陶答子不屑一顾地说。"圈里的猪贪馋而饥不择食，长得白白胖胖的，就挨了刀子，这又是为什么呀？"妻子耐心疏导。"吃饱了挨刀，是个饱鬼，那也值得。"陶答子正在欣赏夜明珠发出的绿莹莹的光，心不在焉地回答。妻子很生气，提高声音说道："古人说过，缺乏知识的人爬上高位做大官儿，祸害离他已经不远了。对国家对百姓没有建树和贡献，而家中却积金屯银，这不值得高兴，因为家难已经在向他招手了。夫君做大夫三年，并没有做出显著的政绩，却在钱财上下着功夫，我怎么不为你担忧呢？"陶答子听了这番话，像当头泼了一盆冰水，暴怒地打了妻子一记耳光，不容分说，让家丁把她赶出了家园。"夫君保重！"妻子抱着一个最小的孩子，边哭边走，不时地回过头来，希望陶答子回心转意。可是，陶答子早已返身进入内室去了。

一年以后，陶答子家果然遭到大难，除老母亲外，一家人都成了刀下之鬼，家产洗劫一空。妻子听到这个消息，大哭了一场，带着最小的孩子回到家中，安葬了丈夫和其他被杀的人，好言安慰了婆婆，靠着自己的辛勤劳动，养活着一家三口人，再也用不着提心吊胆地过日子了。

32. 读书志在圣贤，非徒科第；为官心存君国，岂计身家。

【译文】

读圣贤书，目的在学圣贤的行为，不只为了科举及第；做一个官吏，要有忠君爱国的思想，怎么可以考虑自己和家人的享受？

【注解】

这是说一个人读书的目的，在于使自己成为一个具备圣贤之心的高尚的人。古人强调一个"圣人"，应当做到"修身、齐家、治国、平天下。"用今天的话说，就是做官一定要为百姓、为国家着想。这是朱柏庐先生提出的做人要达到的最高境界——做圣贤，存君国。

有志少年求明主

商鞅出生在卫国的一个贵族家庭。按当时以国名为姓的习惯，他叫卫鞅。由于是贵族后代，他就是公孙，所以又称公孙鞅。改称商鞅是以后的事情。

商鞅出自名门望族，见多识广，加上自己勤奋好学，所以从小就显露出过人的才干。卫国地处四方交通要道，特别是它的都城濮阳（今河南濮阳西南），在当时是有名的大城市，积聚了大量的社会财富，经济繁荣，文化发达。战国初期各种思想风起云涌，各种学说、观点竞辩短长。在特定环境的熏陶、滋养下，年少的商鞅逐渐形成了他高远的志向、宏大的抱负。对当时流传的各种思想，他最青睐于法家。

商鞅对法家的学说产生兴趣，与受吴起的影响有一定的关系。早期法家的杰出人物吴起，也是卫国人。他一度做过鲁国的将军，后又西去魏国，参与李悝变法，主管西河地区（今陕西大荔县以东地区），政绩显著。公元前390年左右，因受魏武侯的大臣们的排挤，吴起由魏入楚。那时，楚悼王正力图振兴国势，就任用吴起为令尹（类似宰相的职务，为楚国最高行政长官，兼握军权），主持变法改制。吴起全力推行新政，在很短的时间里使楚国出现一派新气象。吴起又善于治军练兵，增强了楚国的武力。楚军曾挥师北上，饮马黄河。

商鞅长大以后，为了谋求发展，离开了业已衰落且为强邻欺辱的卫国，来到法家政治影响较大的魏国。魏国在魏惠王即位后，从争霸中原的实际需要出发，表示尊重法家的作用。法家人士公叔座被任命为魏相。商鞅入魏后，就投在公叔座的门下。

公叔座相当赏识来自卫国的这位后生。公叔座病重的时候，魏惠王曾来探病，问："万一你的病无法救治时，国家大事该如何处置？"公叔座回答："我门下有一个叫卫鞅的，年轻却有才能，可协助你治理国事。愿王能放心地听他的主意！"但是公叔座又向魏惠王说："如果你不任用卫鞅为相，那就杀了他，不要让他离开魏国，以免后患！"

魏惠王回去后，并没有把公叔座的话放在心上。他既没任用商鞅，也未派人杀掉商鞅。

商鞅在魏国一连住了几年。正在他为自己的才干和抱负得不到施展而郁郁不乐时，秦国发生了一件大事，它改变了商鞅此后的命运。

公元前 361 年，秦国的国君献公病死，21 岁的渠梁即位，是为孝公。这位新登基的国君面临着十分严峻的形势：位居关中的秦国长期处于落后的地位，西有戎、狄少数民族的骚扰，东受中原列国的欺辱。更有甚者，一些诸侯国视秦为未开化的野蛮人，不让秦参加中原各诸侯的会盟。对此，不甘落后的秦孝公感到一种刺激和挑战。他一登上王位，就决意富国强兵，推出招兵买马、赏赐有功之士等措施。其中，他颁布了一条极为重要的法令：有能出奇计强秦者，吾且尊官，与之分土。

秦孝公励精图治的决心打动了商鞅。他赶到秦国，求见孝公。

商鞅几次向秦孝公献策，最终以法家的改革主张取得了信任。据说，在商鞅前两次献策时，为了试探秦国统治者的意图，他介绍了其他一些学说。第一次向秦孝公说以"帝道"。这是属于道家学派的一种政治学说。秦孝公对这一套毫无兴趣，商鞅一边讲，孝公一边打起了瞌睡。第二次商鞅向孝公说以"王道"。这是儒家的学说。孝公仍感到厌烦，并十分生气地责备手下怎么找来这样一个无用之人。商鞅又第三次求见，说以"霸道"。这是法家的学说。这一次，孝公听得津津有味，对商鞅有所重视。于是，商鞅又一次与孝公晤谈，向他鼓吹"强国之术"。孝公越听越有劲，不知不觉竟凑到商鞅面前，如此一连数日也不厌倦。此后，商鞅就被任命为大夫，留在秦国。

商鞅的"强国之术"，简单地说，就是要进行"变法"，即，按照法家的主张对秦国旧的制度进行改革。孝公赞同商鞅的观点，却又有疑虑，因为在秦国的贵族与官员中，有相当一些人顽固地反对变法。

问贤伯乐

秦穆公雄心勃勃，一心想超越其他国家，称霸天下，但苦于身旁没有贤才良臣来辅佐他。为此，他很苦恼。

有一天，秦穆公召见了善于相马的伯乐，对他说："您的年纪大了，您的子侄中间有没有可以派去寻找好马的呢？"伯乐回答说："一般的良马是可以从外形容貌筋骨上观察出来的。天下难得的好马，是恍恍惚惚，好像有又好像没有的。这样的马跑起来像飞一样地快，而且尘土不扬，不留足迹。

我的子侄们都是些才智低下的人，可以告诉他们识别一般的良马的方法，不能告诉他们识别天下难得的好马的方法。有个曾经和我一起担柴挑菜的叫九方皋的人，他观察识别天下难得的好马的本领绝不在我以下，请您接见他。"

秦穆公接见了九方皋，派他去寻找好马。过了三个月，九方皋回来报告说："我已经在沙丘找到好马了。"秦穆公问道："是匹什么样的马呢？"九方皋回答说："是匹黄色的母马。"秦穆公派人去把那匹马牵来，一看，却是匹纯黑色的公马。秦穆公很不高兴，把伯乐找来对他说："坏了！您所推荐的那个找好马的人，毛色公母都不知道，他怎么能懂得什么是好马，什么不是好马呢？"

伯乐长叹了一声，说道："九方皋相马竟然达到了这样的境界吗？这正是他胜过我千万倍乃至无数倍的地方！九方皋他所观察的是马的天赋的内在素质，深得它的精妙，而忘记了它的粗糙之处；明悉它的内部，而忘记了它的外表。九方皋只看见所需要看见的，看不见他所不需要看见的；只视察他所需要视察的，而遗漏了他所不需要观察的。像九方皋这样的相马，包含着比相马本身价值更高的道理哩！"

等到把那匹马牵回驯养使用，事实证明，它果然是一匹天下难得的好马。

秦穆公从这件事上得到了启发，他派人到各处去广招人才，希望天下有用的人都投奔到他的门下来。

羊皮换贤

秦穆公五年（公元前655年），秦穆公派公子絷到晋国代自己去求婚。当年晋献公灭虞，俘虏了虞公及其大夫井伯、百里奚。百里奚是虞国的亡国大夫，很有才能。晋献公本想重用他，但百里奚却宁死不从。这次，有个大臣对晋献公说："百里奚不愿做官，就让他做个陪嫁的奴仆吧。"

公子絷带着百里奚等回国时，半道上百里奚却偷偷逃走了。

秦穆公和晋献公的大女儿结婚后，在陪嫁奴仆的名单中发现少了百里奚。就追问公子絷。公子絷说："一个奴仆逃走了，没什么了不起。"

朝中有个从晋国投奔过来的武士叫公孙枝，把百里奚介绍了一番，认为他是个了不起的贤才。于是，秦穆公一心想找到百里奚。

再说百里奚慌乱中逃到了楚国的边境线上，被楚兵当作奸细抓了起来。

百里奚说："我是虞国人，有钱人家看牛的，国家灭亡了，只好出来逃难。"

楚兵见这个六七十岁的老头子一副老实相，不像个奸细，就把他留下来看牛。

他还是有一套牧牛的本领，把牛养得都很肥壮，大家给他送了个雅号——"放牛大王"。楚国的君主楚成王知道后，就叫他到南海去放马。

后来秦穆公总算打听到百里奚的下落，就备了一份厚礼，想派人去请求楚成王把百里奚送到秦国来。

公孙枝说："这可万万使不得。楚国让百里奚看马，是因为不知他是个贤能之士。如果您用这么贵重的礼物去换他回来，不就等于告诉楚王，你想重用百里奚吗？那楚王还肯放他走吗？"

秦穆公问："那你说说怎样弄他回来？"

公孙枝答道："应该按照现在一般奴仆的价钱，花五张羊皮把他赎回来。"

一位使者奉命去见楚王，说："我们有个奴隶叫百里奚，他犯了法，躲到贵国来了，请让我们把他赎回去办罪。"说着献上五张黑色的上等羊皮。

楚成王想都没想，就命令把百里奚装上囚车，让秦国使者带回去。

秦穆公亲自召见百里奚，一看，原来是个七十岁的老头，不觉脱口而出道："可惜啊，年纪太大了。"

百里奚说："大王，如果您让我追逐天上的飞鸟，或者去捕捉猛兽，臣确实太老了；但如果和您大王一起商讨国家大事，臣还不算老呢。"

秦穆公一听，不由肃然起敬道："我想让秦国超过其他的国家，您有什么办法吗？"

百里奚说："秦国虽在边陲地区，但地势险要，兵马强悍，进可以攻，退利于守，我们要充分利用自己有利的条件，乘机而进。"

穆公听了，觉得百里奚确是个不可多得的人才，就封他为上卿，治理国事。谁知百里奚连连摆手说："大王，臣有个朋友叫蹇叔，他的才能远远胜过我，请大王封他为上卿吧。"

秦穆公一听还有比百里奚更能干的人，连忙派使者带着重金，到蹇叔隐居的地方请他出山。

蹇叔为了让自己的好友百里奚能安心地留在秦国佐政，便随着使者来到了秦国。秦穆公高兴极了，他对蹇叔说："百里奚多次对我说到你的才能，我很想听听你的意见。"

蹇叔说："秦国之所以不能立于强国之中，主要是威德不够。"

秦穆公说："那么怎样才能做到呢？"

蹇叔说："治法要严，别的国家就不敢欺负您；对百姓要宽容，人民就会拥护您。要想国家强盛，必须教民礼节，贵贱分明，赏罚公正，不能贪心，也不能急躁。我看今日许多强国，霸业已经衰退，秦国一步一步富强起来，称霸的日子就不远了。"

秦穆公被蹇叔的一番话说得心服口服，心花怒放，于是封百里奚为左庶长，蹇叔为右庶长，称为"二相"。

由于百里奚是用五张公羊皮赎回来的，所以人称其为"五羖（gǔ）大夫"。

百里奚又向秦穆公推荐了蹇叔的儿子西乞术、白乙丙。秦穆公拜蹇叔为右相，拜百里奚为左相。

没多久，百里奚的儿子孟明视也投奔到秦国来，被秦穆公拜为将军。

由于五张羊皮换来五位贤人的事，成为千古佳话。

西门豹治邺城

魏文侯的时候，西门豹为邺令（约公元前408年）。

西门豹到了邺城（今河南省临漳县西），见那里非常萧条，人口也很稀少，就召集当地父老们询问道："此地怎么这样凄凉啊？"

父老说，这里有条大河叫漳河，漳河里的水神叫河伯。本地巫婆说：河伯喜爱年轻漂亮的姑娘，每年要娶一个媳妇。满足了河伯的要求，才会保我们风调雨顺，五谷丰登，要不然，河伯就要兴风作浪，一场洪水把庄稼全冲光，人全淹死！所以，官吏和乡绅们每年都要向我们征收赋税，所得的钱有数百万之多，他们只用二三十万为河伯娶媳，剩下的和巫婆平分了。巫婆的腰包塞满后，就出来挨家挨户查看，见到漂亮的姑娘，就说："这个女孩应当作河伯的媳妇。不容分说，为她洗澡沐浴，替她置办斋戒。到了河伯娶妻那天，把斋宫推下水，让姑娘坐在里面。漂了一会儿，就沉了下去。因此有年轻姑娘的人家，大多带了女儿逃到远方去了。"西门豹说："今年河伯娶妻那天，你们来告诉我，我也要去送行。"

到了替河伯娶妻的那天，西门豹也来到河边。大小官吏、地方上的绅士以及父老乡亲们，共有二三千人前来参加河伯娶妻仪式。主持仪式的大巫婆，年纪已有70岁了，后面跟着十几个女弟子。西门豹对大巫婆说："把河伯的新娘子叫来，看她长得怎么样？"巫婆就叫女弟子把新娘子领来。

西门豹看了看说："这个女孩不漂亮，烦请大巫婆到河中报告河伯，说要另选美女，后天送到！"说完，就叫武士抱起大巫婆扔到河中去了。那巫婆在水中挣扎了几下，就沉了下去。

过了一会儿，西门豹又说："巫婆为啥这么久还不回来，再叫一个人去催催。"又把一个弟子投到河中。一共投下三个弟子。

又过了一会儿，西门豹说："女人不会办事，请那些捐钱的绅士们也去辛苦一趟吧！"早有几个武士上去，把那几个跟着巫婆同流合污的乡绅们抛石头一般扔下河去，西门豹冲着大河行着礼，挺恭敬地又等了一会儿，回头又说："这些人都不回来，怎么办？"那些以往也靠河泊娶妻发了财的官吏、豪绅们一个个跪在地上磕头，把头都磕破了，血流满面，求西门豹别把他们抛入河中。西门豹这才说："水里哪有什么河伯？巫婆和你们靠为河伯娶妻，害死了多少女子，搜刮了多少民财，现在，那些罪大恶极的都已得到了惩罚，以后，谁再提为河伯娶妻，就让他们去和河伯会会面！"

于是邺地再没有发生为水神娶妻的事。逃到外地去的百姓也陆续回到邺城。

西门豹就征发人民开凿12条沟渠，引漳河的水灌溉农田。从此五谷丰登，百姓安居乐业。

鬼谷子说："古之善背向者，乃协四海。"西门豹治理邺城的方法很简单，让那些利用迷信搜刮民脂民膏的巫婆和地方豪强们直接到"河伯"那里去报到，一举就揭穿了他们的鬼把戏。然后再带领人民治理水患，国泰民安。

33. 守分安命，顺时听天。为人若此，庶乎近焉。

【译文】

守住做人的本分安于命运，顺从时令听从天意如果做人是这样的话，可以说很完美了。

【注解】

《朱子家训》里的这两句话，一般人都认为是消极的、被动的人生哲学，是需要抛弃的传统文化的糟粕。实际上，这两句话，不仅不消极不被动，而且是最积极最进取的人生理念。

"守分安命"就是找准自己的人生定位，知道自己是谁，知道自己是干什么的，知道自己有几斤几两，然后，扮演好自己的角色，做好自己的本职工作。芮小丹对她的父亲说："如果我的能力只能让我穷困潦倒，那么穷困潦倒就是我的价值。那么我就认这个命！"芮小丹的这种豁达的态度，就是现实的、实在的"守分安命"的人生态度。生活中，很多人好高骛远，大事做不来，小事不愿意做，整天生活在幻想中，恍恍惚惚，其思想和行为都是腾空的，其想法与做法都与现实不接轨，这些人的人生态度，就不符合"守分安命"的要求。只有立地，才能顶天，只有把双脚踏在坚实的土地上，才是真正进步的开始。

"顺时听天",就是在"守分安命"的基础上"顺时听天"。其中,"顺时"就是要与时俱进,当你的双脚踏在坚实的土地上、做好自己分内的本职工作的同时,就要求你与时俱进,也就是说,环境需要你干什么,你就要干什么,环境需要你做什么,你就必须做什么。"听天"的意思就是:环境的需要,就是你的"天"。这个天,可以是我们的党,也可以指单位的领导,也可以指你的配偶,也可以是你的顾客,都可以作为你的天。

做到了"守分安命顺时听天",就可以达到"为人若此,庶乎近焉"的人生境界。"庶乎近焉"的意思,就是已经接近了大道。换句话说,只要你做到了《朱子家训》要求你做到的事情,做到了"守分安命顺时听天",那么你就等于是坐到了大道里。既然坐到了大道里,那么,你的结果,老子给你说的很清楚:"古之所以贵此道者何,不曰求以得,有罪以免耶?故为天下贵。"

"守分安命顺时听天,为人如此庶乎近焉"是一种"中庸"的境界,是一种圣人的境界,是一种的得道的境界!在这种境界里,不仅"无死地",而且"为天下贵",这可不是一般人想为就可以达到的境界!

【故事链接】

万事俱备,只欠东风

大江东去,两岸旌旗漫卷,鼓角争鸣,三方智者斗勇。孙权与曹操的大军隔江对峙,一场恶战在赤壁北岩附近拉开了帷幕。诸葛亮作为刘备的军事代表,应东吴之邀,参与以周瑜为总指挥的对曹军的联合作战部署。

战前,交战双方互相派遣间谍刺探军情。曹操派周瑜当年的同学蒋干过江,以老同学的身份住在东吴的大营之中,接着又派荆州降将蔡中、蔡和向周瑜诈降。

周瑜早已看破此计，他表面上对曹操派来的这三个人摆出一副信任的态度，暗中却对他们严加监视。然后，将计就计，巧妙地利用他们，向曹军传递虚假的军事情报，并使曹操杀了水军都督蔡瑁、张允。

　　东吴老将黄盖与周瑜事先定下苦肉计，由他建议东吴投降曹操，周瑜故作震怒，将黄盖一顿痛打。黄盖则以此为借口向曹操诈降。然后，由东吴的谋士阚泽替黄盖送信，表示愿意降曹，对周瑜进行个人报复。

　　曹操听说东吴有人来降，便亲自接见了阚泽，他先表示怀疑，可是随后接到蔡中和蔡和的密信，证实黄盖确实被周瑜狠狠地毒打过，这才信以为真。

　　周瑜看到黄盖诈降成功，又请住在东吴的奇士"凤雏"庞统继续用计。蒋干过江后，白天闲极无聊，便四处游逛，"巧遇"庞统。

　　蒋干知道庞统是一代高士，便劝说庞统投奔曹操，将来作番大事业。庞统对蒋干说，他正求之不得，便拿着蒋干的书信过江与曹操相见。

　　曹军中的士兵大多是北方人，不习惯水战，一上船就晕船，一个个东倒西歪。庞统给曹操出主意，建议他们将战船用铁索锁在一起。于是曹军的士兵们在连接在一起的战船上操演阵法，与在陆地上一样平稳，曹操见了，赞赏庞统这种做法的高明。曹操做梦也没有料到，所有这一切，都是周瑜火烧曹军而预先作下的准备工作和设下的圈套。

　　当时正值隆冬季节，整天北风呼啸，将火烧向曹营必须有东风吹拂，但这时却不是刮东风的时候，去哪里唤东风呢？为此事，周瑜一筹莫展，坐卧不安。因为没有东风，他以前所做的一切都将前功尽弃。

　　不得已，周瑜装起病来，躲在大帐中苦思冥想破曹大计。

　　大战在即，总指挥却病倒大帐，这可急坏了东吴大大小小的各级将领，他们心中惴惴不安，唯恐破曹大事付之东流。谋士鲁肃更是万分焦急。

　　诸葛亮见时机已经成熟，便以探病的名义来到周瑜的大帐中。

　　诸葛亮见到周瑜，对他说："周将军的病，在下能治，将军只要看了我开的药方，就会立即康复！"

　　说完，在他手心写下"欲破曹军，须用火攻；万事俱备，只欠东风"几行小字。

　　周瑜看罢，立刻兴奋地从床上跳了下来，请求诸葛亮帮忙。诸葛亮说："将

军的事，就是我的事，我当义不容辞！"诸葛亮通晓天文，早已测出近日必有东风。周瑜凭借诸葛亮的东风，将曹操的大军烧得死伤无数，无力应战。

治家格言 · 增广贤文 · 笠翁对韵

让传统经典来充当读者的精神食粮，
使读者在阅读的过程中收获的不仅仅是启发和进步，还有影响一生的宝贵财富！

蒙学经典
必读精选集 [青少版]

孙蒙◎主编

③

中国文史出版社

图书在版编目（ＣＩＰ）数据

蒙学经典必读精选集：青少版：全 3 册 / 孙朦主编
. -- 北京：中国文史出版社，2014.11
　　ISBN 978-7-5034-6044-9

　　Ⅰ．①蒙… Ⅱ．①孙… Ⅲ．①古汉语－启蒙读物
Ⅳ．① H194.1

　　中国版本图书馆 CIP 数据核字（2015）第 028912 号

责任编辑：戴小璇
封面设计：孙希前

出版发行：中国文史出版社
网　　址：www.chinawenshi.net
社　　址：北京市西城区太平桥大街 23 号　邮编：100811
电　　话：010-66173572　66168268　66192736（发行部）
传　　真：010-66192703
印　　装：北京毅峰迅捷印刷有限公司
经　　销：全国新华书店
开　　本：1/16
印　　张：46.25　字数：449 千字
版　　次：2015 年 5 月北京第 1 版
印　　次：2015 年 5 月第 1 次印刷
定　　价：108.00 元（全三册）

前 言

　　《增广贤文》是我国古代民间影响很大的一本蒙学读物，其核心是讲为人处世之道。书中那些精辟的有关为人处世的哲言警句，绝非凭空而出、信口雌黄，而是有极强的社会环境针对性和深厚的文化底蕴，是中国人处世经验、智慧和原则的总结。

　　《增广贤文》，又称"昔时贤文"、"古今贤文"、"增广便读昔时贤文"（简称"增广"），确切成书年代已经无法考证，《牡丹亭》第七出《闺塾》中提到"昔时贤文"，因此有人推断此书应当在万历以前就已经广泛流传。

　　关于《增广贤文》的作者史书没有任何记载，清代同治年间儒生周希陶进行过重新修订，并刊刻《重订增广》一书，研究者普遍认为《增广贤文》很可能是民间集体创作的结晶。

　　《增广贤文》全书三千八百字左右，将各个时期流行的格言俗语按照韵部进行编排，句式杂错，长短不一，灵活多变，朗朗上口，更容易被人们接受，这也是《增广贤文》在民间广泛流传的原因之一。

　　《增广贤文》收录的名言警句，有的来自经史诸子，有的来自文人作品，有的来自童蒙家训著作，有的来自宋元以来的通俗文学，有的来自佛、道典籍，有的来自民间口口相传的民谣谚语。其内容大致有这样几个方面，一是谈人及人际关系，二是谈命运，三是谈如何处世，四是表达对读书的看法。在《增广贤文》描述的世界里，人是虚伪的，人们为了一己之私变化无常，嫌贫爱富，趋炎附势，从而使世界布满了陷阱和危机。文中有很多强调命运和报应的内容，认为人的一切都是命运安排的，人应行善，才会有好的际遇。这些内容有其消极的一面，但它倡导行善做好事，则是值得肯定的。另外，《增广贤文》有大量篇幅叙述如何待人接物，这部分内容是全文的核心。文中对忍让多有描述，认为忍让是消除烦恼祸患的方法。在主张自我保护、谨慎忍让的同时，也强调人的主观能动性，认为这是做事的原则。

读了《增广贤文》，我们就会更深切地明白要好好孝敬父母；得抓紧时间用功学习；和别人交往时要诚信宽容。而这些既是中华民族的优良传统，也是今天的人们必须要继承和发扬的宝贵资源。

本书选取了《增广贤文》中一百余条经典的文句，分为修身、处世、劝学等六篇，对它们进行注释、翻译。以通俗易懂的语言揭示这些文句背后的深厚内涵和意义。此外，我们还找到很多和书中文句相关的故事，如："宋太宗读书"、" 爷孙俩买驴"、"五子登科"等等，这些故事大多流传甚久且生动有趣。相信读者朋友们通过这些内容的阅读与理解，更好地懂得做人做事的道理，为未来生活打下基础。

目　录

修身篇

1

有容德乃大，无欲心自闲。/50

处世篇

劝学篇

交友篇

敬业篇

持家篇

修身篇

昔时贤文，诲汝谆谆，集韵增文，多见多闻。

【字句注释】

昔时：原来的，过去的。汝：你。

【原文翻译】

对于过去的名言，有好的作用，应该多了解一些，多记住一些。

【启迪意义】

古训增广，是中国几千年人民生活经验的结晶，虽来自民间，却有很多宝贵的东西，影响着一代又一代人。学习时应取其精华，去其糟粕，从中吸取知识的营养。

【警世故事】

《增广贤文》的内涵

《增广贤文》为中国古代儿童启蒙书目。又名《昔时贤文》、《古今贤文》。书名最早见之于明代万历年间的戏曲《牡丹亭》，据此可推知此书最迟写成于万历年间。后来，经过明、清两代文人的不断增补，才改成现在这个模样，称《增广昔时贤文》，通称《增广贤文》。作者一直未见任何书载，只知道清代同治年间儒生周希陶曾进行过重订，很可能是民间创作的结晶。

《增广》从表面上看似乎杂乱无章，但只要认真通读全书，不难发现有其内在的逻辑。该书对人性的认识以"性本恶"为前提，以冷峻的目光洞察社会人生：亲情被金钱污染，"贫居闹世无人问，富在深山有远亲"；友情只是一句谎言，"有酒有肉多兄弟，急难何曾见一人"；尊卑由金钱来决定，"不信但看筵中酒，杯杯先敬有钱人"；法律和正义为金钱所操纵，"衙门八字开，有理无钱莫进来"；人性被利益扭曲，"山中有直树，世上无直人"；世故导致人心叵测，"画虎画皮难画骨，知人知面不知心"；人言善恶难辩，"入山不怕伤人虎，只怕人情两面刀"。

《增广》把社会诸多方面的阴暗现象高度概括，冷冰冰地陈列在读者面前。《增广》绝大多数句子都来自经史子集，诗词曲赋、戏剧小说以及文人杂记，其思想观念都直接或间接地来自儒释道各家经典，从广义上来说，它是雅俗共赏的"经"的普及本。不需讲解就能读懂，通过读《增广》同样能领会到经文的思想观念和人生智慧。

观今宜鉴古，无古不成今。

【字句注释】

观：看；鉴：借鉴、鉴定。

【原文翻译】

以历史兴衰的史实作例子，来指导今天的行动。

【启迪意义】

只有注意借鉴历史的经验，掌握事物发展的规律，才能抓住机遇，做好工作，财富人生。

【警世故事1】

唐太宗与魏征

魏徵，字玄成。唐初政治家。巨鹿（今属河北）人。少孤贫，曾出家为道人。隋末参加瓦岗军，李密败，降唐。归唐后跟随李建成，为太子洗马。太宗即位后，任谏议大夫。后任秘书监，参与朝政，封郑国公。魏徵与李世民是封建社会中罕见的一对君臣：魏徵敢于直谏，多次拂太宗之意，而太宗竟能容忍魏徵"犯上"，所言多被采纳。因此，他们被称作理想的君臣。

一次，唐太宗怒气冲冲地回到后宫对皇后长孙氏说，总有一天，我要杀掉这个"乡巴佬"。长孙皇后忙问杀谁？太宗说，魏征常常在朝堂上当众刁难他，使他下不了台。皇后听了，连忙向太宗道喜说，魏征之所以敢当面直言，是因为陛下乃贤明之君啊！明君有贤臣，欢喜还来不及，怎能妄开杀戒呢！太宗恍然大悟，此后更是"励精政道"，虚心纳谏，对魏征倍加敬重。魏征也进谏如故，"思竭其用、知无不言"，从不畏龙颜之怒。由是，君臣合璧，相得益彰，终于开创了大唐"贞观之治"的辉煌盛世。魏征死后，太宗如丧考妣，恸哭长叹，说出了那句千古名言："以铜为镜，可以正衣冠；以古为镜，可以知兴替；以人为镜，可以明得失……魏征殂逝，遂亡一镜矣！"他还令公卿大臣们把魏征遗表中的一段话写在朝笏上，作为座右铭，以魏征为榜样，做到"知而即谏"。君临天下的皇帝，对一个老臣竟倚重、倾心如此，这在历史上的确并不多见。

魏征早年投靠唐高祖李渊创建的唐王朝，为太子李建成做事。由于魏征才华出众，因此很受太子的器重。

后来，李世民发动"玄武门兵变"，杀死哥哥李建成。年轻而敏锐的李世民知道魏征是个人才，便亲自召见他。李世民一见魏征，就非常生气地责问他："你为什么要离间我们兄弟的感情？"在场的大臣们都感到魏征将有杀身之祸。可是，魏征却从容自若，以非常自信的口气回答说："如果皇太子早听我的话，肯定不会落到今天这样的下场。"李世民听后，被魏征这种不畏强权及正直的精神所感动，打心眼里钦佩他的人格。因此，不但没有处罚他，反而重用了他。

不久，李世民委任魏征为谏议大夫（专门向皇帝提意见的官职），以后又提拔他当宰相。新中国成立之初，唐太宗励精图治，经常召见魏征，与他讨论治国施政的得失。魏征胸怀大志，胆识超群，以实事求是的精神大胆进谏。在他任职的几十年间，为了使大唐民富国强，先后向唐太宗进谏了二百多次。每一回，唐太宗都慎重地思考他所提的意见，尽量采纳。

由于魏征能够犯颜直谏，即使唐太宗在大怒之际，他也敢面折廷争，从不退让，所以，唐太宗有时对他也会产生敬畏之心。

　　有一次，唐太宗想要去秦岭山中打猎取乐，行装都已准备停当，但却迟迟未能成行。后来，魏征问及此事，唐太宗笑着答道："当初确有这个想法，但害怕你又要直言进谏，所以很快打消了这个念头。"还有一次唐太宗得到了一只上好的鹞鹰，把它放在自己的肩膀上，很是得意。但当他看见魏征远远地向他走来时，便赶紧把它藏在怀中。魏征故意奏事很久，致使鹞鹰闷死在怀中。

　　自恨枝无叶，莫怨太阳偏。

【字句注释】

　　自恨：自己怨恨自己，指树木的枝叶少是自己的养分不够，不要埋怨太阳没有晒到你。

【原文翻译】

　　自己要先看看自己有没有毛病，不要总是强调他人的影响。

【启迪意义】

　　这里比如不要光抱怨客观条件，要从自身找原因。

【警世故事 1】

怨天尤人

一天，孔子对他的学生子贡说："这个世界上没有人了解我吗？"子贡一听非常惊讶地问："老师，怎么会没有人了解您呢？"孔子说："不怨天，不尤人，下学而上达，知我者其乎！"意思是说："我这个人从来不会埋怨老天爷不公平，也不会轻易责备别人，做人处事的道理和天文名利知识，我多半都能融会贯通，了解我的人只有老天也吧！后人将孔子的话引申为成语"怨天尤人"。

这个成语告诉我们：如果干什么事遇到挫折，一定要从自己身上找原因，不能又怨这又怨那找一切理由，那样的话什么事也做不好。

是非终日有，不听自然无。

【字句注释】

是非，也就是是与非，终日有：每天都有。

【原文翻译】

各种是是非非，每天都存在，但只要我们自己不把它放在眼里，不在意它，它自然无法干扰我们！不怕别人不尊重自己，就怕自己所为不正，让人看不起。

【启迪意义】

其实，有人群的地方就有是非，有相信"是非"的人，就有搬弄是非者的用武之地。《聊斋》中就写到一对原本极为要好的朋友，就因为轻信了长舌妇的话，结果反目成仇，妻离子散，家破人亡。所以，与其说"是非"是由人捏造或搬弄出来的，不如说是由人"信"出来的。信"是非"的坏处于普通人来说，除了心生嫌隙，徒增烦恼，影响人际关系外，还损害健康。而不听"是非"的好处就是耳根清净、心情舒畅。

【警世故事1】

爷孙俩买驴

有这样一个故事：爷孙俩买了一头驴，爷爷让孙子骑着走时，有人议论孙子不懂孝敬；孙子让爷爷骑着走时，有人指责爷爷不疼孙子；爷孙俩干脆都不骑了，又有人笑话他俩放着驴不骑是傻瓜；结果爷孙俩只好绑起驴扛着走了。如果我们不想"扛驴"，那么我们就不要去听那些个"是非"而受其累。

寒山问拾得："如果世间有人无端的诽谤我、欺负我、侮辱我、耻笑我、轻视我、鄙贱我、厌恶我、欺骗我，我要怎么做才好呢？"拾得回答说："你不妨忍着他、谦让他、任由他、避开他、耐烦他、尊敬他、不要理会他，再过几年，你且看他。"其实，有人群的地方就有是非；有相信"是非"的，就有搬弄是非人的用武之地。所以，与其说"是非"是由人捏造或搬型出来的，不如说是由人"信"出来的。信"是非"的坏处是：原本蛮要好的一对反目成仇；原来并没有什么关系的人恶语相向。而不听"是非"的好处就是耳根清净、心情舒畅。

心情舒畅可以笑口常开，而笑口常开就容易受人欢迎。我们不是希望自己成为受人欢迎的人吗？不是总爱祝福亲朋好友心情愉快、身体健康、美丽依旧吗？那么我们为什么还要去相信来搬弄"是非"的人，或者还要传播使亲朋好友听了生气、影响健康、妨碍美丽的"是非"呢？

既然我们无法把握别人的嘴，那么就把握自己的嘴不去传"是非"、把握自己的耳朵不去听"是非"。这样，我们就能远离小人，"是非"自然也就少了许多。这绝不是"掩耳盗铃"，而是为人处世中的一种豁达和睿智。

【警世故事 2】

远离人我是非之道

《增一阿含经》中讲："不诽谤于人，亦不观是非；但自观身行，谤观正不正。"

佛教是以人为本的宗教，凡是人生的各种问题，在佛法里都有圆满的解决之道。对于人我是非，《增一阿含经》中举出四种处理方法：

一、不诽谤人

"泰山不辞细壤，故能成其高；大海容纳百川，故能成其大。"然而许多人不明此理，只因为嫉人所长或点滴私怨，而相互诽谤攻讦，不但于己无利，甚至造成社会不安，殊不知世事乃因缘和合而成，人我之间具有彼此依存的密切关系，如果想要彼此和乐相处，共创安康的家园，就必须从自己开始，培养容纳异己的雅量与随喜赞叹的胸襟。

二、不观是非

在大众中生活，难免会接触到是非，如果我们能够不听是非，不说是非，不传是非，不怕是非，乃至于不理是非，不观是非，让是非连在心中驻足的机会都没有，是非自然就会销声匿迹，否则终日计较的结果，只是让自己天天活在是非里，不但无法自在，而且起惑造业，招致无边的痛苦。

三、自观身行

所以佛说："静坐常思己过，闲谈莫论人非。"不想是非，不谈是非固然能让自己摆脱尘劳，若能进一步将心思放在自我反省上面，宽以待人，严以责己，就更有益于进德修养了。经云："河沙妙德，总在心源。"唯有自观身行，做到自省自勉、自立自强、自尊自信、自教自悟，才能开采心中无限的宝藏。

四、谛观正法

如何自观身行呢？我们必须时时省察自己的所思、所言、所行是否合乎正法，如若不然，宁可正而不足，不能斜而有余。何谓正法？一心制意是正法，二谛融通是正法，三学增上是正法，四摄六度是正法，五戒十善是正法，乃至七菩提分、八正道分、九品念佛、十愿圆成都是正法。《楞严经》云："因地不正，果遭迂曲。"唯有正确的人生观，才能引领我们走向康庄的人生大道。

【警世故事3】

远离搬弄是非的人

所谓搬弄是非的人，简单地说，就是那些喜欢在背后说别人的坏话、挑拨离间的人。面对这样的人，需要正值、坦荡。换句话说，就是对闲言碎语要不听、不信、不传。

背后议论别人是一种不道德行为。对这样的人要"敬而远之"当对方谈论他人时，可以先顺着对方的话音，谈这个人确实存在的缺点，然后再谈谈他大量的长处，从而形成一个正确的结论。如果有些人搬弄是非的恶习已成为其性格特点，那么你就干脆别理睬她，听见了他们的议论也只当一阵风掠耳而过。

　　要特别注意，不要一听搬弄是非的话，就立即找那人对质，这样会使大家都很难堪，也解决不了什么问题；有时反而会使大家把你和他等同起来，认为你是没有见识的人。

　　什么样的人都有自己的生存空间，要不然怎么有丰富的大千世界？面对这些搬弄是非爱传闲话的人，仁者见仁，智者见智，反正你也封不住别人的嘴，那就远离他们。首先要管好自己的嘴，做到不参与，也可以告诫在你面前说别人是非的人你不喜欢聊别人的私事，也不喜欢听，如果没有些闲人好奇听，说的人也会没有市场。

　　倘若听到别人说你的闲话，不要着急，也不要上火，如果是鸡毛蒜皮的小事可以不理他，同样的话说多了还有什么滋味，不就和鲁迅写的祥林嫂一样了吗？

　　要是说的人得寸进尺，对你的生活和工作产生了不良的影响，那就不能姑息他，可以在众人面前说出事实真相，或者与他对质，叫他不能自圆其说，当众揭穿，给大家一个明白，给自己一个清白，给无聊的人一个亮相。太严重的，还可视情节诉讼法律，给其以应有的惩戒。

　　听到闲言碎语自己要保持一个好的心态，不要应为无聊的人影响自己的快乐，干扰自己的健康心理，不能用别人的无聊，搬弄是非传来的话惩罚自己的心情，无论遇到的是什么，自己要冷静不要上当。因为有些无聊的人就喜欢四处窥探别人的隐私，打听小道消息，然后经过"加工"到处传播，看到别人开心他痛心；看到别人取得成绩他嫉妒；看到别人幸福他难受；不弄点风浪他寂寞。

　　在现实中，只要自己问心无愧，生活得开心，工作的顺心，家庭温馨就不要管那些没有意义的闲话，不要掉进别人设计好的陷阱，气得半死，那就达到了是非者的目的了。"兵来将挡，水来土掩"，活得健康、活的快乐，活的自信就好。

　　搬弄是非往往会使某些心理空虚的人感到满足，说白了是一种不自信的表现，而且搬弄是非的人往往通过"听众"认可来稳定自己的立场，哗众取宠。

古人说：察见渊鱼者不祥，智料隐匿者有殃。没事总是打听人家的隐私，遇着一个大度的人，人家可能不理你；遇上一个心胸狭窄的人，人家可能会记恨你，跟你过不去，最后有可能酿成大祸。

遇到搬弄是非的人，要提防他，不要理他，要鄙视他，可怜他，远离他，一个人最大的悲哀莫过于不愿意做真实的自己。

所谓静时常思自己过，闲谈莫论他人非，就是这个道理。

宁可正而不足，不可邪而有余。

【字句注释】

出自：明·佚名《增广昔时贤文》为人宁愿正直地安贞守拙，也不可靠邪门歪道谋取盈余。

【原文翻译】

宁肯正派行事不够，也不可走邪路。

【启迪意义】

做人宁可坚守正直之道以致使自己的需求得不到满足，也不搞歪门邪道，而使自己得到许多不当利益。

【警世故事1】

清正廉明的海瑞

海瑞是明朝中后期出现的中国历史上有名的清官，是倾力反对贪官污吏的政治实干家，是敢于冒死骂皇帝荒淫无道的忠勇之臣，是为腐败官场所不容的刚直不阿的坚贞之士，是深受黎民百姓爱戴的"海青天"，是被史家誉称为"古今一真男子"的男儿大丈夫。

海瑞为官一生，为民为国操劳一世，其以一人之身反抗满朝贪污腐败的高风亮节，在明朝时期朝纲不举、政事不修的萎靡社会风气中，注定了其悲剧性的命运。

海瑞在福建省南平市任了将近四年的县学教谕，虽屡屡冒犯上司，但由于其为人正直，业绩斐然，深得一些正派官员的交相推荐，嘉靖三十七年海瑞终于得到京师吏部的垂青，被委以浙江淳安知县一职，这一年海瑞已经四十六岁了。在海瑞上任之前，淳安县的风气之颓废，治理之混乱出乎海瑞的意料。海瑞到淳安上任后，做的第一件事就是革除县府各官的"常例"（所谓的"常例"，是明朝中后期各级官吏敲诈勒索下级官员和黎民百姓的一种较为文雅的叫法，即官吏们为了应付各种排场开销和交际应酬之需，想出各种名目向下摊派），此事于民有百益而无一害，但却把所有的同僚全都得罪了。众官除了俸薪外丝毫不敢侵占一厘民脂民膏，他们都过上了清贫的日子。不少官吏也学着海瑞一样，督促自己的家人或织布，或垦田，以作日常周济之需。

在京师做低级官员时，面对昏庸的皇帝和颓废的朝政，海瑞毅然买好棺材上疏死谏，写了一篇名为《治安疏》（又称为《直言天下第一事疏》）的著名奏章。海瑞这篇奏疏被史家们看作是"史无前例"的天下奇文，就在于它几乎全盘否定了一个拥有至高无上皇权的一国之君的人格，他抨击嘉靖皇帝其实是一个自私、虚荣、残忍、多疑和愚蠢的君主，连做父亲和丈夫的责任都没有尽到，更别说作为一个君王。嘉靖皇帝虽被气得暴跳如雷，但不得不承认海瑞的旷世忠心耿耿，想杀了他，又怕落得个杀忠臣的千古恶名。海瑞出狱后受到了朝中六部的中下层官员和京师百姓的夹道欢迎。户部一个小小的六品主事赢得了整个京城人的敬仰，除了人们崇拜海瑞的赤胆忠心外，更代表了朝政颓废已久的官吏民众之民心所向。但在海瑞坐牢期间，其两个儿子却不幸被瘟疫夺去了性命。在苏州、南京做南直隶等高官时，海瑞开始展开一场肃贪倡廉的行动，声势浩大地在南直隶境内展开。海瑞上任一个月后，被送到南京刑部的贪官就有100多人。有一个县从知县、县丞、主簿、典史等，一共被抓了10多人，几乎把一个县衙门的官吏全抓空了。海瑞在南直隶境内的反贪行动初见成效后，接下来他便向以乡官集团为首的地方豪绅开战了。

海瑞在处理乡官豪绅兼并农民土地问题上遇上了难题。江南最大的乡官、海瑞的恩人、前内阁首辅徐阶是江南占田最多者，也是民愤最大者，在法与情的较量中，海瑞做出了果敢的抉择。

为此，一个以前内阁首辅徐阶为首的反对海瑞的乡官缙绅集团，就在海瑞力督豪绅大户退田的幕后，悄然成立了。江南乡官缙绅们走的是三管齐下的路子，他们一方面唆使朝中高官弹劾海瑞；另一方面，各自使出浑身解数，动用吏部尚书等高官重臣，交相致函海瑞，软硬兼施，欲使其妥协；再一方面采取走海瑞母亲的路子，企图逼海瑞就范。在江南高官云集的宦海中，海瑞几乎找不到一个支持者，但海瑞面对威逼利诱，不为所动，终于完成了乡官退田还民工作。因遭乡官的报复，海瑞为此失去了第三个、也是其唯一的儿子海中行。海中行是被歹人捂死后丢进了苏州河，此案一直没有了结，海瑞又陷入了新的麻烦和灾难之中，失去儿子的海瑞之妻吴氏吊死在自己的房间。灾难性的打击接踵而至，吴氏自杀半个月后，海瑞夫人王氏因病情急剧加重而去世。

随后，海瑞因得罪了满朝文武，被迫罢官，归老家海南。十五年后海瑞以七十二岁的高龄东山复起，任南京右都御史，再举反贪污腐败的大旗。对

13

罪大恶极的贪官实施剥皮的极刑，声震天下，受到贪官集团的合力反对。

万历十五（公元1587）年海瑞死于任上时，家里的钱竟不足以办丧事用。真正为海瑞的去世悲号不已的是江南的黎民百姓。南京的市面早已罢市数日，只有两种营生的店铺才开门，并且生意兴隆。一是布店，而且只卖得出白布黑纱，南京的市民家家都为海瑞披麻戴孝，供奉灵堂；另一个是画店，海瑞的头像在画师的笔下还未彻底完成，旋即就有人迫不及待地抢购而去，画师们的手都画肿了，海瑞的头像还是供不应求。一个雨雪霏霏的日子，海瑞的灵枢由京师运回海南岛，丧船由秦淮河出发，两岸挤满了南京的市民学子、士绅官吏，还有当年南直隶境内的百姓们。船走了二十里、三十里、五十里、八十里、一百里！两岸的哀号、两岸的泪水、两岸的依依惜别之情，依然如在城内。

【警世故事2】

荀巨伯

荀巨伯是中国汉朝的一个著名人物。有一次，荀巨伯千里迢迢去探望一个生病的朋友，刚好碰上外族敌寇攻打那座郡城，朋友就劝巨伯离开，说："我马上就要死了，您还是离开这儿吧！"巨伯说："我远道而来看望您，您却要我离开，败坏道义来换得生存，这难道是我荀巨伯做得出来的事情吗？"最终没有离开。

郡城陷落后，敌寇进了城，很奇怪荀巨伯还待在这里，就问他："我们大军一进城，整个郡城的人都跑光了，你是什么人，竟然还敢一个人留下来？"巨伯回答道："我的朋友生了病，我不忍心丢下他一个人，如果你们非要杀他，我愿意用我的命来抵换。"敌寇听后内心大受震动，相互议论说："我们这些不讲道义的人，却侵入这个有道义的地方。"于是就撤军而回了，整个郡城也因此得以保全。

【警世故事 3】

刚正不阿的黑包公

——包拯吃鱼的故事

包拯早年丧母，是嫂嫂将他养大，包拯称她为嫂娘。包拯考中进士要到外地做知县。上任前一天中午，嫂嫂特地为他做了条红烧鲤鱼。包拯要嫂嫂和侄儿包勉同吃，嫂嫂没答应。他只好吃掉一面鱼肉，剩下的留给包勉吃。吃晚饭时，嫂嫂又将剩下的鱼给包拯吃，他就将鱼的另一面给吃了。

第二天，嫂嫂问包拯昨天吃的两条鱼那条好吃些。"昨天那条鱼很好吃。"包拯说。嫂嫂一听大怒道："我昨天明明是给你做了两条，你怎么能说只吃了一条了呢？"包拯见嫂嫂发火了，连声又说："请嫂娘息怒，我记错了！嫂娘息怒，我记错了，昨天是吃了两条鱼。"

嫂娘听了，知道包拯孝顺，不惹自己生气，但却严厉地对包拯说："黑子，我昨天真的只给你吃了一条鱼！我一说两条，你为啥不敢坚持呢？今后做官，如果只看大官的脸色就歪曲事实，不敢秉公执法，势必当的是昏官！"

包拯听了嫂嫂一番话，方知昨天嫂嫂给自己吃鱼的良苦用心，忙撩衣跪倒，说道："嫂娘教诲，黑子我铭记在心，永不忘记！"

后来，包拯为官果然刚正不阿，不畏权贵，秉公执法，受到世人敬仰，名留千古。

——以民为贵开仓放粮

在包公担任三司户部副使时，常常不辞辛劳，深入下层体察民情，救民于水火之中。江南地区有一次发生了旱灾，百姓们饥饿得难以生活，包公了解到情况后，立即下令开仓放粮救济，以解燃眉之急。如果按照当时的惯例，开仓放粮是件大事，必须事先请示皇帝，等批准以后才能打开粮仓救济百姓。但当时情况紧急，如果将文书送到京城，再等待批示下来，要等上几个月的时间，到时候百姓不知要饿死多少人。所以，包公一边派人急奏朝廷，一边就果断地开始放粮了，终于使很多百姓免于灾难。

还有一次，江淮大地的人民大范围受灾，百姓已缺粮断炊，而地方的官吏们为了虚报政绩、讨好上级，以利升迁，便隐瞒灾情，置人民生命于不顾。不仅如此，还反过来逼迫百姓们交粮卖米。包公了解到灾情后，就给皇帝写下了《请救济江淮灾民疏》，要求立即纠正不法官员误国害民的行为，并予严惩。皇帝采纳了他的建议。从此，包公被江淮人民称为"再生父母"。现在仍然在上海地区上演的戏剧《陈州放粮》就是根据这件事编写而成的，并非凭空设想。

——巧判小孩

有两个妇人为了一小孩而闹上了公堂，县官判定两人一人拉小孩的一只手，谁拉赢了那个小孩就是谁的，在经过一番拉扯之后，其中一位含着泪松开了手，但是最终县官却把小孩判给了那位妇人，别人不明其理，问之，县官说道："谁会忍心让自己的小孩受到伤害啊！她放手是因为她心疼她的孩子！你没看见她是含着泪的吗？"后来包拯就把孩子还给了这位母亲！

——巧断浮江尸

包公知池州的腊月一天，发现江面上浮尸一具，奇怪的是尸体只是上下浮动，并不随流而下。包公命役差打捞起来，原来尸首被麻绳扣在一扇石磨上，死者右手还抓着一把带头皮的头发。包公命贵池知县审理此案。知县查明那扇石磨是祝圣寺庙产，当即差衙役去寺中捉拿当家师玄灵和尚，但得知玄灵老僧已投井身亡。知县以"凶犯谋财害命，江浮冤尸，畏罪自杀"为由，呈州府销案。

包公私访回来，见县官草草结案，呈折中破绽百出，当即命衙役鸣锣，传谕全城："包公升堂审磨盘罗！"消息传开，轰动全城，男女老少都涌到州府衙门前面，观看包大人断奇案。包公见全城百姓到得差不多了，传令："凡今天来看断这桩血案的乡亲，不管男女老少，必须人人头顶青天，手抚心口，脱帽解巾，以敬神灵！"围观的百姓纷纷脱下帽子或解下头巾，包公居高临下，看得明白，只见一个头缠黑头巾，脸青眼肿的家伙缩头想溜，当即一拍惊堂木，大喝一声："凶犯哪里逃，拿下！"衙役抓住那家伙，扯去头巾，头顶上果真少了一撮头发，连头皮都撕掉了。

原来，杀人凶犯名叫王九，系当地有名的无赖。死者原是江北的一家客商，赚了许多银两，准备回家过年。途中到王九家借宿，王九遂起谋财害命之心，趁商人熟睡之机，双手卡住他的脖子，商人拼命挣扎，打肿了王九的脸，打青了王九的眼，抓下了王九的一把头发，仍不免一死。王久扛着尸首往江边去，路过祝圣寺，偷了寺中一扇石磨，把尸首拴在石磨上，抛进大江里。哪知他做贼心虚慌慌张张地没有把麻绳扣紧，江水一冲，麻绳松颈，尸体浮出水面。

王九听到包公打捞浮尸的消息，吓得魂不附体，因为他偷石磨时被玄灵法师看见了，自知难逃包公之手，把心一横，一不做，二不休，把玄灵法师推到井里，杀人灭口，来个死无对证。但是王九哪里想到商人手中的头发与和尚光头为料事如神的包公提供了破案的线索。

水至清则无鱼，人太急则无智。

【字句注释】

则：否则。智：智慧。

【原文翻译】

水如果太清澈了就不会有鱼，人如果脾气太急了就不会有智谋。

【启迪意义】

人太精明了就没有伙伴没有朋友，因为精明者往往容不得他人有小小的过错或性格上的小小差异，他过分要求与一己的同一或者要求所有人一举一动均符合或者满足一己的标准，但人总是有着各种不同的性格和待人处事的方式，除非是克隆体，否则永远无法达到每事的一致的，因此出现摩擦以至矛盾、冲突就是必然的结果，此时如果不能以一种宽容的精神调和于其间，事势就将无法收拾，结局便是人心不附，众叛亲离。

【警世故事 1】

做人不能太精明

在现实生活中，存在着这样一种自视清高的人：他们锐气旺盛、锋芒毕露，处事则不留余地，待人则咄咄逼人，有十分的才能与聪慧，就十二分地表露出来。他们往往有着充沛的精力，很高的热情，也有一定的才能，看不起眼前的任何人，大有一种"一览众山小"的架势，这种人常自以为是、高高在上，这种人的处世哲学是高调做人。有一点本领就觉得自己有七十二般武艺，到处张扬。殊不知，这种人在人生旅途中往往遭受挫折，甚至酿成悲剧。其原因主要是他们看不到或不明白人的"知"与"不知"的相对性，有一点聪明，有一点成就就趾高气扬，觉得自己无所不知，无所不能。其实，世界之大，天外有天，你又怎能穷尽呢？过于卖弄聪明，锋芒毕露，觉得自己全知全能，肯定要碰钉子。

在三国时代，有个绝顶聪明的人，他叫杨修，字德祖，在曹操手下为官。他曾和曹操一同骑马路过曹娥碑前，见碑上刻有八个字："黄娟、幼妇、外孙、童臼"。杨修一看就明白了，而曹操却不解其意。因此，他让杨修不要说出答案来，要自己想一想。又走了30里，曹操才想通，和杨修一对答案，乃"绝妙好辞"四字。操叹道："我的智慧比杨修差了30里啊。"嘴里虽是这样说，心里毕竟不太舒服。

有一次，曹操建造了一座花园，造成后，他去观看，未置可否，只是在门上写了一个"活"字就离开了。众人都不解其意，杨修说："'门'内添'活'字，乃'阔'字也。丞相是嫌门太宽了"。监工立即命令工匠们重建，曹操再去看时，大喜，问："谁知吾意？"左右告之："杨修也。"曹操虽喜，心甚忌之。

后来，有人送一盒酥给曹操，还没来得及吃便在酥盒上写了"一盒酥"三字，放在案头。曹操一走，杨修便取出盒中之酥分给大家吃，曹操问其故，杨修曰："盒上明写'一人一口酥'，岂敢违丞相之命乎？"曹操脸上虽嬉笑，心里嫉恨之。

还有一件事，平时曹操担心被人暗害，便对左右的人说："吾梦中好杀人，凡吾睡着汝等切勿靠近。"一日，他午睡时被子落在地下，一近侍给他拾起覆盖在身。曹操拔剑杀之，然后又倒头入睡。起床后，假意问道："是谁杀了我的近侍？"众人以实相告，曹操痛哭：命人厚葬。众人都以为曹操是梦中误杀，今见曹操又是痛哭，又是厚葬，不但不怪曹操，还多有称赞之辞。临葬时，杨修指着死者说："丞相非在梦中，君乃在梦中耳。"曹操听后，愈加嫉恨，便想找机会惩治这位"能人"。

后来曹操的军队与刘备在汉水作战，二军对峙，久战不胜，曹操是进是退心中犹豫，适逢厨子送进鸡汤，见碗中有鸡肋，因而有感于怀。正沉吟间，夏侯惇入帐问夜间口令。曹操随口说道："鸡肋！"行军主簿杨修一听夜间口令为"鸡肋"，便立即让士兵收拾行装，准备归程。夏侯惇忙问其故。杨修曰："鸡肋者，食之无肉，弃之可惜。丞相的意思是如今进不能胜，退恐人笑，在此无益，不如早归。来日魏王必班师矣。"本来曹操在进退两难之际，真有班师北归之意，但见杨修又说破他的心思，非常气恼，便大声呵斥道："汝怎敢造言，乱我军心。"喝令刀斧手推出斩之。

以上几件事，处处透出杨修与众不同的聪明才智，相比之下，曹操自认为其智慧与杨修相差30里，对杨修是既羡慕又妒恶，这就决定了杨修绝不会有善果。最后，曹操终于以"乱我军心"为借口，很轻易地就将杨修杀了。杨修的死正应了中国的一句老话："聪明反被聪明误"。

在中国传统的观念上，有一分才华做一级官。下级的才华超过了上级，尽管还没有威震其主，也足以让上司心惊胆战、有危机感了。这种震主现象为官场一大忌。虽说有些当权者也很喜爱有才之士，可是一发现其才惊人，远远超过了自己，就宁可用奴才，也不用人才了。杨修正是犯了这一大忌，撞在了曹操手里。可见，杨修的死，是太喜欢显露自己了。猜碑辞，猜阔字，猜一盒酥，这些都是小游戏，曹操未必就能将他置于死地；曹操梦杀侍卫，杨修一针见血指出："丞相非在梦中"，戳穿了曹操玩的把戏，让曹操难以容他；至于他在前线说破"鸡肋"的含义，让士兵整装待归，这是违反军规之举，难道他不知道？只图一时逞智，不顾违法乱纪，无怪乎曹操要借机向他下毒手。曹操的毒手可以说是杨修的太精明"招"来的。

低调做人，不要小聪明，让自己始终处于冷静的状态，在"低调"的心态支配下，兢兢业业，才能做成大事业。

枯木逢春犹再发，人无两度再少年。

【字句注释】

犹：还；尚且。再：继续；再出现。两度：两次。

【原文翻译】

枯树遇到春天还能再次发芽，人却不能有两次少年时代。

【启迪意义】

少壮不努力，老大徒伤悲，一定要珍惜时间，不要虚度年华。

【警世故事1】

孙康映雪

晋朝有个名叫孙康的少年，家里很穷，却十分喜欢读书。由于白天要上山砍柴、下地种田，所以能够用来读书的时间寥寥无几。晚上倒是一个不错的读书时间，可是偏偏孙康家里买不起灯油，所以天一黑，孙康就不得不放下书本，躺在床上闷闷不乐。日子一天一天地过去，孙康心里既着急又无奈，他深知人的一生很短暂，不能利用有限的时间好好读书，实在太遗憾了。

不知不觉地到了冬天。有一天，孙康睡到半夜醒来，突然发现窗缝透进来一丝光亮。他以为天亮了，翻身下床，推开窗户，只觉一股寒气迎面扑来。原来不知什么时候，一场大雪突然降临，附近的山川、林木、房舍披上了一层厚厚的积雪。在月光的照耀下，厚厚的积雪发出幽幽的光。"原来如此！"

孙康心想，这雪光不知道可不可以用来照明？想到这里，他马上取出书，走到屋外，借着雪夜的微光如饥似渴地读起来。时值隆冬，正是北方一年里最冷的时节，孙康全部身心都投入到书本里，完全感觉不到刺骨的寒意，不知不觉天就亮了。

从此以后，只要是雪夜，雪地上就有孙康读书的身影。雪夜读书，不仅使孙康学问突飞猛进，也造就了他坚强的意志，最终成为历史上有名的大学问家。而映雪读书也成为一个典故，激励着一代又一代的读书人。

人老心不老，人穷志不穷。

【字句注释】

志：志气

【原文翻译】

人衰老了，心却没有跟着衰老；人虽然走投无路了，志气却没有跟着走投无路。

【启迪意义】

海阔凭鱼跃，天高任鸟飞。只有满怀志气，人生才会变得更精彩。

【警世故事 1】

陈胜胸怀大志

　　秦朝末年，有一个叫陈胜的年轻人，出身农家，以帮人种地为业。有一次休息的时候，陈胜躺在地上，望着天空，幽幽地说："假如我们中间有人将来发达了，一定不要忘记曾经一起劳动过的好朋友！"周围的人听了哄然大笑："我们祖祖辈辈都是给人种地的，怎么可能会有荣华富贵的那一天呢！快别做那不切实际的白日梦啦！"陈胜感到很无奈，叹道："唉！都说燕雀不知道鸿鹄的志向，你们这群庸庸碌碌的人怎么可能知道我的志向呢！"

　　当时正值秦二世即位不久，陈胜被征调到北方服劳役。在赶往北方的路上，天降大雨，道路泥泞，耽误了行军日期。按照秦朝的律法，陈胜等人都应当被处死。与其白白送死，倒不如以死相搏，也许还有一线生机。于是陈胜心一横，率众杀死了看守将领，振臂一呼，揭竿而起，喊出"王侯将相，宁有种乎"的口号，揭开了反抗暴秦统治的序幕。经过艰苦卓绝的战斗，陈胜最终自立为王，建立了中国历史上第一个农民起义政权，沉重打击了秦王朝的统治。虽然陈胜领导的农民起义最终失败了，但他的故事被司马迁大书特书，成为中国历史上最辉煌灿烂的一部分！

　　将相头顶堪走马，公侯肚里好撑船。

【字句注释】

堪：能够，可以。

【原文翻译】

宰相头顶上宽阔得可以跑马，公侯肚子里宽敞得可以撑船。

【启迪意义】

要想成就一番大事业，必须拥有宽广的胸怀。

【警世故事 1】

陆逊宽厚容人

三国时期，东吴大将陆逊是个智勇双全、颇具谋略的常胜将军。他攻城拔寨，屡建奇功，而且宽容大度，公私分明，因而深受孙权信赖。

有一次，孙权打算提拔一些地方官员，准备委以重任。陆逊推荐了淳于式。孙权很不理解，问道："淳于式告你恶状，你为何还推荐他？"原来淳于式在做会稽太守期间，曾给皇帝上了一道奏疏，大意是陆逊在会稽平定山匪叛乱期间，大肆征兵，聚敛民财，百姓怨声载道。此道奏疏在朝中掀起了轩然大波。陆逊微微一笑，说道："淳于式对我的指责也不是完全没有道理。从带兵打仗的角度来说，必须要有充足的兵源和物资。征兵敛财，我有不得已的苦衷。从保养百姓的角度来说，淳于式爱民如子，直言进谏，是一个难得的父母官。即便我与淳于式不和睦，也是私人恩怨，我不能够因私废公。倘若我公报私仇而乱了圣人之德，那将不利于我们东吴的长治久安。"孙权听了，不禁感叹："先生光风霁月，德行非凡人能比，真不愧为我东吴的中流砥柱啊！"

贫寒休要怨，富贵不须骄。

【字句注释】

怨：埋怨，责备。骄：自满。自高自大。

【原文翻译】

贫困不能怨天怨地，有了钱也不能放纵自我。

【启迪意义】

无论身处贫困还是富贵的境况，都要时时刻刻修身立德。

【警世故事1】

叔向贺贫

韩宣子身为晋国的卿族，却因为家徒四壁而发愁。好友叔向知道后，却向他表示祝贺。

韩宣子说："我这个晋卿有名无实，贫困不堪，有什么值得你祝贺的呢？"

叔向回答："从前栾武子没有百人的田产，掌管祭祀却连祭祀所需的器具都不全。可是他能够遵循法度，传播美德，于是诸侯亲近他，戎狄归附他，安邦定国平天下，立下不世之勋。再看邵昭子，家族中五人为大夫，三人为卿，财产抵得上半个国库，家里的佣人抵得上半支军队，穷奢极欲，为富不仁，最后落得陈尸朝堂、满门抄斩的下场，没有一个人同情他们，只是因为没有德行的缘故！现在的你像栾武子一样清贫，我认为你应该能继承他的德行建功立业，所以特来表示祝贺。如果你不忧道德之不建，只愁财产之匮乏，我哀怜尚且来不及，哪里还会来向你祝贺呢？"

韩宣子听了，顿时醒悟。于是向叔向下拜，并叩头说："我正在走向灭亡的时候，全靠你拯救了我。不但我本人蒙受你的教诲，所有的韩氏子孙都会感激你的恩德。"

知足长足，终身不辱。知止常止，终身不齿。

【字句注释】

足：满足。不辱：不会遭受耻辱。止：停止。

【原文翻译】

懂得满足的人常常快乐，这样的人一辈子不会遭受耻辱。知道什么时候该停止而停止，这样的人一辈子不会遭受耻辱。

【启迪意义】

做人要保持头脑清醒，该知足的时候知足，该止步的时候止步。

【警世故事1】

蜘蛛的故事

这不是一个神话故事，而是为了领悟一个道理。

从前，有一座圆音寺，每天都有许多人上香拜佛，香火很旺。在圆音寺庙前的横梁上有个蜘蛛结了张网，由于每天都受到香火和虔诚的祭拜的熏托，蛛蛛便有了佛性。经过了一千多年的修炼，蛛蛛佛性增加了不少。

忽然有一天，佛祖光临了圆音寺，看见这里香火甚旺，十分高兴。离开寺庙的时候，不轻易间抬头，看见了横梁上的蜘蛛。佛祖停下来，问这只蜘蛛："你我相见总算是有缘，我来问你个问题，看你修炼了这一千多年来，有什么真知灼见。怎么样？"蜘蛛遇见佛祖很是高兴，连忙答应了。佛祖问到："世间什么才是最珍贵的？"蜘蛛想了想，回答到："世间最珍贵的是'得不到'和'已失去'。"佛祖点了点头，离开了。

就这样又过了一千年的光景，蜘蛛依旧在圆音寺的横梁上修炼，它的佛性大增。一日，佛祖又来到寺前，对蜘蛛说道："你可还好，一千年前的那个问题，你可有什么更深的认识吗？"蜘蛛说："我觉得世间最珍贵的是'得不到'和'已失去'。"佛祖说："你再好好想想，我会再来找你的。"

又过了一千年，有一天，刮起了大风，风将一滴甘露吹到了蜘蛛网上。蜘蛛望着甘露，见它晶莹透亮，很漂亮，顿生喜爱之意。蜘蛛每天看着甘露很开心，它觉得这是三千年来最开心的几天。突然，又刮起了一阵大风，将甘露吹走了。蜘蛛一下子觉得失去了什么，感到很寂寞和难过。这时佛祖又来了，问蜘蛛："蜘蛛这一千年，你可好好想过这个问题：世间什么才是最珍贵的？"蜘蛛想到了甘露，对佛祖说："世间最珍贵的是'得不到'和'已失去'。"佛祖说："好，既然你有这样的认识，我让你到人间走一朝吧。"

就这样，蜘蛛投胎到了一个官宦家庭，成了一个富家小姐，父母为她取了个名字叫蛛儿。一晃，蛛儿到了十六岁了，已经成了个婀娜多姿的少女，长得十分漂亮，楚楚动人。

这一日，新科状元郎甘鹿中士，皇帝决定在后花园为他举行庆功宴席。来了许多妙龄少女，包括蛛儿，还有皇帝的小公主长风公主。状元郎在席间表演诗词歌赋，大献才艺，在场的少女无一不被他折倒。但蛛儿一点也不紧张和吃醋，因为她知道，这是佛祖赐予她的姻缘。过了些日子，说来很巧，蛛儿陪同母亲上香拜佛的时候，正好甘鹿也陪同母亲而来。上完香拜过佛，二位长者在一边说上了话。蛛儿和甘鹿便来到走廊上聊天，蛛儿很开心，终于可以和喜欢的人在一起了，但是甘鹿并没有表现出对她的喜爱。蛛儿对甘鹿说："你难道不曾记得十六年前，圆音寺的蜘蛛网上的事情了吗？"甘鹿很诧异，说："蛛儿姑娘，你漂亮，也很讨人喜欢，但你想象力未免丰富了一点吧。"说罢，和母亲离开了。

28　蛛儿回到家，心想，佛主既然安排了这场姻缘，为何不让他记得那件事，甘鹿为何对我没有一点的感觉？

几天后，皇帝下召，命新科状元甘鹿和长风公主完婚；蛛儿和太子芝草完婚。这一消息对蛛儿如同晴空霹雳，她怎么也想不同，佛主竟然这样对她。几日来，她不吃不喝，穷究急思，灵魂就将出壳，生命危在旦夕。太子芝草知道了，急忙赶来，扑倒在床边，对奄奄一息的蛛儿说道："那日，在后花园众姑娘中，我对你一见钟情，我苦求父皇，他才答应。如果你死了，那么我也就不活了。"说着就拿起了宝剑准备自刎。

就在这时，佛祖来了，他对快要出壳的蛛儿灵魂说："蜘蛛，你可曾想过，甘露（甘鹿）是由谁带到你这里来的呢？是风（长风公主）带来的，最后也是风将它带走的。甘鹿是属于长风公主的，他对你不过是生命中的一段插曲。而太子芝草是当年圆音寺门前的一棵小草，他看了你三千年，爱慕了你三千年，但你却从没有低下头看过它。蜘蛛，我再来问你，世间什么才是最珍贵的？"蜘蛛听了这些真相之后，好像一下子大彻大悟了，她对佛祖说："世间最珍贵的不是'得不到'和'已失去'，而是现在能把握的幸福。"刚说完，佛祖就离开了，蛛儿的灵魂也回位了，睁开眼睛，看到正要自刎的太子芝草，她马上打落宝剑，和太子深深的抱着……

故事告诉我们："世间最珍贵的不是'得不到'和'已失去'，而是现在能把握的幸福。"

【警世故事2】

<h1 style="text-align:center">胡九韶知足常乐</h1>

胡九韶年轻时家里很穷，他既当乡村私塾教师，又种田耕地，勉强维持着一家人的生计。虽然日子过得非常清苦，胡九韶却感到十分满足，每天晚上都要焚香祷告，嘴中总是念着："感谢上天赐给我的清福。"妻子看到他

酸腐的样子，感到又好气又好笑，忍不住讥讽道："一日三餐，顿顿都是菜粥，这算得上哪门子的清福啊！"胡九韶听了，莞尔一笑，说道："你我有幸生在太平盛世，不遭受兵荒马乱之苦；一家人骨肉相聚，没有饥寒冻馁之忧；家里既没有卧床病人，又没有在狱囚犯，生活能够如此平安，这难道还不算人间清福吗？"

虽然处境贫寒，胡九韶总能保持达观知足的心态。他勤奋好学，刻苦读书，始终坚持自己的治学兴趣和理想。经过多年的努力，胡九韶最终成为明初著名的理学家之一。

不做风波于世上，但留清白在人间。

【字句注释】

于：在。

【原文翻译】

不在世上兴风作浪搬弄是非，只愿在人间留下清清白白的人品。

【启迪意义】

堂堂正正做人，清清白白做官，这样的人永远受人尊敬。

【警世故事1】

要留清白在人间

千锤万凿出深山，烈火焚烧若等闲。粉身碎骨全不怕，要留清白在人间。这是明朝杰出的政治家于谦所做的一首诗，诗人以石灰为喻，表达了自己清清白白做人的志向。事实上，于谦也是这样做的。

明英宗时，大太监王振把持朝政，肆无忌惮地公开索贿。大小官员争先恐后地献金谄媚，少则白银百两，多则千两万两。于谦每次进京都两手空空，不带任何礼品。有人劝他说："您即便不送金银财宝．难道不能带点土特产？"于谦潇洒地甩了甩他的两只袖子，说："只有清风在此。"不趋附权贵，这是于谦清白人格的体现。

天顺元年（1457），明英宗朱祁镇复辟成功，大举清算前朝旧臣。于谦成了朱祁钰、朱祁镇兄弟俩皇权之争的牺牲品，被人诬陷谋反，含冤而死。于谦被杀之后，他的家照例被抄。抄家的官员到于谦家时非常吃惊，因为他们发现堂堂于少保竟然家徒四壁，除了生活必需品外一无所有。于谦正是用这种实际行动，践行了"要留清白在人间"的人生诺言，世世代代受人敬仰。

瓜田不纳履，李下不整冠。

【字句注释】

履：鞋子。冠：帽子。

【原文翻译】

经过瓜田，不要弯下身去提鞋；经过李树下面，不要举起手来整理帽子。

【启迪意义】

一个人要时刻提醒自己主动避嫌，避免无端的怀疑。

【警世故事1】

何乔新拒不受金

明朝有个叫何乔新的大臣，为官清廉，从不接受别人的馈赠。他在工部任职的时候，有一次到淮西去察访。当地官员知道这个消息以后，纷纷备好礼物，准备孝敬何乔新。出乎意料的是，何乔新对于送礼者一概不见。有一个叫阎徽的县令，他曾经是何乔新父亲的学生，也带着白银前来拜访。碍于往日情面，何乔新接见了阎徽。一番寒暄之后，阎徽拿出精心准备的礼物，满脸堆笑地说："小小意思，不成敬意。"何乔新的脸色马上沉了下来："你难道不知道我从来不收礼吗！"阎徽见势不妙，马上改口说："这是给我老师祝寿的礼品，还请大人代为收下。""你要为老师祝寿可以，寿礼可由他人转交，通过我那可不行。"何乔新的这一番话说得再明白不过：我何乔新生为朝廷命官，不仅不能私收贿赂，还要主动避嫌。

即便何乔新谨小慎微清廉如此，最后还是被人诬陷——说他私受贿赂。好在他生性恬淡，辞官回家后，藏书校书数万卷，成为有名的藏书家。后来，皇帝知道何乔新是冤枉的，为他恢复了名誉，赠谥号"文肃"，史称何文肃公。

静坐常思己过，闲谈莫论人非。

【字句注释】

过：错误，过失。非：不对的，不合理的。

【原文翻译】

静处时经常反思自己的过失。闲谈时不要议论别人的过错。

【启迪意义】

认识自己的错误可以不断进步，少谈论别人的是非可以避免招致麻烦。

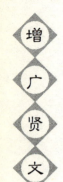

【警世故事 1】

马援驰书教子侄

东汉伏波将军马援有两个侄子，分别叫马严和马敦。小哥俩生性豪爽，喜欢结交侠肝义胆之士。他们经常聚在一起，喝酒谈天，品评人物，议论时政。马援当时还在前线作战，得知这个消息后，非常忧虑，生怕这两个不知天高地厚的侄子闯出什么祸来。于是他在百忙之中给两个侄儿写了一封言辞恳切的信："古人听见别人的过错，就像听到了父母大人的名字，耳朵听听就算了，绝对不会去妄加议论。议论他人长短，评说朝廷法度，这些都是我最厌恶的。我宁可死，也不希望看到家里子孙有这种行为。我有两个朋友：一个叫龙伯高，为人敦厚谨慎，口无恶语，谦虚朴实，廉洁有威；另一个叫杜季良，为人侠肝义胆，忧人之所忧，乐人之所乐，什么人都结交。我希望你们以龙伯高为榜样，因为即便学他不成，也还可以成为谨慎谦恭的谦谦君子，就是俗话所说的'刻鹄不成尚类鹜'。可是如果学杜季良不成，很容易成为一个举止轻佻的纨绔子弟，那就是'画虎不成反类犬'，会给自己招来杀身之祸。"

马援的谆谆教诲，点醒了马严、马敦两兄弟。自此，他们修身养性、闭门读书，后来德行闻名于天下，被当时的人称为"钜下二卿"。

溪壑易填，人心难满。

【字句注释】

壑：深谷，深沟。

【原文翻译】

深沟容易填满，人的欲望却永近难以满足。

【启迪意义】

人心不足蛇吞象。人不能被无止境的贪欲蒙蔽了内心。

【警世故事1】

贪得无厌的代价

古时候有一户特别贫困的人家，大人小孩一年到头都穿着破衣烂衫，面黄肌瘦，一看就是长期营养不良的结果。可即便穷成这样，这家的主人却一直供奉着洞宾老祖，特别是神龛前面供奉的清油常换常新，而且他还朝夕祷告，从不间断。

一天，洞宾老祖终于被他的诚意所感动，从天上降到他家。老祖看见他家一贫如洗，不禁心生怜悯，于是伸出一根手指，指向庭院中一块石头，石头一下变成了同样大小的一堆黄金。"你想要它吗？"老祖问他。那个人拜了两拜，摇摇头说："不想要。"老祖又变出更大的一堆黄金，那个人还是说不想要。老祖非常高兴，以为这个人不贪婪，没有私心，具备修道潜质，打算收他为徒："不错，我可以收你为徒，传授清修之法了。"那个人头摇得更厉害了："不，我只想要你那根点石成金的手指头。"老祖一听，气得七窍生烟，立刻消失不见了。那个人见老祖不见了，只好转过头来看院中的两堆黄金，可映入他眼帘的却还是那不名一文的石头。这个穷人为他的贪得无厌付出了代价，从此以后，无论他怎么虔诚祈祷，洞宾老祖再没显过灵。

责人之心责己，爱己之心爱人。

【字句注释】

责：要求做成某件事或行事达到一定标准。

【原文翻译】

用要求别人的标准来要求自己，用喜爱自己的态度去喜爱别人。

【启迪意义】

人要学会设身处地地换位思考，推己及人。

【警世故事 1】

晏婴劝景公

有一年冬天，齐国下了三天三夜的大雪，整个世界银装素裹，就像冰雕玉砌一般。齐景公披着狐皮袍子坐在厅堂里欣赏雪景，大夫晏婴走了进来。他站在景公旁边，若有所思地望着眼前的景色。景公兴致正浓，对晏婴说："今年天气真怪，下了三天大雪，竟然一点也不觉得冷。"晏婴反问道："真的不冷吗？"景公没听出晏婴话里有话，不假思索地说："当然不冷。我又不是小孩子了，难道连冷热都分不出来吗？"晏婴见景公只顾自己安乐，全然不顾百姓饥寒，便苦口婆心地劝说道："我听说古代贤君自己吃饱了要去想想也许有人还饿着．自己穿暖了要去想想也许有人还冻着，自己安逸了要去想想也许有人还在劳累着。可是君王你却不懂得为别人着想啊。"景公听了晏子的话，觉得很有道理，于是下令拿出一部分衣服和粮食分给受饥寒的百姓。

【警世故事 2】

沙漠里的两个朋友

有一则阿拉伯的传说：两个朋友在沙漠中旅行，旅途中他们为了一件小事争吵起来，其中一个还打了另一个一记耳光。

被打的人觉得深受屈辱，一个人走到帐篷外，一言不语地在沙子上写下："今天我的好朋友打了我一巴掌。"

他们继续往前走，一直走到一片绿洲，停下来饮水和洗澡。在河边，那个被打了一巴掌的人差点被淹死，幸好被朋友救起来了。

被救起之后，他拿了一把小剑在石头上刻下了："今天我的好朋友救了我一命。"他的朋友好奇地问道："为什么我打了你后，你要写在沙子上，而现在要刻在石头上呢？"

他笑着回答说："当被一个朋友伤害时，要写在易忘的地方，风会负责抹去它；相反，如果被帮助，我们要把它刻在心里的深处，那里任何风都不能磨灭它。"

真正的朋友的伤害也许是无心的，帮助却是真心的，忘记那些无心的伤害，铭记那些对你的真心帮助，你将会发现这世上真心的朋友不断多起来。

【警世故事3】

以责人之心责己以恕己之心恕人

有个老中医，一生行医治病，过得是平平常常的老百姓的日子。可是到了六十岁的那年，他家却发生了一件大事，他的儿子要去邻县当县长了。那天晚上，左邻右舍都来送行。天已经很晚了，邻居们也一个一个告辞了。这时，儿子问父亲："爸，你还有什么要吩咐的吗？"父亲眼睛有些湿了，一手拉扯大的儿子终于有出息了，可以为国为民效力了；他娘在九泉之下也可以瞑目了。想到这些，老中医有好多话要说，可千言万语又不知从何说起。

这天晚上，老中医怎么也睡不着，儿子当了县长，他既高兴，也担忧，儿子毕竟只有三十五岁。世间万物，瞬息万变，当官不容易呀！二十年前，老中医曾救过一个被五步蛇咬伤的青年。

那天晚上，这青年被抬到他的诊所时，早已经是昏迷不醒了，伤口红肿，皮肤全变污黑了。老中医二话没说，就用嘴吸伤口，硬是一口一口地把毒血吸出来，又敷上了专治蛇毒的药。经过精心治疗，青年不久就康复如初了。

后来这青年就认老中医为干爹了！老中医的这位干儿子大学毕业后工作很努力。八年后，也是在三十五岁那年被提拔到市里当了局长。可惜好景不长，他犯了贪污受贿罪，局长当了没几年就被抓了，判了十五年的徒刑。老中医想到这些，真不放心儿子去上任。于是披衣起床，走到了儿子的房间门口，举手想敲门，却又放下了手。这样反复了好几次，最终还是没有敲下去。他回到房里，拿起笔想给儿子写点什么，但又不知从何处落笔……天亮了，邻县的车来接儿子了，老中医眼里含着泪花，抓着儿子的手，声音颤抖着说："儿呐，昨夜我给你开了一张药方……"儿子先是一怔，接着就恭恭敬敬地从父亲手里接过药方，放进了上衣口袋，然后就和父亲道别了。

车子慢慢地离开了这条不起眼但又熟悉的小街，在车上，儿子从口袋里取出了父亲给的药方，小心展开，只见处方纸上这样写着：凡能行好事，做好人，当好官者，需服如下之药，方能心宽体阔，前程锦绣：

好心肠一份、爱民心一颗、道理十分、道德十两、情义加量、诚信一片、老实一个、正直全用、豁达八分、利民不拘多少、仁德天赋、诚信一片。

此方药用宽心锅炒，不要焦，不要燥，去火性三分，用和气汤送服。损人利己，口是心非，阳奉阴违，骄横奢侈，以权谋私，取不义之财，以上几样，服药时务须戒除！

儿子看到这里，只觉得鼻子酸酸的，眼泪禁不住淌了下来，他回头一望，远远的，父亲仍在向他挥着手……世出世间，道理相同，意理相通；万事万物，皆自缘生缘灭。

时下流行的口头禅："送人玫瑰，手留余香。"此理相通。

君子安贫，达人知命。

【字句注释】

达人：品格高尚的人。

【原文翻译】

人格高尚的人安守贫穷，通晓事理的人知道天命所在。

【启迪意义】

做人应该有自己的底线，不以外部环境的变化而改变自己的节操和志趣。

【警世故事1】

原宪安贫乐道

春秋时期，孔子有个学生叫原宪，他勤奋好学，品性高洁，因为不愿做官，便和家人在卫国过着隐居的生活。原宪一家的生活非常清苦：两间低矮的小草房，好像随时都要垮掉；一扇木门吱吱嘎嘎乱响；房子里没有窗户，大白天屋子里也是昏黑一片。这样的房子既不能遮风也不能挡雨，可是原宪却一点也不在乎，每天看书写字，弹琴唱歌，从他脸上一点也看不出抱怨和不满。

有一天，孔子的另一个学生子贡受朝廷所派，骑着高头大马打这里经过，顺便来看望这个同门师弟。子贡此时已经做了大官，当他看到原宪穿着满是补丁的粗布衣服，脚下穿着草鞋，挂着一根拐杖，满脸菜色，就故作关切地问道："老朋友，你怎么落到这个地步，脸色这么难看，是不是得什么病了啊？"原宪看到子贡趾高气扬的神态，心中颇不以为然，说道："古人说过，财产匮乏是穷，学习君子之道而不能造福百姓才是病，所以我只能算是穷人，而不是病人。我不像某些人，违背君子之道迎合权贵，只顾谋取个人私利！君子安贫乐道，这才是我的人生追求。"子贡听罢，开始的那点优越感瞬间荡然无存，似乎被原宪点出了心病，满脸羞愧地离开了。

是非朝朝有，不听自然无。

【字句注释】

朝朝：每天。

【原文翻译】

赞美和诽谤每天都有，如果你不去听它，自然就没有了。

【启迪意义】

身正不怕影子斜，不要在意别人嘴里的是是非非。

【警世故事1】

是非终日有，不听自然无。

有这样一个故事：爷孙俩买了一头驴，爷爷让孙子骑着走时，有人议论孙子不懂孝敬；孙子让爷爷骑着走时，有人指责爷爷不疼孙子；爷孙俩干脆都不骑了，又有人笑话他俩放着驴不骑是傻瓜；结果爷孙俩只好绑起驴扛着走了。如果我们不想扛驴，那么我们就不要去听那些个是非而受其累。

《红楼梦》第三十九回讲了一件有趣的事：刘姥姥信口开河地编了一个少女茗玉的故事，宝玉听后信以为真，便派茗烟去探访，后来证实并没有那回事。

很多人读后发笑之余，不由想到宝玉是出于好奇心与同情心才动摇心旌去寻根问底，即使不是真的，对他也无妨。但是道听途说，甚至对一些歪理邪说偏听偏信，不加分辨就轻易相信，对于个人乃至国家的损害，往往是巨大的。

那些偏听偏信的人大致分为两种：一种是毫无分辨能力，听云便是云，听雨便是雨的。这种人一般不是文化水平不高，就是思想素质较低。当然，若进一步拓展开说，尽信书的书呆子也在其中，虽貌似学富五车，实则草包一个。另一种，应占大多数，那就是具有一定的分辨能力，开始还能坚持原则，但后来顶受不住大是大非的冲击，终于倒下的。《战国策·秦策二》中有一则寓言：昔者曾子处费。费人有与曾子同名族而杀人。人告曾子母曰："曾参杀人！"曾子之母曰："吾子不杀人。"织自若。有顷焉，人又曰："曾参杀人！"其母尚织自若也。顷之，一人又告曰："曾参杀人！"其母惧，投杼踰墙而走。

曾子是孔子的贤徒，是"吾日三省吾身"的"宗圣"，母亲应该是最了解他的人。可是，在谣言面前，她也被打倒了。曾子的母亲可以算是第二种人的缩影。此外，还有《吕氏春秋·慎行论·察传》中"丁氏穿井"的笑话也给人以同样的启迪。可见，古人对此已有极为深刻的认识。对个人的影响尚且如此，更遑论一个国家了。一国之君如果偏听偏信，则会造成严重的后果，甚至丢掉江山社稷。因此，魏征曾劝诫唐太宗："兼听则明，偏听则暗。"这是很有道理的。

轻信传闻或是看到书上的某一论点凭自己的经验感觉就武断是对的，容易被蒙蔽。要解决这个问题就需要我们认真思索，冷静分析，以科学的方法在实践中调查求证。语言文字学家黎锦熙在回忆录中讲过一段往事，十分耐人寻味：

"民国"头十年间，我在湖南办报，当时常帮我们抄写文稿的有三位青年。一位是不问文稿的内容，什么都抄，就连文稿中的技术性错误，也照抄不误；第二位是见到文稿中的问题总是要提出，并能主动润色修饰；第三位则与众不同，看到与自己观点不同的文稿就干脆不抄，更不屑于在枝节问题上纠缠。这三位青年后来的前程大不一样。第一位，终身不过是一个小职员，在历史上默默无闻；第二位后来成了中国著名的作家、戏剧家，他就是田汉；第三位，则在历史上成就一番大事业，此人即毛泽东。

第一位认死理，不爱动脑筋，不会解决问题，自然碌碌无为。第二位善于发现问题，并亲自动手去解决，走的是真正读书人的路子，终有所成。第三位则颇具非凡的气概，具有全局眼光和政治头脑，自然成为一代伟人。初看似乎不可思议，细想却在情理之中。

曾经，奥运会上刘翔受伤退赛事件成为热议的焦点，各种言论说辞沸沸扬扬。其实，这就需要我们提高鉴别真伪的水平，采取科学的态度，不做以上所举的偏听偏信的任何一种人。要保持清醒的头脑，不随波逐流，有自己的见解和主意。这不仅是一种素质，更对个人，对民族，对国家都具有重大的意义。

不要偏听偏信

这个世界之所以感觉混乱，第一是因为黑白是非被颠倒，第二在君子愈让，小人愈妄。

一个人，如果片面地听取他人的话，凭着自己的想法做事，就会被小人利用。

比如在日常生活和工作中，一些误会难免会发生，通常情况下，只要相互宽容就能化解。但是如果我们偏听偏信，就可能恶化与朋友的亲密关系、与他人的合作关系，甚至使双方关系破裂。

从古至今这样的事情不在少数。

三国的时候，诸葛亮是刘备的军师。刘备与曹操和孙权三国鼎立，他们之间征战连年，不仅政治上，军事上都展开了激烈的斗争。诸葛亮辅佐刘备，而诸葛亮的哥哥诸葛瑾受到孙权礼遇，担任要职。结果江东人士对诸葛瑾嫉妒不已，更有流言说他明保孙吴，暗通刘备。

东吴有一名叫陆逊的大将，是个明白人。他看到满城风雨，立刻上书孙权，说诸葛瑾是一个心胸坦荡的忠臣。孙权听了非常高兴："我知道你和诸葛瑾是好朋友，你能够不听信谗言为他保荐，实在难得啊！我也知道诸葛瑾对我一片真心。我很高兴，希望你们能携手共事，辅助我完成大业。"

陆逊没有听信流言蜚语，显示了对朋友的真知灼见；孙权没有听信谗言而迫害人才，显示了一个君主的宽容明智，知人善任，的确难能可贵。

通常情况下，心术不正者以谗言为工具诽谤和离间他人。它会让无辜者身心疲惫、如负千钧，影响团结，恶化友谊。我们要时刻保持警惕，不要让眼前的假象迷惑，不要让他人的谗言误导。

所以，日常生活和工作中，如果你被人要求出面说句话、表个态时，你一定要先加以分析他的要求，当有的人用你的话、你的态度去指手画脚，"挟天子以令诸侯"时，你要加以防范。特别是对于那些你早就知道的奸诈之徒对你说的每一句话，劝你做的任何事，都要先打个问号，三思而后行。千万别稀里糊涂地被奸诈之徒利用成为去打"鬼"的钟馗。

毛泽东根据一个神话传说概括提炼出"借钟馗打鬼"。据沈括《梦溪笔谈》记载：

唐明皇于病时梦见一大鬼捉着一小鬼正要吃它。唐明皇上前问他姓名身世，那大鬼答曰：名叫钟馗，生前曾应试举，因奸臣从中作祟未中，并被害。因此决心死后消灭天下妖孽，铲除世间不平事。

唐明皇醒后，马上命令画工吴道子将钟馗绘成图像，并挂在寝宫。后来，民间在端午节和除夕等日子多在家门悬挂钟馗像，用来打鬼和驱除邪魔，钟馗于是成了中国普通百姓的正义之神。

借钟馗打鬼，"借"是其核心思想。喻指借别人的力量办自己之事，但目的与企图则大相径庭。在中国历史上一些贤臣名将为了做成某些好事，造福于人民，常常不得不假借皇权的名义或力量；然而一些奸佞小人，为了自己的高官厚禄，也常常假借皇权的名义或力量结党营私，陷害忠良以消灭异己，做尽坏事。

在工作中，尤其是在待人处事之时，切不可偏听偏信，被小人狐假虎威，坏了风气，扰乱秩序。

如果你是一位领导者，在管人的过程中，要善于辨别奸臣，赏识忠臣，并且能从自己身边人的言行举动中，辨识出忠奸。否则，就会迷惑于假象，良莠不识，就会无意中被别有用心的小人所利用，追悔莫及。

【警世故事 3】

吕蒙正不计较毁誉

北宋初年有个读书人叫吕蒙正，年纪轻轻就考中了状元。他知识渊博，清正廉洁，深受皇帝器重。吕蒙正虽然官位节节高升，可是他虚怀若谷，对别人的赞美和诽谤从来都是一笑而过。

有一天，吕蒙正上朝议事，有个官员在他背后指指点点，愤愤不平地对别人说："就这小子竟然也能当上参知政事（官职相当于副宰相），真是苍天无眼啊。"声音虽然很小，却清清楚楚地传到吕蒙正的耳朵里。可吕蒙正好像什么事情也没有发生一样，继续向前走去。和吕蒙正一起上朝的官员们感到愤愤不平，都想去查个究竟，看看是谁这么大胆，竟然在背后肆无忌惮地说人坏话。吕蒙正摇手制止，对他们说："算了，那人说我的坏话，对我没有损失，如果我执意要去查，知道了谁在说我的坏话，那我就会永远记住他的姓名。这样一来，就扰乱了我宁静的心，对我又有什么好处呢？赞美和诽谤这种东西，天天都有，行得正坐得端，计较那些只是自寻烦恼罢了！"

芝兰生于幽谷，不以无人而不芳；君子修其道德，不为穷困而改节。

【字句注释】

芝兰：即兰花，幽谷：即偏远清幽的山谷。不以：即不因为，节：即品节，气节。

【原文翻译】

整句表层意思可译为：兰花生长在冷清偏远的山谷之中，却不因缺少他人的观赏而停止芬芳开放，品德高尚的人修身立人，不会因穷苦的境遇而改变自己高尚的品节。

【启迪意义】

句子主要以兰花不因无人赏识而停止开放的高尚来类比君子也应如兰花，保持高尚情操，即使面对穷困也不会动摇自我的崇高品性，告诫人们要坚持洁身自好，不应随波逐流，丢了气节。

【警世故事1】

孔子困于陈蔡

孔子周游列国，在蔡国待了三年都得不到重用。这时楚昭王向孔子提出了邀请，于是孔子想要率领众弟子前往楚国。陈、蔡两国的大夫得知这个消息，很是吃惊，他们怕楚国因重用孔子而变得强大起来，从而威胁到自己。于是陈、蔡两国联合发兵，把孔子和他的弟子们围了个严严实实。

孔子和弟子们与外界完全断绝了联系，没有粮食，最后连野菜也吃完了，很多人因此病倒了。孔子知道弟子中很多人有怨言，便把子路叫到跟前，问："是不是我们的学问不对头，要不怎么会沦落到这个地步呢？"子路早就心存疑虑，迫不及待地说："我以前就听过一句古话，为善者天报之以善，为恶者天报之以祸。老师您天天讲仁义道德，我们却处处碰壁，不知是我们仁德不够，还是智慧不够呢？"孔子呵呵笑道："如果有仁德就能让人信服，伯夷、叔齐就不会饿死；如果有智慧就可以行得通，那么比干就不会被挖心。博学而没有机遇的人多了，怎么会只有我孔丘一人呢？"子路忍不住又问："既然这样，您为什么还要讲求仁义四处奔波呢？"孔子想了想，说："芝兰生于深林，不以无人而不芳；君子修其道德，不为穷困而改节。至于结局如何，那就听从命运的安排吧。"

孔子认为，做人应该像芝草兰花一样，不要因为无人欣赏身处困境而改变气节。孔子用这样的话语激励处于困境中的弟子，帮他们调整心态，而自己却依旧传道授业、弹琴唱歌，终于等来了救兵，顺利渡过了难关。

讳疾忌医，掩耳盗铃。

【字句注释】

讳：忌讳，回避。

【原文翻译】

怕别人知道自己的病，就不敢去看医生；害怕别人听见铃铛声，就堵上自己的耳朵去偷盗。

【启迪意义】

因为害怕被批评就不敢正视自己的缺点和错误，那只能是逃避现实、自欺欺人。

【警世故事1】

讳疾忌医

扁鹊是战国时候的名医，有一天他去见蔡国的国君桓公，端详了对方的气色以后，说："大王，您得病了。现在还只在皮肤表层，如果马上治疗，很快就会好。"蔡桓公不以为然地说："我没有病，用不着你来治！"扁鹊走后，蔡桓公对左右说："这些当医生的，成天想给没病的人治病，好用这种办法来证明自己医术高明。"

过了十天，扁鹊再去看望蔡桓公。他着急地说："大王，您的病已经发展到肌肉里了，可得抓紧治疗啊！"蔡桓公把头一歪："我根本就没有病！你走吧！"扁鹊走后，蔡桓公又很不高兴。

又过了十天，扁鹊再去看望蔡桓公。他看了看蔡桓公的气色，焦急地说："大王，您的病已经进入了肠胃，不能再耽误了啊！"蔡桓公连连摇头说："见鬼了，我哪来什么病！"

再过了十天，扁鹊再一次去看望蔡桓公。可是这一次他只是远远地看了一眼蔡桓公，立马掉头就走了。蔡桓公心里好生纳闷，就派人去问扁鹊："您为什么掉头就走呢？"扁鹊说："病在皮肤表层，可以用热敷；病在肌肉里，可以用针灸；病到肠胃里，可以吃汤药。但是，现在大王的病已经深入骨髓，病到这种程度只能听天由命了。所以，我也不敢再为大王治病了。"

不久之后，果然如扁鹊所说，蔡桓公病发，不治身亡。

有容德乃大，无欲心自闲。

【字句注释】

容：宽容。

【原文翻译】

宽厚客人，品德才能显得高尚；没有贪欲，才能心平气和。

【启迪意义】

做人要宽容，豁达大度。

【警世故事1】

将相和

战国时候，秦国最强，常常进攻别的国家。

有一回，赵王得了一件无价之宝，叫和氏璧。秦王知道了，就写一封信给赵王，说愿意拿十五座城换这块璧。

赵王接到了信非常着急，立即召集大臣来商议。大家说秦王不过想把和氏璧骗到手罢了，不能上他的当，可是不答应，又怕他派兵来进攻。

正在为难的时候，有人说有个蔺相如，他勇敢机智，也许能解决这个难题。

赵王把蔺相如找来，问他该怎么办。

蔺相如想了一会儿，说："我愿意带着和氏璧到秦国去。如果秦王真的拿十五座城来换，我就把璧交给他；如果他不肯交出十五座城，我一定把璧送回来。那时候秦国理屈，就没有动兵的理由。"

赵王和大臣们没有别的办法，只好派蔺相如带着和氏璧到秦国去。

蔺相如到了秦国，进宫见了秦王，献上和氏璧。秦王双手捧住璧，一边看一边称赞，绝口不提十五座城的事。蔺相如看这情形，知道秦王没有拿城换璧的诚意，就上前一步，说："这块璧有点儿小毛病，让我指给您看。"秦王听他这么一说，就把和氏璧交给了蔺相如。蔺相如捧着璧，往后退了几步，靠着柱子站定。他理直气壮地说："我看您并不想交付十五座城。现在璧在我手里，您要是强逼我，我的脑袋和璧就一块儿撞碎在这柱子上！"说着，他举起和氏璧就要向柱子上撞。秦王怕他把璧真的撞碎了，连忙说一切都好商量，就叫人拿出地图，把允诺划归赵国的十五座城指给他看。蔺相如说和氏璧是无价之宝，要举行个隆重的典礼，他才肯交出来。秦王只好跟他约定了举行典礼的日期。

蔺相如知道秦王丝毫没有拿城换璧的诚意，一回到宾馆，就叫手下人化了装，带着和氏璧抄小路先回赵国去了。到了举行典礼那一天，蔺相如进宫见了秦王，大大方方地说："和氏璧已经送回赵国去了。您如果有诚意的话，先把十五座城交给我国，我国马上派人把璧送来，决不失信。不然，您杀了我也没有用，天下的人都知道秦国是从来不讲信用的！"秦王没有办法，只得客客气气地把蔺相如送回赵国。

这就是"完璧归赵"的故事。蔺相如立了功，赵王封他做上大夫。

过了几年，秦王约赵王在渑池会见。赵王和大臣们商议说："去吧，怕有危险；不去吧，又显得太胆怯。"蔺相如认为对秦王不能示弱，还是去的好，赵王才决定动身，让蔺相如随行。大将军廉颇带着军队送他们到边界上，做好了抵御秦兵的准备。

赵王到了渑池，会见了秦王。秦王要赵王鼓瑟。赵王不好推辞，鼓了一段。秦王就叫人记录下来，说在渑池会上，赵王为秦王鼓瑟。

蔺相如看秦王这样侮辱赵王，生气极了。他走到秦王面前，说："请您为赵王击缶。"秦王拒绝了。蔺相如再要求，秦王还是拒绝。蔺相如说："您现在离我只有五步远。您不答应，我就跟您拼了！"秦王被逼得没法，只好敲了一下缶。蔺相如也叫人记录下来，说在渑池会上，秦王为赵王击缶。

秦王没占到便宜。他知道廉颇已经在边境上做好了准备，不敢拿赵王怎么样，只好让赵王回去。

蔺相如在渑池会上又立了功。赵王封蔺相如为上卿，职位比廉颇高。

廉颇很不服气，他对别人说："我廉颇攻无不克，战无不胜，立下许多大功。他蔺相如有什么能耐，就靠一张嘴，反而爬到我头上去了。我碰见他，得给他个下不了台！"这话传到了蔺相如耳朵里，蔺相如就请病假不上朝，免得跟廉颇见面。

有一天，蔺相如坐车出去，远远看见廉颇骑着高头大马过来了，他赶紧叫车夫把车往回赶。蔺相如手下的人可看不顺眼了。他们说，蔺相如怕廉颇像老鼠见了猫似的，为什么要怕他呢！蔺相如对他们说："诸位请想一想，廉将军和秦王比，谁厉害？"他们说："当然秦王厉害！"蔺相如说："秦王我都不怕，会怕廉将军吗？大家知道，秦王不敢进攻我们赵国，就因为武有廉颇，文有蔺相如。如果我们俩闹不和，就会削弱赵国的力量，秦国必然乘机来打我们。我所以避着廉将军，为的是我们赵国啊！"

蔺相如的话传到了廉颇的耳朵里。廉颇静下心来想了想，觉得自己为了争一口气，就不顾国家的利益，真不应该。于是，他脱下战袍，背上荆条，到蔺相如门上请罪。蔺相如见廉颇来负荆请罪，连忙热情地出来迎接。从此以后，他们俩成了好朋友，同心协力保卫赵国。

廉颇和蔺相如

战国时候，有七个大国，它们是齐、楚、燕、韩、赵、魏．秦，历史上称为"战国七雄"。这七国当中，又数秦国最强大。秦国常常欺侮赵国。有一次，赵王派一个大臣的手下人蔺相如到秦国去交涉。蔺相如见了秦王，凭着机智和勇敢，给赵国争得了不少面子。秦王见赵国有这样的人才，就不敢再小看赵国了。赵王看蔺相如这么能干。就先封他为"大夫"，后封为上卿（相当于后来的宰相）。

赵王这么看重蔺相如，可气坏了赵国的大将军廉颇。他想：我为赵国拼命打仗，功劳难道不如蔺相如吗？蔺相如光凭一张嘴，有什么了不起的本领，地位倒比我还高！他越想越不服气，怒气冲冲地说："我要是碰着蔺相如，要当面给他点儿难堪，看他能把我怎么样！"

廉颇的这些话传到了蔺相如耳朵里。蔺相如立刻吩咐自己手下的人，叫他们以后碰着廉颇手下的人，千万要让着点儿，不要和他们争吵。以后，他自己坐车出门，只要听说廉颇打前面来了，就叫马车夫把车子赶到小巷子里，等廉颇过去了再走。

廉颇手下的人，看见上卿这么让着自己的主人，更加得意忘形了，见了蔺相如手下的人，就嘲笑他们。蔺相如手下的人受不了这个气，就跟蔺相如说："您的地位比廉将军高，他骂您，您反而躲着他，让着他，他越发不把您放在眼里啦！这么下去，我们可受不了。"

蔺相如心平气和地问他们："廉将军跟秦王相比，哪一个厉害呢？"大伙儿说："那当然是秦王厉害。"蔺相如说："对呀！我见了秦王都不怕，难道还怕廉将军吗？要知道，秦国现在不敢来打赵国，就是因为国内文官武将一条心。我们两人好比是两只老虎，两只老虎要是打起架来，不免有一只要受伤，甚至死掉，这就给秦国造成了进攻赵国的好机会。你们想想，国家的事儿要紧，还是私人的面子要紧？"

蔺相如手下的人听了这一番话，非常感动，以后看见廉颇手下的人，都小心谨慎，总是让着他们。

蔺相如的这番话，后来传到了廉颇的耳朵里。廉颇惭愧极了。他脱掉一只袖子，露着肩膀，背了一根荆条，直奔蔺相如家。蔺相如连忙出来迎接廉颇。廉颇对着蔺相如跪了下来，双手捧着荆条，请蔺相如鞭打自己。蔺相如把荆条扔在地上，急忙用双手扶起廉颇，给他穿好衣服，拉着他的手请他坐下。

蔺相如和廉颇从此成了很要好的朋友。这两个人一文一武，同心协力为国家办事，秦国因此更不敢欺侮赵国了。"负荆请罪"也就成了一句成语，表示向别人道歉、承认错误的意思。

【警世故事3】

韩魏公宽容大度

北宋仁宗年间，韩琦被任命为枢密使，掌握全国军政大权。由于他勤于职守，政绩卓著，后来被英宗皇帝封为魏国公，人称韩魏公。韩魏公虽为高官，但待人宽厚谦和，深受属下爱戴。

韩魏公在大名当官的时候，朋友送给他两只玉杯。玉杯古色古香，玲珑剔透，年代久远却没有半点瑕疵。韩魏公对这两只玉杯简直爱不释手，平时把它们当作稀世珍宝一样倍加爱护，从不轻易拿出来示人。

有一天，一个好朋友从远方来拜访韩魏公。韩魏公非常高兴，举行盛大的欢迎宴会。席间，韩魏公兴致勃勃地拿出玉杯，一则让大家伙儿饱饱眼福，一则以玉杯劝酒，显示自己殷勤待客之道。刚刚开席不久，一个男仆不小心碰到桌子，玉杯落到地上，摔了个粉碎。满座客人无不大惊失色，人人都知道玉杯是韩魏公的心爱之物。男仆更是吓得面无血色，跪在地上发抖，嘴里不住地求饶。众人都将目光投向韩魏公，空气一下变得紧张起来。出乎大家意料的是，韩魏公神色自若，一点怒气都没有，平静地对客人说："世间万物的存在与毁坏都是有定数的，不可强求，看来这两只玉杯也是这样。"接着又安慰那个男仆说，"快起来，不是你的过错。你也不是故意的，何罪之有呢？"满座客人听后转忧为喜，都十分佩服韩魏公的胸怀。

处世篇

饶人不是痴汉，痴汉不会饶人。

【字句注释】

痴汉：愚钝的人

【原文翻译】

宽以待人是通晓事理的人，而不通晓事理的愚笨人是不会宽以待人的。

【启迪意义】

人的一生谁都会碰到个人的利益受到他人有意或无意的侵害。为了培养和锻炼良好的心理素质，你要接受忍让和宽容的考验。即使感情无法控制时，也要关住自己的嘴巴，管住自己的大脑，忍一忍，就能抵御急躁和鲁莽，控制冲动的行为。

东郭先生

这个故事出自十三世纪中国明代马中锡的《东田传》一书。故事说，有一位书生东郭先生，读死书、死读书，十分迂腐。一天，东郭先生赶着一头毛驴，背着一口袋书，达到一个叫"中山国"的地方去谋求官职。

突然，一只带伤的狼窜到他的面前，哀求说："先生，我现在正被一位猎人追赶，猎人用箭射中了我，差点要了我的命。求求您把我藏在您的口袋里，将来我会好好报答您的。"东郭先生当然知道狼是害人的，但他看到这只受伤的狼很可怜，考虑了一下说："我这样做会得罪猎人的。不过，既然你求我，我就一定想办法救你。"说着，东郭先生让狼蜷曲了四肢，然后用绳子把狼捆住，尽可能让它的身体变得小些，以便装进放书的口袋中去。

不一会儿，猎人追了上来，发现狼不见了，就问东郭先生："你看见一只狼没有？它往哪里跑了？"东郭先生说："我没有看见狼，这里岔路多，狼也许从别的路上逃走了。"猎人相信了东郭先生的话，朝别的方向追去了。

狼在书袋里听得猎人的骑马声远去之后，就央求东郭先生说："求求先生，把我放出去，让我逃生吧。"仁慈的东郭先生，经不起狼的花言巧语，把狼放了出来。不料，狼却嗥叫着对东郭先生说："先生既然做好事救了我的命，现在我饿极了，你就再做一次好事，让我吃掉你吧。"说着，狼就张牙舞爪地扑向东郭先生。

东郭先生徒手同狼搏斗，嘴里不断对狼喊着"忘恩负义"。正在这时，有一位农民扛着锄头路过，东郭先生急忙拉住他，向他讲述自己如何救了狼，狼忘恩负义要伤害自己的事，请农民评理。可是狼却一口否定东郭先生救过它的命。老农想了想说："你们的话，我都不相信，这只口袋这么小，怎么可能装下一只大狼呢。请再装一下，让我亲眼看一看。"狼同意了，它又躺在地上，蜷作一团，让东郭先生重新用绳子捆起来，装进了口袋里。老农立即把口袋扎紧，对东郭先生说："这种伤害人的野兽是不会改变本性的，你对狼讲仁慈，简直太糊涂了。"说罢，抢起锄头，把狼打死了。

东郭先生恍然大悟，非常感谢农民及时救了他的命。现在，"东郭先生"和"中山狼"已经成为汉语中固定词语，"东郭先生"专指那些不辨是非而滥施同情心的人，"中山狼"则指忘恩负义、恩将仇报的人。

现代社会，竞争激烈，人与人在交往之中经常会出现一些冲突。哪怕是自己最亲的家人，感情最深的朋友，或者是多年合作的搭档，矛盾的产生，误会的存在，都是在所难免的。如何去看待、解决这些矛盾误会，是生活的一大学问。

同样一件事，或者是利益上的纠纷，或者是感情上的误会，心量大的人会把大事化小，小事化了，最后一笑了之，皆大欢喜，大家重归于好，什么事都没有。而心量小的人却容易为一件小事而耿耿于怀，甚至睚眦必报，既损害了自己的心情，还容易因为小事而酿成大祸，搞到最后谁都没有好日子过。

有个寓言故事。一个人捉到了一只大老鼠，想起老鼠作的孽，气得牙根痒痒的，决心好好地惩治它。他想，如果一下子让它死去，那就太便宜它了。于是，他找来煤油，把煤油倒在老鼠的身上，然后点燃，等到这火把老鼠烧得吱吱叫的时候，才将其放开。谁知一放开，浑身是火的老鼠便在屋里狂奔乱闯，一头钻进了柴火堆里，引起一场大火，把这人的屋子烧得精光。最后这人只能是痛哭流涕，后悔莫及，本来想惩治一下老鼠，没想到手段过于残忍，反倒把自己给毁了。

中国有句古话讲："饶人不是痴汉，痴汉不会饶人。"老鼠经常乱咬东西，是挺惹人讨厌，为了制止这种令人讨厌的行为，将他抓住，进行适当的惩罚，这是有必要的。但是，假如非得对其施以报复性的惩处，非得让它被火烧得吱吱响才肯罢手，那么，这种比老鼠乱咬东西不知要残忍多少倍的行为，只会给自己带来更大的损失，而且有可能带来意想不到的灾难。

老鼠如此，人更是如此。你对人家怎么样，人家同样会对你怎么样。你得势不饶人，那么人家只有以死相拼，最后只能是鱼死网破，玉石俱焚；相反，假如你能宽容人家，所谓大肚能容，那么人家反过来也会对你恭恭敬敬。你主动退一步，人家有可能会退三步；你把人家往火里推，那么人家哪怕是拉也要把你一起拉到火里面去。这些都是很浅显的道理。社会的一切都是相对的，作用力有多大，反作用力也就有多大。

所以说，得饶人处且饶人。跟别人过不去，其实就是在跟自己过不去；宽容了他人，其实也是放过了自己。

【警世故事 2】

赌气的公交车司机

有一则新闻报道，两个公交车司机为了超车，互相赌气，互不相让，造成堵车影响了交通，延误了乘客时间，引起了公愤，真是让人哭笑不得。所谓"饶人不是痴汉，痴汉不会饶人"。只有聪明的人才会饶人，吃亏是福、得饶人处且饶人。宽恕是智者才有的美德。人非圣贤，情绪波动总会有的，生活中的小事，忍让是最明智地选择，坚持者痴汉。但是，对于原则问题，还是坚持好。但，也要学会保全自己，可别吃了眼前的亏。当你和别人之间发生矛盾的时候，要主动示好，采取寻求和解的行动，这样才能赢得和谐的人际关系。

应该说，人的一生谁都会碰到个人的利益受到他人有意或无意的侵害。为了培养和锻炼良好的心理素质，我们要接受忍让和宽容的考验。即使感情无法控制时，也要关住自己的嘴巴，管住自己的大脑，忍一忍，就能抵御急躁和鲁莽，控制冲动的行为。

《尚书·伊训》中有"与人不求备，检身若不及"的话，是说我们与人相处的时候，不求全责备，检查约束自己的时候，也许还不如别人。要求别人怎么去做的时候，应该先问一下自己能否做到。做人固然不能玩世不恭，游戏人生，但也不能太较真，认死理。"水至清则无鱼，人至察则无徒"，太认真了，就会对什么都看不惯，连一个朋友都容不下，把自己同社会隔绝开。

镜子很平，但在高倍放大镜下，就成了凹凸不平的山峦；肉眼看很干净的东西，拿到显微镜下，满目都是细菌；如果我们"戴"着放大镜，显微镜生活，恐怕连饭都不敢吃；如果老盯着别人的缺点，恐怕任何人在你眼里都是无可救药。

相信我们都遇到这样的事情：过在公共场合因为一些小事而闹得不开心，甚至影响了自己一天的心情。其实有时候它实在不值得我们生气。素不相识的人冒犯你肯定是别有原因的，不知哪一种烦心事使他这一天情绪恶劣，行为失控，正巧你赶上了，只要不是侮辱人格，我们就应宽大为怀，不必介意，或以柔克刚，晓之以理。

总之，不能与这位与你原本无仇无怨的人瞪眼较劲。假如对方没文化、没教养，一较真就等于把自己降低到对方的水平，自己也很没面子。另外，对方的触犯从某种程度上是发泄和转嫁痛苦，虽说我们没有分摊的义务，但客观上确实帮助了他，无形之中做了件善事。这样一想，也就宽容他了。

"饶人不是痴汉，痴汉不会饶人"也有把这句话说成"得饶人处且饶人。"这条哲理告诉人们，凡事都应适可而止，给自己流下更多的空间。

钱财如粪土，仁义值千金。

【字句注释】

仁义：仁德、道义。

【原文翻译】

钱财就像粪土一样不值钱。仁义却贵如千金。

【启迪意义】

在金钱和仁义的取舍上要保持清醒的头脑，万万不可利欲熏心。

【警世故事1】

林回弃璧

周朝有一个诸侯国灭亡了，亡国的难民中有个叫林回的人，他舍弃了价值千金的玉璧，却背负着婴儿逃难。

难民中有人不理解林回的选择："你是为了金钱吗？如果是为了金钱，一个婴孩能值几个钱？"又有人问："你不害怕受牵累吗？一个吃奶的婴儿在战难时，给人添的麻烦简直说不完。国难当头，真不明白你抛弃宝玉，背上婴儿这个包袱是为什么？"

林回背着孩子说："那块宝玉是因为值钱才和我在一起。这孩子因为是我的亲生骨肉，和我的感情连在一起。"

和金钱利欲结合在一起，遇到天灾人祸，患难之时便会互相抛弃；和骨肉情义友谊结合在一起，遇到患难便会相依为命。互相抛弃与互相依存，实在是相去十万八千里啊！

用金钱利欲结成的关系是暂时的，不能经受患难的考验；人与人之间的亲情友谊，患难与共才是长久和永恒的。

【警世故事2】

轻财重义郭元振

郭元振。少有大志。年十六。为太学生。家尝送资钱四十万。有缞服者叩门。自言五世未葬。愿假以治丧。元振举以与之。无少吝。一不质姓名。年十八。举进士。后为凉州都督。拓州境千五百里。又开屯田。尽水陆之利。旧粟麦斛至数千。至是一缣籴数十斛。军粮支数十年。夷夏畏慕。令行禁止。牛羊被野。路不拾遗。（《郭元振传》。及《纲鉴》。）

郭元振唐朝贵乡人，字元振，以字显扬闻称于世。少年时代，就怀抱大志，才学俊秀，十六岁入太学当太学生时，有一次家人送来钱资四十万，恰有一位身穿丧服的陌生人，前来叩门求他帮助，自说家境贫寒，已有五代祖先未能安葬，请求借钱，用来治丧，元振深为同情，也不质问他的姓名，就将四十万钱全部赠送给他，丝毫不吝惜。

十八岁时，中举进士，具有侠义心肠，经常倾其所能，热心助人，个性豪爽，不为小节所拘束。武后召见，应对称合意旨，随即授官右武卫铠曹参军。其后任凉州都督，到任后就选择险要地势，驻兵防守。开拓州境一千五百里，又派遣兵士开屯田，一面驻守，一面开垦种植，以尽水陆的利用，大量生产五谷，以前一石粟麦昂贵到数千钱，这时一匹绢布可买入粟麦数十石，兵食具足，军粮根源维持数十年，运转不忧，夷夏民族都敬畏仰慕。军民守法，政治清明，牛羊遍野，百姓富裕，路不拾遗，三十年无胡虏侵犯的忧患，实为一代循吏典范。

贤士卜式

卜式是西汉时期著名的贤士，他对自己的弟弟很友好，照顾得很周到，又慷慨为国捐献家产。大家都说他是个重亲情、不爱财、一心为国的君子。

卜式以牧羊为业。父母去世后，兄弟俩分家，卜式把家中的财产都让给了弟弟，自己只要了一百多头羊。他很会养羊，又善于理财，10 年之后，羊群已繁殖到千余头，他买了房屋，又置办了土地，成为当地很有名的富户。而这时弟弟因经营不善而破产，卜式于是把自己的财产分了一半给弟弟。

当时，汉朝与匈奴连年作战，耗费了大量的钱财，国库空虚，卜式为此忧心忡忡。他给汉武帝写了封信，表示愿意献出自己的一半家产，作为边防军费开支，也算是他尽了一点爱国之心。

尽管有些豪富嘲弄挖苦他，说他傻，但他仍旧勤勤恳恳地牧羊、劳作，赈济穷人，还专门派人带着钱去边关地带救助因战祸而逃荒的难民，又捐出 20 万钱交给河南太守帮助边地移民。在卜式的带动下，不少富户也都出钱、出粮，资助朝廷府库。

在当时天下豪富争相藏财产，害怕国家征用的情况下，卜式多次向国家捐资的行动终于让汉武帝知道了。汉武帝说："像卜式这样一心为国的人太少了。要是大家都学他的样子，天下还愁不能大治吗？"他下诏书给卜式很多奖赏，卜式又把这些奖赏全都交给官府。汉武帝下诏书拜卜式为中郎官，但卜式不愿为官，而是来到京城的郊外，每天穿着布衣草鞋在山野牧羊。

仅一年多时间，卜式养的羊又繁殖了很多，既肥又壮。汉武帝很赞赏他的放牧才能，卜式说："不但放羊如此，治理民众也是这样，使民定时起居，对于那些不良的人要立即清除，决不能让其败群。"武帝一再赞赏他重义轻

财的品行，还从中悟出了一些治国平天下的大道理：财物轻，怨何生。言语忍，忿自泯。

【警世故事4】

冯谖买仁义

冯谖是孟尝君的一个门客，其貌不扬，不受孟尝君重用，其他门客也不太喜欢他。有一天，孟尝君举行集会，选拔熟悉账目的人到薛地收债。冯谖自告奋勇，愿当此任。孟尝君也同意了。临行前，冯谖问孟尝君："收完债，买些什么回来？"孟尝君说："你看家里缺什么就买什么吧。"

于是冯谖带着债券驱车前往薛地。冯谖一到薛地，就召集当地百姓，当着大家的面把所有债券烧得干干净净，还说孟尝君已免除了他们的债务。百姓看到这一情景，感激涕零。

冯谖回到都城复命。孟尝君问冯谖："先生给我买了什么回来？"冯谖回答："我看家中什么也不缺，想来想去我决定给您买仁义。"孟尝君问："买仁义，怎么讲？"冯谖答道："薛地虽然不大，可那是您的封地。您应当爱护百姓，不应靠剥削他们来发财。所以我以您的名义烧了债券，豁免了百姓的债务。百姓对您感恩戴德。这就是我买的仁义。"孟尝君听了，很不高兴，但事已至此，只好算了。

后来孟尝君得罪了齐王，被贬往薛地。薛地百姓听说孟尝君回来了，于是扶老携幼，出城迎接。孟尝君见到人山人海的场面，不禁感慨万千，说道："冯谖先生为我买仁义，今日我才明白其中的真正含义啊！"

良药苦口利于病，忠言逆耳利于行。

【字句注释】

略。

【原文翻译】

好药大多昧苦，却能治病；忠言大多不怎么好听，却对我们的行为有帮助。

【启迪意义】

一个人要勇于接受批评意见，吸取大家的智慧，才能在前进的路上走得更远。

【警世故事1】

樊哙张良劝刘邦

公元前207年，刘邦率领大军以破竹之势大败秦军，占领咸阳城。当刘邦来到秦王王宫，发现里面奇珍异宝堆积如山，美女佳丽不计其数，直看得他眼花缭乱、目瞪口呆，一步也不想离开。樊哙看到刘邦痴痴呆呆的样子，知道他动了心，就问："主公是想得天下呢，还是就想做一个富翁？"刘邦说：

"我当然是想得天下。""那您就不要贪恋眼前这些珍宝、美女，它们就是秦王朝灭亡的祸根！还请主公离开咸阳，屯兵霸上。"

刘邦不听，樊哙找到了张良，请他来劝说刘邦。张良来到刘邦近前，毫不留情地说道："秦始皇暴虐无道，所以主公你才有机会站在这里。一个打着替天行道旗号的人是不应该贪财好色的，否则他与暴虐无道的君王没什么两样。良药苦口利于病，忠言逆耳利于行，我劝主公还是听从樊将军的建议，速速移师霸上。"张良一番话如当头棒喝，敲醒了刘邦。刘邦于是封存秦宫珍宝，移师霸上。

樊哙和张良的劝谏，恰似开给刘邦的一服苦口良药，不仅治病，而且救人。因为如果再晚一点撤离的话，刘邦也许就成了西楚霸王项羽的刀下之鬼，更不要谈什么开创三百年大汉雄风了。

君子不可貌相，海水不可斗量。

【字句注释】

斗：旧时的量具。

【原文翻译】

不能从相貌上判断一个人是不是君子，就如同海水不能用斗来衡量一样。

【启迪意义】

要真正认识一个人，不应该以貌取人。而应该听其言，观其行，考察他的才学和品行。

【警世故事1】

孔夫子以貌取人

孔夫子一生阅人无数，可是他也有看走眼的时候。孔子就说过这样一句话："以貌取人，失之子羽"，这是怎么回事呢？

原来子羽是孔子的一个学生，复姓澹台，名灭明，字子羽。孔子刚见到子羽的时候，发现这个学生长得太丑了，就先入为主地认为子羽没什么才能，起了轻视之心。子羽没有在意老师的态度，而是虚心请教，一心向学。学业完成后，子羽就回到家乡，而孔子也渐渐把这个丑学生给忘了。

有一年，有个从楚国人来看望孔子，孔子就问道："在你当官的地方，有没有什么品行高尚的人啊？"那人答道："有一个叫澹台灭明字子羽的人，为人正直，品行端庄，在民间口碑极好。据说他走路只走大路而不走小径，不是因为公事从来不到官府去。"孔子听闻此言，想起子羽正是自己曾经教过的学生，怅然若失，觉得子羽是品德高尚的真君子，自己以貌取人实在是太轻率了。

子羽在南方讲学，追随的弟子有三百多人，成为儒学在南方传播的重要力量。子羽本人也因为崇高的学术地位被后人列入孔门七十二贤之列。

许人一物，千金不移。

【字句注释】

允许，许诺。移：改变。

【原文翻译】

东西既然已经答应送给别人，即便再给千金也不能改变。

【启迪意义】

一言既出，驷马难追。做人应当言而有信，懂得一诺千金的重要性。

【警世故事1】

季札献剑

春秋时期，吴国公子季札奉命出使晋国。路过徐国的时候，受到徐国国君热情款待。席间，徐君注意到季札身上佩戴的一把宝剑，心里十分喜欢，又不好开口索要，总是情不自禁地朝它观望。季札明白徐君的心意，只是出使大国，宝剑是身份的象征之一，暂时不能相赠。季札心里暗想：等我办完事情之后，一定把宝剑送给徐君。

然而世事无常，当季札完成出使任务又路过徐国的时候，徐君已经去世。

季札来到郊外徐君的墓前，把剑挂到树上。随从非常疑惑，就问季札："徐君已经过世了，您将宝剑挂在这里，又有什么用呢？"季札说："当日路过徐国，徐君没有明说，但我已经看出他对宝剑的爱慕之情，那时我就决定把宝剑送给他了。如今他虽已去世，我不献剑，即是欺骗自己，君子不会为爱惜一把宝剑而自欺。"季札对着徐君的坟墓拜了又拜，返身离去。

后来，人们为了纪念此事，在季札挂剑处修建"季子挂剑台"，并创作了《徐人歌》歌颂季札："延陵季子兮不忘敌，脱千金之剑兮带丘墓。"

千里送鹅毛，礼轻仁义重。

【字句注释】

略。

【原文翻译】

不远千里送人鹅毛，礼物虽然轻微，情义却很深厚。

【启迪意义】

如果饱含深情，再小的礼物，也会让人惊喜不已。

【警世故事 1】

缅伯高千里送鹅毛

有一天，唐太宗在大殿上接受西域回纥国特使的朝贺。特使的名字叫缅伯高，只见他神色紧张，颤颤巍巍地拿出一个精致的绸缎小包，打开一看，里面是几根鹅毛和一首小诗。群臣哗然，以鹅毛作为礼品，简直是对天朝的侮辱！太宗皇帝示意百臣安静，看缅伯高作何解释。

原来缅伯高的国君为了表示对大唐朝的拥戴，给太宗皇帝贡献了一对天鹅，由缅伯高作为特使专程护送。在路过沔阳河的时候，缅伯高见天鹅脏兮兮的，就想给它们洗个澡。谁知一不留神，作为贡品的天鹅竟然挣脱众人之手，向远处飞走了。慌乱之中，缅伯高只抓下了几根鹅毛。天鹅飞走了，后悔也没有用，缅伯高只好硬着头皮来见太宗皇帝，于是就出现了先前的一幕。

"天鹅贡唐朝，山高路途遥。沔阳河失宝，倒地哭号啕。上复圣天子，可饶缅伯高。礼轻情意重，千里送鹅毛。"唐太宗念着缅伯高写的诗，看着眼前雪白的鹅毛，深切感受到了回纥国君民的情义，连忙说："千里送鹅毛，礼轻情意重，难能可贵，难能可贵！"

渴时一滴如甘露，醉后添杯不如无。

【字句注释】

甘露：甘甜的水珠。

【原文翻译】

干渴的时候一滴水也像甘露一样，酒醉后就不要再添杯了。

【启迪意义】

与其锦上添花，不如雪中送炭，在别人最需要帮助的时候伸出援手。

【警世故事 1】

吕蒙正对联讽世

古时候，流传着这样一副对联：上联是"二三四五"，下联是"六七八九"，横批是"南北"。一年除夕，一个叫吕蒙正的也写了此联贴于自家门上。吕蒙正是一个穷困潦倒的读书人，对联中缺衣（一）少食（十），横批中没有"东西"，是他一家生活的真实写照。

吕蒙正夫妻二人栖息在一座四面透风的破窑里，吃了上顿没有下顿，日子十分清苦。贫居闹市无人问，亲戚朋友们生怕吕蒙正会缠上自己，像躲瘟神一样，避之唯恐不及，更不用说周济他们了。吕蒙正的岳父是个有钱人，可是他心肠像铁打一般，眼看着女儿女婿遭罪，从来没有可怜过他们。吕蒙正夫妇走投无路，只好当附近的寺庙敲开饭钟吃饭时，去讨些斋饭，勉强度日。

时间久了，庙里和尚对他们也心生厌恶，想了个坏主意捉弄他们：吃过了饭才敲开饭钟。吕蒙正听到钟声赶到的时候，锅里只剩下清亮的洗锅水。吕蒙正空手而归，与妻子抱头痛哭。

但是吕蒙正身处贫贱，却没有被生活的残酷吓倒。虽然饥寒交迫，吕蒙正从来没有放弃过努力读书。因为他深深地知道读书是改变命运的唯一机会。皇天不负有心人，几年之后，吕蒙正在科举考试中一举夺魁，成为当年的状元。从此以后，吕蒙正做高官骑骏马，生活富足起来。原来那些亲戚朋友纷纷登门拜贺，连当年庙里的和尚都送来了贺礼。落魄之时无人问，显贵之日尽攀亲，吕蒙正深感人情冷暖，世态炎凉，又一次提笔书写对联贴于门上：旧岁饥荒柴米无依靠，走出十字街头，赊不得借不得，许多内亲外戚袖手旁观，尤人雪中送炭；今科侥幸吃穿有指望，夺得五经魁首，姓亦扬名亦扬，不论张三李四踵门庆贺，尽来锦上添花。

对联贴出来，那些趋炎附势想来沾光的人满脸羞愧，灰溜溜地走了。

水至清则无鱼，人至察则无徒。

【字句注释】

察：苛察，精细。徒：门徒，徒众。

【原文翻译】

水太清了就没有鱼，人太精细了就不会有朋友。

【启迪意义】

用人的艺术，在于放大对方的优点，宽容对方的缺点。

【警世故事 1】

曹操烧信拢人心

汉献帝建安五年（200），曹操和袁绍在官渡对峙，许攸献计，偷袭袁军粮草得手，曹操大获全胜。

清点战利品的时候，曹操把金银珠宝、绸缎布匹都赏赐给了下属，将士们欢欣鼓舞。这时有人给曹操递上一捆书信，说是从袁绍那里搜出来的。见书信下面很多人都笑不出来了，因为那里面有他们与袁绍私通的铁证。曹操是何等精明的人，一看就知道这些信是怎么回事："怎么办？"有人说："拆开一一核对姓名，私通袁绍者，杀无赦。"曹操听了，哈哈大笑："众将放心，当袁绍强大的时候，我自己都不知道能不能打败他，更何况是你们！烧掉、烧掉，过去的账一笔勾销！"

曹操在用人上已经达到了炉火纯青的境界，他深知人至察则无徒的道理，这一次"难得糊涂"为他换来了许多人的以死相报。

近水楼台先得月，向阳花木早逢春。

【字句注释】

略。

【原文翻译】

靠近水边的楼台因为没有树木的遮挡，能先看到月亮的投影；而迎着阳光的花木，光照自然好得多，所以发芽就早，最容易形成春天的景象。

【启迪意义】

靠近水边的楼台总能先得到月光的照射，朝向太阳的花木总是最先得到春天的温暖。比喻因地处近便而得到优先的机会。同时揭示了一个朴素的哲理：当事物发生变化时，最先波及的是离它最近之物。

【警世故事1】

范仲淹析诗

范仲淹是宋朝时的一位政治家、文学家，他学问很好，能诗能文。他写的《岳阳楼记》十分著名，那"先天下之忧而忧，后天下之乐而乐"的名句至今仍为人们所传诵。

范仲淹曾多次在朝廷担任要职，也曾镇守过地方。有一段时间，他镇守杭州。任职期间对手下的人都有所推荐，不少人得到了提拔或晋升，大家对他都很满意。

这时候，有一个叫苏麟的官员，因担任巡检，常常在外，却一直没有得到提拔。当他见到自己周围的同事，无论职位比自己高的、低的都一个个得到了升迁，而自己却没人理睬，心里很不是滋味。他担心自己一定是被这位范大人遗忘了。怎么办呢？直接去找范大人吧，是去争官位，又不便说。不说吧，心里又很不平衡。为此，他心情非常沉重。一天，他终于想出了一个委婉的办法来，这就是写首诗去向范大人请教，实际上去提醒他：千万别忘了自己！想到这里，苏麟高兴起来，他赶忙拿出纸认真地写了首诗，并将诗句呈给了范仲淹，很虚心地请他赐教。

范仲淹读着苏麟的诗，很快就会意地笑了。他吟诵着诗中的"近水楼台先得月，向阳花木易为春"的诗句，完全懂得了苏麟的言外之意。是呀！怎么能把他忘了呢？很快，苏麟得到了提拔。

【警世故事2】

"早逢春与"与"易为春"

"近水楼台先得月，向阳花木早逢春。"这是一句流传千年的古诗，表面的意思是形容自然万物的生长规律，字里行间却又内涵丰富，一般被人们理解成讽刺"拉关系，攀高枝"等不良现象的贬义话语。但是单看后一句，我却觉得有着良好的寓意，蕴含着丰富的哲理。

"向阳花木早逢春"，其实也可作"向阳花木易为春"讲。但是，不同的用词，不同的"春"，包含着两层不尽相同的意思：表面上是说，阳光作为植物生长必备的主要养料，而"春"则体现着植物的生长情况，植物越靠近阳光就越会更加健康茁壮地成长。只是植物的向阳是被动的，是被放置的，或自然生长的，这就是"逢"春。同样的道理也适合人，其实对我们而言，阳光就像是积极向上的种种事物因素、态度或行为，而"春"是我们人生的状态。我们每个人都充满了主观能动性和自我调节性，我们越是接近"阳光"、充满"阳光"，我们的学习、生活就会变得积极、乐观、向上，我们的人生才会更加富有正确的追求和取得长远的进步，即"为"春。

俗话说，"十年树木，百年树人。"时限虽然比较长，但是树木和树人的道理却是一样的。现实中，植物需要充足的阳光，人同样也需要。

"向阳花木易为春"，把阳光看作积极向上的态度，我们工作中才会更加兢兢业业、认真负责，学习中才会永不止步、完善自我，生活中才会有滋有味、健康洒脱。

"向阳花木易为春"，"春"是目标、理想、追求的种子，阳光是呵护的使者。在心底播下种子，用阳光的准则去衡量，用阳光的信念去支撑，用阳光的行动去达成，最后用阳光般的微笑来诠释，诠释这种收获和喜悦。

其实不管是向阳花木"早逢春"，还是"易为春"都不重要，最重要的是我们，因为我们才是主角。既然"阳光"在身边，"春"在心中，就让我们带着阳光上路，奔向一个又一个春天吧！

【警世故事 3】

苏麟献诗

范仲淹是北宋著名的文学家和政治家，他知人善任，正直无私，曾经向朝廷推荐过很多优秀人才。

据说，范仲淹在担任杭州知府期间，提拔了很多青年才俊，使他们各得其所，人尽其才。其中便有一个叫苏麟的年轻人，他在杭州一个属县当小官，自认为满腹经纶，苦于遇不见伯乐赏识自己，心里非常苦闷。

有一回，苏麟因为公事来见范仲淹。苏麟心想：这可是千载难逢的好机会，一定要想办法让知府大人了解自己的能力和才学。可是怎样才能引起他的注意呢？苏麟冥思苦想很久，终于想出一个办法：写了一首意境优美、别具匠心的诗呈给范仲淹。范仲淹读罢，不住称赞，尤其里面"近水楼台先得月，向阳花木易逢春"之句，更是让人拍案叫绝。反复吟咏之后，范仲淹明白了苏麟藏在诗里的小心思：看似写楼台写花木，实际却暗含着身居外地难以受到自己赏识的苦闷。范仲淹领会了苏麟隐藏在诗中酸酸的心思，又派人仔细考察，发现苏麟确实德才兼备，于是给朝廷写了一封信，保举苏麟担任了一个合适的官职。

两人一般心，有钱堪买金，一人一般心，无钱堪买针。

【字句注释】

一般：一样。堪：能够，可以。

【原文翻译】

两个人一条心，就能够赚到买黄金的钱；一个人一条心，连买针的钱都凑不齐。

【启迪意义】

三个臭皮匠顶个诸葛亮。只有齐心协力，才能取得成功。

【警世故事1】

捆箭

一个老人将不久于人世，他把三个儿子召唤到病榻前说："亲爱的孩子们，你们试试能否把这捆箭折断，我还要给你们讲讲它们捆在一起的原因是什么。"

长子拿起这捆箭，使出了吃奶的力气也没折断，"把它交给力气大的人去吧。"他把箭交给了老二。二儿子接着使劲折，也是白费气力。小儿子想来试试也只是浪费时间，一捆箭没折断一根，还是原样子。

"没有力气的人，"父亲说，"你们瞧瞧，看看你们父亲的力气如何？"三个儿子以为是说笑话，笑而不答，但他们都误会了。只见父亲拆开这捆箭，毫不费劲地一一折断每一羽箭。

"你们看，"他接着说，"这就是团结一致的力量。孩子们，你们要团结，用手足情意把你们拧成一股绳。这样，任何人也不能打垮你们。"这是他在患病期间说得最多的一次话。不久，他感到要撒手西归了，就对孩子们说道："亲爱的孩子们，我要走了，永别了。答应我，你们起誓：要亲如手足，在临终前我要得到你们的回答。"三个儿子哭成泪人般向父亲保证，父亲一一拉着他们的手，溘然长逝了。

三兄弟清理物品时，发现先父留下的遗产相当多，但留下的麻烦也不少，有个债主要扣押财产，另一个邻居又要到法庭起诉。开始时，三兄弟还能协商处理，问题很快得到解决。然而这兄弟之情是如此的短暂，虽有共同的血统，但各自的利益促使他们分离，欲望、妒忌和法律问题困扰着三兄弟，他们争吵、分家，致使法官在许多事情上对他们一一课以处罚。债主和邻居重新翻案，一个说错判要重新起诉，另一个则由于前次诉讼不合手续又提出申诉。不团结的兄弟们内部分歧更大，互相使坏，最后他们丢失了全部家产。当想起捆在一起又被拆散的箭和父亲的教诲时，为时晚矣。

【警世故事 2】

二人同心，其利断金

——破译《聊斋"慧芳"》

有一个叫马二混的面贩子，家里有一个老母亲，因为穷，一直找不到妻子。有一天，他母亲独自在家，来了一个十六七岁的美人。说因为二混为人老实，愿意以身相许。母亲不敢相信，再三推辞。又过了几天，来一个邻居，给这个叫慧芳的美人做担保。二混的母亲这才高高兴兴地把慧芳迎进家门。马二混回到家，看见多了一个这么漂亮贤惠的媳妇，高兴得神不守舍。此后，他们家门户一新，二混也过上了富贵舒适的生活。四、五年后，马二混才知道，原来慧芳是谪降人间的喜鹊仙子。

这个故事，与《聊斋》中其他同类故事相比，有许多不同之处。男主人公是一个叫马二混的面贩子，除了忠厚老实，别无所长；而女主人公虽是仙子，却有一个非常普通的名字"慧芳"，她的原身也是我们熟悉的喜鹊。除去它的神仙性，我们可以认为，真是有那么一个面贩子，非常幸运，娶到了一个愿意和他同甘共苦的妻子。他们二人同心同德，相互扶持，最终使自己的生活变得好起来。蒲松龄在这个故事后也有一段评论："于此见仙人之贵朴讷诚笃也。"可以说是寄托了他对生活中平凡但又真实的爱的赞扬。

了最初的热烈浪漫，激情开始冷却下来。这个时候，许多人不知道该如何看待爱情了。他们要么伤心，要么失望，甚至会认为爱消失了，有的还开始去寻找另一份爱情。其实，他们不知道，爱情不是建立在空中楼阁上的不食人间烟火的浪漫，它最终要落在吃饭穿衣，柴米油盐这些实实在在的东西上。

不明白了这个道理，也许就不知道该如何将爱情延续。

有一个满面愁容的女孩遇到了一个家庭幸福的中年妇女，她说："我如何才能让我得到和你一样的幸福呢？我和我的男朋友是在大学相恋的，他很疼我，也很温柔。现在是我们相恋第6个年头了，已经步入谈婚论嫁的阶段。可是问题是他还没有一个像样子的工作。我是个小职员，赚钱不多，我们现在还没有结婚用的房子，我对我们未来的生活没有什么信心。我很害怕最后会变成我养他的局面，我该怎么办？我是选择相信他，还是等他有了一定的经济基础再结婚。我真的很茫然……"

面对女孩的发问，这个妇女只说了一句话："二人同心，其利断金。"

女孩顿时明白了，毅然和男友结了婚。虽然刚开始生活很艰苦，但她并没有抱怨，而是想尽一切方法鼓励、支持丈夫。丈夫想做生意，她就四处向亲戚朋友借钱。最终，经过了几年的艰苦奋斗，他们过上了富裕的生活。她把结婚前自己和中年妇女的对话讲给丈夫听，她得丈夫也很感动。于是，他们做了一幅画框，把"二人同心，其利断金"这句话挂在了客厅。

每当有人羡慕地对女孩说："你是多么的幸福啊！"女孩总是指着墙上的字说："我不是因为富裕而幸福，却是因为这些话才富裕。只要能做到这样，每个人都会是幸福的。"

"二人同心"其实道出了幸福家庭的秘密，《圣经》上说："神用尘土造亚当，又用亚当身上的肋骨造夏娃。"这样的安排是很奇妙的。肋骨保护着心肺，控制着呼吸，就好像手风琴的风箱，帮助肺部扩张压缩。

"肋骨"实际上表明内在的支持、深切的帮助和关怀。真正的爱情，就是两个人都是对方的"肋骨"，都是离不开对方的保护。

有一个比喻非常恰当，说夫妻生活好比两头牛同负一轭，一起耕耘人生田地，为家庭劳力，不是一个人单独耕耘，更不是两人互相抵牾。只有两人的目标一致，步调协调，就一定能使家庭这块田，结出丰硕的果实。否则，就只有看着自己荒废的田地哀叹了。

一个人的单独耕耘，并不是种家庭田地的好方法。

有一个故事是这么说的，有一个丈夫非常爱他的妻子，为了让妻子能过上幸福生活，拼命地工作，甚至在周末，也是加班加点。因为劳累，他每天常常是一回家，就倒在床上呼呼大睡。有时还会因为工作中的不顺心，给妻子一些脸色看。在一次偶然的机会，他发现妻子有了外遇。他质问妻子为什么会做出这样的事情，妻子却说，因为她感觉不到他对她的爱。他非常伤心，不明白为什么自己那么爱妻子，到最后，妻子却认为他不爱她。

其实，这并不奇怪。这样的夫妻，并没有做到"二人同心"。因为，妻子根本就不知道丈夫的心，"同心"从何而谈起呢？丈夫或是因为怕妻子担心，或是因为认为妻子帮不上忙，而不去告诉妻子自己的理想与苦闷。这种做法只能让妻子认为，丈夫和自己是相隔的，是不信任她、不爱她的。

一个人的力量永远是有限的，夫妻双方中，一方的事业和生活都不能将对方拒之门外，即使是一方完全插不上手，那也可以给予一方以支持和鼓励。记住"二人同心，其利断金"这句古训，幸福就握在手中了。

【警世故事3】

鸟的故事

从前，有一个捕鸟师在草泽里布置了一张大网，里面放上许多鸟食，在一旁等候贪吃的鸟儿来自投罗网。不一会儿，大鸟小鸟成群结队地来到这里享受大餐，全然不知道危险就在身边。捕鸟师等到时机成熟，迅速收网，这一大群鸟全被罩住，无一漏网。这时，只见其中一只大鸟力大无比，振动双翅，试图把网托起；其他同伴看到了一线生机，均振动双翅，齐心协力冲向天空。于是奇迹出现了：这群鸟儿托着罗网腾空而起，飞上了天空。

捕鸟师见状大惊，一路追赶，直跑得大汗淋漓。旁边不时有人提醒他："鸟在天上飞，你在地上追，怎么可能追得上，真是个笨人！"捕鸟师只说了一句"我

自有道理"，便不顾别人的嘲笑，继续追赶。太阳快要落山了，这些鸟儿都要回巢，可是它们有的住在山上，有的住在湖边，有的要往西飞，有的要往东走，意见不统一了。于是罗网之内乱作一团，不一会儿，罗网连同众鸟就一起落到地上。捕鸟师抓起罗网，带着战利品高高兴兴地回家了，而这群鸟儿则成了捕鸟师的盘中美味。

有意栽花花不发，无心插柳柳成荫。

【字句注释】

略。

【原文翻译】

有意识地栽花，花不一定开放；无意插下的一根柳条，可能会长成枝繁叶茂的大树。

【启迪意义】

这两句话的意义在于：

一、书面意思看，既是无心，成荫又如何？非我所需也。因我意在花。另一方面，有意栽花花却不开，说明栽花有一定难度，而无心插柳柳成荫则只能说明柳树的生存能力太强了。栽花有一定难度，那就需要研究琢磨。

二、实际上是说：你很努力做得事情往往没有什么好结果，有时候自己只是随便鼓捣点东西，往往就成了精品。意外的东西总能带来意料之外的惊喜。而且也不用太操心了。说明未来的不可知性；人活一世，很多事情不能如意，要努力，但也要做好失败的打算。从另外的角度分析，一般说这话的一般都是有种"失之桑榆，收之东榆"的感觉，是一种自嘲的意思。

【警世故事1】

塞翁失马

战国时期有一位老人，名叫塞翁。他养了许多马，一天马群中忽然有一匹走失了。邻居们听到这事，都来安慰他不必太着急，年龄大了，多注意身体。塞翁见有人劝慰，笑笑说："丢了一匹马损失不大，没准还会带来福气。"

邻居听了塞翁的话，心里觉得好笑。马丢了，明明是件坏事，他却认为也许是好事，显然是自我安慰而已。可是过了没几天，丢马不仅自动回家，还带回一匹骏马。

邻居听说马自己回来了，非常佩服塞翁的预见，向塞翁道贺说："还是您老有远见，马不仅没有丢，还带回一匹好马，真是福气呀。"

塞翁听了邻人的祝贺，反倒一点高兴的样子都没有，忧虑地说："白白得了一匹好马，不一定是什么福气，也许惹出什么麻烦来。"

邻居们以为他故作姿态纯属老年人的狡猾。心里明明高兴，有意不说出来。塞翁有个独生子，非常喜欢骑马。他发现带回来的那匹马顾盼生姿，身长蹄大，嘶鸣嘹亮，剽悍神骏，一看就知道是匹好马。他每天都骑马出游，心中洋洋得意。

一天，他高兴得有些过火，打马飞奔，一个趔趄，从马背上跌下来，摔断了腿。邻居听说，纷纷来慰问。

塞翁说："没什么，腿摔断了却保住性命，或许是福气呢。"邻居们觉得他又在胡言乱语。他们想不出，摔断腿会带来什么福气。

不久，匈奴兵大举入侵，青年人被应征入伍，塞翁的儿子因为摔断了腿，不能去当兵。入伍的青年都战死了，唯有塞翁的儿子保全了性命。

一位伟人曾经说过："要么你去驾驭生命，要么是生命驾驭你。你的心态决定谁是坐骑，谁是骑师。"要么你控制命运，要么命运控制你，故事中老子不就是这样吗？当我们财产遭到损失时，不要过于伤心，更不能因为失去了财富而影响身心健康。有些东西，无论是什么原因，丢弃也好，损坏也好，被盗也罢，被骗也罢，既然事情已经发生，就让它过去了，不应再为它心痛不已，久久不能忘记。只要从中认真吸取教训就是了。本来损失心爱的东西，心灵上已经有了创伤，如果不能很快让心平静下来，而是伤心不止，势必造成霜上加冰，更加伤害身体，影响自己继续创造财富。

其次，当你突如其来的得到身外之物时，不能盲目乐观，一定要保持平和的心态。有它也可，没它也罢，不宠不惊。而且还应倍加小心，切不可忘乎所以才是。就以这位老翁为例。当他家的马丢失后又带回来另一匹骏马时，别人都向他庆贺，而老翁却心知肚明，认为"这未必不是坏事"。为什么？因为他知道自己的儿子爱骑马，这是一匹生马，儿子未必能马上降住它，难免不被摔伤。后来，果罗真如此。所以，当儿子摔断了腿，别人来安慰时，他才又能不在意地说出"这倒未必不是福"的感叹来。他不但没有因为儿子摔伤而遭受致命的打击，而且还保持了乐观的态度。

另外，在亲人遇到伤害和灾难时，不能整天沉浸在悲痛之中，要学会尽快解脱，振作精神，鼓足生活的勇气和信心。要客观面对现实，心胸宽广，多往好处想，遇事往前看。这样，再大的困难也能征服，再难过的坎也能迈过，再悲愤的日子也能尽快度过，而且还能化悲痛为力量，无所畏惧。你看，当老翁的儿子摔断了腿时，老翁不但没把它视为祸，还当作福来看，这是何等的乐观和大肚啊！正因为老翁有如此良好的心态，他才始终把握住了自家的命运，无论发生什么事，都没能大起大落，大喜大悲，而是依如平常，赢得了安然无恙地幸福生活。

谈到命运问题，古往今来，不少人总认为这是上天注定的事。通过上边那位老翁由失马，到添马，到儿子摔断腿，前后不悲不喜，不卑不亢的平常心态，的确让我们悟出了这样一个哲理：心态决定命运，命运就掌握在自己的手里。

再来看"有心栽花花不成，无心插柳柳成荫"。这两句话一般用来比喻想做一件事情，费了很大的精力，但是结果并不令人满意；而不经意做的一件事情，反而得到好意想不到结果。但其中蕴含的哲学意义却非常之深刻。

为什么我们精心施肥，精心照管的花却没有如愿的开放，反而最终枯萎了，而随意插到地里的柳枝却长成了郁郁葱葱的柳树，用道家的理论来说，就是我们在栽花的时候动了心机，而插柳的时候采取了无心而为的态度，无意中符合了"道"。

在我们的日常生活中，有心栽花和无心插柳的例子随处可见。在工作中，有些人为了得到尽快提拔，处处表现自己，甚至采取贬低竞争对手的方法，不可谓是"有心"；而结果往往是踏踏实实干工作的"无心人"得到了提拔。在生意场上，绝大多数人为了快速赚到钱，一心想的是赚钱，为了钱，坑蒙拐骗什么手段都用上了，但往往搬起石头砸自己的脚，最终没有赚到钱。而老老实实，靠诚信做生意的人，短期看没有赚到很多钱，但时间长了最终赚到了大钱。

综上，"有心栽花花不成，无心插柳柳成荫"这句话教导我们无论做什么事，必须按照自然规律办事，顺其自然，条件成熟的时候，你不用"有心"，自然会"柳成荫"，而条件不成熟的时候，刻意而为，最终只能是"花不成"。

【警世故事 2】

<h2 style="text-align:center">意外的状元</h2>

明朝成化年间，殿试刚刚结束，大学士彭时想把自己的同乡刘震点为状

元。一个太监知道此事，就半开玩笑地说："又点江西状元，难道只有你们江西人才能当状元吗？"彭时是个老实人，听见有人这样说，为了避嫌，就召集大家再次讨论，最终这个状元点到了吴宽的身上。

吴宽的这个状元虽说得来很意外，却也在情理之中。吴宽自幼刻苦好学，才华出众，很早就考上了秀才。可是后来连续几次考试，却都名落孙山，于是他心灰意冷，决定不再参加科举考试了，只想一心埋首读书。

吴宽的文章写得很好，他曾经为一个士大夫写过一篇《听鸟轩记》，文辞优美，书法更是漂亮。主人将它悬挂在客厅里，没想到被提学使陈选看到了。陈选反复玩味，对其书法、文章都赞赏有加，一定要见见这位作者。见面之后，陈选发现眼前的吴宽学识渊博，谈吐不凡，心里喜欢得不得了，再三劝说他一定要参加考试。盛情难却，吴宽只好应考，结果就有了前面的一幕。真可谓有心栽花花不发，无心捕柳柳成荫。

远水难救近火，远亲不如近邻。

【字句注释】

略。

【原文翻译】

远处的水救不了近处的火，紧急情况下远方的亲戚不如近处的邻居能提供及时的帮助。

【启迪意义】

一个人无论是在生活中还是在工作中，都要注意搞好周边的人际关系。

【警世故事1】

犁锄说鲁穆公

战国时期，鲁穆公为了自己国家被攻打的时候能找到帮手，把儿女们送到了楚国和晋国作为使者，以增进友谊，却和邻近的齐国老死不相往来。

鲁国有个叫犁锄的大臣对鲁穆公说："鲁国有个人掉进河里，马上就要淹死了，岸上的人都说：'越国人最擅长游泳，赶快派人到越国请人救命吧！'大王，依你看，这个人能救得活吗？"鲁穆公笑着说："这怎么可能救得活啊！越国离我们这么远，就是越国人再擅长游泳，等他们赶到了，河里的人也早就淹死了。"

犁锄又问："如果鲁国国都发生了火灾，有人说：'海里的水最多，大王赶快派人到海里去取水救火吧！'你看这样能扑灭大火吗？"

"这怎么行呢，等到取来了海水，国都不都烧光了吗？"鲁穆公急忙反对道。

"是啊，"犁锄说，"这就叫作'远水难救近火'啊。现在晋国和楚国虽然都很强盛，可是都远离鲁国；齐国是我们邻近的大国，而大王你却不愿和齐国结交。如果鲁国一旦有难，晋国和楚国都救不了咱们啊！"犁锄一席话说完，鲁穆公才恍然大悟。

听君一席话，胜读十年书。

【字句注释】

君：您，对方。

【原文翻译】

和您谈一次话，收获比十年读书所得还要多。

【启迪意义】

要学会倾听，善于抓住学习的机会，一次谈话或许可以让你受益终身。

【警世故事1】

隆中对策

东汉末年天下大乱，各路英豪揭竿而起，卖草鞋的没落贵族刘备也拉起一支人马，希望在这乱世中能成就一番大事业。十几年来，刘备东奔西走，屡吃败仗，连个落脚的地方都没有。当他流落到新野的时候，有人向他举荐人称"南阳卧龙"的诸葛亮。当时处于人生低谷的刘备当然不会放弃任何一次机会，带着关羽、张飞两兄弟三顾茅庐，诚邀诸葛亮出山。诸葛亮被刘备求贤若渴的诚意打动，答应出山辅佐刘备复兴汉室基业。二人在隆中有一次著名的谈话，即为隆中对策。

　　刘备虚心请教："方今天下大乱，奸贼横行，民不聊生，我空有澄清天下之志，却无德无能，以至于沦落至此，还望先生指条明路！"诸葛亮早年留心天下大事，此刻早已胸有成竹，答道："现在曹操拥兵百万，挟天子以令诸侯，占尽先天优势。孙权割据江东，地势险要，民众归附，兵多将广，只可联合，不可攻打。荆州自古以来是兵家必争之地，刘表昏庸，不能守土，将军可以据为己有。益州和汉中沃野千里，物阜民丰，守将昏庸懦弱，不得民心。将军您是皇室宗亲，名闻天下，如果占据荆州、益州，对内发展生产，安抚民众，对外孙刘两家结盟，三足鼎立之势就形成了。一旦天下有变，荆州、益州两路兵马同时北伐，汉室复兴就指日可待了。"诸葛亮的一番精彩论述，让刘备心中豁然开朗，感觉比数十年的征战生涯全部所得还要多。

　　有了诸葛亮的倾心辅佐，刘备简直如鱼得水，烧赤壁，借荆州，占益州，最后建立蜀汉政权，开创了三分天下的局面。

　　害人之心不可有，防人之心不可无。

【字句注释】

略。

【原文翻译】

伤害别人的想法不可以有，但防备他人的想法却不可以无。

【启迪意义】

做人要心地善良，不可存害人之心。殊不知害人者终害己。

【警世故事1】

婆罗门害人自害

有一次，释迦牟尼走在街上，遇到了一个婆罗门（古代印度的僧侣贵族）。那个婆罗门平生不喜欢佛教，对佛教徒百般无礼，极尽侮辱之能事。今天见到佛祖，分外眼红，于是他蹑手蹑脚地绕到释迦牟尼背后，趁其不注意，抓起一大把沙土就向他头上扔去。

说时迟，那时快，就在沙土扔出去的一瞬间，迎面吹来一阵风，沙土全扬到了自己脸上。那个婆罗门十分狼狈，想发作又无法开口，气得满脸通红。街上的人看到刚才发生的一切，都盯着他、嘲笑他。面对这么多锐利的目光，婆罗门简直无地自容，羞愧难当，恨不得找个地缝钻下去。这时，他耳边响起了释迦牟尼平静而洪亮的声音："如果想污染清净的东西，或者想陷害心无邪念的人，反而会伤了自己。"听了这番富有哲理的话，那个婆罗门恍然大悟，从此不再处心积虑地危害别人了。

宁向直中取，不可曲中求。

【字句注释】

直：正当的手段。曲：歪门邪道。

【原文翻译】

宁可用正当的手段去争取，不用歪门邪道来获得。

【启迪意义】

君子爱财，取之有道，对利益的追求亦须采用正当的方法。

【警世故事 1】

陈良谟不走后门

　　明朝有一个读书人叫陈良谟，年轻时曾到江西广德书院游学。陈良谟读书用功，人又聪明，深受掌教张先生的器重。眼看又要到考试时间了，张掌教把陈良谟叫到跟前，对他说："马上就要考试了，如果不出意外的话，今年的主考官应该是归安的武大尹。我和这个人非常熟悉，不如我带你去拜见一下他，在他心中留下一个印象，这对你的考试非常重要。"

　　陈良谟是个很有骨气的人，他不好当面拒绝张先生的好意，心里却想：占人都说宁向直中取，不向曲中求。考得如何是各人能力的表现，用这种不正当的方式来谋求功名，只会让有识之士瞧不起。于是陈良谟以自己身体不

适为借口，没有跟随张掌教去拜见武大尹，而是

加倍地用功，发誓要靠自己的实力在考场上一鸣惊人。

功夫不负有心人，陈良谟在这一年的考试中发挥出色，取得了不错的名次。而主持本场考试的正是张掌教的熟人——归安武大尹。如果当初去拜见了这位考官，陈良谟的功名会被人非议，而武大尹的名节也会受到玷污，那才是双输的结果呢。

兼听则明，偏信则暗。

【字句注释】

暗：不清楚、迷糊。

【原文翻译】

听取多方面的意见，使人明智；只听信一方面的意见，就会使人受到蒙蔽。

【启迪意义】

要得到某件事情的真相，除了亲自调查，还要听取多方面的意见，才能做出正确的判断。

【警世故事1】

邹忌讽齐王纳谏

战国时期，齐国有个大臣叫邹忌，他身材高大．丰神俊朗。有一天，他对着镜子自我欣赏的时候，问妻子："我和城北徐公谁更帅呢？"他妻子不假思索，脱口答道："当然是您帅。"邹忌不大相信，又去问小妾和一位来访的客人，得到的答案都一样，于是不禁沾沾自喜起来。一天，邹忌终于见到了城北徐公，越看越觉得徐公俊美异常，回到家里再看看镜子里的自己，跟人家简直有天壤之别。为什么大家都说自己比徐公美呢？邹忌反复思索，终于明白了其中的道理："妻子赞美我，是爱我；小妾赞美我，是怕我；客人赞美我，是有求于我。"

于是，邹忌去见齐威王，说："我明明没有徐公帅，可是妻子爱我，小妾怕我，客人有求于我，他们都说我比徐公帅。同样的道理，看看大王您的身边，妃子和近臣爱你，朝中大臣怕您，百姓有求于你，由此看来，大王受蒙蔽一定很厉害了！"

齐威王听了，夸奖邹忌道："说得好！"于是就下令，悬赏重金，鼓励大臣、百姓直言进谏，指出自己的过失。一时之间，齐王宫前门庭若市，人们纷纷发表自己对时局、朝政的看法，齐威王因此得知很多以前不知道的真相。他从善如流，力矫时弊。就这样，齐国很快成为东方大国，燕国、韩国、赵国、魏国纷纷纳贡称臣。

终身让路，不枉百步，终身让畔，不失一段。

【字句注释】

畔：田界。

【原文翻译】

一辈子给别人让路，也不过多走几百步；一辈子给别人让田界，也不过失去一小段田地。

【启迪意义】

谦和宽让，以退为进，是一种高明的人生智慧。

【警世故事1】

六尺巷的故事

安徽桐城有一个有名的地方叫"六尺巷"，关于它名字的来历，有一个有趣的故事。

康熙年间，桐城出了个翰林学士叫张英，在朝廷任礼部尚书，人称张宰相。张英不仅学识渊博，而且为人大气，从不为一点小事斤斤计较。有一年，他老家翻修房屋，恰巧隔壁有一家姓吴的人家也在扩建住宅。不知道吴家人是无意还是有心，侵占了张家三尺地界。几次交涉，吴家人就是不认账。张家实在没有办法，就给张英写了一封信，想找他来主持公道。张英看完来信，微微一笑，马上提笔回信，交人带回去。

张家人满心欢喜地打开信，以为这下可以好好出一口恶气了。没想到纸上只有一首短诗："一纸书来只为墙，让他三尺又何妨。长城万里今犹存，不见当年秦始皇。"众人面面相觑，非常失望，又不敢违抗张英的意思，于是张家主动向邻家赔礼道歉，再也不提地界的事了。不久，吴家人知道了事情的缘由，十分感动："宰相如此大度，我们也要识相知趣才是。张家让出三尺地界，我们也让出三尺地界，就留出一条六尺宽的巷道吧！"从此，"六尺巷"之名便不胫而走，后竟成为游客寻访凭吊的胜地。

良臣择主而侍，良禽择木而栖。

【字句注释】

良臣：好的部下。良禽：好鸟。

【原文翻译】

优秀的人选择合适的领导，就像优秀的禽鸟会选择理想的树木。

【启迪意义】

选择适合自己的单位，人尽其才，才尽其用，才能实现双赢。

【警世故事1】

郭嘉择主

颍川郭嘉是三国时期著名的谋士，他聪颖异常，熟读兵书，很早就展示了非凡的智慧和才干。在田丰等人的推荐下，郭嘉在二十一岁那年投奔袁绍帐下。此时的袁绍正是如日中天的时候，人称"天下英雄"。他对年轻的郭嘉非常器重，礼敬有加。经过一段时间的观察，郭嘉发现，袁绍虽然想成就一番霸业，然而志大才疏，根本不懂用人，并且好大喜功，优柔寡断。这样的人难以和他共同成就大业。于是郭嘉做出了一个惊人的决定，在袁绍最辉煌的时候毅然选择了离开。

不久之后，曹操从苟或那里得知郭嘉是一个聪明绝顶的旷世奇才，于是派人把郭嘉请到军营，畅谈天下大事。曹操被眼前这个年轻人深深地折服了，不住惊叹："能帮我成就大业者，非此人莫属！"

而交谈中，郭嘉认为曹操英明果敢，前途不可限量，高兴地说："只有这样的人，才能做我的主公！"于是郭嘉官拜司空军祭酒，成为曹操的首席谋士且备受信赖，军事才华得到充分的发挥。以后的十几年里，他随曹操南征北战，破吕布，征乌丸，在官渡之战中大败袁绍，屡献奇计，多次建功，为曹操统一北方立下了汗马功劳。死后被封为"郭贞侯"。

宁可人负我，切莫我负人。

【字句注释】

莫：不、不要。

【原文翻译】

宁可别人辜负我，不可我辜负别人。

【启迪意义】

胸怀宽广，心地善良。终将受人尊敬。

【警世故事 1】

李沆以德报怨

北宋初年，有一个宰相叫李沆，平时言语不多，待人宽厚，深受人们喜爱。有一天，李沆家的两个下人逃跑了，他们是一对夫妻，只留下了一个年仅十岁的女儿。逃跑时两人还欠李沆很多钱，此刻却一走了之，全家上下对这种忘恩负义的做法非常气愤，他们建议把那个小女孩卖掉来还债。李沆看到小女孩楚楚可怜的样子，长叹一声，对夫人说："宁可人负我，不可我负人。把这孩子收作养女吧，就像对待我们自己的孩子一样。等她大了以后，再给她寻个好归宿。"

于是，这个女孩就在李沆家里生活，穿衣吃饭和宰相的亲生儿女一样，长大以后由李家准备了嫁妆，风风光光地嫁了一个好人家。逃跑的夫妻后来知道这件事情，大受感动，重新回到宰相府里，勤勤恳恳，任劳任怨，希望以实际行动弥补以前犯下的过失，报答李沆的恩情。后来李沆病重的时候，他们甚至割下大腿肉做成肉羹，希望能够感动上天，使恩人的病情能够好转。李沆去世以后，他们夫妇俩又为之守丧三年。李沆以德报怨的义举最终得到了应有的回报。

既坠釜甑，反顾无益；已覆之水，收之实难。

【字句注释】

既：已经。釜：古代做饭用的锅。甑：古代蒸饭的一种炊具。反顾：回头看，比喻反悔。

【原文翻译】

釜甑已经掉地上（打碎了），再回头看也于事无补，恰似已经泼在地上的水一样，很难再收回来。

【启迪意义】

事情已成定局，就不要再后悔感慨，人始终要向前看。

孟敏堕甑不顾

东汉的时候，有个叫孟敏的人，有一回他到集市上采买生活用品。当他挑着担子往回走的时候，一不小心，刚刚才买的瓦甑不小心摔到地上，成了一堆瓦片。旁边的人们不住叹气表示惋惜，孟敏看也不看继续赶路，就好像什么都没有发生过一样。这一切都被郭泰看在眼里。郭泰是当时公认的学界领袖，此刻正在太原教书授徒。他觉得眼前的事情很有趣，走上前去试探性地问孟敏："这么好的一个瓦甑，摔碎了多可惜，你怎么看都不看一眼呢？"孟敏的回答很干脆："再好的瓦甑，它已经摔碎了，看不看都于事无补了。"郭泰对孟敏的回答很满意——年轻人就应该果敢有魄力。通过交谈，郭泰觉得孟敏是个品行很好的人，稍加雕琢。日后必将大有作为，于是为他指引学术门径，推荐他四方游学。经过十年的努力，孟敏终于由一个无名之辈变成天下皆知的名士。

劝学篇

一年之计在于春，一日之计在于寅。一家之计在于和，一生之计在于勤。

【字句注释】

寅：寅时，也就是凌晨 03 点—05 点的时段。这里泛指早晨。

【原文翻译】

一年最好的时光在春天，一天最好的时光在早晨；一家最好的东西是和睦，保护身体最好的办法在于勤劳。

【启迪意义】

"一年之计在于春"，这句话是我国劳动人民在千百年的生产实践中总结出来的一条经验，它强调了春在一年四季中所占的重要位置。古今中外许多文人墨客对春的赞美诗更是比比皆是。人们还将人的年轻时期称为"青春"，歌颂春的创造力，强调春的宝贵。

"一日之计在于晨"是说一天做好的时间也是早上，可以开始新的计划，新的起点。同样，一个家庭在于和和气气，人的青春也是人一生中的春天，青春的创造力也是无穷的。珍惜宝贵青春的人，他就能创造出奇迹来，创造出财富来；反之，浪费青春年华，虚度青春的人，除了惭愧之外，将一无所得。

【警世故事1】

苏秦刺骨

战国时，有一个叫苏秦的人。他年轻时游手好闲，不读书不学习，没有什么本事，但是总觉得自己十分了不起，别人都比不上自己。苏秦曾在许多地方做事，由于他没有什么本事，一直也没有做出成绩，因此从来不受别人的重视。他常常为此事苦恼和郁闷。在外做事几年仍旧一事无成，没有办法，他回到了家里。家人见他没有什么长进，也都瞧不起他，还在背后说苏秦没有本事却自以为是。苏秦知道后十分伤心，决定从此发愤读书。

他每天天不亮就起床读书，一直到深夜。人在深夜看书，经常想睡觉，有时一不小心就睡着了。苏秦怕自己总打盹耽误读书，就想了一个办法。每到晚上看书时，他就准备一把锥子在身边，一有困意想打盹，他就用锥子猛刺大腿一下，这样一疼，他就立刻清醒了，振作精神继续读书。由于苏秦刻苦读书，终于成为有真才实学的人。

后来，他又走出家门到外面去做外交官，曾经担任战国时期几个国家的宰相，成为当时著名的外交家和政治家。小朋友们只有刻苦学习，才能成为苏秦那样有真才实学，对社会有用的人。

中国古典文化源远流长，孕育了几千年的文明，也陶冶了几千年中华民族的情操和灵魂，塑造了千千万万勤劳勇敢的中国人，相信多接近古典文化

对于孩子的启蒙教育有着非常深远的有益影响。

聪明反被聪明误。

【字句注释】

误：耽误

【原文翻译】

做一件事的时候，以为自己很聪明而去按自己的意思做，没想到就是因为你太聪明了，反而弄砸了，没有成功。

【启迪意义】

因为聪明而过度自信，过度张扬，往往会事与愿违，以致把事办得不好而遭遇失败或打击。

【警世故事 1】

蒋干盗书

赤壁之战前曹操给周瑜下了一道降书，周瑜见书，撕得粉碎。周瑜的老同学蒋干在曹操手下当谋士，他自告奋勇去东吴劝降周瑜。这天，周瑜和部下商议破曹计策，有人报告蒋干来了。

周瑜一听，就知道蒋干来做说客，眉头一皱，向部下说出了自己的妙计，然后笑着出帐迎客。周瑜挽着蒋干的手进帐，并设宴招待。待众将到齐后，周瑜对大家说："这是我的老朋友，虽然从曹操那里来，但不是来当说客的，大家不要怀疑。"

宴毕，周瑜假装喝醉，挽蒋干同榻休息，不一会，周瑜佯装睡着。蒋干轻轻起身，翻看周瑜的案卷，得知曹军中的蔡瑁、张允二将军给周瑜写了降书，大为吃惊，急忙藏起降书，轻轻躺回床上，假装睡着。后半夜，有人进帐叫醒周瑜说："曹营有人来了，蔡瑁、张允说现在还不能下手……"周瑜听罢，躺下又睡。蒋干偷偷起来，径直出营，过江把信交给曹操。曹操大怒，杀了蔡瑁，张允。消息传到东吴，周瑜哈哈大笑说："我所担心的就是这两个人，现在我什么都不怕了。"事后，曹操醒悟，知道中了周瑜的反间计。

士者国之宝，儒为席上珍。

【字句注释】

士：这里指读书人。儒：泛指儒家文化、思想、伦理及儒者。珍：美味。

【原文翻译】

读书人历来就像国家的宝物一样被人们珍爱，儒家文化与历来就如酒席上的美味一样受到大家的青睐。

103

【启迪意义】

人类文明是建立在知识这个基础之上的，没有知识起作用，一个国家又怎么能够治理得好呢？中国数千年来一直被你为礼仪之邦，是因为中国历来就重视儒家思想、文化和伦理，并以此指导社会生活。

【警世故事1】

匡衡凿壁偷光

匡衡是西汉的大学问家，但小时候家境贫寒，父母没钱供他读书，他只能从别人那里借书来读。到了晚上，家里没有灯油点灯，他只能默默地背诵白天所读的内容。有一天，他发现从墙壁上透过一丝光线，原来是从邻居家放神龛的屋子里透过来的光。匡衡欣喜万分，把墙缝挖大。借着灯光读起书来。

从此，他每晚就借这"偷"来的灯光刻苦读书，通过不懈的努力，终于自学成才。自学成才的近代国学大师：钱穆，钱穆一辈子没有上过大学，也没有出国留学，他只有中学毕业，但他自学苦读，任教于北京大学，并成为一代国学宗师。连蒋介石都对钱穆很尊重。

人的少年时代只有一次，如果白白浪费掉，就会后悔莫及了。小朋友如果学习匡衡的精神，一定会取得好成绩的。

黑发不知勤学早，看看又是白头翁。

【字句注释】

白头翁：白头发的老人。

【原文翻译】

年轻时不知勤学惜时，转眼间光阴逝过，很快便会成为白发人。

【启迪意义】

这句话的意思很浅显，就是说，人在少年的时候不知道努力学习，岁月蹉跎之后就步入老年了。这里可以借用陶翁的一句诗。明日复明日，明日何其多。待到至明日，岁月成蹉跎。就是说，劝学问道要早，不要蹉跎犹豫，时间不等人。当然，很多人都觉得生命很长，但是真的等你到了四十岁的时候你就会发现，其实人的生命很短。

【警世故事1】

孙敬悬梁

东汉时候，有个人名叫孙敬，是著名的政治家。

他年轻时勤奋好学，经常关起门，独自一人不停地读书。每天从早到晚读书，常常是废寝忘食。读书时间长，劳累了，还不休息。时间久了，疲倦得直打瞌睡。他怕影响自己的读书学习，就想出了一个特别的办法。他就找一根绳子，一头牢牢地绑在房梁上另一头系在头发上。当他读书疲劳时打盹了，头一低，绳子就会牵住头发，这样会把头皮扯痛了，马上就清醒了，再继续读书学习。

这就是孙敬悬梁的故事。

战国时期，有一个人名叫苏秦，也是出名的政治家。在年轻时，由于学问不多不深，曾到好多地方做事，都不受重视。回家后，家人对他也很冷淡，瞧不起他。这对他的刺激很大。所以，他下定决心，发奋读书。他常常读书到深夜，很疲倦，常打盹，直想睡觉。他也想出了一个方法，准备一把锥子，一打瞌睡，就用锥子往自己的大腿上刺一下。这样，猛然间感到疼痛，使自己清醒起来，再坚持读书。这就使苏秦"刺股"的故事。

古代中国很重视读书，于是就有了孙敬的头悬梁、苏秦的锥刺骨。

【警世故事2】

车胤囊萤

晋代时，福建南平有个勤奋好学的少年名叫车胤。他的曾祖父车浚，在三国时曾是吴国孙权的属下，担任过会稽太守。后因辖地发生灾荒，他上书请求开仓赈灾，结果遭到怀疑，被吴王孙皓所杀。从此，车家道便逐渐衰落，到了车胤父亲这一辈，家中几乎一贫如洗了。

车胤从小就喜爱读书，他父亲虽然没做过官，但也是个很有学问的人。车胤在父亲的指导下，学业进步很快。

有一次，车胤父亲的一位朋友来到他们家中。这位朋友见了车胤，又考查了一下他的学问，对他的父亲说："这孩子天资聪明，又这么爱读书，将来一定很有出息。"

车胤的父亲很高兴，更尽心尽力地指点。就这样，车胤所读的书越来越多，学识越来越丰富，也越来越觉得时间不够用。当时，车胤家中因为穷，晚上连点灯的油也买不起，因此无法利用晚上的时间继续攻读，他只能将白天学得的东西背诵温习。

有一个夏夜，他正在屋外一边散步，一边背诵，忽然有几只萤火虫在他眼前飞过，那一闪一闪的亮光突然触动了他："萤火虫能发光，如果多抓一些萤火虫放在一起，那不是可以利用它们的光亮看书了吗？"

于是，他立即回屋找了一只白色的布囊，捉了好多萤火虫放在布囊中，扎紧囊口，吊在一张桌子上方一试，果然，荧光竟能照出书本上的字，他便借着荧光读了起来。

从这以后，车胤便天天晚上先去抓萤火虫，然后利用荧光在夜间继续苦读。

车胤成年后，学富五车，远近闻名，终于被朝廷征召进京，一直官至吏部尚书。

后来，"车胤囊萤"这一典故，用来形容克服困难，刻苦学习。

字经三写，鸟焉成马。

【字句注释】

三写：指多次抄写。

【原文翻译】

字经过多次转抄传写，"鸟""焉"最后就变成了"马"。（繁体字"鳥""焉""馬"三字字形相近。）

【启迪意义】

这两句比喻事情经过辗转，易出讹谬。意思是我们读书一定要有自己的思考，不能失去主观判断，更不能死啃书本。

【警世故事1】

晋师三豕涉河

子夏是孔子的学生，博学多艺，最得孔子真传。

有一次，子夏受命前往晋国。在途经卫国的时候，他看见一个读书人拿着本史书摇头晃脑，口中念念有词："晋师三豕涉河，晋师三豕涉河……"子夏听了，非常纳闷："晋国军队三只猪过河"，这是什么意思？凑近一看，那书上确实写着"晋师三豕涉河"。

子夏想了很久，终于弄明白了其中的"玄机"："三豕"应当是"己亥"之误。己亥是中国传统的纪年法，晋国军队在己亥这一年过河，这就说得通了。"己"和"三"相像，"亥"和"豕"形近，书本经过多次传抄，"己亥"就变成"三豕"了。到了晋国，子夏找到晋国的史书，上面的确写着"晋师己亥涉河"，这证实了子夏先前的推论是正确的。

子夏就是这样不盲从，勤思考，终于成了中国历史上有名的大学问家。

笋因箨落方成竹，鱼为奔波始为龙。

【字句注释】

箨：竹笋上一片一片的皮。

【原文翻译】

竹笋因为脱了外壳才能变成竹子，鱼儿因为奔波磨炼才能变化为龙。

【启迪意义】

梅花香自苦寒来。要想成就一番大事业，必须经过艰苦磨炼和刻苦努力。

【警世故事1】

邴原有志于学

十一岁那年，邴原的父亲去世了，从那以后，他每天耕地放牛，砍柴打水，稚嫩的肩膀上不得不挑起生活的重担。

有一次经过学堂的时候，听到里面传出琅琅书声，小邴原站在那里一动不动，痴痴地听着，泪流满面。老师注意到这个奇怪的孩子，就问："你为什么这么伤心啊？"邴原擦了擦眼泪，哽咽着说："孤独的人容易伤感，贫贱的人容易多愁。我很羡慕其他的小孩子，有父母兄弟相伴，又能坐在课堂里读书。可是我幼年丧父，为了生活奔波劳碌，有心求学却不知门路。想到我就这样庸庸碌碌地虚度一生，不禁感伤。"老师问邴原："你为什么不来读书呢？"邴原答："家里穷，没钱交学费。"老师大为感动，对邴原说："你真有志向学，我免费教你读书！"

就这样，在老师的细心教导下，异常刻苦的小郱原学业大进，仅用一个冬天就学成了别人要一两年才能完成的学业。稍稍长大以后，郱原外出游学，足迹遍布大江南北。他先后拜陈留韩子助、颖川陈仲弓等人为师，虚心向他们请教。白天与老师切磋讨论，晚上就在昏暗的油灯下把一天的收获认认真真记下来，寒来暑往，一天也不放松。历经种种磨难，郱原却一直坚持学术理想，终于成为东汉最著名的学者之一。

读书需用心，一字值千金。

【字句注释】

略。

【原文翻译】

读书时要认真用心，因为书里字字精妙，价值千金。

【启迪意义】

读书一定要用心，仔细体会，否则无法领会其中的精妙处和作者的良苦用心。

古代人做学问，写文章都非常投入，非常讲究，一字一句往往都反复斟酌。同时，古人表达情感很含蓄，很用心。正因为如此，后人在阅读前人作品时也需要具备前人的境界和修养。

要对前人作品的内涵有确切的理解，必须高度重视每一个遣词用语的心境、用意，读书必须读字里行间，不能局限于文字的表层含义，而要领会作者的良苦用心。

【警世故事1】

才高八斗的曹植

曹植（192～232），字子建，沛国谯（今安徽省亳州市）人。三国时期曹魏诗人、文学家，建安文学的代表人物。他是魏文帝曹丕之弟，生前曾为陈王，去世后谥号"思"，因此又称陈思王。后人因他文学上的造诣而将他与曹操、曹丕合称为"三曹"。

曹植在文学上的成就极高，他的的确确配得上谢灵运"才高八斗"的评价，他青年时期的诗，多以宴饮游乐为主要内容，后来创作的诗文则以抒忧发愤为主，最著名的有《洛神赋》、《赠白马王彪》、《求自实表》等。

曹植诗"骨气奇高，词采华茂"。他把五言体诗歌推到了一个新的艺术高峰。曹植是曹操的第三子，小时候随军奔波，直到13岁才在邺城安定下来。此后他与当时著名文学家王粲、徐擀，沉琳、刘桢等人写诗作赋，名声很快就传播开了。在曹操的几个儿子中，曹植是最有才华的，曹操也因此想"废长立幼"，立曹植为太子。

金无足赤，人无完人。曹植常常因好酒、任性而误事，出了不少差错。使得曹操无法接受，对曹植很是失望。但是他的哥哥曹丕善于察言观色，笼络人心，终于被立为王太子。曹丕即位以后，开始整治当初的对手，曹植是首当其冲的一个。他几次想加罪于曹植。

一次，曹丕刁难曹植在七步内做一首诗，不然，将被治罪，曹植踱步成句，流下千古名句：煮豆燃豆萁，豆在釜中泣。本是同根生，相煎何太急？

诗歌是曹植文学活动的主要领域。前期与后期内容上有很大的差异。前期诗歌可分为两大类：一类表现他贵族王子的优游生活，一类则反映他"生乎乱、长乎军"的时代感受。后期诗歌，主要抒发他在压制之下时而愤慨时而哀怨的心情，表现他不甘被弃置，希冀用世立功的愿望。今存曹植比较完整的诗歌有80余首。曹植在诗歌艺术上有很多创新发展。特别是在五言诗的创作上贡献尤大。首先，汉乐府古辞多以叙事为主，至《古诗十九首》，抒情成分才在作品中占重要地位。曹植发展了这种趋向，把抒情和叙事有机地结合起来，使五言诗既能描写复杂的事态变化，又能表达曲折的心理感受，大大丰富了它的艺术功能。曹植还是建安文学之集大成者，对于后世的影响很大。在两晋南北朝时期，他被推尊到文章典范的地位。南朝大诗人谢灵运更是赞许有佳："天下才共一石，子建独得八斗，我得一斗，天下共分一斗。"

曹植一生娶了两位妻子，前妻崔氏，系名门之后，其兄崔琰曾任曹魏尚书，一度得到曹操的信任。崔氏因"衣绣违制"，被曹操勒令回家并赐死。不久，崔氏之兄崔琰又因"辞色不逊"被处死。有人说，崔琰之死与其妹的死有关。曹植的后妻谢氏，曾被封为王妃，即史书中所称的"陈妃"，她是曹植后期生活的伴侣。据说，她一直活到晋代，享年80余岁。曹植有两个儿子，长子曹苗，曾被封为高阳乡公，早夭。次子曹志，被封为穆乡公，他少而好学，才行出众。曹植称赞他是曹家的"保家主也"。曹植死后，曹志继位，徙封为济北王。司马氏篡位后，曹志降为鄄城县公，后任乐平太守，迁散骑常侍兼国子博士，后转博士祭酒。太康九年（288）卒，谥曰定公。

曹植还有两个女儿，在他的著作中偶有提及，但具体情况不得而知。曹植文韬武略天资聪颖的曹植"年十岁余，论及辞赋数十万言，善属文"。

建安十五年（210），曹操在邺城所建的铜雀台落成，他便召集了一批文士"登台为赋"，曹植自然也在其中。在众人之中，独有曹植提笔略加思索，一挥而就，而且第一个交卷，其文曰《登台赋》。曹操看后，赞赏不止。当时曹植只有19岁。自此，一向重视人才的曹操产生了要打破"立长不立幼"

的老规矩的念头，要将其王位交给这个文武全才的儿子曹植。因此曹操对曹植特别宠爱，并多次向身边的人表示"吾欲立为嗣"。谁曾料到，曹操的这一想法，非但没有给曹植带来什么福分，相反给他后来制造了不尽的痛苦，使他无形之中卷入争夺太子的漩涡之中。

他曾获其父曹操的宠爱，曹操也曾一度欲废曹丕而立其为王世子，得曹丕之嫉恨也在情理之中。若不是一些大臣的竭力反对，曹植真的就被立为世子了，曹丕与其弟曹植的斗争也就从这时代开始了。最为不值的是，曹植根本就没有跟曹丕争夺帝位的想法。

有一次，曹操出兵打仗，曹植、曹丕都来送行，临别时，曹植高声朗读了为曹操歌功颂德的拍马文章，大家十分赞赏，而曹丕泪流满面地向父亲送别，很让曹操感动，也掉下泪来，这一小小的举动拉近了曹丕与父亲的距离，加深了父子感情。（看来父子亲情之间需要的是感情而非奉承的）还有一次，曹操欲派曹植带兵出征。带兵出征是掌握军权的象征，是曹操重点培养的征兆。结果曹植在出征前酩酊大醉，曹操派人来传曹植，连催几次，曹植仍昏睡不醒，曹操一气之下取消了曹植带兵的决定。看来，曹植只配当个不拘小节的文学家，难以担当足智多谋的政治家。自然曹丕成了胜利者，最终继承了帝位。虽说曹丕的地位和权力已基本巩固，可嫉恨曹植的念头没有改变。其实，曹植并未犯下什么大罪，只是有人告发他经常喝酒骂人，他也曾把曹丕的使者扣押起来，但并没有招兵买马，阴谋反叛的迹象和征兆。这算不上犯罪，杀之怕众不服，曹丕便想出个"七步成诗"的办法，治罪其弟。所幸的是，出口成诗是曹植的拿手好戏。这"七步诗"取譬之妙，用语之巧，在刹那间脱口而出，实在令人叹为观止。而"本是同根生，相煎何太急"二语，千百年来已成为人们劝诫避免兄弟阋墙、自相残杀的普遍用语，说明此诗在民间流传极广。

周恩来总理就曾引用于叶挺之死的诗文里以批判国民党军。最后，"七步诗"便成了曹植的救命诗，曹丕不得不收回成命，只降低曹植的官爵作罢。

此外，曹植还是中国佛教梵呗音乐的创始人。魏太和三年（229年）曹植封东阿王，历时四载。曹植初登鱼山，喟然有终焉之心，遂营为墓。明清

113

之际，鱼山曾建有吾山书院。《吾山书院记》中写道："沿山路攀登，至'秀野堂'，堂前洗砚池，金鳞游泳，有吐墨状……北望郁然有灵秀之气，乃'羊茂台'。子建祠与墓傍山向西，由台向东，拾级而上，至绝顶，上有柳舒城，是曹植读书处。"

如今，曹植墓前右侧有一亭，名为"隋碑亭"，亭内矗立一块石碑，杂用篆隶、金文和楷书，记述了曹植的生平、祭祀及有关情况。沿墓北侧拾级而上，不远处就见一块突兀的奇形怪石，状似卧羊，周有茂密草木，故名"羊茂台"，相传这就是当年曹植的读书处；羊茂台上方有一干涸的石塘，上方的石壁上写着"洗砚池"，相传是曹植洗砚的地方；登临山顶，在山的北侧一处比较平坦的石面上，有一处摩崖石刻，镌刻着"御山"、"左川"、"寿"等几个楷书大字，传说是曹植登山所书。

鱼山顶西侧，有一石壁，上写"闻梵"两个朱红大字，据记载，曹植"尝游鱼山，忽闻空中梵天之响，清雅哀婉"、"乃慕其音，写为梵呗"。"闻梵"处便是相传曹植当年闻听梵乐的地方，由此曹植也就成为中华佛乐的创始人。在"闻梵"处的下方，有一石洞，名曰"梵音洞"，据说曹植听到的梵乐就是从这个山洞中传出的。曹植闻听的梵乐后来向东传入朝鲜半岛和日本，为此曹植又被誉为日本佛乐的鼻祖，每年，日本宗教界都有大批人士前往鱼山参拜曹植墓，并在墓前演奏曹植当年创作的梵乐。多年前，中国佛教协会、山东省佛教协会在鱼山山麓修复了鱼山梵呗寺。寺院以鱼山为中轴线，主体有普渡桥、山门殿、钟鼓楼、天王殿、大雄宝殿、藏经楼、东西方丈室。中轴左右分别建有地藏殿、观音殿、禅堂、斋堂、僧房以及客房。在鱼山东麓还有万佛太殿、舍利宝塔以及梵呗佛乐大厅。鱼山梵呗寺俯瞰滚滚黄河，面临青翠群山，背倚鱼山，呈献给游人一个"白云、青山、黄河"的云水胜景，当人们登临此处时，自然会想起"才高八斗"的曹子建的不凡气度。

李密牛角挂书

隋炀帝第一次进攻高丽，被打得大败。一百多万隋军兵士，逃回来的只有二千七百人。这样的惨败，并没有使这个骄横的暴君死心。才隔一年，他又发动第二次对高丽的进攻。他亲自率领大军攻打辽东，派大臣杨玄感在后方黎阳督运粮草。

杨玄感的父亲杨素，原是隋炀帝的亲信，帮助炀帝夺取皇位。后来受到炀帝猜忌，郁郁不乐地死去。杨玄感为这个对隋炀帝早就不满，这一回看到局势混乱，就想利用这个时机推翻隋炀帝。

杨玄感用督运粮草的名义，征发了年轻力壮的民伕、船工八千多人，要他们运粮到辽东前线。那些年轻人怨透了劳役，听说叫他们远离家乡去干苦差事，更加气愤。

有一天，杨玄感把民伕集合在一起，说："当今皇上不顾百姓的死活，让成千上万的父老兄弟死在辽东，这种情况不能再忍受下去。我也是被逼来干这件事的。现在我决心跟大伙一起，推翻暴君。你们看怎么样？"

大伙儿一听有人带头反对朝廷，怎么不愿意，顿时响起一片欢呼声。

杨玄感把八千民伕编成队伍，发给武器，准备进攻隋军。他发现他身边缺少一个谋士帮他出谋划策，不禁想起了正在长安的好朋友李密。

李密的上代是北周和隋朝的贵族。李密少年时候，被派在隋炀帝的宫廷里当侍卫。他生性灵活，在值班的时候，左顾右盼，被隋炀帝发现了，认为这孩子不大老实，就免了他的差使。李密并不懊丧，回家以后，发愤读书，决定做个有学问的人。

有一回，李密骑了一条牛，出门看朋友。在路上，他把《汉书》挂在牛角上，抓紧时间读书。正好宰相杨素坐着马车在后面赶上来，看到前面有个少年在牛背上读书，暗暗奇怪。

杨素在车上招呼说："哪个书生，这么用功啊？"

李密回过头来一看，认得是宰相，慌忙跳下牛背，向杨素作了一个揖，报了自己的名字。

杨素问他说："你在看什么？"

李密回答说："我在读项羽的传记。"

杨素跟李密亲切地谈了一阵，觉得这个少年人很有抱负。回家以后，杨素跟他儿子杨玄感说"我看李密这孩子的学识、才能，比你们几个兄弟强得多。将来你们有什么紧要的事，可以找他商量。"

打那以后，杨玄感就跟李密交上了朋友。

这回杨玄感要找谋士，想起他父亲的叮嘱，就派人到长安，把李密接到黎阳来。

李密到了黎阳，杨玄感向他请教：要推翻隋炀帝，这个仗该怎么打法。

李密说："要打败官军，有三种办法。第一，皇上现在在辽东，我们带兵北上，截断昏君退路。他前有高丽，后无退路，不出十天，军粮接济不上，我们不用打也能取胜，这是上策。第二是向西夺取长安，抄他们的老巢。官军如果想退军，我们就拿关中地区做根据地，凭险坚守，这是中策。第三是就近攻东都洛阳。不过这可是一条下策。因为朝廷在东都还留着一部分守兵，不一定能很快攻得下来。"

杨玄感急于求成，听完这三条计策，觉得前两条都太费时间，说："我看你说的下策，倒是个好计策。现在朝廷官员家属，都在东都。我们攻下东都，把家属都俘虏起来。官军军心动摇，保管能取胜。"

杨玄感立刻从黎阳出兵攻打东都，一路上，有许多农民踊跃参加起义军，队伍扩大到十万人，接连打了几个胜仗。隋炀帝正在带领大军猛攻辽阳，得到告急文书，连夜退兵，派大将宇文述等带领大军分路攻杨玄感。杨玄感抵挡不住，想往西退到长安去。宇文述带兵跟踪追击，最后，把杨玄感的人马围住。杨玄感没路可走，终于被杀。

李密从混乱中逃了出来，想偷偷地逃回长安。但是隋军搜捕得很紧，李密还是被抓住了。

隋将派兵把李密押送到隋炀帝的行营去。半路上，李密跟十几个犯人一商量，把他们随身带的钱财都送给押送的隋兵，供他们吃喝。隋兵受了他们的贿赂，喝酒作乐，防备松懈下来。李密他们就趁隋兵酒醉糊涂的时候，瞅个机会跳墙逃跑了。

李密脱离危险以后，想另找机会，反抗隋朝。他想找个起义军的首领做靠山，但是有的起义军首领看他是个文弱书生，不大重视他。李密没办法，只好改姓换名，东躲西藏，几次险点儿被官府抓去。最后，他听说东郡（今河南滑县东）瓦岗寨有一支起义军，兵力很强。带头的叫作翟让，为人厚道，又喜欢结交英雄，就决定上东郡去投奔瓦岗军。

【警世故事3】

引发洛阳纸贵的《三都赋》

西晋太康年间，大文学家左思写了一篇《三都赋》，在社会上引起了巨大的轰动。人们争相传抄这篇千古奇文，顿时洛阳城内的纸价因此而一涨再涨，到最后纸张竟然销售一空，不少人不得不从外地买纸抄写。所以，史书称《三都赋》一出，"洛阳为之纸贵"。

然而，人们可能不知道，这篇凝聚了作者无数心血的《三都赋》，其创作经历了十年之久，中间充满了不为人知的艰辛。左思不是一个特别聪明的人，小时候甚至因为长相丑陋和口吃被父亲瞧不起。但是，左思没有因为父亲的鄙视而一蹶不振，反而更加刻苦读书。

有一次，左思读到班固的《两都赋》，一下就被它华丽的文辞和宏大的气魄所折服，反复吟诵。但同时，左思也看出班固的文章存在华而不实的弊病，于是立志要写出超越《两都赋》的更伟大的作品。

为了完成这个伟大志向，左思遍读古书，四处走访，广泛搜集与魏、蜀、吴三座都城历史、地理、风土、民俗相关的资料。他在院子里、房间里甚至厕所里都放了纸笔，一想到好的句子就马上写下来。一年三百六十五天。时时刻刻都能看到他凝神思索的身影。十年辛苦磨一剑，《三都赋》一问世，便受到读书人的热捧，人人都夸赞左思文章字字千金。

青出于蓝而胜于蓝，冰生于水而寒于水。

【字句注释】

青：靛青。蓝：蓼蓝。

【原文翻译】

靛青是从蓼蓝里提炼出来的，但是颜色比蓼蓝更深；冰是由水凝结而成的．但是比水更寒冷。

【启迪意义】

不要迷信权威，只要努力，一定可以后来居上，超越前人。

【警世故事1】

书法家王羲之

——王羲之以字换鹅

王羲之是我国东晋时的大书法家。他出身士族，加上他的才华出众，朝廷中公卿大臣都推荐他做官。他做过刺史，当过右军将军（人们也称他王右军）。

王羲之从小喜爱写字。据说平时走路的时候，也随时用手指比画着练字，日子一久，连衣服都划破了。在自己做官时，从后院的池边练字，从池中洗笔，日久天长，池水都黑了。经过勤学苦练，王羲之的书法越来越有名。当时的人都把他写的字当宝贝看待。

据说有一次，王羲之到一个村子去。有个老婆婆拎了一篮子六角形的竹扇在集上叫卖。那种竹扇很简陋，没有什么装饰，引不起过路人的兴趣，看样子卖不出去了，老婆婆十分着急。王羲之看到这情形，很同情那老婆婆，就上前跟她说："你这竹扇上没画没字，当然卖不出去。我给你题上字，怎么样？"老婆婆不认识王羲之，见他这样热心，也就把竹扇交给他写了。王羲之提起笔来，在每把扇面上龙飞凤舞地写了五个字，就还给老婆婆。老婆婆不识字，觉得他写得很潦草，很不高兴。王羲之安慰她说："别急。你告诉买扇的人，说上面是王右军写的字"王羲之一离开，老婆婆就照他的话做了。

集上的人一看真是王右军的书法，都抢着买。一箩竹扇马上就卖完了。许多艺术家都有各自的爱好，有的爱种花，有的爱养鸟。但是王羲之却有他特殊的爱好。不管哪里有好鹅，他都有兴趣去看，或者把它买回来玩赏。山阴地方有一个道士，他想要王羲之给他写一卷《道德经》。可是他知道王羲之是不肯轻易替人抄写经书的。后来，他打听到王羲之喜欢白鹅，就特地养了一批品种好的鹅。王羲之听说道士家有好鹅，真的跑去看了。当他走近那道士屋旁，正见到河里有一群鹅在水面上悠闲地浮游着，一身雪白的羽毛，映衬着高高的红顶，实在逗人喜爱。

王羲之在河边看着看着，简直舍不得离开，就派人去找道士，要求把这群鹅卖给他。那道士笑着说："既然王公这样喜爱，就用不到破费，我把这群鹅全部送您好了。不过我有一个要求，就是请您替我写一卷经。"王羲之毫不犹豫地给道士抄写了一卷经，那群白鹅就被王羲之带回去了。

——王羲之教子习书法

王献之是王羲之的第七个儿子，自幼聪明好学，在书法上专工草书隶书，也善画画儿。他七八岁时始学书法，师承父亲。有一次，王羲之看献之正聚精会神地练习书法，便悄悄走到背后，突然伸手去抽献之手中的毛笔，献之握笔很牢，没被抽掉。父亲很高兴，夸赞道："此儿后当复有大名。"小献之听后心中沾沾自喜。还有一次，羲之的一位朋友让献之在扇子上写字，献之挥笔便写，突然笔落扇上，把字污染了，小献之灵机一动，一只小牛栩栩如生于扇面上。再加上众人对献之书法绘画赞不绝口，小献之滋长了骄傲情绪。献之的父母看此情景，若有所思……

一天，小献之问母亲郗氏："我只要再写上三年就行了吧？"妈妈摇摇头。"五年总行了吧？"妈妈又摇摇头。献之急了，冲着妈妈说："那您说究竟要多长时间？""你要记住，写完院里这18缸水，你的字才会有筋有骨，有血有肉，才会站得直立得稳。"

献之一回头，原来父亲站在了他的背后。王献之心中不服，啥都没说，一咬牙又练了5年，把一大堆写好的字给父亲看，希望听到几句表扬的话。谁知，王羲之一张张掀过，一个劲地摇头。掀到一个"大"字，父亲现出了较满意的表情，随手在"大"字下填了一个点，然后把字稿全部退还给献之。

小献之心中仍然不服，又将全部习字抱给母亲看，并说："我又练了5年，并且是完全按照父亲的字样练的。您仔细看看，我和父亲的字还有什么不同？"母亲果然认真地看了3天，最后指着王羲之在"大"字下加的那个点儿，叹了口气说："吾儿磨尽三缸水，唯有一点似羲之。"献之听后泄气了，有气无力地说："难啊！这样下去，啥时候才能有好结果呢？"母亲见他的娇气已经消尽了，就鼓励他说："孩子，只要功夫深，就没有过不去的河、翻不过的山。你只要像这几年一样坚持不懈地练下去，就一定会达到目的的！"献之听完后深受感动，又锲而不舍地练下去。

功夫不负有心人，献之练字用尽了18大缸水，在书法上突飞猛进。后来，王献之的字也到了力透纸背、炉火纯青的程度，他的字和王羲之的字并列，被人们称为"二王"。

——王羲之天台山拜师

王羲之在兰亭修禊之前来到天台山，被神奇秀丽的天台山风景吸引住了，便在华顶住了下来。他尽情欣赏日出奇观和云涛雾海，这些山光胜景使他的书法也得到润色。他不停地练字，不停地洗笔洗砚，竟把一个澄澈清碧的水池都染黑了墨池就是这样得名的。有一天夜里，王羲之在灯下练字，练呀练呀，白纸写了一张又一张，铺得满地都是。夜深了他还逐个字逐个字细看着，思考着。对自己所写的字，他还不满足，又看又练，实在练得太疲倦了，握着笔伏在案上。

忽然，一阵清风过处，一朵白云飘然而至，云朵上有位鹤发银髯的老人，笑呵呵地看着他说："你的字写得不错呀！""哪里，哪里！"王羲之一边让座，一边谦虚地回答。他见这位老人仔仔细细地观看自己写得字，便请教说："老丈啊，请您多多指正。"老人见王羲之一片诚心，说道："你伸过手来。"王羲之心里纳闷，老人要做什么呢？他见老人一本正经，不像开玩笑，便慢慢地伸了过去。老人接过笔，笑容可掬地说："我看你诚心诚意学写字，让你领悟一个笔诀，日后自有作用。"老人说完，在王羲之的手心上写了一个字，然后点点头说："你会更快进步起来的。"说罢去了。王羲之急忙喊道："先生家居何处？"只听空中隐隐约约地传来一声："天台白云……"王羲之一看手心是个"永"字，他比呀划呀，写呀练呀，终于领悟了：横竖勾，点撇捺，方块字的笔画和架子结构的诀窍，都体现在"永"字上。白云先生授的真是好笔诀！此后，王羲之练得更勤奋了，他的书法也更加洒脱了，奇妙了。

以后，王羲之回到绍兴，与文友在兰亭欢聚时，挥笔写下了千古流传的书法珍宝《兰亭集序》。王羲之念念不忘天台山白云先生的"永"字笔诀，诚心诚意地写了一部《黄经洞》，放在山顶一个突兀峭险的岩洞里，后人就叫它"黄经洞"。今天，有些胆大的旅游者，还要爬上黄经洞看一看，是不是洞里还藏着王羲之的《黄庭经》呢！

——东床择婿

这是很久以前的事了。当时，有一位大官，名叫郗鉴，他是个很爱才的人，为了给女儿选择一个合适的对象，郗老大人动了不少脑筋。后来，他打听到王家子弟一个个相貌堂堂，才华出众，就想缩小范围，在这几个青年人当中选择一个做他的女婿。消息传来，王家子弟一个个兴奋而又紧张，他们早听说郗小姐人品好，有才学，谁不想娶她做妻子呢？

于是，一个个精心修饰一番，规规矩矩地坐在学堂里，表面上是看书，心儿早就飞了。可是东边书案上，有一个人却与众不同。只见他还象平常一样随便，好像压根儿没有这回事似的，仍在聚精会的地挥笔写字。

这天，天气并不热，可是这个青年人却热得解开了上衣，露出了肚皮，也许是早上没来得及吃饭吧，他一边写字，一边抓起冷馒头咬一口，无拘无束地咀嚼着，眼睛还一个劲地盯着面前的毛笔字，那紧握毛笔的右手，一时一刻也没有松开，有时还悬空比画着写字，那一副认真的神态，使人禁不住发笑。郗鉴派来了自己的代表在学堂进行了一番观察了解后，就回去了。在他看来，王家子弟一个个都不错，彬彬有礼，年青英俊，才华洋溢，简直没法说哪个最好，哪个较差。不过，要说表现不那么使人满意的，倒有一个。他袒胸露腹，边写字还边啃馒头，样子太随便了，好像对于老大人选择女婿这么一件大事，一点儿也没放在心上……这郗大人听了回报，恰恰对那位举止"随便"的青年有兴趣。他详细问了情况，高兴地将两个手掌一合，说："这就是我要找的女婿。"这是怎么回事呢？郗老大人认为，这个青年不把个人的事儿放在心上，而是集中精力于书法事业，这正是有出息的表现，有这样的钻劲、迷劲，是不愁不成才的。

你猜这位青年是谁？不是别人，正是王羲之，后来他真的成了杰出的书法家。这说明，郗老大人是有眼力的。这里还顺带说一句，王羲之的夫人、郗鉴的女儿，她也是个书法家，对王羲之的帮助可大了。她的儿子王献之，后来也成了有名的书法家，这里面也有她的一份功劳呢。

——吃饺子

一天，王羲之路过集市，见一家饺子铺门口，人声喧嚷，热闹非常。尤其是门旁的那两副对联，分外惹人注目，上面写着"经此过不去，知味且常来"十个字，横匾上写的是"鸭儿饺子铺"。但是字却写得呆板无力，缺少功夫。

王羲之看罢，心中暗想：这样的赖字，也配写匾？又一琢磨："经此过不去，知味且常来"。——好家伙！这里到底是什么人的买卖，竟能如此夸口？走近一瞧，见铺内有口开水大锅，设在一道矮墙旁边。包好的白面饺子，好似一只只白色的小鸟，一个接一个地越墙飞来，不偏不倚正好落入滚沸的大锅。一锅下满，不用招呼，"小鸟"就停飞了。等到这锅饺子煮好，捞完，"小鸟"又排队一样飞来，准确无误。王羲之十分惊奇，就顺手掏出一些散碎银两，要了一大碗饺子，然后坐下。这时他才发现，饺子个个玲珑精巧，好像浮水嬉戏的鸭儿，真是巧夺天工的奇货！他用筷子将饺子夹起，慢慢地送到嘴边，轻轻地咬了一口。

顿时，清香扑鼻，鲜美满口。不知不觉间，把那一大碗饺子，全吞到了肚里。一顿饱餐之后，王羲之对自己说：这鸭儿饺子果然不错！只是门口那副对联的字写得太差，与这美味饺子实在不能相配，我王羲之何不乘此机会为他们另写一副对联，也不辜负我来此一场——想到这里，他便问店伙计："请问店主人在哪里？"店伙计用手指着矮墙说："回相公，店主人就在墙后。"

王羲之绕过矮墙，见一白发老太婆坐在面板之前，一个人擀饺子皮，又包饺子馅，转眼即成，动作麻利极了。更令人惊奇的是，包完之后，白发老太婆便随手将饺子向矮墙那边抛去，鸭儿饺子便一个一个依次越墙而过。老人的高超技艺，使王羲之惊叹不止。他赶忙上前问道："老人家，像您这深的功夫，多长时间才能练成？"老人答道："不瞒你说，熟练需五十年，深熟需一生。"

听了这话，王羲之沉默了一会，好像在品尝这句话的滋味。然后又问："您的手艺这样高超，为什么门口的对子，不请人写得好一点呢？"老人气鼓鼓地说："相公有所不知，并非老身不愿意请，只是不好请啊！有的人写字刚有了点名气，就眼睛向上，哪里肯为我们老百姓写字。其实，照我看，他们写字的功夫，还不如我这扔饺子的功夫深呢！"老人的话不一定是指王羲之，可是王羲之听了，觉得脸上火辣辣的，羞愧难当。于是，他特意写了一副对联，恭恭敬敬地送给了这位老人。

【警世故事 2】

李谧后来居上

北朝时，北魏有个读书人叫李谧，他从小聪明好学，被人们称作"神童"。十八岁那年，李谧拜在小学博士孔瑶门下，学习文字音韵学知识。孔瑶非常赏识李谧，认为这个年轻人前途不可限量。

为了能够专心做学问，李谧多次拒绝了官府的征召，在杳无人烟的山崖下盖了一间小房子，不问世事，一心读书。经过数年的努力，李谧的学业突飞猛进，成为名噪一时的学术大师，聚众讲学，桃李满天下。

李谧曾经和太常卿刘芳探讨历代治乱兴衰的问题，刘芳被李谧的见解深深折服，感叹说："如果高祖早年遇到李谧。哪里还轮得到我做太常卿啊！"李谧被学界推崇如此，以至先前的老师孔瑶也拜到他门下，虚心请教。大家为此感到不解，孔瑶却说："李谧曾经是我的学生，然而青出于蓝却远胜于蓝，现在他已成为一流学者，学术造诣远远超过了我。自古以来，以能者为师，李君学识渊博，讲课条理清晰，常常使人有醍醐灌顶、豁然开朗之感，在他门下学习也是一种荣幸啊。"

李谧后来居上，孔瑶以能者为师的故事传扬开后，人们给他们师生二人编了一首歌谣："青成蓝，蓝谢青，师何常，在明经。"

近水知鱼性，近山识鸟音。

【字句注释】

鱼性：鱼的习性。

【原文翻译】

离水近了才能了解鱼的习性，离山近了才能熟悉鸟的各种声音。

【启迪意义】

实践是检验真理的唯一标准。要获取知识，必须通过实践。

【警世故事1】

近水知鱼性，近山识鸟音

"近水知鱼性，近山识鸟音"这句《贤文》是说如果生活在水边，经常与鱼打交道，那么就能熟悉鱼的性情，同样，如果生活在山上，经常能听到鸟儿的叫声，那么就能听懂不同鸟的叫声。这句《贤文》告诉人们，实践出真知，熟能生巧。

宋朝大文豪欧阳修写过一篇《卖油翁》的文章，讲述了一位射手与一位卖油翁的故事。大意是这样的：有一位名叫陈尧咨的人，擅长射箭，当时没有几个人能和他相比，因此有点得意忘形。一次，他在自家门口射箭，有个卖油的老翁放下担子，站在一旁，不在意地斜着眼看他，久久地不离去。老翁见到陈尧咨射出的箭十支能中八九支，不少围观者为他鼓掌喝彩，卖油翁只不过微微地点点头。

陈尧咨见状，不太高兴地问道："你也会射箭吗？我射箭的本领不精湛吗？"老翁说："没有什么奥秘，只不过是手熟罢了。"陈尧咨听后愤愤地说："你怎么敢轻视我射箭的武艺！我曾在多次比赛时获得金奖"老翁说："凭着我倒油的经验就可懂得这个道理。"于是老翁取过一个葫芦立放在地上，用铜钱盖在它的口上，慢慢地用勺子把油倒进葫芦，油从铜钱的孔中注进去，却不沾湿铜钱。老翁说："我这点手艺也没有什么别的奥秘，只是手熟罢了。"陈尧咨听后，认可了老翁的说法，从此打消了不少傲气。

近山识鸟音近水识鱼性反映的哲学道理：

实践是认识的基础马克思主义哲学认识论的一个基本原理。突出地强调实践对认识的决定作用。主要表现于以下各点：

一是实践是认识的源泉，马克思主义哲学认为，认识来源于实践．毛泽东指出："如果要直接地认识某种或某些事物，便只有亲身参加于变革现实，变革某种或某些事物的实践的斗争中，才能触到那种或那些事物的现象，也只有在亲身参加变革现实的实践的斗争中，才能暴露那种或那些事物的本质而理解它们．这是任何人实际走着的认识路程"。

实践，客观事物同认识主体就不能发生任何关系，因而也就不可能有对客观事物的反映，即认识，坚持实践是认识的唯一源泉。就必然要反对形形色色的先验论和唯心论，世上绝无"生而知之"和"不学而能"的人。实践出真知，人的知识，才能归根到底来自实践。这并不排除接受间接经验和学习书本知识，事实上，任何人都不可能也无必要事事直接经验，就每个个人的知识而言，大量是从间接经验，书本中学来的，不过，在我为间接经验者，在他人则仍为直接经验，这就是说，一切知识就其最初来源而言，仍然是实践。二是实践是认识发展的动力，这与实践是认识的源泉直接相关，由于认识来源于实践，因而随着实践由低级到高级的发展，人的认识和知识必然也要跟着发展，具体情形是这样的：社会实践不断给认识提出新课题，即提出新的需要，正是这种需要会成为一种巨大力量，把认识推向前进，社会实践不仅提出新的课题和需要，而且给解决课题。满足需要积累了经验和提供手段。凭借实践提供的经验和手段，使新的问题获得解决，认识和知识便得到了发展即把认识引向了深入和产生了新的知识，实践还推动着主体思维能力的发展和提高。

这是说，实践的发展和深化，推动着人的智力和思维能力的发展。三是实践是检验认识是否正确的唯一标准，这是实践对认识起决定作用的一个重要方面，一种认识是否正确，是否具有真理性，只有通过实践的检验才能最终确定，此外再无别的标准。四是实践是认识的最终目的，认识世界的目的，只是为了改造世界，马克思主义哲学认为，重要的问题是不仅能够正确认识和解释世界，而且在于运用这种正确的认识指导实践，能动地改造世界。所以，必须坚持理论和实践的统一。坚持认识世界和改造世界的统一。以上四个方面，充分体现了实践对认识的决定作用。什么是实践？实践就是人们改造世界的一切活动。其中，生产活动是最基本的实践活动，是决定其他一切活动的东西，因为没有生产实践，就没有人类，就没有其他一切社会生活，常言道："近水知鱼性，近山知鸟音。"沿海的一些渔民，把耳朵贴在船帮上，听听底下的声音，就知道有什么鱼在附近海域游动。生活在深山老林的猎人，凭着经验就可判别各种鸟类的叫声，经验丰富的司机．听着发动机的声音，就能辨别机器正常与否。为什么他们能够做到一般人做不到的事呢？根本原因就是长期的反复的实践。我们现在懂得的一切，都是经过许多人的实践才得来的，人们为了使某些重金属的原子核发生裂变，曾经用质子作炮弹去轰击原子核，命中率低得可怜，后来．用中子轰击原子核，不仅很容易击中，而且随着原子核的分裂，还有新的中子释放出来，使轰击原子核的反应不断进行下去，形成链式反应。人们利用核燃料分裂时释放的大量热能，建立了原子能发电站，有教书的实践，才能总结育人的道理；有办工厂的经验，才能有管理工厂的知识。

人类认识发展的历史，就像接力赛跑一样，每一代人都把前一代人知识的终点作为自己知识的起点，然后把在实践中取得的新知识增添到人类知识宝库中去。社会实践一步一步由低级向高级发展，人们的知识也就越来越丰富，认识来源于实践，又反过来为实践服务，这就是认识和实践的辩证关系。

综上所述，"近水知鱼性，近山识鸟音"给我们以下启迪：

一是要专注。要做到干一行，爱一行，将简单的事做到极致就不简单，把平凡的事做到最好就不平凡。俗话说："三百六十行，行行出状元。"只要专注、认真、敬业，无论在什么岗位都有可能做出不平凡的业绩。

二是要谦虚。谦虚使人进步，骄傲使人落后。一个人在某个领域取得一点成绩，千万不能骄傲，要知道山外有山，天外有天，自己只不过是有了锻炼的机会，就像卖油翁所言："手熟而已"。像陈尧咨那样骄傲自满，难免受到别人奚落。

【警世故事 2】

垂钓趣谈

俗话说："近水知鱼性，近山识鸟音"，对钓鱼者来说，了解所钓鱼的特性和活动规律，是决定钓获量多少的重要一环。一般来说，草鱼活动规律是：最冷、最热的时候在水域的最深处；气温正常、一天温差不大时草鱼四处活动；一天内温差较大时，上午鱼在浅处活动，下午在深处或树荫下活动。草鱼属中上层鱼种，食性杂，以吃草为主，但是其他鱼吃的食草鱼也吃。常见的钓草鱼方法有以下几种：

1、打游击钓鱼法。所谓打游击，就是不打窝子，没有固定的钓位，这里甩两竿，那里甩两竿。此钓法不管是手竿还是海竿只适宜于初开钓 1～3 次的水塘或水库，水域大的塘可多钓几次，水域小的钓 1～2 次就钓不到了，一间塘钓的时间长了，次数多了，鱼就钓猾了，不会轻易上钩。此钓法正常情况下，坠离钩 20 厘米，漂离坠 30 厘米即可，如果鱼浮头，坠要紧靠鱼钩，漂离坠 20 厘米左右。如遇深水塘，气温低，水里有大、中、小三种鱼，漂浅了钓上来的都是小鱼，根据水的深浅，漂可由 50 米升至 2 米，这样咬钩的大都是大草鱼。

2、浮草引鱼钓法。一间塘或水库经常有人垂钓，鱼经受的锻炼多了，变得更精灵了，垂甩竿的响声，人说话的声音，水面的响动，人的倒影，鱼都一清二楚。只要遇到上述情况，鱼就躲到远处或深处了。在这种情况下就要采取浮草引鱼钓法：扯一些鲜嫩的青草在顺风的水边撒下，让其在水面上顺风漂流。这时可用海竿或手竿钩好草饵，漂放浅，把草饵放在浮草中，海竿打开绕线轮，然后人躲在一边注意看漂，只要鱼来吃草，一般会先吃钓饵。我用此钓法最多的一次钓过 30 多斤，最少的也有几斤。

3、沉底草打窝钓法：经常有垂钓者光顾的鱼塘，鱼经过各种各样的教训，一有动静就沉底，不轻易露面，即使露面也不吃浮草。在这种情况下，用带泥的深草或用深草捆泥石块觉到钓竿能钓到的水里。一般打2～3个窝即可，过一段时间注意观察每个草窝的动静，一旦草窝处有气泡，碎草浮上水面，就说明鱼已进窝吃食了，此时可钩草饵下钓，但浮漂要放深，最好让草饵觉在底窝草的草尖处。但要注意鱼上钩后要立即拖开往别处起鱼，千万不能在草窝处遛。每窝钓1～2条就换窝，轮番下钩。用此法钓草鱼收获量一定会可观的。

4、用食打窝钓法。草鱼一般来说是以食草为主，但也爱吃酸、甜、香、臭不同的料，配成酸甜型、酸臭型、香甜型、单一味型都可以。最好是用配合饲料锅内沙香，然后加米饭、面粉、酒（或甜酒糟）拌均匀，做好后用一只坛子盛好密封备用；用时可加新料，米糠、米饭、饲料都可以。打窝时鸡蛋大一坨打3～4坨，撒1平方米左右，一个人撒两个窝轮番下钓，钓饵可加些粉，用蚕豆大小捏在鱼钩上。此钓法最好不要用坠，因食的重量代替了坠，浮漂放深横卧在水面上使水下有余线，鱼咬食时就不会有阻力，待漂立起向下沉时起竿。

5、活食钓鱼法：草鱼的食量大，食性杂，我曾用蚱蜢、大青虫、大蚯蚓、蟑螂等作钓草鱼的钓饵都收到过很好的效果。在使用以上钓饵时，有以下几点体会：①大部分可以就地取材，而且鱼四季都吃；②初春冬末要钓到草鱼非活饵不可；③最闷热的天草鱼不想吃草，对于活食却咬钩。

每种钓法都有它的局限性，况且我国地域辽阔，东、西、南、北的气候、温湿度差别很大，就是同一地的水域，深浅不同的环境也都对钓鱼有影响，还望各位钓友因地制宜，摸索出最适合本地条件的钓法来。

【警世故事3】

邓碧珊画鱼藻

邓碧珊，号铁肩子，清末江西人，"珠山八友"之一，以擅长在瓷器上画鱼藻而闻名中外。说起邓碧珊在绘画上取得成功的原因，除了个人勤奋好学之外，不得不提及他小时候的生活经历。

邓碧珊从小就在鄱阳湖边长大，打鱼、钓鱼，鱼儿几乎成了他生命中的一部分。天天和鱼儿打交道，使得邓碧珊对鱼儿的生活习性和体貌特征非常了解，连带着对鱼藻也有了深刻的了解。他知道：水流偏急的地方，鱼藻长得粗壮，水流偏缓的地方，鱼藻长得纤细；鲤鱼喜欢栖息在粗藻里，鳜鱼喜欢在细藻里游泳，而金鱼喜欢在狮子藻里面游戏，等等。正是有了这些长期在生活中细心观察得到的知识，邓碧珊笔下的鱼藻，才能栩栩如生、真实动人，深受人们喜爱。

好学者如禾如稻，不好学者如蒿如草。

【字句注释】

蒿：泛指野草、杂草。

【原文翻译】

喜欢学习的人像稻子、谷子，会结出饱满的果实；不喜欢学习的人像野草，虚度一生而无所收获。

【启迪意义】

喜欢学习、追求上进的人，最终会学有所成。

【警世故事 1】

爱学习的小太监

北齐有一个人叫田鹏鸾，迫于生计，十四五岁就进宫当了太监。尽管地位十分低下，工作又非常辛苦，田鹏鸾却十分好学，一有空就抓紧时间读书，遇到不懂的地方就四处求教。当时的文林馆是个学者云集的地方，田鹏鸾每次跑到文林馆都气喘吁吁的，顾不上喝水，也不说其他的话，一门心思请教读书中遇到的问题。文林馆的学士们都很喜欢这个聪明好学的小太监。田鹏鸾很喜欢读古人讲气节、重义气的故事，每当读到此类故事就十分激动，赞叹不已。渐渐地，田鹏鸾的好学打动了当朝皇帝，齐后主赐他名为"敬宣"，提拔他做侍中开府。

后来，北齐被北周所灭，齐后主逃到了青州。随行的田鹏鸾受命外出侦查北周的动静，结果被北周军队抓获。北周将领问齐后主在什么地方，田鹏鸾骗他们说："后主已经跑了，恐怕已经不在北齐了。"北周将领不信，对他严刑逼供，企图使他屈服。但是无论北周军施以怎样的酷刑，田鹏鸾都没有招出齐后主的下落。

　　颜真卿读了田鹏鸾的故事后，感叹道："一个小太监尚且能够通过学习成为忠义之臣，北齐的有些将相连田鹏鸾这样的太监都不如！"

　　十年窗下无人识，一举成名天下知。

【字句注释】

十年窗下：这里是形容长年刻苦读书。

【原文翻译】

十年埋头在窗下苦读，都没有人认识；一旦金榜题名，天下人都知道你了。

【启迪意义】

读书不是一蹴而就的事情，只有持之以恒地努力学习，才能取得成功。

【警世故事 1】

苏秦苦读拜相

苏秦是战国时期洛阳人，早年间学习纵横之术，到秦国游说，吃了闭门羹，扫兴而归。由于缺少盘缠，雇不起马车，苏秦一路走回洛阳，到家的时候像个叫花子。家里人谁也不理睬他，连嫂子都不给他做饭，苏秦遇到的只有鄙夷的眼光。

然而苏秦没有灰心，他认为游说不成功，主要是自己书读得太少的缘故，于是回家后就没日没夜地用起功来。苏秦读书，常常废寝忘食，彻夜不眠。有时读得太累了，眼皮都睁不开，但一想到在游说各国时所受到的冷遇以及家人的冷嘲热讽，于是他又继续读下去。可是，过了一会儿，眼皮又合在了一起。他生自己的气了，索性拿来一把锥子，狠狠地朝大腿上刺了一下。这一招果然有效，剧烈的疼痛彻底赶走了睡意。他也顾不上疼痛，聚精会神地读下去，不知不觉天就亮了。

功夫不负有心人，一年之后，苏秦学有所成，带着"联合六国对抗暴秦"的新主张出使列国，受到各国君主的热情欢迎，并请他出任"纵约长"，掌管六国外交。于是苏秦身挂六国相印，名闻天下。

人不劝不善，钟不打不鸣。

【字句注释】

劝：引导、教育，劝告，奉劝。

【原文翻译】

人，不教育引导就不会向好的方向发展，钟不去敲打就不会鸣响。

【启迪意义】

对于执迷不悟的人，不引导他就容易犯错误，这里是指对小孩子的教育要像敲打钟一样多劝导和教育。

【警世故事1】

拒子入门

子发是战国时期楚国的一位大将。有一次，子发奉楚宣王之命，带兵和秦国作战，在前线断了粮草，派人向楚王告急。使者见过楚王以后，又到子发家，问候子发的母亲。

子发母问来使："兵士们都很好吗？"

使者说："军队里还有一点豆子，大家只能一粒一粒分着吃。"

子发母又问："你们的将军身体好吗？"

使者说："将军每顿都能吃上肉食和米饭，身体很好。"

子发的母亲听了很不高兴。

子发打败秦军凯旋，他的母亲却紧闭大门，不准儿子进家，并且派人对他说："你听说过越王勾践伐吴的事吗？有人献给越王一罐酒，越王就派人把酒倒在江的上游，让士兵们一起饮下游的水。虽然大家并没尝到酒味，但每个人的战斗力却提高了 5 倍。过了几天，又有人献给越王一口袋干粮。越王又把它分给了士兵。虽然大家并没有吃饱肚子，但每个人的战斗力却提高了 10 倍。

"现在，你身为将军，粮食不够，士兵们只能分一点豆粒吃，你自己却早晚都是肉食米饭，这是什么道理？"

"你使士兵陷于死地，而自己却在上面享乐。这样做将军，虽然打了胜仗，也只是出于偶然，并不是你的功劳。你这样做，还能算是我的儿子吗？你不要进我的门算了。"

子发听了母亲的批评，觉得很有道理，赶紧向母亲承认错误，表示决心改过，母亲这才叫人打开大门，让他回家。

我们常听人说："孩子大了，不由父母了。"这个故事却给我们一个启示，说明家庭教育不限于成年以前，父母兄弟姐妹、夫妻儿女之间，都应当互相监督、互相教育。父母于子女，更有终身教育之责。

【警世故事 2】

逃犯奇遇

黄昏，南方小城滨容市的一家建筑工地上，三个年轻人在一间粉刷了一半的空房内，鬼鬼祟祟一阵低语，然后，各自随下班的民工离开工地。

三个年轻人中，名叫小宝的那人最后一个走出工地，心事重重的他走到路口时，一不小心与一个年逾六十、满脸风尘的老人相撞。老人跌倒在地，手上拎的破木箱内，几样简单的擦鞋工具散落一地。

小宝惊慌地弯腰扶起他，问道："大爷，您没事吧？"出人意料的是，这个摆摊擦鞋的老头听他口音是河南老乡，不仅不怪他，还请他到小旅馆一起吃饭。

　　一到小旅馆的房间，老人就从床头柜里拿出几样熟菜和一瓶白酒，小宝帮着把酒菜摆到小桌上，不客气地与他一起吃喝起来。大概是难得碰到个老乡的缘故，老人几杯酒下肚，就唠叨开他年轻时的事了。

　　老人说，他已经很多年没回河南老家了，当年他可是家乡方圆百里有名的烧窑师傅。那年，他被外乡一个村子请去烧砖，在一天晚上，他的搭档有事回家去了，他独自喝了一斤白酒，因为一个月没和老婆亲热，就趁着酒劲，强奸了一个过路的女人。后半夜，那女人带人来村子外的砖窑场抓他，他听到动静，慌忙跑了。

　　他在外地东躲西藏了几个月，眼看春节来临，家家户户热热闹闹忙着过年，心里那个难受就不用说了。大年三十晚上，他实在熬不住，就偷偷潜回家中，看望妻子和不满三岁的儿子。

　　哪知，派出所的副所长也算准了他这一点，午夜过后，副所长悄悄到他家巡查，就把他堵在了屋里。副所长劝他说："你犯的也不是多大个事，你负案在逃何时是个头啊？看在你老婆和孩子的份上，只要你愿意随我回派出所，我就可以说你是主动投案自首，这样，就能减轻你的罪责。"

　　小宝听到这里，好奇地问道："那你自首了没有？"

　　老人叹了口气说："当时我自作聪明，听副所长那么说，就灵机一动骗他说，'副所长，我这趟回来就是要自首的，但我实在挂念老婆孩子，所以想先回家看看。'说着，我就跪在副所长的面前恳求道，'副所长，我要是被判刑坐牢，还不知哪年哪月才能回来，您开开恩，让我与他们娘儿俩再说会儿话。'副所长看着哭哭啼啼的女人和孩子，心一软相信了我。他到院门外等我，我却不顾妻子苦苦劝阻，翻墙逃走了。后来听说，为这事副所长还受了处分。"

　　小宝又问："你这一走，就再没回过家？"

老人端起面前的酒杯一饮而尽，伤心地说："我当时身上背着案子，在外面难以立足、生存，就破罐破摔，多次持刀抢劫。有次作案被当场抓获，结果数罪并罚判了16年。老婆见这下子没了指望，就带着3岁的儿子改嫁他乡。刑满出狱后，我实在没脸在家乡混，只好出外谋生。这些年来，我一想到老婆孩子，就后悔当初没听肖所长的话，我肠子都悔青啦……"

老人说到这里，忽然抬头问道："孩子，你咋哭了？"小宝掩饰地说："没有，俺是喝酒呛的。"老人意味深长地说："孩子，咱爷俩在这里相遇也是缘分啊，你要是有啥心事，就给我说说，也许我能给你指条明路。"

小宝欲言又止，他犹豫一下，抬头看看墙上的钟表，像是猛地想起啥事似的，起身对老人说："大爷，谢谢你的酒菜，天不早了，我该回去了。"不料，这个病病恹恹的老人突然换了一副干练的神情，拦住门说："周宝明，我说了半晌，你还不明白我的意思吗？跟我回去自首吧，我不能让你再走你爹的老路啊！"

小宝心里一惊，暗想道：这人怎么知道我的名字？难道是来抓我的便衣警察？想到这里，他唰地从身上拔出短刀，凶狠地说："你究竟是什么人？识相的就闪开，让我走！""小宝，快把刀放下！"就在这时，一个中年妇女发疯一般闯进门来，一把夺下小宝手中的刀子。小宝定睛一看，惊讶得说不出话来，眼前的妇人正是他日思夜想的母亲。他吃惊地说："妈，您怎么在这？"

"孩子，这就是派出所的副所长。副所长讲的逃犯，其实就是你爹呀。你爹他没有死，我过去是怕你伤心才隐瞒他的事……"

半年前，周宝明在学校因伙同他人参与打架斗殴，将人打伤，负案在逃。眼看带的钱要用完了，他就想打工谋生，可他没有身份证，很多用工单位不敢要他，最后，只好在这家对打工者身份核查不严的建筑工地上干。只是，包工头只管吃住，工资说是要等工程完工才结算。一个月前，他实在太想家了，就给千里之外的母亲打了个电话，说他在滨容市打工。母亲正要问明地址，劝他回来，电话那头却传来嘟嘟的忙音。

得到儿子的消息，母亲心里十分矛盾，她想向当地派出所汇报，又怕对儿子不利。想来想去，她决定回老家一趟，找曾经帮助过她的派出所副所长，并恳求他救救孩子。此时，副所长已经退休，却依旧毅然地对她说："当年因为我工作没做到家，没能劝说他爹自首，现在我不能再看他的儿子重蹈覆辙。"

就这样，副所长只身来到滨容市，装扮成摆摊擦皮鞋的，每天忍着严重的风湿病痛，拿着周宝明照片，在他可能藏身、落脚的地方打听、寻找。前天，他终于得到了周宝明的下落，随后给周宝明的母亲打电话说明情况。母亲接到副所长的电话后放心不下，当下就按副所长给的地址，坐火车来了滨容市。

为了让周宝明从心里明白当逃犯的悲惨下场，从而主动投案自首、悔过自新，副所长故意在路口与周宝明相撞，接着把他"骗"到旅馆，给他讲了一个真实的故事。刚才，副所长规劝他的时候，他母亲就站在窗外。

听了母亲的讲述，周宝明终于明白了副所长的良苦用心，他一下子跪倒在副所长的面前，泣不成声。

增

广

贤

文

交友篇

画虎画皮难画骨，知人知面不知心。

【字句注释】

略。

【原文翻译】

画老虎的时候，很容易画出它的皮毛，却画不出它的骨骼；了解一个人的时候，很容易了解他的外表，却难以了解到他的内心。

【启迪意义】

谨慎交友，不要被表面现象所蒙蔽。

【警世故事1】

口蜜腹剑

唐玄宗（李隆基）的兵部尚书李林甫，论才艺，也还不错，一手字画都很好。但他却不真真诚诚的办事，而是一味迁就和迎合玄宗的意旨。不但如此，他还用些不正当的方法结交玄宗亲信的宦官和妃子，因此他很得玄宗的宠信，一直在朝中做了十九年的官。

李林甫和一般人接触时总是在外貌上表现出和人很友好，非常合作，嘴里说尽所有可以说的好听的、善意的话。可是实际上，他的性情和他的表面态度完全相反，他竟是一个非常狡猾阴险，常常使坏主意来害人的人。这样的人虽然有时可以达到害人的目的，逞奸谋于一时，但是日子久了，人家就会发现这种伪善，于是大家便在背地里说他"口有蜜、腹有剑"。即：口上甜甜蜜蜜，心中利剑害人。形容嘴甜心毒，奸诈阴险，称"口蜜腹剑"。

唐朝还有一个做中书侍郎的李义府，平常的行动和表情，显得非常忠厚和温和，而且他不管和谁说话，总一定先自己咧开嘴笑，表现出十分诚恳和善良的样子。其实他的心地既刻薄，又奸诈，常使用阴险的计策害人。时间长了，人家也发现了他的这种假面具，就说他"笑中有刀"。

像李林甫和李义府那样的人是非常可怕的，因为他们表里不一，若不小心，便要上当受害。所以"口蜜腹剑"不但是一句好成语，而且可作我们交友的戒言。

"口蜜腹剑"和"笑里藏刀"虽出自两个人的两个故事，但其含义是相同的，都是形容人口是心非和表里不一致，外面表现得很好，很讨人好感，叫人愿意结交，而心里却是尽想些坏主意计算人，谋害人。

【警世故事2】

笑里藏刀

三国时期，由于荆州地理位置十分重要，成为兵家必争之地。公元217年，鲁肃病死。孙、刘联合抗曹的蜜月已经结束。当时关羽镇守荆州，孙权久存夺取荆州之心，只是时机尚未成熟。不久以后，关羽发兵进攻曹操控制的樊城，怕有后患，留下重兵驻守公安、南郡，保卫荆州。孙权手下大将吕蒙认为夺取荆州的时机已到，但因有病在身，就建议孙权派当时毫无名气青年将领陆逊接替他的位置，驻守陆口。

陆逊上任，并不显山露水，定下了与关羽假和好、真备战的策略。他给关羽写去一信，信中极力夸耀关羽，称关羽功高威重，可与晋文公、韩信齐名。自称一介书生，年纪太轻，难担大任，要关羽多加指教。关羽为人，骄傲自负，目中无人，读罢陆逊的信，仰天大笑，说道："无虑江东矣。"马上从防守荆州的守军中调出大部人马，一心一意攻打樊城。陆逊又暗地派人向曹操通风报信，约定双方一起行动，夹击关羽。

孙权认定夺取荆州的时机已经成熟，派吕蒙为先锋，向荆州进发。吕蒙将精锐部队埋伏在改装成商船的战舰内，日夜兼程，突然袭击，攻下南部。关羽得讯，急忙回师，但为时已晚，孙权大军已占领荆州，关羽只得败走麦城。

【警世故事 3】

易牙谄媚齐桓公

　　易牙是齐国的御用厨师，他见齐桓公爱好美味，便使出浑身解数，每天变着花样满足国君的口腹之欲，深受齐桓公信赖。作为一个御厨，易牙对于味道有惊人的鉴别力。孔子说过，如果将淄水、渑水两条河中的水混合起来用，易牙也能够分辨出来，可见易牙味觉之灵敏。除了精通做饭烧菜，易牙还特别善于察言观色，揣测主子的喜、怒、哀、乐，对国君处处逢迎。在齐桓公眼里，易牙绝对是天底下头一号大忠臣。

　　然而，易牙"忠心耿耿"的外表下，却隐藏着一副蛇蝎心肠。管仲早就看透了这一点，临终前一再劝齐桓公远离易牙。但齐桓公一意孤行，对易牙宠信有加。

　　公元前 643 年，齐桓公病重，躺在病榻上已是奄奄一息。平时总在鞍前马后献殷勤的易牙终于露出了真面目，他非但自己不去看望齐桓公，还联合其他同党，封锁宫门，禁止所有人出入，导致齐桓公在饥寒交迫中离开人世，死后七十多天还不得下葬，尸体腐烂，臭气熏天，惨不忍睹。

　　相识满天下，知心能几人。

【字句注释】

相识：相互认识。知心：交心、真心。

【原文翻译】

认识的人很多，可彼此知心的没有几个。

【启迪意义】

人的生活离不开友谊，但要得到真正的友谊才是不容易；友谊总需要忠诚去播种，用热情去灌溉，用原则去培养，用谅解去护理。

【警世故事1】

好个知心朋友

一天，一个盲人带着他的导盲犬过街时，一辆大卡车失去控制，直冲过来，盲人当场被撞死，他的导盲犬为了守卫主人，也一起惨死在车轮底下。

主人和狗一起到了天堂门前。一个天使拦住他俩，为难地说："对不起，现在天堂只剩下一个名额，你们两个中必须有一个去地狱。"

主人一听，连忙问："我的狗又不知道什么是天堂，什么是地狱，能不能让我来决定谁去天堂呢？"天使鄙视地看了这个主人一样，皱起了眉头。她想了想，说："很抱歉，先生，每一个灵魂都是平等的，你们要通过比赛决定由谁上天堂。"

主人失望地问："哦，什么比赛呢？"天使说："这个比赛很简单，就是赛跑，从这里跑到天堂的大门，谁先到达目的地，谁就可以上天堂。不过，你也别担心，因为你已经死了，所以不再是瞎子，而且灵魂的速度跟肉体无关，越单纯善良的人速度越快。"

主人想了想，同意了。天使让主人和狗准备好，就宣布赛跑开始。她满心以为主人为了进天堂，会拼命往前奔，谁知道主人一点也不忙，慢吞吞地往前走着。更令天使吃惊的是，那条导盲犬也没有奔跑，它配合着主人的步调在旁边慢慢跟着，一步都不肯离开主人。

天使恍然大悟：原来，多年来这条导盲犬已经养成了习惯，永远跟着主人行动，在主人的前方守护着他。可恶的主人，正是利用了这一点，才胸有成竹，稳操胜券，他只要在天堂门口叫他的狗停下就可以了。天使看着这条忠心耿耿的狗，心里很难过，她大声对狗说："你已经为主人献出了生命，现在，你这个主人不再是瞎子，你也不用领着他走路了，你快跑进天堂吧！"

可是，无论是主人还是他的狗，都像是没有听到天使的话一样，仍然慢吞吞地地往前走，好像在街上散步似的。果然，离终点还有几步的时候，主人发出一声口令，狗听话地坐下了，天使用鄙视的眼神看着主人。这时，主人笑了，他扭过头对天使说："我终于把我的狗送到天堂了，我最担心的就是它根本不想上天堂，只想跟我在一起……所以我才想帮它决定，请你照顾好它。"天使愣住了。

主人留恋地看着自己的狗，又说："能够用比赛的方式决定真是太好了，只要我再让它往前走几步，它就可以上天堂了。不过它陪伴了我那么多年，这是我第一次可以用自己的眼睛看着它，所以我忍不住想要慢慢地走，多看它一会儿。如果可以的话，我真希望永远看着它走下去。不过天堂到了，那才是它该去的地方，请你照顾好它。"说完这些话，主人向狗发出了前进的命令，就在狗到达终点的一刹那，主人像一片羽毛似的落向了地狱的方向。他的狗见了，急忙掉转头，追着主人狂奔。满心懊悔的天使张开翅膀追过去，想要抓住导盲犬，不过那是世界上最纯洁善良的灵魂，速度远比天堂所有的天使都快。所以导盲犬又跟主人在一起了，即使是在地狱，导盲犬也永远守护着它的主人。天使久久地站在那里，喃喃说道："我一开始就错了，这两个灵魂是一体的，他们不能分开……"

友情是重要的，因为有了知心朋友，在成长的道路上才会有它莫大的鼓舞和使自己奋发向上得力量，但寻求知心朋友却很难。试问：在你人生的道路上，有几个知心朋友呢？真正的知心朋友不需要太多的客套，更不需要太多虚假，一曲阳光三重叠，飘出屡屡情愫；一支高山流水，奏出悠悠心曲……

每当我们点燃生日蜡烛远方的朋友寄来饱含深情的贺卡时；当我们在雪花软软的冬日，朋友送来洋溢着温情的问候时，我们的心此刻是何等的温馨。

俗话说：播种一个信念，收获一个行动。播种一个行为，收获一位知心的朋友！有曾人说过；快乐与人分担，会加倍，伤心与人分担，会减轻。

"孤蓬万里征"，"西出阳关无故人"……很多人看到这些诗句，都会感到没有朋友的孤独。但只要怀揣友好，关爱他人，有何愁前路无知己？相信吧！友谊是酒，时间越久越醇，友谊是茶，日子越久余味越浓，无论是人还是人类的朋友。

相逢好似初相识，到老终无怨恨心。

【字句注释】

相逢：相互交往、碰到。初相识：第一次认识、见面。

【原文翻译】

人与人相遇就像初时那样的谦恭，直到老年相互也不会形成恩怨。责人之心责己，恕己之心恕人。也就是严于律己、宽以待人。只有这样朋友才能相处甚久。

【启迪意义】

一般人初识，比较客气拘谨，等到混熟之后，就容易马虎怠慢，以致不和甚至闹翻。所以，这两句话劝人相处应始终讲究礼节，有热情。

【警世故事1】

鸡黍之约

秀才张劭，字元伯，乃汉明帝时人，汝州南城人氏。自幼奋志读书。有弟张勤同在家务农耕种，以供六旬老母。时到东都洛阳应举，于客店遇秀才范式正危于时疫之中。式字巨卿，乃楚州山阳人氏，年四十岁。元伯扶救巨卿于垂危之际，二人结成生死之交，式为兄，伯为弟。

二人已误考期，时值重阳节，临别，相约于明年今日，巨卿到元伯家相会，元伯言设以鸡黍相待。

到明年，巨卿因家中衣食所累，忙苦之中，到日邻舍俸酒插萸，方想起鸡黍之约。其心慌极已碎，盖因相隔千里之遥，非一日可至。闻'人不能日行千里，魂行千里'之说，特以死而赴。元伯是日终日伫立而待，至夜半方迎来巨卿，乃魂魄也！后元伯急赴山阳，半月至。见兄棺，亦自刎而求同葬，以死相报耳。盖义约之重，过生死也！

相逢好似初相识，到老终无怨恨心。意思是人与人之间如果能做到像初次见面时的心态——互相尊重、礼让……那么彼此之间就永远不会有怨恨。古训增广，是中国几千年人民生活经验的结晶，虽来自民间，却有很多宝贵的东西，影响着一代又一代人。

有人会说，一个人若真的总对朋友彬彬有礼，夫妻之间举案齐眉，会让人觉得太虚伪，就会失去朋友。其实不然，看看我们自己和周围的事实，我们会发现这句话蕴含着真理：人与人之间需要距离，更需要尊重，否则就容易产生矛盾，原有的良好关系也会逐渐被破坏。德国哲学家叔本华有"刺猬之喻"：刺猬在天气寒冷时候，喜群居依偎在一起，以便相互取暖，然而其背脊有刺，不能太靠贴近，以免刺伤。人际关系的"刺猬原理"也有着类似的道理。

牙齿和舌头也会打架，经常在一起的人总会产生或大或小的矛盾，如果互相没有"创新"，不能给对方带来"新鲜"的感觉，那么这两个人就有可能产生越来越大的"排斥感"。当有"对比"或者有其他机会的时候，如果当事人道德素质差，那么就会有"新的"故事发生。亲朋好友、单位同事如此，最亲密的爱人，也会有"七年之痒"：由一开始的海誓山盟、如胶似漆，结婚几年之后就没有了新鲜感，处理不好的，甚至男有外遇，女有出墙。

清代纳兰性德在《木兰词拟古决绝词柬友》中这样写道：

人生若只如初见，何事西风悲画扇。

等闲变却故人心，却道故人心易变。

【警世故事2】

生死之交

春秋时，楚元王崇儒重道。招贤纳士，天下贤人闻其风而归者，不可胜计。时有左伯桃，乃西羌积石山贤士。幼亡父母，奋发攻书，义成济世之才，学就安民之业。遂赴元王处，值雍地，于竹林间茅舍，求宿于羊角哀。

二人彻夜长谈，十分投机，结成生死之交。伯桃年长，角哀为弟。后一同赴仕，不幸中途因风雪连日，二人因衣食故不能同往，伯桃决然以死以助角哀前往。角哀不可拒，遂一人得见元王。封后，即辞王回梁山树洞寻伯桃尸。卜地葬于蒲塘之原，前临大溪，后靠高崖，左右诸峰环抱，风水极佳。为伯桃建享堂，塑仪容，立牌匾。不料此墓恰于荆轲之墓相近，故轲鬼逼伯桃。伯桃灵魂无奈，夜告角哀。角哀大愤，自刎而赴以助兄共战荆轲，裂其坟，抛其骨。此二人义交侠举，遂为千古美谈。

中华民族之多种美德，均为民族之宝。其中古代交友之道讲究之"诚信、侠义、知心、包容"等，正是今人之所缺，众多"背信弃义"之事实皆为明证。三则故事所展示之精神，实可为今人之鉴，亦为建设和谐社会之不可或缺者。

易涨易退山溪水，易反易覆小人心。

【字句注释】

覆：反复，变换。

【原文翻译】

山溪里的水随着季节常涨常退，不明事理的小人反复无常、变化不定。

【启迪意义】

小人变幻反复，你发达了，有钱（权）就来巴结你；等你没势了，他就（退潮）离开你了。这两句话是告诫人们，不要同小人交往，即使非得交往，也得十分谨慎，做好他离开你的打算。

【警世故事 1】

孙膑和庞涓

据史料记载，孙膑和庞涓同为我国春秋时期军事家。二人幼年共同从师于鬼谷子。后因庞涓阴险狡诈，嫉贤妒能，乘势挖去孙膑膝盖。孙膑被致残后，发愤钻研，最终写成《孙子兵法》传世。而庞涓则落下残害同窗好友的骂名。

相传鬼谷子宅就在阳城东北一公里处，这里至今流传着孙庞求学时斗智的故事。

一、百担有余

传说孙膑、庞涓在阳城鬼谷宅跟老师学艺时，老师为了测试两个弟子的智商，便把二人叫至跟前说："尔等跟我学艺三年，学业大有长进，明日考试。你们各备斧头一把上山砍柴。每人百担有余，看谁先砍够。"

次日天不亮，庞涓就持斧上山，拼命地砍呀砍。直到红日西坠，月上东山。第三天又砍，第四天又砍……砍了又运，总算把百担柴运下山来。

孙膑呢？天天都睡到日上三竿，才慢慢悠闲地起床。吃了早点，辞别老师，持斧上山。上山之后，又找个避风向阳的地方读一阵书，睡一会儿觉。直到太阳落山时，才动手砍了几枝。最后砍了一条扁担，将两小捆柴火挑下山来。

验收柴火时间到了。鬼谷子走到二人柴垛跟前，庞涓指着大堆柴火说："请老师查点，足足一百担有余。"

鬼谷子清点后，结果只有百担而无有"余"。

他又问孙膑："你的呢？"

孙膑把一根扁担两捆柴火指给老师。

老师问："这怎么能够呢？"

孙膑拿起扁担说："老师，这是柏木扁担，抵了百担之数。这两捆柴火又全是榆树枝，岂不是百（柏）担有余（榆）了吗？"

老师听后点点头说："嗯，有道理，有道理，很好，很好！"

二、五个馒头

"百担有余"之后，庞涓心中很不服气。鬼谷先生看在眼里，记在心上。于是先生又出题测验他们。

老师捧出五个馒头，对他们说："现在有五个馒头，每人一手只能拿一个，吃完了再拿，看谁吃得快，吃得多。"

庞涓两手拿了两个，狼吞虎咽地吃了起来。孙膑伸手只拿一个，在细嚼慢咽地吃。在同一时间里，孙膑当然先吃完一个。他不慌不忙用两只手抓起了剩下的两个馒头，而庞涓两个馒头还没吃完。只气得庞涓目瞪口呆。

三、三文钱买满屋

庞涓连输两次，心中更为不悦。他再三要求先生另出考题。先生答应了。

先生说："这是三文钱，你们二人去阳城集市上，不论买何物，装满三间屋子为赢。"

两人各持三文钱来到阳城集上。庞涓捡便宜的灯草买回几担，连两间屋子还没有装满。孙膑却买了一支蜡烛，点燃之后，照得三间屋子通亮通亮。

先生满意地笑了。

四、请老师出屋

三次考试之后，孙膑毫无骄傲之意，庞涓却有急躁之情。鬼谷先生何以心安？

有一天，先生将孙庞二人叫到跟前说："从今天起，我坐在屋内三天不动，看谁能把我请出屋去？"

庞涓心想，这有何难？他离开先生到外边转了一圈，匆匆回来说："老师，山下来了一伙强盗，要霸占此山，请你快去！"

鬼谷子笑了笑说："这个不毛之地，既不能藏龙卧虎，又无任何宝贵财产，那里会有什么强盗来霸占？真的来了，你就去制服他们吧！"

隔了一天，庞涓又装作慌慌张张的样子跑到老师跟前说："老师，大事不好，咱的柴草垛被人点燃，你快来看看吧！"

先生隔窗向外一望，果然浓烟滚滚，火势腾腾。他大手拍案，怒斥庞涓："大胆徒儿，没有本事请我出去，竟将柴草点燃，现在命你速去救火！"庞涓无奈，只好悻悻前往救火。

又隔了一天，庞涓手执一封书信，轻声对老师说："老师，师爷病故，要你速归奔丧，来人正在山下等候。"

鬼谷先生高声笑道："谎言，谎言！家父早已故去。"

前两日一直没见孙膑动静，鬼谷先生自然心中有些纳闷。

三天头上，孙膑来见老师。孙膑对先生和气地说："老师，我想了两天，请你出屋太难，可是把你请进屋里可不难。"

鬼谷先生说："一样难！"

孙膑说："我不信！"

鬼谷先生说："走，试试看！"说着师徒二人来到院中。

孙膑急忙跪拜在地说："老师，我总算把你请出来了！"

鬼谷先生一愣，哈哈大笑起来。

人的一生总会有几个朋友，真挚的友情谁都是渴望的。然而，同什么人交朋友、如何谨慎交友，是必须十分慎重对待的一个问题。古人说过："一生之成败，皆关乎朋友之贤否，不可不慎也。"如果我们在交朋友方面不谨慎、不严格，在这些方面打开缺口、出现滑坡。

交友要有选择，朋友之间，无论志趣品行，还是功名事业，总是相互影响的。交友也是选择命运，是康庄大道、泥泞小路还是陷阱，与此往往都有关联。要择善而交，不交无德之友，不交无义之友，不交无耻之友。现实生活中，有一些趋炎附势的小人，他们千方百计接近权势，不是相中你这个人，而是瞄准了你手中的权力。如果对这些人缺乏戒备，就很可能栽在他们手里。

交友要有尺度。要以"德"为据，以"信"为基，坚持"君子之交淡如水"，不能只讲关系不讲原则、只讲义气不讲是非，更不能把朋友间的感情关系异化为庸俗的金钱利益关系。尤其对相知多年的老同学、老同事、老战友等，要始终保持交往的纯洁性。有些人违纪违法，可以说很大程度上就是把原本纯粹的朋友关系与金钱、利益挂上钩而造成的。

越是在高位的人，人际关系也越多而杂。对此，我们要把交友作为一件大事来对待，严格交友原则，纯洁交友动机，升华交友境界。净化个人社交圈，同普通人交朋友，同一般人交朋友，同纯洁者交朋友，多交益友、净友，不交利友、损友、酒肉朋友。

【警世故事2】

张咏婉言劝寇准

宋太宗的宰相寇准，同张咏是至交，寇准诸谋略，有治国兴邦之能；张咏善诗文，有倚马可待之才。两人的共同特点是为人耿直，不卑不亢。

张咏在天府之国做官，饱览西蜀风光。且不说沃野千里，膏腴泽民，也不说人杰地灵，物华天宝，单说那股子辣味风情，也足以使张咏诗兴豪发，咀嚼一辈子还不够。张咏喜欢和同僚登高临风，一览无余，切磋阴阳八卦，抒咏豪情壮怀。望天高云淡，数大雁南飞。一天，同僚们把话题扯到他和寇准身上："听说寇准要当宰相了。你和他可谓是当今双杰。"

张咏并没有压人抬己、嫉才妒贤之意，真诚地说："寇公奇才，可惜学术不足。"

后来，张咏从成都回来，拜访寇准。两个老朋友一见面，不作揖打拱，只拍肩相悦，问长问短，说不完的知心话。寇准摆下百禽宴，盛情款待他。酒逢知己千杯少，他们你来我往，杯盏交错，喝得好不痛快。天下没有不散的酒席，人间没有不别的朋友。过了一些时候，张咏要回成都了。

分手前，寇准诚恳地请张咏赠言指教。张咏是不会说"寇公多多高升"的话的，再高升，皇帝放哪儿；也不会说"听君一席话，胜读十年书"的恭维话，寇准学术不足嘛！张咏只说了句："《霍光传》不可不读。"

送走张咏，寇准回家后立即找出《汉书》，翻到《霍光传》，逐字逐句往下读，直读到快完了，心头"咯噔"一愣，"光不学亡术"一句进入眼帘。寇准恍然大悟："这是张咏说我的缺点呀！"从此寇准刻苦研读，成了忠贤皆备、文略俱全的好宰相。

逢人且说三分话，未可全抛一片心。

【字句注释】

逢：遇见。指人与人互相欺瞒，不把实际情况或心里话说出来。

【原文翻译】

对人说话要留有余地，不要一吐为快，不能把心全部交给别人。有防人之心不可无的意思，言多语失，不要轻易地相信人和随便向别人透露自己的底细，避免上当受骗。

【启迪意义】

表面上看，这两句话意味着真诚与直率都是负面的。其实这是由于中国儒家文化的阴性特性决定的。中国传统儒家文化是论城府，讲机心，要策略的。因为权力之剑高高悬在每个人的头上，稍有不慎，就会给自己带来牢狱血光之灾。在专制社会，大兴文字狱，告密，酷刑，阴谋，特务，是与每个人的生存密切联系着的。所以，中国人自古就不是以口才论人，也不是以智慧论人，而是以"仁"论人，而所谓仁，就是孔子的标准，即"刚、毅、木讷近仁"，相反，口才好，能说会道，思维清晰，表达清楚，那反而是坏事。

【警世故事】

战国纵横家苏秦

在现实生活中，总有一些人抱怨自己没有好的口才，和别人在一起总是无话可说，于是总是埋怨自己没有天生的好口才。

其实，这种想法是很片面的。口才并不是天生的，或者说只要胆子足够大就可以了，口才是要有足够的底蕴作为基础的。

苏秦的故事大家都听过吧，苏秦是我国战国时期一位有名的纵横家。什么是纵横家呢？纵横家就是战国时期一些依靠自己的口才来为各国君主出谋划策的人，换句话说，就是一些靠着嘴皮子吃饭的人，而苏秦就是他们中一位杰出的代表。

但是，苏秦并不是一开始就是成功的。他是当时大名鼎鼎的鬼谷子的学生，从老师那里学成出师之后，曾经先后去游说过周王、秦王，但是都失败了。

随后，苏秦很落魄地回到了家里，受到了亲戚朋友，甚至包括自己父母的冷遇。于是他发愤图强，拼命地刻苦攻读，为了防止自己在学习时打瞌睡，他就用一把小锥子朝自己的大腿上狠狠地刺一下，使自己继续学习下去。

苏秦经过了这一番刻苦的钻研，终于使自己的学识又上了一个新的高度。于是他再次出马，以自己苦心钻研出来的"合纵之道"游说各国君主，终于获得了巨大的成功，以致身佩六国相印，以三寸不烂之舌抵挡百万雄兵，成了一个"前无古人、后无来者"的例子。

从苏秦的例子中，我们不难看出，拥有好的口才是建立在深厚的学识基础之上的，如果脱离了这个根本，那么口才就会成为"无源之水、无本之木"，就会像白开水一样，哪里还能说服别人呢？

朱君是一名大二的学生，平时比较喜欢看各种书籍，各种类型的书都喜欢看一些，各个学科都喜欢研究一下，甚至连佛经、周易等都看过一些。这些书籍极大地开阔了他的视野，也让他了解了各方面的知识，所以他说出来的话头头是道，很让人信服。

他的一位同学却总觉得研究这些学问没有什么用，只要口才好就可以了。结果有一天，两个人因为一个问题产生分歧，展开了一场讨论。朱君因为平时看书多，肚子里有"货"，所以说出来的话很有说服力，而那位同学只是逞一时的口舌之能，只能做一些狡辩，显然胜负很容易就分辨出来了。

口才的好坏与说话的技巧有关，但更与自己掌握知识的多少有密切关系，"腹有诗书气自华"这句话正是这个意思。肚子里没有多少知识的人，说出来的话就没有多少说服力，又怎么能让别人信服呢？当年诸葛亮在隆中苦读27载，一出山后便有舌战群儒之功，恐怕当年的诸葛亮并不曾专门去学习过如何辩论，所依靠的是他数十年的苦读。

知识面不够宽广，就算口才学得再好，技巧掌握得再多，也是无法说服别人的。准确、缜密的语言，头头是道，能够说服人；清新、优美的语言，饱含激情，能够打动人；幽默、机智的语言，妙趣横生，能够感染人。而这些都来源于头脑中的广博知识，那种不学无术的油腔滑调、油嘴滑舌算不上好口才，那种不着边际的、没有什么实际意义的夸夸其谈也不是好口才。只有那种以丰富的知识为坚强的后盾，能够给人以力量、愉悦之感的谈话，才是真正的好口才。

所以，要想有好的口才，首先就要丰富自己的内涵，提高自己的学识修养，只有这样，才能够口吐莲花，妙语连珠，倾倒众人。

【警世故事 2】

做人要有点"变色龙"的本领

一个人要善于说话才会受欢迎，要能够根据不同的情况、不同的地点、不同的人物来和人沟通，通俗一点，就是要有"变色龙"的本领，要能够根据不同的情况来说不同的话。

战国时期著名的鬼谷子曾经精辟地总结出与各种各样的人交谈的方法："与智者言依于博，与博者言依于辨，与贵者言依于势，与富者言依于豪，与贫者言依于川，与战者言依于谦，与勇者言依于敢，与愚者言依于锐。""说人主者，必与之言奇，说人臣者，必与之言私。"

这段话是什么意思呢？翻译成白话文就是说：和聪明的人说话，要见识广博；和见闻广博的人说话，要有辨析能力；与地位高的人说话，态度要轩昂；与有钱的人说话，说话要豪爽；与穷人说话，要动之以情；与地位低下的人说话，要谦逊有礼；与好斗的人说话要态度谦逊；与勇敢的人说话，不能稍显怯懦；与愚笨的人说话，可以锋芒毕露；与上司说话，须用奇特的事打动他；与下属说话，要用切身利益说服他。

而在这方面，《红楼梦》里的王熙凤可以说就是这样的例子。凤姐就像一个高明的心理学家，她非常善于察言观色，辨风测向，经常是对方还没有说出口时，她便已经猜到了；若是对方刚说，她就已经办了，这样的例子数不胜数。在林黛玉刚进贾府时，王夫人问："是不是拿料子给黛玉做衣裳呀？"凤姐答："我早都预备好了"。

脂砚斋评《红楼梦》曾这样说：她并没有预备衣料，她是机变欺人，但是王夫人就点头相信了，像这样的例子多得很。还有在大观园那个诗社，探春这里刚出口，说凤姐我们想请你做个"监社御史"，凤姐马上就猜到你们是缺个"进钱的铜商"，你们是想要我兜里的银子，那么她说："我明儿立刻上任，放下五十两银子给你们慢慢做会社东道。"这边刚刚说，她那里早就猜到了，大家都笑起来，所以李纨说："你真是个水晶心肝玻璃人。"

凤姐这种揣测对方的心理，善于察言观色，像我们刚才所举的还是一些比较平常，比较普通的例子。有的时候，她还可以一百八十度地大转弯，同一件事情，原来还这样说，现在又那样说，但是她都说得入情在理，十分动听。

邢夫人要讨鸳鸯，便先来找凤姐商量，说老爷想讨鸳鸯做妾，就是把这件事先跟凤姐说，凤姐一听，就连忙说："别去碰这个钉子。"她脱口而出，"老太太离了鸳鸯，饭也吃不成了，何况说老爷放着身子不保养，官儿也不好生做。"反而劝告邢夫人，"明放着不中用，反招出没意思来，太太别恼，我是不敢去的。"她先这样说，觉得这个事情根本是不行的，但是这个邢夫人呢，一点儿也听不进去，反而冷笑说："大家子三房四妾都使得，这么个花白胡子的……"意思说要个妾有什么不可以，她说老太太未必好驳回，反而埋怨

158

凤姐，说我还没有去你倒说我不是。凤姐听了邢夫人这话，知道邢夫人听不进去。见邢夫人心性大发，凤姐知道方才那番实话全不对路，就立即调头转向，改换话锋，连忙赔笑："太太这话说得极是，我才活了多大，知道什么轻重，想来父母跟前，别说一个丫头，就是那么大的活宝贝，不给老爷给谁。"而且她举出例子，她说那个贾琏，就是贾赦邢夫人的儿子，"琏二爷有了不是，老爷太太恨得那样，但是见了面，依旧拿心爱的东西赏他"。是说老爷太太待贾琏，父母待儿子这样，如今老太太待老爷自然也是那样了。

你看她这个出言何等现成，何等有说服力。当时邢夫人又喜欢起来。同样是讨鸳鸯这件事，一正一反的两番说辞，同出于凤姐之口，居然都通情达理，动听入耳。像这样能够顺应对方心理，急转直下又不着痕迹的本领，我们在《红楼梦》里，只有在凤姐身上可以看得到，所以我们说凤姐的这种机变之速真是能够让人叹为观止。

在现代社会里，仍然不乏这类"会说话"的人。他们身处不同的社会环境，从事不同的职业，在这方面都有不俗的表现。置身一个环境，必先搞清人和人的关系，搞清身边每个人的所好所忌，搞清人们喜欢听什么厌恶听什么，人们高兴听什么他们就说什么，讨嫌的话绝对不说。特别是面对互相矛盾的双方，他们会左右逢源，两面讨好；说此好，能挠到痒处，引来发自内心的欢喜；论彼非，能点到痛处，触及软肋，让人频频领首。

到了一个陌生的环境，他们会十分谨慎，对谁都露笑脸，唱颂歌，对谁都客客气气，热情洋溢，对谁都不讲掏心窝子的话，你好我好大家都好。如果参加讨论会，他们会尽量避免开第一腔，轻易不显露自己的观点。有时逼到头上不得不讲时，也是说些模棱两可、不疼不痒的话，一旦后面发言同自己观点不一致时，能够很自然地拉回来，绝对避免观点交锋。在领导面前，更是鼓动如簧之舌，说恭维话，说体面话，但由于"会说话"，更显得落落大方，言辞恳切，娓娓动听，不温不火，既不显得谦卑，又不露阿谀奉承之态，领导听了不讨嫌，很舒服，有时还心旷神怡。

你看，具有"变色龙"的本领对于一个人的交往是多么的重要。所以，我们在生活中要注意"变色"，成为一个受人喜欢的人，那么我们应该怎么做呢？

第一，注意观察他人

说话一定要看对象，要根据说话对象的不同情况来确定自己说话的方向。如果是一个豪爽的人，那你说话就应该豪爽一点；如果是一个内秀的人，说话就应该文明一点，这样大家才会喜欢你。所以，在张口说话前一定要注意观察人。

第二，注意观察周围的情况

说话还要看周边的情况，说话要能够恰当地和当时的情景融合到一起，避免说出不合时宜的话来。

每一个人同样都有自己的爱好，自己的风格，如果我们在说话的时候能够抓住对方的喜好，说别人愿意听、喜好听的话，就能够起到很好的作用，使你备受别人喜欢。

相见易得好，久住难为人。

【字句注释】

易：容易

【原文翻译】

一两次接触容易处理好关系，长期在一起关系就难处了。

【启迪意义】

人的社会属性，决定了人不可脱离社会独立存在，哪怕那些看破红尘的出世高人。作为社会人，我们应该处理好各种人际关系，为自己创造一个良好的生活环境，使自己过得轻松些愉快些。既要交新朋友，更要维持老交情。特别不易做好的就是长期友好。俗话说，要做好人，须寻好友，少交酒肉朋友。千万不可像有些人那样，贵易交，富易妻。当官了，春风得意马蹄疾，交新朋友就不认老朋友了，发财了，换老婆了，糟糠之妻也下堂了。

【警世故事1】

人之相敬，敬于德，人之相处，处于心

曾经，某大学学生杀害同室3位好友的震惊惨案骇人听闻，这个学生从小学到高中，读书刻苦，成绩优异，为什么时候到大学会铤而走险呢？据案审材料得知，罪魁祸首的是因为他心理孤僻，他来自广西农村，家庭贫穷，自以为同学们瞧不起他，把一些不无善意的笑话年历成是恶意的讽刺，从而产生严重的报复心理．事情虽然过去了，但给人留下了挥之不去的阴影，也给人留下了一个十分沉重的话题；学会相处，学会交往，与读书求知一样不可忽视，甚至更为重要。

人之相敬，敬于德，人之相处，处于心。只要咱们把握好自己，真诚与人相处，没有搞不好长久关系的。当然，交友不可滥交或泛泛之交。有哲人说得好，友不贵多，得一人，可胜百千。友不择时，得一人，可似万金。友不论久，得一人，可益此生。真挚情义，可伴一世。平日多维护好朋友关系，关键时刻受益无穷。

当前，学生中独生子女占相当大的比重，他们从小得到家长的百般关爱、呵护，被视为"掌上明珠"，独生子女们在家庭有求必应，养尊处优，被称为"小皇帝"，非独生子女大多生活在改革开放的好日子里，也过着衣食无忧的岁月，因此，如今的学生普遍存在心理问题，以自我为中心，不善于与人相处。要顺利度过自己的成长岁月，要在未来的社会生活中立足，适应纷繁的竞争，就得在与人相处的过程中培养自己良好的交往素质。

首先，应树立正确的矛盾意识，学会客观、辩证地分析和解决问题。世界是一个矛盾的统一体，时时有矛盾，事事有矛盾。我们在与家人、朋友、同学、老师乃至所有人的相处中，发生一些矛盾，引发一些纠纷，都是非常正常的牙齿和舌头有时都会"打架"，何况我们一个个性情各异、喜好不同的凡夫俗子呢？有道是："金无足赤，人无完人。"我们每一个人都难免有缺点。如果我们不能正确地看待它，及时化解它，就容易使矛盾扩大化，甚至会造成不堪设想的后果。

其次，我们必须认真学习与人相处的方法，善于和他人沟通，世界上任何一个受人欢迎、爱戴的人，必定是一个真诚的人，能与别人坦诚相见的人。他们都是以"真诚"这把"金钥匙"来开启他人的"心灵之门"。他们播下了真诚的种子，也使他们赢得了真诚的拥戴。与"真诚"同行的是宽厚。"比海洋更广阔的是天空，比天空更广阔的是人的心灵。"这话说得多好呀！细细地品味它，你一定能受到一次灵魂的"洗礼"，领悟做人的真谛。

是的，我们要与人以诚相见，更要以宽厚之心善待他人，当别人冒犯你时，当别人践踏你的尊严时，我们应在坚守原则的基础上，努力化干戈为玉帛。那种"以牙还牙"、"针尖对麦芒"的处世方式实在不可取！那样只会使自己走入"死胡同"。进亦难，退亦难。何不握手言和，退一步海阔天空呢？

我们所处的社会瞬息万变。为了生存，人们的交往意识日趋强烈，随着社会的发展，人际交往愈加频繁密切，这将对我们的交往素质提了越来越高的要求。让我们秉诚真诚宽厚的为人之道，热忱勇敢地与人相处吧！你一定会欣喜地发现，关注你的目光是那么温暖友善，给予你的回报是多么令人欣慰。

结交须胜己，似我不如无。

【字句注释】

胜己：强于自己。似：像。

【原文翻译】

结交朋友应该找超过自己的人，和自己差不多或不如自己的人不如不交。

【启迪意义】

结交的朋友，其道德品行、文化素质必须胜过自己，就如下棋一样，只有跟棋艺高的人下，才能提高自己。

【警世故事1】

结交良师益友

在我们人生中，必须要结交两种人：良师，益友。

良师益友，成语，意为使人得到教益和帮助的好老师和好朋友，用于形容和自己亦师亦友的朋友。良师益友，十载春秋，水木清华，人才辈出；学高为师，身正为范，三尺讲台，如沐春风。出自《论语·述而》《论语·季氏》。

那么什么样的人是师呢？《论语·述而》："三人行必有我师焉，择其善者而从之，其不善者而改之。"孔子说："几个人在一起走路，其中一定有人可以当我的老师。应当选择他们的优点去学习，对他们的缺点，要注意改正。"

这句话，表现出孔子自觉修养，虚心好学的精神。它包含了两个方面：一方面，择其善者而从之，见人之善就学，是虚心好学的精神；另一方面，其不善者而改之，见人之不善就引以为戒，反省自己，是自觉修养的精神。这样，无论同行相处的人善与不善，都可以为师。

《论语》中有一段记载，一次卫国公孙朝问子贡，孔子的学问是从哪里学的？子贡回答说，古代圣人讲的道，就留在人们中间，贤人认识了它的大处，不贤的人认识它的小处；他们身上都有古代圣人之道。"夫子焉不学，而亦何常师之有？"（《论语·子张》）他随时随地向一切人学习，谁都可以是他的老师，所以说"何常师之有"没有固定的老师。我们身在其中，有的是从中答"是"，有的是从中辩"非"。

那么什么样的人是友呢？《论语·季氏》："益者三友，损者三友。友直、友谅、友多闻，益矣；友便辟、友善柔、友便佞，损矣。"孔子说："有益的朋友有三种，有害的朋友有三种。结交正直的朋友，诚信的朋友，知识广博的朋友，是（对人）有益的（朋友）。结交脾气暴躁的人，结交一直顺从你的意思的人，结交谄媚逢迎的人，是（对人）有害的（朋友）。"

古人云："故近朱者赤，近墨者黑；声和则响清，形正则影直。"所以俗话有"近朱者赤，近墨者黑"的说法。如果你的周围是一群鹰，那么你自己也会成为一只展翅翱翔的雄鹰；如果你周围是一群山雀，那么你也许永远也看不到海阔天空。由此可见，朋友的行为对我们的影响是多么的深。假如你真正的挚友很多，可以帮助你走上光明大道，你就成了一只雄鹰；假如你择友不当，则会导致自己走上邪门歪道，甚至走上违法犯罪的深渊，你就成了一只永远飞不高的山雀。

良师益友的出处：汉·刘向《说苑·说丛》："贤师良友在其侧，诗书礼乐陈于前，弃而为不善者，鲜矣。"形容朋友是个很不错的家伙，又像是你的好老师，同时也像是你的好朋友。但大千世界，没有谁能保证交出来的朋友都是良师益友的。想要让别人对你好，首你先要对别人好，想遇到更多良师益友，首相自己要做到良师益友。

良师益友也并非就是指人，比如：我们看一部好书，听一首好歌，弹一首好的曲子。从中都会受益匪浅，悟出大大小小的道理来。易中天曾说：学习是谋生，读书是谋心。正如庄子所言：吾生也有涯，而知也无涯。我们不妨放下灯红酒绿，纸醉金迷，醉生梦死，深陷于知识的海洋中，你会发现世界原来是这样的，眼前豁然开朗。

人生中能遇上良师益友，是三生有幸的事情。因为良师，会为你指引方向，益友会伴你同行。有了方向，有了同行者。那么，再苦的人生又何妨呢？行走在茫茫的天地之间，良师益友才是无价之宝！

入山不怕伤人虎，只怕人情两面刀。

【字句注释】

两面刀：这里指两面三刀，不诚实的人。

【原文翻译】

上山不怕伤人的虎，只怕人与人之间两面三刀。

【启迪意义】

简单说，就是不怕外来的身体发肤的伤害，怕的是相信的人伤害心灵。身体发肤的伤害可以恢复，只是时间早晚的问题，可以心灵伤害了，却很难恢复，属于一辈子的伤害。因此，我们交友一定要谨慎。

【警世故事1】

武则天与杜肃

唐朝武则天时期，有一年江淮地区旱灾严重，朝廷下令，举国上下勒紧裤腰带过日子，禁止屠宰牲畜。

有一拾遗名叫张德生了一个男孩，自己觉得这添丁的大喜事不能不庆贺一下，于是就偷偷地杀了一头羊招待同事和朋友。这本来也不是什么大不了的事，特殊情况，大家睁只眼闭只眼，能过去也就过去了，更何况大家都大快朵颐了呢？可是张德有一个同僚叫杜肃，认为升官发财的机会到了，吃饱喝足之后，上书武则天把张德给告发了。

第二天上朝，武则天当着杜肃和满朝文武的面问张德："听说你生了个男孩，我很高兴呀，恭喜你了。"张德一听，头都大了，知道杀羊之事败露了，吓得魂不附体，心惊肉跳，忙叩头谢恩。紧接着，武则天果然说道："你从哪里弄到肉招待客人的？"张德魂飞天外，忙又向武则天磕头请罪。谁知武则天话锋一转："我禁止屠宰牲畜，也不知到底是对是错。但是你以后请客也要看准对象。"说完拿出杜肃的告发信给大家看，言下之意，你怎么能请杜肃这样连点江湖义气都不讲的无义之辈呢。

杜肃羞得无地自容，恨不能找个地缝钻进去。众大臣更是满目鄙夷，还有几个要吐口水到他脸上，以解心头之恨。

君子之交淡如水，小人之交甘以醴。

【字句注释】

醴：甜酒。

【原文翻译】

君子之间的交往像清水，因为平淡而能长久；小人之间的交情像甜酒，因为味道甘美而容易败坏。

【启迪意义】

朋友交往，应当志趣相投，而不该带有太多的功利性的目的。

【警世故事1】

薛仁贵与王茂生

薛仁贵年轻时，与妻子住在一个破窑洞中，衣食无着落，全靠邻居王茂

167

生夫妇的接济，生活才得以勉强维持。后来，薛仁贵参军，跟随唐太宗李世民南征北战，立下汗马功劳。当薛仁贵被封为"平辽王"时，前来王府送礼祝贺的文武大臣络绎不绝，可都被薛仁贵婉言谢绝了。

薛仁贵唯一收下的是普通老百姓王茂生送来的两坛美酒。一打开酒坛，负责启封的执事官吓得面如土色，因为酒坛中装的不是美酒而是清水！

"启禀王爷，此人如此大胆，竟敢戏弄王爷，请王爷重重地惩罚他！"岂料薛仁贵听了，不但没有生气，而且命令执事官取来大碗，当众饮下三大碗。在场的文官武将不解其意，薛仁贵喝完三大碗清水之后说："我过去落难时，全靠王兄弟夫妇经常资助，没有他们就没有我今天的荣华富贵。如今我不收厚礼、不受美酒，却偏偏要收下王兄弟送来的清水，因为我知道王兄弟贫寒，送清水也是他的一番美意，这就叫君子之交淡如水。"此后，薛仁贵与王茂生一家关系甚密，"君子之交淡如水"的佳话也就流传了下来。

交友不宜滥，滥则贡谀者来。

【字句注释】

滥：泛滥。贡：进献。谀：阿谀、奉承。

【原文翻译】

交友不要太泛滥，否则阿谀奉承的小人就会拥过来。

【启迪意义】

交朋友要谨慎，尤其注重考察对方的人品。

【警世故事1】

苏东坡交损友

苏东坡是我国历史上伟大的文学家、书画家。他生性豪爽，喜欢结交朋友。在他眼里，上自朝廷大员，下至山野村夫，全天下没有一个是坏人，都可以成为朋友。他好友成性，没想到因为择友不慎，"朋友"成了他下半生的噩梦。

章惇是苏东坡在陕西凤翔为官的时候结交的朋友。章惇当时只是个商州令，在与苏东坡的交往中，不拘俗礼，很对苏东坡的脾气，两个人一见倾心，成了好朋友。然而路遥知马力，日久见人心。王安石变法以后，苏章二人因为政见不合，成了两个阵营里的人。章惇权势越来越大，心胸却越来越狭隘，而苏轼偏偏天性不拘小节，言语多有冒犯，这让章惇心生不满。后来苏东坡因反对变法，受到排挤，一再受到朝廷的贬谪。作为曾经的朋友，章惇此时不但没有伸出援手，反而落井下石，多次劝皇帝惩治苏东坡。据说苏东坡在惠州的时候写了一首诗，其中的"为报诗人春睡足，道人轻打五更钟"，写出了他在逆境中的闲适和快乐。

诗传到了京师，心胸狭窄的章惇看后，不想苏东坡活得如此快活，于是劝皇上降下圣旨，把苏东坡流放到更远的昌化，让苏东坡吃尽了苦头。

贫贱之交不可忘，糟糠之妻不下堂。

【字句注释】

糟糠：原指酒糟、米糠等穷人用来充饥的粗劣食物，后来比喻曾经典患难的妻子；堂：指正房。

【原文翻译】

富贵时不能忘记贫贱时的知心朋友，更不要抛弃患难与共的结发妻子。

【启迪意义】

做人不能忘本，特别是不能忘记曾经与自己共患难的人。

【警世故事1】

陆孟昭不忘旧友

明朝有一个叫陆孟昭的官员，乐善好施，心地善良。有一次他送客人出门，刚转身要回家的时候，发现大门旁边有一个乞丐，衣衫破烂，在寒风中瑟瑟发抖。陆孟昭对这个乞丐产生了怜悯之心，忍不住上前询问乞丐姓甚名谁，家在哪里。经过一番询问，陆孟昭做梦也没有想到，眼前这个穷困潦倒、朝不保夕的乞丐，竟然是自己少年时很要好的一个伙伴。陆孟昭大喜过望，顾不得乞丐满身污渍，上前一把拉住他的双手，满含热泪地说道："真没想到，时隔多年我们竟然还能见面！"他马上带朋友回家，让其沐浴更衣，介绍给家人。从那以后，陆孟昭每天与老友把酒言欢，住则同床，出则同车。很快一个月的时间就过去了。

每天在陆府白吃白喝，那个朋友觉得十分不好意思，于是向陆孟昭告辞。陆孟昭见挽留不住老友，就领着他来到一所宅院前，说："既然你执意不愿待在我家，那你就在这里住下吧。"原来，陆孟昭考虑得十分周到，早早地给朋友置办了一处房产，里面日常生活用品一应俱全。最后，他又把十两黄金交到朋友手中，语重心长地说："希望你以后勤俭持家，千万不要再铺张浪费啦！"

陆孟昭不弃旧友的故事很快就传遍了街头巷尾，人们纷纷称赞他有侠义之风。

酒逢知己饮，诗向会人吟。

【字句注释】

吟：吟唱。

【原文翻译】

喝酒应该和知心的人对饮，诗歌应当向懂诗的人吟唱。

【启迪意义】

朋友之交，贵在相知，否则就会落入对牛弹琴的尴尬境地。

【警世故事 1】

千古知音管鲍之交

从前，齐国有一对好的朋友，一个叫管仲，另外一个叫鲍叔牙。

年轻的时候，管仲家里很穷，又要奉养母亲。鲍叔牙知道了，就找管仲一起投资做生意。做生意的时候，因为管仲没有钱，所以本钱几乎都是鲍叔牙拿出来投资的。可是，当赚了钱以后，管仲却拿的比鲍叔牙还多，鲍叔牙的仆人看了就说："这个管仲真奇怪，本钱拿的比我们主人少，分钱的时候却拿的比我们主人还多！"鲍叔牙却对仆人说："不可以这么说！管仲家里穷又要奉养母亲，多拿一点没有关系的。"

有一次，管仲和鲍叔牙一起去打仗，每次进攻的时候，管仲都躲在最后面；每次撤退时，他却跑在最前面。大家就骂管仲说："管仲是一个贪生怕死的人！"鲍叔牙马上替管仲说话："你们误会管仲了，他不是怕死，他得留着他的命去照顾老母亲呀！"管仲听到之后说："生我的是父母，最了解我的人是鲍叔牙呀！"后来，齐国的国王死掉了，公子诸当上了国王，诸每天吃喝玩乐不做事，鲍叔牙预感齐国一定会发生内乱，就带着公子小白逃到莒国，管仲则带着公子纠逃到鲁国。

不久之后，齐王诸被人杀死，齐国真的发生了内乱，管仲想杀掉小白，让纠能顺利当上国王，可惜管仲在暗算小白的时候，把箭射偏了，射到了小白的腰带，小白没死。后来，鲍叔牙和小白比管仲和纠还早回到齐国，小白就当上了齐国的国王。

　　小白当上国王以后，决定封鲍叔牙为宰相，鲍叔牙却对小白说："管仲各方面都比我强，应该请他来当宰相才对呀！"小白一听："管仲要杀我，他是我的仇人，你居然叫我请他来当宰相！"鲍叔牙却说："这不能怪他，他是为了帮他的主人纠才这么做的呀！"小白听了鲍叔牙的话，请管仲回来当宰相，而管仲也真的帮小白把齐国治理得非常好。

　　管仲说："我当初贫穷时，曾和鲍叔一起做生意，分钱财，自己多拿，鲍叔不认为我贪财，他知道我贫穷啊！我曾经替鲍叔牙办事，结果使他处境更难了，鲍叔不认为我愚蠢，他知道时运有利有不利。我曾经多次做官，多次被国君辞退，鲍叔不认为我没有才能，他知道我没有遇到时机。我曾经多次作战，多次逃跑，鲍叔不认为我胆怯，他知道我家里有老母亲。公子纠失败了，召忽为之而死，我却被囚受辱，鲍叔不认为我不懂得羞耻，他知道我不以小节为羞，而是以功名没有显露于天下为耻。生我的是父母，最了解我的是鲍叔牙啊！"

　　鲍叔牙推荐管仲以后，自己甘愿做他的下属。鲍叔的子孙世世代代在齐国吃俸禄，得到了封地的有十多代，常常成为有名的大夫。天下的人不赞美管仲的才干，而赞美鲍叔牙能了解人。

　　后来，大家在称赞朋友之间有很好的友谊时，就会说他们是"管鲍之交"。

【警世故事2】

俞伯牙与钟子期

　　俞瑞，字伯牙，战国时的音乐家，曾担任晋国的外交官。俞伯牙从小就酷爱音乐，他的老师成连曾带着他到东海的蓬莱山，领略大自然的壮美神奇，使他从中悟出了音乐的真谛。他弹起琴来，琴声优美动听，犹如高山流水一般。

虽然，有许多人赞美他的琴艺，但他却认为一直没有遇到真正能听懂他琴声的人。他一直在寻觅自己的知音。

有一年，俞伯牙奉晋王之命出使楚国。八月十五那天，他乘船来到了汉阳江口。遇风浪，停泊在一座小山下。晚上，风浪渐渐平息了下来，云开月出，景色十分迷人。望着空中的一轮明月，俞伯牙琴兴大发，拿出随身带来的琴，专心致志地弹了起来。他弹了一曲又一曲，正当他完全沉醉在优美的琴声之中的时候，猛然看到一个人在岸边一动不动地站着。俞伯牙吃了一惊，手下用力，"啪"的一声，琴弦被拨断了一根。俞伯牙正在猜测岸边的人为何而来，就听到那个人大声地对他说："先生，您不要疑心，我是个打柴的，回家晚了，走到这里听到您在弹琴，觉得琴声绝妙，不由得站在这里听了起来。"俞伯牙借着月光仔细一看，那个人身旁放着一担干柴，果然是个打柴的人。俞伯牙心想：一个打柴的樵夫，怎么会听懂我的琴呢？于是他就问："你既然懂得琴声，那就请你说说看，我弹的是一首什么曲子？"听了俞伯牙的问话，那打柴的人笑着回答："先生，您刚才弹的是孔子赞叹弟子颜回的曲谱，只可惜，您弹到第四句的时候，琴弦断了。"

打柴人的回答一点不错，俞伯牙不禁大喜，忙邀请他上船来细谈。那打柴人看到俞伯牙弹的琴，便说："这是瑶琴，相传是伏羲氏造的。"接着他又把这瑶琴的来历说了出来。

听了打柴人的这番讲述，俞伯牙心中不由得暗暗佩服。接着俞伯牙又为打柴人弹了几曲，请他辨识其中之意。当他弹奏的琴声雄壮高亢的时候，打柴人说："这琴声，表达了高山的雄伟气势。"当琴声变得清新流畅时，打柴人说："这后弹的琴声，表达的是无尽的流水。"俞伯牙听了不禁惊喜万分，自己用琴声表达的心意，过去没人能听得懂，而眼前的这个樵夫，竟然听得明明白白。没想到，在这野岭之下，竟遇到自己久久寻觅不到的知音，于是他问明打柴人名叫钟子期，和他喝起酒来。俩人越谈越投机，相见恨晚，结拜为兄弟。约定来年的中秋再到这里相会。

和钟子期洒泪而别后第二年中秋，俞伯牙如约来到了汉阳江口，可是他等啊等啊，怎么也不见钟子期来赴约，于是他便弹起琴来召唤这位知音，可是又过了好久，还是不见人来。第二天，俞伯牙向一位老人打听钟子期的下落，老人告诉他，钟子期已不幸染病去世了。临终前，他留下遗言，要把坟墓修在江边，到八月十五相会时，好听俞伯牙的琴声。

听了老人的话，俞伯牙万分悲痛，他来到钟子期的坟前，凄楚地弹起了古曲《高山流水》。弹罢，他挑断了琴弦，长叹了一声，把心爱的瑶琴在青石上摔了个粉碎。他悲伤地说："我唯一的知音已不在人世了，这琴还弹给谁听呢？"

两位"知音"的友谊感动了后人，人们在他们相遇的地方，筑起了一座古琴台。直至今天，人们还常用"知音"来形容朋友之间的情谊。后人有诗赞美曰：摔碎瑶琴凤尾寒，子期不在与谁弹？春风满面皆朋友，欲觅知音难上难！

【警世故事3】

"越女"诗坛觅知音

唐代中期，有一个名叫朱庆余的浙江举子进京赶考。当时社会上流行着一种"温卷"的风气——士子在考试前，把写好的诗文投献给当时的文化名流，借助他们的力量以引起文坛的重视。朱庆余也不例外，他把事先写好的一组诗呈献给了诗坛领袖——水部郎中张籍。这个才华横溢的年轻人的清新诗作一下子引起了张籍的注意，尤其是那首充满了小女儿情态的《近试上张水部》"洞房昨夜停红烛，待晓堂前拜舅姑。妆罢低声问夫婿，画眉深浅入时无？"聪明的张籍很快就看破了其中的玄机——这个年轻人把自己比喻成将见公婆的新娘子，想探询一下他的诗风是不是合乎主考官的口味。张籍不愧为诗坛领袖，当即和诗一首："越女新妆出镜心，自知明艳更沉吟。齐纨未足人间贵，一曲菱歌敌万金。"

张籍在诗中不仅夸赞朱庆余才华横溢，而且巧妙地回答了他的疑问：如今不流行齐地纨（白色细绢）那种锦上添花的华丽繁复，一曲菱歌的清新灵动才是当下的风尚。朱庆余明白了张水部隐藏在诗里的含义，一颗悬着的心终于落了下来。他发奋用功，顺利通过了当年的考试，取得了功名。

张籍和朱庆余诗歌酬唱，互相引为知己，他们的故事也成为文坛佳话，久传不衰。

路遥知马力，日久见人心。

【字句注释】

遥：路途遥远。久：时间长

【原文翻译】

路途遥远，才能看出一匹马的力气大小；天长日久，才能看出一个人的心的好坏。

【启迪意义】

人心真伪，需要经过长时间的考验，才能显出真实面目。

【警世故事 1】

齐貌辨忠心事主

战国时期，齐国相国田婴门下聚集了一大批宾客。其中有一个人叫齐貌辨，他懒懒散散，不拘小节，无论对谁都是一副无所谓的神态。大家都认为这是个没出息的人，极力劝说田婴把他赶走。田婴没有听从众人的意见，坚持把齐貌辨留在家中。

过了几年，齐威王驾崩，齐宣王即位。因为田婴和宣王不和，再加上有人诬陷田婴有谋反之心，齐宣王便迁怒于田婴。为了自保，田婴辞去了相位，并离开了国都，前往封地——薛地。正所谓日久见人心，宾客们见田婴失了势，便不顾旧日的情分，纷纷离开田家，寻找新的主子去了。倒是那个惹人讨厌的齐貌辨却忠心耿耿地伴随在田婴身边，来到薛地。齐貌辨知道主人含冤受辱，一心想助田婴洗雪沉冤。

有一次，他冒着掉脑袋的危险来到齐宣王跟前。齐宣王没好气地说："你不就是那个深受田婴喜欢和信任的齐貌辨吗，你来这里干什么？""田婴喜欢我倒是不假，但是他不听我的话。"齐貌辨侃侃而谈，"当大王您还是太子的时候，我曾劝田婴，'太子的长相不好，脸颊那么长，眼睛又没有神采。这种脸相的人最不讲情义，不如废掉太子，另立卫姬的儿子郊师为太子。'田婴执意不听我的建议。楚昭王愿意用几倍的土地来交换薛地，我认为这买卖很划算，田婴却丝毫不为所动，他说不能因为一时蒙冤就出卖国家。田婴忠心耿耿，一心为国，没想到却落到这种下场，真是叫天下人心寒啊！"

齐宣王听罢，才知道田婴对自己是如此重情重义，对国家是如此尽忠职守，不觉长叹一声："没想到田婴对寡人如此忠诚，寡人错怪他了，你愿意为我接回田婴吗？"

就这样，齐貌辨冒着生命危险，不惜丑化自己，以卓越的口才和过人的胆识最终帮助田婴恢复了相位。

道吾好者是吾贼，道吾恶者是吾师。

【字句注释】

贼：对人有害的人。

【原文翻译】

一味吹捧我的人是对我有害的人，能指出我不良行为的人才是我的老师。

【启迪意义】

良药苦口利于病，忠言逆耳利于行。我们要分清好言与恶语，才能得到长足发展。

【警世故事1】

程长庚不怕喝倒彩

程长庚是我国历史上最负盛名的京剧表演艺术家之一。早在同治、光绪时期，他就已经声名赫赫，名动京城，深受戏迷和票友的喜欢。

　　有一次，程长庚在戏园子里演出的时候，同往常一样，台下观众的叫好声、喝彩声响成一片。这样的场面，对于当时已经红透半边天的程长庚来说早已司空见惯。在他唱到最得意的地方时，台下更是掌声雷动，群情激动，程长庚感到非常受用。然而就在这时，却有一丝不和谐的声音传到他的耳朵里："不好，还不够好。"程长庚还是第一次听到这种评价，不由得心中一冷。他坚持着把戏唱完，并留心观察批评的声音出自什么人。终于演出结束了，程长庚草草卸妆，马上来到观众席找到那个批评自己的人，请他到茶馆品茗聊天。

　　经过交谈，程长庚发现对方的见解非常精辟，一针见血地指出了自己存在的问题，当即和那人结下了朋友之谊。

　　从此以后，程长庚在演出的时候，不仅关注鲜花和掌声，更关注那些喝倒彩批评自己的声音，并从这些意见里不断汲取营养，使自己的表演达到炉火纯青的地步，最后成为京剧奠基人之一。

　　城门失火，殃及池鱼。

【字句注释】

　　殃及：祸及、牵涉。

【原文翻译】

　　城门失火，大家都到护城河取水，水用完了，鱼也死了。比喻因受连累而遭到损失或祸害。

【启迪意义】

无端惹出许多是非。

【警世故事1】

"城门失火，殃及池鱼"的来历

从前，有个地方，城门下面有个池塘，一群鱼儿在里边快乐地游着。突然，城门着了火，一条鱼儿看见了大叫说："不好了，城门失火了，快跑吧！"但是其他鱼儿都不以为然，认为城门失火，离池塘很远，用不着大惊小怪。除了那条鱼儿逃走了之外（暂且不管它的逃走方式），其他鱼都没有逃走。这时，人们拿着装水的东西来池塘取水救火。过一会，火被扑灭了，而池塘的水也被取干了，满池的鱼都遭了殃。

这个故事的哲理就很容易看出来：事物的联系具有普遍性，城门失火，却会殃及池鱼，说明的是事物之间的一种间接联系。也说明事物的联系是多种多样的，不仅有直接联系，还有间接联系，联系具有多样性。要求我们不仅要看到事物之间直接的、表面的和眼前的联系，更要看到事物之间间接的、本质的和长远的联系，这对我们正确认识事物具有重要意义。

【警世故事2】

恨鼠焚屋

越地西部有个独居的男子，棒扎茅草做成房屋，努力耕作得到食物。时间长了，豆类粟米盐和奶酪，都不需靠别人（自力更生）。曾经老鼠成患，白天都成群结队地行动，夜晚就磨牙和吱吱的叫声直到早晨。那男子一直为之事烦恼。一天喝醉了酒回家，刚刚睡到枕头上，老鼠百般地令他恼火，无法合眼。那男子（终于）发怒了，拿着火四处烧老鼠。老鼠死了，房屋也毁了。

第二天酒醒了，茫茫然无家可归。龙门子就去慰问他。他说："人不可以积愤啊！我起初只是怨恨老鼠，但光看见老鼠却忘了自己的房子，不料想竟导致这样一场灾难。"

恨鼠焚屋的故事提醒人们在处理问题的时候，往往会受到外界因素的影响而丧失理智，这样一来，很多可以圆满解决的问题就会出现不堪设想的后果，这是十分惋惜的。

知己知彼，将心比心。

【字句注释】

彼：对方。将：用。

【原文翻译】

了解自己，了解他人，用自己心中所想衡量别人心中所想。

【启迪意义】

凡事都要学会换位思考，设身处地地为他人着想。

【警世故事1】

陈谏议偿值取马

北宋初年，陈谏议养了一匹顽劣的马，性情暴躁，很难驾驭，家里人多次试图驯服它，结果不是被咬伤就是被踢伤。

有一天，陈谏议来到马厩，发现那匹马不见了，就问仆人："那匹马哪里去了？"仆人说："翰林大人把它卖给了过往的商人。"仆人口中的翰林大人就是陈谏议的儿子陈尧咨。陈谏议赶忙把儿子叫来，说："咱们家那么多人都没能把那匹马驯服，那些商人怎么能把它驯好？万一出事，你就是把祸害转嫁给别人啊！"陈谏议立刻命令仆人去把那匹马追了回来，并把钱如数退还给人家。陈谏议告诫家人："从此以后，谁也不许再提卖马的事，这匹马就在我们家老死！"

这件事很快就传开了，朝野上下都称赞陈谏议是忠厚长者，大有古人遗风。

【警世故事 2】

草木皆兵

东晋时代，秦王苻坚控制了北部中国。公元 383 年，苻坚率领步兵、骑兵 90 万，攻打江南的晋朝。晋军大将谢石、谢玄领兵 8 万前去抵抗。苻坚得知晋军兵力不足，就想以多胜少，抓住机会，迅速出击。谁料，苻坚的先锋部队 25 万在寿春一带被晋军出奇击败，损失惨重，大将被杀，士兵死伤万余。秦军的锐气大挫，军心动摇，士兵惊恐万状，纷纷逃跑。此时，苻坚在寿春城上望见晋军队伍严整，士气高昂，再北望八公山，只见山上一草一木都像晋军的士兵一样。苻坚回过头对弟弟说："这是多么强大的敌人啊！怎么能说晋军兵力不足呢？"他后悔自己过于轻敌了。出师不利给苻坚心头蒙上了不祥的阴影，他令部队靠淝水北岸布阵，企图凭借地理优势扭转战局。这时晋军将领谢玄提出要求，要秦军稍往后退，让出一点地方，以便渡河作战。苻坚暗笑晋军将领不懂作战常识，想利用晋军忙于渡河难于作战之机，给它来个突然袭击，于是欣然接受了晋军的请求。谁知，后退的军令一下，秦军如潮水一般溃不成军，而晋军则趁势渡河追击，把秦军杀得丢盔弃甲，尸横遍野。苻坚中箭而逃。

【警世故事 3】

四面楚歌

项羽和刘邦原来约定以鸿沟（在今河南荥县境贾鲁河）东西边作为界限，

互不侵犯。后来刘邦听从张良和陈平的规劝，觉得应该趁项羽衰弱的时候消灭他，就又和韩信、彭越、刘贾会合兵力追击正在向东开往彭城（即今江苏徐州）的项羽部队。终于布置了几层兵力，把项羽紧紧围在垓下（在今安徽灵璧县东南）。这时，项羽手下的兵士已经很少，粮食又没有了。夜里听见四面围住他的军队都唱起楚地的民歌，不禁非常吃惊地说："刘邦已经得到了楚地了吗？为什么他的部队里面楚人这么多呢？"说着，心里已丧失了斗志，便从床上爬起来，在营帐里面喝酒；并和他最宠爱的妃子虞姬一同唱歌。

唱完，直掉眼泪，在旁的人也非常难过，都觉得抬不起头来。一会儿，项羽骑上马，带了仅剩的八百名骑兵，从南突围逃走。边逃边打，到乌江畔自刎而死。

《孙子·谋攻篇》中说："知己知彼，百战不殆；不知彼而知己，一胜一负；不知彼，不知己，每战必殆。"意思是说，在军事纷争中，既了解敌人，又了解自己，百战都不会失败；不了解敌人而只了解自己，胜败的可能性各半；既不了解敌人，又不了解自己，那只有每战必败的份儿了。

【警世故事4】

一个犯人

一个犯人被单独监禁。有关当局已经拿走了他的鞋带和腰带，他们不想让他伤害自己（他们要留着他，以后有用）。这个不幸的人用左手提着裤子，在单人牢房里无精打采地走来走去。他提着裤子，不仅是因为他失去了腰带，而且因为他失去了15磅的体重。从铁门下面塞进来的食物是些残羹剩饭，他拒绝吃。但是现在，当他用手摸着自己的肋骨的时候，他嗅到了一种万宝路香烟的香味。他喜欢万宝路这种牌子。

通过门上一个很小的窗口，他看到走廊里那个孤独的卫兵深深地吸了一口烟，然后美滋滋地吐出来。这个囚犯很想要一支香烟，所以，他用他的右手指关节客气地敲了敲门。

卫兵慢慢地走过来，傲慢地哼道："想要什么？"

囚犯回答说："对不起，请给我一支烟……就是你抽的那种：万宝路。"

卫兵错误地认为囚犯是没有权利的，所以，他嘲弄地哼了一声，就转身走开了。

这个囚犯却不这么看待自己的处境。他认为自己有选择权，他愿意冒险检验一下他的判断，所以他又用右手指关节敲了敲门。这一次，他的态度是威严的。

那个卫兵吐出一口烟雾，恼怒地扭过头，问道："你又想要什么？"

囚犯回答道："对不起，请你在30秒之内把你的烟给我一支。否则，我就用头撞这混凝土墙，直到弄得自己血肉模糊，失去知觉为止。如果监狱当局把我从地板上弄起来，让我醒过来，我就发誓说这是你干的。当然，他们绝不会相信我。但是，想一想你必须出席每一次听证会，你必须向每一个听证委员证明你自己是无辜的；想一想你必须填写一式三份的报告；想一想你将卷入的事件吧——所有这些都只是因为你拒绝给我一支劣质的万宝路！就一支烟，我保证不再给你添麻烦了。"

卫兵会从小窗里塞给他一支烟吗？当然给了。他替囚犯点上烟了吗？当然点上了。为什么呢？因为这个卫兵马上明白了事情的得失利弊。

这个囚犯看穿了士兵的立场和禁忌，或者叫弱点，因此满足了自己的要求——获得一支香烟。

松下幸之助先生立刻联想到自己：如果我站在对方的立场看问题，不就可以知道他们在想什么、想得到什么、不想失去什么了吗？

仅仅是转变了一下观念，学会站在对方的立场看问题，松下先生立刻获得了一种快乐——发现一项真理的快乐。后来，他把这条经验教给松下的每一个员工。

站在对方的立场考虑问题，你会发现，你变成了别人肚子里的蛔虫，他所思所想、所喜所忌，都进入你的视线中。在各种交往中，你都可以从容应对，要么伸出理解的援手，要么防范对方的恶招。对于围棋高手来讲：对方的好点就是我方的好点，一旦知道对方出什么招，大概就胜券在握了。

当然，有太多的人不懂得如何运用这条规则，这是导致他们人生失败的一大原因。可是，也许他们到死都不知道，由于不懂得站在对方的立场考虑问题，他们丧失了许多可以成功的机会，因为没有人教他们。

【警世故事5】

球王贝利

在足球王国巴西，不会踢足球的男孩子，绝对不会招人喜欢。在那里，富人的孩子有自己的足球场地，穷人的孩子也有穷人的踢足球方式。球王贝利就出生在一个贫寒的家庭里，他的父亲是一个因伤退役、穷困潦倒的足球队员。

贝利从小就显现出非凡的足球天赋，他常常踢着父亲为他特制的"足球"——用一个大号袜子塞满破布和旧报纸，然后尽量捏成球形，外面再用绳子捆紧。贝利经常光着黑瘦的脊梁，在家门前那条坑坑洼洼的小街，赤着脚练球。尽管他经常摔得皮开肉绽，但他仍然不停地向着想象中的球门冲刺。

渐渐地，贝利有了点名气，许多认识或不认识的人常常跟他打招呼，还给他敬烟。像所有未成年人一样，贝利喜欢吸烟时的那种"长大了"的感觉。

终于有一天，当贝利在街上向人要烟时被父亲看见了。父亲的脸色很难看，贝利低下头，不敢看父亲的眼睛。因为，他看到父亲的眼睛里有一种忧伤，有一种绝望，还有一种恨铁不成钢的怒火。

父亲说："我看见你抽烟了。"贝利不敢回答父亲，一言不发。

父亲又说："是我看错了吗？"

贝利盯着父亲的脚尖，小声说："不，你没有。"

父亲问："你抽烟多久了？"

贝利小声为自己辩解："我只吸过几次，几天前才……"

父亲打断了他的话，说："告诉我，味道好吗？我没抽过烟，不知道到底是什么味道。"

贝利说："我也不知道，其实并不太好。"贝利说话的时候，突然绷紧了浑身的肌肉，手不由自主地往脸上捂去，因为，他看到站在他眼前的父亲猛地抬起了手。但是，那并不是贝利预料中的耳光，而是父亲把他搂在了怀中。

父亲说："你踢球有点天分，也许会成为一名高手，但如果你抽烟、喝酒，那就到此为止了。因为，你将不能在90分钟内一直保持一个较高的水准，这事由你自己决定吧。"

父亲说着，打开他瘪瘪的钱包，里面只有几张皱巴巴的纸币。父亲说："你如果真想抽烟，还是自己买的好，总跟人家要，太丢人了，你买烟要多少钱？"

贝利感到又羞又愧，眼睛里涩涩的，可他抬起头来，看到父亲的脸上已是泪水纵横……后来，贝利再也没有抽过烟。他凭着自己的勤学苦练，终于成了一代球王。

多年以后，贝利仍不能忘怀当年父亲那温暖的怀抱，他回忆说："父亲那温暖的一个拥抱，比给我多少个耳光都更有力量。"

【警世故事6】

儿子与父母

他打完仗回到国内，从旧金山给父母打了一个电话，"爸爸，妈妈，我要回家了。但我想请你们帮我一个忙，我要带我的一位朋友回来。"

"当然可以。"父母回答道，"你们见到他会很高兴的。"

　　"有些事情必须告诉你们，"儿子继续说，"他在战斗上受了重伤他踩着了一个地雷，失去了一只胳膊和一条腿。他无处可去，我希望他能来我们家和我们一起生活。"

　　"我很遗憾地听到这件事，孩子，也许我们可以帮他另找一个地方住下。"

　　"不，我希望他和我们住在一起。"儿子坚持。

　　"孩子，"父亲说，"你不知道你在说些什么，这样一个残疾人将会给我们带来沉重的负担，我们不能让这种事干扰我们的生活。我想你还是快点回家来，把这个人给忘掉，他自己会找到活路的。"

　　就在这个时候，儿子挂上了电话。

　　父母再也没有得到他们儿子的消息。然而过了几天后，接到旧金山警察局打来的一个电话，被告知，他们的儿子从高楼上坠地而死，警察局认为是自杀。

　　悲痛欲绝的父母飞往旧金山。在陈尸间里，他们惊愕地发现，他们的儿子只有一只胳膊和一条腿。

敬业篇

人无远虑，必有近忧。

【字句注释】

虑：考虑，思考。忧：忧患、忧虑，烦忧，忧愁。

【原文翻译】

人如果没有对长远计划的考虑，很快就会遇到困难和问题。

【启迪意义】

这句话，要有相对的时间观念才可以深刻理解！你现在的近忧是由于你以前的没有远虑，你现在的没有远虑会导致你日后有很多潜在的忧虑出现。"虑"与"忧"是同义词，即忧虑。人总会有忧虑，没有近的，就有远的；没有远的，就有近的。人不可能摆脱烦恼，只有正确对待烦恼！

【警世故事 1】

忧患意识

微软公司总裁比尔·盖茨曾说过这样一句话："所有员工都要有这样一个意识——微软公司还有三个月就要倒闭！"这似乎是杞人忧天、令人费解的。其实不然，盖茨这样说是要求员工都要有忧患意识，要不断进取的日本，自古以来就形成了举国一致的"忧患意识"，无论是政治家，还是老百姓，都经常说："日本没有土地，没有资源，有的只是阳光和空气"，"日本人一天不拼命地干，第二天就没有饭吃"。究其原因，主要是日本国民对本国国情了如指掌，因此都具有忧患意识。

正是这种意识，给日本的发展增添了强劲的动力，并创造了今天的奇迹。这些不是值得借鉴吗？引用孙中山先生的一句曾经震撼亿万中华儿女的遗言赠送给大家："革命尚未成功，同志仍需努力！"孔子这样表述"德之不修，学之不讲，闻义不能徙，不善不能改，是吾忧也。"(《论语·学而》)不注重道德品质的提高，不切磋学问，不按道义的原则去行动，有了过错不能及时改正——这些就是他目睹春秋末期现实状况而产生的忧虑。

孟子从历史中举出若干有成就的人，说明他们都是从忧患和痛苦中磨炼出来的。比如，舜出身于农家，后来成为一国之君；胶鬲这个人遭遇战乱，以贩卖鱼盐为生，后来周文王提拔了他，为周朝做出了很大贡献；孙叔敖隐居在海滨，楚庄王推举他做令尹，有很大的政绩。这些事例说明，对于人来说，如果没有"忧患"的磨炼，没有失败教训的反思，要培养出刚强意志、奋发精神，那是不可能的。孟子将这些道理提到人生哲学的高度加以总结，写出了自古以来中国人都熟知的一句名言："生于忧患而死于安乐"(《孟子·告子·下》)，忧患足以使人生存发展，安乐足以使人沉沦死亡。这是多么深刻的人生哲理！

西汉初期的贾谊是一个思想敏锐、敢讲真话、有强烈责任感的政论家。他心系国运，给汉文帝上书，即著名的《治安策疏》，时当西汉立国20多年，政权日趋稳定，经济有所恢复发展。然而，贾谊却根据他自己的观察和研究，在上书中忧心忡忡地指出，"进言者皆谓天下已安已治矣，臣独以为未也"，认为当时的"事势"不容乐观，有"可为痛哭"、"可为流涕"、"可为长太息"之处并不少。他也正面地提出了解决社会矛盾的方法，像贾谊这种警世危言正是责任感的表现，并不是无病呻吟，也不是悲观绝望。北宋时期著名政治家、学者范仲淹在所写名文《岳阳楼记》中，将此前的"忧患"意识提到了一个新高度。岳阳楼初建于唐代，宋仁宗时重修。范仲淹应友人之邀，曾访问岳州（今湖南岳阳市）岳阳楼。这篇名文首叙登楼俯视洞庭湖的景观，接着作者提出了一个问题："览物之情，得无异乎？"意思是说，人们欣赏景物的感触，会不会因环境的变迁而改变呢？在淫雨霏霏的日子里登楼观景，使人产生"去国怀乡，忧谗畏讥，满目萧然，感极而悲"的心情，可是在春和景明之际登楼，又会使人"心旷神怡，宠辱皆忘"……于是就有了这样的结尾："嗟夫，予尝求古仁人之心，或异二者之为。何哉？不以物喜，不以己悲。居庙堂之高，则忧其民；处江湖之远，则忧其君。是进亦忧，退亦忧。然则何时而乐耶？其必曰：先天下之忧而忧，后天下之乐而乐矣。……"历经明末清初巨变的思想家黄宗羲，于清康熙二年（1667年）写出了划时代的著作《明夷待访录》，对封建君主专制制度进行了深刻剖析。他假托三代（夏、商、周）为黄金时代，说这时"以天下为主，君为客"。三代以下情况大变，"以君为主，天下为客"。由于主客颠倒，君主视天下为己物，独占天下之利，形成黑暗政治。

黄宗羲指出："为天下之大害者，君而已矣。"（《明夷待访录·原君》）。他提出："天下之治乱，不在一姓之兴亡，而在万民之忧乐。"他又说，臣之出仕，"为天下，非为君也；为万民，非为一姓也"。"天下"这是具有深刻内涵的名词，与一家一姓的统治是不同的。黄宗羲的挚友顾炎武同样强调"保天下"，他说："……保天下者，匹夫之贱，与有责焉耳"（《日知录》

卷13"正始"条）。顾炎武于康熙十五年（公元1676年）给黄宗羲的信中说："……大著《明夷待访录》读之再三，于是知天下之未尝无人。天下之事，有其识者未必遭其时，而当其时者，或无其识。古之君子所以著书待后，有王者起，得而师之。"（《亭林佚文辑存》）"忧患"意识促使他们将希望寄托于未来。

日勤三省，夜惕四知

【字句注释】

省：检查自己的思想行为。惕：戒惧，小心谨慎。四知：天知，神知，我知，子知。

【原文翻译】

曾子每天都要从三个方面检查反省自己，杨震深夜能自我警惕，不收意外之财。

【启迪意义】

君子"慎独"，应该像曾子那样自我反省，完善自己；像杨震那样清正廉洁，远离贪欲。

杨震拒金

东汉时期，有一个聪敏好学的人叫杨震，他勤奋刻苦，满腹经纶，被当时的读书人称为"关西孔子杨伯起"。杨震是一个有名的大孝子，为了能专心奉养母亲，拒绝了官府的多次征召，直到五十多岁才出来做官。杨震爱民如子，为官清廉，从来不接受别人的馈赠。日常起居和寻常百姓一样，粗茶淡饭，徒步而行。族里的长辈劝杨震置些产业留给子孙后代，但他说："还有什么能比'清白官吏的后世子孙'的名号更珍贵的呢！"

杨震在任东莱太守时，有一次路过昌邑（今兖州），从前他举荐的荆州秀才王密在此地当县令。夜色降临，王密带着十斤黄金悄悄来到驿馆，想要送给杨震作为见面礼。杨震见王密如此，有些不高兴了，说道："你我号为知己，难道你还不了解我的为人吗？"王密靠近杨震，小声说道："夜深人静，此间只有你我二人，此事无人知晓。"杨震勃然大怒，斥责王密："天知，神知，我知，子知，举头三尺有神明，还说什么没人知道！"原本想要讨好上司的王密，没想到碰了一鼻子灰，只好带着黄金灰溜溜地离去。

后来，这件事传遍了朝野，大家都知道了杨震的清廉正直。在以后二十多年时间里，杨震始终恪尽职守，勤政廉洁，最后官拜太尉，位列三公，被后世称为"四知先生"。

运去金成铁，时来铁似金。

【字句注释】

运：运气，机会。时：指时机。

【原文翻译】

运气不好时金子可能变成铁，运气到来时铁也可能变成金。

【启迪意义】

凡事皆有因而始，凡事也是有果而终。

【警世故事 1】

人是否有时运？

"运去金成铁，时来铁似金"这句《贤文》是说人没有运气的时间金子会成为铁，喝凉水都会塞牙，时运好的时候，铁都会变成金，事事顺利。

人是否有时运？是一个古老的命题。有人相信时运，有人否定时运，见仁见智，莫衷一是。我认为对待时运应当抱有以下三点态度：

一是不要否定时运。哲学规律告诉我们，必然性之中有偶然性，偶然性就是时运。有些事情是意想不到的，比如一个人走在大街，被大风刮倒的大树砸伤，在台湾的游客被建筑工地的提升机砸死，出现这种情况，只能算是运气不好。再比如，有些人担任领导后，碰上经济周期中的高涨期，生产什么产品都好销，经济效益特别好。而有的人则碰上经济周期中的危机期，像

2008年国际金融危机时，到处都是产品滞销，价格大跌，装置停产，企业亏损。我们经常会听到"当官需要有运气"的说法，这就是说不要否定时运。

二是要谦虚自信。如果相信有时运的说法，可以启迪我们，一个人在得意的时候，不要忘乎所以，不要过分夸大自己的本领和能力，其中有好运带来吉利。而现实生活中，有些人偶尔获得了成功，就自我膨胀，以为自己有多了不起，结果盲目投资，追求高指标，结果难免以失败而告终。告诉我们，做人要低调，要清醒，不要将偶尔成功当成必然成功。当一个人时运不济的时候，不要太过于悲观，因为地球是圆的，倒霉的厄运终究会过去，当你前面有阴影的时候，是背后有阳光，冬天来了，春天还会远吗？

二是要学会做时运的主人。社会和自然运行是有规律的，人不能制造规律，不能违背规律，但可以掌握规律。如市场经济发展是有周期的，周期是可以预测和把握的，成功的企业家大都是会预测和把握经济规则的人。在市场清冷大家都不看好的时候，有眼光的企业家却能看到光明前景，此时，说服股东加大投入，开拓一片蓝海，获取超额利润。当某种产品处于高涨期的时候，却成为市场的一片红海之时，尽管此时利润颇丰，有眼力的企业家却会尽快抽身离去，避免风险，有远见的企业家总是将自己的时运掌握在自己手上。

我国跳槽下海的鼻祖春秋战国时期的范蠡，之所以能够三次成为巨富，是因为利用《易经》的知识，掌握气候运行规律。范蠡预知丰年、歉年出现的规律。他在丰年之时以高于其他商家的价格收购产品，歉年之时以低于市场价格出售产品，其中的差价足可使他很快致富，书写商业传奇。

我们应当从范蠡前辈经商中得到启迪，努力学习科学知识，善于总结工作经验，成为自己时运的主宰者。

增广贤文

少壮不努力，老大徒悲伤。

【字句注释】

少壮不努力，老大徒伤悲出自《乐府诗集·长歌行》："百川东到海，何时复西归。少壮不努力，老大徒伤悲。"少壮：年轻。老大：指年纪大。徒：白白地、徒然。

【原文翻译】

年纪小的时候不努力学习上进，等到年纪大了只有枉自悲伤了。

【启迪意义】

这两句话告诫我们，要趁年纪还轻，好好努力，不要到老的时候，一事无成，只能留下悲伤、后悔。

【警世故事1】

法家、文学家、琴家左思

左思，字太冲，临淄（今山东淄博）人。生卒年不详，活动时期大约在公元250年～305年。战国齐国左公子之后，晋代书法家、文学家、琴家，是古代文坛上灿若群星的洛阳才子之一。

左思幼时平平，曾学书法及鼓琴，但成果不显著。他的父亲对此不满："思所晓解，不及我少时"，左思由此深受触动，发愤苦读，专心学问，遂成晋代著名文人，写出了许多流传至今的名诗佳作。基中，积十年之久写成的《三都赋》问世后，受到朝野各界热烈赞颂，一时风行洛阳，豪贵之家争相传抄，洛阳市场上的纸价也因而昂贵起来。以后，"洛阳纸贵"便成了著名典故，常用来称誉某些事物迅速而广泛地传播流行。

左思并非只是以《三都赋》著称于世，他的诗也是脍炙人口的佳作，而诗中最好的作品又莫如《咏史》。刘勰《文心雕龙·才略篇》曰："左思奇才业深覃思，尽锐于《三都》，拔萃于《咏史》"。这就一语道出了《咏史》在左思作品中的重要地位。

左思在文学上的主要成就是赋予诗，今存者仅赋两篇，诗14首。《三都赋》与《咏史》诗是其代表作。他用十年之久广泛考察博采资料所写成的《三都赋》，相信除去文学上修饰部分，所记事物大体是真实的。三国分裂数十年，从这篇叙述精细的大赋里，不仅推知三国时期经济恢复的状况，可以补史书记载之未备，更重要的是他以写实的手法，而兼之以绚丽多彩的文笔，反映了当时要求全国统一的历史趋势。

左思所作琴曲有《招隐》，收入《神奇秘谱》之中，并在解题中引录了他的两首同名诗。此外，《秋月照茅亭》、《山中思友人》也有人认为是他的作品，这些作品中都贯穿着隐逸思想。

左思出身寒门，虽才学出众，但由于他愤世嫉俗，蔑视权贵，只好在诗中表述自己的抱负和对权贵的蔑视，歌颂隐士的清高。因此，他不受上层统治集团的赏识，很不得志，一生只做过掌管图书的无权小官。后因洛阳城内发生暴乱，全家又迁居冀州，数年后，因病死，享年五十余岁。

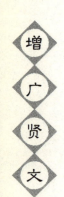

种麻得麻，种豆得豆。

【字句注释】

出处《涅槃经》："种瓜得瓜，种李得李。"

【原文翻译】

下什么功夫得什么结果。

【启迪意义】

比喻做了什么事，得到什么样的结果。

【警世故事1】

周处除"三害"

西晋时期，除了像王恺、石崇一类穷奢极侈的豪门官员外，还有一批士族官员，吃饱了饭不干正经事，三五成群聚在一起胡乱吹牛，尽说些脱离实际的荒诞无稽的怪话。这种谈话叫作"清谈"。这种人，往往名气很大，地位很高。这也可见当时风气的腐败了。

但是在官员中，也有比较正直肯干实事的人。像西晋初年的周处就是这样的人。他担任广汉（今四川广汉北）太守的时候，当地原来的官吏腐败，积下来的案件，有三十年没有处理的。周处一到任，就把积案都认真处理完了。后来调到京城做御史中丞，不管皇亲国戚，凡是违法的，他都能大胆揭发。

周处原是东吴义兴（今江苏宜兴县）人。年轻的时候，长得个子高，力气比一般小伙子大。他的父亲很早就死了，他自小没人管束，成天在外面游荡，不肯读书；而且脾气强悍，动不动就拔拳打人，甚至动刀使枪 义兴地方的百姓都害怕他。

义兴邻近的南山有一只白额猛虎，经常出来伤害百姓和家畜，当地的猎户也制服不了它。

当地的长桥下，有一条大蛟（一种鳄鱼），出没无常。义兴人把周处和南山白额虎、长桥大蛟联系起来，称为义兴"三害"。这"三害"之中，最使百姓感到头痛的还是周处。

有一次，周处在外面走，看见人们都闷闷不乐。他找了一个老年人问："今年年成挺不错，为什么大伙那样愁眉苦脸呢？"

老人没好气地回答："三害还没有除掉，怎样高兴得起来！"

周处第一次听到"三害"这个名称，就问："你指的是什么三害。"

老人说："南山的白额虎，长桥的蛟，加上你，不就是三害吗？"

周处吃了一惊。他想，原来乡间百姓都把他当作虎、蛟一般的大害了。他沉吟了一会，说："这样吧，既然大家都为'三害'苦恼，我把它们除掉。"

过了一天，周处果然带着弓箭，背着利剑，进山找虎去了。到了密林深处，只听见一阵虎啸，从远处窜出了一只白额猛虎。周处闪在一边，躲在大树背面，拈弓搭箭，"嗖"的一下，射中猛虎前额，结果了它的性命。

周处下山告诉村里的人，有几个猎户上山把死虎扛下山来。大家都挺高兴地向周处祝贺，周处说："别忙，还有长桥的蛟呢。"

又过了一天，周处换了紧身衣，带了弓箭刀剑跳进水里去找蛟去了。那条蛟隐藏在水深处，发现有人下水，想跳上来咬。周处早就准备好了，在蛟身上猛刺一刀。那蛟受了重伤，就往江的下游逃窜。

周处一见蛟没有死，紧紧在后面钉住，蛟往上浮，他就往水面游；蛟往下沉，他就往水底钻。这样一会儿沉，一会儿浮，一直追踪到几十里以外。

三天三夜过去了，周处还没有回来。大家议论纷纷，认为这下子周处和蛟一定两败俱伤，都死在河底里了。本来，大家以为周处能杀死猛虎、大蛟，已经不错了；这回"三害"都死，大家喜出望外。街头巷尾，一提起这件事，都是喜气洋洋，互相庆贺。

没想到到了第四天，周处竟安然无恙地回家来了。人们大为惊奇。原来大蛟受伤以后，被周处一路追击，最后流血过多，动弹不得，终于被周处杀死。

周处回到家里，知道他离家三天后，人们以为他死去，都挺高兴。这件事使他认识到，自己平时的行为被人们痛恨到什么程度了。

他痛下决心，离开家乡到吴郡找老师学习。那时候吴郡有两个很有名望的人，一个叫陆机，一个叫陆云。周处去找他们，陆机出门去了，只有陆云在家。

周处见到陆云，把自己决心改过的想法诚恳地向陆云谈了。他说："我后悔自己觉悟得太晚，把宝贵的时间白白浪费掉。现在想干一番事业，只怕太晚了。"

陆云勉励他说："别灰心，您有这样决心，前途还大有希望呢。一个人只怕没有坚定的志气，不怕没有出息。"

打那以后，周处一面跟陆机、陆云学习，刻苦读书；一面注意自己的品德修养。他的勤奋好学的精神受到大家的称赞。过了一年，州郡的官府都征召他出来做官。到了东吴被晋朝灭掉以后，他就成为晋朝的大臣。

士者国之宝，儒为席上珍。

【字句注释】

士：古代"士、农、工、商"四民之一，后指读书人。儒：亦指读书人。

【原文翻译】

士是国家的宝贝，儒生是席上最珍贵的人。

【启迪意义】

知识就是力量。社会要想发展，一定要尊重知识，尊重人才。

【警世故事1】

齐威王以人为宝

有一次，齐威王和梁惠王在一起打猎。梁惠王就问："你们国家那么大，应该有很多奇珍异宝吧，说来听听。"齐威王说："我不太清楚。"梁惠王脸上不禁显出得意的神态："我们魏国虽然很小，却有十颗很大的夜明珠，每一颗的直径都超过一寸，可以照亮十二辆马车那么大的范围。齐国沃野千里，难道就没有宝贝吗？"齐威王就说："有，齐国当然有宝贝，不过我的宝贝同你的不一样。我有个大臣叫檀子，派他守南城，楚国人不敢入侵；我有个臣子叫盼子，派他守高唐，赵国人就不敢到黄河来打鱼；我有个臣子叫黔夫，派他守徐州，燕人就不敢越过徐州半步；我有个臣子叫种首，叫他防盗防贼，百姓路不拾遗，夜不闭户。这四样珍宝，其光照千里，何止十二辆马车的范围呢？"听了这番话，梁惠王面红耳赤，哑口无言。

历史证明，人才才是国家的宝贝。梁惠王拥有十颗夜明珠。国家却非常贫弱，屡屡遭别国欺凌；而齐威王知人善任，尊重人才，提拔重用田忌、孙膑等一批国宝级的人才，国家迅速强盛起来，成为战国七雄之首。

是非只为多开口，烦恼皆因强出头。

【字句注释】

皆：都是

【原文翻译】

不管什么是非都是因为话多了引起的，多烦恼的原因是争强好胜的结果。

【启迪意义】

就是劝人不要强出头，多管闲事．还有不要多说闲话，搬弄是非！俗话说"出头的椽子先烂"说的就是这个道理！

【警世故事 1】

烦恼皆因强出头

在生活中，许多人都不甘于平凡，认为如果生活太平凡、太普通、日子太单调、太呆板、没有什么意思，总想在历史的长河中翻起几朵浪花。为此，人们便事事想争先，处处想位于人前，而不知退让。然而，那些总是想着成就非凡梦想、强出头的人，到头来往往给自己招来祸患，使自己处于无穷的烦恼之中。有一次，齐庄公乘马车到郊外打猎。马车正在行进时，

齐庄公忽然感觉眼前翠影一闪，他定神一瞧，只见路上落着一只绿色的小昆虫，它高举两只前脚，似乎要阻止马车行进。

齐庄公见这只小昆虫个头不大，竟然敢来阻挡巨大的车轮，感到很奇怪，就问车夫："这是什么虫子，如此胆大"？

车夫便回答说："这是螳螂呀，虽然身体很小，但天不怕地不怕。您看，它现在又张牙舞爪地想挡住大马车，不让车前进呢！"

车夫说着，车轮继续滚滚向前，那只螳螂被辗得粉身碎骨。看到螳螂死亡，齐庄公若有所思，不由得说："螳螂虽然神勇，然而它不知进退，更自不量力，根本就是自寻死路啊。"

回头再看那地面时，螳螂已经与泥土混在了一起，没了踪迹。

常言道："烦恼皆因强出头。"一位作家曾说过，猴子爬得越高，屁股又红又脏的丑相就越加显眼。人要有自知之明，做人不可强出头，不可妄自尊大，不可过高地估计自己的能力，去做你无法胜任的事情，因为最终受到惩罚的将会是你自己。

岂能尽如人意，但求无愧我心。

【字句注释】

岂：怎么。

【原文翻译】

办事哪能让所有人都满意，只要自己问心无愧就行了。

【启迪意义】

我们无法左右别人怎么评价自己，只要做到心中无愧就可以了。

【警世故事1】

忠臣于谦

于谦，字廷益，浙江钱塘人，明朝名臣，民族英雄。七岁的时候，有个和尚惊奇于他的相貌，说："这是将来救世的宰相呀。"永乐十九年，于谦考中了进士。

宣德初年，任命于谦为御史。奏对的时候，他声音洪亮，语言流畅，使皇帝很用心听。顾佐任都御使，对下属很严厉，只有对于谦客气，认为他的才能胜过自己。护从皇帝驻扎在乐安时，高煦出来投降，皇帝让于谦口头数说他的罪行。于谦义正词严，声色俱厉。高煦伏在地上战保，自称罪该万死。皇帝很高兴。班师回朝北京，给于谦赏赐和各大臣一样。于谦外出巡按江西，昭雪了被冤枉的几百个囚犯。他上疏奏报陕西各处官校骚扰百姓，诏令派御史逮捕他们。皇帝知道于谦可以承担重任，当时刚要增设各部右侍郎为直接派驻省的巡抚，于是亲手写了于谦的名字交给吏部，越级提升为兵部右侍郎，巡抚河南、山西。

于谦到任后，轻装骑马走遍了所管辖的地区，访问父老，考察当时各项应该兴办或者革新的事，并立即上疏提出。一年上疏几次，稍有水旱灾害，马上上报。

正统六年，于谦上疏说："现在河南、山西各自储存了数百万谷物。请于每年三月，令各府州县上报缺粮的贫困户，把谷物分发给他们。先给菽秫，再给黍麦，再次给稻。等秋收后还给官府，而年老有病和贫穷无力的，则免予偿还。州县吏员任满应该提升时，储存预备粮达不到指标的，不准离任。并命令监察官员经常稽查视察。"下诏令照此执行。

河南靠近黄河的地方，常因水涨冲缺堤岸。于谦令加厚防护堤，计里数设置亭，亭有亭长，负责督促修缮堤岸。又下令种树、打井，于是榆树夹道，路上没有干渴的行人。大同单独远在边塞之外，巡按山西的人难于前往，奏请另设御史管理。把镇守将领私自开垦的田全部收为官屯，用以资助边防经费。他的威望恩德遍布于各地，在太行山的盗贼都逃跑或隐藏起来。在职九年，升任左侍郎，领二品官的俸禄。

当初，杨士奇、杨荣、杨溥主持朝政，都很重视于谦。于谦所奏请的事，早上上奏章，晚上便得到批准，都是"三杨"主办的。但于谦每次进说商议国事时，都是空着口袋进去，那些有权势的人不能不感到失望。到了这时，"三杨"已经去世，太监王振掌权，正好有个姓名和于谦相似的御史，曾经顶撞过王振。于谦入朝，推荐参政王来、孙原贞代替自己。通政使李锡逢迎王振的指使，弹劾于谦因为长期未得晋升而不满，擅自推举人代替自己。把他投到司法部门判处死刑，关在狱中三个月。后来王振知道搞错了，把他放出来，降职为大理寺少卿。山西、河南的官吏和百姓俯伏在宫门前上书，请求于谦留任的人数以千计，周王、晋王等藩王也这样上言，于是再命于谦为巡抚。当时的山东、陕西流民到河南求食的，有二十余万人，于谦请求发放河南、怀庆两府积储的粟米救济。又奏请令布政使年富安抚召集这些人，给他们田、牛和种子，由里老监督管理。前后在任共十九年，他父母去世时，都让他回去办理丧事，不久便起用原职。

正统十三年，于谦被召回京，任兵部左侍郎。第二年秋天，也先大举进犯，王振挟持皇帝亲征。于谦和兵部尚书邝野极力劝谏，不听。邝野跟随皇帝管理军队，留于谦主持兵部的工作。待到明英宗在土木堡被俘，京师大为震惊，大家都不知道该怎么办。郕王监国，命令群臣讨论作战和防守的方略。侍讲徐（王呈）说星象有变化，应当迁都南京。于谦厉声说："主张南迁的，该杀。京师是天下的根本，一摇动则国家大计完了，难道没有看见宋朝南渡的情况吗！"郕王肯定了他的说法，防守的决策就这样定下来了。当时京师最有战斗力的部队、精锐的骑兵都已在土木堡失陷，剩下疲惫的士卒不到十万，人心震惊惶恐，朝廷上下都没有坚定的信心。于谦请郕王调南北两京、河南的备操军，山东和南京沿海的备倭军，江北和北京所属各府的运粮军，马上开赴京师，依然策划部署，人心稍为安定。于谦立即被升为兵部尚书。

郕王暂代皇帝出朝，廷臣们请求将王振灭门九族。而王振的党羽叫马顺的，便出来斥责言官。于是给事中王口在明廷上打马顺，大家都跟着他。朝上秩序大乱，卫卒气势汹汹。郕王害怕得要起来走开，于谦推开众人走上前去扶住郕王不要起来，而且告诉郕王宣谕说："马顺等有罪该死，不予追究。"大家才安定下来。于谦的袍袖因此全部撕裂。退出左腋门，吏部尚书王直握着于谦的手叹道："国家正在倚赖你呢，今天虽然一百个工直又有什么作用！"当时，上下的人都依赖重视于谦，于谦亦毅然把国家的安危视为自己的责任。

当初，大臣担忧国家没有君主，太子年幼，敌寇将至，请皇太后立郕王为皇帝。郕王一再害怕地推辞。于谦大声说："我们完全是为国家考虑，不是为个人打算。"郕王于是受命。九月，郕王即帝位为景帝，于谦进去回答问话，情绪激昂地哭着说："敌寇得意，留住了皇上。必然轻视中国，长驱南下。请命令各边境的守臣竭力防守遏制。京营士兵的器械快要用完了，需要马上分道招募民兵，令工部制造器械盔甲。派遣都督孙镗、卫颖、张辄、张仪、雷通分兵据守九门重要的地方，军队驻扎在外城的外面。都御史杨善。给事中王□亦参与这些事，迁徙外城附近的居民进入城内。储存在通州的粮食，令官军自己去支领，用装足的米作为代价，不把粮食留给敌人。文臣像轩倪这样的人，应该用为巡抚。武臣像石亨、杨洪、柳博这样的，应该用为将帅。至于军队里面的事情，我自己承担，没有成效就判我的罪。"对他的意见，皇帝全都认真地接纳了。

十月，敕令于谦提督各营军马。而也先挟持着上皇（英宗）攻破紫荆关直入，进窥京师。石亨建议收兵固守使敌兵劳累衰竭。于谦不同意，说："为什么向他示弱，使敌人更加轻视我。"马上分别调遣诸将带领二十二万兵士，在九门外摆开阵势：都督陶瑾在安定门，广宁伯刘安东直门，武进伯朱瑛朝阳门，都督刘聚西直门，镇远侯顾兴祖阜成门，都指挥李端正阳门，都督刘得新崇文门，都指挥汤芦宣城门，而于谦自己和石亨率领副总兵范广、武兴在德胜门外列阵，抵挡也先。把兵部的事交给了侍郎吴宁，把各城门全部关闭，自己亲自督战。下令：临阵将领不顾部队先行退却的，斩将领。军士不顾将领先退却的，后队斩前队。

于是将士知道必定要死战，都听命令。副总兵高礼、毛福寿在彰义门北面抵挡敌人，俘虏了一个头目。皇帝高兴，令于谦选精兵聚集在教场，以便调动。再命太监兴安、李永昌同于谦一起管理军务。

当初，也先部队深入，以为早晚就可以攻下京城，及至见到明朝官军严阵以待，有些丧气。叛变了的宦官喜宁教唆也先邀明朝大臣迎接上皇，索取黄金和丝织品以万万计；又邀于谦及王直、胡氵荧等出城谈判。皇帝不准许。也先更加沮丧。庚申，也先部队窥伺德胜门。于谦令石亨在空屋里设下埋伏，派几个骑兵引诱敌人。敌人用一万骑兵逼近，副总兵范广发射火药武器，伏兵一齐起来迎击。也先的弟弟孛罗，平彰卯那孩被炮打死，也先部队转移到西直门，都督孙镗抵御他，石亨亦分了部分兵力来到，敌寇撤退。副总兵武兴在彰义门攻打敌军，和都督王敬一起挫败了也先的前锋。敌军正要退却，而几百个骑着马的宦官想争功，冲马争着向前。阵脚乱了，武兴被乱发的箭射死。寇兵赶到土城，居民爬以屋顶，呼喊着用砖石投掷敌人，喧声震天。王口和福寿的援兵赶到，敌军于是撤退。相持了五天，也先的邀请没人理他，作战又失利，知道不可能达到目的，又听说各地勤工的部队马上要开到，恐怕截断了他的归路，于是拥着上皇由良乡向西去。于谦调各将领追击，到居庸关才回来。评功，加于谦少保、总督军务。于谦说："四郊多堡垒，是卿大夫的耻辱，怎么敢求取赏赐功劳呢！"坚决推辞，皇帝不准。于是增兵守真定、保定、涿州、易州等府州，请求用大臣镇守山西，防止敌寇南侵。

景泰元年三月，总兵朱谦奏称敌兵三万围攻万全，敕令范广担任总兵官抵御他：不久，敌寇退，于谦请求即驻兵居庸关，敌寇来则出关剿杀，敌寇退则回京师驻守。大同参将许贵奏北面有三个人到镇上，想朝廷派使者讲和。于谦说："以前派指挥季锋、岳谦前往讲和，而也先跟着入寇。接着派通政王复、少卿赵荣，见不到上皇就回来了。显然，不能依靠和谈。况者我和他的仇不共戴天，从道理上来说也绝不可以讲和。万一和了他要满足无穷无尽的要求，答应则给我们造成很大的困难，不答应又会发生变乱，这形势也不能讲和。许贵是武臣，而这样恐惧畏缩，怎能敌忾同仇，按法律该处死。"发出文书严厉谴责他。从此边境的将领人人都主张坚守作战，没有敢说讲和的。

当初，也先诸多要挟，都是由喜宁策划的。于谦秘密下令镇守大同的将领抓了喜宁，把他杀了。又给王伟想办法，让他引诱杀了间谍田小儿。而且利用间谍实行离间，请求特别释放了忠勇伯把台家，答应封给爵位，让他从中想办法。也先开始有放回上皇的意思，派使者来联系，京师的戒备才稍稍放松了一点。于谦上言："南京重地，需要有人加以安抚稳定。中原有很多流民，假如遇上荒年，互相呼应聚集成群，这是很值得担心的。请敕令内外守备和各处巡抚用心整顿，防患于未然，召回派往内地招募发兵的文武官员和镇守中宫。"

到了八月，上皇被留在北方已经一年。也先见中国没有什么事端，更想讲和，使者接连前来，提出把上皇送回。大臣王直等商议派使者前往迎接，皇帝不高兴地说："朕本来不想登大位，当时是被推上来的。"于谦从容地说："帝位已经定了，不会再有更改，只是从情理上应该赶快把他接回来罢了。万一他真有什么阴谋，我就有话说了。"皇帝看看他便改变了面色说："听你的、听你的。"先后派遣了李实、杨善前往。终于把上皇接了回来，这是于谦的功劳。

上皇已经回来，瓦剌请求朝贡。先前贡使不过百人，正统十三年增加到三千余人，对给予的赏赐总不满足，便入侵。现在又派三千人来朝，于谦请求列兵居庸关以备不测，在京师隆重陈兵，设宴招待。因此说到和议很难依靠，逐条进上安定边境的三个策略。请求敕令大同、宣府、永平、山海、辽东各路总兵官增修墙准备防御。京兵分别隶属于五军营、神机营、三千营，虽然各设有总兵。但不相统一，请求选择精锐十五万人，分为十营团操，从此开始了团营的制度。这事记载在《明史·兵志》中。

瓦剌入贡，常常携带以前掳去的人口来。于谦一定奏请酬劳使者，前后赎回了几百人。当初，永乐年中，投降过来的人被安置在京畿附近的很多。也先入侵时，很多成了内应。于谦想分散遣送他们。因为西南有战事，每次出征，都挑选他们精锐的骑手，从厚资助他们前往，然后再遣送他们的妻子，内患得以平定。杨洪以独石入卫，八个城都给了敌人。于谦使都督孙安率轻骑兵出龙门关占据了它，招募百姓屯田，边战边守，八个城得以收复。贵州苗未平定，何文渊建议撤去布使、按察两司。专设都指挥使司，用大将镇守。于谦说："不设两个司，是放弃了这地方。"建议遂作罢。

于谦认为上皇虽然回来了，但国耻未洗雪，正值也先和脱脱不花结怨，请求趁机派大军，自己前往征讨他，以报复从前的仇恨，清除边患。皇帝不准。

于谦主持兵部工作时，也先的势力正在扩张，而福建邓茂七、浙江叶宗留、广东黄萧养各自拥有部众和自封的封号，湖广、贵州、广西、瑶、侗、苗、僚到处蜂起作乱，前后的军队征集调遣，都是于谦独自安排。当战事匆忙急迫，瞬息万变的时候，于谦眼睛看着手指数着，随口讲述奏章，全都能按照机宜采取正确的方针方法。同事和下属接受命令，彼此看着都感到惊骇佩服。号令严明。虽然是勋臣老将稍有不守法度，立即请圣旨切实责备。一张小字条送到万里外，没有不谨慎小心执行的。他才思的畅通敏捷，考虑的周到仔细，一时没有人能比得上。他性情淳朴忠厚过人，忘身忧国。上皇虽然回来了，一点也不说自己的功劳。东宫改易以后，景帝命令凡是兼东宫太子宫属者支取两份俸禄。诸臣都表示推辞，只有于谦一再推辞。自己的生活很简单俭朴，所居住的房子仅仅能够遮挡风雨。皇帝赐给他西华门的府第，推辞说："国家多难，臣子怎么敢自己安居。"坚决推辞，皇帝不准。于是把皇帝前所赏赐的玺书、袍服、银锭之类，全部封好写上说明放到那里，每年去看一看罢了。

皇帝很了解于谦，所议论奏请的事没有不听从的。皇帝曾经派使者到真定、河间采择野菜，去直沽制造鱼干，于谦一说便马上停止。任用一个人，一定悄悄访问于谦。于谦实事求是地回答，没有隐瞒，也不躲避嫌疑怨恨。因此那些不称职的人都怨恨他，而不像他那样被皇帝信用的，亦往往嫉妒他。当敌寇刚刚撤退时，都御史罗通立刻上奏章弹劾于谦登记的功劳簿不实在。御史顾（日翟）说于谦太专权，干预六部的大事奏请实行，好像他就是内阁一样。于谦根据祖制反驳他们，户部尚书金濂亦上疏为他争辩，但指责他的人还是不断收集他的材料。各御史多次用苛刻的文辞上奏弹劾他，全靠景泰帝力排众议，加以任有，他才得以尽量实现自己的计划。

于谦的性格很刚强，遇到有不痛快的事，总是拍着胸脯感叹说："这一腔热血，不知会洒在那里！"他看不起那些懦怯无能的大臣、勋臣、皇亲国戚，因此憎恨他的人更多。又始终不赞成讲和，虽然上皇因此能够回来，但上皇并不满意。徐（王呈）因为提出迁都南京，受到于谦斥责。这时把名字改为有贞，比较得到提升进用，经常咬牙切齿地恨于谦。石亨本来因为违犯了军法被削职，是于谦请求皇帝宽恕了他，让他总理十营兵，但因为害怕于谦不敢放肆，也不喜欢于谦。德胜门一仗的胜利，石亨的功劳并不比于谦大，而得到世袭侯爵，内心有愧，于是上疏推荐于谦的儿子于冕。皇帝下诏让他到京师，于谦推辞，皇帝不准。于谦说："国家多事的时候，臣子在道义上不应该顾及个人的恩德。而且石亨身为大将，没有听说他举荐一位隐士，提拔一个兵卒，以补益军队国家，而只是推荐了我的儿子，这能得到公众的认可吗？我对于军功，极力杜绝侥幸，绝对不敢用儿子来滥领功劳。"石亨更是又愧又恨。都督张轨因为征苗时不守律令，被于谦弹劾，和内侍曹吉祥等都一向恨于谦。

景泰八年正月壬午，石亨和曹吉祥、徐有贞迎接上皇恢复了帝位，宣谕朝臣以后，立即把于谦和大学士王文逮捕入狱。诬陷于谦等和黄口制造不轨言论，要另立太子，又和太监王诚、舒良、张永、王勤等策划迎接册立襄王的儿子。石亨等拿定这个说法，唆使科道官上奏。都御史萧维祯审判定罪，坐以谋反，判处死刑。王文忍受不了这种诬陷，急于争辩，于谦笑着说："这是石亨他们的意思罢了，分辩有什么用处？"奏疏上呈后，英宗还有些犹豫，说："于谦实在是有功劳的。"徐有贞进言说："不杀于谦，复辟这件事就成了出师无名。"皇帝的主意便拿定了。

丙戌改年号为天顺，丁亥，把于谦在闹市处死并弃尸街头，抄了他的家，家人都被充军边疆。遂溪的教谕吾豫说于谦的罪应该灭族，于谦所推荐的各文武大臣都应该处死。刑部坚持原判这才停止了。千户白琦又请求写上他的罪行，刻板印刷在全国公布。一时要讨好皇帝争取宠幸的人，全都以于谦作为一个话柄。

于谦自从土木之变以后，发誓不和敌人共生存。经常住在值班的地方，不回家。一向有痰症病，景帝派太监兴安、舒良轮流前往探望。听说他的衣服、用具过于简单，下诏令宫中造了赐给他，所赐东西甚至连醋菜都有了。又亲自到万岁山，砍竹取汁赐给他。有人说皇帝太过宠爱于谦，兴安等说："他日夜为国分忧，不问家产，如果他去了，让朝廷到那里还能找到这样的人？"到抄家的时候，家里没有多余的钱财，只有正屋关锁得严严实实。打开来看，都是皇上赐给的蟒袍、剑器。于谦死的那天，阴云密布，全国的人都认为他是冤枉的。一有个叫朵儿的指挥，本来出自曹吉祥的部下，他把酒泼在于谦死的地方，恸哭。曹吉祥发怒，鞭打他。

第二天，他还是照样泼酒在地表示祭奠。都督同知陈逵被于谦的忠义感动，收敛了他的尸体。过了一年，送回去葬在杭州。陈逵，是六合人。曾被推举为有将领之才，是从李时勉门下举荐的。皇太后开始时不知道于谦的死，听说以后，叹息哀悼了几天。英宗也后悔了。于谦已死，由石亨的党羽陈汝言任兵部尚书。不到一年，所干的坏事败露，贪赃累计巨万。皇帝召大臣进去看，变了脸色说："于谦在景泰帝朝受重用，死时没有多余的钱财，陈汝言为什么会有这样多？"石亨低着头不能回答。不久边境有警，皇帝满面愁容。恭顺侯吴瑾在旁边侍候，进谏说："如果于谦在，一定不会让敌人这样。"皇帝无言以对。

这一年，徐有贞被石亨中伤，充军到金齿口。又过了几年，石亨亦被捕入狱，死于狱中；曹吉祥谋反，被灭族，于谦事情得以真相大白。

成化初年，将于冕赦免回来，他上疏申诉冤枉，得以恢复于谦的官职，赐祭，诰文里说："当国家多难的时候，保卫社稷使没有危险，独自坚持公道，被权臣奸臣共同嫉妒。先帝在时已经知道他的冤，而朕实在怜惜他的忠诚。"这诰文在全国各地传颂。

弘治二年，采纳了给事中孙需的意见，赠给于谦特进光禄大夫、柱国、太傅，谥号肃愍，赐在墓建祠堂，题为"旌功"，由地方有关部门年节拜祭。

万历中，改谥为忠肃。杭州、河南、山西都是历代奉拜祭祀不止。

【警世故事2】

许敬宗巧对唐太宗

唐朝许敬宗，博文广识，擅长修史，与房玄龄、杜如晦等一起被称为"秦府十八学士"。

有一次，唐太宗李世民听到有人对许敬宗的才能很怀疑，就问许敬宗："我认为大臣之中，只有你德才兼备，但有人却不这样认为，这是为什么呢？"

许敬宗回答说："春雨像油一样珍贵，农民喜欢它，因为它浇灌了庄稼；走路的人厌恶它，因为它使路上产生了泥泞。秋天的月亮像镜子一样，漂亮的女子喜欢它，因为它有明亮的光辉供人欣赏；盗贼怨恨它，因为月亮的光辉让他们行动不便。春雨、秋月尚且如此，何况我呢？"

"那我们怎么对待这些流言蜚语呢？"唐太宗问。许敬宗说："我没有山珍海味来满足别人的口味，我也没有那么大本事实现所有人的心愿。凡事不能尽如人愿，但求无愧我心。因此别人说三道四我尽量不听，即使听了也不相信。此类言语，皇帝听信，大臣无辜受害；父亲听信，儿子蒙冤枉死；朋友听信，分道扬镳；乡邻听信，相互疏远。有些人的舌头像龙泉宝剑一样，说出来的话杀人不见血，望陛下慎重对待啊。"

国乱思良相，家贫思贤妻。

【字句注释】

良相：好的将领。

【原文翻译】

国家处在危乱的时刻希望出现良将，家庭贫困的时候希望有贤能的妻子。

【启迪意义】

只有平时准备充足，才能从容面对重大变故。

【警世故事 1】

魏文侯择相

魏文侯召见谋士李克，忧心忡忡地说："俗话说：家贫思贤妻，国乱思良相。我想在魏成子和翟璜中间选择一个人做相国，你看他们谁更适合呢？"李克说："大王无法决定，是由于您平时观察不够仔细。考察一个人，要看他平时亲近些什么人；有钱了要看他和什么人做朋友；当官了要看他推荐什么人；不做官时要看他哪些事不屑干；贫穷了要看他哪些钱不屑于拿。从这些方面观察，就可以准确评判一个人的德行和才干了。"魏文侯说："我知道该选谁做相国了。"按照李克提供的"五项基本原则"，魏文侯重新审视魏成子和翟璜，最终让魏成子出任相国。魏文侯是怎么评价这两个人的，今天不得而知，或许从李克和翟璜的交谈中可以找到一些线索。

翟璜问李克："听说文侯找你商量选谁做相围，决定了没有？"李克说："魏成子。"翟璜气不过地说："我哪点不如魏成子？缺西河太守，我举荐西门豹，西河大治；攻打中山，我推荐乐羊，中山攻克；大王的儿子没有师傅，我推荐屈侯鲋，世子品德日增。我为什么不可以做相国？"李克说："魏成子千钟俸禄，百分之九十用来招贤纳士，他所举荐的卜子夏、田子方、段干木三人，都成了大王的老师，而你所推荐的人都是大王的臣子。你怎么比得上魏成子呢？"

牡丹花好空入目，枣花虽小结实成。

【字句注释】

略。

【原文翻译】

牡丹花虽然好看但只能供人欣赏。枣花虽小却能结出甘甜的果实。

【启迪意义】

考察一个人，不应只注重外表。做事也是如此，要说实话，办实事。

【警世故事1】

刘伯温与卖柑人

刘伯温住在杭州的时候，有一次去市集买东西，看见有人在卖柑子。刘伯温很奇怪，现在不是柑子成熟的季节，怎么会有柑子呢？可是水果摊的柑子却光亮新鲜，好像刚从树上摘下来的一样。虽然价格很贵，刘伯温还是忍不住买了几个回去。

到家之后，刘伯温剖开柑子，发现里面只有干枯的柑核。刘伯温非常生气，拿着柑子去找水果商贩理论："明明柑子里面什么都没有，你为什么还拿出来骗人？"卖柑子的人不怒反笑："如今社会上骗子多的是，我跟他们比起来，不过是小巫见大巫罢了。那些佩戴着虎符、坐着虎皮靠椅威风凛凛的将军，难道他们真的懂得带兵打仗吗？那些穿着宽大朝服、气宇轩昂的文官，难道他们真的懂得治理国家吗？寇盗横行他们不能抵御，百姓困苦他们不会救助，官吏贪赃枉法他们不懂得处置，一个个住着华美的房屋，吃着山珍海味，骑着漂亮的高头大马，他们何尝不像我卖的这些柑子一样，'金玉其外，败絮其中'呢！"

刘伯温听了以后，觉得这个人说得确实有理，于是一声不响地走开了。

莫道君行早，更有早行人。

【字句注释】

莫道：不要说。君：你。早行人：行动早的人。

【原文翻译】

别说自己起得早，还有比你更早的人呢。

【启迪意义】

这里是告诫人们，不可骄傲自满。

216

【警世故事 1】

闻鸡起舞枕戈待旦

闻鸡起舞，原意为听到鸡叫就起来舞剑，后比喻有志报国的人及时奋起。典出自《晋书·祖逖传》：传说东晋时期将领祖逖年轻时就很有抱负，每次和好友刘琨谈论时局，总是慷慨激昂，满怀义愤，为了报效国家，他们在半夜一听到鸡鸣，就披衣起床，拔剑练武，刻苦锻炼。同义词：发奋图强、自强不息。

晋代的祖逖是个胸怀坦荡、具有远大抱负的人。可他小时候却是个不爱读书的淘气孩子。进入青年时代，他意识到自己知识的贫乏，深感不读书无以报效国家，于是就发奋读起书来。他广泛阅读书籍，认真学习历史，从中汲取了丰富的知识，学问大有长进。他曾几次进出京都洛阳，接触过他的人都说，祖逖是个能辅佐帝王治理国家的人才。祖逖 24 岁的时候，曾有人推荐他去做官，他没有答应，仍然不懈地努力读书。

后来，祖逖和幼时的好友刘琨一同担任司州主簿。他与刘琨感情深厚，不仅常常同床而卧，同被而眠，而且还有着共同的远大理想：建功立业，复兴晋国，成为国家的栋梁之材。一次，半夜里祖逖在睡梦中听到公鸡的鸣叫声，他一脚把刘琨踢醒，对他说："别人都认为半夜听见鸡叫不吉利，我偏不这样想，咱们干脆以后听见鸡叫就起床练剑如何？"刘琨欣然同意。于是他们每天鸡叫后就起床练剑，剑光飞舞，剑声铿锵。冬去春来，寒来暑往，从不间断。功夫不负有心人，经过长期的刻苦学习和训练，他们终于成为能文能武的全才，既能写得一手好文章，又能带兵打胜仗。祖逖被封为镇西将军，实现了他报效国家的愿望；刘琨做了征北中郎将，兼管并、冀、幽三州的军事，也充分发挥了他的文才武略。

无论是汉语一声温馨的问候——"早！"还是英语悠扬的一声"morning!"，有着太多文化差异的东西方人，却不约而同的用同一个概念表达着同一个美好的祝愿。

是的，"早"代表着希望。我们智慧的先民早已将希望赋予了这个早"字"。从结构上看，"早"字从日，从十，就像是太阳刚刚升起的样子，历经漫漫长夜的人们是多么渴望着光明，因为有了光明也就有了希望。"早"意味着勤奋。有了希望就要去实现它，毫无疑问人类就是通过实现一个又一个的希望，才从原始蒙昧走向现代文明的。但同时人们也很清楚，希望的实现离不开自己的勤奋。古人云："一年之计在于春，一日之计在于晨"，就是在告诉自己也告诫我们后人，莫负春光，勤奋耕读。于是就有了"闻鸡起舞"，苦练本领报效国家的祖逖；于是就有了将一个"早"刻在课桌上，让它向一盏灯烛一样，时刻警醒自己发奋读书终成民族脊梁的鲁迅。

"早"凸显出智慧。《礼记》有云："预则立，不预则废"。这闪耀着智慧之光的话语，告诉我们，做任何事情都要有所准备，有所规划，否则就不可能够取得成功。古往今来，无数成功的军事家从不打无准备之战，就拿一战而使天下成鼎足之势的"赤壁大战"来说，"孙刘联合"的方针早"预"在诸葛亮的《隆中对》里——"此可以为援，而不可图也"，至于此后的"黄盖假降"、"庞统献连环"、群英会上使"蒋干中计"、"借东风"等等一幕幕的精彩无不是在战前做着周密的部署，这就是"预"。

别说战争的胜利要早"预"，对灾害的防范同样也离不开早做准备——这便是"未雨绸缪"，还是智慧的先民在指导着我们——大雨未来，先做防范，修缮房屋，加固堤防，就可以将灾难降低到最低程度。俗话说亡羊补牢，犹未为晚，我们应从"早"字上得到积极的启示，吸取先民的智慧，以科学的态度和勤奋的精神，经营好我们自己的人生，也经营好我们自己的国家。

人而无信，百事皆虚。

【字句注释】

虚：空，无。

【原文翻译】

人如果没有诚信，那么将一事无成。

【启迪意义】

无论做人还是做事，都应讲究诚信。

【警世故事1】

商鞅立木取信

　　商鞅在秦国实施变法，已经起草了一系列的法令。商鞅担心百姓因不信任他而使法令得不到遵守，变成一纸空文。于是，商鞅想到了一个办法：叫人在都城最热闹的南大门立了一根长木头，并贴出告示：谁能把这根木头扛到北门，就可以得到黄金十两。很快，立木头的地方就被围了个水泄不通。围观者的脸上都写满了怀疑，大家议论纷纷："扛这样一根木头就能得十两黄金，商君是在拿我们开玩笑吧。"

219

时间过去了很久，可没有一个人上前去扛那根木头。商鞅想：重赏之下，必有勇夫。于是他把赏金提高到了五十两。人群巾间产生了不小的骚动，一个年轻人大步上前："我来试试，大不了就是白费点力气！"说完，他把木头扛起来就走，一直扛到北门。商鞅立刻派人兑现了五十两赏金的承诺。围观群众在惋惜的同时，也把这件事传遍全国。自此秦国百姓相信商君言而有信，说一不二。

由于有了民众的信任，轰轰烈烈的变法运动取得了空前的成功。秦国由边陲小国一跃成为战国时的霸主，商鞅可谓功不可没。

智者千虑，必有一失；愚者千虑，必有一得。

【字句注释】

智：聪明，智慧。虑：思考，谋划。愚：蠢笨，无知。得：得到，获得。

【原文翻译】

聪明的人在上千次考虑中，总会有一次失误；愚蠢的人在上千次考虑中，总会有一次收获。

【启迪意义】

这几句成语包含了一种朴素的辩证法思想，说明任何事物都是一分为二的，聪明之人不可能永远聪明，他也有失误的时候，只要正确对待失误，才能将它降低到最少。反之，看似愚笨的人，他也有聪明的时候，只要加以学习，就会有所收获。

【警世故事 1】

失街亭

魏国大军南下，与蜀军在柳城以西的街亭开战，诸葛亮派王平、马谡前去镇守街亭，马谡因为刚愎自用，不听王平劝阻，执意将营地盖在山上，导致魏军一来，马谡被团团围住，多亏其他人救援及时，马谡才没有死于乱军之中，但街亭已失，诸葛亮便将马谡斩首了。

虽然此事大部分原因是在马谡身上，但没有看到马谡性格缺点的诸葛亮也难逃过错，诸葛亮用兵如神，上知天文下知地理，却在了解别人心思的问题上栽了，所以这次失街亭诸葛亮也有着不可逃避的失误。

【警世故事 2】

晏子

有一天，晏子正在吃饭，齐景公派使者来找他。晏子把使者让到屋里一起吃饭。结果吃光了所有的饭菜，使者没吃饱，晏子也没吃饱。使者回去后，把这事报告了景公，景公感叹地说："哎呀！没想到晏子家的生活这么穷啊。我不知道这种情况，是我的过错啊！"于是，马上派人给晏子送去许多金钱，同时又特别给了晏子往后可以多收一些税和租子的权利，好让他用这些收入养活宾客。

221

使者到了晏子家，说明了来意，晏子坚决不要这些财物和权利。使者只好回去向景公汇报，景公再次让使者送去。就这样，使者来来回回跑了多次，晏子还是不接受。

最后，晏子亲自到景公那里，恭敬地辞谢说："我的家里生活并不困难。用国君赐给我的俸禄，足可以使我的亲戚朋友吃饱穿暖，甚至还有剩余去赈济百姓。可见，国君给我的赏赐已经足够多了，我一点也不穷。我听说，如果从国君那里获取许多财物，然后把它施舍给民众，这种做法是做臣下的代替国君去征服民心，忠臣是不这样做的。如果从国君那里获取许多财物，却又舍不得把它分给百姓，这种做法是把财物藏在箱柜里的行为，有仁德的人是不这样做的。从国君那里获得多余的财物，从而得罪有见识的人们。自己死后，多余的财物还不是成了别人的东西？这种行为不过是给别人做仓库保管员罢了，聪明的人是不这样干的。八百缕丝线织的布，一碗饭，就足能使一个人吃饱穿暖了，能够吃饱穿暖，就是最大地满足了！"

景公听完后，仍然不解地问晏子说："当年我们的先君齐桓公，把登记入册的五百社的人口和土地封赐给管仲，管仲没有推辞，全都接受了。现在，我给你这么一点财物，你却推辞不肯接受，这是为什么呢？"晏子回答说："我听说，圣明的人考虑问题非常细致周密，但是也难免不犯一点过失；愚蠢的人如果能把问题多考虑一下，也不见得没有一点可取之处。我想当年管仲也许会有他考虑不到的过失，而我的考虑或许会有一点可取之处吧！"

【警世故事 3】

韩信与李左军

楚汉相争时期，汉王刘邦派韩信带领一部分人马向东进攻赵国。赵王听说后，与成安军陈余把军队聚在井陉山口，准备迎敌。

赵王的参谋李左车献计道："井陉这地方，不能容两车并行，也容不下列队的骑兵。汉军的后勤部队一定发跟在后面。如果让我带兵抄小路截断他们的辎重，不出十天，他们必然败走。"这本是很好的计策，但是赵王和陈余没有采纳。韩信探听到这个消息，心中大喜，同时暗暗佩服李左车的才华。于是他悬赏千金，要求活捉李左车。

不久，韩信大败赵军。赵王被俘，陈余阵亡，李左车被汉军生擒。他被押至韩信帐内，韩信连忙为他松绑，十分客气地向他请教："我打算向北攻打燕国，向东讨伐齐国，用什么办法才能成功呢？"李左军起先不愿意多谈，说："我只是一个吃了败仗的俘虏，哪有资格论及这样的事情。"韩信急忙说："赵军失败，是因为赵王没有听取你的计谋。如果他按照你的话做，恐怕我就要成为你们的俘虏了。今天我是诚心诚意地想听听你的高见，请你不要推辞了。"李左军这才直言道："你从关中出兵，渡过黄河向东，先灭魏，再灭赵，名闻海内。威震天下……这是你目前的优势。然而你现在的兵士已相当疲乏，如果急于攻燕，万一不能很快取胜，时间拖久了，齐国必定做好了充分准备，那时，你的弱点就不免要暴露出来。善于用兵的将军，总是发挥自己的优势而利用对方的弱点，你不如先在这里休整军队，一面大造攻燕的声势，一面派一个极有口才的人，带着你的信去见燕王，故意显示汉军的强大，逼燕王投降，这样，齐王也就容易对付了。"

韩信一听，连声称妙，李左军谦虚地说："我听人说过：智者千虑，必有一失；愚者千虑，必有一得。我的建议未必全部可取，供您参考吧。"韩信按李左军的建议行事，果然获得成功。

一言既出，驷马难追。

【字句注释】

驷马：同拉一辆车的四匹马。

【原文翻译】

一句话说出去了，四匹马拉的车子也追不回来。

【启迪意义】

既然许诺，就要践诺。

【警世故事 1】

退避三舍

晋文公重耳当国君之前，曾在国外流亡。经过楚国的时候，楚王认为重耳大有前途，于是待他以国君之礼。重耳觉得楚王为人不错，于是两个人成了好朋友。

有一天，楚王设宴招待重耳。吃到酒酣耳热处，楚王突然问："如果有一天你当上了晋国的国君，你怎么报答我呢？"重耳略微想了一下，答道："假如我当上晋国国君，两国不得已开战时，我们晋军就主动退后九十里。如果还不能获得原谅，再行开战。"楚王听罢，哈哈大笑。

后来，重耳果然当上了国君，晋国在他的治理下渐渐强盛。公元前633年，楚王感到强大起来的晋国是一种威胁，于是派兵攻打。两军对垒的时候，晋文公对部下说："当年我受过楚王的照顾，曾经承诺，如果两国开战，我军主动后退九十里，今天我当信守承诺。"于是他命令军队主动后撤九十里。楚军见晋文公主动后撤，以为重耳胆小怕事，于是长驱直入，气焰更加嚣张。晋文公见战事不可避免，只好开战。好在晋军训练有素，作战英勇，很快就把目空一切的楚军杀得落荒而逃。这就是历史上著名的城濮之战。

晋文公信守诺言，退避九十里还能够大败楚军，赢得周天子和其他诸侯国的尊重。不久之后，晋文公召开诸侯大会，订立盟约，成为春秋五霸之一。

得宠思辱，居安思危。

【字句注释】

宠：宠信、喜欢。居：处于，处在。

【原文翻译】

受宠了要想到受辱的时候，安定的时候要想到可能出现的危难。

【启迪意义】

居安思危，深谋远虑，是一个人成功的必备条件。

【警世故事1】

李沆居安思危

北宋真宗年间，宋朝和契丹缔结了澶渊之盟，两同罢兵，实现了短暂的和平。文武百官奔走相告，互相庆贺。宰相李沆却忧心忡忡："两国停战，当然是好事。然而边患既已平息，恐怕皇帝的奢侈之心也会因此逐渐滋生。"副相王旦听后，笑着说："李大人，你也太悲观了。"李沆回答说："居安思危，方能无危。"

于是，李沆仍然每天择取一部分水旱灾情和盗贼的情况向皇上报告。王旦认为不应让皇帝为这些小事担心，李沆却说："我这样做的目的，是让皇上了解四方百姓的苦难，让他常备不懈勤于政事，让他明白打天下容易，守天下难。否则他会沉溺于声色犬马，祭神拜佛，大兴土木，那么我们大宋王朝就岌岌可危了。我百年之后，请你在皇上身边多加劝说，不然，你将来迟早会为此忧虑的。"

李沆死后，王旦尽管忠于职守，但没有像李沆那样劝谏宋真宗。宋真宗果然认为天下太平无事，大兴土木，讲经说道，乐此不疲，宋朝的国力一天一天地衰弱下去。

江中后浪推前浪，世上新人赶旧人。

【字句注释】

略。

【原文翻译】

长江水总是后浪推涌着前浪，人世间也是年轻人在追赶着年老的人。

【启迪意义】

新生事物总是在不断地战胜旧的事物，社会也是在这种新陈代谢中不断发展。

【警世故事1】

后生可畏

孔子游历列国，有一次驾车经过一地，看到一个小孩用泥土堆成一座城，自己则坐在里面。眼看孔子的车子要过来了，小孩也不准备给车子让路。孔子忍不住问："你为什么不避让车子？"小孩说："我只听说车子要绕城走，没有听说过城还要避车子的！"孔子只得让自己的车子绕过这座"城"。

孔子觉得小孩的话很有意思，于是又折返回来询问小孩的姓名，才知道他叫项橐。孔子称赞道："你这么小的年纪，懂得的事理真不少呀。"项橐听了，却有些不高兴，就反问孔子："我听说鱼生下三天，就能在江海中潜游；兔子生下三天，就能在三亩地的范围内活动；马驹生下三天，就能跟在母马后面行走；人生下三个月就能认识父母。这些都是天地间的自然现象，有什么大惊小怪的呢？"

孔子不由感叹地说："真是长江后浪推前浪，我现在才知道少年人实在了不起，真是后生可畏！"

忍得一时之气，免得百日之忧。

【字句注释】

略。

【原文翻译】

如果能忍受一时怒气，就可避免长久的忧烦。

【启迪意义】

退一步海阔天空，不要因为逞一时之能，为自己招致更大的麻烦。

【警世故事1】

韩信忍辱

汉朝大将韩信，年轻的时候家里很穷，他不愿意一辈子埋首于田间地垄种地，也不想象别人那样经商赚钱，所以经常连饭都吃不上，周围的人都瞧不起他。可是韩信却是个胸有大志的人，不在乎别人怎么看自己。

有个屠户看不惯韩信那副过于自信的样子，一直想找个机会当众羞辱他。这一天，屠户远远地看见韩信走过来，就对旁边的朋友说："你们别看韩信长得高高大大的，平时喜欢佩刀带剑的，其实是个中看不中用的胆小鬼，不信我们试试看。"于是屠夫和他的朋友拦住韩信，轻蔑地说："小子，你要是不怕死，就拿剑刺我；要是怕死。就从我胯下钻过去。"面对突如其来的侮辱和挑衅，韩信怒火中烧，恨不得马上一剑刺过去。可是转念一想，我韩信是有远大理想的人，何必跟这等市井无赖计较而招致不必要的麻烦呢。

于是他一声不吭，俯下身子，从屠户的胯下钻了过去。周围的人哄然大笑，韩信却拍拍灰尘若无其事地走开了。

后来，韩信成了三军统帅，帮助刘邦打败项羽，建立了大汉王朝。韩信因为功勋卓著，被封为楚王，衣锦还乡。这时候他找到了当年侮辱过自己的屠户，大家认为韩信一定是要报复这个人。可谁也没有想到的是，韩信非但没有报仇算账，反而让他在地方上当了一个小官。或许，在韩信的心里，当年的胯下之辱正是他不断进步获得成功的动力源泉吧。

物极必反，器满则倾。

【字句注释】

器：容器，器具。倾：倒。

【原文翻译】

事情发展到极致，就会朝相反的方向发展，器具装的东西太满就容易倒下。

【启迪意义】

"满招损，谦受益"，是《尚书》里的两句话。《尚书·大禹谟》："惟德动天，无远勿届，满招损，谦受益，时乃天道。"故此以"满招损，谦受益"来说明骄傲自满招致损害，谦逊虚心得到益处。宋·陈师道《拟御试武举策》："君子胜人不以力，有化存焉，化者，诚服之也。故曰：满招损，谦受益。"亦作》："谦受益，满招损。"。明·沈采《千金记·延访》："谦受益，满招损。"

意思是说：自满于已获得的成绩，将会招来损失和灾害；谦逊并时时感到了自己的不足，就能因此而得益。教人修身养性的。任何事情都不要过度，否则过犹不及。

【警世故事 1】

补锅匠

自从乌鸦获得金奖章后，就随时随地的把金奖章挂在脖子上，金奖章被太阳照得金灿灿的，可漂亮了！乌鸦每天都要出去对别的鸟炫耀一番，夸奖这枚金奖章多么得好看，多么的耀眼，还把自己的功劳添油加醋地说一通。鸟儿们都用羡慕的目光看着它，乌鸦心里高兴极了！扬着脖子，抬着下巴，像一位骄傲的公主。每当别人找它玩，它便骄傲地说："我才不和你们玩呢，幼稚！我可是金奖章获得者，给你们在一起玩只会降低我的身份！"鸟儿们听后都气愤地飞走了，发誓再也不和乌鸦玩了！

一只细心的小麻雀见乌鸦每天不劳动，只在窝里抱着金奖章睡大觉。就赶忙劝它："乌鸦，你赶紧工作吧！现在环境太差了，人们都染上甲型 HINI 流感了！""什么，甲型 HINI 流感？那我就更不能出去了，万一我传染上怎么办？万一金奖章弄脏了怎么办？"乌鸦一边说着一边跷起二郎腿。小麻雀听后，劝它为人类多做些事情，要不怎么能配上"清道夫"的美称呢？可乌鸦执意不肯，小麻雀又耐心地劝说，还给它讲道理，乌鸦还是不肯上岗工作。小麻雀见乌鸦已经无药可救了，便摇摇头，扑扇着翅膀飞走了！

小麻雀每天在庄稼地里飞来飞去，一只害虫都不放过，它每天早出晚归，默默地吃着害虫，它要为人类多做贡献，也想为环保尽自己微薄之力。而乌鸦呢？听说有了流感，便把自己的窝搬到一个有山有水的地方，尽情饱览大自然壮丽美景！这天乌鸦待在窝里很是无聊，便出去闲逛，它发现在野外野炊的人们在吃烤鱼，那香味飘千里，馋得它直流口水，它也准备一饱口福。

乌鸦来到河边。探着头，弯着腰在寻找目标。这是它眼前一亮，发现一条活蹦乱跳的小鱼，它急忙伸长了脖子，准备捉鱼。可是又发现自己的嘴巴太短了，够不着。于是它又伸长了脖子，由于用力过猛，吃鱼心切，脚下一滑，这下可好了，不但没捉到小鱼，反而自己掉到河里了。啊，这是多么湍急的水流呀！乌鸦顿时心里没了底，呛了几口水，它拼命地叫喊："救命，救……命，我不要吃鱼了，捉鱼的乌鸦……都是大笨蛋！我再也不这样做了！我一定要……恢复我的本职工作！"

就在此时，一个勤劳的补过锅匠刚好从此经过，听到喊叫声，循着声音，赶忙从河里把乌鸦救了上来。补锅匠一边帮乌鸦擦羽毛，一边问道："孩子，你怎么不去工作，来这里呢？"乌鸦低着头，红着脸小声地告诉补锅匠整个事情的来龙去脉，越说越惭愧。补锅匠听后，笑着拍了拍乌鸦的肩膀，沉默了一会，意味深长地说："孩子，要记住这次的教训，谦受益，满招损啊！"

"满招损，谦受益"，是《尚书》里的两句话，教人修身养性的。寥寥六字，言简义丰；用毛泽东的语录解释，就是"虚心使人进步，骄傲使人落后"。唐朝名相魏征在读了这两句话后曾有感写下："自满者，人损之；自谦者，人益之。"中国的古训中一直在强调这个命题，谦虚才能时刻保持谨慎、才能认真对付对手、才能保持完满不致亏损。前人总结的经验对于跨世纪的我们仍具有现实意义。指导我们在工作中为人处事戒骄戒躁，不断发现自身不足，改正克服自身缺点，达到完美自我。

易经六十四卦，所讲的都是天地阴阳变化的道理与做人的方法。每一卦爻中，有凶有吉，凶卦是警戒人去恶从善，吉卦勉励人要日新又新，唯有这个谦卦，每一爻都吉祥。书经上也讲：自满，就会遭到损害，自谦，就会受到益处。

《了凡四训》的作者袁了凡有一年到京城去会试，他的同乡嘉善人一起去参加会试的，大约有十个人，但只有丁敬宇这个人非常谦虚，袁了凡跟同去会试的费锦坡说：这位老兄，今年一定考中。费锦坡问道：怎样能看出来呢？

袁了凡指出：只有谦虚的人，可以承受福报。你看我们十人当中，有诚实厚道，一切事情，不敢抢在人前，像敬宇的吗？有恭恭敬敬，一切多肯顺受，小心谦逊，像敬宇的吗？有受人侮辱而不回答，听到人家毁谤他而不去争辩，像敬宇的吗？一个人能够做到这样，就是天地鬼神，也都要保佑他，岂有不发达的道理？等到放榜，丁敬宇果然考中了。

《菜根谭》也有句话："敧（欠）器以满覆，扑满以空全。故君子宁居无不居有，宁处缺不处完。"敧器（易覆之器）因为装满水而招致倾覆，存钱的扑满因为空虚未满而获得保全。所以，君子宁处于无争的格局，也不居于有争夺的场所，宁愿身处缺残不足之境，也不追求处身的完美。

天理运行之道常是启人智慧的宝藏。看那月之阴晴圆缺，就应了解圆满的极致或许正是残缺的开端。一个人不管觉得自己已经多么了不起，或有多大的本事，也不可得意扬扬或显得志得意满，若不然，当天理衡量此人之心量已达极限，受福的容量已满，再赐福也无多余心量可容纳时，接下来便顺着天理运行之道使其满有所缺了。若其人受此教训仍浑然不悟，更将招致难以弥补的亏损，或是身心的受创或是金钱的损失，而这样的亏损，却是应可避免且导因于己啊！

故智者明了以有限的生命无法穷尽宇宙奥妙之理，而懂得持谦抑自处之道，反而能常处居盈保泰之境；至于那稍有所得便踌躇满志者，就总是要等到遇上深刻的教训，才能从痛苦的经验中增长智慧了。

【警世故事 2】

张良与老人

张良是汉高祖刘邦的重要谋臣，在他年轻时，曾有过这么一段故事。

那时的张良还只是一名很普通的青年。一天，他漫步来到一座桥上，对面走过来一个衣衫破旧的老头。那老头走到张良身边时，忽然脱下脚上的破鞋子丢到桥下，还对张良说："去，把鞋给我捡回来！"张良当时感到很奇

增

广

贤

文

怪又很生气，觉得老头是在侮辱自己，真想上去揍他几下。可是他又看到老头年岁很大，便只好忍着气下桥给老头捡回了鞋子。谁知这老头得寸进尺，竟然把脚一伸，吩咐说："给我穿上！"张良更觉得奇怪，简直是莫名其妙。尽管张良已很有些生气，但他想了想，还是决定干脆帮忙就帮到底，他还是跪下身来帮老头将鞋子穿上了。

老头穿好鞋，跺跺脚，哈哈笑着扬长而去。张良看着头也不回、连一声道谢都没有的老头的背影，正在纳闷，忽见老头转身又回来了。他对张良说："小伙子，我看你有深造的价值。这样吧，5天后的早上，你到这儿来等我。"张良深感玄妙，就诚恳地跪拜说："谢谢老先生，愿听先生指教。"

第5天一大早，张良就来到桥头，只见老头已经先在桥头等候。他见到张良，很生气地责备张良说："同老年人约会还迟到，这像什么话呢？"说完他就起身走了。走出几步，又回头对张良说："过5天早上再会吧。"

张良有些懊悔，可也只有等5天后再来。

到第5天，天刚蒙蒙亮，张良就来到了桥上，可没料到，老人又先他而到。看见张良，老头这回可是声色俱厉地责骂道："为什么又迟到呢？实在是太不像话了！"说完，十分生气地一甩手就走了。临了依然丢下一句话，"还是再过5天，你早早就来吧。"

张良惭愧不已。又过了5天，张良刚刚躺下睡了一会，还不到半夜，就摸黑赶到桥头，他不能再让老头生气了。过了一会儿，老头来了，见张良早已在桥头等候，他满脸高兴地说："就应该这样啊！"然后，老头从怀中掏出一本书来，交给张良说："读了这部书，就可以帮助君王治国平天下了。"说完，老头飘然而去，还没等张良回过神来，老头已没了踪影。

等到天亮，张良打开手中的书，他惊奇地发现自己得到的是《太公兵法》，这可是天下早已失传的极其珍贵的书呀，张良惊异不已。

从此后，张良捧着《太公兵法》日夜攻读，勤奋钻研。后来真的成了大军事家，做了刘邦的得力助手，为汉王朝的建立，立下了卓著功勋，名噪一时，功盖天下。

张良能宽容待人，至诚守信，做事勤勉，所以才能成就一番大事业。这也告诉我们，一个人加强自我修养是多么重要。

持家篇

有意栽花花不发，无心插柳柳成荫。

【字句注释】

荫：林木遮住日光所成的阴影。

【原文翻译】

想办的事情却没达到目的，没想到会办成的事居然成了。

【启迪意义】

这两句用道家的话说就是指顺其自然，凡事不可强求。从侧面也可以看出柳树具有极强的生命力。其实这是一条哲学，是佛祖留给世人的一套哲学，是有志者的一种目光！！志当存高远的一种内涵。

【警世故事1】

智者阿基米德

古希腊智者阿基米德是世界三名最伟大的科学家之一（另两人是牛顿和高斯），他最为人称道的是从"智破金冠"案中发现了一个科学基本原理。话说叙古拉国王让金匠做了一项新的纯金皇冠，但他怀疑金匠在皇冠中掺假了。可是，做好的皇冠无论从重量、外形都看不出问题。国王把这个难题交给了阿基米德。阿基米德日思夜想，却怎么也想不出。

一天。他去洗澡，当他慢慢坐进澡盆时，水从盆边溢了出来，他望着溢出来的水，突然大叫一声："我知道了！"然后竟燃一丝不挂地跑回家中——原来他想出检测办法了。阿塞米德把皇冠放进一个装满水的缸中，一些水溢出来了。他取出皇冠，把水装满，再将一块同皇冠一样重的金子放进水里，又有一些水溢出来。他把两次的水加以比较，发现第一次溢出的水比第二次多。于是他断定，金冠中掺了银。经过一番试验，他算出了银子的重量。当他宣布他的发现时，金匠目瞪口呆。

这次发现的原理即物体在液体中减轻的重量，等于他所排出液体的重量。不过，他的伟大发现完全是无心插柳柳成荫式的意外所获啊。

是亲不是亲，非亲却是亲。

【字句注释】

亲：指亲人，如父母、子女、夫妻等等。

【原文翻译】

是亲人不当亲人待，不是亲人却当亲人看。

【启迪意义】

肉体之亲离不开本性之亲。父慈子孝兄友弟恭，夫妻恩爱，这就是本性。迷失了本性，是亲不是亲。为名为利为权，父子反目，兄弟相残，夫妻成仇，这样的事例举不胜举。本性之亲是本性升华后的同气相求，同声相应。本性相亲有时是不需要语言的。有人一见而喜，有人一见生恶，有人白头如新，有人倾盖如故，都是本性层次不同的原因。

【警世故事 1】

孔子和弟子司马牛

孔子有个弟子叫司马牛，他的大哥是一个霸道的大恶人，因为孔子批评他私自建立城墙是不合礼法的事，他就想要追杀孔子。害的孔子和他的弟子无法继续待在宋国。

司马牛的二哥、三哥也都是恶人。司马牛想起自己兄弟的那些坏行为来，不由得难过地叹了口气，说："别人都有值得称道的兄弟，唯独我没有啊！"

子夏听见了，就安慰他说："我曾经听人说：'生死有命，富贵在天。'君子只有内心诚敬，没有过失，对待别人恭敬有礼，那么天底下所有的人，都是你的兄弟了！君子何必忧虑自己没有兄弟呢？"司马牛问孔子怎么样才是君子？孔子说："君子没有忧虑，也没有恐惧。"司马牛又问："没有忧虑，也没有恐惧，就可以算是君子了吗？"

孔子很了解司马牛目前的心境，为了增加他的信心，于是回答说："如果反省自己的内心，没有任何的愧疚，那还有什么好忧虑恐惧的呢？"司马牛这时才明白孔子所说的话，孔子又说："你的兄弟为恶作乱，那些事情都和你没有关系。如果你总是担心别人会因为你有那样的兄弟，而对你有偏见，那么你的心便无法平静了！相信你自己，只要你自己行得正，问心无愧，又何必在乎别人怎么想呢？"

美不美，乡中水，亲不亲，故乡人。

【字句注释】

美不美：无论是美还是不美。乡：家乡。水：山水，风光。

【原文翻译】

对故乡的东西倍感美好；对同乡的人倍感亲切。

239

【启迪意义】

　　无论是美还是不美，人总是喜欢家乡的山水风光。这句子常与"亲不亲故乡人"连用。两句话意思差不多。都是对故乡的东西倍感美好；对同乡的人倍感亲切。

【警世故事 1】

周恩来思乡的故事

　　"现在，我们夺取了全国的胜利，淮安我是一定要回去看看的！"他的讲话最后被一阵热烈的掌声淹没。

　　7年后，他在西花厅接见淮安县副县长王汝祥时又说："是啊，我何尝不想回去看看！1946年，我在南京梅园新村时，有一回梦见自己又在文渠里划船，醒来后便想，将来全国解放了，我一定回去看看，可这些年多少事情等着我去做。有时候工作忙，遇到棘手的事情，难遣的烦恼，紧张得饭都顾不上吃，觉也不能睡，真想立即回去约几位童年时代的朋友，爬爬鼓楼（即今镇淮楼），放放风筝……"

　　王汝祥虽然能体会周恩来的话，但仍不忘临来时县委常委们的嘱托："您老也要注意休息，工作再忙，有时间也要回家看看啊！"周恩来微笑着回答说："老王，你是'父母官'，我心里话对你不隐瞒，我讲个故事你听听，你给裁判裁判：有这么一个摆渡的，他在湍急的河流中，把船划到河中心，这时，他感到很疲劳，而对岸是旅客很向往的地方，你说，这个摆渡的该怎么办？"

　　是的，在周恩来的心目中，他只是个摆渡的艄公，他要拼命"摇橹"，把全国人民载向富裕的"彼岸"，那么，他也就只能舍"小家"而顾"大家"了。

　　周恩来思念家乡，多次说过自己要回家看看。为此，淮安县领导曾悄悄修缮了他的故居，并拓宽了南门大街等城区主要几条街道，维修了他放过鸽子的镇淮楼、攀登过的文峰塔，还疏浚了他划过小船的文渠。然而，这样的准备一而再，再而三，他都没有回来。于是，不知从什么时候起，淮安人传起了周恩来曾在飞机上看过淮安的故事。

　　一说是 1956 年，周恩来的八婶杨氏去世时，周恩来为报答老人家当年的抚育与监护之恩，在无法回家奔丧的情况下，曾专门乘坐飞机飞临淮安上空，在淮安师范的那段城墙上扔下一封祭婶母的信。为此，当年的淮师学生还被学校领导组织起来去寻找这封信。结果当然是一无所获，因为根本没有这回事。

　　一说是 1958 年大跃进时，淮安的林集公社联盟大队获得全国农业先进单位的光荣称号，加之那年夏天王汝祥副县长进京当面请他，所以周恩来专门乘飞机飞临淮安上空，在飞机上向家乡人民挥手。

　　在家不会迎宾客，出外方知少主人。

【字句注释】

主人：这里指朋友，友人。

【原文翻译】

在家不会接待客人，出去后才知道这个问题的重要性。

【启迪意义】

人生于社会，离不开良好的社交圈子，这既是生存、立足的根基，也是拓展事业的必备条件。"在家不会迎宾客，出外方知少主人。"友谊、关爱历来是相互的，没有付出哪能有收获？作为个人，首先应该主动关心身边的人，想人所想，急人所急，爱人所爱，帮人所需，必能获得事半功倍的收效。

【警世故事 1】

关心他人

人是很自私的，人的思想、言行无不以我为轴心，围着自己转。有资料说，有人做过一项有趣的调查，统计电信局的每一次电话中，看使用频率最高的是哪一个字，结果发现"我"字独占鳌头，在调查的 500 次电话里，"我"字出现了 3990 次。

还可以作个试验，你拿到一张和别人的合影，看最先要找的准？准是你自己！人们为了让别人重视自己，赢得青睐，往往千方百计打扮、标榜、推销自己，效果很难理想，有时还适得其反，引起别人反感，事与愿违。即算你确实了不起，顶多是赢得佩服，对你敬而远之。要想结交知己，赢得别人的信任、友谊，必须真诚地关心别人，让对方从心里接纳你，不关心别人的人是得不到别人关心的。

一个经营建材的商人，经常为自己的商品销路不好犯愁，他的邻居就是一个建筑公司经理，他想了很多曲线办法，向建筑公司推销自己的商品，都没有成功，看着人家每月舍近求远的从外地购进大量建材，他恨得牙根都发痒。后来他无意间听说，建筑公司经理喜欢养花，还经常为自己养的一些名贵花木枯萎发愁。他关心起这事来，专心学习、钻研起养花技术。有了一些功底后，在一次晚饭后散步时，"巧遇"建筑公司经理，一阵寒暄之后，他们"无意"间谈起养花，建材商是津津乐道，口若悬河，把对方听得刮目相看，相见恨晚，当时就请他到自己家里看花，为那些枯萎的花木诊治。因为他是有备而来，花木养护技术又多是大同小异，他还真帮人家救活了几盆名贵花木。从此两人成了生活中的知己朋友，在生意上建筑公司经理自然投桃报李，主动把大批的建材采购合同都给了建材商，成就了建材商的事业。

【警世故事 2】

夏洛的网

夏洛是一只冷静、聪明的蜘蛛，是威尔伯最重要的朋友。是她在威尔伯孤独时，愿意做它的好朋友，陪它聊天，给它讲故事。在威尔伯万念俱灰的时候，给它信心，并答应威尔伯，一定会想办法拯救它的生命。夏洛最终想出了在网上织字的办法，直到自己生命的最后一刻，还在实现对威尔伯的承诺，并彻底地化解了威尔伯的性命问题。

很多人在羡慕的同时，也在想威尔伯并不完美，胆小、还有点懒，为什么会得到夏洛的信任？

首先，最主要的是威尔伯的真诚，它真诚地感谢夏洛的织字办法，关心夏洛的健康；为了把夏洛的卵袋平安地带回谷仓，威尔伯让老鼠在自己的食槽里优先选择食物，要知道，食物是威尔伯的最爱。它对夏洛的爱是真挚的，并和夏洛的下一代继续保持友谊。

其次是威尔伯的直率。它从不掩饰自己的感受，感到孤独时就嚷嚷；害怕死亡的威胁时就哭泣；它直率地认为夏洛嗜血是残忍的。直率让朋友之间少一些猜疑，多一些理解。

《夏洛的网》验证了友谊是相互的关爱，因为，只有付出、没有得到的是奉献，只有得到、没有付出的是索取，只有通过相互关爱，友谊才能持续长久，直到永远。老鼠坦普尔顿，也从反面说明自私的人没有友谊，只有交易。

如果我们能像夏洛与威尔伯一样，分享真诚和关爱，我们会收获更多的友谊，得到更多的知己。

客来主不顾，应恐是痴人。

【字句注释】

顾：照应、招呼。痴：愚蠢。

【原文翻译】

主人见客人来了不去打招呼，恐怕这只能是愚蠢的人。

【启迪意义】

孔子曰："有朋自远方来，不亦乐乎"。说明从古到今我们大多人都是好客的，否则也不会称我们为礼仪之邦呀。从另一个角度讲，待人接物是人的基本素质，在生活中也很重要。但总有这么些人，对"友"缺少真诚，或说这方面能力低下，让人暗下决心，不想再与其交往了。所以，接人接物非小事，细节里面见人品。不亦乐乎，要有内心的真诚。虚情假意，没有真友。

善待他人

生活中常是这样：对人多一份理解和宽容，其实就是支持和帮助自己，善待他人就是善待自己。如同中国有句古语说的那样：授人玫瑰，手留余香。

可见，善待他人是人们在寻求成功的过程中应该遵守的一条基本准则。在当今这样一个需要合作的社会中，人与人之间更是一种互动的关系。只有我们先去善待别人，善意地帮助别人，才能处理好人际关系，从而获得他人的愉快合作。

孟子曾经说过："君子莫大乎与人为善。"那些慷慨付出、不求回报的人，往往容易获得成功；那些自私吝啬、斤斤计较的人，不仅找不到合作伙伴，甚至有可能成为孤家寡人。有的朋友会问：怎样才算与人为善呢？与人为善说起来很简单，做起来却不是一件容易的事，它包括相当广泛的内容。如：关心他人，当朋友遇到困难的时候主动伸出友谊之手；尊重他人，不去探究他人的隐私，不在背后议论他人；善于和别人沟通、交流，善于和那些与自己兴趣、性格不同的人交往；承认别人的价值，负起自己该负的责任……总的说来，善待他人最重要的原则就是"己所不欲，勿施于人"。凡事要从对方的角度来考虑，遵从这个原则，你将获得许多好朋友、好伙伴。

有人说良好的人际关系不单单是行动上做出来的，更是从心底里"流"出来的。这句话很有哲理性，它告诉我们：在人际交往中要以诚待人，用"心"和他人交往。有的人非常渴望友谊，但他们却不肯向对方敞开自己的心扉。

在某重点大学有一位女同学，她长期缺少朋友，结果总是感觉烦恼。她说："上了大学以后，也许是大家都长大了的缘故吧，个个变得钩心斗角，相互利用。我讨厌这种情形，所以我变得深沉、冷漠，决心用孤独和寂寞包裹自己，

245

在内心的痛苦中磨炼自己。我对班组的事情漠不关心，把'我行我素'当成座右铭。课下我不和同学交谈、不开玩笑，课堂上我不发言……"

这位同学的做法是欠妥的。她渴望友谊却不愿先敞开自己的心扉与同学们交流，这样做非但不能使自己得到解脱，反而更容易给自己增加痛苦和孤独感。

其实在生活中，我们经常遇到这种情况，一些人常常抱着"你不搭理我，我也不搭理你"、"你不和我交朋友，我也不稀罕和你交朋友"的心理来为人处事，这样怎么能获得他人的友谊与帮助呢？

在追求成功的过程中，任何人都离不开他人的合作。尤其是在现代社会里，如果你想获得成功，就应该想方设法获得周围人的支持和帮助。只有你真诚地对待别人，对方才会与你真诚合作。我们应该记住这句话：善待他人也就是善待自己。

养子不教如养驴，养女不教如养猪。

【字句注释】

养子、养女：这里指生养子女。

【原文翻译】

养儿子不教育就像养了一头蠢驴一样；养女不教育的话就像养了一头猪。

246

【启迪意义】

驴很蠢，但是还能干活，猪很笨，只能等着被卖被杀。子女不学习，就像牲畜一样。所以，这两句话意在提示做父母的人要加强对子女的教育。

【警世故事1】

楹联教子

古往今来，诸多名人和有识之士，为了教育下一代，精心撰写出许多含义隽永、情真意切的家教对联。

父母总是期望儿女能成才，有所作为的，为此，明代作家冯梦龙在《醒世恒言》中说："种田不熟不如荒，养儿不孝不如无。"但如何使儿孙能健康成长呢？清代林则徐提出了让儿孙自强自立，不能有所依赖的主张。他写了训子对联曰："子孙若如我，留钱做什么？贤而多财，则损其志；子孙不如我，留钱做什么？愚而多财，益损其过。"

南宋爱国诗人陆游的"训子联"最感人肺腑："死去元知万事空，但悲不见九州同。王师北定中原日，家祭无忘告乃翁。"诗人这首绝笔联抒发的爱国主义精神与岳母给岳飞刺背上刺："精忠报国"相映生辉。

清代诗人蒋心余有教子联曰："宝贵无常，尔小子勿忘贫贱；圣贤可学，我清门但读读书。"他将这副对联挂在祖宗牌两旁，要子孙孙永远记取不忘。

教育家陶行知很重视对孩子的教育，他常劝孩子要少年勤奋学习，莫误好时光。他写了一首训子联曰："人生天地间，各自有禀赋，蹉跎悔歧路，为一大事来，做一大事去，多少白发翁，寄语少年人，莫将少年误。"

革命老人吴玉章撰写一幅教子联，挂在堂前："创业难，守业亦难，明知物力维艰，事事莫争虚体面；居家易，治家不易，欲自我身作则，行行当立好楷模。"切不可追求虚荣奢侈讲排场；做长辈的人要以身作则，身教重于言传，处处做出好样子，成为后辈效仿的楷模。

现代作家老舍曾给女儿写过一副对联："劳逸要安排健康多福，油盐休浪费勤俭持家。"此联充分体现出了老一辈对儿女的无比关心和希望。

这些情真意切的教子对联，底蕴厚重韵味长，或提导为人处事，或勉励勤奋求学，或促其养德积善，皆给后人树立了典范。少年儿童天真自然，犹如一张白纸，染于黑则黑，染于红则红。这话值得人们认真深思和细细品味。

【警世故事 2】

孟母三迁

战国的时候，有一个很伟大的大学问家孟子。孟子小的时候非常调皮，他的妈妈为了让他受好的教育，花了好多的心血呢！

有一次，他们住在墓地旁边。孟子就和邻居的小孩一起学着大人跪拜、哭嚎的样子，玩起办理丧事的游戏。孟子的妈妈看到了，就皱起眉头："不行！我不能让我的孩子住在这里了！"孟子的妈妈就带着孟子搬到市集旁边去住。到了市集，孟子又和邻居的小孩，学起商人做生意的样子。一会儿鞠躬欢迎客人、一会儿招待客人、一会儿和客人讨价还价，表演得像极了！孟子的妈妈知道了，又皱皱眉头："这个地方也不适合我的孩子居住！"于是，他们又搬家了。

这一次，他们搬到了学校附近。孟子开始变得守秩序、懂礼貌、喜欢读书。这个时候，孟子的妈妈很满意地点着头说："这才是我儿子应该住的地方呀！"后来，大家就用"孟母三迁"来表示人应该要接近好的人、事、物，才能学习到好的习惯！

有田不耕仓廪虚，有书不读子孙愚。

【字句注释】

仓廪虚：仓库空虚。礼义疏：道德缺乏、头脑愚笨。

【原文翻译】

有田不耕仓库就会空虚，有书不读子孙就会愚笨。

【启迪意义】

这句话用来说明耕读是人立身之本。耕田和读书是做人的两个基本要求，耕田可以使人热爱劳动，读书可以使人增进智慧。为人父母，当思培养子女爱劳动和爱读书的好习惯。

【警世故事1】

五子登科

窦燕山，原名窦禹钧，五代后晋时期人，他的老家是蓟州渔阳，也就是今天天津的蓟县。渔阳曾经隶属古代的燕国，地处燕山一带，因此，后人称窦禹钧为窦燕山。

窦燕山出身于富裕的家庭，是当地有名的富户。据说：窦燕山为人不好，做事缺德，到了30岁，还没有子女。一天晚上做梦，他死去的父亲对他说："你心术不好，心德不端，恶名张注天曹，如不痛改前非，重新做人，不仅一辈子没有儿子，也会短命。你要赶快改过从善，大积阴德，只有这样，才能挽回天意，改过呈祥。"

从此，窦燕山暗下决心，痛改前非。

一天，他在客店中捡到一袋银子。为找到失主，他在客店里整整等了一天。失主回到客店寻找，他原封不动地将一袋银子归还给失主。一次家里一个穷困的仆人偷拿了二百吊钱，怕被发现，写了一纸说卖二百吊钱还债，挂在其小女臂上逃走了。窦见此，收养此小女，到此女结婚年龄，窦以二百吊钱嫁出。仆归，感激不已，画了一幅窦的画像，日夜祷告他长寿。窦燕山一生中大行善事，孤遗有女不能嫁的，他出钱替人嫁女；有丧无钱不能葬者，他出资埋葬；窦燕山还在家里办起了私塾，请名师教课。有的人家，因为没有钱送孩子到私塾读书，他就主动把孩子接来，免收学费。

后来他的妻子连续生下了五个儿子。他把全部精力用在培养教育儿子身上，在他悉心培养教育下，五个儿子都成为有用之才，先后登科及第：长子中进士，授翰林学士，曾任礼部尚书；次子中进士，授翰林学士，曾任礼部侍郎；三子曾任补缺；四子中进士，授翰林学士，曾任谏议大夫；五子曾任起居郎。当时人们称窦氏五龙。

一位叫冯道的侍郎曾赋诗一首说："燕山窦十郎，教子有义方。灵椿一株老，丹桂五枝芳。"这里所说的"丹桂五枝芳"，就是对窦燕山"五子登科"的颂扬。

宋范仲淹《窦谏议阴德碑》上说："窦禹钧，范阳人，为左谏议大夫致仕。诸子进士登第，义风家法，为一时标表。"五子登科的事迹，即使对现代家庭教育也仍然有着重要的影响。

好事不出门，恶事传千里。

【字句注释】

恶事：坏事和不好的事情。

【原文翻译】

好事不容易传出去，坏事很快便传得到处都知。

【启迪意义】

　　从心理学角度来分析就是，人往往都是关注自己的优点，别人家的好事往往不会在意，有的在意也会心里嫉妒，更不会免费为其宣扬，让大家都知道，别人也是一样，也不是很感兴趣，所以说的人少，听的人也就少。而对于那些桃色事件啊，内幕揭露啊，人们往往喜欢看人家笑话，喜欢听这些，也喜欢说这些和别人交流，成为茶余饭后的谈资。因为再说和听这些别人家丑的时候会有一种优越感，觉得贬低了别人抬高了自己，所以一传十十传百，扩散开来。

251

【警世故事 1】

司马光警枕励志

司马光是个贪玩贪睡的孩子，为此他没少受先生的责罚和同伴的嘲笑，在先生的谆谆教诲下，他决心改掉贪睡的坏毛病，为了早早起床，他睡觉前喝了满满一肚子水，结果早上没有被憋醒，却尿了床，于是聪明的司马光用园木头作了一个警枕，早上一翻身，头滑落在床板上，自然惊醒，从此他天天早早地起床读书，坚持不懈，终于成了一个学识渊博的，写出了《资治通鉴》的大文豪。

【警世故事 2】

耶稣的故事

一天众人将妓女带到耶稣的面前，个个义正词严地问耶稣要怎么处置她才好。很多人在喊着各种残忍的处置方式。这些人里有男人也有女人，男人说妓女勾引他们，女人说妓女破坏了自己的家和爱情。他们就这样一直吵着，闹着，很多人往妓女身上吐口水。在大家的吵嚷声中耶稣对妓女做出了处置——耶稣对所有人说：你们谁认为自己到现在为止没有犯过错，就可以先用手中的石头打她，直到打死她为止！

直到那一刻，所有人都不说话了，他们看着自己手中尖锐的石头，谁都没有动手。过了很久有第一个人扔下自己手中的石头转身离去了，慢慢地所有的人都以这种方式离开了，留下了耶稣与妓女。耶稣把妓女放了下来，让她离开了。

这个故事说明：一切宗教都属于内省的，首先要回光返照、反求诸己；戒律首先不是用在别人身上的，不是用来惩治别人的，而是对照自己的；世间所有的人、事、物都处在永恒的运动、变化和发展之中，不要将自己的眼光停留在某一个时间，一直用老眼光看人；人非圣贤，孰能无过？过则能改，善莫大焉！

【警世故事3】

万斯同闭门苦读

清朝初期的著名学者、史学家万斯同参与编撰了我国重要史书《二十四史》。但万斯同小的时候也是一个顽皮的孩子。万斯同由于贪玩，在宾客们面前丢了面子，从而遭到了宾客们的批评。万斯同恼怒之下，掀翻了宾客们的桌子，被父亲关到了书屋里。万斯同从生气、厌恶读书，到闭门思过，并从《茶经》中受到启发，开始用心读书。

转眼一年多过去了，万斯同在书屋中读了很多书，父亲原谅了儿子，而万斯同也明白了父亲的良苦用心。万斯同经过长期的勤学苦读，终于成为一位通晓历史遍览群书的著名学者，并参与了《二十四史》之《明史》的编修工作。

人恶人怕天不怕，人善人欺天不欺。

【字句注释】

欺：欺骗。

【原文翻译】

人们对恶人都害怕，但天不怕；善良的人常常被人欺负，但天不会欺。

【启迪意义】

恶人横行霸道，欺压善良，一般人都害怕，但天地是不会怕的；人善良会遭到一些小人的欺负，但天地不会欺负你，人一生或行善行恶到头来终究会有报应，只是这报应有早晚之分。

【警世故事1】

天下第一廉吏

于成龙（1617年9月26日～1684年5月31日），字北溟，号于山，清代山西永宁州（今山西省吕梁市方山县北武当镇来堡村）人。谥"清端"、赠太子太保。于成龙明崇祯十二年（1639年）举副员，清顺治十八年（1661年）出仕，历任知县、知州、知府、道员、按察使、布政使、巡抚和总督、加兵部尚书、大学士等职。在20余年的宦海生涯中，三次被举"卓异"，以卓著的政绩和廉洁刻苦的一生，深得百姓爱戴和康熙帝赞誉，以"天下廉吏第一"蜚声朝野。

于成龙手下有个小吏叫穆汲，文笔很好，而且工作细心，在代替于大人给皇上写的奏折中，从未出过差错。

有一回朝中缺少文秘，康熙要于成龙推荐一个，于大人便将穆汲推荐给了皇上。不久于大人去朝中述职，穆汲去于大人住的地方拜访，走时将一包金子留下说："于大人在边远的地方为官，又将自己的俸禄捐给学堂，生活很是清苦，一点小意思给予大人改善一下生活。"于大人说："你跟我这么多年，难道还不了解我的为人吗？本官从不受贿。"穆汲说："我只是想让大人改善一下生活，怎么叫受贿呢？再说也没人知道哇。"于大人说："头上三尺有神灵，怎么说没人知道呢？"穆汲只好又把金子拿回去了。

于成龙六十岁去江南淮属任职，临走时，朝廷官员为他饯行，穆汲又对于成龙说："江南很富有，自己岁数又大了，以后应该攒点钱了，就是不为自己也该为孩子们想想啊。"于大人说："给孙子们留个清白的名声不更好吗？要是家中无人做官，难道就不活了？"到任上于成龙依然是两袖清风，为官清廉，不接受任何贿赂。而且，他经常把自己的俸禄救助穷人，建立学校培养人才。日常生活和百姓一样粗茶淡饭，在衙门病逝后，家中竟无钱安葬，还是百姓们捐款，于大人才得以下葬。

【警世故事2】

做人应有敬畏之心

俗话说：举头三尺有神灵。佛法的核心就是告诉我们宇宙及所有维度空间最根本的规律。这些规律并不是谁制定的，并且无时无刻的在展现着（就好像春夏秋冬一样），历代的佛菩萨、高僧大德只是想把这些告诉我们。因为不管是想要"快乐""成功"还是"解脱"都必须遵守一些"规则"（小到世间法的行业规则）比如，想保持健康，就要顺应"四季规则"，冬天穿冬天的衣服，夏天穿夏天的衣服，如果你穿着夏装就不承认冬天会来，那么冬天到的时候得病的只能是自己。因为"规则"是没有情绪的。

同样"因果"也是一种"规则"，只是太多人因为过于相信"自我"，而否定"规则"，认为感受不到就不存在，这就好像蒙着眼睛说太阳不存在一样无明。就和我们说世间法要顺大势而行一样，想要摆脱烦恼，就需要找到"规则"，也就是佛法。

生活之中应该长存敬畏之心，然而我们这个社会越来越缺少敬畏之心了。在很多人的观念之中，这个社会就是一个你死我活的"斗兽场"，每一个人都自认为是这个大舞台里面的主角，事实却是每一个人都不服他人。不管是非曲直，学生不服老师，下属不服上级，邪恶不服正义等等，这个社会的走法越来越"后现代化"了。究其原因或许正是缺少了万事万物共生之基础——敬畏之心。

敬畏不是因为家长的强权而畏，敬畏也不是封建的糟粕，敬畏是自己生存的需要。可能是因为温室效应越来越严重了，人人都变得很"上火"，新闻媒体总会报道哪个阶层的人打了哪个阶层的人、哪条政策上海了哪个阶层的人，事件的原因之一便是人们在为人处世之时缺少了敬畏之心。不敬畏环境，也不敬畏他人，总是摆着唯我独尊的孬样。或许，人与人之间的这种强烈的排他性的根源是越来越妄自菲薄。

人类是一种奇怪的动物，因为思想不容易受自己所控制，凡事总会走向另一种极端。对生存环境欠缺敬畏之心换来的也许就是对自己的社会的敬畏之心，之后甚至丧失对自己生命的敬畏之心。对万事万物多一点敬畏，这个社会将多一点和谐。敬畏是一种人生的态度，令我们学会如何厘清自己"泛滥"的感情。

善恶到头终有报，只争来早与来迟。

【字句注释】

略

【原文翻译】

行为好坏最后都有好坏结果，也只是推迟和提前的问题。

【启迪意义】

为善或为恶，到最后终究是会有报应的，只是有些来得早，有些来得晚而已。相信因果报应的人最爱用这两句俗语，他们相信善有善报，恶有恶报，不是不报，只是时间早晚的问题而已。

【警世故事1】

袁了凡的故事

袁黄（1533～1606），初名表，后改名黄，字庆远，又字坤仪、仪甫，初号学海，后改了凡，后人常以其号了凡称之。袁了凡是明朝重要思想家，是迄今所知中国第一位具名的善书作者。他的《了凡四训》融会禅学与理学，劝人积善改过，强调从治心入手的自我修养，提倡记功过格，在社会上流行一时。

　　了凡先生在宝坻区当县长时，非常注重人民的福利，常常想做些有利地方的事情；宝坻区当时常有水灾泛滥，了凡先生于是积极兴办水利，将三汊河疏通，筑堤防以抵挡水患侵袭；并且教导百姓沿着海岸种植柳树，每当海水泛滥，挟带沙土冲上岸时，遇到柳树就积挡下来，久而久之变成一道堤防。于是了凡先生又督导百姓在堤防上建造沟渠，并鼓励百姓耕种；因此，荒废的土地渐渐地开垦，了凡先生又免除百姓种种杂役以便民，使得百姓安居乐业。

　　了凡先生家里并不富有，可是却非常喜欢布施，家居生活俭朴，每天诵经持咒，参禅打坐，修习止观。不管公私事务再忙，早晚定课从不间断。在这当中，了凡先生写下四篇短文，当时命名为"戒指文"，用来训诫他儿子，就是后来广行于世的《了凡四训》这本书。

　　了凡先生的夫人非常贤惠，经常帮助他行善布施，并且依照功过格记下所做的功德，因为她没有读过书，不会写字；因此用鹅毛管沾红墨水，每天在历书上做记号。有时了凡先生较忙，当天所做功德较少，她就皱眉头，希望先生能多做些善事。有一次，她为儿子裁制冬天的大袍子，想买棉絮做内里。

　　了凡先生问："家里有丝绵又轻又暖和，为什么还买棉絮呢？"了凡夫人答："丝绵较贵，棉絮便宜，我想将家里的丝绵拿去换棉絮，这样可以多裁几件棉袄，赠送给贫寒的人家过冬！"了凡先生听了非常高兴说："你这样虔诚的布施，不怕我们孩子没有福报了！"他们的儿子袁俨，后来中了进士，最后以广东省高要市的县长退休。

　　一日夫妻，百世姻缘。

【字句注释】

一日：意指一天。百世：泛指永远、长久。

【原文翻译】

能做一天的夫妻，是许多世修来的福分。

【启迪意义】

夫妻缘分得来不容易，要恩爱珍惜。一百世的修行，能让你们一起渡船（相遇）。一千世的修行，才能修得同床共枕。注意：这里的"百世"并非就是指一百个纪世，而是用来说明"多"、"长久"。

【警世故事 1】

张生画眉

诗曰：自古夫妻生死随，姻缘一定便难违。张生屋下遗风韵，从此巧妆勤画眉。

这首诗的大概意思是说，自古以来婚姻都是天作之合，佳偶天成，有缘千里来相会，美满姻缘一线牵，这才留下一段张生画眉的风流韵事。

这个张生何许人也？就是西汉大臣张敞。

出临汾城，西行十多里，有一刘村古镇。早在两千多年前，刘村还是个小村落，这里依山傍水，景色清幽，翠绿满山坡，溪水绕村流，可谓英杰荟萃、钟灵毓秀，戏剧《三进士》的故事就源于这里。《三进士》的故事暂且不说，这里单表一段西汉时期夫妻恩爱相敬如宾的故事。

话说西汉宣帝年间，汉宣帝刘询刚即位不久，京畿重地长安城内的治安状况异常糟糕。当时没出台什么治安管理处罚条例，虽然也有管理办法，但却不能有效地维护社会秩序和公共安全，保障人民生活更是不到位，经常有盗匪案件发生，扰得人心惶惶，这让即位不久的汉宣帝很不满意。

这位汉宣帝，是中国历史上唯一一位在即位前受过牢狱之苦的皇帝，从出生到即位，既坎坷多难，又极富传奇色彩。他亲政后励精图治，很想有一番作为，所以亲自选拔京兆尹（相当于北京市长），但令他失望的是，这几位都没能扭转局面。这些人，要么贪污腐化，要么是得罪了皇亲国戚，做不上三五日，便被贬官。因此，当时长安城里流传着"五日京兆"的民谣。正当汉宣帝左右为难之际，有人向他推荐了张敞。

张敞一到长安，便悄悄地进行微服私访。在经过几天的明察暗访之后，终于查出了盗贼头领数人，原来是几个家境富足、外出时还有童奴相随的人，他们靠不义之财，筑高楼、纳丽妾，尽情享乐。张敞不动声色，按照线索派人分头召集这几个有影响的"黑社会老大"，给他们上了一堂生动的教育课，估计也是晓之以理动之以情。同时列举了他们的罪行，让他们悔过自新，说可以赦免他们，但条件是他们必须供出自己的同伙，将功补罪。头领们自知罪行深重，个个磕头告饶，情愿把不义之财全部充公。除了做思想工作，张敞不知还用了什么绝招，反正最后让那些老大背弃了江湖道义，出卖了他们"生死与共的兄弟"。

张敞立即组织人马出击，一下捕捉到数百名盗贼。这次行动，使京城的黑社会势力遭到毁灭性打击，社会治安立马好转，从此长安区警鼓稀鸣，市无偷盗。汉宣帝对张敞的政绩十分满意，张敞在京城的位子算是坐稳了。

据说，汉朝时期按照规定，凡是在朝中为官的，每人都要填一张登记表。内容和现在的简历差不多，除了登记姓名、性别、民族、出生年月、文化程度、政治面貌之外，还有一个栏目叫"特长爱好"。在这一栏里，一般人填写的是擅长交际，长于写作，爱好书法，或者是精通三门外语等等。虽然很多人都喜爱美女、金钱和权力，但都心知肚明，没人敢写，如果他在这一栏写上"喜爱美女"，他的官还想不想当了？

张敞拿到登记表后，想也没想，随即在这一栏里写上了"爱好画眉"。张敞填好登记表后交了上去。管登记的人也不认真审阅，直接存到了档案袋里。

张敞处治了小偷强盗后，开始惩办那些胡作非为的公子王孙。据史书记载，张敞做官时处事果断，雷厉风行，而且赏罚分明，碰到恶人难得通融，决不姑息。每当上朝之时，张敞总是侃侃而谈，在皇帝和大臣眼里，张敞属于那种有能力的人物。他的做法招致一些人的妒忌，又由于得罪了皇亲国戚、高官显贵，于是他们就上书皇帝，告张敞"风流、轻浮"，说张京兆描的眉妩媚得很，他每日热衷于和夫人打情骂俏，哪像个高级领导干部啊。

在汉代，"失朝廷威重"是一项比较重的罪名。汉宣帝听了，有些生气，心想：天下竟有这样的人，难道在我的朝廷中还有这样没出息的领导干部？于是，他就找了个机会问张敞："听人说你热衷在家里给夫人画眉毛，这是真的吗？"

张敞心想，这帮人不是闲得难受吗，我给夫人描眉招谁惹谁了？于是他回答道："臣闻闺房之内，夫妇之私，有过于画眉者。"意思是说夫妇之间，在闺房之中，还有比画眉更过头的玩乐事情，你只要问我国家大事做好没有，我替太太画不画眉，你管它干什么？在这方面，汉宣帝的体验比张敞要深得多，所以也就一笑了之。但他还是不明白，张敞怎么会有这样的爱好。

原来，张敞成年后媒婆给他介绍了一门亲事，女方是一个大财主的千金，本地首屈一指的大美人。到了新婚之夜，张敞见自己的夫人果然生得是花容月貌，心中大喜，一夜欢娱自不用多叙。

第二天，张敞见新婚夫人坐在镜前仔细地描眉毛。他悄悄来到夫人身边，仔细一看，发现夫人一侧眉角的眉毛短了一截，并有一道淡淡的疤痕。张敞好奇，于是问道："夫人，你的眉毛怎会这样呢？"

夫人见张敞问自己眉角疤痕的事，撅起小嘴，恨恨地说："官人啊，提

增

广

贤

文

起这事我就生气。听我爹妈说，我小时候正躺在屋外的摇篮里睡觉，就在妈妈有事回屋里的时候，不知是哪个缺德鬼，竟用石头砸在我的眉角上。当时就出了好多血，后来结了疤，眉毛也从此短了一截。"

"啊？你是说……"张敞听了，突然想起童年时的一段往事。

一天傍晚，在张敞家的村口上坐着一位老人，旁边围了很多人。张敞见了很好奇，挤过去一看，只见老人手里拿着一个锦簿，不知他在做什么。

日头快要落了，人群也渐渐散去。张敞走到老人身边，问道："老爷爷，你手里拿的是什么？是干什么用的？"老人笑呵呵地告诉他："小娃娃，我是专管人间男女婚配的。我手里拿的是《鸳鸯谱》，上面记载了世上所有男女的姓名。谁跟谁会成为夫妻，这上面全有。"

"骗人，世上哪有这样的事！"张敞大声道。

老人笑呵呵地说："老爷爷没骗人，姻缘本天定，有情人终成眷属。"张敞听了，更好奇了，就问老人："那是不是我将来娶谁也已经定了？是谁呀，你这上面有吗？"老人笑呵呵地告诉他说有，"来，让我查查。"说着，老人翻了翻锦簿，然后指着不远处的一户人家对张敞说："小娃娃你看，那间房子门口的摇篮里睡着一个女娃，将来你就娶她。"

张敞皱着眉头，疑惑地看着老人。"呵呵，真是个娃娃。"老人笑着转身离开了。

老人离开后，张敞蹑手蹑脚地走到那所房子前，向摇篮里一看，有个小女孩正在睡着。张敞眼珠一转，随手捡了块小石头，朝摇篮里的那个小女孩扔去。小女孩被石头打中了，哇哇大声哭起来，脸上还流出了血。张敞一见惹了祸，吓得一溜烟逃跑了。可他心里却很痛快，心想，看你老头儿的话还准不准……

真想不到，夫人还真是那个女孩。到了这会儿，张敞才真正相信老人所说的"姻缘本天定"的话。张敞没告诉夫人这段故事，只是对她说："夫人别生气了，从今往后我每天早晨都帮你画眉。"为弥补昔日之过，遂立誓终生为妻画眉。自此张敞每天都帮夫人画眉。散朝回家后，第一件事情，就是看一看给夫人画的眉掉了没有，色彩淡了没有。如果色彩淡了，他便拿起眉笔给夫人画眉，其他事情再重要也暂时放在一边。

夫妇俩终生恩恩爱爱，相敬如宾，生活得幸福美满。后来，这个故事作为风流韵事传到民间，并把它作为夫妻恩爱的典故。

百世修来同船渡，千世修来共枕眠。

【字句注释】

同船渡：在相同的船上渡过河流。

【原文翻译】

指夫妻之间的结合是长期修来的，也指好的结果得来不容易，应当好好保护和珍惜。

【启迪意义】

这里说的正是一个"缘"字。人生在世，有存有亡，有聚有散，其中契机，全系于一个缘字。共衾同枕、耳鬓斯磨的夫妻自不必说了，师生、同学、战友、邻居、搭档，全有赖于一个缘，因此，夫妻之间要珍惜在茫茫人海中得来的缘分，相亲相爱，相互扶持。

【警世故事 1】

举案齐眉

举案齐眉是汉时梁鸿和妻子孟光的故事。每当丈夫梁鸿回家时，妻子孟光就托着放有饭菜的盘子，恭恭敬敬地送到丈夫面前。为了表示对丈夫的尊敬，妻子不敢仰视丈夫的脸，总是把盘子托的跟眉毛齐平，丈夫也总是彬彬有礼地用双手接过盘子。

东汉初年的隐士梁鸿，字伯鸾，扶风平陵人（今陕西咸阳西北）。他博学多才，家里虽穷，可是崇尚气节。东汉初，他曾进太学学习。结束在太学的学业后，就在皇家林苑—上林苑放猪。

有一次，梁鸿因不小心，使得房子着火，延及周围的人家。梁鸿就一家家的去查问每家所遭受的损失，并以猪来作为赔偿。有一家人嫌赔得太少。梁鸿说："我没有别的财物，愿意为你做一段时间的工来补偿。"那家主人答应了梁鸿的要求。梁鸿在这家干活时不懈朝夕，勤勤恳恳，绝无怨言。邻家的一些老人见梁鸿的行为非同一般，就联合起来责怪那家主人，不该如此对待梁鸿。那家主人也开始尊敬他，并将猪悉数归还给梁鸿，梁鸿坚辞不受，后来回乡去了。

由于梁鸿的高尚品德，许多人想把女儿嫁给他，梁鸿谢绝他们的好意，就是不娶。与他同县的一位孟氏有一个女儿，长得又黑又肥又丑，而且力气极大，能把石臼轻易举起来。每次为她择婆家，就是不嫁，已三十岁了。父母问她为何不嫁。她说："我要嫁像梁伯鸾一样贤德的人。"鸿听说后，就下聘礼，准备娶她。

孟女高高兴兴地准备著嫁妆。等到过门那天，她打扮得漂漂亮亮的。哪想到，婚后一连七日，梁鸿一言不发。孟家女就来到梁鸿面前跪下，说："妾

264

早闻夫君贤名，立誓非您莫嫁；夫君也拒绝了许多家的提亲，最后选定了妾为妻。可不知为什么，婚后，夫君默默无语，不知妾犯了什么过失？"梁鸿答道："我一直希望自己的妻子是位能穿麻葛衣，并能与我一起隐居到深山老林中的人。而现在你却穿着绮缟等名贵的丝织品缝制的衣服，涂脂抹粉、梳妆打扮，这哪里是我理想中的妻子啊？"

孟女听了，对梁鸿说："我这些日子的穿着打扮，只是想验证一下，夫君你是否真是我理想中的贤士。妾早就准备有劳作的服装与用品。"说完，便将头发卷成髻，穿上粗布衣，架起织机，动手织布。梁鸿见状，大喜，连忙走过去，对妻子说："你才是我梁鸿的妻子！"他为妻子取名为孟光，字德曜，意思是她的仁德如同光芒般闪耀。

后来他们一道去了霸陵（今西安市东北）山中，过起了隐居生活。在霸陵山深处，他们以耕织为业，或咏诗书，或弹琴自娱。

不久，梁鸿为避征召他入京的官吏，夫妻二人离开了齐鲁，到了吴地（今江苏境内）。梁鸿一家住在大族皋伯通家宅的廊下小屋中，靠给人舂米过活。每次归家时，孟光备好食物，低头不敢仰视，举案齐眉，请梁鸿进食。皋伯通见此情形，大吃一惊，心想：一个雇工能让他的妻子对他如此恭敬有加，那一定不凡。于是他立即把梁鸿全家迁入他的家宅中居住，并供给他们衣食。梁鸿因此有了机会著书立说。

一饭一粥，当思来之不易，半丝半缕，恒念物力维艰。

【字句注释】

恒：经常。维：语气助词，无实义。

【原文翻译】

看到一碗饭一碗粥，都应当想到粮食来之不易；看到一根丝一根线，都应常常想到获取财物之艰难。

【启迪意义】

爱惜一粒米、一根线，从生活中的点点滴滴做起，培养勤俭节约的好习惯。

【警世故事 1】

奢侈宰相王黼

北宋末年，有一个名叫王黼（fu）的进士，特别善于投机钻营，巴结权贵，靠着蔡京、梁师成等人的举荐，在朝廷身居要职，深受皇帝宠幸。蔡京失势后，王黼当上了代理宰相，见风使舵，伪顺民意，赢得朝野上下赞声一片，不久官拜太傅，被封为"楚国公"。坐稳官位后，王黼便开始大肆搜罗美女和财宝，过上了纸醉金迷的糜烂生活。

仗着皇帝的宠幸，王黼越发骄纵，竟然暗地私通敌国，和北方的金国"眉来眼去"。不久之后，金兵大举南下，汴京危在旦夕，朝野上下一致认为王黼应该对金兵入侵负主要责任。就这样，独一无二的"贤相"被贬官，抄没家产。王黼全家被关押在一座寺庙里，连续几天没人送饭，一家老小饿得头昏眼花，奄奄一息。庙里的和尚不忍心看着这一大家子人活活饿死，就给他们送来了救命的白米饭。看着这一群男女老少狼吞虎咽的样子，和尚感叹道："也许你们想不到吧，这些白米饭是从你们家厨房的排水沟里捞出来的，现在总算是物尽其用了。"

王黼非常惊讶，不明白老和尚为什么这么说。原来这座寺庙就在王家旁边，庙里的和尚发现王家厨房的水沟里每天都有许多雪白的饭粒流出。和尚们敬惜五谷，看不得好好的粮食被如此糟蹋，就把水沟中的饭粒全部捞出淘洗后晾干，然后存起来，久而久之竟然有整整一个仓库之多。奢侈宰相王黼做梦也没想到当年谁也没有放在眼里的剩饭，却救了全家上下数十口人的性命。

后来，王黼在流放的途中，被仇家追杀，最终落得个弃尸荒野、身首异处的悲惨结局，并且作为北宋"六贼"之一。永远地被钉在中华民族历史的耻辱柱上。

羊有跪乳之恩，鸦有反哺之义。

【字句注释】

跪乳：跪着吃奶。反哺：反过来哺养。

【原文翻译】

羊羔吃奶时跪在地上，就像答谢母亲的养育之恩；小乌鸦长大后会衔着食物嘴对嘴地喂老乌鸦，直到老乌鸦死去。

【启迪意义】

做儿女的就应该尽其所能孝敬老人。

【警世故事1】

老莱子戏彩娱亲

春秋时期，有个伟大的思想家叫老莱子，家住蒙山之阳。后来楚王听说老莱子很有才干，想请他出来做官，但老莱子认为做官是对生命的戕害，就带着一家老小搬到了江南居住。

老莱子是一个非常孝顺的人。他除了每天给父母准备好饭菜，还想尽办法来讨父母的欢心。虽然已经七十多岁了，他还经常穿着色彩鲜艳的衣裙，在院子里载歌载舞，就像一只翩翩欲飞的大蝴蝶，乐得父母在一旁合不拢嘴。

有一次，老莱子端着一碗水进屋的时候，不小心跌了一跤。他灵机一动，趴在地上又蹬又踹，撒娇似的哭起来，活脱脱一个小孩。坐在床上的母亲笑得东倒西歪地说："七十多岁的人了还像小孩一样，一点也不羞臊。"老莱子趴在地上，看见母亲似嗔实喜的情态。心里早就乐开了花。

由俭入奢易，由奢入俭难。

【字句注释】

奢：奢侈，过分享受。

【原文翻译】

从俭朴到奢侈容易，从奢侈到俭朴却很困难。

【启迪意义】

成由勤俭败由奢。人生活富裕的时候，也要保持节俭的生活习惯。

【警世故事1】

朴素宰相张知白

　　张知白是北宋天圣年间的宰相，精明强干，生活简朴，深受皇帝信赖。一般人眼里，宰相位居一人之下万人之上，家里必然是金碧辉煌，钟鸣鼎食。可张知白居住的房子破破烂烂，甚至不能遮风挡雨；吃的是粗茶淡饭，穿的是土布衣服，跟他在河南当小官的时候一样。亲戚朋友经常劝他："您每个月的俸禄那么多，而生活却如此简陋。了解您的人，说您生性节俭，不了解您的人，说您和汉代那个公孙弘一样沽名钓誉。"张知白长叹了一口气，说道："的确如此，以我今天的俸禄，想吃什么、想穿什么都能做到，可是谁能保证我一辈子都拿那么高的俸禄？人往往都是从俭朴到奢侈容易，从奢侈到俭朴就很困难。我一旦哪天拿不到这么高的俸禄，而家人习惯了奢侈无度的生活，

269

不能再过俭朴的日子，那他们怎么办？岂不要流落街头？与其那样，还不如平日里养成节俭的好习惯，哪怕有一天我死了，家人至少还能维持现在这种衣食无忧的生活水平。"

后来仁宗皇帝亲自来张家探望病重的宰相，看见张夫人穿着粗布衣服，宰相盖的被褥也破旧不堪，情不自禁流下眼泪。张知白死后，被赐谥号"文节"，史称张文节公。

父子和而家不败，兄弟和而家不分。

【字句注释】

略。

【原文翻译】

父子之间和睦相处家业就不会衰败。兄弟之间和睦相处就不会分家。

【启迪意义】

兄弟之间应该和睦相处，不应该为了一点财产而各奔东西。

【警世故事 1】

紫荆树的故事

古时候，陕西西安附近有一户田姓人家，家中有兄弟三人。老父亲去世以后，兄弟几个就开始闹着要分家。老大田真是最不希望分家的，可是事情发展到这个地步，分家无法避免，于是就把老父亲留下的财产平均分为三份。兄弟几个对大哥的财产划分都没有什么意见，只有院子中那棵紫荆树让他们犯了难。原来这棵紫荆树是父亲年轻时栽下的，经过几十年的风雨，它已经枝繁叶茂，花开时满院飘香。经过激烈的争论，田真决定把树劈成三株，每人一株。第二天早晨，田真来到院中，眼前的景象让他大惊失色：昨天还好好的紫荆树突然死了，浑身就像被火烧过一样。

死去的父亲显灵了，田真赶紧把兄弟们聚在一起，痛哭流涕地说："紫荆树本来是同根而生的，听说我们要把它劈成三株，所以憔悴而死。紫荆树尚且不愿分离，何况是我们兄弟呢？父亲也不主张我们分家啊！"于是兄弟三个决定不分家。说来奇怪，死去的紫荆树竟然奇迹般地复活了，而且比以前更加茂盛。田氏兄弟被紫荆树所感动，把家产聚在一起，重新生活在一起，成了远近闻名的忠孝人家，而且老大田真读书用功，考取了功名，官拜太中大夫。

夫妻相合好，琴瑟与笙簧。

【字句注释】

琴、瑟、笙、簧：均为古代乐器，琴瑟为弦乐，笙簧为管乐。

【原文翻译】

夫妻之间和和美美，就像琴瑟与笙簧一样音韵和谐。

【启迪意义】

夫妻之间应该互相恩爱，家庭生活才能幸福和谐。

【警世故事1】

相敬如宾

三国时，襄阳有个人名叫庞德公，学富五车，才高八斗，但他不愿意做官，甚至连城都不愿意进一趟。荆州刺史刘表请他出来做官，被他拒绝了。刘表就问："你不愿意出来做官，将来把什么留给子孙呢？"庞德公说："别人都把危险留给子孙，我把平安留给子孙。"庞德公不仅为子孙着想，而且非常爱护和尊重妻子。他们夫妇二人隐居在岘山脚下，每天相伴，日出而作，日落而息，家中无论大小事情，两人都商量着办。他们之间和和气气，互敬互爱，从来没有吵过嘴或是红过脸。

有一次，荆州有个官员来庞德公家拜访，正好赶上德公不在家。庞德公的妻子恭恭敬敬地把客人招待至客厅坐下，便到厨房里准备饭菜去了。过了一会儿，庞德公回来了，他一跨进家门，什么都顾不上，便直接奔到厨房里帮妻子干家务活儿去了，完全没有看到家里还坐着一位客人。

因庞德公与妻子互敬互爱，他们就成为古代夫妻和睦的模范，千古流传。

祭而丰不如养之厚，悔之晚何若谨于前。

【字句注释】

略。

【原文翻译】

在父母死后献上丰厚的祭品，不如在他们生前好好赡养，与其到时后悔，不如在他们生前就用心伺候。

【启迪意义】

子欲养而亲不待。趁着父母在的时候，用心孝敬他们，不要留下无法弥补的遗憾。

【警世故事1】

皋鱼之恨

孔子和弟子周游列国，在路上看到有人哭得非常悲伤。经过打听，得知此人叫皋鱼。只见他披着麻布短袄，抱着镰刀，两只眼睛哭得红彤彤的。

孔子下车，问："你是遇到丧事了吗？"皋鱼说："没有。"

孔子问："那你为什么哭得这么伤心呢？"

皋鱼说："我是为年轻时犯下的错误而哭啊！年轻时，我胸怀大志，用功读书，四处游历，梦想着建功立业和享受荣华富贵，希望有朝一日让父母过上锦衣玉食的生活。结果，在周游列国的时候，父母双双去世，我连最后一面都没有见到。现如今我事业无成，朋友们纷纷弃我而去，我想赡养父母，哪怕是给他们喂一口最普通的饭食也不可能了。想到这里，觉得实在生无可恋，让我从此告别人世吧。"于是站立不动，悲伤过度而死。

孔子动容地说："同学们应引以为戒，经历过这件事，你们应该知道怎么做了。"于是，学生里有十三个人辞别老师回家赡养双亲。

附：《增广贤文》全文（作者：佚名）

上集：

昔时贤文，诲汝谆谆。

集韵增广，多见多闻。

观今宜鉴古，无古不成今。

知己知彼，将心比心。

酒逢知己饮，诗向会人吟。

相识满天下，知心能几人？

相逢好似初相识，到老终无怨恨心。

近水知鱼性，近山识鸟音。

易涨易退山溪水，易反易覆小人心。

运去金成铁，时来铁似金。

读书须用意，一字值千金。

逢人且说三分话，未可全抛一片心。

有意栽花花不发，无心插柳柳成荫。

画虎画皮难画骨，知人知面不知心。

钱财如粪土，仁义值千金。

流水下滩非有意，白云出岫本无心。

当时若不登高望，谁信东流海洋深？

路遥知马力，日久见人心。

两人一般心，无钱堪买金；

一人一般心，有钱难买针。

相见易得好，久住难为人。

马行无力皆因瘦，人不风流只为贫。

饶人不是痴汉，痴汉不会饶人。

是亲不是亲，非亲却是亲。

美不美，乡中水；亲不亲，故乡人。

莺花犹怕春光老，岂可教人枉度春？

相逢不饮空归去，洞口桃花也笑人。

红粉佳人休使老，风流浪子莫教贫。

在家不会迎宾客，出门方知少主人。

黄芩无假，阿魏无真。

客来主不顾，自是无良宾。

良宾方不顾，应恐是痴人。

贫居闹市无人问，富在深山有远亲。

谁人背后无人说，哪个人前不说人？

有钱道真语，无钱语不真。

不信但看筵中酒，杯杯先劝有钱人。

闹里挣钱，静处安身。

来如风雨，去似微尘。

长江后浪推前浪，世上新人赶旧人。

近水楼台先得月，向阳花木早逢春。

古人不见今时月，今月曾经照古人。

先到为君，后到为臣。

莫道君行早，更有早行人。

莫信直中直，须防仁不仁。

山中有直树，世上无直人。

自恨枝无叶，莫怨太阳偏。

一切都是命，半点不由人。

一年之计在于春，一日之计在于寅。

一家之计在于和，一生之计在于勤。

责人之心责己，恕己之心恕人。

守口如瓶，防意如城。

宁可人负我，切莫我负人。

再三须慎意，第一莫欺心。

虎身犹可近，人毒不堪亲。

来说是非者，便是是非人。

远水难救近火，远亲不如近邻。

有酒有肉多兄弟，急难何曾见一人？

人情似纸张张薄，世事如棋局局新。

山中也有千年树，世上难逢百岁人。

力微休负重，言轻莫劝人。

无钱休入众，遭难莫寻亲。

平生不做皱眉事，世上应无切齿人。

士者国之宝，儒为席上珍。

若要断酒法，醒眼看醉人。

求人须求大丈夫，济人须济急时无。

渴时一滴如甘露，醉后添杯不如无。

久住令人贱，频来亲也疏。

酒中不语真君子，财上分明大丈夫。

出家如初，成佛有余。

积金千两，不如明解经书。

养子不教如养驴，养女不教如养猪。

有田不耕仓廪虚，有书不读子孙愚。

仓廪虚兮岁月乏，子孙愚兮礼仪疏。

听君一席话，胜读十年书。

人不通今古，马牛如襟裾。

茫茫四海人无数，哪个男儿是丈夫？

白酒酿成缘好客，黄金散尽为收书。

救人一命，胜造七级浮屠。

城门失火，殃及池鱼。

庭前生瑞草，好事不如无。

欲求生富贵，须下死工夫。

百年成之不足，一旦坏之有余。

人心似铁，官法如炉。

善化不足，恶化有余。

水至清则无鱼，人太急则无智。

知者减半，愚者全无。

在家由父，出嫁从夫。

痴人畏妇，贤女敬夫。

是非终日有，不听自然无。

竹篱茅舍风光好，道院僧房终不如。

宁可正而不足，不可邪而有余。

宁可信其有，不可信其无。

命里有时终须有，命里无时莫强求。

道院迎仙客，书堂隐相儒。

庭栽栖凤竹，池养化龙鱼。

结交须胜己，似我不如无。

但看三五日，相见不如初。

人情似水分高下，世事如云任卷舒。

会说说都是，不会说无理。

磨刀恨不利，刀利伤人指；

求财恨不多，财多害自己。

知足长足，终身不辱；

知止常止，终身不齿。

有福伤财，无福伤己。

差之毫厘，失之千里。

若登高必自卑，若涉远必自迩。

三思而行，再思可矣。

动口不如亲为，求人不如求己。

小时是兄弟，长大各乡里。

嫉财莫嫉食，怨生莫怨死。

人见白头嗔，我见白头喜。

多少少年郎，不到白头死。

墙有缝，壁有耳。

好事不出门，坏事传千里。

若要人不知，除非己莫为。

为人不做亏心事，半夜敲门心不惊。

贼是小人，智过君子。

君子固穷，小人穷斯溢矣。

富贵多忧，贫穷自在。

不以我为德，反以我为仇。

宁可直中取，不可曲中求。

人无远虑，必有近忧。

知我者谓我心忧，不知我者谓我何求？

晴天不肯去，直待雨淋头。

成事莫说，覆水难收。

是非只为多开口，烦恼皆因强出头。

忍得一时之气，免得百日之忧。

増

广

贤

文

279

近来学得乌龟法，得缩头时且缩头。

惧法朝朝乐，欺公日日忧。

人生一世，草长一春。

黑发不知勤学早，转眼便是白头翁。

月过十五光明少，人到中年万事休。

儿孙自有儿孙福，莫为儿孙做马牛。

人生不满百，常怀千岁忧。

今朝有酒今朝醉，明日愁来明日忧。

路逢险处须回避，事到临头不自由。

人贫不语，水平不流。

一家养女百家求，一马不行百马忧。

有花方酌酒，无月不登楼。

三杯通大道，一醉解千愁。

深山毕竟藏猛虎，大海终须纳细流。

惜花须检点，爱月不梳头。

大抵选她肌骨好，不搽红粉也风流。

受恩深处宜先退，得意浓时便可休。

莫待是非来入耳，从前恩爱反为仇。

留得五湖明月在，不愁无处下金钩。

休别有鱼处，莫恋浅滩头。

去时终须去，再三留不住。

忍一句，息一怒，饶一着，退一步。

三十不豪，四十不富，五十将来寻死路。

生不认魂，死不认尸。

一寸光阴一寸金，寸金难买寸光阴。

父母恩深终有别，夫妻义重也分离。

人生似鸟同林宿，大难来时各自飞。

人善被人欺，马善被人骑。

人无横财不富，马无夜草不肥。

人恶人怕天不怕，人善人欺天不欺。

善恶到头终有报，只盼来早与来迟。

黄河尚有澄清日，岂能人无得运时？

得宠思辱，居安思危。

念念有如临敌日，心心常似过桥时。

英雄行险道，富贵似花枝。

人情莫道春光好，只怕秋来有冷时。

送君千里，终有一别。

但将冷眼观螃蟹，看你横行到几时。

见事莫说，问事不知。

闲事莫管，无事早归。

假缎染就真红色，也被旁人说是非。

善事可做，恶事莫为。

许人一物，千金不移。

龙生龙子，虎生虎儿。

龙游浅水遭虾戏，虎落平原被犬欺。

一举首登龙虎榜，十年身到凤凰池。

十年寒窗无人问，一举成名天下知。

酒债寻常处处有，人生七十古来稀！

养儿防老，积谷防饥。

鸡豚狗彘之畜，无失其时，数口之家，可以无饥矣。

当家才知盐米贵，养子方知父母恩。

常将有日思无日，莫把无时当有时。

树欲静而风不止，子欲养而亲不待。

时来风送滕王阁，运去雷轰荐福碑。

入门休问荣枯事，且看容颜便得知。

官清司吏瘦，神灵庙祝肥。

息却雷霆之怒，罢却虎豹之威。

饶人算之本，输入算之机。

好言难得，恶语易施。

一言既出，驷马难追。

道吾好者是吾贼，道吾恶者是吾师。

路逢侠客须呈剑，不是才人莫献诗。

三人行必有我师焉。

择其善者而从之，其不善者而改之。

欲昌和顺须为善，要振家声在读书。

少壮不努力，老大徒伤悲。

人有善愿，天必佑之。

莫饮卯时酒，昏昏醉到醒。

莫骂酉时妻，一夜受孤凄。

种麻得麻，种豆得豆。

天眼恢恢，疏而不漏。

做官莫向前，作客莫在后。

宁添一斗，莫添一口。

螳螂捕蝉，岂知黄雀在后？

不求金玉重重贵，但愿儿孙个个贤。

一日夫妻，百世姻缘。

百世修来同船渡，千世修来共枕眠。

杀人一万，自损三千。

伤人一语，利如刀割。

枯木逢春犹再发，人无两度再少年。

未晚先投宿，鸡鸣早看天。

将相顶头堪走马，恭候肚内好撑船。

富人思来年，穷人想眼前。

世上若要人情好，赊去物品莫取钱。

生死有命，富贵在天。

击石原有火，不击乃无烟。

人学始知道，不学亦徒然。

莫笑他人老，终须还到老。

和得邻里好，犹如拾片宝。

但能守本分，终身无烦恼。

大家做事寻常，小家做事慌张。

大家礼义教子弟，小家凶恶训儿郎。

君子爱财，取之有道。

贞妇爱色，纳之以礼。

善有善报，恶有恶报。

不是不报，时候未到。

万恶淫为首，百行孝当先。

人而无信，不知其可也。

一人道虚，千人传实。

凡事要好，须问三老。

若争小利，便失大道。

家中不和邻里欺，邻里不和说是非。

年年防饥，夜夜防盗。

学者是好，不学不好。

学者如禾如稻，不学如草如蒿。

遇饮酒时须防醉，得高歌处且高歌。

因风吹火，用力不多。

不因渔夫引，怎能见波涛？

增

广

贤

文

无求到处人情好，不饮任他酒价高。

知事少时烦恼少，识人多处是非多。

进山不怕伤人虎，只怕人情两面刀。

强中更有强中手，恶人须用恶人磨。

会使不在家富豪，风流不用衣着佳。

光阴似箭，日月如梭。

天时不如地利，地利不如人和。

黄金未为贵，安乐值钱多。

为善最乐，作恶难逃。

羊有跪乳之恩，鸦有反哺之情。

孝顺还生孝顺子，忤逆还生忤逆儿。

不信但看檐前水，点点滴滴旧窝池。

隐恶扬善，执其两端。

妻贤夫祸少，子孝父心宽。

已覆之水，收之实难。

人生知足时常足，人老偷闲且是闲。

处处绿杨堪系马，家家有路通长安。

既坠釜甑，反顾何益。

见者易，学者难。

厌静还思喧，嫌喧又忆山。

自从心定后，无处不安然。

莫将容易得，便作等闲看。

用心计较般般错，退后思量事事宽。

道路各别，养家一般。

由俭入奢易，从奢入俭难。

知音说与知音听，不是知音莫与谈。

点石化为金，人心犹未足。

信了赌，卖了屋。

他人观花，不涉你目。

他人碌碌，不涉你足。

谁人不爱子孙贤，谁人不爱千钟粟。

奈五行，不是这般题目。

莫把真心空计较，儿孙自有儿孙福。

书到用时方恨少，事非经过不知难。

天下无不是的父母，世上最难得者兄弟。

与人不和，劝人养鹅；与人不睦，劝人架屋。

但行好事，莫问前程。不交僧道，便是好人。

河狭水激，人急计生。

明知山有虎，莫向虎山行。

路不铲不平，事不为不成。

无钱方断酒，临老始读经。

点塔七层，不如暗处一灯。

堂上二老是活佛，何用灵山朝世尊。

万事劝人休瞒昧，举头三尺有神明。

但存方寸土，留与子孙耕。

灭却心头火，剔起佛前灯。

惺惺多不足，蒙蒙作公卿。

众星朗朗，不如孤月独明。

兄弟相害，不如友生。

合理可作，小利不争。

牡丹花好空入目，枣花虽小结实多。

欺老莫欺小，欺人心不明。

勤奋耕锄收地利，他时饱暖谢苍天。

得忍且忍，得耐且耐，不忍不耐，小事成灾。

增
广
贤
文

相论逞英豪，家计渐渐退。

贤妇令夫贵，恶妇令夫败。

一人有庆，兆民咸赖。

人老心未老，人穷志莫穷。

人无千日好，花无百日红。

黄蜂一口针，橘子两边分。

世间痛恨事，最毒淫妇心。

杀人可恕，情理不容。

乍富不知新受用，乍贫难改旧家风。

座上客常满，杯中酒不空。

屋漏更遭连夜雨，行船又遇打头风。

笋因落箨方成竹，鱼为奔波始化龙。

记得少年骑竹马，转眼又是白头翁。

礼义生于富足，盗贼出于赌博。

天上众星皆拱北，世间无水不朝东。

士为知己者死，女为悦己者容。

色即是空，空即是色。

君子安贫，达人知命。

良药苦口利于病，忠言逆耳利于行。

顺天者昌，逆天者亡。

有缘千里来相会，无缘对面不相逢。

有福者昌，无福者亡。

人为财死，鸟为食亡。

夫妻相和好，琴瑟与笙簧。

红粉易妆娇态女，无钱难作好儿郎。

有子之人贫不久，无儿无女富不长。

善必寿老，恶必早亡。

爽口食多偏作病，快心事过恐遭殃。

富贵定要依本分，贫穷不必再思量。

画水无风空作浪，绣花虽好不闻香。

贪他一斗米，失却半年粮。

争他一脚豚，反失一肘羊。

龙归晚洞云犹湿，麝过春山草木香。

平生只会说人短，何不回头把己量？

见善如不及，见恶如探汤。

人穷志短，马瘦毛长。

自家心里急，他人未知忙。

贫无达士将金赠，病有高人说药方。

触来莫与竞，事过心清凉。

秋来满山多秀色，春来无处不花香。

凡人不可貌相，海水不可斗量。

清清之水为土所防，济济之士为酒所伤。

蒿草之下或有兰香，茅茨之屋或有侯王。

无限朱门生饿殍，几多白屋出公卿。

酒里乾坤大，壶中日月长。

拂石坐来春衫冷，踏花归去马蹄香。

万事前身定，浮生空自忙。

叫月子规喉舌冷，宿花蝴蝶梦魂香。

一言不中，千言不用。

一人传虚，百人传实。

万金良药，不如无疾。

千里送鹅毛，礼轻情义重。

世事如明镜，前程暗似漆。

君子怀刑，小人怀惠。

架上碗儿轮流转，媳妇自有做婆时。

人生一世，如驹过隙。

良田万顷，日食一升。

大厦千间，夜眠八尺。

千经万典，孝义为先。

天上人间，方便第一。

一字入公门，九牛拔不出。

八字衙门向南开，有理无钱莫进来。

欲求天下事，须用世间财。

富从升合起，贫因不算来。

近河不得枉使水，近山不得枉烧柴。

家无读书子，官从何处来？

慈不掌兵，义不掌财。

一夫当关，万夫莫开。

万事不由人计较，一生都是命安排。

白云本是无心物，却被清风引出来。

慢行急行，逆取顺取。

命中只有如许财，丝毫不可有闪失。

人间私语，天闻若雷。

暗室亏心，神目如电。

一毫之恶，劝人莫作。一毫之善，与人方便。

亏人是祸，饶人是福，天眼恢恢，报应甚速。

圣贤言语，神钦鬼服。

人各有心，心各有见。

口说不如身逢，耳闻不如目见。

见人富贵生欢喜，莫把心头似火烧。

养兵千日，用在一时。

国清才子贵，家富小儿娇。

利刀割体疮犹使，恶语伤人恨不消。

公道世间唯白发，贵人头上不曾饶。

有才堪出众，无衣懒出门。

为官须作相，及第必争先。

苗从地发，树由枝分。

宅里燃火，烟气成云。

以直报怨，知恩报恩。

红颜今日虽欺我，白发他时不放君。

借问酒家何处有，牧童遥指杏花村。

父子和而家不退，兄弟和而家不分。

一片云间不相识，三千里外却逢君。

官有公法，民有私约。

平时不烧香，临时抱佛脚。

幸生太平无事日，恐防年老不多时。

国乱思良将，家贫思良妻。

池塘积水须防旱，田地深耕足养家。

根深不怕风摇动，树正何愁月影斜。

争得猫儿，失却牛脚。

愚者千虑，必有一得，智者千虑，必有一失。

始吾于人也，听其言而信其行。

今吾于人也，听其言而观其行。

哪个梳头无乱发，情人眼里出西施。

珠沉渊而川媚，玉韫石而山辉。

夕阳无限好，只恐不多时。

久旱逢甘霖，他乡遇故知；洞房花烛夜，金榜题名时。

惜花春起早，爱月夜眠迟。

增

广

贤

文

掬水月在手，弄花香满衣。

桃红李白蔷薇紫，问着东君总不知。

教子教孙须教义，栽桑栽柘少栽花。

休念故乡生处好，受恩深处便为家。

学在一人之下，用在万人之上。

一日为师，终身为父。

忘恩负义，禽兽之徒。

劝君莫将油炒菜，留与儿孙夜读书。

书中自有千钟粟，书中自有颜如玉。

莫怨天来莫怨人，五行八字命生成。

莫怨自己穷，穷要穷得干净；莫羡他人富，富要富得清高。

别人骑马我骑驴，仔细思量我不如，待我回头看，还有挑脚汉。

路上有饥人，家中有剩饭。

积德与儿孙，要广行方便。

作善鬼神钦，作恶遭天谴。

积钱积谷不如积德，买田买地不如买书。

一日春工十日粮，十日春工半年粮。

疏懒人没吃，勤俭粮满仓。

人亲财不亲，财利要分清。

十分伶俐使七分，常留三分与儿孙，

若要十分都使尽，远在儿孙近在身。

君子乐得做君子，小人枉自做小人。

好学者则庶民之子为公卿，不好学者则公卿之子为庶民。

惜钱莫教子，护短莫从师。

记得旧文章，便是新举子。

人在家中坐，祸从天上落。

但求心无愧，不怕有后灾。

只有和气去迎人，哪有相打得太平。

忠厚自有忠厚报，豪强一定受宫刑。

人到公门正好修，留些阴德在后头。

为人何必争高下，一旦无命万事休。

山高不算高，人心比天高。

白水变酒卖，还嫌猪无糟。

贫寒休要怨，宝贵不须骄。

善恶随人作，祸福自己招。

奉劝君子，各宜守己。

只此呈示，万无一失。

下集：

前人俗语，言浅理深。

补遗增广，集成书文。

世上无难事，只怕不专心。

成人不自在，自在不成人；

金凭火炼方知色，与人交财便知心。

乞丐无粮，懒惰而成。

勤俭为无价之宝，节粮乃众妙之门。

省事俭用，免得求人。

量大祸不在，机深祸亦深。

善为至宝深深用，心作良田世世耕。

群居防口，独坐防心。

体无病为富贵，身平安莫怨贫。

败家子弟挥金如土，贫家子弟积土成金。

富贵非关天地，祸福不是鬼神。

安分贫一时，本分终不贫。

不拜父母拜干亲，弟兄不和结外人。

人过留名，雁过留声。

择子莫择父，择亲莫择邻。

爱妻之心是主，爱子之心是亲。

事从根起，藕叶连心。

祸与福同门，利与害同城。

清酒红人脸，财帛动人心！

宁可荤口念佛，不可素口骂人。

有钱能说话，无钱话不灵。

岂能尽如人意？但求不愧吾心。

不说自己井绳短，反说他人箍井深。

恩爱多生病，无钱便觉贫。

只学斟酒意，莫学下棋心。

孝莫假意，转眼便为人父母。

善休望报，回头只看汝儿孙！

口开神气散，舌出是非生！

弹琴费指甲，说话费精神。

千贯买田，万贯结邻。

人言未必犹尽，听话只听三分。

隔壁岂无耳，窗外岂无人？

财可养生须注意，事不关己不劳心。

酒不护贤，色不护病；

财不护亲，气不护命！

一日不可无常业，安闲便易起邪心！

炎凉世态，富贵更甚于贫贱；

嫉妒人心，骨肉更甚于外人！

瓜熟蒂落，水到渠成。

人情送匹马，买卖不饶针！

过头饭好吃，过头话难听！

事多累了自己，田多养了众人。

怕事忍事不生事自然无事；

平心静心不欺心何等放心！

天子至尊不过于理，在理良心天下通行。

好话不再多说，有理不在高声！

一朝权在手，便把令米行。

甘草味甜人可食，巧言妄语不可听。

当场不论，过后枉然。

贫莫与富斗，富莫与官争！

官清难逃猾吏手，衙门少有念佛人！

家有千口，主事一人。

父子竭力山成玉，弟兄同心土变金。

当事者迷，旁观者清。

怪人不知理，知理不怪人。

未富先富终不富，未贫先贫终不贫。

少当少取，少输当赢！

饱暖思淫欲，饥寒起盗心！

蚊虫遭扇打，只因嘴伤人！

欲多伤神，财多累心！

布衣得暖真为福，千金平安即是春。

家贫出孝子，国乱显忠臣！

宁做太平犬，莫做离乱人！

人有几等，官有几品。

理不卫亲，法不为民。

自重者然后人重，人轻者便是自轻。

自身不谨，扰乱四邻。

快意事过非快意，自古败名因败事。

伤身事莫做，伤心话莫说。

小人肥口，君子肥身。

地不生无名之辈，天不生无路之人。

一苗露水一苗草，一朝天子一朝臣。

读书未见书如逢良友，见人读书如逢故人。

福满须防有祸，凶多料必无争。

不怕三十而死，只怕死后无名。

但知江湖者，都是薄命人。

不怕方中打死人，只知方中无好人。

说长说短，宁说人长莫说短；

施恩施怨，宁施人恩莫施怨。

育林养虎，虎大伤人。

冤家抱头死，事要解交人。

卷帘归乳燕，开扇出苍蝇。

爱鼠常留饭，怜蛾灯罩纱。

人命在天，物命在人。

奸不通父母，贼不通地邻。

盗贼多出赌博，人命常出奸情。

治国信谗必杀忠臣，治家信谗必疏其亲。

治国不用佞臣，治家不用佞妇。

好臣一国之宝，好妇一家之珍。

稳的不滚，滚的不稳。

儿不嫌母丑，狗不嫌家贫。

君子千钱不计较，小人一钱恼人心。

人前显贵，闹里夺争。

要知江湖深，一个不作声。

知止自当出妄想，安贫须是禁奢心。

初入行业，三年事成；

初吃馒头，三年口生。

家无生活计，坐吃如山崩。

家有良田万顷，不如薄艺在身；

艺多不养家，食多嚼不赢。

命中只有八合米，走遍天下不满升。

使心用心，反害自身。

国家无空地，世上无闲人。

妙药难医怨逆病，混财不富穷命人。

耽误一年春，十年补不清；

人能处处能，草能处处生。

会打三班鼓，也要几个人。

人不走不亲，水不打不浑。

三贫三富不到老，十年兴败多少人！

买货买得真，折本折得轻；

不怕问道，只怕倒问。

人强不如货强，价高不如口便。

会买买怕人，会买卖怕人。

只只船上有艄公，天子足下有贫亲。

既知莫望，不知莫向。

在一行，练一行；

穷莫失志，富莫癫狂。

天欲令其灭亡，必先让其疯狂。

梢长人胆大，梢短人心慌。

隔行莫贪利，久炼必成钢。

瓶花虽好艳，相看不耐长。

早起三光，迟起三慌。

未来休指望，过去莫思量；

时来遇好友，病去遇良方。

布得春风有夏雨，哈得秋风大家凉。

晴带雨伞，饱带饥粮。

满壶全不响，半壶响叮当。

久利之事莫为，众争之地莫往。

老医迷旧疾，朽药误良方；

该在水中死，不在岸上亡。

舍财不如少取，施药不如传方。

倒了城墙丑了县官，打了梅香丑了姑娘。

燕子不进愁门，耗子不钻空仓。

苍蝇不叮无缝蛋，谣言不找谨慎人。

一人舍死，万人难当。

人争一口气，佛争一炷香。

门为小人而设，锁乃君子之防。

舌咬只为揉，齿落皆因眶。

硬弩弦先断，钢刀刃自伤。

贼名难受，龟名难当。

好事他人未见讲，错处他偏说得长。

男子无志纯铁无钢，女子无志烂草无瓢。

生男欲得成龙犹恐成獐，生女欲得成凤犹恐成虎。

养男莫听狂言，养女莫叫离母。

男子失教必愚顽，女子失教定粗鲁。

生男莫教弓与弩，生女莫教歌与舞。

学成弓弩沙场灾，学成歌舞为人妾。

财交者密，财尽者疏。

婚姻论财，夫妻之道。

色娇者亲，色衰者疏。

少实胜虚，巧不如拙。

百战百胜不如无争，万言万中不如一默。

有钱不置怨逆产，冤家宜解不宜结。

近朱者赤，近墨者黑。

一个山头一只虎，恶龙难斗地头蛇。

出门看天色，进门看脸色。

商贾买卖如施舍，买卖公平如积德。

天生一人，地生一穴。

家无三年之积不成其家，国无九年之积不成其国。

男子有德便是才，女子无才便是德。

有钱难买子孙贤，女儿不请上门客。

男大当婚女大当嫁，不婚不嫁惹出笑话。

谦虚美德，过谦即诈。

自己跌倒自己爬，望人扶持都是假。

人不知己过，牛不知力大。

一家饱暖千家怨，一物不见赖千家。

当面论人惹恨最大，是与不是随他说吧！

谁人做得千年主，转眼流传八百家。

满载芝麻都漏了，还在水里捞油花！

皇帝坐北京，以理统天下。

五百年前共一家，不同祖宗也同华！

学堂大如官厅，人情大过王法。

找钱犹如针挑土，用钱犹如水推沙！

害人之心不可有，防人之心不可无！

不愁无路，就怕不做。

须向根头寻活计，莫从体面下功夫！

祸从口出，病从口入。

药补不如肉补，肉补不如养补。

思虑之害甚于酒色，日日劳力上床呼疾。

人怕不是福，人欺不是辱。

能言不是真君子，善处方为大丈夫！

为人莫犯法，犯法身无主。

姊妹同肝胆，弟兄同骨肉。

慈母多误子，悍妇必欺夫！

君子千里同舟，小人隔墙易宿。

文钱逼死英雄汉，财不归身恰是无。

妻子如衣服，弟兄似手足。

衣服补易新，手足断难续。

盗贼怨失主，不孝怨父母。

一时劝人以口，百世劝人以书。

我不如人我无其福，人不如我常知足！

捡金不忘失金人，三两黄铜四两福。

因祸得福，求赌必输。

一言而让他人之祸，一愤而折平生之福。

天有不测风云，人有旦夕祸福。

不淫当斋，淡饱当肉。

缓步当车，无祸当福。

男无良友不知己之有过，女无明镜不知面之精粗。

是非亲做，不知难处。

十年易读举子，百年难淘江湖！

积钱不如积德，闲坐不如看书。

思量挑担苦，空手做是福。

时来易借银千两，运去难赊酒半壶。

天晴打过落雨铺，少时享过老来福。

与人方便自己方便，一家打墙两家好看。

当面留一线，过后好相见。

入门掠虎易，开口告人难。

手指要往内撇，家丑不可外传。

浪子出于祖无德，孝子出于前人贤。

货离乡贵，人离乡贱。

树挪死，人挪活。

在家千日好，出门处处难。

三员长者当官员，几个明人当知县？

明人自断，愚人官断。

人怕三见面，树怕一墨线。

村夫硬似铁，光棍软如棉。

不是撑船手，怎敢拿篙竿！

天下礼仪无穷，一人知识有限。

一人不得二人计，宋江难结万人缘。

家有三亩田，不离衙门前，乡间无强汉，衙门就饿饭。

人人依礼仪，天下不设官。

衙门钱，眼睛钱；

田禾钱，千万年。

诗书必读，不可做官。

为人莫当官，当官皆一般。

换了你我去，恐比他还贪。

官吏清廉如修行，书差方便如行善。

靠山吃山，种田吃田。

吃尽美味还是盐，穿尽绫罗还是棉。

一夫不耕，全家饿饭，一女不织，全家受寒。

金银到手非容易，用时方知来时难。

先讲断，后不乱，免得藕断丝不断。

听人劝，得一半。

不怕慢，只怕站。

逢快莫赶，逢贱莫懒。

谋事在人，成事在天！

长路人挑担，短路人赚钱。

宁卖现二，莫卖赊三。

赚钱往前算，折本往后算。

小小生意赚大钱，七十二行出状元。

自己无运至，却怨世界难。

胆大不如胆小，心宽甚如屋宽。

妻贤何愁家不富，子孙何须受祖田。

是儿不死，是财不散。

财来生我易，我去生财难。

十月滩头坐，一日下九滩。

结交一人难上难，得罪一人一时间。

借债经商，卖田还债；

赊钱起屋，卖屋还钱。

修起庙来鬼都老，拾得秤来姜卖完。

不嫖莫转，不赌莫看。

节食以去病，少食以延年。

豆腐多了是包水，艄公多了打烂船。

无口过是，无眼过难。

无身过易，无心过难。

不会凫水怨河湾，不会犁田怨枷担。

他马莫骑，他弓莫挽。

要知心腹事，但听口中言。

宁在人前全不会，莫在人前会不全。

是非亲见，切莫乱谈。

打人莫打脸，骂人莫骂短。

好言一句三冬暖，话不投机六月寒。

人上十口难盘，帐上万元难还。

放债如施，收债如讨。

告状讨钱，海底摸盐。

衙门深似海，弊病大如天。

银钱莫欺骗，牛马不好变。

好汉莫被人识破，看破不值半文钱。

狗咬对头人，雷打三世冤。

不卖香烧无剩钱，井水不打不满边。

事宽则园，太久则偏。

高人求低易，低人求高难。

有钱就是男子汉，无钱就是汉子难。

人上一百，手艺齐全。

难者不会，会者不难。

生就木头造就船，砍的没得车的圆。

心不得满，事不得全。

鸟飞不尽，话说不完。

人无喜色休开店，事不遂心莫怨天。

选婿莫选田园，选女莫选嫁妆。

红颜女子多薄命，福人出在丑人边。

人将礼义为先，树将花果为园。

临危许行善，过后心又变。

天意违可以人回，命早定可以心挽。

强盗口内出赦书，君子口中无戏言。

贵人语少，贫子话多。

快里须斟酌，耽误莫迟春。

读过古华佗，不如见症多。

东屋未补西屋破，前账未还后又拖。

今年又说明年富，待到明年差不多。

志不同己，不必强合。

莫道坐中安乐少，须知世上苦情多。

本少利微强如坐，屋檐水也滴得多。

勤俭持家富，谦恭受益多。

细处不断粗处断，黄梅不落青梅落。

见钱起意便是贼，顺手牵羊乃为盗。

要做快活人，切莫寻烦恼。

要做长寿人，莫做短命事。

要做有后人，莫做无后事。

不经一事，不长一智。

宁可无钱使，不可无行止。

栽树要栽松柏，结交要结君子。

秀才不出门，能知天下事。

钱多不经用，儿多不耐死。

弟兄争财家不穷不止，妻妾争风夫不死不止。

男人有志，妇人有势。

夫人死百将临门，将军死一卒不至。

天旱误甲子，人穷误口齿。

百岁无多日，光阴能几时？

父母养其身，自己立其志。

待有余而济人，终无济人之日；

待有闲而读书，终无读书之时。

此书传后世，句句必精读，其中礼和义，奉劝告世人。

勤奋读，苦发奋，走遍天涯如游刃。

治家格言·增广贤文·笠翁对韵

让传统经典来充当读者的精神食粮，
使读者在阅读的过程中收获的不仅仅是启发和进步，还有影响一生的宝贵财富！

蒙学经典
必读精选集 【青少版】

孙濛◎主编

中国文史出版社

图书在版编目（CIP）数据

蒙学经典必读精选集：青少版：全 3 册 / 孙朦主编
. -- 北京：中国文史出版社，2014.11
ISBN 978-7-5034-6044-9

Ⅰ．①蒙… Ⅱ．①孙… Ⅲ．①古汉语－启蒙读物
Ⅳ．①H194.1

中国版本图书馆 CIP 数据核字（2015）第 028912 号

责任编辑：戴小璇
封面设计：孙希前

出版发行：中国文史出版社
网　　　址：www.chinawenshi.net
社　　　址：北京市西城区太平桥大街 23 号　　邮编：100811
电　　　话：010-66173572　66168268　66192736（发行部）
传　　　真：010-66192703
印　　　装：北京毅峰迅捷印刷有限公司
经　　　销：全国新华书店
开　　　本：1/16
印　　　张：46.25　字数：449 千字
版　　　次：2015 年 5 月北京第 1 版
印　　　次：2015 年 5 月第 1 次印刷
定　　　价：108.00 元（全三册）

前　言

　　《笠翁对韵》的编写者是李渔（1610～1680年），他是清代著名的诗人、戏剧家。书名中的"笠翁"二字是他的别号。由于本书是通过精彩的例句来介绍诗歌的对仗技巧和声韵知识，所以又叫"对韵"。

　　全书分为上下卷。按韵分编，包罗天文、地理、花木、鸟兽、人物、器物等的虚实应对。从单字对到双字对，三字对、五字对、七字对到十一字对，声韵协调，朗朗上口，从中得到语音、词汇、修辞的训练。从单字到多字的层层属对，读起来，如唱歌般。较之其他全用三言、四言句式更见韵味。

　　在中国古代的启蒙读物里，《笠翁对韵》出现得比较晚，但对于学习诗文声律与对仗的儿童来说，它却非常有用，因此也非常有名。

　　中国古代韵文有个鲜明的特点，就是十分讲究词语的声律与对仗。这是因为汉字都是方块字，不仅字字独立，而且每个字都有自己的字形、读音与字义。所以人们在写诗、作文时，为了让语言更美，很喜欢用汉字来玩"派对"的游戏。久而久之，在诗文创作上便形成了一种规矩，古人叫它"对偶"或"对仗"，俗称"对对子"。古时候，只要小孩子刚刚开始识字，就会有老师来教对对子的种种技巧，目的是为了让他练好写作诗文的基本功。

　　《笠翁对韵》固然是写给古代儿童的，但它同样可以帮助今天的孩子增强写作能力，全面提高语文水平。这主要表现在以下四个方面：

　　第一，本书诗句所运用的词汇十分丰富，同时还含有许多典故，可以大大充实孩子的词汇积累。

　　第二，本书可以让孩子学到一些汉语的声律知识，如果把它们应用到作文中，文章就会节奏鲜明，韵律和谐，读起来有一种音乐美。

　　最后，也是最为重要的，由于"对对子"实际上已近乎一种语言游戏，本书的趣味性和实践性都很强。它教给孩子的，不是死知识，不是可以生搬硬套的条条框框，而是一种灵活的语言修辞技巧，一种随机应变的语言应对能力。倘若孩子们通过本书对"对对子"产生了兴趣，他们的思维将被锻炼的异常敏捷，对语言文字的感悟力也会加倍提高。

借助国学智慧，成就卓越人生！千古名篇，美轮美奂；文学瑰宝，锦绣灿烂。无数伟人从这里放飞自己的理想，无数学人从这里开始知识的积淀，更有无数读者在这里陶冶情操，开启自己的智慧人生。让青少年在诵读中轻松快乐地亲近国学，直观、真切地感受传统文化的魅力。在阅读中积淀的文化底蕴和对良好道德品质的认知，会令孩子受益终生。

目 录

上 卷

下　卷

上　卷

一　东

天对地，雨对风。大陆对长空。山花对海树，赤日对苍穹。
雷隐隐，雾蒙蒙。日下对天中。风高秋月白，雨霁晚霞红。
牛女二星河左右，参商两曜斗西东。
十月塞边，飒飒寒霜惊戍旅；三冬江上，漫漫朔雪冷鱼翁。

【注】

海树：海边的树。（南齐）谢朓诗："暖暖江村见，离离海树出。"

苍穹：苍，青色。穹，穹隆，原意是高大圆顶的空间。这里借指天空。
苍穹即青天。《尔雅·释天》："穹苍，苍天也。"

雷隐隐：隐隐，雷声或车声。旧题司马相如《长门赋》："雷隐隐而响
起兮，像君主之车音。"古诗《孔雀东南飞》："府吏马在前，新妇车在后，
隐隐何甸甸。俱会大道口。"

秋月白：白，今读阳平，古入声字，所以是仄声。白居易诗："东船西
舫悄无言，唯见江心秋月白。"

牛女句：牛，牵牛星。女，织女星。河，银河。《古诗十九首》："迢
迢牵牛星，皎皎河汉女。"

参商句：参和商是二十八宿中的两宿。商即辰，也即是心宿。参宿在西

方，心宿居东方，古人往往把亲友久别难逢比为参商。杜甫诗："人生不相见，动如参与商。"斗，指二十八宿之一的斗宿，不是北斗。两曜，古人把日、月、五星称七曜，曜就是星。又解，《左传·昭元年》载，传说高辛氏有二子，长阏（yān）伯，季实况。兄弟不睦，日寻戈矛。帝迁阏于商丘，主辰；迁况于大夏，主参，使之永不相遇。（喾，传说上古帝王名，号高辛氏）。

戍旅：戍（shù），防守边疆。戍旅，古代守边的士卒。朔雪：北方的雪。南朝（宋）鲍照学刘公干体诗五首之三："胡风吹朔雪，千里度龙山。"（唐）戴叔伦吊畅当诗："朔雪恐迷新冢草，秋风愁老故山薇。"

【主旨讲解】

"天对地，雨对风"是一个字对一个字，我们称为"一字对"。"天"是大自然的一部分，"地"也是大自然的一部分，两者正好相对。"雨"是一种自然气象，与它相对的必须也是自然气象，因此对"云"、对"霜"、对"雾"、对"雪"都行。这里以"风"相对，是因为要押"一东韵"。

"大陆对长空。山花对海树，赤日对苍穹"都是两个字对两个字，我们称为"两字对"。同一个句子里出现的全属于同一类事物，用的都是近义词，所以它们属于"正对"。

河对汉，绿对红。雨伯对雷公。烟楼对雪洞，月殿对天宫。
云叆叇，日曈朦。腊屐对渔蓬。过天星似箭，吐魂月如弓。
驿旅客逢梅子雨，池亭人挹藕花风。
茅店村前，皓月坠林鸡唱韵；板桥路上，青霜锁道马行踪。

【注】

河对汉：河，黄河。汉，汉水。由于河可以借指银河，汉也可借指银河。（宋）秦观词："纤云弄巧，飞星传恨，银汉迢迢暗度。"

雨伯对雷公：雨伯、雷公是古代神话中的雨神和雷神。雨伯原称雨师，为了属对工整，这里把师改作伯。

叆叇（ài dài）：浓云蔽日之状。木华《海赋》："叆叇云布。"

曈曚：太阳将出天色微明的样子。

蜡屐（jī）：古人穿的一种底下有齿的木鞋，以蜡涂抹其上，叫蜡屐。晋人阮孚性旷达，一次，客人来访，正赶上他在以蜡涂屐，并且心情平静、自言自语地说："未知一生当著几两（双）屐。"后世就成了典故。谢灵运亦有登山蜡屐。

过天星：这里指流星（陨星）。过，可平仄两读，这里读平声。

吐魄月：魄，又作霸，月球被自身遮掩的阴影部分。古人对月的圆缺道理不理解，以为月里有只蟾蜍，是由它反复吞吐造成的。吐魄月就是刚被吐出的月，指新月，所以说它如弓。李白诗："蟾蜍薄太清，蚀此瑶台月，圆光亏中天，金魄遂沦落。"

驿旅句：驿（yì），古代官府设立的招待往来官员的旅舍（shè）。驿旅，住在驿舍的旅客。

梅子雨：即梅雨、黄梅雨。江南当梅子黄时，阴雨连绵，故称黄梅雨。（宋）贺铸词："一川烟草，满城风絮，梅子黄时雨。"

池亭句：挹（yì），酌酒。这句的意思是：荷花香气阵阵吹来，人们在亭台上饮酒。（元）王恽（yùn）诗："人立藕花风"。

皓月：皓，字通浩。月光茫茫的样子。这一联，是从（唐）温庭筠《商山早行》中"鸡声茅店月，人迹板桥霜"两句诗糜栝出来的。

山对海，华对嵩。四岳对三公。宫花对禁柳，塞雁对江龙。

清暑殿，广寒宫。拾翠对题红。庄周梦化蝶，吕望兆飞熊。
北牖当风停夏扇，南帘曝日省冬烘。
鹤舞楼头，玉笛弄残仙子月；凤翔台上，紫箫吹断美人风。

【注】

华对嵩：华，读去声，西岳华山。嵩（sōng），中岳嵩山。

四岳句：四岳，传说尧时分掌四时、方岳的官。三公：古代天子以下最
大的三个官员，各代的职称并不一致，如周朝以太师、太傅、太保为三公，
西汉以大司马、大司徒、大司空为三公，东汉又以太尉、司徒、司空为三公
等等。四岳又释指东岳泰山、西岳华山、南岳衡山、北岳恒山。三公又释为
星名。《晋书·天文志上》："三公在北三星曰九卿内坐，主治万事。"

禁柳：古代皇帝居住的城苑禁止百姓出入，所以称禁宫；禁柳即宫廷中
的柳树。（唐）钱起诗："二月黄鹂飞上林，春城紫禁晓阴阴。长乐钟声花外尽，
龙池柳色雨中深。"后二句之花、柳即宫花、禁柳。

清暑殿：《宋书·符瑞志》："清暑爽立，云堂特起。"相传三国时吴
有避暑宫，夏日清凉不热。

广寒宫：古代神话，月中有宫殿，名叫广寒清虚之府，也称广寒宫。（唐）
鲍溶诗："夜深星月伴芙蓉，如在广寒宫里宿。"

拾翠：曹植《洛神赋》："或采明珠，或拾翠羽。"原指拾找像翡翠一
样的羽毛，后来把青年妇女采集鲜花野草也称作拾翠，如杜甫诗："佳人拾
翠春相问"，（宋）张先词："芳洲拾翠暮忘归"。

题红：刘斧《青琐高议》载：（唐）僖宗时士人于祐，偶然中从御沟流
水上拾到一片红叶，上面题有两句诗。"流水何太急，深宫尽日闲。殷勤谢
红叶，好去到人间。"于祐和了两句："曾闻叶上题红怨，叶上题诗寄阿谁？"
放在上游，红叶随水又流入宫中。后于祐娶得宫中韩夫人为妻，谈及此事，
其妻倍感惊异，原来当年题诗红叶的就是她。于是她又题了一首诗："一联
佳句随流水，十载幽思满素怀。今日却成鸾凤友，方知红叶是良媒。"

庄周句：庄周，我国战国时期著名的哲学家、文学家。他的思想表面上

4

是达观的，实质上是消极悲观的。他曾写道："昔者庄周梦为蝴蝶，栩栩然蝴蝶也；自喻适志与，不知周也。俄然觉，则蘧蘧（qú 渠，姓）然周也。不知周之梦为蝴蝶与，蝴蝶之梦为周与？周与蝴蝶则必有分矣，此之谓物化。"后人常用这个典故，如李白诗："庄周梦蝴蝶，蝴蝶为庄周。"（唐）李商隐诗："庄周晓梦迷蝴蝶。"

吕望句：吕望，即太公望，又称姜太公，他曾辅佐周文王、武王，最后灭掉商纣，建立了西周王朝。传说周文王一夜梦见飞熊进帐，经人占卜，说是将得到贤人的吉兆。第二天出猎，果然遇到姜太公。

北牖：牖（yǒu），窗户。北牖，北窗。南帘句：曝（pù），晒。曝日即晒太阳。冬烘，原意是指人头脑不清，（宋）范成大诗："长官头脑冬烘甚，讫汝青钱买酒回。"这里借来同"夏扇"对仗，就是冬天的火炉的意思。

鹤舞二句：（唐）李白诗："黄鹤楼头吹玉笛，江城五月落梅花。"《齐谐记》："仙人子安曾驾鹤经过黄鹤楼。"楼旧址在武昌黄鹤矶上，为古时游览胜地。

凤翔二句：《列仙传》载：秦穆公有女名弄玉，好道。时有人名萧史，善吹箫作鸾凤鸣。穆公把女嫁给萧史，并为他们筑了一所凤凰台。史教弄玉以箫吹凤鸣声，凤凰聚止其屋。一日，萧史乘龙，弄玉跨凤，双双升仙而去。后人在诗歌中经常引用这个掌故。如李白的《凤台曲》："尝闻秦帝女，传得凤凰声。是日逢仙子，当时别有情。人吹彩箫去，天借绿云迎。曲在身不返，空余弄玉名。"

【典故】

明代才子解缙对联趣事

一、以狗嘲举人

年纪尚小的解缙，早已出口成章，能言善辩，有神童之称。吉水城有个绅士，附庸风雅，喜欢结交文人。一天，那绅士宴请名士，解缙父子也在邀请之列。其中有一个并无真才实学的举人对解缙道：“我有一个上联，你若对不出，便早早丢了神童的称号吧。”说完便道出上联：

蛤蟆蝈蝈闹庭园，蹦东蹦西讨人恼；

解缙听他出口伤人，也很恼怒，毫不客气地道：

疯狗汪汪咬门坎，摇头摇尾惹客笑。

在座众人听后，无不捧腹大笑。

二、以花助秀才

吉水城有个出名的美貌才女，以才招婿，慕名而来的人不少，但能进门的却很少，那些纨绔子弟只好在门外团团转，因为门上贴着一副上联：

蒲叶桃叶葡萄叶，草本木本，

一日，一个英俊潇洒的县中秀才匆匆而至，小解缙便上前看他如何应对。但那秀才望门兴叹，也只摇了摇头，便愁眉苦脸地转身而去。解缙竟觉可惜，便追上前去笑道：“大哥哥，要进此门有何难哉？”秀才急道：“难道你能对出此联？”解缙点了点头，说道：

梅花桂花玫瑰花，春香秋香。

秀才大喜道：“真不愧为小神童，大哥哥不知如何谢你。”那秀才在小解缙的帮助下，终于迎来洞房花烛夜。

三、改联服尚书

解缙自幼聪敏，曾梦五色笔，笔上有花。一次，他的族祖抱他在膝上，笑问他：“小儿何所爱？”他应声作了首诗：

小儿何所爱？夜梦笔生花；

花根在何处？丹府是吾家。

解缙家和归隐的曹尚书门对门，曹府门前有一片竹林。一年，解缙在门上贴上一副春联：

门对千竿竹；

家藏万卷书。

曹尚书见了，心中十分妒忌，便命人将好好的一片竹林砍成了竹桩。解缙见了，心中有数，便在联尾各加一字，变成：

门对千竿竹短；

家藏万卷书长。

曹尚书见后越发生气，命人将竹桩连根拔起，谁料解缙看后，又将对联改成：

门对千竿竹短无；

家藏万卷书长有。

曹尚书无可奈何，遂在春节过后解缙父子登门作客时，有意为难解缙，要他走小门。解缙不允，曹尚书便出了一个上联：

小犬无知嫌路窄；

解缙立即应道：

大鹏展翅恨天低。

曹尚书见他对答如流，也没什么话好说了。

四、对句赢竹林

一天，曹尚书出外访友，傍晚时醉醺醺骑在马上回家。听得马蹄打在桥上得作响，忽生一联，急忙找解缙对句："我有一联，你若能对上，我便将屋前的竹林输给你，若对不上，你便认输不得再称神童。"解缙点头，曹尚书便道：

马过木桥蹄打鼓；

解缙忽见母亲出来喂鸡，几粒谷子掉在铜盆上，几只鸡正在啄食，叮咚作响。解缙喜道：

鸡啄铜盆嘴敲锣。

曹尚书只好认输，将竹林输与解缙，并道："我的几个不争气的儿子，有你一半聪明就好了"。

五、索球赏纹银

一次，解缙与小伙伴们玩踢球，其中一人用力过猛，将球踢进了将军家的花园中。由于将军是当地一个有权有势的人，小朋友们谁也不敢入内要球。解缙挺胸大步上前，被守门的家丁拦住，两人便在门前吵了起来。那将军出门见是解缙，便对家丁道："休得无礼，快放神童解缙进来。"解缙进门后有礼貌地说明原委，将军笑道："我出个上联，对得好重重有赏，对不好就不还球给你。"解缙说道："既是将军有令，解缙莫敢不从。"将军便指着挂在墙上的龙虎图说道：

画图中，龙不吟，虎不笑，见个童子，可笑可笑；

解缙看见桌台上一棋盆内，正有一残局，随即答道：

棋盆内，车无轮，马无辔，喝声将军，莫跳莫跳。

将军又惊又喜，忙命人将球取来，又打赏纹银百两给解缙，亲切地说道："银子助你上学，好好用功，将来必有作为，有空别忘了来看看老朽。"

六、续联道实情

明朝洪武年间，吉水遭受水灾及蝗虫，民不聊生。灾情报到京城，皇帝便命钦差察看。就在钦差到达灾区时，途中遇上两个醉汉。大臣遂以此为由，坚决不开仓赈灾。县令只好苦苦哀求。钦差没法，便想了个刁难的方法道："要开仓，先要对个句。"说完，便道出上联：

红绿交加，醉汉不知南北；

县令苦苦思索，怎么也对不出下联。此事传到解缙耳中，他急如星火般走到县衙，往钦差面前一站，大声说道："下联早已有了。"随着说出下联：

青黄不接，穷人卖尽东西。

大臣见下联对得工整，又道出了实情，只好立即开仓赈灾。

七、金水桥巧对

解缙儿时和父亲在南京住了一段时间，很多文人都喜欢与解缙来往，一起吟诗。有一次，一个叫胡子祺的和解缙一起来到金水河畔，信步上了金水桥。只见沿河两岸长着金线细柳，柳丝悬垂水面，三两渔人垂钓河畔。胡子祺即景生情，便对小解缙道："我有一联，请你对下联。"说完便道出上联：

金水河边金线柳，金线柳穿金鱼口；

解缙忽见桥下有一女子，正在叫卖玉簪花，便眼前一亮，说出了下联：

玉栏杆外玉簪花，玉簪花插玉人头。

众人一听，纷纷拍手叫好。

八、"果然名不虚传"

南京有一名妓叫萧素素，能诗善对，颇有才名。许多文人都想结交她。但萧素素洁身自爱，恃才傲物，定下了一条不成文的规矩：来者必先应对，能对便见。不少人因此而败兴。后来有人请得解缙来，想压倒萧素素为大家出气。那天，解缙与一班才子前往相访，萧素素久仰解缙之名，破例梳洗相见，还亲自为他献茶。当解缙伸手去接茶之际，萧素素却把手缩了回去，口中吟道：

三分分匀香茶，解解解元之渴；望君品出味中味，莫道烟花个个非良子；

解缙一听，仓促间想不出恰当的下联，萧素素见他面有难色，不忍相迫，示意他先将茶接过去。解缙接过茶杯，见下联早已贴在茶盘上：

一朝朝罢圣主，行行行院之家；见姊诚为才上才，方知尘寰处处有能人。

解缙无比感激地照念出下联，萧素素便对大家说道："果然名不虚传。"解缙十分敬佩她的才华和品德，从此便将萧素素当姊姊看待。后来解缙成了翰林学士，便设法为萧素素脱籍，救了她出了风尘。

九、贤者堂而皇之

一天，解缙应一位朋友去闲聊。可当解缙到朋友家门前时，只见门上贴了一副联：

闲人免进；

盗者休来。

解缙陷入沉思：我今天之来，既非闲人，也非盗者，而且是应约而来，朋友为何如此无礼？但他仔细再看，发现对联的下方还留有空白处，门边还放着笔墨。解缙恍然大悟：朋友有意让他续对，才可入内。解缙想了想，便提笔将对联续成：

闲人免进贤人进；

盗者休来道者来。

解缙写完，便推门入内。朋友一见便道："我门上不是写着闲人免进的吗？"解缙笑道："你再去门上看看，我今天以贤者之身，堂而皇之进来，令你蓬荜生辉，还不谢我？"朋友一看门上的对联，哈哈笑道："老兄真是筹高一码。"

十、好友相对作乐

解缙年轻时，曾在一友人家中作客。友善对，二人相逢少不免作乐一番。友出了一上联：

天当棋盘星当子，谁人敢下？

解缙稍为思索，随手指道：

地作琵琶路作弦，哪个能弹？

朋友指着门外石狮子再出一联：

石狮子头顶焚香炉，几时了得？

解缙眼珠一转，又对出下联：

泥判官手拿生死簿，何日勾销？

朋友听罢，觉得解缙非同凡响，自己却已才尽，又没有好上联，好不尴尬，忽见杯中映出墙上蒲叶，即景再出一联：

杯中倾蒲叶；

解缙望了望园中，手指石榴花笑道：

人面笑榴花。

朋友见解缙对答如流，十分敬佩。

十一、巧对两姨夫

一年中秋节，解缙夫人三姐妹都连同夫婿一起到父亲家中拜节。一家人喝酒赏月，好不高兴。解缙岳母令三个女婿吟诗作对助兴，两个姐夫早就欲与解缙比试，此时当下叫好。大女婿先发制人："小姨丈先来吧，就以你父母的贵干为题，作一对子。"解缙知他有意嘲弄自己出身，但仍神色自若地说道：

严父肩挑日月走街巷；

慈母手推磨石转乾坤。（日月指大小烧饼，乾坤指上下两片磨石）

一副对联，信手拈来，道出解缙父亲早起叫卖烧饼，母亲半夜磨豆腐的情景。大女婿心中暗暗佩服小姨丈的才华，又手指壁上的圣人图说出了一上联

孔夫子，关夫子，一对夫子；（孔夫子指孔子，关夫子指关羽）

吟罢还故作谦虚地说："出得不好，还请小姨夫对出下联。"

解缙脱口说道：

写春秋，演春秋，两部春秋。（指孔子定春秋，关羽夜读春秋）

在他们互相对句时，二姨夫却在苦思，当解缙话音一落，他便手指窗外，说出一上联来：

朝朝朝朝朝朝应；

大家顺着他的手看去，见有座龙王庙，知他所说是天天有人朝拜，且有

求必应。

解缙想起文水河水涨水落，奔流不息，便对出下联：

长长长长长长流。

大家一听，都高声叫好。

十二、揍皇上升官

朱元璋驾崩后，小皇帝是个昏庸无能之人。众位大臣商议，如何好好劝告皇上。解缙却道："皇上昏庸，光劝不行，要狠狠揍他一顿。"大臣们都吓得面如土色。第二天，大臣们照例上朝，解缙忽然跑到皇帝面前，照面就是一巴掌。皇上结结巴巴道："反了，快把解缙拿下来！"众人只想解缙今天肯定要斩头了，殊不知皇上却捂着脸道：

解缙恶，解缙打，解缙揍皇上；

众大臣却觉得好笑，皇上挨揍，还有心思出联。解缙却不慌不忙地说：

蚊子咬，蚊子叮，蚊子欺君王。

皇上怒道："胡说，何来蚊子？"解缙却道："皇上请看。"众人一看，解缙掌心上果然有一只蚊子。皇上立即命人为解缙松绑，并升他为翰林学士。

十三、"猴子"对"畜生"

一天，解缙应同僚之请赴宴。席间，一位自命不凡的当权大臣见他年纪很轻就当上了京官，处心积虑要奚落他一番。便道："解学士，老臣有一上联，可能对上？"解缙笑道："不妨赐教吧。"那大臣便阴阳怪气地道：

二猴断木深山中，小猴子也敢对锯？

解缙明知他借对句（锯）为名，实把自己比作小猴子，也毫不示弱，稍一思索，便道："大人，晚生对上来了，但恐令人不快。"那大臣道："但对无妨，但对无妨！"解缙道：

一马陷足污泥内，老畜生怎能出蹄。

解缙以出题（蹄）为借口，骂当权大臣为老畜生，以牙还牙。

大臣听后，满面通红，在座者莫不笑爆肚皮。

十四、都是联语闯的祸

一年冬天，一名朝官设宴贺寿，解缙同一班大臣到贺，席上吟诗作对，热闹非常。这时，锦衣卫纪纲站起来，胡乱吟唱，借吟诗为名，寻人开心为实。

解缙想煞煞他的威风，便对纪纲说道："解某不才，出一上联向足下求教，望勿见笑。"纪纲不知缘由，还故作谦虚。解缙道：

墙上芦苇，头重脚轻根底浅；

纪纲不学无术，自不能与解缙相比，当然对不出下联来。半晌，解缙解嘲地道："既然大人不屑一对，就我自己对了吧。"然后说道：

山间竹笋，嘴尖皮厚腹中空。

纪纲听后，方知解缙是冲他而来，便怀恨在心，以后欲设计陷害解缙。

二　冬

晨对午，夏对冬。下饷对高舂。青春对白昼，古柏对苍松。

垂钓客，荷锄翁。仙鹤对神龙。凤冠珠闪烁，螭带玉玲珑。

三元及第才千顷，一品当朝禄万钟。

花萼楼前，仙李盘根调国脉；沉香亭畔，娇杨擅宠起边风。

【注】

下饷：饷，饭。下饷，下午饭。这里指下午。

高舂：舂（chōng），《淮南子·天文训》："（日）至于渊虞，是谓高舂；至于连石，是谓下舂。"注："高舂，……民碓（duì，古时捣米的器具）舂时也。"相当于现在的薄暮。

垂钓二句：垂钓客，垂竿钓鱼的人。荷（hè），担着，扛着。陶渊明有"晨兴理荒秽，戴月荷锄归"的诗句。此处荷锄翁恐指陶渊明。这样，前面的垂钓客可能指的是严光。光，字子陵，西汉末、东汉初人，光武帝刘秀的老友，刘秀即位，曾请他出来做官，他不肯，归隐于富春山中，耕钓自乐，富春江上有子陵滩，相传为他的垂钓处。

螭带：螭（chī），古代传说中一种无角的龙。螭带，带钩上雕有螭纹的玉带。三元句：封建科举考试，乡试第一称解（jiè）元，会试第一称会元，殿试第一称状元，连续考得三个第一，就是所谓连中三元，三元及第。才千顷，形容人才学之广。《元史·黄溍传》有"澄湖不波，一碧万顷"的说法。这里用"千顷"，可能是出于平仄的需要。溍（jìn），①水名，溍水也；②水貌。

一品当朝：古代宰相为一品官爵。禄万钟：禄，古代官吏的薪俸。钟是古代称粮的容积单位，每钟盛六斛四斗，万钟极言其多。斛（hú），量器名，古代以十斗为一斛，后以五斗为一斛。花萼楼：萼（è），花萼的简称。花萼，由若干萼片组成，包在花瓣外面，花开时托着花冠。花萼楼，为唐明皇所建，兄弟五人曾宴乐其间。

仙李句："仙李盘根大"是杜甫的一句诗。唐朝皇族姓李，杜甫用这句诗比喻皇族子孙繁衍，江山永固。调国脉：调脉，本指中医诊脉治病。调国脉，是说治理国家，左右国家的命运。古人曾有"上医医国"的说法。

沉香亭二句：沉香亭，唐禁苑中的一座亭台。娇杨：指杨玉环（贵妃）。擅宠，即专宠，排挤掉别人，使皇帝只对她一个人欢心。这两句讲的是：唐明皇早年宠爱杨贵妃，日夜同她饮酒作乐，不理朝政。他曾命人在沉香亭旁遍植牡丹，花开时，同杨妃到亭上饮酒赏花。李白有《清平调》三首，就是咏此事的，其中第三首是："名花倾国两相欢，常得君王带笑看。解释春风无限恨，沉香亭北倚栏杆。"不久，安禄山从渔阳起兵叛乱，唐王朝自此走上了下坡路。下联末句的起边风，就是指安禄山的叛乱。

清对淡，薄对浓。暮鼓对晨钟。山茶对石菊，烟锁对云封。

金菡萏，玉芙蓉。绿绮对青锋。早汤先宿酒，晚食继朝饔。

唐库金钱能化蝶，延津宝剑会成龙。

巫峡浪传，云雨荒唐神女庙；岱宗遥望，儿孙罗列丈人峰。

【注】

薄：今读阳平，古入声字，药韵，意同淡。

暮鼓句：宋欧阳修诗："但见丹霞翠壁远近映楼阁，晨钟暮鼓杳霭罗幡幢。"暮鼓晨钟，本指寺院僧众撞钟击鼓，但杜甫有"欲觉闻晨钟，令人发深省"的诗句，后遂用指言论警策，发人深省。

石菊：二字今读阳平，古均为入声字，石属陌韵，菊属屋韵。金菡萏：菡萏（hàn dàn）同下联的芙蓉（fú róng）都是荷花的别称。李白诗："镜湖三百里，菡萏发荷花。"称它们为金、为玉，是指用金属或玉石雕成的荷花，如（宋）林洪诗："仙人掌上玉芙蓉。"芙蓉，植物名。锦葵科木槿属，落叶大灌木或亚乔木。高约五公尺，叶掌状浅裂，表面有薄毛。晚秋的清晨开白、红、黄各色花，黄昏时变为深红色，大而美艳，可供观赏，与叶均可入药。或称为木芙蓉，又为荷花的别名。

绿绮：相传是汉末蔡邕的琴名。又说相传汉朝司马相如作玉如意赋，梁王赐给他绿绮琴。又释为用以代称音色材质俱佳的琴。李白诗："蜀僧抱绿绮，西下峨眉峰。为我一挥手，如听万壑松。"青锋：剑名。朝饔：饔（yōng），熟食，或专指早饭。朝饔，即早饭。唐库句：苏鹗（è，鸟名，又叫鱼鹰）《杜阳杂编》里说：唐穆宗时，殿前种千叶牡丹，开放时香气袭人，穆宗夜宴，有无数黄白蝴蝶飞集花间，天明即飞去。人们张网捕捉数百，天明都变成了金玉，后来打开宝橱，发现皆库中金银所化。延津句：《晋书·张华传》载：（晋）张华问雷焕曰，斗牛之间常有异气，何也？焕曰，此宝剑之精也。焕补丰城令，掘地间得一石函，中有两口宝剑，以南昌西山土拭之，光彩艳发，送其一与张华留，一自佩。张华死，他的剑也失踪了。后雷焕的儿子佩另一口剑经过延平津，剑忽然从腰中跳出沉没水中，使人入水寻找，只见数丈长的两条龙。

巫峡二句：旧题宋玉《高唐赋》，说楚国先王曾游高唐之观，梦中见一神女，神女临行时说她是巫山之女，"旦为朝云，暮为行雨，朝朝暮暮，阳台之下。"王为立庙，号朝云庙。后人多以巫山神女故事歌咏爱情。

浪传：犹如空传，意思是宋玉讲的神女不过是个寓言而已，并无其事。杜甫诗："江山故宅空文藻，云雨荒台岂梦思。"

岱宗二句：岱宗，即泰山，古人以它为群山之首，所以称它为宗。杜甫《望岳》诗："岱宗夫如何？齐鲁青未了。"后半句也是从杜诗变化出来的。杜甫七律《望岳》的原句是："西岳危棱竦处尊，诸峰罗立如儿孙。"不过这里描写的是西岳华山，而不是东岳泰山。丈人峰：山峰名。位在泰山上，因形状像老人，所以称为丈人峰。

繁对简，叠对重。意懒对心慵。仙翁对释伴，道范对儒宗。
花灼灼，草茸茸。浪蝶对狂蜂。数竿君子竹，五树大夫松。
高皇灭项凭三杰，虞帝承尧殛四凶。
内苑佳人，满地风光愁不尽；边关过客，连天烟草憾无穷。

【注】

心慵：慵（yōng），困倦，懒。心慵，与懒意思相同。释伴：释教即佛教；释伴犹如说道侣，同修一道的伙伴。茸（róng）：草初生的样子。

君子竹：古人认为，竹劲节虚心，有君子之德。（晋）王子猷（徽之）喜种之，有人问他，他说："何可一日无此君！"五树句：《史记》记载，秦始皇登泰山，遇到暴风雨，躲在一棵松树下避雨，于是封为"五大夫"松。高皇句：高皇，汉高祖刘邦。项，项羽。

三杰：指张良、萧何、韩信。虞帝句：古史传说，唐尧年老把帝位让给虞舜，舜即位后，流放了四个坏人，即共工、驩（欢的异体）兜、三苗和鲧（gǔn），就是四凶。殛（jí）：杀死，或说放逐。此字今读阳平，古入声字，职韵。

【典故】

李调元（1734～1803年），中国清代戏曲理论家，诗人。字美堂，号雨村，

15

别署童山蠢翁。1734 年，李调元生于四川罗江（今属德阳）。父亲李化楠是乾隆年间进士，官至保安同知（官名），其诗作《万善堂诗》清婉雍容，名震一时。

李调元生在书香世家，自幼便在父亲的严格指导下攻读经文，5 岁即读《四书》、《尔雅》等经文、史书，他记忆力过人，凡经眼经书大多过目不忘。李调元 7 岁即能属对吟诗。所作《疏雨滴梧桐》云："浮云来万里，窗外雨霖霖。滴在梧桐上，高低各自吟。"一时传抄乡里，被誉为"神童"。

李父曾指着屋檐上织网的蜘蛛出对："蜘蛛有网难啰雀"，李调元便信口对道："蚯蚓无鳞欲变龙"。对仗工整，足见其才思之敏捷。

李调元是乾隆二十八年（1763）进士，历任翰林编修、广东学政。乾隆四十六年（公元 1781）年）正月，擢授通水兵备道等职因弹劾永平知府，得罪权相和珅，遭诬陷，遣戍伊犁，至 1785 年方得以母老赎归，居家著述终老。蜀中著述之富，费密之后无与匹敌。诗作天才横溢，多反映民间疾苦，著有《童山全集》撰辑诗话、词话、曲话、剧话、著作达五十余种。编辑刊印《函海》共三十集。全卷共一百五十种书。著有《童山诗集》40 卷，戏曲理论著作《曲话》、《剧话》等。《曲话》和《剧话》多摘引前人的戏曲评论，并发表自己的看法。李调元主张宗法元人朴素自然的风格，反对曲词宾白的骈丽堆砌的时尚，间有对剧作本事的考证，为戏曲史研究提供了资料。难能可贵的是他记载了当时勃兴的吹腔、秦腔、二黄腔、女儿腔的流布情况，对弋阳腔、高腔的发展脉络，进行了细致的探索，为后世戏曲史特别是剧种声腔史的研究提供了方便。藏书籍达 10 多万卷。凡经史百家，稗官野史无所不览。

不对之对

据说。李调元小时候被父亲出的上联"曹子建七步成诗"难住了，便说："李调元一时无对。"意思是自己对不出。不料，父亲大喜，这不正是挺好的下联吗？

刻碑意对

蜀中才子李调元，乾隆年间中进士后任广东学政。上任不多久，当地的文人墨客邀他郊游。看见一崖上刻有"半边上"三个字，崖下路旁立一石碑，碑上刻一行字，曰：半边山，半段路，半溪流水半溪涸。

同行者解释说，这是宋朝苏东坡学士、黄山谷和佛印三人同游此地时，佛印为苏东坡出了上联，苏东坡对不上，只好请黄山谷将此上联刻碑于此，以示自仰，兼求下联。李调元笑着说："这下联，苏学士早已对好。"众人惶惑不解。他接着说："其实，苏学士请黄山谷写字刻碑与此，正是为了联对，这叫意对。"接着书出了下联：

　　一块碑，一行字，一句成联一句虚。

　　众人听后，觉得无可非议，连声赞叹。

巧对回文联

　　有一天，李调元来到川东的一座山上，庙中长老素闻李调元之名，赶紧亲自前来接待。长老和尚也很好客，领着李调元山前山后、庙里庙外，看了一个尽情尽兴。并把他请入方丈室中，办了一席很丰盛的素宴款待他。席上，李调元见长老和尚几次欲言又止，料定他还有事相求，就主动问他。长老和尚这才说出原委。

　　原来，这座寺庙中有幅画，是这位长老的师傅画的，画的是三两枝出水的荷花。当时正逢江南大才子唐伯虎游玩到此，老和尚就请他在画上题字留墨，唐伯虎也毫不推辞，悬腕展臂，龙飞凤舞写下几个大字："画上荷花和尚画"

　　当时的长老和尚刚要提问，唐伯虎就说："我走之后，若有人能对出此对的下联，此人必是当今奇才！"说完甩笔而去。可多少年过去了，一直找不到有人能对得出下联来。

　　李调元听长老和尚怎么一说，兴趣陡增，马上要长老和尚把画给他看，果然画妙字绝，地道的唐伯虎真迹。他望着这个对子一寻思，才发现其中的妙处。原来，这句七字对，无论正念反读音都一样，难怪唐伯虎要出此大言。

　　李调元对画沉思片刻，微微一笑，向长老和尚说："大和尚，请借墨砚一用！"长老和尚将大号提笔一支捧到李调元面前说："请大人锦上添花！"只见李调元提笔在手，略一沉思，便紧靠唐伯虎对联之旁，写下一联："书临汉帖翰林书。"

　　从此，这幅画就作为这座寺庙的镇寺之宝，挂在这个方丈室中了。

"文从胡说起"

　　乾隆某年，李调元上京赴试。船出三峡，乘骑北上，来到一州。正逢州官在书院设宴，邀请名人学士，为赴考举子饯行。李调元信步进入院中，只见正厅上悬一匾额，上书"起凤来龙"。右厢题名"大块"，左厢题名"玉珠"。众人见他文士打扮，便邀入末座。

饮酒间，大家谈诗论文，大有"天下奇才尽此州，此州奇才唯独我"之概，连李白、三苏的诗文也被讥贬得一钱不值。只听一人说："近听四川出了个李调元，诗文两绝，名气很大。"一人哼了一声说："我见过，实则文乃胡说，诗如放屁耳！"引得众人哄堂大笑，李调元却不动声色。

这时，州官请众人作对，规定上联以"大块"起句，以"起"字落尾；下联以"玉珠"起句，以"来"字落尾。众人欲逞其能，搜肠刮肚，抓耳挠腮，总无从下笔。孰料，李调元从容来到桌旁，迅速写成一联：

大块投河方知文从胡说起

玉珠击鼓始信诗由放屁来

众人一看，再一琢磨，方知被骂，又无可奈何。羞愧之际，硬着头皮请教姓名。李调元以诗回答：

李白诗名传千古

调奇律雅格尤高

元明多少风骚客

也为斯人尽折腰

写完将笔一掷，飘然而去。众人相对愕然，忽一人发现是首藏头诗，惊呼："天哪！原来他就是李调元！"

众人重品对联，仍对"大块投河"、"玉珠击鼓"茫然不解，不知典出何处。只听书院的守门人道：有啥难解！"投河"、"击鼓"的声音是"噗通"、"卜咚"——"不通"、"不懂"。李调元是笑你们连那些"大块"、"玉珠"都不通不懂啊！众学士羞得无地自容。

三 江

奇对偶，只对双。大海对长江。金盘对玉盏，宝烛对银釭。
朱漆槛，碧纱窗。舞调对歌腔。汉兴推马武，夏谏著龙逄。
四收列国群王服，三筑高城众敌降。
跨凤登台，潇洒仙姬秦弄玉；斩蛇当道，英雄天子汉刘邦。

【注】

釭（gāng）：烛。

兴汉句：马武是汉光武帝的将军，在建立东汉王朝的斗争中起过一定的
作用。谏夏句：龙逄（páng）：即关龙逄，传说是夏桀王的大臣。他见夏桀无道，
淫侈暴虐，曾强力谏争，结果被夏桀处死。

四收句：据旧注，这句说的是北宋初大将曹彬，他曾同潘美等将帅一道，
伐灭了后蜀、南汉、南唐及北汉等五代时的地方割据政权，帮助宋太祖统一
了天下。

三筑句：初唐张仁愿，中宗朝人，曾统领朔方军与突厥族的侵扰进行斗
争，使突厥不敢过山牧马。筑三受降城，以威北敌焉。跨凤二句：弄玉故事，
见东韵其三"凤翔"二句注。秦穆公女楼上吹箫，与夫萧史跨凤升仙而去。

斩蛇句：《史记·高祖本纪》记载，刘邦初起，酒醉夜行，先行者报告
说有长蛇拦路，刘邦上前杀死长蛇，路遂通。后有一老太婆在斩蛇处夜哭，
人们询问，她说是自己的儿子是白帝子变化为蛇，被赤帝子杀害了。这可能
是当时拥护刘邦的人编造出来的迷信故事。

颜对貌，像对庞。步辇对徒杠。停针对搁竺，意懒对心降。
灯闪闪，月幢幢。揽辔对飞艎。柳堤驰骏马，花院吠村尨。
酒量微熏琼杏颊，香尘没印玉莲双。

诗写丹枫，韩夫幽怀流节水；泪弹斑竹，舜妃遗憾积湘江。

【注】

庞：面庞。

步辇句：辇（niǎn），古时用人力拉的车，步辇，古代皇帝乘坐的人力拉的车。徒杠，徒是徒步行走的意思，杠（gāng，古有此音），本指抬轿用的杠棒，这里借代轿子，徒杠就是轿子。杠还有桥意，《玉篇·木部》："杠，石杠，今之桥也。"《正字通·木部》："杠，小桥谓之徒杠，谓衡木以度也。"焦循正义："凡独木曰杠，骈木者曰桥。"徒杠，只可容人步行通过的木桥。

搁竺：未详，竺（zhú），疑当作杼，杼是织布用的梭子，搁杼即放下梭子，与停针可以成对。心降：降（xiáng），安稳、平和，心降就是心里安稳、平和。《诗·召南·草虫》："我心则降。"

幢幢（chuáng）：朦胧的样子。揽辔：控制马匹缰绳。曹植赠白马王彪诗："欲还绝无蹊，揽辔止踟蹰（chí chú）。"晋刘琨扶风歌："揽辔命徒侣，吟啸绝岩中。"

艭（shuāng），船只。（明）袁宏道和小修诗："露稍千缕扑斜窗，黄笙藤枕梦吴艭。"村龙：龙（máng），长毛狗，或说杂色的狗。《诗·召南·野有死麕》："勿使龙也吠。"此处泛指狗，村龙即村狗。麕，①（jūn），兽名，即"獐"；②（qún），成群地，通"群"。杳（yǎo），无影无声。

香尘句：晋石崇豪富骄奢，多蓄婢妾，布香尘于地，令诸姬行其上，以试鞋底之大小。玉莲，比况女人的脚。双（原字为左足右双）（shuāng），徘徊竦立。引申为脚。竦（sǒng），①恭敬，肃敬；②同"悚"，害怕、恐惧。

诗写二句：见东韵其三"题红"注。丹枫诗：（唐）僖宗时，于祐于御沟拾一红叶，上题诗句，祐亦题其上，云："曾闻叶上题红怨，叶上题诗寄阿谁？"置上流，为宫女韩夫人得之。后为夫妇。韩题诗云："一联佳句随流水，十载幽思满素怀。今日却成鸾凤友，方知红叶是良媒。"今称红叶媒。

泪弹二句：古代神话传说，帝舜的两个妃子娥皇和女英，居住在洞庭之山，舜南巡死于苍梧之野，二妃尽日啼哭，泪洒竹上，竹尽斑，这就是今天的湘妃竹。渭（yú）江，水名。

【典故】

阮元巧对

阮元是清代著名的学者，也是才思敏捷的诗人。一天，嘉庆皇帝召集大臣欢宴饮酒，席间觥筹交错，好不热闹。皇上早就听说阮元机智过人，善对对子，便想借此机会考考他。可出什么题好呢？突然他想到了阮元的名字，便计上心来："阮爱卿，朕有一个上联，能否为朕拟一下联？"阮元恭恭敬敬地站起来："皇上请讲。"皇上说：

阮元何无双耳？

旁边的大臣听了，都掩面而笑。阮元果然聪明，立刻答道：

伊尹只有一人！

众大臣一听，都暗暗叫绝：皇上以阮元的名字出上联，"阮"字有耳旁，"元"字则没有，若有的话便成"阮阮"；而阮元的回答更妙："伊"字有单人旁，"尹"字没有，若有便成了"伊伊"，也道出了从古至今只有一个伊尹的事实。伊尹是商朝开国之君成汤的宰相，是古代最为著名的贤相，阮元此对也有比附伊尹、自重自负的味道！

什么是平仄

平仄，是中国诗词中用字的声调。平指平直，仄指曲折。根据隋朝至宋朝时期修订的韵书，如《切韵》、《广韵》等，中古汉语有四种声调，称为平、上、去、入。除了平声，其余三种声调有高低的变化，故统称为仄声。诗词中平仄的运用有一定格式，称为格律。

近代汉语自元朝开始，中原汉语的语音出现了很大的变化，根据元朝周德清所著《中原音韵》，入声消失，平声分为阳平、阴平。现代普通话没有入声。普通话中第一、第二声称为阴平、阳平，是由中古汉语的平声演变而来。第三上声、第四声去声则为仄声。但阳平声本身的音调并非平直，是从中音滑向高音的声调，而古时的入声已经融合至其他四声。现存一些区域语言，如南方的粤语、吴语、闽南话及客家话以及北方的晋语则保留了入声。

四　支

泉对石，干对枝。吹竹对弹丝。山亭对水榭，鹦鹉对鸬鹚。
五色笔，十香词。泼墨对传卮。神奇韩干画，雄浑李陵诗。
几处花街新夺锦，有人香径淡凝脂。
万里烽烟，战士边头争宝塞；一犁膏雨，农夫村外尽乘时。

【注】

吹竹句：吹奏竹制的箫管一类的乐器。竹，古入声字，屋韵。弹丝，弹奏琴瑟一类的乐器。丝和竹都属古代八音范围。

水榭：榭（xiè），建筑在台上的房屋。水榭：水上架台，台上建屋，可供人游憩。鸬鹚（lú cí）：一种善于捕鱼的水鸟，可驯养。亦称为摸鱼公、墨鸦、水老鸦、乌鬼、鱼鹰。五色笔：相传南朝（梁）江淹，年轻时梦晋代学者和诗人郭璞赠给他五色笔，于是才思大进，写了许多优秀诗文。晚年，又梦郭璞讨回了五色笔，从此才情顿减，人称"江郎才尽"。

十香词：辽道宗后萧氏（小字观音），才貌双绝，后以谏猎见疏，作《同心词》自明。耶律乙辛诬后与伶人私通，假造《十香词》为证，帝竟赐后自尽。泼墨句：泼墨是绘画术语，意思是大量用墨渲染。传卮：卮（zhī），古代的一种盛酒器；传卮，如同说传杯。神奇句：韩干是唐代著名画家，蓝田人，生卒年不详。学画十余年，善写人物，尤工于鞍马，绘马雄骏健壮之姿，当时称为独步。初师曹霸将军，后乃自成一家，官至太府寺丞。传说建中初年，

22

有人牵患有足疾的马就诊。其马毛色骨相似韩干所画的马，为真马所无。遂牵此马绕市，巧遇韩干，干亦惊疑。返家后，视其所画马本，脚有一点黑缺，方知是马画通灵。见（唐）段成式《酉阳杂俎续集》卷二。杜甫在《丹青引》一诗中盛赞曹霸，也写到了韩干，说："弟子韩干早入室，亦能画马绝穷相。"

雄浑句：李陵，西汉名将李广之孙，武帝天汉二年，率步卒五千，与匈奴十万骑决战，终因缺少援军，战败投降。李陵在匈奴遇到出使被扣留的苏武，后苏武南还，李陵设酒送别。其赠别苏武之诗雄浑豪爽，十分感人。《昭明文选》中收有几首古代送别诗，情调悲凉慷慨，旧题是李陵别苏武作。

几处句：唐武则天驾临龙门，诏令群臣赋"明堂火珠"诗，诗先成者赐锦袍。东方虬诗先成，拜锦未坐，宋之问亦成，但写得比东方虬好，有"不愁明月尽，自有夜光来"之句。武后令夺东方虬锦袍赏给宋之问，此即所谓夺锦。宋之问，初唐著名诗人。虬（qiú），虬龙，传说中的一种龙。

一犁句：膏雨，肥美的雨。乘时，利用有利时机。

俎对醢，赋对诗。点漆对描脂。瑶簪对珠履，剑客对琴师。
沽酒价，买山资。国色对仙姿。晚霞明似锦，春雨细如丝。
柳绊长堤千万树，花横野寺两三枝。
紫盖黄旗，天象预占江左地；青袍白马，童谣终应寿阳儿。

【注】

萡（zū）：①腌的菜；②多水草的沼泽地带；③剁成肉酱。

醢（hǎi）：肉酱。

璠（fán）：美玉。璠簪，美玉制成的簪。

珠履：用珠装饰的鞋。相传战国时楚公子春申君，为了向人夸富，让他和门客都穿珠履。沽酒价：晋代诗人阮籍的侄子阮修常步行，以百钱挂杖头，至酒市便沽饮酣畅。买山资：晋僧人支道林，到深公那里去买邱山，深公曰：

"未闻巢（父）、（许）由买山而隐"（巢父、许由，尧时隐士）。见《世说新语》。

紫盖二句：三国末年，吴主孙皓时，国有术士曰："庚子之年，紫盖黄旗，当入于洛"，皓以为平晋也。不料相反，庚子之年（晋太康元年）恰恰是他被俘入洛阳的一年。江左，即江东，长江下游以东地区。

青袍二句：相传南朝梁武帝时，先是大同中有童谣曰："青袍白马寿阳儿"。不久，寿阳的侯景发动叛乱，叛军中尽青袍白马，终于亡梁。这一联都是迷信的谶（chèn）纬之说。

箴对赞，卮对卮。萤炤对蚕丝。轻裾对长袖，瑞草对灵芝。
流涕策，断肠诗。喉舌对腰肢。云中熊虎将，天上凤凰儿。
禹庙千年垂桔柚，尧阶三尺覆茅茨。
湘竹含烟，腰下轻纱笼玳瑁；海棠经雨，脸边清泪湿胭脂。

【注】

箴（zhēn）：古代一种以规劝、告诫为内容的文体。

卮（zhī）：古代盛酒的器皿。轻裾：裾（jū），衣服的大襟。［引］衣服的前后部分。轻裾，形容人在走动或舞蹈时衣襟飘扬的样子。

瑞草：相传不常见的草，见则为祥兆，故称为瑞草。如蓂荚（míng jiá）、灵芝之类。流涕策：古代大臣献给皇帝的意见书叫策。西汉贾谊在写给汉文帝的《治安策》中有"可为痛哭，可为流涕，可为长太息"之句，因称流涕策。断肠诗：宋代女诗人朱淑贞，相传其对婚姻不满，故诗词多幽愤哀伤情调，后人辑有《断肠诗集》、《断肠词集》传世。云中句：云中，汉代北方有云中郡，在今山西北部及内蒙古一部分。

熊虎将，指西汉名将魏尚，相传他做云中守时，匈奴远避，不敢近边。

天上凤凰儿：汉民歌《陇西行》有"天上何所有？历历种白榆……凤鸣何啾啾，

一母将九雏"的诗句。后来多用为赞美别人儿子的话。

禹庙句：杜甫诗《禹庙》："禹庙空寺里，秋风落日斜。荒庭垂橘柚，古屋画龙蛇……"，这是从诗的第三句点窜出来的。尧阶句：古书记载，帝尧生活简朴，他的居室土阶三尺，茅茨不剪，采椽不斫。茅茨，茨（cí 瓷），苫房；茅茨，用茅草苫房。斫：砍、击的意思。

湘竹以下四句：上联的意思是，轻纱笼罩着腰身，好像烟雾环绕着的竹枝；下联的意思是，脸边流下泪水，犹如雨点滴在海棠花上。都是旧时文人对妇女的不健康的描写。玳瑁，动物名，龟鳖目海龟科。其背甲呈黄褐色，有黑斑，光润美丽，可长达一公尺，前宽厚尖，可作装饰品。多分布于热带海洋。

争对让，望对思。野葛对山栀。仙风对道骨，天造对人为。
专诸剑，博浪椎。经纬对干支。位尊民物主，德重帝王师。
望切不妨人去远，心忙无奈马行迟。
金屋闭来，赋乞茂林题柱笔；玉楼成后，记须昌谷负囊词。

【注】

栀（zhī），中药栀子。望对思：望可解作盼望，思解作思念，成对；望又可解作怨恨，思也可解作怨恨，也成对。鳟诸剑：鳟（zhuān）诸，即专诸，古代勇士名。《左传》载，春秋时，吴公子光为夺取王位，收买专诸为刺客，把匕首藏在鱼腹中，借进献食品的机会刺死了吴王僚。

博浪椎：汉代的张良，年轻时为了给被灭掉的韩国报仇，从仓海君那里请到一位大力士，携带六十公斤的大铁锥，在博浪沙地方狙（jū）击秦始皇，误中副车，未果。博浪沙，地名，在今河南原阳县。金屋二句：汉武帝幼时，他的姑母馆陶长公主打算把自己的女儿阿娇许给他，就问："儿欲得妇，阿娇好否？"帝曰："若得阿娇，当以金屋贮之。"陈阿娇与汉武帝结婚后，颇得宠爱。但陈皇后嫉妒心很强，因自己未育而嫉妒卫夫人遭贬，独居长门宫，心情悲愤。她听说司马相如很会写文章，就奉黄金百两。让相如为她写一篇《长门赋》，抒写她的孤独寂寞之感和对武帝的思念。司马相如曾居住在茂陵，故称他的才思为茂陵题柱笔。题柱，司马相如初西去长安，过成都升仙桥，题柱曰："不乘高车驷马，不过此桥。"

玉楼二句：昌谷，河名，在河南境内，唐诗人李贺家乡濒临昌谷川，因之他的诗集称《昌谷集》，后人也称他李昌谷。相传李贺出行，常让小童背一锦囊，每得佳句，就记下投入囊中。后梦神人曰："上帝白玉楼成，命君作记"。不久诗人就死了。

【典故】

陈挹香巧应对

清朝末年，兴宁县有一位秀才名叫陈挹香。他天资聪明，看见有钱人家的孩子去读书，就吵嚷着也要上学。父亲见孩子这样好学。只得借钱让他读书。他智力过人，且又刻苦勤奋，终于成为学识渊博、远近闻名、才思敏捷的才子。

当他参加州考的时候，他与几个同窗来到嘉应州（今梅县）的陈家祠堂里住宿，晚上继续在油灯下温课。房主人也是文墨人，见他几次拿针挑灯芯，顿生诗意，随口占了一首上联："庭前灯吐蕊。"刚刚念完，挹香随即对道："场内笔生花。"在场的人无不啧啧称赞，并认为是很好的兆头。应试结果，他果然名列前茅。

吴邦泰巧对获赏识

传说，清朝年间，吴川县水潭村曾出过一位才思敏捷的神童吴邦泰。

有一次，一位爱才的老逸士在龙头江上遇上吴邦泰，见他正在冒雨摸蚬，把蚬放在江堤上，便出句考他：水打龙头蚬。吴邦泰立即答道：风敲鹤嘴鱼。老进士又出一联：木锯板，板装船，木桅、木桨、木榫榫。邦泰又笑着答道：

竹修篾，篾扎椅，竹柱、竹撑、竹钉钉。老进士深爱其才，收他为养子，供他读书。

后来吴邦泰学成，上京应考，宗师出联考试他：蚕结茧，茧牵丝，丝丝织成绫罗绸缎。吴邦泰立即回答：羊生毛，毛扎笔，笔笔写出锦绣文章。他才思敏捷，又深得宗师赞赏。

两广第一个状元莫宣卿

唐朝太和年间，封州（今封开县）出了一个神童，名叫莫宣卿，是岭南八大才子之一。他七岁时作了一首自述诗："英俊天下有，谁能佐圣君，我本南山凤，岂同凡鸟群。"他抱负不凡，果然到了十七岁，便考中了状元，成为广东、广西两省第一个状元。莫宣卿曾题《及第自咏》诗："羽翼高飞到碧霄，鹏程万里岂知遥。逸吞王母千年药，便夺龙头第一标。脚下云霞随地起，眼前尘土霎时销。万金书寄南归雁，三级天门已一跳。"

传说，有一姓梁县官经过封州，听说莫宣卿是神童，便去探望。见面后问道："你是莫家公子么？"莫宣卿答道："是，大人。"县官误以为他自称"大人"，便故意问道："廿曰小孩岂称大？"莫宣卿见对方将自己的莫字拆而为联，随口对道："三两木头不成官。"同样将县官的姓梁字拆而为联，巧妙应对。县官听了，见他出口不凡，顿时目瞪口呆。

神童难倒李歪才

古时有个才子叫刘靖宋，自幼聪颖，七岁就善诗对，被人们誉为"神童"。这年，他姑父的小店开张，父亲带他去庆贺。刘靖宋便为小店题写了门联："石铺大路通南北；砖砌小店卖东西。"门联贴出，顾客称赞。

乡里的纨绔子弟李富阳，平时自恃有点歪才，常以戏弄别人为乐。乡人讨厌他，叫他"李歪才"。这天，他听说新开店有个小孩会作对联，便走到店里要与刘靖宋比作对联，声言如对不上，就要撕碎门联。

刘靖宋见了，问道："先生贵姓？"李富阳傲慢地用联句答："骑青牛，过幽关，老子姓李。"说完轻蔑地反问道："你姓什么？"原来，这"老子"两字一语双关，既指道家李耳，又指自己。

刘靖宋听了，随即反唇相讥，吟道："斩白蛇，入淞吴，高祖姓刘。"这里"高祖"也是双关语，既指汉高祖刘邦，又指自己。

李富阳没料到七岁小孩竟如此厉害，但仍不服气。他苦思良久，又出一拆字联："手撼目来看，看看看，万里长空开眼界。"谁知，刘靖宋稍加思索，随口对上"刀朝土去切，切切切，三斤头颅等闲看。"李富阳挖空心思，半晌无言。

林六隐妙对服都爷

古时，潮阳市出了个神童林六隐。他出身贫寒，但很有志气，发奋读书，年仅八岁，智力过人。

一天，他到街上玩，听见人们唉声叹气，今天都爷祭祖，来往马队纷繁，即将收割的稻子又被马难吃掉了，今年又得借债了。此时，林六隐挤进人群，比画双手，说："我们不会与都爷讲理，叫他赔！"

"赔个屁，乡里的父老兄弟都讲不过他！"一位农民说。

林六隐插嘴说："我不信，我找他评理！"他真的跑回家，穿上他当年进书斋读书时的红鞋子，排在马队后边，直上都爷府。都爷府戒备森严，守门卫士见来了个第红鞋的小孩，就喝住："未成年的鬼仔来干啥？""来与都爷讲理。"林六隐说。

"讲理！嘻嘻。讲什么理？"守门卫士说。

"你不是都爷，与你说有何用。"守卫门士回了话，都爷听说是个小孩，就传令让其进来。六隐不慌不忙说："谁是都爷？"穿着长衫马褂的都爷说："鬼仔来干什么？""和你就事评理。"

"看你乳臭未干，敢来与爷讲理？好啊！先考够不够资格。若够资格，依你的；不够资格，押出去，活祭祖公。"都爷蛮横地答道。

"怎么考啊！"六隐不甘示弱。

"对我三副对子。""真的？"

"难道我都爷骗人？众衙役在此作证！"

都爷府内外，听到都爷与穿红鞋的鬼仔对对子，感到新奇，都来围观。

都爷出对："香烟氤氲，如龙翻身。"

六隐指烛台："烛火焰焰，似虎翘舌。"

众人"呵"一声赞赏："妙对！"都爷眼皮一眨，心一颤，又出对："早出日头不成天。"

六隐随口对曰："晚落残阳没入地。"

都爷脸色变了，觉得此小孩不简单，就讽刺地吟道："新姜哪有老姜辣。"六隐不慌不忙，对曰："老笋不如新尹尖。"

都爷想发作，又碍于刚才的打赌，只好接受小孩的条件：损坏的庄稼，如数赔偿，并当众令管家照办。

黄策行巧对老师

郁南县连滩珠冈村，有个有名的老中医叫黄策行，自幼聪颖，勤读博览，七岁善诗对，又有急才，被誉为"神童"。一次，村中私塾老先生曾出一下联考众生，联曰：

小弟子严冬煨火笼。

众生面面相觑。时值夏季，天气酷热，黄策行猛见老先生正悠然自得地摇扇，触景生情，顺口答出上联：

老先生炎夏摇葵扇。

老先生听罢。连声称赞："此子日后必定成材，孺子可教也！"

黄策行十五岁时，一次老先生手指山边正在冒烟的砖瓦窑，出联考他：

绿水搅黄泥，红天黑烟，烧出青砖白瓦。

好个黄策行，骤见门外亭湖波光，琅声答道：

翠湖凌紫阁，丹渠碧栋，俨浮玉殿金宫。

上下对句，配合甚妙，老先生喜在心头，当晚留下这位高徒吃饭。这时，圆月临窗，老先生诗兴勃发，随口念道：圆月照方窗，有规有矩。

老先生念毕，偏爱地用筷子在鲜鱼汤中挟了块鱼肉给学生，黄策行思路

29

顿开，即应道：长竿垂短钓，能屈能伸。

黄遵宪巧对箴祖父

清末著名诗人黄遵宪，幼年时聪慧过人。一天，他的祖父黄际升，横床直卧，吸食鸦片。当他深深地吸了一口洋烟后，得意地念道："龙呵气而成云。"本来，黄遵宪对祖父的这种不良嗜好，早已深恶痛绝。现在又见他吟诗作对，陶然自得，更为反感。他便高声对道："蚕吐丝以自缚。"顿时使得他祖父面红耳赤，也叹服孙儿才思敏捷。

陈梦吉少年敏对

传说，清朝时，新会县才子陈梦吉，自幼聪敏。一天，塾师招待朋友吃饭，谈到自己学生陈梦吉如何聪明。朋友想试试陈梦吉的才学，指着餐桌上的菜说："云耳"，用什么去对。梦吉立即回答说：对"风肠"。朋友赞道："真不愧为神童。"

陈梦吉十五岁时能背诵五经，老师高文宗曾出一联嘱对：

破浪自知鱼有翅。

梦吉应声而对：穿牖谁谓鼠无牙。

高文宗拍案叫绝，说。"此子才华出众，日后学问增进，定能才压粤海。

五岁孩儿巧续妙联

相传清朝末期，惠阳区芦岚鲤鱼寨有一秀才，因父母相继去世，家道破落。

有一天夜里，梦见一鹤发童颜仙人，姗姗来到床前，对他耳语："观音阁背山面水，是富贵之地，你可去。"第二天醒来，秀才把梦中之事向妻子说了，便举家迁来观音阁经商。观音阁田地肥沃，水运方便，过往商客甚多。经过三年精心经营，秀才果然发迹，成为观音阁镇一巨富。

这年春节，秀才大摆筵席，宴请亲朋好友和镇里名流，以示庆贺。席间，宾主频频举杯。秀才心情十分喜悦，随口吟了一句上联：

鲤鱼寨鲤鱼跃龙门，年年有余。

可一时间想不出下联来。恰好有一朋友是教书先生，带着五岁孩儿前来赴宴。这孩儿走到秀才面前，彬彬有礼地说："伯父，让小侄来试续下联，可以吗？"秀才应允。这孩儿随即朗声诵道：

观音阁观音赐祥地，岁岁福音。

秀才和众人称赞不已。后来，秀才请了有名的石匠，用大理石凿上这副对联，竖立在大门两侧。可惜，在"文革"破"四旧"时，这副大理石对联被砸烂了。

王应遇从小善拟佳联

清朝中叶，距东莞市太平镇不远的厚街乡，出了一个进士，名叫王应遇。他从小就喜爱对对子。一天晚上，王应遇散步到郊外，见天上一弯新月，周围满是散云。他即自拟联云：蛾眉月照蛾眉豆；鸡爪云遮鸡爪兰。

一次，塾师外出，王应遇和同学们将台椅叠起来，爬上去连跳三次跳落地下玩耍。塾师回来见了，便出联句要他们对答，以示警诫，这联句是：三跳跳落地。王应遇不假思索对曰：一飞飞上天。

王应遇中了进士回乡后，乡人请他为戏棚题对联，王应遇便写了一副戏台联：昔日未登台，世上几人曾识我！今朝初报鼓，场中哪个不抬头？借戏棚而针砭人情冷暖，语言相关，堪称佳对。

佛印巧对苏小妹

一日正值中秋，佛印去拜会好友苏东坡。二人在书房谈论佛事，佛印高谈阔论，大讲佛法无边云云。躲在帘子后面的苏小妹听见后，有意刺一刺这个大言无忌的和尚，于是便写了一副上联叫人拿去让佛印下联。苏东坡一看笑着拿给佛印说："有意思，有意思。"原来这上联些的是：

人曾是僧人弗能成佛

佛印知道这是挖苦自己，但有不甘心认输，经过一阵认真思索，写出了下联，也交给了苏东坡，苏东坡一看下联：

女卑为婢女又可称奴。连连称好，并马上转给苏小妹。小妹一看，不但对仗工整，反戈一击也甚为绝妙。苏小妹又一看正值中秋佳节，天也晚了，苏东坡留住佛印，围坐谈笑，品茗赏月，苏小妹又出口成联，写下个上联传给佛印：

天上月圆人间月半，月月月园逢月半。

下联怎么对？苏东坡和佛印边吃月饼，边冥思苦想，待半夜分手时也未对上。当苏东坡送佛印出门时一看月亮说："月亮园，月亮没了就过年"。佛印灵机一动，返身回到东坡书房，把笔一挥而就：

今年年尾明年年头，年年年尾接年头。苏东坡一看，不禁大加赞赏。佛印对得结构严谨，浅显明快，自然天成，不愧一巧对。

五 微

贤对圣，是对非。觉奥对参微。鱼书对雁字，草舍对柴扉。
鸡晓唱，雉朝飞。红瘦对绿肥。举杯邀月饮，骑马踏花归。
黄盖能成赤壁捷，陈平善解白登危。
太白书堂，瀑泉垂地三千尺；孔明祀庙，老柏参天四十围。

【注】

觉奥：觉奥和参微都是弄懂深奥微小的道理的意思，多用于教学或宗教方面。

鱼书：汉乐府《饮马长城窟行》："客从远方来，遗我双鲤鱼。呼儿烹鲤鱼，中有尺素书。"因之后来称书信为鱼书。

雁字：苏武出使匈奴被拘留。汉王朝向匈奴讨还苏武，匈奴推说苏武已死。苏武的随行人员给汉使者出个主意，让他对匈奴单于说：汉天子在上林苑射得一雁，雁脚上绑着苏武的信件，说明他在某某地方。匈奴只好放了苏武。由此后来书信也称雁书、雁字。又，大雁在飞行时排列成行，有似"一"字、"人"字，也称雁字。雉朝飞：乐府古题有《雉朝飞》。

红瘦句：（宋）李清照《如梦令》："知否，知否？应是绿肥红瘦。"

举杯句：李白《花下独酌》："花间一壶酒，独酌无相亲，举杯邀明月，对影成三人。"黄盖句：黄盖，孙权将，以"苦肉计"诈降曹军，成就赤壁之火攻。陈平句：汉高祖刘邦讨伐反叛韩王信，被匈奴困于白登，七天没有粮食，形势十分危急。据说靠陈平的奇计，方才解围。至于使什么计策，在历史上一直是个问号，没知晓。陈平，生卒年不详，汉初阳武（今河南省阳武县东南）人。幼嗜读书，容貌俊美，足智多谋，事高祖屡出奇策。太白二句：李白《望庐山瀑布》："飞流直下三千尺，疑是银河落九天。"二句本此。

孔明二句：杜甫《古柏行》："孔明庙前有老柏，柯如青铜根如石。霜皮溜雨四十围，黛色参天二千尺。"二句本此。

戈对甲，帼对帏。荡荡对巍巍。严滩对邵圃，靖菊对夷薇。
占鸿渐，采凤飞。虎榜对龙旗。心中罗锦绣，口内吐珠玑。
宽宏豁达高皇量，叱咤暗哑霸主威。
灭项兴刘，狡兔尽时走狗死；连吴拒魏，貔貅屯处卧龙归。

【注】

严滩：即子陵滩，在富春江上，汉代隐士严子陵钓鱼处。见东韵一"垂钓客"注。邵圃：邵平，秦时为东陵侯，秦亡，种瓜于长安，瓜美，人称东陵瓜。靖菊：晋诗人陶潜，性爱菊，"采菊东篱下，悠然见南山"是他的名句。陶死后，谥号为靖节先生，故称靖菊。夷薇：商代末年，孤竹君的两个儿子伯夷和叔齐在周文王处养老。文王死，武王起兵伐纣。伯夷和叔齐坚决反对，阻止不成，二人隐居首阳山，采薇（一种野菜）而食，意不餐周粟，终竟饿死。他们生前作的诗中有"登彼西山兮，采其薇矣"的话，因称薇为夷薇。占鸿渐：《周易·渐》："渐，女归吉。"爻（yáo）辞中有"鸿渐于干"、"鸿渐于磐"等话，意思是谁占得"鸿渐"一卦，嫁女是吉利的。采凤飞：春秋时陈厉公太子陈完，逃亡到齐国，齐懿公打算把女儿许给他，占得一卦，其辞有"凤凰于飞，和鸣锵锵"的话，被认为是吉兆。后代以鸾凤比喻配偶，是这里出典。宽宏句：史称刘邦宽宏豁达，心胸开阔。高皇指汉高祖刘邦。叱咤句：叱咤（chì zhà）、喑哑（yīn yā），都是形容人发怒的声音。骆宾王《讨武曌檄》："喑呜则山岳崩颓（tuí），叱咤则风云变色。"楚霸王豪气盖世，所以说霸王威。灭项二句：韩信帮助刘邦灭掉项羽，被封为楚王，有人告他谋反，刘邦逮捕了他，他说："果若人言：狡兔死，走狗烹；飞鸟尽，良弓藏；敌国破，谋臣亡。天下已定，我固当烹。"走狗，春秋时越王勾践复国后，范蠡功成身退，留书给文种："飞鸟尽，良弓藏；狡兔死，走狗烹。越王为人可与共患难，不可与共乐。子何不去？"文种后称病不上朝，然遭人谗言，言其意欲作乱，越王便赐剑予种，种自杀而亡。连吴句：貔貅（pí xiū）：传说中的一种猛兽，似熊。这里借指勇猛的将士。卧龙：诸葛亮雄才大略，居南阳，时人送给他的雅号叫"卧龙先生"。后为蜀相。

衰对盛，密对稀。祭服对朝衣。鸡窗对雁塔，秋榜对春闱。
乌衣巷，燕子矶。久别对初归。天姿真窈窕，圣德实光辉。
蟠桃紫阙来金母，岭荔红尘进玉妃。
霸主军营，亚父丹心撞玉斗；长安酒市，谪仙狂兴换银龟。

【注】

鸡窗：（晋）宋处宗有一只极为宠爱的长鸣鸡，一直关在窗户边。后来鸡说人话，与处宗谈论，使处宗言谈技巧大增。见南朝（宋）刘义庆《幽明录》。后鸡窗用于代指书房。雁塔：（唐）韦肇及第，偶于慈恩寺雁塔题名，后人效之，遂成为故事。自神龙以来，杏林宴后于雁塔题名，同年中推善书者记之。春闱（wéi）：明、清会试都在春季，故名。乌衣巷：六朝时金陵一个居住区，位于今南京市东南。东晋时王导、谢安诸贵族多居此，故世称王谢子弟为乌衣郎。（唐）刘禹锡诗："朱雀桥边野草花，乌衣巷口夕阳斜。旧时王谢堂前燕，飞入寻常百姓家。"即咏此。燕子矶：位于江苏省南京市北的观音山上，前临长江，形如飞燕，故名。形势险要，有观音阁和三台洞等名胜，著名旅游景区。窈窕（yǎo tiǎo）：形容女子摇曳多姿的样子。蟠桃句：旧题班固《汉武故事》，说神人西王母来见汉武帝，拿出五个桃子，送给武帝两个，即所谓蟠桃。金母，即西王母；按五行学说，西方属金，故称金母。岭荔：史载唐代杨贵妃喜食荔枝，玄宗命人自岭南限七日快马送至长安。杜牧诗有"长安回望绣成堆，山顶千门次第开。一骑红尘妃子笑，无人知是荔枝来"之句。霸王句：在秦末农民大起义中，刘邦率兵攻入函谷关，占了秦都咸阳。项羽随后赶到，打算同刘邦决战。刘邦势小，只好到项羽驻军的鸿门去赔罪。项羽宴请刘邦，项羽的谋士范增几次示意杀害刘邦都没有成功。刘邦走后，范增把刘邦赠送的玉斗摔在地上，用剑击破，曰："竖子不足与谋也"。发泄他对项羽的不满。这就是有名的鸿门宴。亚父，范增德高望重，被项羽尊称为亚父。丹心，是说他对项羽的一片忠心。长安二句：传说李白初到长安，拿出所做的《蜀道难》给当时的名诗人贺知章看，贺十分赞赏。见李白神清气朗、风度翩翩的样子，惊叹道："此天上谪仙人也！"把李称为"谪仙"，于是解下金龟换酒，与之畅饮尽日。传说李白也曾以银龟换酒。这都表示诗人们的轻视富贵、狂放不羁。金龟、银龟，是唐代官员们的佩饰，用以表示官职的级别。谪（zhé）：①谴责，责罚。②封建时代特指贬官。

【典故】

一代名相诸葛亮

三国时期，蜀国境内"刑法虽峻而无怨者"，很重要的一个原因，是蜀国名相诸葛亮严于律己，一身清廉使然。诸葛亮一生"抚百姓，示官职，从权制，开诚心，布公道"。

刘备三顾茅庐，诸葛亮深为其所动，之后跟随刘备征战南北，奇功屡建。刘备死后，诸葛亮"受任于败军之际，奉命于危难之间"，蜀国国事，事无巨细，每必亲躬。他5次亲率大军，北伐曹魏，与曹魏短兵相接。他严格要求子侄辈，不以自己位高权重而特殊对待。他亲派侄儿诸葛乔与诸将子弟一起，率兵转运军粮于深山险谷之中。为此，他专门给其兄诸葛谨写信说，诸葛乔"本当还成都"，但"今诸将子弟皆得转运"，"宜同荣辱"。马谡失街亭后，他引咎自责，上疏后主刘禅，"请自贬三等"，从此更兢兢业业、勤勉有加。"夙兴夜寐，罚二十以上，皆亲揽焉；所啖食不至四升。"长期的废寝忘食使他心力交瘁，积劳成疾，年仅54岁便英年早逝。诸葛亮以他的实际行动验证了自己"鞠躬尽瘁，死而后已"的诺言。

诸葛亮生前，在给后主的一份奏章中对自己的财产、收入进行了申报："成都有桑800株，薄田15顷，子弟衣食，自有余饶。至于臣在外任，无别调度，随身衣食，悉仰于官，不别治生，以长尺寸。若死之日，不使内有余帛，外有盈财，以负陛下。"诸葛亮去世后，其家中情形确如奏章所言，可谓内无余帛，外无盈财。

诸葛亮病危时，留下遗嘱，要求把他的遗体安葬在汉中定军山，丧葬力求节俭简朴，依山造坟，墓穴切不可求大，只要能容纳下一口棺木即可。入殓时，只着平时便服，不放任何陪葬品。这就是一代名相诸葛亮死后的最高要求，其高风亮节实为可圈可点。

诸葛亮娶妻

传说当年诸葛亮在襄阳隆中隐居时，天天都在用功读书，平时很少出门。一晃已经二十多岁了，还没找到一个称心如意的媳妇。

离隆中十多里的黄家湾，有个名士叫黄承彦。黄承彦有个独生女儿月英，也将二十岁了，还没有找到婆家。黄承彦看中诸葛亮的人才，有心把女儿许给他，就托诸葛亮的好友崔州平去探探诸葛亮的口风。诸葛亮听旁人说，黄家小姐长得丑，就支支吾吾没有答应。黄承彦心里清楚诸葛亮的想法。

有一次，诸葛亮同崔州平、徐元直、石广元一同去拜访黄承彦。他们来到黄家门口，刚要进去，突然从屋里窜出一只大黄狗，直往他们身上扑。他们正急着左右躲闪，忽然又从门后跳出一只老虎，诸葛亮吓得转身就跑，被崔州平一把拦住。回头一看，那老虎没来咬他们，却把那只狗撵回门旮旯里去了。诸葛亮等人小心翼翼地进去，再一看，原来狗和老虎都是木头做的。这时，黄承彦出来把他们让进了屋。待宾主坐定，黄承彦伸手把桌子角一按，从门后走出两个端茶人，把茶递给了他们。诸葛亮正要道谢，抬头仔细一看，端茶人也是木头做的。他惊奇地说："黄先生能做出如此奇巧的机关，实在令人敬佩。"黄承彦听后，哈哈大笑，说："这哪里是我做的，都是小女阿丑捣鼓出来的小玩意儿。"诸葛亮听说这些神奇的玩意都是黄小姐做的，十分佩服。心想：这女子有如此奇艺绝技，真是天下难得的才女，如果能娶她为妻，真是三生有幸。诸葛亮后悔当初没有答应崔州平的提亲。这时，石广元说："先生有女如此，真是有福之人啊！"黄承彦摇了摇头，盯着诸葛亮说："只是小女长得丑，怕是没人要她。"听了这话，诸葛亮满脸通红。这时，崔州平有意放开嗓门说："黄小姐如此才华，并非嫁不出去，只是她一心要找那'明亮'之人。"听了崔州平的话，大家哈哈大笑。笑罢，徐元直慢条斯理地说："这'明亮''之人的明'不就是孔明的'明'，'亮'不就是诸葛亮的'亮'吗？"大家又是一阵哈哈大笑。笑过后，诸葛亮乘机说："我父母早亡，到如今功不成，名不就，怕黄先生不会应承这门亲事吧？"黄承彦早看中了诸葛亮，先前还托崔州平去提过亲，咋会不应承呢？他连忙说："只是小女长得丑，你不会嫌弃吧！"诸葛亮忙说："我高兴都来不及，岂敢嫌弃！"大家又是一阵哄堂大笑，这门亲事就成了。

诸葛亮与黄月英成婚那天，他在草庐里来回踱步，迟迟不愿进洞房。此时此刻，他心里喜中有愁。喜的是娶了个才女，愁的是娶了个丑媳妇。自古英雄爱美人，诸葛亮当然也不例外。他心里很不平衡，暗自感叹道："我诸葛亮风流倜傥，才貌双全，该娶个花容月貌的女子才般配，没想到竟娶了个丑媳妇。"感叹之余，他又为黄月英惋惜，月英啊月英，你心灵手巧，为什么却生就一副丑陋的相貌呢？

一直到深夜，诸葛亮才磨磨蹭蹭进了洞房，硬着头皮掀开了黄月英的红盖头。仔细一看，顿时惊得目瞪口呆：这哪里是人们说的黄头发、黑面孔的黄阿丑，分明是下凡的仙女！黄月英看着惊呆的诸葛亮说："怎么，人家长得不好看吗？"诸葛亮说："别人都说你长得丑，你怎么会是如此漂亮的美人儿呢？"

原来，黄月英并非人们所说的那样奇丑无比，而是一个才貌双全的女子。那么黄承彦为什么给女儿起个阿丑的小名，又放话说女儿长得很丑呢？这里面有几个原因：一是民间有起贱名孩子容易养活的说法；二是黄承彦怕一些地痞恶少上门纠缠；三是想看看自己未来的女婿是否会以貌取人。

据说，诸葛亮跟黄月英成婚后，从她那儿学会了很多本事，夫妻俩恩爱无比。

黄盖用苦肉计

公元207年，曹操欲图江南，率轻骑赶到襄阳（今湖北省襄樊）。听说刘备大队人马在前面，曹操便挥师急追，在当阳的长坂坡追上了刘备的军队。刘备慌忙丢下妻儿老小，与诸葛亮、张飞、赵云等几十人骑马拼命逃跑。曹操遂获得大量人马和辎重。

刘备一行疲于奔命，在汉津与关羽的船队会合，得以渡过沔水，来到夏口。为联合东吴共同抗击曹军，刘备派诸葛亮亲自去和孙权结盟。诸葛亮说服了孙权与刘备结盟，双方议定凭借长江天险共抗曹军。诸葛亮和东吴都督周瑜决心用火攻来对抗曹操。在一个大雾迷漫的夜晚，诸葛亮派出20只装有稻草人的轻便战船，驶往曹营，骗过曹军，"借得" 10 万余支箭来。周瑜惊喜说："孔明神机妙算，吾不如啊！"曹操无端丢了那么多支箭，心中十分懊恼。他决定派蔡和、蔡中前往东吴，假装投降。周瑜见他二人不带家小，知其并非真心投降，其中定有诈，但不便挑明，于是将计就计。鲁肃和孔明心中都很明白这是曹操的奸计，当他们开始考虑对策时，周瑜已同大将黄盖商量好了一条妙计。一天，周瑜在帐中对部将说："今敌营蔡中、蔡和假意来降，我想找一个为曹操通风报信的人，以其人之道还治其人之身！你们谁愿去？"黄盖应声说："我愿去！"周瑜说："你需吃得些皮肉之苦，才能让对方信以为真。"黄盖说："我受孙氏厚恩，虽肝脑涂地，亦不怨悔，吃点苦算什么！"

第二天，周瑜鸣鼓升帐。诸葛亮等坐在一旁，周瑜说："现在曹贼引大兵来犯，非一日可破。令诸将各领 3 个月粮草，准备御敌。"黄盖站出来反对，周瑜大怒，令左右推出斩首！众将哀求赦免黄盖。最后，周瑜不得不以责打50 军棍严惩。黄盖被打得皮开肉绽，鲜血迸流，几乎昏死过去。孔明知是周瑜用的苦肉计，叫鲁肃不要担心。果然，不知是计的蔡中等连夜将此事报告了曹操。过了几天，黄盖与前去送投降书的阚泽相约，到时率兵划船过江假冒投降曹操。曹操不知有诈，又得了蔡中等送来的假情报，心中甚喜。到了那天，孔明测得助火的东风，令黄盖备好火船数十只，装有干芦苇和柴，浇上油，上面铺一层硫黄、焰硝引火之物，再用青布油单遮盖好。将近三更时分，忽听大风刮起呼啸声，旗帜随风飘动，东南风骤起。周瑜立即命黄盖乘小船如约出发直奔曹营，此时，曹操正在帐中与众将商议军务，见黄盖乘船一帆风顺，望赤壁曹军舰船而来。曹操伫立船头大笑，自以为得志，大将程昱观望江心见有小船前来，轻浮江上，怀疑有诈，立刻禀告曹操，曹忙止住大笑，正待仔细观察，黄盖已砍断船绳，点燃数十条小船的柴草一齐发火，火趁风威，风助火势，船如箭发，烟焰涨天。曹船顿时大火冲天，因所有战船几天前都被铁环锁住动弹不得，无处逃避，很快化为烟烬。混乱中，黄盖手持利刃，高声大叫："曹贼休走！黄盖在此！"张辽急忙搭箭，射中黄盖肩窝，翻身落水。曹操方知中计，后悔晚矣，只得慌忙登岸逃命。

合掌

诗病的一种。指对仗中意义相同的现象。一联中对仗，出句和对句完全同义或基本同义，称为合掌。此为诗家大忌。

所谓合掌，指的是上下联讲同一个意思。一副对联，一般字都不多（长联除外）。撰写对联，应当用有限的文字，表达尽量丰富的内容。在数字不多的情况下，如果还意思重复，就没有多少内容了。这就是要"忌"的道理。下面一副对联就是合掌的：

长空展翅，

广宇翔云。

广宇，就是长空；翔云就是展翅。下联的意思完全是重复上联的。这样，八个字中，四个字就算白用了。

上下联的意思完全相同的情况，相对地说要少一些，但部分词语意思相同者，则时有所见。例如：

神州滋雨露，

赤县灿春花。

此联后三字，上下意思有别。但"赤县"就是"神州"的另一种说法，上下意思又雷同了。这种部分词语在意思上的雷同，也是合掌，也应当避免。但这种合掌，常常被人忽略，一些长于撰联的人，有时也在所不免，这就更应引起注意了。

"反对"的意思一正一反，"串对"是一句话分成两半说，上下联的意思一般不会重复。"正对"则不然。"正对"要求上下联互相补充，稍不注意，语意就重复了。因此，完全可以这么说，"正对"是合掌最容易出现的场合。

也有同一联内出现意思重复者。如湖南羊年征联，有人撰联如下：

积极地热情地欢送旧岁；

高兴地愉快地迎接新年。

此联用语就不像对联。下联"高兴地"、"愉快地"意思又雷同。这种雷同，虽然不是出现在上下联中，也是一种合掌，因此也应当避免。

为了加强对合掌的认识，现特将《楹联报》王妄君戏拟之《合掌对两串》

转录如下。这两串"合掌对"拟得很好很有启发性：

其一

瞧对看，听对闻，上路对启程。后娘对继母，亡父对先君。醨五两，酒半斤，扫墓对上坟。乞援双瞎子，求助二盲人。岳父有因才枉驾，丈人无故不光临。十分容颜，五分造化五分打扮；两倾姿色，一半生就一半妆成。

其二

行对走，跑对奔，早晚对晨昏。侏儒对矮子，傻子对愚人。观浪起，看波兴，闭户对关门。神州千载秀，赤县万年春。国士无双双国士，忠臣不二二忠臣。大德似天高，天高加一丈；恩深如地厚，地厚减千分。

刘邦被困白登山

汉朝新建，忙于安抚国内，无暇顾及塞外。这时，长城北面的匈奴就乘机南下。公元前 200 年冬，警报雪片似地飞入关中，刘邦统率大军二十余万亲征。刘邦向北行进到平城时，被匈奴冒顿单于率四十万精锐骑兵包围于白登山，并且派大兵，分扎在各个重要路口，截住汉兵的后援。高祖登上山头向四面眺望，只见四面八方都有匈奴的骑兵屯驻把守。当时正值天气严寒，连日雨雪不断。高祖刘邦和将士们都冻得手脚发僵。在被围了 3 天后，粮食也快吃完了，汉军饥寒交迫，危在旦夕。被围到第 7 天，陈平忽然又生妙计。他看到冒顿单于对新得的阏氏十分宠爱，朝夕不离。这次在山下扎营，经常和阏氏一起骑马出出进进，浅笑低语，情深意笃。于是想到冒顿虽能出奇制胜，可也不免被妇人美女所惑，于是就想从阏氏身上打主意。他派遣使臣，乘雾下山。这位阏氏听说有汉军的使者，就悄悄地走到帐篷外面，屏退了左右，召见汉使。汉使向阏氏献上了许多的金银珠宝，并且说是汉皇帝送给阏氏的，另取出一幅图画，说是汉帝请阏氏转给冒顿单于的。

汉使装出一副虔诚的样子，回答说："汉帝被单于包围，非常愿意罢兵言和。所以把金银珠宝送给您，再请您代他向单于求情，可又怕单于不答应，就准备把国中的第一美人献给单于。因为美人现在不在军中，所以先把她的画像呈上。"阏氏微怒地说。"这个用不着！"使说："汉帝也觉得把美人

41

献给单于，怕会夺了单于对您的宠爱。可是事出无奈。如果您能解得了我们的围，情愿给您多送点儿金银珠宝。"阏氏说："请你回去告诉汉帝，尽管放心好了。"说完，将图画交还给使者后。

阏氏细想，如果汉帝不能突围，那时我就要受冷落了。于是，她回到后营，就对单于说："军中得到消息说，汉朝有几十万大军前来救援。"单于问："有这样的事？"

阏氏回答说："汉、匈两主不应该互相逼迫得太厉害，现在汉朝皇帝被困在山上，汉人怎么肯就此罢休？自然会拼命相救的。就算你打败了汉人，夺取了他们的城地，也可能会因水土不服，无法长住。万一灭不了汉帝，等救兵一到，内外夹攻，那样我们就不能共享安乐了。"阏氏说："汉帝被围了7天，军中没有什么慌乱，想必是有神灵在相助，虽有危险但最终会平安无事的。你又何必违背天命，非得将他赶尽杀绝呢？不如放他一条生路，以免以后有什么灾难降临到咱们头上。"单于将信将疑，可是又怕惹阏氏不高兴，便在第二天，传令把围兵撤走了。陈平用这一妙计，使匈奴退兵，刘邦逃出重围，一场大难消于无形之中。

科学知识对联

我国著名数学家华罗庚，对数学的研究成果辉煌，举世闻名。而他还是作对联的高手，却鲜为人知。

1953年，中国科学院组织出国考察团，由著名科学家钱三强任团长，率领华罗庚、赵九章等十多名科学家。途中闲暇无事，大脑活跃的科学家们，自然要谈天说地，论古道今，纵论科学史上的是非得失，谈得十分热烈。中国是文明古国，中华民族的灿烂文化源远流长，科学家们从春秋战国时期的百家争鸣，七强并起，五雄争霸，秦国统一，一直谈到自秦汉以来科学技术、历法、算经的发展。华罗庚是研究数学的，自然对数学最感兴趣。团长钱三强的名字，使他联想到韩、赵、魏三个诸侯强国的兴起，心中形成一则上联。他笑了笑说："我有一则上联，请诸位续对如何？"联对自古以来是文人趣事，大家十分高兴。于是，华老即景生情，出了一则上联：

三强韩赵魏

韩国开国君主韩景侯（名虔），是春秋晋国大夫韩武子的后代；赵国开国君主赵烈侯（名籍），是春秋晋国大夫赵衰的后代；魏国开国君主魏文侯（名斯），是毕万的后代。韩、赵、魏三家一起瓜分了晋国，于公元前 40 三年，周天子威烈王分别承认他们为诸侯。他们进行改革，推行新政，励精图治，都成为战国初期的强国，与齐国、楚国、燕国、秦国并称为七雄。华老的上联，既指韩、赵、魏三个同时兴起的强国，又隐喻了代表团团长钱三强的名字，十分高妙。这就要求下联，既要解决数字联的传统困难，又必须嵌入另一位科学家的名字。所以，使得诸位科学家大费踌躇，不知所对。

众人七嘴八舌议论了一番，无人想出对偶工整之句。后来，著名大气物理学家赵九章笑着说："看来我们缺乏文学头脑，词穷难以应对，还得请华老自续下联。"赵九章的发言，为华老带来灵感，使他联想起了《九章算术》一书。"九章"是算经十书中最重要的一种，它系统地总结了我国自先秦到东汉初年的数学成就，首次记载了我国数学家发现的"勾股弦定理"。于是，华老又续对下联：

九章勾股弦

著名的"九章"对"三强"，"勾股弦"对"韩赵魏"，十分工整对应，又嵌入了赵九章的名字，真是工对之极，堪称妙联。大家齐声叫好，称赞华老又开辟了数字联的新对例。

钱三强对华罗庚的妙联十分赞赏，又因嵌入自己的名字，很不安地说："韩、赵、魏是春秋末期新兴力量的代表，推行改革促进发展，成为战国初期的三个强国，称雄一方。我钱三强何德何才，怎敢与韩、赵、魏相联系。"赵九章也说："《九章》是世界古代名著，勾、股、弦具有世界意义，我赵九章岂敢与其并提，还是请华老另择佳句。"大家异口同声地说："华老佳联可赞。三强、九章当之无愧！"科学家们七嘴八舌，说说笑笑，为寂寞的旅途生活增添了乐趣。

六 鱼

羹对饭，柳对榆。短袖对长裾。鸡冠对凤尾，芍药对芙蕖。
周有若，汉相如。玉屋对匡庐。月明山寺远，风细水亭虚。
壮士腰间三尺剑，男儿腹内五车书。
疏影暗香，和靖孤山梅蕊放；轻阴清昼，渊明旧宅柳条舒。

【注】

羹：用肉、菜等勾芡煮成的浓汤。裾：衣服的后襟。芙蕖（fú qú）：
荷花的别称。周有若：有若，孔子弟子，貌似孔子，他是东周春秋时人，故
称周有若。汉相如：西汉司马相如，当时著名辞赋家。

壮士句：史称汉高祖刘邦手提三尺剑起兵，因而后人常把三尺剑作为
有志男儿的象征。杜甫诗："风尘三尺剑，社稷一戎衣。"男儿句：相传战
国时学者惠施很有学问，"其书五车"，后来用以称人的博学。南朝（宋）
鲍照诗："两说穷舌端，五车摧笔锋。"疏影二句：（宋）林逋（公元
967～1028 年），字君复，北宋钱塘人。性恬淡好古，擅长行书，好作诗，
隐居西湖孤山，终身不仕，不娶，以植梅养鹤为乐，世称梅妻鹤子。诗风淡远，
多写隐居生活和淡泊心境，卒谥和靖先生。他写的《梅花》诗有"疏影横斜
水清浅，暗香浮动月黄昏"的句子，一向为人称道。逋（bū，阴平），逃亡。

轻阴二句：陶渊明写的《五柳先生传》，头几句是"先生不知何许人也，
亦不详其姓字，宅边有五柳树，因以为号焉。"他的诗写自己住宅的环境，有"方
宅十余亩，草屋八九间；榆柳荫后檐，桃李罗堂前"的句子。陶潜，（公元
365～427 年）东晋浔阳柴桑人，陶侃的曾孙，一名渊明，字符亮，安贫乐道，
尝作五柳先生传以自比，世称靖节先生，诗名尤高，堪称古今隐逸诗人的宗师。

吾对汝，尔对余。选授对升除。书籍对药柜，耒耜对耰锄。

参虽鲁，回不愚。阀阅对阎闾。诸侯知乘国，命妇七香车。穿云采药闻仙犬，踏雪寻梅策蹇驴。

玉兔金乌，二气精灵为日月；洛龟河马，五行生克在图书。

【注】

选授：量才授官。升除：升，晋升。除，授予官职。升除，等于说阶除、陛除，拜官授职，即除去旧职就新职，由皇帝授予。

耒耜（lěi sì）：都是古代的耕具，类似今天的犁；又解释为翻土所用的农具，耒为其柄，耜为其刃。耰（yōu）：①古代碎土平地的农具。②用耰使土覆盖种子。

参虽鲁：参，曾参，孔子的弟子。孔子曾说："柴也愚，参也鲁。"鲁，迟钝。回不愚：回，颜回，孔子弟子颜渊的名。孔子说过："吾与回言终日，不违如愚。退而省其私，亦足以发，回也不愚。"

阀阅句：阀阅，古代官吏们的功劳、阅历。阎闾：大门楼，引申为高贵的社会地位。诸侯句：西周制度，诸侯国大者千乘。乘是战车的计量单位，一车四马叫一乘（shèng）。

命妇句：受有封号的妇女称命妇。七香车，用多种香料涂抹的极为华贵的车。（唐）卢照邻诗："长安大道连狭斜，青牛白马七香车。"穿云采药：《幽明录》载，东汉时刘晨、阮肇，入天台山采药迷路，遇两仙女。

踏雪句：策，马鞭，这里是赶着的意思。蹇（jiǎn）驴：瘸驴。相传唐代诗人孟浩然曾骑蹇驴于灞上踏雪寻梅，抒其幽兴。

玉兔句：古代神话，说月中有玉兔捣药，日中有三只脚的乌鸦，因以玉兔代月，以金乌代日。古人又认为，宇宙中存在着相互斗争的阴阳二气，天地万物都是由它变化而成，日月则是二气的精华。

洛龟句：古代神话传说，伏羲时，黄河出龙马，背负图，称河图；夏禹治水时，神龟从洛水出现，背负书，称洛书。又说背上有九组不同点数组成的图画，禹因而排列其次第，乃成治理天下的九种大法，称为洛书。伏羲根据它们画成了八卦。汉儒谓洛书即《洪范》九畴。（汉）孔安国谓河图即八卦。

五行即金、木、水、火、土，古人认为它们是构成世界的五种元素。后来五行学家把五行组成体系，编造出它们之间相生、相克的关系，并且同王朝的更迭、历史的发展联系起来，成为一种神秘的历史观。

欹对正，密对疏。囊橐对苞苴。罗浮对壶峤，水曲对山纡。
骖鹤驾，待鸾舆。桀溺对长沮。搏虎卞庄子，当熊冯婕妤。
南阳高士吟梁妇，西蜀才人赋子虚。
三径风光，白石黄花供杖履；五湖烟景，青山绿水在樵渔。

【注】

欹（qī）：倾斜。囊橐（tuó）：一种口袋。（辨）①口袋大者称囊，小者称橐；②口袋有底称囊，无底称橐。苞苴（jū）：包裹物品，自上包之叫苞，自下垫之叫苴。

罗浮句：罗浮，山名，在今广东博罗，亦称东樵山，道教称之为"第七洞天"，"第三十二泉源福地"。壶峤：海上二仙山名。古代传说，《初学记》云："罗浮二山随风雨而离合，壶峤二山逐波涛而上下也。"峤，①（jiào）山道；②（qiáo）山尖而高。山纡：山坳。纡（yū），弯曲，绕弯。

骖鹤驾二句：鹤驾、鸾舆，都是宗教传说中仙人所乘的车乘，由鹤和鸾凤驾着在空中飞行。骖騑（cān fēi）：古代驾在车前两侧的马。骖，在这里是驾驶的意思。

桀溺句：桀溺、长沮，二人为春秋时隐士。《论语》上说：孔子周游到楚国，迷了路，让子路去问路，遇到了两个耕田人，一个叫桀溺，一个叫长沮（cháng jù）。也有人说，长和桀都是身材高大的样子，溺和沮都是污泥。长沮和桀溺就是两个身上沾泥的高个子，并不是人名。

刺虎句：卞庄子，鲁人，古代名勇士。传说他看到二虎争一牛，欲刺虎，46 管竖子曰："两虎食牛，牛死必争，争则大者伤，小者死。从伤者刺之，必毙"。卞庄子听从劝告，一次刺死两只虎。故有搏双虎之名。当熊句：婕妤（jié yú），古代宫廷中女官名。冯婕妤侍汉元帝观虎圈，有熊出，众惊走，冯独当之，帝深嘉其勇也。

南阳句：诸葛亮原来隐居南阳，亲自种田，并且特别喜欢唱一首叫《梁父吟》的诗。杜甫诗"可怜后主还祠庙，日暮聊为梁父吟"；李商隐诗"他年锦里经祠庙，梁父吟成恨有余"，都是说这件事。梁父吟，乐曲名：①汉乐府相和歌辞楚调。梁父为泰山下的小山，梁父吟乃言人死后葬此山，故为葬歌。②相传为曾子所做的琴曲。

西蜀句：西蜀才人指司马相如，他写的《子虚赋》，受到汉武帝极大赞赏，叹不同时。子虚赋，文章名。文中借虚构的子虚、乌有、亡是公三个人彼此问答，借以讽刺帝王的骄奢。

三径：陶渊明《归去来兮辞》："三径就荒，松菊犹存。"二句的意思是：田园里的白石、黄花种种景物，可供隐者扶杖著履而游。五湖：即太湖，古今著名风景区。（唐）崔涂诗："自是不归归便得，五湖烟景有谁争。"

【典故】

隐如

在对联中用相关的话暗示要讲的事物，也就是将要讲的隐藏起来，这种制联方法称作隐如。隐如手法，似乎谜语。

请看这样一副对联：

数声吹起湘江月；

一枕招来巫峡云。

上联"数声吹起湘江月"只说吹，却未言吹的是什么，然而读者却很容易联想到那清脆悦耳的笛声。下联"一枕招来巫峡云"，显而易见，那枕边尤物不是梦，又是何物？宋玉《高唐赋序》说楚王梦与巫山神女相会于高唐。神女曰："旦为行云，暮为行雨。"上联写笛，下联写梦，意境幽远，令人心动。

新中国成立前，有人写过一副痛斥帝国主义在中国横行霸道的对联，联曰：

中土讵能容久住；

醉乡何得复横行。

中土，指中华大地，上联的意思是说不容许帝国主义在中国横行霸道，下联隐说的是螃蟹，说用酒烹制的螃蟹再不会横行了。"醉乡"，这里指的是指用酒制成的醉蟹。整联的意思即是：帝国主义分子不得在中国横行霸道，如果帝国主义分子敢在中国久住下去而横行霸道，其下场必然和醉蟹一样死路一条。此联既隐含了两种事物，合起来又有很深的寓意，是一副爱国主义的佳作。

用隐如法制作的对联虽与谜联相类，但却有本质的区别。用制谜法制作对联，乃以依物制联，是将谜面对联化，实际上就是用对联形式制作的谜语；而用隐如法制作对联，乃是以联喻物，是将所要描写的事物暗藏于联中，使人们通过联想对作者的用意加以理解。

有子

清光绪十七年《肥城县志》载："有子故里在县西北八十里东故社有家庄，后裔聚族而居"。又载："有子，若，鲁人，少孔子十三岁。……唐赠卞伯，宋追封平阴侯。墓在肥城，乾隆五十年得宋时墓碣，五十一年学使赵佑会同巡抚奏闻，五十三年始以肥城七十二代孙承袭，今移居城内。"孔子去世后，弟子们十分思念他。因有子言行相貌像孔子，对他十分尊重。于是大家共同推举他当老师，尊敬他就像当年对待孔子一般。《史记》载："孔子即殁，弟子思慕。有若状如孔子，弟子相与并立为师，师之如夫子时也。"

有子强识好古，明习礼乐，倡和睦，重礼教。曾提出"礼之用，和为贵"等学说。但亦曾辩证地论述礼与和的关系。他说道：礼的应用，要以能够斟酌损益，从容中和为最可贵。但如果什么事情都死守着礼规不放，有时也会行不通的。一味地用和，而不用礼来规范，也是不行的。《史记》亦载："有若曰：'礼之用，和为贵。先王之道，斯为美。小大由之，有所不行，知和而和，不以礼节之，亦不可行也。"有子去世后，葬于肥城，鲁悼公曾向他吊唁志哀。

司马相如与卓文君的爱情佳话

卓文君：事见《孤本元明杂剧·私奔相如》，清袁于令《肃霜裘》传奇。汉时，司马相如不得志时，在临邛富户卓王孙家操琴。才貌双全的卓女文君17岁新寡，司马相如仰慕文君，借琴音倾诉心曲，二人订盟，因卓王孙不允，文君遂偕相如私逃，返回家乡当垆卖酒。后来相如献《子虚赋》，汉武帝拜为中郎将，卓王孙献金相认。

四川邛崃文君井有一联：

君不见豪富王孙，货殖传中添得几行香史；停车弄故迹，问何处美人芳草，空留断井斜阳；天涯知己本难逢；最堪怜，绿绮传情，白头兴怨。

我亦是倦游司马，临邛道上惹来多少闲愁；把酒倚栏杆，叹当年名士风流，消尽茂林秋雨；从古文章憎命达；再休说长门卖赋，封禅遗书。

这一副对联赞美卓文君、司马相如的爱情。女人往往把爱情摆在首位，其次才轮到生命、财富、亲情，其他的一切更是十分遥远无暇多作计较，卓文君夜奔司马相如，当垆沽酒就是一个鲜明的例子。

卓文君眉如远山，面如芙蓉，通晓琴棋书画，为人放诞风流；十七岁出嫁，不久便因丈夫去世返回娘家过寡居生活。自然是面对春花秋月，感物伤人，倍感凄凉。

卓家祖居赵国，赵国的邯郸是当时著名的冶铁中心，卓家就以冶铁致富，等到秦始皇灭赵国进行统一之际。卓家辗转迁到蜀地的偏僻小邑临邛定居，仍以冶铁为业。到汉代文景之治，卓家传到卓王孙这一代，由于社会安定，经营得法，已成巨富，拥有良田千顷；华堂绮院，高车驷马；至于金银珠宝，古董珍玩，更是不可胜数。

蜀中山明水秀，地灵人杰，孕育了不少出色的文人雅士，司马相如便是其中的一位。他因慕战国时代赵国蔺相如的为人行事，以"相如"作为自己的名字，也立志要为国家作一番轰轰烈烈的大事。汉景帝即位不久，司马相如来到长安，遇到颇有书卷气息的梁王，当时名重一时的辞赋大家邹阳、枚乘、严忌等都追随左右。司马相如十分倾慕，便追随梁王而去。在梁地作赋弹琴，生活过得十分得意。梁王盛赞其才情高华，赐给他一把名叫绿绮的琴，上面刻有"桐梓合精"的字，是当时不可多得的名贵乐器。这把琴就是后来司马相如用来弹奏"凤求凰"，卓文君听后夜奔的那把琴，所谓"绿绮传情"使这把琴更富传奇色彩。

然而卓文君与司马相如私奔的时候，司马相如当时的生活并非琴书雅集，诗酒逍遥，风月无边。由于梁王的短命去世，宾客星散，司马相如回到老家成都，而家里已是父母双亡，家徒四壁，在无以自立的情况下，他抱着迷茫的希望来到边陲小县临邛投靠担任县令的好友王吉，寄人篱下。联系到当年司马相如的志向，当年的生活，算得上是十分的失意，十分地潦倒了。

卓文君就是在司马相如这样的时候，凭着司马相如在她家弹奏的一曲"凤求凰"，在封建时代礼法森严的社会里，不顾嫌隙的黉夜私奔住在客舍的司马相如。便郎贪女爱，如鱼得水；便露滴牡丹开，刘阮上天台，彻夜绸缪。更在第二天索性双双驰归成都司马相如老家，可说是情有独钟，或者说情之为物，不可理喻。对这件事情，卓王孙当然是盛怒难消，认为司马相如有辱衣冠，自己的宝贝女儿也太不争气，黉夜私奔，败坏门风，使他丢尽脸面；更主要的是司马相如是一个穷光蛋。然而司马相如豪情不减地典衣沽酒，过着有今天，没有明天的逍遥生活；卓文君也脱钏换粮，根本不把今后的生计放在心上。几个月后，他们索性卖掉车马，回到临邛开了一间小酒家，卓文君淡妆素抹，当垆沽酒，司马相如更是穿上犊盘鼻裤，与保佣杂作，涤器于市中，忙里忙外担任跑堂工作。

这是临邛市上的一件天大新闻，顿时远近轰动，小酒店门庭若市，热闹非凡。卓王孙经不起亲朋好友的疏通劝解，迫不得已分给他们童仆百人，钱百万缗，并厚备妆奁，接纳了这位把生米已经煮成熟饭的女婿。也有人讲这是司马相如搬出的一套"赖皮"作风，逼那位爱脸面的岳父大人就范，于此也可见司马相如没有一般文人的穷酸相，颇具豪情。这也许是卓文君深爱他的一个重要原因吧。从此这对小夫妻又过上了整天饮酒作赋，鼓琴弹筝的悠闲生活。

汉景帝之后，汉武帝即位，对司马相如原来随梁王时所写的《子虚赋》

十分赞赏。于是司马相如再次来到京师，在狗监杨得意的__引荐下，武帝召见了司马相如，司马相如更竭尽才智写了一篇《上林赋》，盛赞皇帝狩猎时的盛大场面，举凡山川雄奇，花草繁秀，车马垣赫，扈从壮盛，皆纷陈字里行间。好大喜功的汉武帝一见之下，拜司马相如为郎官。司马相如在长安踌躇满志，卓文君则在成都独守空帏，静待丈夫衣锦荣归，久而久之，便产生了"忽见陌上杨柳色，悔教夫婿觅封侯"的心情。

司马相如凭着一支生花妙笔，以一篇檄文，晓以大义，剖陈利害，并许以赏赐，消弭了巴蜀两地不稳的情势，汉武帝大喜，再拜其为中郎将，持节出使西南边陲地区，对蛮夷进行宣慰；拥旌旗、饰舆卫，声势赫耀地回到了成都；与卓文君会合后一路朝西南进发。当然是一定要绕道临邛去看看的，当地官员纷纷出廓相迎，百姓更是夹道欢呼，卓王孙自然是十分光彩，执意挽留这位乘龙快婿与宝贝女儿小住数日，与当年的穷困潦倒，当垆卖酒，自然是此一时，彼一时了。

西南诸夷经过司马相如的宣慰与晓喻，尽皆奉表称臣，按理司马相如功在汉室，应该受到封赏，然而由于他自己困于书生之见，上书谏止汉武帝狩猎，更借谀讽劝，阻挠了汉武帝的兴致，只给了他一个名位清高而闲散的官职。俗话说："饱暖思淫欲，饥寒起盗心。"司马相如虽才华出众，也未能免俗。长久以来，司马相如便为消渴症所苦，消渴症也就是糖尿病，必须有所禁忌.善加调养；然而司马相如衣食丰足之后不但不知珍摄，反而吃着碗里，望着锅里。时常周旋在脂粉堆里，如今已经年逾知命之年，卓文君睁一只眼、闭一只眼，也懒得与他计较。直到司马相如意欲纳茂陵女子为妾，在锦衣玉食之时弃糟糠而慕少艾时，卓文君才忍无可忍，作了一首《白头吟》，说道：

皑如山上雪，皓如云间月，闻君有两意，故来相决绝。

今日斗酒会，明旦沟水头，蹀躞御沟止，沟水东西流。

凄凄重凄凄，嫁娶不须啼，愿得一心人，白首不相离。

竹竿何袅袅，鱼儿何徙徙，男儿重义气，何用钱刀为？

并附书："春华竞芳，五色凌素，琴尚在御，而新声代故！锦水有鸳，汉宫有水，彼物而新，嗟世之人兮，瞀于淫而不悟！"

随后再补写两行："朱弦断，明镜缺，朝露晞，芳时歇，白头吟，伤离别，努力加餐勿念妾，锦水汤汤，与君长诀！"

卓文君哀怨的《白头吟》和凄怨的《诀别书》，使得司马相如大为不忍，想到当年的患难相随，柔情蜜意的种种好处，实在不便一意孤行，而弄到月缺花残，香消玉殒的地步。

纳妾不成，两人白首偕老，安居林泉，又度过了十年恩爱岁月，司马相如终因糖尿病溘然长逝，卓文君终于尝到了未亡人冷冷清清的孤寂况味。回首前尘，恍然一梦，第二年深秋，霜降草枯，长空雁鸣，形影相吊，孑然一身的卓文君也随司马相如于九泉之下。

司马相如的文采，卓文君之美艳，当垆卖酒，白头兴怨，长门灵赋；封禅遗书传为千古佳话。或许有人会说一向重视礼教的古代，大家闺秀贪夜私奔，实在是一件不可思议的事情。事实上汉唐时代豪放女子所在多有；深居闺阁，大门不出，二门不迈，那是宋代以后的事了。

文学泰斗李梦阳

李梦阳，初名莘，字天赐，又字献吉，号空同子。明代著名的文学家，庆阳府安化县（即今甘肃省庆城县）人。生于明宪宗成化／乙年十二月七日（1473年1月5日），卒于明世宗嘉靖八年十二月二十九日（1530年1月28日），葬于河南钧州大阳山。穆宗隆庆初年，谥景文。李梦阳于弘治癸丑（1493年）中进士，历任户部山东司主事、贵州司员外郎、广东司郎中、江西提学副使等职。

李梦阳的曾祖父不知何地人氏，后流落于河南省扶沟县东北40里的大冈村，入赘王聚家，改姓王，起名王恩。明太祖洪武三年（1370年），因他家贫困，入了军籍，按规定每辈人要有一人当兵，因此，王恩和岳父王聚一同在蒲州（今陕西省蒲城县）参军。随后，他们翁婿两人随军转徙于庆阳，在庆阳卫当兵，并将家属迁来庆阳定居下来，只留王聚的弟弟王三公世守扶沟老家。在建文帝时，王聚与王恩一并参加了白沟河战斗，皆战死，尸骨未得，以衣冠葬庆阳的道士坪。王恩遗有两子，长子名王忠，年仅8岁，为李梦阳的祖父；次子名王敬。王恩夫人改嫁，两子流落于宁州（今甘肃省宁县），往返于宁州与郴州（今陕西省彬县）之间经商，被宁州一位姓李的老太太看中，将女儿许配于王忠。定居于安化县城南郊一带，做盐与菜的生意。王忠敬佛行善，人称佛王忠，后被人诬陷，死于狱中，享年53岁，葬于庆阳城南文笔峰上的东岳庙前。王忠留有三男两女：长子王刚，次子王庆，三子李正。

李梦阳的父亲就是李正。李梦阳在族谱上写道："呜呼，我李冒王氏者，盖三世矣，至我先大夫而始复李氏。"这就是说，到李梦阳的父亲李正，才恢复了他家的李姓。李正，字惟中。性度宽宏，交与有情。以岁贡任阜平训导（今河北省阜平县），勤学善教，艺精六书。升周府封丘王教授，与王友善，克勤职守。李正生于明英宗正统四年（1439年）十二月二十二日，卒于明孝宗弘治八年（1495年）五月十六日。葬城南高家坪（今庆阳市南川十里坪）。卒后追赠承德郎、户部山东主事，加赠奉直大夫、户部贵州司员外郎。李正之妻高氏生有三男两女：长子名茂，又名孟和；次子梦阳，三子孟章。李梦阳为其母写有墓志，现藏于县博物馆内。

李梦阳出生时，其母高氏梦见一轮红日堕落怀中，所以其父给他起名梦阳，字天赐。李梦阳幼年时，随父母在阜平、开封等地生活。孝宗弘治五年（1492年）他19岁时，回归故里，参加了陕西省乡试，考取第一名；第二年即明弘治六年又考中进士。这年8月，其母高氏在京师去世，他与其父扶柩回归故里；接着弘治八年其父又在故里去世，这期间，他一直丁忧在家。期满后，朝廷任他为户部山东司主事、又转贵州司员外郎，后调官为户部郎中。他性情刚直，因不愿巴结奉承人，得罪了权大位重的要人，被找了些岔子关人监狱，不久获释。

明孝宗弘治十八年（1505年），李梦阳按照孝宗皇帝的诏书呈上了自己对时局的看法和建议。他说：目前时局存在着"二病、三害、六渐"。这份上书共5000余言，集中论述了朝廷处事的得失。上书末尾说："寿宁侯张鹤龄招纳无赖之人，攫取私自利益而祸害百姓，其势犹如猛虎。"张鹤龄在孝宗皇帝面前辩解，摘录李梦阳上书中"皇上优厚张氏"一语，诬蔑李梦阳毁谤张皇后为张氏，其罪当斩。当时，张皇后正被孝宗皇帝宠爱，皇后的母亲金夫人又在孝宗皇帝面前哭诉，孝宗皇帝不得已将李梦阳关到了由锦衣卫管理的监狱里，不久又找机会把李梦阳放了出来，仅取消李梦阳的一年俸禄。金夫人又哭诉不断，孝宗皇帝再未听她的，而在僻静处召见张鹤龄，狠狠地责备了他一顿。张鹤龄吓得摘下官帽给孝宗皇帝直叩头，并保证不再纠缠此事。孝宗皇帝的左右大臣都知道孝宗皇帝有意保护李梦阳，奏请孝宗皇帝不要重罚李梦阳，仅把李梦阳用木杖打一顿给金夫人出一下气。就这，孝宗皇帝也没有同意。他对尚书刘大夏说："你们这些人想叫我用木杖将李梦阳打死吗？我怎么能通过杖杀正直的大臣来取悦左右大臣的心呢！"有一天，李梦阳在路途中遇上了寿宁侯张鹤龄，两眼冒火，气愤难忍，就破口大骂，还不解恨，上前用马鞭打掉了张鹤龄的两颗牙齿。从此，寿宁侯害怕了李梦阳，不敢再和他计较了。

明孝宗驾崩，武宗皇帝即位。当时，武宗对以刘瑾为首的"八虎"太监最为信任，靠他们办事，架空了内阁。尚书韩文与其他大臣每说到这件事就哭泣不止。李梦阳问道："你们都是些朝廷掌权的大臣，怎么婆婆妈妈地要哭呢？"韩文说："遇上这种情况又有什么办法呢？"李梦阳说："这好办！叫专管进言纳谏的御史们上书揭发这些太监的罪状，内阁大臣们拿上这些奏章极力劝说皇帝，您再率领全体大臣在宫廷里争，其他官员必然积极响应，如此这般，把这些太监赶出宫廷不是件很容易的事吗？"韩文听罢，连说："此计很好，此计很好！"就叫李梦阳写奏章。李梦阳立马提笔就写，洋洋洒洒，一挥而就，一篇声讨太监的檄文写好了。但这次商议的事被泄漏了出去，韩文等大臣被武宗赶出了宫廷。刘瑾对武宗皇帝从轻处理韩文等大臣很不满足，假借武宗旨意将韩文贬官到山西省当了布政司，接着又强行让他退休。过了一段时间，刘瑾又找借口把李梦阳关进了监狱，准备杀李梦阳以泄愤。李梦阳的文坛好友康海去刘瑾处说情，刘瑾才放过李梦阳。

后来，刘瑾谋反，被武宗皇帝诛杀，朝廷恢复了李梦阳原来户部郎中的官职。此后不久，又调李梦阳为江西提学副使（专管文化、教育和举人考试的官员）。法令首章上规定：提学副使归一省的总督管理。李梦阳从心里看不起作为政客的江西总督陈金，常与总督相对抗，总督陈金也因此对李梦阳不怀好意。监察御史衙门决定五日会同各官迎接巡按御史，李梦阳既不去迎接，又通知举人、秀才及生员们也不要去觐见上官，如果非得去，就只作揖而不要跪拜。御史官江万实知道此事后对李梦阳很不满。淮王府的卫士与几名有学识之人相争，李梦阳认为有辱斯文，令手下人用鞭惩打卫士。淮王知道后大怒，向朝廷上奏此事，武宗皇帝命令御史调查处理。李梦阳担心御史江万实帮助淮王，便先发制人，上书攻击江万实也有问题。武宗皇帝下诏书，叫总督陈金调查核对这些事实。陈金会同布政使郑岳一块调查核对。李梦阳伪造了江万实向皇帝揭发陈金的奏章，以挑起陈金与江万实之间的矛盾，激怒陈金，并且说郑岳的儿子郑坛有接受贿赂的事实。宁王宸濠仰慕李梦阳的文才，又不喜欢郑岳，因此帮助李梦阳揭发了郑岳的罪行。江万实千方百计寻找李梦阳的短处，攻讦李梦阳，并揭发李梦阳伪造了他揭发陈金罪行的奏章；参政吴廷举对李梦阳也有意见，上奏章议论李梦阳这种行为是侵犯上官，可以不等上面的命令即可自行辞官而去。武宗皇帝下诏派大理寺卿燕忠前往审讯。燕忠不分青红皂白，招来李梦阳，把他关押在广信狱中。举人、秀才和生员万余人为李梦阳申冤，但燕忠不听，向武宗皇帝写奏章，上报李梦阳犯有欺压同级官员、威胁上级官员的罪行。李梦阳被免职，闲居在家。同时，朝廷罢免了郑岳的官职，将其子郑坛发配到边疆；削夺了吴廷举的俸禄。

李梦阳在家闲居，更加放纵不羁，恃其意气，不肯屈居于人下。他修建园林花池，招待宾客，饮酒吟诗，并每日纵骑与侠少在繁台、晋丘之间射猎，自称为空同子，名声震动四海。宁王宸濠谋反被杀，御史周宣揭发李梦阳是宁王的余党，朝廷将李梦阳逮捕。大学士杨廷和、尚书林俊全力解救。朝廷因他曾给宁王宸濠作《阳春书院记》一文而削夺其公职，不长时间就去世了。李梦阳娶妻左氏，生四男两女。长子李枝中进士第，其余三子为李楚、李粱、李柱。《明史·文苑》有专传。

李梦阳才思雄健敏捷，以诗文要恢复秦唐的风格而自命不凡，卓著闻名。孝宗弘治时代，宰相李东阳以"馆阁体"领导全国文坛，天下文人都学习和崇尚李东阳的文风，只有李梦阳一人讥笑这种文体的萎弱。他提倡写文章要以秦汉文章为范本，写诗要以盛唐诗体为榜样，即"文必秦汉，诗必盛唐"。如不按此风格来作文吟诗；都不是好的文章和诗歌；他与何景明、徐祯卿、边贡、朱应登、顾磷、陈沂、郑善夫、康海、王九思等人号称十才子；又与何景明、徐桢卿、边贡、康海、王九思、王廷相等人号称七才子。为了与以后文坛中出现的七才子相区别，称为"前七子"，他为魁首。又与何景明有"北李南何"之说。李梦阳还说：真诗在民间。他要求诗歌创作深入民间，联系实际，汲取营养。这个文学观点对包括诗歌在内的文学创作起了很大推动作用。江苏人黄省曾、浙江人周祚写信愿作李梦阳的弟子。到了世宗嘉靖年间，李攀龙、王世贞等人又以秦、汉文，盛唐诗为仿照的样板，搞文坛复古运动。天下推崇李梦阳、何景明、王世贞、李攀龙为四大家，称为"李、何、王、李"。文人们争着仿效他们的文体。华州王维桢认为：七言律诗在杜甫以后，善于用顿、挫、倒、插方法的，只有李梦阳一人。李梦阳所倡导的文坛"复古"运动盛行了一个世纪，后为袁宗道、袁宏道、袁中道三兄弟为代表的"公安派"所替代。李梦阳著有《空同集》六十六卷。

李梦阳一生富有传奇色彩，以下是这位文坛泰斗的五则轶事：

李梦阳渡江

江南润州人丁玑，朝廷命他担任广东学政官，赴任途中要过长江。有关方面为他准备了猪头、祭羊等贡品，请祭祀水神。丁玑笑着说："行船吗，有时浮行有时沉没，这是有关天时的事，水神管这干什么？"所以就没有祭祀水神便渡江了。船行至中流，突然起了风浪，船因此翻沉了。随后，李梦阳担任江西学政，也要渡过长江去赴任。有关方面又为他准备了贡品让他祭祀水神，并用丁玑的事例说服他。他听后大怒，命令随从把水神的泥像捆绑起来投到江中，并且指着下沉的水神泥像说："把水神投到江中，是到了他应该去的地方。"此后，他乘船渡江，竟然什么事也未发生。（《中州野录》）

李梦阳奏阻课盐

武宗皇帝时，太监王瓒、崔果上奏朝廷，要用长芦运司伪官盐 12,000 引到南京去变卖，然后用得来的钱给宫廷置办织造锦缎的材料。户部司官李梦阳、王宗文、徐廷用等对尚书韩文说："现在是新登基的圣上初次管理朝政，不应该以变卖官盐去办宫廷用的锦缎。"韩文就按这个意见上奏武宗皇帝，并同意只给 6,000 引。武宗皇帝询问内阁大臣："户部为什么不全给？"回答说："太监装载官盐时，中间夹带了许多私盐，沿途又害人，而且延迟了官盐的纳税和交易，。先帝在其后几年里，曾下决心整顿食盐的管理，这正是圣上您继续进行整顿的当务之急呀！"武宗皇帝很不高兴，说："天下的事难道只由几个太监搞坏了？譬如十个人中，也还有三四个好人吧？"内阁大臣刘健等退出，再次上奏章，极请武宗皇帝按照户部的意见办理。皇上不

得已，就听从了。(《续束献通考》)

李梦阳出对联

李梦阳在管理江西学政的时候，有一名学子与他同姓同名。李梦阳就把这个学子叫到面前说："你难道不知道我的姓名，怎么敢起与我相同的姓名来侵犯我？"这位学子回答说："姓名是由父母起的，明知与你的名字相同但不敢更改呀！"李梦阳想了一会说："我现在出一副对联的上联，来检验你的才学，你如果能对上，我就宽恕了你。"接着说："蔺相如、司马相如，名相如，实不相如；"上联的意思是说，你与我虽然姓名相同，我们可不是一样的人物。这位学子思索了不久就应对道："魏无忌、长孙无忌，彼无忌，此亦无忌。"下联的意思是说，魏无忌和长孙无忌都不因为名字相同而有所顾忌，我们何必为此事计较呢？李梦阳听后，笑着将这位学子支走了。

李梦阳白昼打灯笼

李梦阳自小跟随做官的父亲到外地生活、学习，因他聪颖敏惠，熟读经诗，学得满腹经纶，能写锦绣般的文章；在他刚满 19 岁时，陕西省举行乡试，全省的秀才齐集省城参加考试，考取举人。按当时规定，哪个省的人就在哪个省会参加考试，在外的人员都要回归故里。当时庆阳府安化县归陕西省布政使管辖，因此，李梦阳先回到庆阳府安化县住了当段时间，然后到陕西长安去应试。因为他一直跟随父母，亲眼看见了官场的腐败和黑暗，又在故里听闻了官家鱼肉百姓的事实，因此激起了义愤，总想借机发泄二下。他灵机一动，想了一个绝妙的办法。当他早晨进入考场时，手打一盏点燃的灯笼要进门，守门官吏和其他秀才都很惊讶，问："你怎么白天打着灯笼行走？"李梦阳一本正经地答说："现在太黑暗了，我怕遭人暗算！"李梦阳说罢，微微一笑；秀才们对他的意思心知肚明，也对应一片笑声。而主持考试的官员们虽然心中生气，想发作给李梦阳难堪，但转念÷想，明里整治他，倒显他们肚量小；等他考试时或考试后再想妙方整治他不迟。试卷是密封的，无计可施，但在试卷拆封后，李梦阳竟中了第一名，为解元，而且他的文章被人们竞相传抄，一时长安纸贵。在盛名之下，官员们只好干瞪眼了。(《民间故事》)

李梦阳三下长安

李梦阳天资聪颖，禀赋超群，加上从小就好学多思，因而到他十五六岁时，就已是才思敏捷、出口成章的才子了。他 17 岁那年，陕西长安府开科考试，他备行装，告别家乡父老，只身前往长安。当时，李梦阳虽说血气方刚，才华横溢，但他一点也不自负，相反，他总是想到自己的不足，想到"强中更有强中手"。到了长安，他不像别人那样整天吟诗聚会，高谈阔论，借以炫耀自己，也不像那些纨绔子弟，临考前游山玩水，忘乎所以。他把自己关在小店里，认真读书。眼看就要考试了，一天，他碰到一伙挟鸡斗狗的纨绔子弟喧嚣而来。李梦阳早对这些人的行为非常反感，便上前说道："就要考试了，你们为何如此嬉闹不休？"那些纨绔子弟，从李梦阳说话口音知是从庆阳府来的穷酸小子，哪里瞧得起他，奚落道："北山狼；只知学而时习之，岂敢应试？"李梦阳听后，b 中非常气愤。他的性子格外要强，心想，要考就必然要高中，让这些纨绔子弟看看，煞煞他们的傲气，但目前自己的学识状况还无这个把握，不如再读一年书。主意一定，试也不考了，长安也不呆了，回到家里，更加刻苦地攻读。

不知不觉，又一年的考试来临了。这时的李梦阳学识更加广博，他满怀自信地又一次告别家乡父老来到长安。当他刚刚出现在考场里的时候，那些纨绔子弟又不怀好意地上前嘲弄他："北山狼怎么又敢来应试？"这次李梦阳没有生气，他机智地想了想，然后委婉含蓄地说道："虎走青山在，山在虎还来，岂有不来之理？"纨绔子弟听后面露惭色、无言以对，只得悄悄溜走了。考试开始了，李梦阳胸有成竹，临阵不惧，才思泉涌，奋笔疾书，一篇文才俊秀、论语精辟的好文章不一会儿就做完了。他满以为这次可以扬眉吐气了，谁知，学台大人不学无术，有眼无珠，只知徇私舞弊，哪里看得出梦阳的才学。非但榜上无名，考官还竟然在李梦阳的考卷上胡乱批道："四等大秀才李梦阳。"以此来挖苦他。梦阳万万没有想到考官会这样做，又一次愤愤而去。

两次应试，并没有使李梦阳灰心气馁，相反，学习更加刻苦了。弘治五年，李梦阳再次告别家乡，前往长安应试。这一次，为了回击学台大人的嘲弄，他在一只大灯笼上用红笔书写"四等大秀才李梦阳" 8 个大字。学台见他提着这样的灯笼招摇过市，不禁大吃一惊，又羞又怒，却又拿他没办法。

考试开始了，这次考试是即景赋诗。学台和那些貌似胸有韬略的考生瞧不起李梦阳，想让梦阳当众出丑，在一旁密谋捉弄办法。李梦阳并不把这些放在心上，镇定自若，胸有成竹，一边往高楼上走，一边赋诗道："一步一步登高楼。"学台和那些纨绔子弟一听起句如此平淡，都蔑视地笑了。梦阳并不在意，又往上走了一步说："手扶栏杆望北斗。"学台及其他考生听后不语了，心里暗想这句还有点诗意。梦阳说完继续上楼，随即又顺口成章："不是青山遮眼，望尽天下十八州。"学台和那些考生听后瞠目结舌，心里不由得暗暗夸奖："高才！高才！"从此再也不敢轻视这位年仅19岁的小梦阳了。这一年梦阳考中解元，即第一名举人。第二年，又连中进士，更使人刮目相看。

七 虞

红对白，有对无。布谷对提壶。毛锥对羽扇，天阙对皇都。
谢蝴蝶，郑鹧鸪。蹈海对归湖。花肥春雨润，竹瘦晚风疏。
麦饭豆糜终创汉，莼羹鲈鲙竟归吴。
琴调轻弹，杨柳月中潜去听；酒旗斜挂，杏花村里共来沽。

【注】

提壶：鸟名。（唐）刘禹锡诗："池看蝌蚪成文字，鸟听提壶忆献酬。"毛锥：即毛笔。谢蝴蝶：（宋）谢逸好作蝴蝶诗，人称为谢蝴蝶。郑鹧鸪：（唐）郑谷写的《鹧鸪》诗，有"雨昏青草湖边过，花落黄陵庙里啼"一联，诗家许为最得神韵，所以被称为郑鹧鸪。蹈海：战国时，秦兵围困赵都邯郸，魏王派客将军辛垣衍去劝说赵王，让他尊奉秦昭王为帝，秦兵自退。这事被围困在城中的齐国将士鲁仲连知道，当面批驳了辛垣衍的错误观点，说如果秦真的为帝，自己"有蹈东海而死耳，吾不忍为之民也"。后代许多诗人歌咏鲁仲连这种气节。如李白诗："齐有倜傥生，鲁连特高妙，明月出海底，一朝开光耀。"周恩来总理诗："难酬蹈海亦英雄"，用的也是这个典故。归湖：

春秋时范蠡帮助越王勾践灭吴后，功成身退，改变姓名，乘扁舟浮于五湖（即太湖）。蠡，①（lǐ），蠡县，在河北省；②（lí）一种用贝壳做的瓢。

麦饭句：汉光武帝刘秀初起兵，在饶阳地方遇到困难，将军冯异于滹沱河为他烧卖饭，芜蒌亭为他煮粥，使他渡过难关终于创立了东汉王朝。糜，粥。

莼羹句：莼（chún），莼菜，多年生水草，可做汤吃。莼羹：一种用野菜煮成的汤。鲈脍（lú kuài）：鲈鱼切成的丝。晋时张翰，由于厌倦官场生活，见秋风起，思念起故乡的莼羹、鲈鱼脍，就说："人生追求的就是称心如意，为什么我要远离家乡做官呢？"当即弃官而去。吴，张翰的家乡。

笠翁对韵

罗对绮，茗对蔬。柏秀对松枯。中元对上巳，返璧对还珠。
云梦泽，洞庭湖。玉烛对冰壶。苍头犀角带，绿鬓象牙梳。
松阴白鹤声相应，镜里青鸾影不孤。
竹户半开，对牖不知人在否？柴门深闭，停车还有客来无。

【注】

茗（míng）：今平声字，古上声字，迥韵。茗即茶。

中元句：中元，农历七月十五日，道教以为中元节。上巳，农历每月初旬中的巳日。三月上巳，是古代的一个节日。

返璧：战国时，赵国有和氏璧，秦王托言以十五城易之，实际是强行索取。赵使蔺相如奉璧入秦，秦不偿城，相如绝之曰，璧有微瑕，请完璧归赵。还珠：相传古代合浦郡不产谷物，只有海中盛产珍珠。许多太守到任后尽力搜刮，宝珠竟然迁往他处。后孟尝君为合浦太守，清廉自奉，宝珠又回来了。见《后汉书·孟尝传》。云梦泽：古代大泽名，在楚（今湖南洞庭湖一带），方九百里，后逐渐干涸，只剩下了洞庭湖。冰壶：盛冰的玉壶。南朝（宋）鲍照诗："直如蛛丝绳，清如玉壶冰。"都是用以比喻人的清白，心地纯洁。鹤声：《易·中孚》："鸣鹤在阴，其子和之。"

60

镜里句：《异苑》载，罽（jì）宾国王买得一只鸾鸟，多年不鸣。夫人说："听人说鸾鸟找到同类就鸣，何不让它照镜子试一试。"鸾鸟发现镜子里的影像，高声悲鸣，向天空奋力一飞，就死掉了。牖（yǒu），窗户。

宾对主，婢对奴。宝鸭对金凫。升堂对入室，鼓瑟对投壶。
觇合璧，颂联珠。提瓮对当垆。仰高红日近，望远白云孤。
歆向秘书窥二酉，机云芳誉动三吴。
祖饯三杯，老去常斟花下酒；荒田五亩，归来独荷月中锄。

【注】

婢（bì）：奴婢。

宝鸭句：金凫（fú）原为动物名，或称为野鸭。这里宝鸭和金凫都是指古代用来焚香的器具。

升堂句：古代居室建筑，室外有堂。一次孔子评价他的弟子子路，说："由也，升堂矣，未入室也。"意思是他已经有了一定的造诣。但还不够理想。

提壶：上古宴会时的一种游戏。宾主依次将矢投入壶中，多者为胜，少者罚饮。

觇合璧二句：觇（chān），观测。合，今平声字，古入声字，合韵。古代迷信说法，日月合璧，五星连珠，是太平的征兆。提瓮：瓮（wèng），瓦罐。提瓮，汉人鲍宣的妻子桓少君喜欢打扮，鲍宣说："这和我们的家境很不相称。"少君乃去服饰，著布衣，常提瓮出汲，并修妇道焉。当垆：垆（lú），放置酒器的土台，这里借指酒店。汉诗人司马相如和临邛（qióng）富人女儿卓文君私自结婚，无以谋生，就亲自卖酒。著犊鼻裤涤器，卓文君当垆，又于城都以鹔鹴裘就市沽酒，与文君同饮。仰高句：史载晋元帝太子明帝幼时聪明，其父帝抱以临朝。恰逢有长安使者至，元帝问他："日与长安孰近乎？"对曰："长安近，不闻人从日边来。"次日日薄西山宴群臣，帝夸于众，明帝又以为日近。帝问其说，对曰："举头见日（按：日指他的父亲晋元帝，这是古代崇拜皇帝的说法），不见长安。"众大奇之。旧诗文常用这个典故，李白诗："总为浮云能蔽日，长安不见使人愁。"白云孤：狄仁杰客外忆亲曰："白云飞处为亲所在。"

歆问句：刘歆（xīn）、刘向父子，都是西汉末年著名的学者，曾经多年整理皇家图书，对先秦典籍的整理、流传起了很大作用。二酉，即大、小酉山，在湖南沅陵县西北。古代传说，秦时曾有人于此读书，留书千卷于山中。窥二酉，意思是读了许多古代的秘密藏书。机云句：陆机、陆云兄弟，都是西晋初年著名的文学家，晋吴郡华亭（今江苏省松江区）人。祖父陆逊、父亲陆抗皆吴国名将。文名声大噪，时称为二陆。陆机为晋太康、元康年间声誉最著名的文学家，诗多乐府及拟古之作，讲求形式的华美整饬；善骈文，《辩亡论》为其代表作；所著文赋，为古代重要的文学理论作品。著有《陆平原集》。三吴是二陆的家乡。

祖饯：饯（jiàn），饯行，亲友设酒筵送别。祖饯，古人出行，先要祭祀路神，即所谓祖道。荒田二句：陶渊明《归田园居》诗有"种豆南山下，草盛豆苗稀。晨兴理荒秽，戴月荷锄归"的句子。

君对父，魏对吴。北岳对西湖。菜蔬对茶饭，苣笋对菖蒲。
梅花数，竹叶符。廷议对山呼。两都班固赋，八阵孔明图。
田庆紫荆堂下茂，王裒青柏墓前枯。
出塞中郎，羝有乳时归汉室；质秦太子，马生角日返燕都。

【注】

苣：①（jù），莴苣；②（qǔ），苣荬菜。苣藤，芝麻也。

菖蒲（pú）：植物名。天南星科石菖属，多年生草本植物。亦称为蒲剑、尧韭。

梅花数：古占法。相传为宋代邵雍所作。附会人事，以断吉凶。竹叶符：

即竹使符。汉代分与郡国守相的信符，右留京师，左留郡国。以竹箭五枚刻字制成。廷议：古时在朝廷之上、皇帝面前论辩国事称廷议。山呼：《汉书·武帝纪》载，汉武帝登中岳嵩山，曾听到群山多次呼喊"万岁"。这是迷信说法。

两都句：班固是东汉著名史学家、文学家，他曾写了《汉书》。《两都赋》是他辞赋中的代表作。

八阵句：《三国志》载，孔明曾演八阵图，其遗址甚多，都在四川。杜甫曾有《八阵图》五绝一首，专咏此事："功盖三分国，名成八阵图。江流石不转，遗恨失吞吴。"八阵，古代作战阵法：①三国诸葛亮有洞当、中黄、龙腾、鸟飞、折冲、虎翼、握机、连衡八阵。见宋王应麟小学绀珠卷九制度类八阵；②称方阵、圆阵等八种为八阵。文选陈琳为曹洪与魏文帝书：摅八阵之列，骋奔牛之权。李善注：杂兵书曰：八阵：一曰方阵，二曰圆阵，三曰牝阵，四曰牡阵，五曰冲阵，六曰轮阵，七曰浮沮阵，八曰雁行阵。田庆句：《续齐谐记》载，京兆田真、田庆、田广三兄弟商议分居，准备把堂前一棵紫荆树也截为三段，第二天树就枯死了，兄弟大惊，说：树木同株，听说将分就死掉了，难道人还不如树吗？决定不再分居，紫荆树又活了。

王裒句：王裒，晋人，其父被文帝杀死，裒攀墓柏号哭，柏忽枯。这当然是迷信说法。见《搜神记》。裒（póu，阳平），①聚；②减少。

出塞二句：中郎，指苏武。（汉）苏武以中郎将身份出使匈奴，被扣留，匈奴使牧羝羊，告诉他："羝乳乃得归。"羝（dī），公羊。乳，生羔。质秦句：据《燕丹子》载：战国末年，燕太子丹为质于秦，秦国对他很无礼，于是思归故乡。向秦王恳请，秦王说："乌鸦白头，马生角，一定放你回去。"太子丹仰天而叹，乌鸦果然白了头，低头落泪；马就生出了觭（jī）角。秦王不得不放他回来。

【典故】

鲁仲连义不帝秦

赵孝成王时，秦王派白起在长平前后击溃赵国四十万军队，于是，秦国的军队向东挺进，围困了邯郸。赵王很害怕，各国的救兵也没有谁敢攻击秦军。魏安釐王派出将军晋鄙营救赵国，因为畏惧秦军，驻扎在汤阴不敢前进。魏王派客籍将军辛垣衍，从隐蔽的小路进入邯郸，通过平原君的关系见赵王说："秦军所以急于围攻赵国，是因为以前和齐湣王争强称帝，不久又取消了帝号；如今齐国更加削弱，当今只有秦国称雄天下，这次围城并不是贪图邯郸，他的意图是要重新称帝。赵国果真能派遣使臣尊奉秦昭王为帝，秦王一定很高兴，就会撤兵离去。"平原君犹豫不能决断。这时，鲁仲连客游赵国，正赶上秦军围攻邯郸，听说魏国想要让赵国尊奉秦昭王称帝，就去觐见平原君说："这件事怎么办？"平原君说："我哪里还敢谈论这样的大事！前不久，在国外损失了四十万大军，而今，秦军打到国内围困邯郸，又不能使之退兵。魏王派客籍将军辛垣衍让赵国尊奉秦昭王称帝，眼下，那个人还在这儿。我哪里还敢谈论这样的大事？"鲁仲连说："以前我认为您是天下贤明的公子，今天我才知道您并不是天下贤明的公子。魏国的客人辛垣衍在哪儿？我替您去责问他并且让他回去。"平原君说："我愿为您介绍，让他跟先生相见。"于是平原君见辛垣衍说："齐国有位鲁仲连先生，如今他就在这儿，我愿替您介绍，跟将军认识认识。"辛垣衍说："我听说鲁仲连先生，是齐国志行高尚的人。我是魏王的臣子，奉命出使身负职责，我不愿见鲁仲连先生。"平原君说："我已经把您在这儿的消息透露了。"辛垣衍只好应允了。

鲁仲连见到辛垣衍却一言不发。辛垣衍说："我看留在这座围城中的，都是有求于平原君的人；而今，我看先生的尊容，不像是有求于平原君的人，为什么还长久地留在这围城之中而不离去呢？"鲁仲连说："世人认为鲍焦没有博大的胸怀而死去，这种看法都错了。一般人不了解他耻居浊世的心意，认为他是为个人打算。那秦国，是个抛弃礼仪而只崇尚战功的国家，用权诈之术对待士卒，像对待奴隶一样役使百姓。如果让它无所忌惮地恣意称帝，进而统治天下，那么，我只有跳进东海去死，我不忍心作它的顺民，我所以来见将军，是打算帮助赵国啊。"辛垣衍说："先生怎么帮助赵国呢？"鲁仲连说："我要请魏国和燕国帮助它，齐、楚两国本来就帮助赵国了。"辛垣衍说："燕国嘛，我相信会听从您的；至于魏国，我就是魏国人，先生怎么能让魏国帮助赵国呢？"鲁仲连说："魏国是因为没看清秦国称帝的祸患，才没帮助赵国。假如魏国看清秦国称帝的祸患后，就一定会帮助赵国。"

辛垣衍说："秦国称帝后会有什么祸患呢？"鲁仲连说："从前，齐威王曾经奉行仁义，率领天下诸侯而朝拜周天子。当时，周天子贫困又弱小，诸侯们没有谁去朝拜，唯有齐国去朝拜。过了一年多，周烈王逝世，齐王奔丧去迟了，新继位的周显王很生气，派人到齐国报丧说：'天子逝世，如同天崩地裂般的大事，新继位的天子也得离开宫殿居丧守孝，睡在草席上，东方属国之臣田婴齐居然敢迟到，当斩。'齐威王听了，勃然大怒，骂道：'呸！您母亲原先还是个婢女呢！'最终被天下传为笑柄。齐威王所以在周天子活着的时候去朝见，死了就破口大骂，实在是忍受不了新天子的苛求啊。那些作天子的本来就是这个样子，也没什么值得奇怪的。"

辛垣衍说："先生难道没见过奴仆吗？十个奴仆侍奉一个主人，难道是力气赶不上、才智比不上他吗？是害怕他啊。"鲁仲连说："唉！魏王和秦王相比魏王像仆人吗？"辛垣衍说："是。"鲁仲连说："那么，我就让秦王烹煮魏王剁成肉酱？"辛垣衍很不高兴不服气地说："哼哼，先生的话，也太过分了！先生又怎么能让秦王烹煮了魏王剁成肉酱呢？"鲁仲连说："当然能够，我说给您听。从前，九侯、鄂侯、文王是殷纣的三个诸侯。九侯有个女儿长得娇美，把她献给殷纣，殷纣认为她长得丑陋，把九侯剁成肉酱。鄂侯刚直净谏，激烈辩白，又把鄂侯杀死做成肉干。文王听到这件事，只是长长地叹息，殷纣又把他囚禁在牖里监牢内一百天，想要他死。为什么和人家同样称王，最终落到被剁成肉酱、做成肉干的地步呢？齐湣王前往鲁国，夷维子替他赶着车子作随员。他对鲁国官员们说：'你们准备怎样接待我们国君？'鲁国官员们说：'我们打算用于副太牢的礼仪接待您的国君。'夷维子说：'你们这是按照哪来的礼仪接待我们国君，我那国君，是天子啊。

天子到各国巡察，诸侯例应迁出正宫，移居别处，交出钥匙，撩起衣襟，安排几桌，站在堂下伺候天子用膳，天子吃完后，才可以退回朝堂听政理事。'鲁国官员听了，就关闭上锁，不让齐湣王入境。齐湣王不能进入鲁国，打算借道邹国前往薛地。正当这时，邹国国君逝世，齐湣王想入境吊丧，夷维子对邹国的嗣君说：'天子吊丧，丧主一定要把灵枢转换方向，在南面安放朝北的灵位，然后天子面向南吊丧。'邹国大臣们说：'一定要这样，我们宁愿用剑自杀。'所以齐湣王不敢进入邹国。邹、鲁两国的臣子，国君生前不能够好好地侍奉，国君死后又不能周备地助成丧仪，然而想要在邹、鲁行天子之礼，邹、鲁的臣子们终于拒绝齐湣王入境。如今，秦国是拥有万辆战车的国家，魏国也是拥有万辆战车的国家。都是万乘大国，又各有称王的名分，只看它打了一次胜仗，就要顺从地拥护它称帝，这就使得三晋的大臣比不上邹、鲁的奴仆、卑妾了。如果秦国贪心不足，终于称帝，那么，就会更换诸侯的大臣。他将要罢免他认为不肖的，换上他认为贤能的人，罢免他憎恶的，换上他所喜爱的人。还要让他的儿女和搬弄是非的姬妾，嫁给诸侯做妃姬，住在魏国的宫廷里，魏王怎么能够安安定定地生活呢？而将军您又怎么能够得到原先的宠信呢？"

于是，辛垣衍站起来，向鲁仲连连拜两次谢罪说："当初认为先生是个普通的人，我今天才知道先生是天下杰出的高士。我将离开赵国，再不敢谈秦王称帝的事了。"秦军主将听到这个消息，为此把军队后撤了五十里。恰好魏公子无忌夺得了晋鄙的军权率领军队来援救赵国，攻击秦军，秦军也就撤离邯郸回去了。

于是平原君要封赏鲁仲连，鲁仲连再三辞让，最终也不肯接受。平原君就设宴招待他，喝道酒酣耳热时，平原君起身向前，献上千金酬谢鲁仲连。鲁仲连笑着说："杰出之士之所以被天下人崇尚，是因为他们能替人排除祸患，消释灾难，解决纠纷而不取报酬。如果收取酬劳，那就成了生意人的行为，我鲁仲连是不忍心那样做的。"于是辞别平原君走了，终身不再相见。

李自成出语惊人终灭明

明末农民起义领袖李自成出生在陕西米脂县的一个农民家庭。那时，朝廷无道，官绅横征暴敛，百姓民不聊生。李自成一家更是穷得叮当响，经常挨饿受冻。他的父亲是个明白人，宁肯一家人吃糠咽菜，也要让儿子读书识字，成为一个有用的人。

这一年，村里关帝庙来了个秀才坐馆收徒，李自成的父亲就叫儿子上学去了。穷人家的孩子肯吃苦，李自成上学比谁都用心，天资又聪明，所以学业日进。老秀才十分喜欢，教得很尽心。没多久，李自成便学会了对对子，不仅合辙押韵，对仗工整，而且内在意思也非同一般，使人瞠目结舌。有一天，老秀才出了一个上联：

雨过月明，顷刻呈来新境界；

李自成略一思索，对了句：

天昏地暗，须臾不见旧江山。

老秀才听了，非常高兴，逢人就夸李自成是他教出来的好学生，日后必然有所作为，前途无量。后来，李自成果然率领起义军推翻了明王朝。

八 齐

鸾对凤，犬对鸡。塞北对关西。长生对益智，老幼对旄倪。
颁竹策，剪桐圭。剥枣对蒸梨。绵腰如弱柳，嫩手似柔荑。
狡兔能穿三穴隐，鹪鹩权借一枝栖。
甪里先生，策杖垂绅扶少主；於陵仲子，辟纑织履赖贤妻。

【注】

旄倪：老幼的合称。旄，通"耄"，老人；倪，小儿。

颁竹策：皇帝给诸侯、王颁发的委任状，以竹简为之，篆书，见《后汉书·光武帝纪》注。策，策书。剪桐圭：圭（guī），古代帝王诸侯举行礼仪时所用的玉器，上尖下方，代表官阶。相传周成王同他的小弟弟叔虞开玩笑，用桐叶剪成圭形，赠给他说，封你为侯。大臣进来贺喜。成王说：这是开玩笑。大臣说：天子无戏言。最后只好把叔虞封于唐。剥枣：剥（pū），同扑，打。《诗·幽风·七月》："八月剥枣。"杜甫诗："堂前剥枣任西邻。"

嫩手句：《诗·卫风·硕人》写卫庄公夫人之美，说"手如柔荑，肤如凝脂。"荑（tí）：此意为草木初生的幼芽。狡兔句：战国时，齐公子孟尝君出谋划策，谋求安稳的地位，说，狡兔有三窟，国君也应当如此。意思是多方采取措施，寻找几条出路。

鹪鹩句：鹪鹩（jiāo liáo），一种食小虫之极小的鸟，又名'巧妇鸟'。《庄子》上说："鹪鹩栖树，不过一枝。"意思是容易满足。杜甫诗"强移栖息一枝安"，即用其意。角里句：角（lù），有人说即角字的讹误。汉初，商山有四个隐士，名东园公、绮里季、夏黄公、角里先生；因为年老须发皆白，所以称四皓（hào）。相传高祖刘邦没有聘请他们出来，后高祖立吕后子惠帝为太子，继又欲以赵王如意易之。吕后用张良计，请四皓辅佐太子，帝见之曰："幸烦公等善为调护"，遂不见废。

於陵句：於陵仲子，即陈仲子，战国时齐国的隐士。因居于於陵，故号於陵子。《孟子》上记载他"身织屦，妻辟纑。"织屦（jù）即织草鞋。辟纑（lú），原为剥麻，染麻。辟纑指将分析练过的麻搓成线。麻是古代纺织原料之一。这里纑指布缕。引申为织布。楚王欲以为相，不就，与妻逃去，为人灌园，妻子辟纑织屦。

鸣对吠，泛对栖。燕语对莺啼。珊瑚对玛瑙，琥珀对玻璃。

绛县老，伯州犁。测蠡对燃犀。榆槐堪作荫，桃李自成蹊。

投巫救女西门豹，赁浣逢妻百里奚。

阙里门墙，陋巷规模原不陋；隋堤基址，迷楼踪迹亦全迷。

【注】

绛县老：即绛（jiàng）县老人。《左传》记载，晋绛县一位老人，使问其年，曰："臣小人也，不知纪年。臣生日正月朔甲子（出生那年正月初一是甲子日），至今四百四十五甲子矣。"师旷曰："七十三年矣。"伯州犁：春秋时晋国大夫伯宗之子伯嚭，因其父被杀，奔楚，为太宰。测蠡：蠡，①（lǐ），众虫蛀木。②（lí），贝壳做的瓢。管窥天，蠡测海，喻见小也，自不量力。燃犀：烛照明察。相传燃烧犀角可以照妖，晋温峤路过渚矶，人们说水下有怪物，温峤用点燃的犀角照之，果然见到许多奇形异状的精灵。夜梦人曰："幽明道别，何苦相逼。"这是迷信传说。

桃李句：《史记·李将军传赞》："谚曰：'桃李不言，下自成蹊。'此言虽小，可以喻大也。"比喻一个人如果有高德美才，不用自我声张，自然得到人们的敬爱。蹊，①（xī），小路；②（qī），蹊跷。投巫句：《史记》记载，魏文侯时，俗信巫，每岁以女子投河，曰为河伯妇。西门豹为邺（yè）令，投巫婆于河，俗乃止。

赁浣句：赁（lìn），本意为租借，这里指雇用。浣（huàn），洗。《风俗通》载，春秋时百里奚为秦相，赁一浣妇，歌曰："百里奚，五羊皮，忆别时，烹伏雌，炊扊扅（yǎn yí），今日富贵忘我为。"问之，乃其妻也（被百里奚抛在故乡的妻子）。

阙里二句：阙，①（què），①皇宫门前两边的楼。②墓道外所立的三石牌坊。②阙（quē）里，孔子居住的里巷名。陋巷，孔子弟子颜渊所居。孔子曾夸奖颜渊："一箪（dān）食，一瓢饮，在陋巷，人不堪其忧，回也不改其乐。"后来（唐）刘禹锡作《陋室铭》说："君子居之，何陋之有？"意思是，只要有德者居住，陋巷也不简陋。

隋堤二句：隋炀帝为游江都，开凿了大运河，在两岸栽种杨柳，堤长一千三百余里，称隋堤。迷楼，传说也是隋炀帝所建，用以寻欢作乐的地方。故址在江苏省江都县治西北七里。建筑富丽，穷极工巧。相传一入此楼，往往终日不得出。浙人进新宫图，营建既成，隋炀帝幸之曰："使真仙游此，亦当自迷。"因名之曰迷楼。两句的意思是：隋堤也好，迷宫也罢，都成了历史的残迹，当年的迷宫如今真的迷漫荒草中了。

越对赵，楚对齐。柳岸对桃溪。纱窗对绣户，画阁对香闺。
修月斧，上天梯。蟏蛛对虹霓。行乐游春圃，工谀病夏畦。
李广不封空射虎，魏明得立为存麑。
按辔徐行，细柳功成劳王敬；闻声稍卧，临泾名震止儿啼。

【注】

修月斧：古代故事，《天中记》曰：唐代有人游嵩山，见道卧者，问为
谁？笑曰："君不知月乃七宝合成乎？月势如丸，其回处常有二万八千户修
之，我其一也。"遂示以斧凿。上天梯：据《后汉书·和熹邓皇后纪》记载，
邓皇后曾"梦登梯以扪天"，醒后问占卜者，占者说，这种梦只有圣王才能做，
吉不可言。这当然是迷信传说。至，水脉也。①（jīng），同经，即经之古文；
②（xíng），地名，通作陉。

蟏蛛句：蟏蛛（dì dōng），即虹的古名。《诗·鄘风·蟏蛛》："蟏蛛在东，
莫之敢指。"霓（ní），虹在阴云上的投影，即副虹，古人认为雄者叫虹，
雌者为霓。鄘（yōng，旧读yóng），古国名，在今河南汲县东北。

工谀句：谀（yú），谄媚，奉承。工谀即善于奉承。《孟子》引曾参的
话说："胁肩谄笑，病于夏畦。"意思是：耸起肩膀向人故作笑脸，比夏天
治田埂还要难受。后也用夏畦比喻一般艰苦工作的人。畦（qí），有土埂围
着的小块方田，有的地方叫池子。李广句：西汉名将李广，多年驻守北部边疆，
与匈奴的侵扰进行斗争，屡建奇功，被称为汉之奇将军，但始终得不到重用。
他在做右北平太守时，一次在蓝田南山射猎，见草中石，以为虎，射之，箭
没石中，而以为奇，终不得封侯。后代诗人经常引用他的故事。如唐王维诗："李
广无功缘数奇。"杜甫诗："短衣匹马随李广，看射猛虎终余年。"魏明句：
魏明帝曹叡（ruì），魏文帝之子。《三国志·明帝纪》注引《魏末传》曰：

明帝幼从帝猎。帝射鹿，使明帝射其子，对曰："已伤其母，不忍更伤其子。"同时流下了眼泪。文帝即放弓箭，以此深奇之。相传由此下决心立为太子。麂（ní）：小鹿。

按辔二句：西汉文帝时，匈奴入侵，周亚夫为将军，屯兵细柳。文帝亲自慰劳军队，先至灞上、棘门两处劳军，后至细柳营。军门严闭，军人都剑拔弩张。皇帝的先驱到，不许入营门，先驱说："天子到了"。守营门的军官说："将军下令说：军队里只听将军的命令，不听天子的命令。"最后天子亲自给周亚夫下令，才开了营门，而皇帝勒着马笼头，规规矩矩地走进了军营。后世因此传为治军有方的佳话。

闻声二句：史载赤疵为原州守，虏不过临泾。常道其名，以怖啼儿。疵，①（cǐ），鲜艳；②（cī）同疵，玉的斑点。

【典故】

借对

借对，修辞中对仗一种，也称为假对。它通过借义或借音等手段来达到对仗工整的目的。一个词有两种以上的意义，诗人在诗中用的是甲义，但是同时借用它的乙义或丙义，来与另一词相对。

借义是利用词的多义性，通过一个词的某一种意义与相应的词构成对仗，但诗里所用的并不是这一种意义，而是另一种意义。如杜甫《曲江》诗中写道："酒债寻常行处有．人生七十古来稀"。"寻常"一词具有多种含义，一为"平常"，一是"八尺为寻，倍寻为常"。前者是一般的副词，后者是数量词，这里用"寻常"来对数词"七十"，用的是它本来具有的数量方面的含义，而诗中用的却是它副词方面的意义。这就是"借义对"。

借音是利用字词之间的同音关系，以甲词（字）来表乙词（字）。例如出句用了甲字，对句本来应当使用与甲字意义相类似的乙字，但用乙字在全中的意义上又不合适，于是就选用一个与甲字同音而又字义相关的丙字来结成对仗。俞弁《逸老堂诗话》说："洪觉范《天厨禁脔》有琢句法，其中假借格如'残春红药在，终日子规啼'，以红对子（谐紫），如'住山今十载，明日又迁居'，以十对迁（谐千）'皆是假借，'以寓一时之兴，唐人多此格，何以穿凿为哉。"文中所举就是"借音对"。

西门豹

春秋战国时期，魏国有个年轻的人，名叫西门豹。他从小就聪明好学，什么事都一学就懂，可是他的性格刚烈，脾气急躁，因此得罪了许多人。就因为这坏脾气啊，当官都当不到大官。他暗暗下决心，一定要把这坏脾气改掉！

怎么改呢？他想了个自我克制的办法。为了使自己不随便发脾气，他找了一块非常、非常柔软的皮子，把它挂在自己的腰间。一遇到让他急躁冒火的事情，他都要先摸摸这柔软的皮子，警告自己千万不可发火，要沉住气，要像那皮子一样，一定要柔软。还别说，这法子还真的很有效耶！他变了，变得能够听进别人的意见了，变得能够冷静地观察事情了，他的朋友也多起来了！国王决定重用他，就派他到邺城当县官。

这邺城是魏国的边远地区，正在闹水灾。老百姓说有个巫婆告诉大家这是漳河的河神发怒了，要想平息水灾，就必须给河神献上钱财，还要献上美丽的小姑娘给他做媳妇。这样过了一年多，大家都人心惶惶的，不少人都搬家离开了这个地方。西门豹在上任的路上听到了这件事情，他根本就不相信有河神，但是他没有像以前那样发脾气，决定把情况调查清楚再说。由于老百姓都不知道他是新来的县官，所以就告诉了他真相：那巫婆与地方上的亭长里正（就是现在的乡镇干部哦）勾结在一起骗百姓的钱财，根本就没人管这事，百姓们又斗不过他们，所以只好拖儿带女的离开家乡。西门豹把一切情况都掌握得清清楚楚后正式上任了。

他召集那些亭长里正开会说"给河神娶媳妇，这是大事也是好事，到时候一定要通知我，我要亲自参加。"到了那天，漳河两岸来看河神娶媳妇的人很多很多。靠近河边的一顶红色花轿里，坐着一个凤冠霞帔、泪流满面，看样子才十四．五岁的小女孩。他的父母在旁边哭哭啼啼，伤心欲绝。打扮得妖里妖气的巫婆和她的几个女徒弟边忙活着边尖着嗓子对女孩和她的父母亲说："哭什么呀，给河神做媳妇是几辈子才遇上的好事情！"

西门豹与一大帮地方官员也来到了。他今天穿得特别的威风：崭新的官服，溜金的帽子，厚底的靴子。时辰快到了，西门豹走到花轿前，掀起帘子，仔细端详新娘子许久，然后非常严肃地对巫婆和那些地方官员说道："漳河之神，那是何等的潇洒和帅气，这么丑陋的女子怎可以配得上他呢？"然后转身对巫婆说道："麻烦大仙派人对河神说一声，过些日子给它挑个最最漂亮的过来，今天这个太差了！"说完，让士兵把巫婆的大徒弟抬起来，"扑通"一声，扔进滚滚的漳河水里。然后，他躬身站立，等候消息。过了一个时辰，只见漳河的水盘旋流动，不见那大徒弟的影子。西门豹说："这大徒弟怎么还不回来？是不是被河神留在那里喝茶了，这不是误了大事吗？再派二徒弟去催催！"于是又抬起二徒弟，扑通一声也扔进了漳河。又过了一个时辰，二徒弟也没见回来。西门豹说道"唉，这二徒弟怎么也不回来呢？看来，只有麻烦大仙亲自走一遭了！"于是"扑通"一声，巫婆也被扔进了漳河。又过了一个时辰，巫婆也没见影子。西门豹威严地瞪着那些地方官说"你们谁愿意替下官走一趟啊？"那些官员吓得双腿直抖，连连求饶，个个都保证以后再也不敢做欺骗老百姓的事了。

这次西门豹一点都不急躁，也没有大发脾气，凭着他的聪明和才智，沉着冷静地制止了为河神娶媳妇的闹剧。后来他带领着老百姓修治漳河，战胜了水灾，为老百姓做了大好事。

百里奚的故事

百里奚官至相国，相当于现在的国务院总理，是秦穆公用五张羊皮罗致到的难得的治国之才。《春秋》、《左传》、《史记》、《吕氏春秋》、《谏逐客书》、《东周列国志》等史书，还记录了百里奚帮助秦穆公降伏西戎，称霸中原以及个人美德的传奇故事。

闩闩煮鸡

百里奚饱读诗书，才学过人，可是家境贫困，三十多岁才娶了个媳妇杜氏，生了个儿子叫孟明视，一家三口日子虽然清贫但很和睦。

百里奚的妻子杜氏是个很有见识的女子，深知自己丈夫是旷世奇才，于是就鼓励百里奚出游列国求仕。在百里奚出游那天，家中已经揭不开锅了。杜氏一大清早起来，宰杀了唯一的一只下蛋母鸡，劈了门闩炖母鸡，煮小米饭，给丈夫饯行。

假虞灭虢

百里奚从出游求仕后，历经宋国、齐国等国家，因为朝堂里无人，都没有得到录用。在齐国，百里奚陷入困境，一度沿街乞讨，继续求仕生涯。在齐国郅地，他遇见了蹇叔，两人一番高谈阔论，就结为知己。此后，在蹇叔的举荐下，到虞国当了个大夫。

公元前658年至前655年，虞国北方强邻晋献公用荀息之谋，以千里马和白璧作诱饵，两次向虞国借路去攻打虞国南边的虢国，这就是"假道伐虢"。宫之奇劝阻虞君不能借道，但虞君不听，料定是虞国必亡，便携全家老小出逃了。晋国大军在灭虢的归途中，顺便把虞国也灭了，虞君和百里奚都当了晋国的俘虏。但百里奚认为自己要"食君之禄，忠君之事"，执意不肯离开，最后同虞国国君一起当了晋军的俘虏。百里奚被俘虏后，晋献公要重用他，但他甘愿为奴，也不肯在敌国做官。

心与牛一

公元前655年，秦晋两国交好通婚，晋献公把百里奚作为女儿陪嫁的奴仆送往秦国。在迎亲的途中，他乘人不备逃跑到楚国，却被楚国当作奸细抓住。楚成王听说百里奚擅长养牛，便问："饲牛有道乎？"百里奚答："时其食，恤其力，心与牛而为一。"楚王道："善哉，子之言！非独牛也，可通于马。"于是百里奚做了楚成王的马夫。

自以为是的楚成王就这样错过了贤才百里奚，而后来的百里奚在秦国正是用"心与牛而为一"这条饲牛之道使秦穆公称伯于西戎。

羊皮换相

刚当上秦国国君的秦穆公，名字叫任好，是一位胸有大志的国君，听说了百里奚是人才，就想重金赎回百里奚。

秦穆公的谋臣公子絷说："那楚成王一定是不知道百里奚的才能，才让百里奚养牛。若用重金赎他，那不就等于告诉人家百里奚是千载难遇的人才吗？"

秦穆公问："那我该怎么样才能得到百里奚？"公子絷说："可以贵物贱买，用一个奴隶的市价，也就是五张黑公羊皮来换百里奚。那样楚成王就一定不会怀疑了。"

当百里奚被押回秦国后，秦穆公亲自接见了百里奚。一看他满头白发，大失所望，问道："先生多大岁数？"百里奚说："我还不到七十岁。"秦穆公惋惜道："咳，先生可惜太老了。"

百里奚说："大王如果派我上山打老虎，我确实是老了。如果让我坐下来商议国家大事，我比姜子牙还年轻！"秦穆公感到他的话很有道理，就邀请他单独谈话，经过几次长谈，认为百里奚果真是难得的治国奇才，亲自解除了他的奴隶身份，拜他为左丞相。因百里奚是秦穆公用五张黑公羊皮换回来的奴隶，故世人称百里奚为"五羖大夫"。羖（gǔ，谷），就是黑公羊皮的意思。

相堂听琴

百里奚的妻子杜氏在虞国灭亡后，也被迫带着儿子四处逃难，到了秦国后，儿子孟明视听人说秦国君用五张羊皮换回一个叫百里奚的相国，便对母亲说知此事。杜氏心想 这个百里奚是不是自己的丈夫呢？她决心去探个明白，便想尽办法到相国府当了一名洗衣服的仆人。有一次百里奚在相府宴请宾客，杜氏借机给相国唱了个小曲，她唱道：

"百里奚，五羊皮！可记得——熬白菜，煮小米，灶下没柴火，劈了门闩炖母鸡？今天富贵了，扔下儿子忘了妻！"

反复吟唱，呜咽悲切。百里奚听着听着，止不住泪流满面，他跟跟跄跄跑下堂仔细一看，原来唱小曲的洗衣仆竟是自己的结发妻子。相堂之上相认后，夫妻两人抱头痛哭起来。秦国人知道这件事情以后，很为百里奚的品质所感动。秦穆公还派人送来了许多财宝馈赠，以示祝贺。从此，百里奚位高不忘旧情，相堂认妻的故事在民间广为流传。这是《风俗通》里记载的一个感人故事。

百里奚还有泛舟之役、韩原大战、秦晋联合救天子等等故事已流传了两千多年。

百里奚入秦，为秦国带去了周朝先进的文化、政治和耕作技术，使秦国由一个偏僻的小国一举成为可与晋国、楚国争高低的强国，成为名副其实的春秋五霸，为以后秦国兼并六国，统一中国，奠定了基础。

李群玉妙题藏头联

相传，唐文宗二年，诗人杜牧游历澧州时，十分钦佩李群玉（807—859，澧县车溪乡七里庄人）"诗笔遒丽，文体丰妍"的才气，便劝其赴举，李群玉考后因未行贿考官，落第后发出了"朱门待媒势，短褐谁揄扬"的感叹，尔后便蛰居仙眠洲。洞市庹姓私塾老先生与其交情深厚，见其郁郁不乐的样子，就在这年夏天邀请李群玉来到洞市避暑小憩一段，满腹经纶的老先生知道李群玉的对联功底十分厚实，但还是想见识见识。当看到李群玉骑着毛驴来到云盖山脚下，他连忙出门远远地相迎，指着对面的和尚洞介绍起来，然后快走几步登上了山冈，看到高树掩隐着的观音庙的飞檐翘角，随机出了上联："石洞高悬，寺阁低浮，僧在画中看画。"李群玉看着奔来眼底的群山，对道："群峰远眺，绝壁近看，人来山上观山。"妙对顷刻即成。哈哈大笑的两人牵着手来到了老先生家前的晒场，一只公鸡带着一群母鸡在晒场上觅食，老先生双手从胸前一扬，"吼起！吼起！"地赶鸡，鸡或跑或飞，老先生就即景出句："鸡站箕沿上，鸡压箕，翻箕扑鸡。"李群玉看到自己系在晒场旁梨树下的驴，就含笑答道："驴系梨树下，驴挨梨，落梨打驴。"巧对妙趣横生。台阶前有一用三块石头垒起的小石桥，老先生进门前故意用脚踢了一下石桥，同声吟出一句上联："踢破磊桥三块石，"他回头看看李群玉，李群玉二话没说，步入堂屋后，拿起茶几上的毛笔在一张纸上写了个"出"字，同时用剪刀剪成两段，老先生顿时大悟，道出下联："剪断出字两重山。"李群玉的占对快捷，佳句泉涌，当即令老先生佩服得五体投地。

两人相互礼让落座，老先生连忙叫家人上酒摆菜，两人细酌长饮起来。老先生问其是否婚配，李群玉说："我是赤条条来去无牵挂，出入只有影相随。"并出一联："家有小屋三间，坐也由我，睡也由我。"老先生抬起头来，呵呵大笑说："我也是'家有老妻一个，左看是她，右看是她。'"二人于是开怀畅饮，忽然老先生感慨道："我比不了你，垂垂老矣！'客来醉，客去睡，老无所事殊可愧。'"李群玉说："先生此言差矣！我是'论学粗，论政疏，诗不成家聊自娱。'"酒酣耳热之时，两人相搀出屋，但见月光披洒，竹林轻吟，老先生抖开折扇，把腰一躬，做了个"抛水袖"的动作，出了一上联："揖让月在手。"李群玉接过扇子，摇了两下说："摇动风满怀。"老先生又手指天上一弯明月说："半月如舟，谁渡嫦娥出苦海。"李群玉也不由得仰头望天，看见满天明朗的繁星直朝他眨眼睛，仿佛是在提醒他，便说："七夕比翼，鹊搭牛女过天河。"当夜，二人抵足而眠。

第二天上午，两人从和尚洞一边往西慢行，一边观山阅景，只见山坡上农舍点点，山峪里稻穗摇曳，农夫荷锄，牧童戏水。里许，有一处绝壁，叫猫儿岩，在绝壁顶端，蹲着一对栩栩如生的岩猫，像是一对恋人在悄语，老先生仰望着岩猫，吟出了一上联："媚眼精灵多浪语。"李群玉回头一望和尚洞，出口就说："修身和尚远风情。"传说由于这对石猫头望仙洋（石门山区的旧称），尾对澧阳平原，当地人就说是"吃仙洋，屙澧州"，仙洋人知道石门贫困而澧州富庶的原因后，就悄悄派人来到猫儿岩，趁月黑风高之夜，将猫头猫尾锤坏，使其失去了灵气，从此，石门人便过上了芝麻开花节节高丰衣足食的好日子。

两人又行数里，便到了两河口，此时已到午时，烈日当头，大汗淋漓，见旁边唐家山上有一对古松，得数十人才能合围，老先生说："前路赤日炎炎，试问能行几步？"李群玉用手抹了一把汗说："这里凉风习习，何妨暂坐片刻。"两人刚坐下，旁边的刺草窝里有一只山鸡"扑吱"一声地飞了出来，老先生说："花棘丛内跳花鸡，鸡穿棘梢。"李群玉往溪边一看，有几只山羊被主人系在杨树下，就对答道："白杨树下卧白羊，羊啃杨枝。"这时，山道上来了一挑窑货的脚力，老先生见其个字矮小，坛坛罐罐又挑得多，就说："身轻担重轻挑重。"李群玉没等他说完，就接过话来："脚短路长短走长。"少息，两人沿小路钻进了十里十八湾的木溪峪，这是一条蜿蜒曲折的山峪，峪中有一条小溪，倚山择隙而行，峪中古树参天，虬枝旁逸斜出，常年阴霾如夜，行人往来溪畔，摸黑趔趄前行，当时称为摸溪峪，后来才演变为木溪峪。又行数里，天空豁然开朗，到了峪中的一片开阔地，十几亩水田里有农夫在整田扯秧，老先生来了灵感笑着说道："稻草捆秧，父抱子。"李群玉环顾四周一看，山上远远近近全是翠翠绿绿的毛竹，就说："竹篮提笋，母怀儿。"老先生来到田边，和一耕田的农夫打起招呼来："高师傅，歇一会再耕吧！"矮个字高师傅说："刚耕完小丘田，要把大丘田耕完了才能歇！"老先生就对李群玉说："高矮子肩长，短棍赶黑黄牯到小田犁大丘。"刚说完，路上就来了身材娇小的一中年妇人，她忙着和老先生打招呼，说是要到下屋场去吃酒，等她一走开，李群玉就对老先生说："细大嫂寻新，旧布做绣花鞋去下屋陪上亲。"老先生连连称好。两人又来到农舍前，发现一群孩子在桐树下用竹竿打青桐子，老先生用手摸着一个正在哈哈大笑的孩子的头说："童子打桐子，桐子落，童子乐。"李群玉脑瓜子一转，就想到了和尚洞，又对出了下联："和尚立河上，河上崩，和尚奔。"

据说，李群玉被老先生一而再，再而三地挽留在洞市生活了半年之久，两人每天吟诗做联，成了忘年交。直到临近春节，老先生看李群玉已从科举落第中解脱出来，心境渐平悠闲，他才让其回仙眠洲，告别时，老先生十里相送，还在千叮咛，万嘱咐，道不尽的话语。

九 佳

门对户，陌对街。枝叶对根荄。斗鸡对挥麈，凤髻对鸾钗。
登楚岫，渡秦淮。子犯对夫差。石鼎龙头缩，银筝雁翅排。
百年诗礼延馀庆，万里风云入壮怀。
能辨名伦，死矣野哉悲季路；不由径窦，生乎愚也有高柴。

【注】

荄（gāi）：草根。根荄，也是草根。

斗鸡：古人饲养公鸡，使之相斗赌输赢，是上层社会和市井间一种赌博游戏。唐王勃有《斗鸡檄》。挥麈：麈（zhǔ），古书上指鹿一类的动物，尾巴可以做拂尘。晋人清淡，往往持之挥洒，以示高雅，系是王谢家中物。髻（jì）：梳在头顶上的发结。登楚岫：岫（xiù）即山，楚岫，南方的山。战国时楚国诗人宋九有"登山临水兮送将归"的诗句。秦淮：古代金陵附近的一条河，相传是秦始皇所开凿以疏通淮水，故名。古代有名的风景游览区。（唐）杜牧诗："烟笼寒水月笼纱，夜泊秦淮近酒家。"子犯：名狐偃，字子犯，春秋晋人。为晋文公舅，故亦称为舅犯。文公为公子时，出亡在外，偃与兄毛从之十九年；及文公归国，乃以偃为大夫，信任不疑，言听计从，最后辅佐文公平定周室之乱而成霸业。夫差：春秋吴王。

能辨二句：季路，孔子弟子子路的字。卫出公准备让孔子参政，子路问孔子："如果您从政，将把什么摆在首位？"孔子回答："必也正名乎！"子路说："能够这样吗？您该多么迂阔啊！"孔子批评说："野哉，由也！"句中的能辨名伦即指正名一事。后来，卫国发生内乱，子路死难，孔子闻讯叹息说："由也死矣。"

不由二句：也指上述典故。孔子的另一名学生高柴，遇卫难不径不窦（既不走小路，又不走孔道，不知变通）。在卫发生内乱时也恰好在场，他劝子路不要参与，子路不听，他一人逃了出来。"愚也"是孔子对高柴的评价，一次，孔子说："柴也愚。"

　　冠对履，袜对鞋。海角对天涯。鸡人对虎旅，六市对三街。
陈俎豆，戏堆埋。皎皎对皑皑。贤相聚东阁，良朋集小斋。
梦里山川书越绝，枕边风月记齐谐。
三径萧疏，彭泽高风怡五柳；六朝华贵，琅琊佳气种三槐。

【注】

海角句：海角天涯，形容遥远偏僻的地方。（唐）白居易诗："海角天涯遍始休。"鸡人：相传西周宫廷内有鸡人之官，主报时。虎旅：英勇的军队。（唐）李商隐马嵬诗："空闻虎旅传宵柝（tuò，古时打更的梆子），无复鸡人报晓筹。"六市：即六街，古都长安和汴京都有六条大街。三阶：相传古代帝王路寝前有三层台阶。

陈俎豆二句：都是孟轲的故事。据《列女传》记载：孟子小的时候，家近墓地，孟子摹仿大人埋坟。后移舍于市，又习贸易事；移学于宫（学校）傍，乃习礼让修俎豆。这就是孟母三迁的故事。俎豆：古时祭神或饮食用的器皿。俎（zǔ），①古祭祀器物，盛祭牲；②切菜之砧板。豆，一种高脚盘子，盛祭肉。皎皎：洁白，明亮。皑皑：洁白的样子。（汉）刘歆《遂初赋》："漂积雪之皑皑兮，涉凝露之降霜。"

贤相句：汉公孙宏出身清寒，做了宰相后，开东阁廷揽才士，供给衣食，自奉甚薄。书越绝：即《越绝书》，历史小说。东汉袁康撰。记吴越二国史地及伍子胥、范蠡等人活动。记齐谐：即《齐谐记》，《庄子》里提到的一部古老的书，久已失传。六朝时吴均有《续齐谐记》，讲神怪故事。

三径句：陶渊明曾为彭泽令，三径种菊，门前有五柳，号五柳先生。彭泽高风即指陶渊明的高尚风度。见鱼韵第三章"三径风光"注。六朝二句：（宋）王旦父王祐家居琅琊，曾亲手在庭院中种植三棵槐树，说："吾之后世必有为三公者。"故王氏称"三槐堂"。王氏世为公卿，盛于江左。传说周王朝宫廷外植三槐，是三公朝见天子的位置。

勤对俭，巧对乖。水榭对山斋。冰桃对雪藕，漏箭对更牌。
寒翠袖，贵荆钗。慷慨对诙谐。竹径风声籁，花溪月影筛。
携囊佳韵随时贮，荷锄沉酣到处埋。
江海孤踪，云浪风涛惊旅梦；乡关万里，烟峦云树切归怀。

【注】

冰桃句：《汉武故事》记载，仙人西王母多次降临到人间，给汉武帝带来玉桔、冰桃、雪藕。

漏箭：漏是古时一种计时器，以器贮水，随着水的流出，水面下降，指针指出时刻。漏箭即指针。寒翠袖：杜甫《佳人》诗，描写一个被丈夫遗弃屏居山谷中的贵妇人，最后二句是："天寒翠袖薄，日暮依倚竹。"

荆钗：用竹木制成的钗。历史上记载许多开明妇女，能同丈夫同甘共苦，史书常用布衣荆钗写她们的朴素，因而"荆钗"就成了贤明妻子的代称。籁（lài）：被风吹动的竹木发出的声响。本指从孔窍中所发出的声音，后泛指一切的声音。如：天籁、人籁、万籁俱寂。南朝梁刘勰《文心雕龙》原道："至于林籁结响，调如竽瑟。"筛：洒、落。携囊句：唐诗人李贺的故事。见支韵第四章"玉楼"二句注。荷锄句：晋刘伶字伯伦，纵酒放达，出行常携一壶酒，叫人荷锄跟在身后，曰："醉死便埋我。"

江海二句：似说南宋女词人李清照。她遭到宋室南迁的动乱，而后她丈夫又死掉，晚年生活十分凄苦。在一首《渔家傲》（又题"记梦"）中，她写有"天接云涛连晓雾"，"我极路长嗟日暮"等诗句。

杞对梓，桧对楷。水泊对山崖。舞裙对歌袖，玉陛对瑶阶。
风入袂，月盈怀。虎兕对狼豺。马融堂上帐，羊侃水中斋。
北面黉宫宜拾芥，东巡岱畤定燔柴。
锦缆春江，横笛洞箫通碧落；华灯夜月，遗簪堕翠遍香街。

【注】

楷：树名，据说生在孔子墓上，枝干挺拔不屈。风入袂二句：张彦远《法书要录》赞美王羲之的楷书，有"清风出袖，明月入怀"的说法。兕（sì）：

古时生活在中原一带的一种凶猛的野牛。

马融句：马融是东汉著名学者，据说他很放达，不拘守儒教的法规，他在教学时，"坐高堂，施绛纱帐，前授生徒，后列女乐。"羊侃句：南朝梁羊侃，好奢侈，结舟为斋，亭馆皆备，日事游宴。北面句：黉（hóng）宫：古代称学校。拾芥，拾取地上的草芥，比喻到手容易。《汉书·夏侯胜传》载，汉代学者夏侯胜经常对他的弟子说："你们的弱点是不明儒家的经典，如果搞通了经典，做官'如俯拾地芥耳。'"

东巡句：相传上古皇帝登基后，都要到泰山举行封禅之礼，祭祀天神。岱畤（zhì）：岱即岱宗，泰山。畤，古时祭天、地、五帝的地方。燔（fán）：①焚烧，②烤。

燔柴，把祭牲玉帛放在柴草上点燃，让烟气飞升，象征着送给了神灵，这是封禅时的一种仪式。锦缆二句：锦缆，以锦缎做缆绳，极言舟船豪华。杜甫诗："青蛾皓齿在楼船，横笛短箫悲远天。春风自信牙樯动，迟日徐看锦缆牵。"碧落即天。

华灯句：遗簪堕翠，指游人丢失的首饰。《梦粱录》中记北宋首都汴梁，每逢元宵节，热闹异常，人们通宵达旦地遍街游赏，酒醉后，"堕翠遗簪，难以枚举。"

【典故】

梁启超巧对张之洞

据传，在晚清戊戌政变之前，力主维新的康有为，派他的得意门生梁启超赴南方考察，并请时任湖广总督的张之洞多加关照。张之洞素闻少年早慧，聪颖过人的梁启超之名，欲在梁启超来武汉时，亲自试一试他的才智。于是以梁启超来武汉为题，写了一副对联的上联，准备让梁启超对下联。当梁启超到武汉拜会张之洞时，互致寒暄后，张之洞随手从案头拿起写有联语的纸条，佯作很认真的样子说："日前听说你要来武汉，老夫偶得一联，尚未想出合适的下联，请梁先生为老夫玉成下联吧。"梁启超知道是故意考他，口中连连说着："晚辈岂敢，晚辈岂敢！"却把纸条接了过来，他看纸条上写的是"四水江第一，四季夏第二，先生来江夏，谁是第一，谁是第二？"梁启超略加思索，笑向张之洞说："晚生可要在长辈面前献丑了"，他拿起笔写道："三教儒在前，三才人在后，小子是孺人，不敢在前，不敢在后！"写得语气逼人，意在敢与进士出身的张之洞比肩。写完双手将纸条呈与张之洞。张看完梁启超所对下联，不仅不责备这个后生的狂妄自大，竟抚掌大笑，嘴里高声赞道："对得好，对得好，果然后生可畏名不虚传！"此后，张之洞深爱梁启超之才，非常器重他。

酒鬼刘伶及刘伶墓

关于刘伶的墓有几个版本，一说在山东枣庄峄城；一说在江苏淮安楚州区；一说在河北保定徐水；但在安徽利辛一说比较准确。民国乙丑《涡阳县志》载："李门集东八里有刘伶墓。"今利辛县张村镇三里湾村刘土楼，旧称刘伶集，集南有刘伶庙，民国初年庙已拆除，遗有残碑。集侧有一荒冢，当地居民皆指为刘伶墓。刘伶当时属沛国。沛国，汉高帝改泗水郡置郡，东汉改为国，东晋复为郡。辖境相当安徽淮河以北、西淝河以东、河南夏邑、永城及江苏沛、丰等县地。刘土楼台位于西淝河东、北各11公里，当在沛国境内。同时，刘土楼当时有一酒坊，据说制作出来的酒还不错，作为头号酒鬼的刘伶当然会慕名而来，因饮酒过度，醉死他乡也就不足为奇了。

西晋的刘伶是与阮籍同时而齐名且又好酒的人。

与阮籍借酒避祸的态度不同，刘伶仿佛是天生的酒鬼，用他自己的话说就是"唯酒是务，焉知其余"。

刘伶，字伯伦，沛国（今安徽淮北市）人。竹林七贤之一，擅长喝酒和品酒。魏末，曾为建威参军。他身高仅一公尺四十，不仅人矮小，而且容貌极其丑陋。但是他的性情豪迈，胸襟开阔，不拘小节。平常不滥与人交往，沉默寡言，对人情世事一点都不关心，只有和阮籍、嵇康很投机，遇上了便有说有笑，因此也加入了七贤的行列。

刘伶有过短暂的仕途，曾做到建威参军。后因不满政治黑暗，逐被罢官。当时同辈们都得到高第官位，只有他被罢了官。罢了官以后的刘伶，更加心灰意冷，借酒消愁便成了他发泄内心不满与苦闷情绪的良药。为避免政治迫害，刘伶便日日醉乡路稳宜频到，终于嗜酒寿终。这在那文人动辄被杀的乱世，也可谓不幸中之大幸了。

刘伶的家庭是很穷困的，但他并不以为意，反而嗜酒如命。他经常乘鹿车，手里抱着一壶酒，命仆人提着锄头跟在车子的后面跑，并说道：如果我醉死了，便就地把我埋葬了。他嗜酒如命，放浪形骸由此可见。

有一次，他喝醉了酒跟镇上的人吵架，对方生气地卷起袖子，挥拳就要打他，刘伶却很镇定从容地说："我这像鸡肋般细瘦的身体，那有地方可以安放老兄的拳头。"对方听了，笑了起来，终于把拳头放了下来。

还有一次，他的酒病又发作得很厉害，要求妻子拿酒，他的妻子哭着把剩余的酒洒在地上，又摔破了酒瓶子，涕泗纵横地劝他说："你酒喝得太多了，这不是养生之道，请你一定要戒了吧！"刘伶回答说："好呀！可是靠我自己的力量是没法戒酒的，必须在神明前发誓，才能戒得掉。就烦你准备酒肉祭神吧。"他的妻子信以为真，听从了他的吩咐。于是刘伶把酒肉供在神桌前，跪下来祝告说：天生刘伶，以酒为名；一饮一斛，五斗解酲。妇人之言，慎不可听。说完，取过酒肉，结果又喝得大醉了。

还有个故事是民间杜撰的，极可能是卖杜康酒的那帮人编出来的，就是所谓的"杜康造酒醉刘伶"。

有一次，刘伶碰巧来到杜康的酒坊，看到门上有一副对联写着：猛虎一杯山中醉，蛟龙两盏海底眠。横批是：不醉三年不要钱。刘伶就不爽了，他本身就酒量大，喝酒的名气也大。这样的话简直就是不把他放在眼里。于是他心里带着气进了酒坊，一下就来了三杯。三杯喝完就天旋地转，自言自语，果真醉了。还好能够撑着跌跌撞撞回家。一回到家，他就交代老婆说："我要死了，把我埋在酒池内，上边埋上酒糟，把酒盅酒壶给我放在棺材里。"说完，他就"死"了。他一生好饮酒，因而他老婆按照他的吩咐"安葬"了他。这一"死"果真是三年，直到三年后杜康去他家找他要酒钱，才把他叫"活"过来。杜康酒就是借着刘伶的名人效应广告出去的，广告词"杜康美酒，一醉三年"也变得家喻户晓。

从这件事，我们可以看到他滑稽多智、放荡不羁的一面。

刘伶平时从不滥与人交往，沉默寡言，只与阮籍、嵇康相交甚厚，遇上时便有说有笑，非常投机。嵇康、阮籍，尤其是刘伶，他们喝酒追求酩酊大醉，放浪形骸……其形态简直是醉生梦死。这些个狂猖，个个都是十足的酒徒，个个嗜酒成性。这等癖好，大概与其所处的时代有密切关联。魏晋时期，近乎欧洲的中世纪，社会黑暗，恐怖色彩笼罩，百姓怨声载道，怒不敢言。所以，酒成了文人墨客的寂寞饰物，且唯有酒才是他们灵魂短暂休憩的抚慰者。

刘伶是个醉鬼，他的思想接近庄子。据说在泰始年间，他初上意见书，主张无为而化之说，却被斥为无益之策。刘伶经常沉湎于酒中，无视礼仪，任性胡为。他好赤裸身体，时常在家里脱光了衣服饮酒。假如有人来讥讽他，刘伶说道：天地是我的房屋，室内是我的衣裤，你们为什么要钻进我的裤裆里来？

刘伶的肚子里不仅装酒，也装着好文章，其积一生之愿写下了著名的《酒德颂》，颂扬以饮酒为德，酗酒为德，唯酒是德的饮酒思想，更为后世所广泛传颂。且看：

有大人先生，以天地为一朝，万期为须臾，日月为扃牖，八荒为庭衢。行无辙迹，居无室庐，幕天席地，纵意所如。止则操卮执觚，动则挈榼提壶，唯酒是务，焉知其余。有贵介公子、缙绅处士，闻吾风声，议其所以，乃奋袂攘襟，怒目切齿，陈说礼法，是非蜂起。先生于是方捧罂承槽，衔杯漱醪，奋髯箕踞，枕曲藉糟，无思无虑，其乐陶陶。兀然而醉，恍尔而醒。静听不闻雷霆之声，熟视不睹泰山之形。不觉寒暑之切肌，利欲之感情。俯观万物，扰扰焉若江海之载浮萍。二豪侍侧焉，如蜾蠃之与螟蛉。

翻译成白话文，就是：有位大人先生，把天地当作一朝，万年为一瞬，日月为门窗，八荒为庭院。他行不用车，住不要屋，以天作帐幕，拿地当铺席，随意自如。他停止不动时就端酒杯执酒觚，行动起来就带上榼提上壶，把饮酒作为唯一事务，哪里还知有其他。有位贵族公子和一位想做官的处士，听到我这样生活的风声，议论不已。他们撩起衣袖，怒目切齿，陈说礼法、汹汹然群起评是论非。先生这时正捧着酒罂在酒糟饮酒，端着杯子享受酒醪，须髯怒张，箕踞而坐，枕着酒曲躺在酒糟上，无思无虑，其乐陶陶。他昏然睡去，豁然而醒，静听之际也听不到雷霆之声，熟视之时也看不见泰山之形，也感觉不到寒暑侵入肌肤、利欲的动人情怀。俯视天下万物纷纷扰扰，就像是江海上的一片浮萍，贵族公子和缙绅处士在身边，也只如蜾蠃与螟蛉一样渺小。

对此文，清朝王符曾在《古文小品文咀华》中感慨万分："真阔大，真风流，拂落俗里三斗许矣。不知酒中趣，不能道只字也。"

刘伶放荡不羁的一生，透出一种对人个性独立和精神自由的追求！在残酷的现实面前，他无力反抗，唯有酒才能消除那内心的痛苦那种无奈的惆怅，唯有饮酒，才能体会到生命的真谛，才能追求到人生的圆满。回顾他的一生，也许一千年后另外一位酒鬼唐寅的诗可聊以浇筑下其心中的块垒，正是"世人笑我太疯癫，我笑世人看不穿，不见武陵豪杰墓，无花无酒锄作田"。

从"诗鬼"看李贺

李贺（790～816），字长吉，河南福昌人，世称李昌谷。早年便聪慧多才，七岁可以做辞章，名动京邑。可能正是因为如此多才的原因罢，以远大自期的李长吉，便和文学长河中的很多"明星"一样，受到了封建礼教的限制，最终郁郁寡欢，不能应进士试，因此毕生才做了一个九品小官。死时二十七岁。

"我在山上舍，一亩蒿硗田。夜雨叫租吏，春声暗交关"，一亩蒿硗田，维持了李贺的家庭生活；夜幕下的湿雨里，还不断传来官吏催收租金的叫喝声，可见李贺家庭生活的贫困。仕途的不顺，再加上囧状的物质生活，愈加激起了李贺心情的悲愤。这就构成了李贺诗歌内容的重要组成部分——表现怀才不遇、孤寂幽愤的心灵痛苦。他写了《马诗》、《开愁歌》、《浩歌》、《秋来》、《致酒行》等一系列诗篇，发泄自己怀才不遇的愤懑与牢骚，才有了"我当二十不得意，一心酬谢如枯兰。衣如飞鹑马如狗，临歧击剑生铜吼"的不快之语。

如《浩歌》：

南风吹山作平地，帝遣天吴移海水。王母桃花千遍红，
彭祖巫咸几回死。青毛骢马参差钱，娇春杨柳含细烟。

筝人劝我金屈卮，神血未凝身问谁。不须浪饮丁都护，
世上英雄本无主。买丝绣作平原君，有酒惟浇赵州土。
漏催水咽玉蟾蜍，卫娘发薄不胜梳。看见秋眉换新绿，
二十男儿那刺促？

世上一切都会有变化，山会被南风吹作平地，大海也会被上天移走，云
霄殿王母娘娘的桃花，红过千翻之后，，彭祖、巫咸，也要经历几番生死。
人生不免于历经衰老和死亡，又哪堪短短的英雄命，薄薄的英雄泪，满腹的
壮志，却始终难以实现。就是这样的痛苦，心灵上的伤害，让长吉像个苦行
僧一样吟游，却也倾吐不了一个诗人内心的不甘与苦痛，唯一也是最痛苦的
方式，就是把毕生的精力花费在写诗上，造就了一段诗的神话。

就以《浩歌》为例，说明一下李贺诗歌的艺术手法。其一，非现实的幻
想，奇特的神话主义用法，是李贺诗歌最大的特色。如"南风吹山作平地，
帝遣天吴移海水。王母桃花千遍红，彭祖巫咸几回死"几句。"风吹山"，
亦可作平地；"帝遣天吴"，海水亦可偏移。"王母"、"彭祖"、"巫咸"，
这些都是古代神话中的主人公，被作者运用得恰到好处。也就符合我们之前
所提："诗鬼"铸"鬼诗"的结论了。奇特，却也怪异，似乎出自"天人"
之手，想法非常人所思。何为"鬼"，融入诗中的那种恰好的比例，"诗鬼"
一词的缘由，也就不言而喻了。

再如《秦王饮酒》：
秦王骑虎游八极，剑光照空天自碧。羲和敲日玻璃声，
劫灰飞尽古今平。龙头泻酒邀酒星，金槽琵琶夜枨枨。
洞庭雨脚来吹笙，酒酣喝月使倒行。银云栉栉瑶殿明，宫门掌事报一更。
花楼玉凤声娇狞，海绡红文香浅清，黄鹅跌舞千年觥。仙人烛树蜡烟轻，清
琴醉眼泪泓泓。

八极之中，剑光可以把天空照亮。羲和鞭策着太阳走，好像鞭子打在马
身上似的。太阳如此明亮，以至于让人想到了在"敲玻璃"。劫火的余灰，
洒满了天地，雨丝滑入洞庭湖中，丝丝物语，像是洞庭之女在吹笙，其声游
荡开去，温柔委婉。酒酣之余，妄想喝退圆月，使其倒行。月亮照着的云，
褪为银色，密密排列着，藏掖着后面的宫殿。声色娇狞，黄鹅跌舞，祝千秋

寿酒。仙人醉后，两眼泪泓泓。

呕尽心血，奇特的想象，使得李贺的诗歌形成一种奇绝幽峭、秾丽凄清的浪漫主义风格。在中唐诗坛，乃至整个诗歌史上，他都可以说是异军突起、独树一帜的天才诗人。

其二，浓重的色彩，是李贺诗歌另一个特点。其描写之细致，刻画之动人，都是诗歌史上很罕见的。"青毛骢马参差钱，娇春杨柳含缃烟"两句，"青毛骢马"、"娇春杨柳"，给整首诗歌增添了浓烈的春色，杨柳颜色浅黄，像藏着的烟雾，虚虚实实。"神血未凝"，精神和血肉未能聚合，有时机，就要及时行乐，来弥补生命的短暂。

除了怀才不遇、孤寂悲愤的心灵痛苦，李贺诗中又不少托古讽今之作，比物征事之作。如《金铜仙人辞汉歌》就借非分之想寄托诗人自己的"宗臣去国之思"。

茂陵刘郎秋风客，夜闻马嘶晓无迹。画栏桂树悬秋香，三十六宫土花碧。魏官牵车指千里，东关酸风射眸子。

空将汉月出宫门，忆君清泪如铅水。衰兰送客咸阳道，天若有情天亦老。携盘独出月荒凉，渭城已远波声小。

茂陵刘郎，汉武之帝，悲秋骚客，人在深秋，夜闻马嘶。人物，时间，情境，跃然纸上。三十六宫中，画栏之下，桂花香悬，青苔碧碧，点明了汉宫的荒废之境。"酸风"腐蚀了铜人的双眸，衰兰送客的惆怅，都像人一样具有感情。只有心酸到极致，才有"空将汉月出宫门，忆君清泪如铅水。衰兰送客咸阳道，天若有情天亦老"的历史绝唱。作者借助于历史的变迁，朝代的更迭，再加之惊采绝艳的语言，使整个诗篇充斥着强烈的浪漫主义色彩。

历史般的惆怅，更加重了诗人憎恨现实、无力改变现实，转而厌弃现实的情绪。如《梦天》：

老兔寒蟾泣天色，云楼半开壁斜白。

玉轮轧露湿团光，鸾珮相逢桂香陌。黄尘清水三山下，更变千年如走马。

遥望齐州九点烟，一泓海水杯中泻。

这首诗描写了作者在梦里的所见所闻，尘世渺小，沧海桑田迅速变换。"老兔寒蟾"这些非现实的幻想，在诗中建立了美好并且永恒的境界，更变千年，却只如走马观花，海水杯中倾泻，恰似作者心境的倾吐，看似有俯视尘世的轻松、超然，却不然，背后隐藏的，是表达对黑暗现实的憎恶与否定的曲折情感，以此来安慰自己孤寂痛苦的灵魂，可见诗人的痛苦和迷惘。

李贺也写了一些积极健康的作品，如为我们大家所熟知的《雁门太守行》，歌颂了边疆将士的英雄气概。"提携玉龙为君死"，表现出了诗人的雄心壮志。"黑云"、"甲光"、"秋色"、"胭脂"、"夜紫"、"红旗"、"黄金台"等等一些奇丽的色彩点，渲染了战斗的环境气氛，给予人很深的印象。再如《老夫采玉歌》便接触到了社会现实矛盾，"采玉采玉须水碧，琢作步摇徒好色"，揭示了富人的享乐是以劳动人民的死亡作为代价换得的，描绘了采玉工人悲惨的命运。

十　灰

春对夏，喜对哀。大手对长才。风清对月朗，地阔对天开。
游阆苑，醉蓬莱。七政对三台。青龙壶老杖，白燕玉人钗。
香风十里望仙阁，明月一天思子台。
玉橘冰桃，王母几因求道降；莲舟藜杖，真人原为读书来。

【注】

大手：即大手笔，原指重要文章，后引申用以形容人文才高妙。

游阆苑二句：阆（làng）苑，阆风之苑；蓬莱，神话传说中的海上仙山之一。都是指仙境。七政句：日、月和金、木、水、火、土五星，古人称为七政。《书·舜典》："在璇玑（xuán jī 古代天文仪器）玉衡，以齐七政。"三台：星名，古人把它看作三公的象征。又解为古有灵台、时台、囿台，合称三台。汉代许慎《五经异义》："天子有三台：灵台以观天文，时台以观四时施化，囿台以观鸟兽鱼鳖。"

青龙句：传说东汉时，费长房遇到一位在壶中隐身的仙人壶公，就向他学道。长房归家，壶公赠给他一根竹杖，说：骑上它可以到处行走；到家后，把它扔进葛陂就可以了。长房骑上它，很快到了家，就把竹杖扔到葛陂，回头一看，竹杖已变成龙。陂，这里读（bēi），山坡。

白燕句：传说汉武帝升平年月建造招灵台，有神女降临，赠给武帝一双玉钗，后来玉钗化为白燕升天。望仙阁：陈后主荒淫无度，曾建造临春、结绮、望仙诸阁，穷极富丽，让他的几个妃子居住其间。《陈书》描写建筑物，有"微风暂至，香闻数里；朝日初照，光映后庭"等语。思子台：传说汉武帝立太子刘据，被江妃谗死。帝晚年反悔，知其冤，修了一座台纪念太子，名思子台。玉橘：《汉武外传》载，王母降汉武宫中，享帝以玉橘、冰桃、雪藕。

莲舟二句：《三辅黄图》记载，汉刘向在天禄阁读书，夜间有一个坐莲舟、拄着青藜杖的老者叩见。老者见室内黑暗，就吹燃了藜杖，靠着火光向刘向传授"五行洪范"之文。刘向问老者的姓名，他说自己是天帝派遣来的"太乙之精"，也即太乙真人。这也是迷信传说。

朝对暮，去对来。庶矣对康哉。马肝对鸡肋，杏眼对桃腮。
佳兴适，好怀开。朔雪对春雷。云移鸃鹊观，日晒凤凰台。
河边淑气迎芳草，林下轻风待落梅。
柳媚花明，燕语莺声浑是笑；松号柏舞，猿啼鹤唳总成哀。

【注】

庶矣：《论语·子路》："子适卫，冉有仆。子曰：庶矣哉！"庶矣的意思是人口众多。康哉：《书·益稷》："庶事康哉。"康，是安康的意思。马肝：古人以为马肝味劣，"食马肝"比喻干卑微琐碎之事。鸡肋：建安二十四年，曹操率军队进攻汉中，不利，欲还，于是发出一个戒严口令："鸡肋"。诸将不明其意，主簿杨修却开始准备行装。人们问为什么，他说："鸡肋，弃之可惜，食之无味，以比汉中，知王欲还也。"朔雪：北方的雪。南朝（宋）鲍照学刘公干体诗五首之三："胡风吹朔雪，千里度龙山。"

云移句：鸡（zhī）鹊观：汉武帝所建，在云阳。南齐谢朓诗："金波丽鸡鹊。"鸡鹊，鸟纲雀形目鸣禽类。额至眼前眼下，色纯黑，从头上至后颈及喉胸间呈暗浓的琉璃色，翼长五六寸，大部呈黑色，尾与翼同长，嘴长寸许。

日晒句：凤凰台，凤凰台在南京西南凤凰山上，传说南朝宋文帝元嘉年间曾有凤凰栖止在山上，后来就以凤凰为山名，于是造台。李白有《登金陵凤凰台》诗。落梅：（汉）应劭《风俗通》："五月有落梅风，江淮以为信风。劭（shào），①劝勉；②美好。

忠对信，博对赅。忖度对疑猜。香消对烛暗，鹊喜对蛩哀。

金花报，玉镜台。倒罨对衔杯。岩巅横老树，石磴覆苍苔。

雪满山中高士卧，月明林下美人来。

绿柳沿堤，皆因苏子来时种；碧桃满观，尽是刘郎去后栽。

【注】

赅（gāi）：全面，完备。忖度（cǔn duó）：推测，估量。《诗·小雅·巧言》："他人有心，予忖度之。"

蛩哀：蛩（qióng），〈古〉①蟋蟀。②蝗虫。古人常以蟋蟀鸣叫声甚哀，如南宋姜夔词《齐天乐·蟋蟀》："候馆迎秋，离宫吊月，别有伤心无数……写入琴弦，一声声更苦。"金花报：唐进士登科有金花贴。后考试得中，通报其家，叫作金花报喜。

玉镜台：温峤娶其姑女，以玉镜台为聘礼。既婚之夜，女拨开纱扇拍手大笑说："我嫌是老奴，果如所疑。"罨（jiǎ）：古盛酒器皿。雪满句：（唐）韦应物诗："门对寒流雪满山。"又《后汉书·袁安传》载，袁安遇雪天在家高卧不出，人以为贤，举为孝廉。美人来：赵师雄游罗浮，日暮见一美人邀共饮，雄不觉醉卧。醒来在梅花树下，翠羽嘈唧其上，月落参横，惆怅不已。

绿柳二句：（宋）苏轼守杭州，令人沿西湖堤种桃柳，人称苏公堤（即苏堤）。碧桃二句：唐诗人刘禹锡作《游玄都观》（又名《自朗州至京戏赠看花诸君子》）诗：有"玄都观里桃千树，尽是刘郎去后栽"句。

【典故】

王尔烈巧训皇子

乾隆有 17 个儿子，最看重的是 15 子永琰。永琰 14 岁被秘定为太子，王尔烈被钦点为老师。

凡皇子几乎都是傲慢难教，而永琰更是放荡不羁。王尔烈一来，永琰便想给他一个下马威。

这天，王尔烈给他出了个文题《明月叫天边》。永琰说："老师，虽说天下之大，无奇不有，但安有月在天边叫唤的道理？"于是，就找到了父皇乾隆，乾隆也皱起眉头，心想，明月都在照天边，哪有明月叫天边的道理？

乾隆毕竟是一代明君，他对永琰说道："皇儿，老师有所教必然有所指，你还是去向老师请教。"

哪想王尔烈不但没有告诉，反而又给出了一道文题，并要同上题一起交来。这个新出的文题是《黄犬卧花心》。永琰看了说："老师，黄犬怎能卧在花心上面啊？"王尔烈耐心说道："皇子，常言未读万卷书，难识万里路。你还是先走走看，了解了解实际情况。为师的话，汝切不可不听啊！"

永琰听了这话，脸色都有些变白了，又找到乾隆那儿去了。乾隆一听，觉得永琰说得有理，就对王尔烈说："你出的题我看过了，是不是应改为《明月照天边》、《黄犬卧花荫》？"王尔烈说："没错，我不仅是出了这样文题，还想要皇子出去走走，周游天下，也许能得到解答。"王尔烈就奏请乾隆，命皇子去川南蒙山一带走走，此二句可得分晓。他还让永琰去蒙山顶上将茶叶带回几片，再把扬子江水灌回几瓶，也好作沏茶用。乾隆帝准奏。

于是，太子微服简装，向江南奔去了。

一日，永琰见一农家正在办置丧事，一个老农夫在发丧老伴。老农夫给老伴写了两副挽联：油也无，盐也无，真真把你苦死了；目紧闭，口紧闭，确确比我快活些。前生跟我，可怜薄命糟糠竟归天上：后世嘱卿，不是齐眉夫妇莫到人间。

永琰心想，民间竟有这样凄苦的事，于是佯装路人，让小太监扔下些散碎银两走了。

又行几日，来到一个小村子，村子里出了宗奇事：有户农家娶媳妇，新媳妇刚下轿，老祖母竟然高兴死了。这家请人给写了一副对联贴在外面的大门旁：遇丧事行婚礼，哭乎笑乎，细思想哭笑不得；辞灵柩入洞房，进耶退耶，再斟酌进退两难。永琰看了，心想世上事真是千变万化，民间竟有这样奇巧事。

这天，永琰来到蒙山，宿在山顶的青云寺中。永琰在山顶上四处观望，忽地想起王尔烈出的那个文题，于是问寺里的方丈志空和尚："听说这里有一奇景，称之为明月叫天边。我不明白，这明月如何能在天边叫呢？"志空道："施主所说的明月，乃是本寺树林中的一种鸟。它如黄鹂大小，在月光下的叫声尤为动听，因此说明月叫天边。寺后松林里就有明月鸟，不妨到那里一看。"永琰非常高兴，跟着老和尚到寺院后面的松林里，到那儿一看，那鸟果然是在松树上欢快地叫着。老和尚见永琰看得出神，说："你再仔细瞧瞧，那鸟的蓝胸脯上有一个圆圆的白圈，宛如明月，于是人们就称之为明月，这就是它名字的出处。"永琰一听，方才清楚，这"明月叫天边"是言之有据的。他又问道："老师父，明月叫天边我弄清楚了，还有一个黄犬卧花心可准确？是否应是黄犬卧花荫？"老和尚笑了，"施主，在咱们这蒙山里，黄犬可不是黄狗啊！此处的黄犬是一种蜜蜂，黄膀、黄翅、黄腹、黄背、黄顶、黄尾，那颜色颇像一只黄犬，故此得名。"说着，老和尚拉着永琰向寺院后面的山茶林子走去，只见那漫山都是绚丽灿烂的山茶花，永琰走近细看，每朵花都是五瓣，花心里落着一只蜜蜂。老和尚对永琰道："你看，它像不像狗？你看是不是黄狗卧花心？"永琰点头称是，心里想，老师文题亦是言之有据，黄犬一词确有出处。此时，永琰才知道自己的见识实在太少，但少年的轻狂之气又怎能一退而去，他拿着方丈送给的茶叶，故意取回扬子江左岸、右岸、江心三种水，为的是试探王尔烈。

王尔烈何等聪明，未品，只看水中茶叶的颜色和转向已经分辨出哪是江心之水，王尔烈道："水居江心，日照平和，阴阳相交，属性相易，不缓不速，不猛不烈，不软不硬，不寒不酷，不刚不柔，不滞不涩，不沉不浮，不重不轻；故放置碗中，于心处转，且茶叶冲开，色气四散，香味四溢，茶未致唇，香即沁肺。此非扬子江中水！"永琰听罢，对王尔烈佩服得五体投地。

不久，王尔烈又给永琰出了道《僧敲木鱼石》的文题，并要他到辽东千山走走。永琰听老师王尔烈说出文题，心中便多了些想法，说道："老师，何为木鱼？""当然是僧尼敲打的木鱼了。"永琰又问："既然是这样，为何又说有个石字呢？难道木鱼还有石头做的不成？"王尔烈说："问题就在这里，你前时去江南蒙山，不也是有些疑惑吗？"

永琰从川南蒙山归来后，似乎有所明白老师的良苦用心，便又接着按照老师的指点来到了千山，去寻找那木鱼石。

永琰在千山，几乎是访过了所有的寺院，仍没找到木鱼石。这会儿，明月当空，松涛滚滚，万籁俱静，他来到了木鱼庵上头的万松岭，坐下就地休息。哪想待他往地上一坐时，一块石头被刮动了，顺着山势滚了下去。待过了多时，只听山下传来滚落的声音，既像石声，又像木鱼声。永琰说："鱼石，木鱼石，即木鱼与石也。"这时，一阵"梆梆梆"响声由远及近，不多时竟来到了跟前。

来了个和尚，这和尚胸前一缕长须，宛若神仙。和尚说，他是龙泉寺僧人普丘。

永琰问他可认识王尔烈，和尚笑了，"能不认识？他是我的学弟，我俩曾同在龙泉寺学习诗文。""既然如此，有一事讨教，请师父告诉我吧。""请问，公是何人？""我乃是王尔烈的弟子也。"普丘一听，心里明白了，接着问道："施主到此作甚？"永琰听了，这才将寻求木鱼石的事说了一遍。普丘说："方才，你投石所传回的声音便是木鱼石声。施主，请随我来。"说着，他们来到万松岭下，木鱼庵前，再捡石一敲，果然梆梆有声，真乃木鱼石也。

到京城后，永琰将看到僧敲木鱼石之事说了一遍，王尔烈终于道出了自己的良苦用心，他多次敦促永琰走出皇宫，乃是以通晓民间疾苦为重。而寻木鱼之石，乃中虚若谷，外实如金，体洁似玉，磬声犹钟，实为帝王之气度，并告诫这位皇子，今后虑事，当先从民心想起，再行木鱼石之声色。唯有如此，国家才有瑞兆。

永琰没有辜负老师的期望，终由一个放荡不羁、所向无成的皇子，成了一位励精图治、颇有作为的帝王。

十一 真

莲对菊，凤对麟。浊富对清贫。渔庄对佛舍，松盖对花茵。
萝月叟，葛天民。国宝对家珍。草迎金埒马，花醉玉楼人。
巢燕三春尝唤友，塞鸿八月始来宾。
古往今来，谁见泰山曾作砺；天长地久，人传沧海几扬尘。

【注】

萝月叟：意思是月下走在藤萝盘绕的山路上的老人。李白《下终南山过斛斯山人宿置酒》："暮从碧山下，山月随人归……绿竹入幽径，青萝拂行衣。"

葛天民：葛天氏时代的人。葛天氏，古史传说中远古时期的一个帝王。陶渊明《五柳先生传》："无怀氏之民欤？葛天氏之民欤？"都是说无忧无虑、无拘无束的人们。

草迎句：金埒（liè），埒即勒，马具。（晋）王济（王武子）有养马的癖好，编钱以为马埒，人称金埒。常乘马，不渡水，曰："是必惜锦幛泥"，去之，马乃渡水。

塞鸿句：《礼记·月令》仲秋之月（八月）："鸿雁来。"称之为宾，因为塞北才是雁的家乡，经过中原好像客人一样。泰山曾作砺：砺（lì），磨刀石。汉代封功臣、皇帝封爵的誓词有"黄河如带，泰山如砺。国以永宁，爰（yuán，于是）及苗裔"的话，意思是遥远无期，不可能出现的情况。沧海几扬尘：《神仙传》载，仙人麻姑在蔡经家见到王远，说自己曾见东海三为桑田，目前东海水又浅，大约要变成陆地。王远叹息说：圣人都说海中将要扬起尘土了。

兄对弟，吏对民。父子对君臣。勾丁对甫甲，赴卯对同寅。
折桂客，簪花人。四皓对三仁。王乔云外鸟，郭泰雨中巾。
人交好友求三益，士有贤妻备五伦。
文教南宣，武帝平蛮开百越；义旗西指，韩侯扶汉卷三秦。

【注】

勾丁：勾即捉拿、逮捕。勾丁，抓丁拉夫。甫甲：甫，开始；甲是十干的第一个，也是开始的意思。甫甲，似应为刚入伍，方与勾丁成对。赴卯：古代官府把检查出勤情况叫作点卯（因为卯时日出，开始工作），赴卯犹如今天说上班。同寅：同僚。折桂客：晋都诜（shēn，诜诜，形容众多）举贤，对策最优，自己夸口说："犹桂林之一枝，昆山之片玉。"后因以考试得中为折桂。簪（zān）花：也是说古代殿试得中，则赏令簪花，以显其荣。四皓：见齐韵第一章"甪里先生"注。三仁：殷商末年，有微子、箕子、比干三个贤人。三人劝谏纣王，不被采纳，纣王的庶兄微子逃往国外，叔父箕子和比干，箕子装疯做人奴隶，比干因进谏而被杀，俱以仁德见称于世。孔子评价他们说"殷有三仁"。

王乔句：《后汉书》载，汉人王乔做叶县县令，有神术，每月两次朝见皇帝。皇帝对他来去这么迅速感动惊异，叫人暗地观察。有人报告，王乔每次来朝，只见有一对凫雁飞来。人们用网捕捉这双飞雁，却只捉得了一只鞋。

郭泰句：（汉）郭泰是个有名望的人物，一次遇雨，头巾折起一角，人们以为他是有意这样做的，很雅观，于是效之，故意把头巾折起一角，称为"宗林（郭泰字）巾"。

三益：《论语》记载，孔子说："益者三友，友直、友谅、友多闻，益矣。"五伦：古代社会人与人之间的五种关系，即父子有亲，君臣有义，夫妇有别，长幼有序，朋友有信。文教二句：文教，文明、教化；南宣，推广到南方。汉武帝时，统一南方百越之地，议立南海、苍梧等九郡。百越，古代散居南方各地越族的总称，居住两广、海南岛一带。如汉时有闽越、瓯越、南越、骆越等。其文化特征为断发、文身、契臂、巢居、使舟及铸铜鼓等。亦作百粤。

义旗二句：韩侯，即韩信。在刘邦和项羽争夺天下的斗争中，韩信作为刘邦的将领，曾南北转战，立下了很大功劳。在他刚刚被举用的时候，曾劝说刘邦，略定三秦。刘邦听从他的意见，尽得关中之地，为楚汉之争的胜利打下了基础。三秦，战国时秦的国土，在今陕西。秦亡后，项羽把关中地分为三份，封秦降将章邯为雍王于咸阳以西，司马欣为塞王于咸阳以东，董翳为翟王于上郡，合称为三秦。

申对午，侃对訚。阿魏对茵陈。楚兰对湘芷，碧柳对青筠。
花馥馥，叶榛榛。粉颈对朱唇。曹公奸似鬼，尧帝智如神。
南阮才郎差北富，东邻丑女效西颦。
色艳北堂，草号忘忧忧甚事；香浓南国，花名含笑笑何人。

【注】

侃对訚：侃（kǎn），和乐的样子。訚（yín）：这里指态度庄重的样子。（字典中解释，形容和颜悦色而能直言。）《论语》中记载孔子："朝，与下大夫言，侃侃如也；与上大夫言，訚訚如也。"阿魏句：阿魏与茵陈是两味中药名。

楚兰句：兰和芷都是香草，产在古代楚国。湘江在楚国境内，因称芷为湘芷。屈原的诗歌中经常提到这两种香草，用它比喻品行高洁的人物。筠：①（yún），原意是青色的竹皮，这里指竹；②（jūn），县名，在四川省。榛榛（zhēn）：茂盛的样子。《诗·周南·桃夭》："桃之夭夭，其叶榛榛。"

曹公句：曹公即曹操。历史上说其人奸伪，人称如鬼。帝尧句：《史记》上说，帝尧十分聪明，"其智如神"。南阮句：晋洛阳阮氏，阮籍和阮咸叔侄居道南，家贫，而多才；其他阮姓宗族居道北，家富。七月七日，北阮晒衣服，光彩夺目。阮咸也以竹竿把大布裤衩挑了出来。人问其故，他说："未能免俗，聊复尔耳。"阮籍，著名诗人。阮咸也是当时名流。（唐）戴叔伦旅次寄湘南张郎中诗："闭门茅底偶为邻，北阮那怜南阮贫。"

东邻句：《庄子》里的一则寓言说，美女西施因胸痛，经常抚胸皱眉。东邻丑女也学西施的样子，在人前故意卖弄，却引得人们更加讨厌她。颦（pín），皱眉。色艳二句：忘忧草，即萱（xuān）草，一种百合科植物，古人以为植此花可以忘忧。《诗·卫风·伯兮》："焉得萱草，言树之背。"背即北堂。含笑：花名。

【典故】

周起渭联对服众

周起渭是清朝康熙年间的进士，曾任翰林院编修、提督等职。

一个夏日的早晨，康熙皇帝到了周起渭的居室。他见周起渭床上枕头底下压着许多书，翻了一下，又多是古籍，蓦地有感，即出一联道：

枕耽典籍，与许多贤圣并头；

万岁突然而至，周起渭已是心头一惊；又见康熙帝出联考他，更感突然。他忙跪倒在地，口称："臣接驾来迟，罪该万死！"康熙忙说："爱卿请起，朕无事，随便走走。"说着，把周起渭扶起，问："刚才朕出的联，卿能对否？"

也是周起渭情急智生，他见康熙手摇扇子，就忙对道：

扇写江山，有一统乾坤在手。

一时博得龙心大悦，康熙频频颔首道："卿有才，爱卿确是大才。"第二年，康熙亲点周起渭为浙江主考官，这一年，周起渭只有23岁。

周起渭自小聪慧无比，12岁就能吟诗联对，尤喜游山玩水。周起渭接到主考浙江的圣旨后，就顺道先到镇江，去游金山风景和古刹金山寺。金山寺方丈也是一个满肚皮学问的老学者，他见周起渭来游山景，连忙殷勤招待。老方丈曾耳闻过许多有关周起渭"巧联妙对"的轶事，今目睹风采，见是一个似乎稚气未脱的年轻人，心里想：会不会盛名之下，其实难副？老方丈毕竟上了年纪，陪着周起渭游了一天，脚头也觉得有点重了。傍晚，老方丈陪着周起渭在喝茶，这是一间傍山面江的僧房，望出去一览无余。方丈傍窗而坐，一边细细品茗，一边海阔天空聊天。窗外暮色苍茫，只见沙滩金黄一片，水天一色。突然，一阵暴雨袭来，豆大的雨点砸在沙粒上，似乎嘣嘣有声。老方丈兀地有感，就随口出一联道：

雨打沙滩，沉一渚，陈一渚；

这是一个比较难对的联，"沉"、"陈"两字，读音相同，其意相反，老方丈有意要考一下周起渭的才学。周起渭心里有数，这时，刚好小沙弥捧来一对大红烛，摆在窗口，烛光被风一吹，火焰立即倾斜，周起渭灵感一动，随即对道：

风吹蜡烛，流半边，留半边。

老方丈佩服得五体投地，忙道："大才，老衲不敢得罪贵人了！"周起渭却很谦虚，说："小可蒙高僧夸奖，不胜荣幸！"

第二天，周起渭风尘仆仆来到杭州。店铺里早已住满了前来应考的文人，不少举子纷纷求见。有的想拉关系，以拜见为名，通通关节；有的想来目测一番，周起渭到底是"君子"还是"小人"；当然，其间也不乏刁钻古怪之人。有姓朱姓王的两位贡生，想当面来难难周起渭，考查一下周起渭的真才实学。

周起渭与朱、王两贡生一番寒暄之后，姓朱的立即口出一联，要周起渭对。联曰：

东鸟西飞，满地凤凰难下足；

把自己比成"凤凰"，意存揶揄，朱贡生出联后，甚为自得，坐在椅上抖着脚，存心要看周起渭出洋相。不料周起渭略一沉思，即对道：

北龙南跃，一江鱼鳖尽低头。

朱贡生闻联脸红，拉拉王贡生的衣角，想溜了，但王贡生一动不动，也出一联曰：

洞庭八百里，波涛涛，浪滚滚，宗师由何而来？

联语气势磅礴。连朱贡生听后也为之一振，欲走的双脚停住了。须臾，只见周起渭也蓦地从椅上站起，朗声对曰：

巫山十二峰，云重重，雾霭霭，本院从天而降！

朱、王两贡生碰了一鼻子灰，这才知道天外有天。据说他们后来同时中举，也得一官半职，并且还能终生谦虚待人呢！

十二 文

忧对喜，戚对欣。五典对三坟。佛经对仙语，夏耨对春耘。

烹早韭，剪春芹。暮雨对朝云。竹间斜白接，花下醉红裙。

掌握灵符五岳篆，腰悬宝剑七星纹。

金锁未开，上相趋听宫漏永；珠帘半卷，群僚仰对御炉熏。

【注】

二典句：二典指《尚书》中的《尧典》、《舜典》两篇。《三坟》，传说是三皇之书。（汉）孔安国《书经序》：伏羲、神农、黄帝之书，谓之三坟，言大道也。南朝梁刘勰《文心雕龙》原道：炎皞遗事，纪在三坟，而年世渺邈，声采靡追。

耨（nòu）：古代锄草的器具。竹间句：（晋）山简为人犯放，做襄阳太守时，经常骑马出游，衣冠颠倒。当时有首民谣说："山公时一醉，迳造高阳池。日暮倒载归，茗艼（酩酊）无所知。复能乘骏马，倒着白接篱。"白接，即白接篱，毯巾名，当时一种帽子。李白《襄阳歌》："落日欲没岘山西，倒着接篱花下迷"，即咏山简此事。

掌握句：道教传说，修炼到一定程度的道士，可以握三山五岳灵符，统领鬼神。篆（lù）：①簿子、册子；②符箓：道士画的驱避邪魔的符号、帖子。

腰悬句：七星纹，宝剑上嵌饰的北斗图案，南朝梁吴均诗："宝剑七星纹"。
宫漏：铜壶滴漏，古代宫中计时的用具。（唐）戴叔伦春日早朝应制诗："月沉宫漏静，雨湿禁花寒。"

词对赋，懒对勤。类聚对群分。鸾箫对凤笛，带草对香芸。
燕许笔，韩柳文。旧话对新闻。赫赫周南仲，翩翩晋右军。
六国说成苏子贵，两京收复郭公勋。
汉阙陈书，侃侃忠言推贾谊；唐廷对策，岩岩直谏有刘蕡。

【注】

类聚句：《周易·系辞》："方以类聚，物以群分。"带草：相传东汉末年郑康成曾在不其城东南山中教授，所居山下生一种草，叶长尺余，十分坚韧，人们叫它作"康成书带"。香芸：香草能避蠹（dù）。燕许笔：（唐）张说封为燕国公，苏颋（tǐng，直）封为许国公，二人以文章名世，时人称大手笔。柳韩：（唐）柳宗元、韩愈，文章绝代。

赫赫句：南仲是周宣王时的大将，他曾率兵击败侵犯周国的少数民族玁狁。玁狁（xiǎn yǔn），我国古代北部的民族，殷时称鬼方，周时称玁狁，秦汉时称匈奴。《诗·小雅·出车》赞扬他"赫赫南仲，玁狁于襄（攘）。"赫赫，威武的样子。

翩翩句：翩（hé），一作翾翾，风流潇洒的样子。晋右军，即晋王羲之，著名书法家。他曾做过右军将军，所以人们称他为王右军。

六国句：战国时，苏秦以合纵术说服了山东六国诸侯，佩六国相印，为总约长。两京句：（唐）郭子仪率兵平息"安史之乱"，收复了长安、洛阳两京，后以功封为汾阳王。汉阙二句：西汉贾谊是个年青的卓有远见的政治家，他曾上疏汉文帝，直切地指出汉王朝的危机，建议及早采取措施补救。

唐廷二句：唐文宗二年，举贤良方正百余人，在皇帝面前对策。进士刘蕡慷慨直言，切中时弊。但由于考官惧怕宦官的势力，不敢录取。同时对策的河南府参军李郃上疏，宁可把自己的官职让给刘蕡。后来因宦官的陷害，刘蕡终究被贬死。刘蕡获得了许多正直的知识分子的同情，例如诗人李商隐就有《哭刘蕡》诗。郃（tái），1. 古邑名，在今陕西省武功县西南；2. 姓。

蕡：（1）（fén）①杂草的香气；②草木果实繁盛貌；③通梦，纷乱；④姓。（2）（fèi）大麻的籽实，俗称麻子。

言对笑，绩对勋。鹿豕对羊蕡。星冠对月扇，把袂对书裙。
汤事葛，说兴殷。萝月对松云。西池青鸟使，北塞黑鸦军。
文武成康为一代，魏吴蜀汉定三分。
桂苑秋宵，明月三杯邀曲客；松亭夏日，薰风一曲奏桐君。

【注】

蕡（fēn）：相传春秋时鲁大夫季康子掘井，得一上缶，中有羊焉。以问仲尼，仲尼曰："土之怪，蕡羊也。"

把袂（mèi）：袂，衣袖。把袂比喻把臂或握手。南朝梁元帝与萧挹书："何时把袂，共披心腹？"南朝梁何逊赠江长史别诗："钱道出郊坰，把袂临洲渚。"

书裙：晋羊欣年十三，右军爱其才。昼卧，右军书其白练裙，羊欣视为珍宝，揣摩学习，因此书法遂大进。后以书裙称誉人的书法，或指文人间的相互雅赏爱慕。（宋）苏轼会客有美堂周邠长官与数僧同泛湖往北山诗二首之二：载酒无人过子云，掩关昼卧客书裙。

汤事葛：这是《孟子》中的一句。汤，成汤，商朝的第一个王。葛，汤时小国。传说葛伯不祀鬼神，汤曾帮助他祭祀。说兴殷：说（yuè），傅说，商代人。传说他是奴隶，为人筑墙，后来商王武丁发现了他的才干，举以为三公。

西池句：《汉武内传》载，仙人西王母临降人间之前，先有青鸟飞来通报。所以后来诗词中多以青鸟为传达爱情信息的使者。如李商隐诗："蓬莱此去无多路，青鸟殷勤为探看。"西池：传说西王母住在西方昆仑山的瑶池。北塞句：唐李克用统领的守塞军队都穿黑色衣甲，号黑鸦军。文武句：文、武、成、康，西周初的四个王，史称是承平之世。三分：汉代以后魏、蜀、吴三国鼎立。曲客：曲，造酒的媒质。曲客，指酒友。（唐）李白《月下独酌》诗："举杯邀明月，对影成三人。"熏风句：桐君，古琴名。因桐木可作琴，故以桐君为琴的代称。熏风，传说帝舜得五弦琴，作《南薰之歌》，有"南风之薰兮，可以解吾民之愠兮"等语。

【典故】

苏东坡巧对辽国使臣

宋太祖赵匡胤定都开封建立大宋王朝后，和辽国结盟，当时以及以后很长一段时间内，辽国使臣和商人不断来到开封，进行外交商业活动。辽国人很喜欢中原文化。到了开封以后，和开封当地人相处融洽，并且在一起吟诗作赋，尽情感受着中原文化的魅力。

宋哲宗元祐年间，大才子苏东坡应试中举后在开封做官。因为苏东坡才名远扬，辽国使臣素闻其名，他们中有很多人是苏东坡的铁杆粉丝，很想见见苏东坡这位学术明星。

宋哲宗为了展示中原人才，就准许了辽国使臣和他们心中崇拜的偶像苏东坡见面。

见面会一开始，苏东坡就风度翩翩地出现在辽国使臣面前。辽国使臣虽然久闻苏东坡的大名，却没有见过面。今天，和苏东坡一谈话，辽国使臣不禁为苏东坡的才学与气质而倾倒了。一位辽国使臣忽然想起本国的一个上联："三光日月星"，这个上联在辽国国内流传很久了，辽国也有许多读书人，却始终无人能对出下联。见了大名鼎鼎的苏东坡，辽国使臣想让苏东坡对出下联。

于是，辽国使臣跟苏东坡说了上联，并请苏东坡一定不要吝啬才华，对出下联，以解许多辽国人的渴盼之意。苏东坡听了上联，微微一笑，说："要对出下联并非难事，我先对一个简单的吧。"随即，苏东坡随口对出了一个下联："四诗风雅颂。"辽国使臣听苏东坡如此轻松地对出了下联，不禁大为惊愕。这时，苏东坡又说道："这个上联还可以对'四德元亨利。"辽国使臣更加吃惊。苏东坡又说："还可以对'两朝兄弟邦。"辽国使臣惊得一句话也说不出来了。

苏东坡一连对出了三个下联，辽国使臣大为叹服，自愧弗如。

武丁举贤

武丁举傅说的故事先秦时期已经非常流行，是圣王举贤不择贵贱的典范故事之一，《尚书》、《国语》、《墨子》、《孟子》、《尸子》；《庄子》、《楚辞》、《荀子》、《韩非子》、《吕氏春秋》、《史记》、《汉书》、《论衡》、《帝王世纪》、《水经注》等许多传世典籍中多有记载。故事大致如下：

在武丁的伯父小辛和父亲小乙的时候，殷商已经很衰败了，武丁即位后，想重振殷商，但是没有贤臣辅佐，所以他三年都不说话，国事都交给冢宰来管理，自己则观察国风。他做了一个梦，梦见一个贤人，说："我是一个囚徒，姓傅，名说。天下如果有能找到我的，就会知道我不仅仅是个囚徒了。"武丁醒来后分析："傅"是辅佐的意思，"说"是欢悦的意思，天下是不是有一个人，既能辅佐我又能让百姓欢悦呢？于是就让画工根据梦中的印象画了图形，派人到处寻找，结果在北海附近的虞、虢之间的傅岩找到了一个叫说的囚徒，和图画很像。说本来是个很有才能的贤人，隐居在傅岩，因生活穷厄，就自卖自身，住在北海之州的圜土（监狱）里，穿着粗麻布衣服，带着索链，在傅岩筑城以求衣食，《韩非子·难言》说"傅说转鬻，舂于深岩以自给"就是这个意思。《尚书·说命》的《孔传》认为是虞、虢之间的傅岩本是交通要道，因为涧水经常泛滥冲坏道路，所以需要发动囚犯刑徒修筑，傅说是当地的隐士，也自愿和刑徒一起筑路，目的就是能吃饱肚子。说被带到商，武丁见了他，和他交谈了一番，认定他就是梦中的那个贤人，就起用为相，结果殷商因此重新振兴起来。《史记·殷本纪》认为傅说原无姓氏，唯名"说"，因为他是在傅岩这里被找到的，所以就以"傅"为他的姓氏，称为"傅说"。

《拾遗记》卷二里的记载更具神异色彩，说当初傅说穷困，自卖自身为"赭衣者"，赭衣是古代囚犯穿的红褐色衣服，赭衣者就是囚徒，去当苦力，在傅岩筑城。这期间，他也做了一个梦，梦见自己腾云驾雾，绕着太阳飞行。醒来以后，很奇怪，去找人打卦占卜，得了个屯卦的卦辞："元亨利贞，勿用，有攸往，利建侯"，就是大吉大利，不要着急，很快就会到一个地方去，有利于成为公侯。因为太阳是代表君主，绕着太阳飞翔，就是说将来要为君王服务。过了一年，果然被武丁（原文讹作"汤"）重金聘请到殷商去，当了阿衡，就是一个和伊尹一样的官职，相当于相。

也有学者认为《拾遗记》这段说的伊尹的故事，"傅说"是"伊尹"之误，比如李白的诗《行路难》里说"闲来垂钓碧溪上，忽复乘舟梦日边"，据《李太白集》的《集注》解释，前一句是说吕望的故事，后一句引《宋书》认为是伊挚（即伊尹）的故事，其实其出典就是《拾遗记》。但古书里从来没有记载伊尹曾经当过囚犯，更没有人说过伊尹筑城的事，所以这肯定说的是傅说的故事。很可能《拾遗记》原文是记载了汤举伊尹和武丁举傅说两个故事，只不过在流传中发生了文字残缺讹谬，两个故事掺混在了一起，故举傅说的那个"汤"应该做"武丁"。

十三 元

卑对长，季对昆。永巷对长门。山亭对水阁，旅舍对军屯。
扬子渡，谢公墩。德重对年尊。承乾对出震，叠坎对重坤。
志士报君思犬马，仁王养老察鸡豚。
远水平沙，有客泛舟桃叶渡；斜风细雨，何人携榼杏花村。

【注】

季对昆：昆，兄长；季，弟弟。永巷句：永巷，汉代拘禁犯罪的妃嫔宫女的地方。长门，汉宫名，据说武帝陈后失宠居于此。杨子渡：古津渡名，在江苏江都县南。杨侯封子于金陵，故名江曰杨子渡。谢公墩：山名，在江苏江宁县城北（古代金陵），晋谢安尝居半山，曾登临，故名。后来宋王安石也尝居此。

承乾二句：乾、坤、坎、震，《周易》的四个卦名。乾为龙，所以继体为君称承乾。震为雷声，有发号施令的意思，所以出震是皇帝发号令。

仁王句：战国思想家孟轲阐述他的仁政思想，说如果王者施仁政，"鸡豚狗彘（zhì，古猪）之畜无失其时，七十者可以食肉矣。"桃叶渡：在江苏南京市内秦淮河、青溪合流处。据说晋王献之有妾名桃叶，桃叶渡江，以歌送之曰："桃叶复桃叶，渡江不用楫"之语。榼（kē）：古盛酒器皿。

杏花村：在金陵。（唐）杜牧《清明》诗："借问酒家何处有？牧童遥指杏花村。"后因以杏花村指卖酒之处。

君对相，祖对孙。夕照对朝曛。兰台对桂殿，海岛对山村。
碑堕泪，赋招魂。报怨对怀恩。陵埋金吐气，田种玉生根。
相府珠帘垂白昼，边城画角对黄昏。
枫叶半山，秋去烟霞堪倚杖；梨花满地，夜来风雨不开门。

【注】

兰台：汉代皇家贮藏图书的府库，又称兰台寺。碑堕泪：晋羊祜为荆州都督，与东吴相对抗，甚有建树。羊祜死，襄阳民为之罢市巷哭，为他在岘山建碑立庙，看见碑的人，莫不坠泪，因而称堕泪碑。

赋招魂：《楚辞》有《招魂赋》一篇，有人以为是屈原为招怀王之魂而作，有的以为是宋玉哀师屈原之死而作。还有说是屈原自招其魂。［原注］楚国宋玉哀师屈原之死，作招魂赋。陵埋金：旧传秦始皇南巡，有望气者说，五百年后，金陵当有天子出。始皇于是埋金于金陵镇山以镇压之，故称金陵。这当然是迷信说法。田种玉：《搜神记》载，杨伯雍家住无终山，山上无水，伯雍担水置路旁，供行人取饮。三年后，有一人饮水，送给他一斗石子，让他种。几年后，石子上生出了玉石。后其地称玉田。［蓝田种玉］杨伯雍种玉获美妇之事。幼学琼林'卷二'婚姻类：蓝田种玉，雍伯之良缘。后比喻女子受孕，珠胎暗结。

梨花句：（唐）孟浩然诗："夜来风雨声，花落知多少。"（宋）秦观词："雨打梨花深闭门。"（唐）刘方平《春怨》诗："寂寞空庭春欲晓，梨花满地不开门。"

【典故】

东晋书法家王羲之，字逸少，号澹斋，汉族，祖籍琅琊，后迁居会稽（绍兴），写下《兰亭集序》，东晋书法家王羲之晚年隐居会稽下辖剡县金庭，有书圣之称。东晋书法家王羲之历任秘书郎、宁远将军、江州刺史。后为会稽内史，领右将军，人称"王右军"、"王会稽"。东晋书法家王羲之的儿子王献之书法亦佳，世人合称为"二王"。此后历代王氏家族书法人才辈出。东晋升平五年卒，葬于金庭瀑布山（又称紫藤山），其五世孙衡舍宅为金庭观，遗址犹存。

一字千金的故事

西安碑林内有块《大唐三藏圣教序碑》，是件隔代合写一碑的奇事：东晋书法家王羲之竟然写了200年后的唐朝文章！不少行家验看了碑上的每一字，确是东晋书法家王羲之的手笔；诵念碑文内容，也确是唐太宗为玄奘和尚撰写的《圣教序》。怪事自有根由，这座《大唐三藏圣教序碑》，是玄奘和尚从印度带回的佛经，由他精心译成后，请唐太宗作序文，再加上太子李治作述记及玄奘的谢表，通称《三藏圣教序碑》。此碑立于唐高宗咸亨三年（公元672年），当时朝廷要把它用东晋书法家王羲之的字体来刻碑。长安洪福寺高僧怀仁知道此事后，感到是佛教界的光荣，因此，下决心承担此任。

107

经过怀仁和尚到处寻觅，终于按序文把东晋书法家王羲之的字一个一个地搜集起来，成了这块东晋书法家王羲之字体的《圣教序碑》。

传说怀仁在集字过程中，有几个字怎么也找不到，不得已奏请朝廷贴出告示，谁献出碑文中急需的一个字，赏一千金。这就是"一字千金"的来由，也是文坛上的佳话。后人把此碑的拓本称作《千金贴》。

十八口大缸的故事

王献之是东晋书法家王羲之的第七个儿子，自幼聪明好学，在书法上专工草书隶书，也善画画儿。他七八岁时始学书法，师承父亲。有一次，东晋书法家王羲之看献之正聚精会神地练习书法，便悄悄走到背后，突然伸手去抽献之手中的毛笔，献之握笔很牢，没被抽掉。东晋书法家王羲之很高兴，夸赞道："此儿后当复有大名。"小献之听后心中沾沾自喜。还有一次，东晋书法家王羲之的一位朋友让献之在扇子上写字，献之挥笔便写，突然笔落扇上，把字污染了，小献之灵机一动，一只小牛栩栩如生于扇面上。再加上众人对献之书法绘画赞不绝口，小献之滋长了骄傲情绪。献之的父母看此情景，若有所思……一天，小献之问母亲郗氏："我只要再写上三年就行了吧？"妈妈摇摇头。"五年总行了吧？"妈妈又摇摇头。

献之急了，冲着妈妈说："那您说究竟要多长时间？""你要记住，写完院里这18缸水，你的字才会有筋有骨，有血有肉，才会站得直立得稳。"献之一回头，原来父亲站在了他的背后。王献之心中不服，啥都没说，一咬牙又练了5年，把一大堆写好的字给父亲看，希望听到几句表扬的话。谁知，东晋书法家王羲之一张张掀过，一个劲地摇头。掀到一个"大"字，父亲现出了较满意的表情，随手在"大"字下填了一个点，然后把字稿全部退还给献之。

小献之心中仍然不服，又将全部习字抱给母亲看，并说："我又练了5年，并且是完全按照父亲的字样练的。您仔细看看，我和父亲的字还有什么不同？"母亲果然认真地看了3天，最后指着王羲之在"大"字下加的那个点儿，叹了口气说："吾儿磨尽三缸水，唯有一点似羲之。"献之听后泄气了，有气无力地说："难啊！这样下去，啥时候才能有好结果呢？"母亲见他的娇气已经消尽了，就鼓励他说："孩子，只要功夫深，就没有过不去的河、翻不过的山。你只要像这几年一样坚持不懈地练下去，就一定会达到目的的！"献之听完后深受感动，又锲而不舍地练下去。功夫不负有心人，献之练字用尽了18大缸水，在书法上突飞猛进。后来，王献之的字也到了力透纸背、炉火纯青的程度，他的字和东晋书法家王羲之的字并列，被人们称为"二王"。

东晋书法家王羲之与兰亭序的故事

公元三百五十三年的一天，兰亭这儿十分热闹，原来是东晋书法家王羲之邀了几位朋友在这儿聚会，饮酒作诗。这个盛会是很有趣的，朋友们不是坐在酒席桌前，而是在清清的溪水边，浓浓的树荫下。这儿真是美极啦。曲水绕亭，鸟语花香，春风拂面，使人神清气爽。当清澈的泉永载着盛满美酒的酒杯流到谁的面前，谁就端起来喝一口，可惬意了。几杯酒下肚，人们就陶醉在酒香美景之中，接着就饱蘸墨笔，吟诗作文，互相传看，朋友们免不了评点一番，边吟边唱。真是欢声笑语，不绝于耳。

东晋书法家王羲之觉得从来没有这么高兴。乘着酒兴，他挥笔运气，洋洋洒洒，写了一篇记载当时盛况的文章，题目就叫《兰亭集序》。朋友们看后，一致认为无论从文章的角度，还是从书法的角度看，都是一篇绝妙的艺术品。对于大家的称赞，东晋书法家王羲之并不觉得怎么样，到了第二天，东晋书法家王羲之酒醒之后，再把手书的《兰亭集序》拿来仔细一看，果然比以前的书法要精彩得多，心中十分得意。东晋书法家王羲之顺手抽出笔来，照样又写了几幅，可是无论如何也赶不上第一幅写得那么好了，只得把它们都撕掉。

海门关的故事

那是东晋时期，海门这个地方新修了码头，为的是水路运输的方便，好赚更多的钱。主持这件事的，是什么人呢？大家想想，那个时候，穷人是压根儿搞不起的，当然是几个地主、渔霸。码头修好后，他们很想请一位有名望的书法家题上"海门关"三个字，好装潢门面，附庸风雅，招装潢徕生意。找谁呢？想来想去，还是想到了最有名望的东晋书法家王羲之。于是，地主渔霸叫人抬着整猪整羊，盒子里装满了金银财宝，给东晋书法家王羲之送上了礼物。东晋书法家王羲之听说要他干这件事，头摇得像货郎鼓。东晋书法家王羲之是个不爱虚名，不愿显耀自己的人，尤其这是给地主老财、渔霸装满门面、多赚钱的事，东晋书法家王羲之怎么也不答应，叫人把礼物统统退

了回去。

十四　寒

家对国，治对安。地主对天官。坎男对离女，周诰对殷盘。
三三暖，九九寒。杜撰对包弹。古壁蛩声匝，闲亭鹤影单。
燕出帘边春寂寂，莺闻枕上漏珊珊。
池柳烟飘，日夕郎归青琐闼；砌花雨过，月明人倚玉栏杆。

【注】

天官：《周礼》有天官冢宰。坎男句：坎和离都是《周易》卦名，古人
解释说坎为中男，离为中女。周诰句：《尚书》中属于西周的文献有《洛诰》、
《康诰》诸篇，属于殷商的文献有《盘庚》上、中、下三篇。

三三二句：三月三日，古人称上巳节。九月九日，古人称重阳节。杜撰：
凭空捏造之事，所谓不经之谈。来源说法不一，有人说（唐）杜举好为不经
之谈，人谓之为杜撰。也有人说杜默为诗多不合律，因谓之杜撰。包弹（tán）：
（宋）包拯为御史中丞，弹劾不避权贵，人谓之包弹。青锁闼（tà）：闼，门。
翰林直宿之所也，门上刻画有青色连锁花纹，因称青锁闼。砌：台阶。

肥对瘦，窄对宽。黄犬对青鸾。指环对腰带，洗钵对投竿。
诛佞剑，进贤冠。画栋对雕栏。双垂白玉箸，九转紫金丹。
陕右棠高怀召伯，河南花满忆潘安。

【注】

李白诗："秉烛唯须饮，投竿也未迟。"诛佞剑：（汉）朱云忠直敢谏。成帝的老师安昌侯张禹，在朝廷甚有地位，然毫无作为。朱云对成帝说："臣愿求赐尚方宝剑，断佞臣一人，以厉其余。"上问为谁，曰张禹。帝怒令斩之，云攀殿槛，槛折以免。或请易槛，上不许，存之以旌忠臣。进贤冠：文官戴的一种帽子。杜甫诗："良相头上进贤冠，猛将腰中大羽剪。"双垂句：白玉箸，即鼻涕。南朝（梁）刘孝威诗："谁怜双玉箸，流面复流襟。"又一说释家得道，临终有白玉气出鼻孔，双垂如白玉箸。

九转句：古代术士把朱砂烧成水银，又把水银炼成丹药，叫作还丹。九转，形容经过许多步骤。杜甫诗；"衰颜欲付紫金丹。"陕右句：召虎是周宣王时的一位大臣，人们称他为召伯。他很有政绩，传说他的住处有一棵甘棠树，他走后，人们对这棵树加意保护，并且作了一首叫《甘棠》的诗歌，以资纪念。陕右，即关中地区。周、召分理天下，陕以东周公主之，陕以西召伯主之。

河南句：河南疑当作河阳，潘安为河阳令，满县皆栽桃花，人曰花都区。北周庾信《春赋》："河阳一县并是花，金谷从来满园树。"

[补注] 潘岳，人名，字安仁，西晋中牟（今河南省中牟县东）人。美姿仪，出洛阳道，妇人尝萦绕投果。为文辞藻绝丽，尤长于哀诔（lěi），有悼亡诗，为世传诵。后孙秀诬以谋反，族诛。亦称为潘河阳、潘安。

陌上芳春，弱柳当风披彩线；池中清晓，碧荷承露捧珠盘。
行对卧，听对看。鹿洞对鱼滩。蛟腾对豹变，虎踞对龙蟠。
风凛凛，雪漫漫。手辣对心酸。莺莺对燕燕，小小对端端。
蓝水远从千涧落，玉山高并两峰寒。
至圣不凡，嬉戏六龄陈俎豆；老莱大孝，承欢七衮舞斑斓。

【注】

豹变：《易·革卦》："君子豹变，其文蔚也"。意思是君子的变化象豹一样，越来越有文采。喻润色事业，或迁喜去恶。虎踞句：诸葛亮论金陵的地形，说："钟阜龙蟠，名城虎踞。"李白诗："龙盘虎踞帝王州，帝子金陵访古丘。"莺莺燕燕：钱塘范十二郎有二女，曰莺莺燕燕，为富民陆氏妾。宋诗人张子野八十娶妾，东坡作诗嘲之，有："诗人老去莺莺在，公子归来燕燕忙"之句。小小端端：钱塘妓女苏小小，亦名简简。白乐天诗："苏家小女名简简，芙蓉花腮柳叶眼。"端端：唐代名妓，姓李。诗人张祜作诗嘲之，有"鼻似胭脂耳似珰"之句。李乞致之，乃题曰"觅得黄颙（yóng）被绣眈，善和坊外取端端；扬州今日浑成错，一朵能行白牡丹。"或曰："李娘子才出墨池便登雪岭，何一时粉黛不匀也。"兰水而居：是杜甫《九日蓝田崔氏庄》一诗的腹联。

至圣二句：《史记·孔子世家》载："孔子为儿嬉戏，常陈俎（zǔ）豆，设礼容。""俎豆"见佳韵第二章"陈俎豆"二句注。又解释为至圣系指孔子，亚圣系指孟子。此处"至圣"，应为"亚圣"之误。

老莱二句：老莱子，传说中的古孝子，父母年迈，无以为欢。他虽也年纪很大，但仍穿上花花绿绿的幼儿服装，在父母面前嬉笑，引逗双亲开心。

【典故】

周秉成以联服众

周秉成十岁考中秀才，成了轰动一时的新闻。很快，他的名声便传开了。

俗话说："人怕出名猪怕肥。"羡慕的人固然不少，妒忌的人却更多。一次，外乡戏班子来演戏，差一副戏台联。村里几位"才子"互相推诿道："周秀才妙笔生花，还是请他来写吧。"

恰巧，这一天周秉成与邻村一秀才发生口角，心烦意乱，加之在场的人

112

多，乱哄哄的。周秉成心不在焉，提起笔来，竟一连写下三个"乱"字。围观众人暗暗吃惊，以为这下糟了。有些心术不正的文人却暗暗高兴，等着看他的笑话。周秉成一时也发了慌，又写出一个"乱"字来，可这四个"乱"字，如何连缀成文？周秉成猛然一惊，又很快镇定下来，稍加思索，然后挥笔疾书，一会儿就写就一副绝妙的戏台联：

乱乱乱，乱不出纲常伦理；

演演演，演的是古今忠奸。

围观者齐声喝彩，那些想看笑话的人也不得不佩服他的应变能力。

周秉成乡试、会试、殿试连中三元，出任湖北学台。从来的举子，能道治国安邦之策的少，玩弄文字游戏的多。这一日考试前，举子们合议了一副上联贴在贡院的照壁上：

半朝微雨，洗宇宙之轻尘，润江之光、湖之光、海之光，登云路，望五百明川，瞻星、瞻斗、瞻日月；

周秉成打轿来到，举子中有人故意大声说："真正绝对，怕是连学台大人也对不上了。"周秉成听得话音，下轿一看上联，知道是学子们在"考"自己，便从容对道：

一介儒生，读孔孟之遗书，中解之元、会之元、状之元，入翰林，推十八学士，安家、安民、安国邦。

对得何等妙啊！不仅如此，对句中所显示出的周秉成光彩照人的经历和所抒发的宏大抱负，让一个个举子佩服得五体投地。

诸葛亮妙联战周瑜

传说周瑜嫉妒诸葛亮的才智，总想找个借口杀他。在一次宴会上，周瑜故意对诸葛亮说："孔明先生，我吟一首诗你来对，对得出，有赏；对不出，以杀头为罚，如何？"诸葛亮从容一笑道："君子无戏言，请都督先说。"周瑜大喜，开口念道：

有水也是溪，无水也是溪，去了溪边水，加鸟便是鸡。得志猫儿胜过虎，落坡凤凰不如鸡。

113

诸葛亮笑笑，开口吟答：

有木也是棋，无木也是其，去了棋边木，加欠便名欺。龙游浅水遭虾戏，虎落平阳被犬欺。

周瑜听罢大怒，但不便发作，又出一句：

有手便是扭，无手便是丑，去了扭边手，加女便是妞。隆中有女长得丑，百里难有一个妞。

诸葛亮知道周瑜这话是在嘲笑自己的老婆长得丑，便立即回应道：

有木也是桥，无木也是乔，去掉桥边木，加女便是娇。江东美女大小乔，曹操铜雀锁二乔。

周瑜知道这话是在奚落自己的夫人，怒发冲冠，几次都想发难。这时，鲁肃在一旁说了一句：

有木也是槽，无木也是曹，去掉槽边木，加米便是糟。当今之计在破曹，龙虎相争岂不糟？

大家一听，都击掌喝彩，于是就解了围。

十五　删

林对坞，岭对峦。昼永对春闲。谋深对望重，任大对投艰。

裙袅袅，佩珊珊。守塞对当关。密云千里合，新月一钩弯。

叔宝君臣皆纵逸，重华父母是嚚顽。

名动帝畿，西蜀三苏来日下；壮游京洛，东吴二陆起云间。

【注】

裙袅袅二句：袅（niǎo），随风摆动的样子。佩，古代女子头上或身上的佩饰。珊珊，玉器叮咚的响声。当关：把守关隘。李白诗："一夫当关，万夫莫开"。叔宝句：南朝陈后主，名叔宝，历史上有名的荒淫皇帝。他经常召集江总、孔范等十个文人在一起饮宴，称为"狎客"，让张贵人等八名妃嫔与之交错而坐，整日纵情声色。

重华句：重华是帝舜的名。相传他的父亲瞽（gǔ）叟和弟弟像品行都很坏，曾多次设阴谋准备把他害死。嚚（yín）顽：愚蠢而顽固。瞽（gǔ），瞎。《书·舜典》："曰若稽古帝舜，曰重华，协于帝。"

名动二句：三苏，指宋著名文学家苏洵（字老泉）和他的儿子苏轼、苏辙。他们都是四川眉山人，名震一时，人称三苏。帝畿（jī）：我国古代称靠近国都的地方。这里同句中的日下都指都城。

壮游二句：二陆指晋文学家陆机、陆云兄弟，大有才名，人称二陆。他们在东吴亡后，都来到洛阳从政。据说一次陆云遇到荀隐，互相自我介绍，陆说"云间陆士龙。"荀说："日下荀鸣鹤。"云间：江苏松江区之古称。

临对仿，吝对悭。讨逆对平蛮。忠肝对义胆，雾鬓对云鬟。
埋笔冢，烂柯山。月貌对天颜。龙潜终得跃，鸟倦亦知还。
陇树飞来鹦鹉绿，池筠密处鹧鸪斑。
秋露横江，苏子月明游赤壁；冻云迷岭，韩公雪拥过蓝关。

【注】

悭（qiān）：吝啬。讨逆句：讨逆，讨伐坏人。蛮，旧指南方少数民族。埋笔冢：陈、隋间僧人智永是著名的书法家，相传他写字用笔积十八瓮，后埋成一墓，号曰"退笔冢"。烂柯山：《志林》载，晋人樵者王质入信安山，见二童子对弈，一局棋未终，斧柯已烂；回到家乡，家乡已经过了几代，完全变了模样。刘禹锡诗："怀旧空吟闻笛赋，到乡翻似烂柯人。"柯，斧柄。龙潜句：《周易·乾卦》："初九，潜龙勿用。""九四，或跃在渊。"比喻人或事物由小到大、由弱到强的发展过程。鸟倦句：晋陶潜《归去来辞》："云无心以出岫，鸟倦飞而知还。"秋露二句：元丰四年，苏轼曾月夜泛舟赤壁，作《前赤壁赋》，赋中有"少焉，月出于东山之上，徘徊于斗牛之间。白露横江，水光接天"等语。周公瑾以火焚曹兵，石壁皆红，故名赤壁。

冻云二句：唐文学家韩愈，以上《谏迎佛骨表》触怒宪宗，被贬为潮州刺史，行程中至蓝关遇雪，写了一首《左迁至蓝关示侄孙》，"云横秦岭家何在，雪拥蓝关马不前"是诗中名句。又传说唐韩愈之侄孙湘子，幼有仙迹，出外数年不返，韩公寿，湘忽至，书一联于壁上曰："云横秦岭家何在，雪拥蓝关马不前。"未几，韩公谏迎佛骨上表，遭贬至潮州，果经蓝关。

【典故】

和苏轼有关的成语及典故

1. 雪泥鸿爪

苏轼在任凤翔府判官时，写下了《和子由渑池怀旧》："人生到处知何似？应似飞鸿踏雪泥。泥上偶然留指爪，鸿飞哪复计东西？……""雪泥鸿爪"就被概括为众所周知的成语了。

2. 夜雨对床

唐代韦应物有"宁知风雪夜，复此对床眠"，苏轼读后感触良深，与苏辙约定"夜雨对床"，但一直未实现。"夜雨对床"便流传下来，本不单指兄弟之间，经此也成了兄弟之事。

3. 河东狮吼

苏东坡在一首诗里，开朋友陈季常的玩笑说："龙丘居士亦可怜，谈空说有夜不眠，忽闻河东狮子吼，拄杖落地心茫然。"因为这首诗，在文言里用"河东狮吼"就表示惧内，而陈季常是怕老婆的丈夫，因此这个名字也就千古流传了

4. 不合时宜

朝云乃苏轼侍妾，一次苏轼吃完饭，扪着肚皮问家人："内装何物？"有的说是文学才华，有的说是满腹学问，唯朝云说是一肚皮不合时宜，苏轼

遂引为知己。

5. 胸有成竹

文同，字与可，是北宋画墨竹的名家，也是大诗人苏轼的挚友，二人交情颇深。苏轼也喜欢画墨竹，曾向文同求教。文同在指点苏轼画竹时说："画竹必先得成竹在胸，执笔熟视，乃见其所欲画者，急起从之，振笔直遂，以追其所见，如兔起鹘落，稍纵则逝矣。"苏轼对此说深以为然。宋人晁补之也有诗云："与可画竹时，胸中有成竹。"这就是"成竹在胸"或"胸有成竹"这一成语的出处。此后，人们常用这个成语比喻在做事之前已有通盘的成熟考虑。

6. 出人头地

北宋嘉祐二年（公元 1057 年），苏轼在全国选拔进士的会考中，以《刑赏忠厚之至论》的论文获得了欧阳修等主考官的高度赞赏。欧阳修见卷子独占鳌头，便想评为第一，点为状元，又怕卷子是自己的得意门生曾巩所作，评为第一，点为状元，有瓜田李下之嫌，就判为第二名。等开了卷，才知是苏轼的试卷，很是后悔。在礼部举行的口试复试中，苏轼以《春秋对义》获得第一名。后来欧阳修在读苏东坡的感谢信时对老友梅尧臣说："捧读苏轼的信，我全身喜极汗流，快活快活！此人是当今奇才，我应当回避，放他出人头地。请大家记住我的话，三十年后没有人会再说起我来的！"当时欧阳修名满天下，天下士子进退之权全操在欧阳修一人之手，欧阳修这一句话，苏轼之名顷刻传遍全国，"出人头地"这一成语就是从这里来的。后以"出人头地"比喻超出一般人，高人一筹。

7. 取之不尽，用之不竭

苏轼在《前赤壁赋》中有"且夫天地之间物各有主。苟非吾之所有，虽一毫而莫取。唯江上之清风，与山间之明月，耳得之而为声，目遇之而成色，取之无禁，用之不竭；是造物者之无尽藏也，而吾与子之所共适。"后来，有人把"无禁"改为"不尽"。

8. 水落石出

苏轼《后赤壁赋》"于是携酒与鱼，复游于赤壁之下。江流有声，断岸千尺，山高月小，水落石出。""水落石出"便由此演化而出。

9. 明日黄花

"明日黄花"出自苏轼在重阳节所写的一首诗和一首词。他在《九日（按即重阳）次韵王巩》诗中写道："相逢不用忙归去，明日黄花蝶也愁。"又在《南乡子·重九涵辉楼呈徐君猷》词中写道："万事到头都是梦，休休，明日黄花蝶也愁。"后人从这个名句引申一步，以"明日黄花"比喻种种过时的人或事物。

10. 坚忍不拔

苏轼在《晁错论》中说："古之立大事者，不唯有超世之才，亦必有坚忍不拔之志。""坚忍不拔"这个成语由此得出。

11. 海屋筹添

苏轼《东坡志林·三老语》："尝有三老人相遇，或问之年……一人曰：'海水变桑田时，吾辄下一筹，尔（迩）来吾筹已满十间屋。'"原谓长寿，后以"海屋筹添"为祝寿之词。

12. 芳留玉带

苏轼曾在金山留玉带镇山，佛印回赠裙衲，成为千古佳话。

13. 琴操参宗

苏轼在杭州时，携琴操游西湖。一日戏曰："我做长老，尔试参禅。"琴操问："何谓湖中景？"苏轼答曰："落霞与孤鹜齐飞，秋水共长天一色。"琴操曰："何谓景中人？"答曰："裙拖六幅潇湘水，髻挽巫山一段云。""何谓人中意？""随他杨学士，鳖杀鲍参军。""如此究竟如何？""门前冷落车马稀，老大嫁作商人妇。"琴操大悟，即日削发为尼。

14. 小舟从此逝，江海寄余生

东坡谪居黄州时，写下《临江仙—夜归临皋》一词。其中有"小舟从此逝，江海寄余生"句，据叶梦得《避暑录话》记载，相传这首词写成后，当晚就在人们中间流传开了。由于结尾表达了作者隐逸的想法，以致人们第二天纷纷传说，苏轼已将冠服挂于江边，坐上小舟，长啸而去。地方官得知，大吃一惊，怕因犯人走失而失职，急忙前去查看。到了住所，却发现他鼻息如雷，还没有起床。

15. 天涯何处无芳草

据《林下词谈》说，苏轼在惠州时，曾命朝云唱《蝶恋花》一词。朝云还没有开始唱，就已"泪满衣襟"。苏轼问何故，朝云曰："奴所不能歌，是'枝上柳绵吹又少，天涯何处无芳草'也！"

16. 山抹微云秦学士

秦观《满庭芳》中有"山抹微云，天粘衰草"一句，由于这首词的风格近似柳永，所以苏轼当面说秦观是"学柳永作词"，还戏称"山抹微云秦学士，露花倒影柳屯田"。（"露花倒影"是柳永《破阵乐》的首句。）

17. 东坡肉

驰名全国的"东坡肉"，这一楚乡湖北特有的传统名菜，素为人们所熟知，它是由苏轼亲手制作始创于黄州。苏轼的煮食猪肉，确属烹制得法，按他自己总结的烹饪要领是："慢着火，少著水"。故而烹制出的东坡肉，味极鲜美。他还写了一首《猪肉颂》："洗净铛，少着水，柴头罨烟焰不起。待他自熟莫催他，火候足时他自美。黄州好猪肉，价贱如泥土。贵者不肯食，贫者不解煮。早晨起来打两碗，饱得自家君莫管。"

18. 东坡汤

苏轼发明了一种青菜汤，叫作东坡汤。这根本是穷人吃的，他推荐给和尚吃。方法就是用两层锅，米饭在菜汤上蒸，同时饭菜全熟。下面的汤里有白菜、萝卜、油菜根、芥菜，下锅之前要仔细洗好，放点儿姜。在中国古时，汤里照例要放进些生米。在青菜已经煮得没有生味道之后，蒸的米饭就放入另一个漏锅里，但要留心莫使汤碰到米饭，这样蒸汽才能进得均匀。

19. 沧海一粟

苏轼《前赤壁赋》："驾一叶之扁舟，举匏樽以相属；寄蜉蝣与天地，渺沧海之一粟。""沧海一粟"由此而得。

20. 安步当车

《苏、沈良方》中记载：苏轼在杭州时，用自己的俸禄建了病坊，三年里治疗了近千人。由于他是个大书法家，有些人假装生病，求他开药方来获取他的字。苏轼也不拒绝。一次开了一个药方："主要有四味药：一曰无事以当贵；二曰早寝以当富；三曰安步以当车；四曰晚食以当肉。"

21. 夜雨对床

公元 1061 年，苏轼平生第一次和苏辙分手到凤翔赴任时（据记载分手的地点就在郑州西门），提到夜雨相对之事："寒灯相对记畴昔，夜雨何时听萧瑟？君之此意不可忘，慎勿苦爱高官职。"公元 1079 年，苏辙在徐州写了一首《逍遥堂会宿》，提醒他哥哥退休的约定："逍遥堂后千寻木，长送中宵风雨声。误喜对床寻旧约，不知漂泊在彭城。"苏轼在《满江红·寄子由》中也写了这样的诗句："辜负当年林下意，对床夜雨听萧瑟。"苏轼贬官黄州时，在《初秋寄子由》中又写下了描写兄弟重聚的词句："雪堂风雨夜，已作对床声"……

22. 三白饭与毳饭

次苏东坡对刘贡夫说："从前我曾与人共享'三白'，觉得十分香美，使人简直难以相信世间还有八珍之味。"刘贡夫急忙问："'三白'是什么美味？"东坡答曰："一撮盐、一碟生萝卜、一碗米饭。"原来是生萝卜就盐佐饭，逗得刘贡夫大笑不止。过了一些日子，贡夫忽然下了一道请帖，邀东坡前往吃"三白"。东坡以为必出于什么典故，如期赴宴，结果只见桌子上摆有萝卜、盐和饭，才明白刘贡夫是以"三白"相戏，于是操起碗筷，一扫而光。东坡回府时，对刘贡夫说："明日请到我家来，我有毳饭招待。"贡夫明知是戏言，只是不解"毳饭"究竟为何物，次日还是如约到了苏府。二人见面，谈笑已久。直到过了午时。还不见设食。刘贡夫已觉饥饿难耐，便请备饭。东坡说："再等一会。"如此再三，回答如故。刘贡夫再也忍受不住，只见苏东坡不紧不慢地答道："盐也毛，萝卜也毛，饭也毛，非毳何而？"毛即"无"也。意为：盐无，萝卜无，饭也无，这不就是毳饭吗？贡夫听罢捧腹大笑，说："我想先生必定会找机会报复我那三白饭的，没料到竟有如此绝招。"当天，东坡终究还是摆了实实在在的筵席，刘贡夫饮到很晚才离去。

23. 拼死吃河豚

据宋人孙奕的《示儿篇》记载：东坡居常州时，有一士人家烹河豚极妙，准备让东坡尝尝他们的手艺。苏东坡入席后，这士人的家眷都藏在屏风后面，想听听苏学士如何品题。可是东坡只顾埋头大嚼，并无一句话出口，使这家人感到失望。失望之中，忽听东坡大声赞道："也值得一死！"

24.气如蔬笋

何谓"气如蔬笋"，苏轼自注云："谓无酸馅气也。"是憎恶那些化雅为俗的庸人。据叶梦得《石林诗话》记载："近世僧人学诗者极多，皆无超然自得之趣。往往拾取模仿士大夫所残弃，又自做一种体，格律尤俗，子瞻谓之酸馅气。子瞻诗云：'语带烟霞从古少，气含蔬笋到公元。'尝与人云：'颇解蔬笋语否？为无酸馅气也。'闻者无不失笑。"

25.逢场作戏

大通禅师是一个持法甚严，道行甚高的老僧，据说谁要到他的修道处所去见他，必须先依法斋戒。女人当然不能进他的禅堂。有一天，苏东坡和一群人去逛庙，其中有一个妓女。因为知道那位高僧的习惯，大家就停在外面。苏东坡与此老僧相交甚厚，在心中一种淘气的冲动之下，他想把那个妓女带进去破坏老和尚的清规。等他带着那个妓女进去向老方丈敬拜之时，老方丈一见此年轻人如此荒唐，显然是心中不悦。苏东坡说，倘若老方丈肯把诵经时用来打木鱼的木缒借给妓女一用，他就立刻写一首诗向老方丈谢罪。结果苏东坡作了下面的小调给那个妓女唱：

"师唱谁家曲，宗风嗣阿谁，借君拍板与门缒，我也逢场作戏莫相疑。

"溪女方偷眼，山僧莫皱眉，却愁弥勒下生退，不见阿婆三五少年时。"

这正是戏台上小丑的独白，甚至持法甚严的大通禅师也大笑起来。苏东坡和那个妓女走出禅房向别人夸口，说他俩学了"密宗佛课"。

26.以词代判

苏东坡做杭州通判时，有一次，他曾判决一件与和尚有关的案子。灵隐寺有一个和尚，名叫了然。他常到勾栏院寻花问柳，迷上了一个妓女，名叫秀奴。最后钱财花尽，弄得衣衫褴褛，秀奴便不再见他。一夜，他喝得醉醺醺之下，又去找秀奴。吃了闭门羹，他闯了进去，把秀奴打了一顿之后，竟把她杀死。这个和尚乃因谋杀罪而受审。在检查他时，官员见他的一只胳膊上刺有一副对联："但愿同生极乐国，免如今世苦相思。"全案调查完竣，证据呈给苏东坡。苏东坡不禁把判决辞写成下面这个小调儿：

"这个秃奴，修行忒煞，云山顶空持戒。只因迷恋玉楼人，铸衣百结浑无奈。毒手伤心，花容粉碎，色空空色今安在，臂间刺道苦相思，这回还了相思债。"

和尚押赴刑场斩首示众。像以上的这两首小调儿，因为是用当日的口头话写的，大家自然口口相传，对这位天才怪诗人的闲谈趣语又加多了。

27. 冰肌玉骨

苏轼《洞仙歌》："冰肌玉骨，自清凉无汗。"冰肌玉骨用来形容肌骨像冰一样纯净，像玉一样润泽。

28. 春梦婆

据《儋县志》记载，苏轼一次在路上碰见了"居儋城以东，年七十余，常负大瓢行田野间口歌捎遍方嗑食的春梦婆"。问曰："世事何如？"婆曰："世事只如春梦耳。"公曰："何如？"曰："翰林昔日富贵，一场春梦耳。"公曰："然。"因号为"春梦婆"。苏轼有诗云："投梳喜有东邻女，换扇还逢春梦婆。"

29. 不识庐山真面目

苏轼《题西林壁》："横看成岭侧成峰，远近高低各不同。不识庐山真面目，只缘身在此山中。"

30. 苏公堤

苏轼在杭州担任太守时，到西湖勘察地形，发现湖中蔓草横生，下塘遭旱，乃设计开河浚湖，兴建水利。民众得以灌田千顷，赖以殷富。同时他又筑造堰闸，以为湖水蓄泻之用；取湖内葑草淤泥于湖中，筑起南北径三十里的一条长堤；并在堤上造桥六座，制九亭，使内湖与外湖连接起来；堤的两旁，遍植杨柳芙蓉，湖中种满荷花菱角，不仅美化了风景，更方便了行旅和耕作。为感谢他的政绩，杭人称之为"苏公堤"。

31. 黄楼

苏轼在徐州任时，恰遇黄河决口曹村，洪水围城，城池将败，苏轼亲自率领军民持铁锹和畚箕以出，冒着大雨，抢筑东南长堤。他甚至住在城上，过家不入，使官吏分堵以守，终于保全城，维护了全城人民的生命财产。事后，人们建黄楼以纪念。

32. 唤鱼池

据说苏轼与王弗结成婚姻，还有一段小小因缘：王弗的父亲王方是一位乡贡进士,颇有声望。他要为自己家乡的奇景(山壁下有一自然鱼池,游人拍手,鱼即相继跳跃而出)命名,同时又想借此暗中择婿,便请来了当地有名的青年才子为奇景命名。许多人都落选了,只有苏轼所题的"唤鱼池"耐人寻味,恰与躲在帘内的王弗题名一样,王方因此选中了苏轼为乘龙快婿。

注:此景在四川省青神县中岩寺下寺,至今犹存,只不知是否是学士当年所书。

33. 东坡画扇

苏轼很有同情心。他在杭州做官时,有一次一位绫绢商人告一个制扇匠人欠他两万绫绢钱不还。匠人说:"前不久父亲死了,花了一笔钱。今年杭州连日阴雨,天气寒冷,没有人买扇子,我一时拿不出钱来还账。"苏轼想了半天,让那匠人回家把扇子抱来,挑出二十把折扇,拿起公堂上的毛笔,在扇面上题字、作画,然后命匠人快拿到外面去卖。匠人刚出衙门,扇子就被抢购一空,每把一千钱,正好够还账的。

下 卷

一 先

寒对暑，日对年。蹴鞠对秋千。丹山对碧水，淡雨对覃烟。
歌宛转，貌婵娟。雪鼓对云笺。荒芦栖南雁，疏柳噪秋蝉。
洗耳尚逢高士笑，折腰肯受小儿怜。
郭泰泛舟，折角半垂梅子雨；山涛骑马，接篱倒看杏花天。

【注】

蹴鞠（cù jū）：蹴，踢；鞠，同鞠，球。覃烟：覃（tán），长。覃烟，袅袅直升空中的饮烟或横浮低空的烟雾。婵娟（chán juān）：体态柔弱的样子。云笺：（唐）韦陟（zhì）用五彩笺写信，由他人代笔，自己签名。由于他写的"陟"字像五朵云，因而后来人们称书信为五云笺或云笺。陟（zhì）登高，上升。

洗耳句：传说帝尧时，箕山有高人隐士曰巢父、许由，尧同许由商量，准备把帝位传给他。巢父听到了，以为玷污了他的耳朵，就跑到池中去洗耳。池水主人怒曰："何污我水！"这个故事说帝尧、许由、巢父、池水主人，一个比一个更高洁。李白诗："世无洗耳翁，安辨尧与跖。"跖（zhí），同跖。

折腰句：陶渊明为彭泽令。一次，郡督邮来视察。县吏向陶渊明建议，应穿上官服迎见。陶渊明气愤地说："吾不能为五斗米折腰，拳拳事乡里小儿！"

于是弃官而去。作《归去来辞》。郭泰二句：见真韵第二章"郭泰"句注。山涛二句：见文韵一章"竹间"句注。

轻对重，肥对坚。碧玉对青钱。郊寒对岛瘦，酒圣对诗仙。
依玉树，步金莲。凿井对耕田。杜甫清宵立，边韶白昼眠。
豪饮客吞波底月，酣游人醉水中天。
斗草青郊，几行宝马嘶金勒；看花紫陌，千里香车拥翠钿。

【注】

肥对坚：肥，肥马；坚，坚车。碧玉：南朝（宋）汝南王妾，甚受宠爱，后代因为娇怜的爱人的代称。梁元帝诗："碧玉小家女，来嫁汝南王。"王维诗："自怜碧玉亲教舞"。青钱：（唐）张鷟甚有才名，时人称之为"青钱学士"，意思是他的文章万选万中，万无一失。鷟，鸑鷟（yuè zhuó），古书上指一种水鸟。郊寒岛瘦：郊指孟郊，岛指贾岛，唐代的两个诗人。孟郊的诗内容清苦，失之寒，贾岛的诗风格瘦削，失之瘦，后人于是有"郊寒岛瘦"的评价。（宋）苏轼《祭柳子玉文》："元轻白俗，郊寒岛瘦。"

酒圣句：晋刘伶旷达放饮，又曾作《酒德颂》，后人因称之为酒圣。李白初游长安，得到名人贺知章赏识，誉之为"谪仙人"，后人因称为诗仙。玉树：（唐）崔宗之，美容仪，饮酒时更见风度。杜甫诗《饮中八仙歌》说："宗之潇洒美少年，举觞白眼望青天，皎如玉树临风前。"步金莲：南齐东昏侯宠爱潘妃，以金为莲花贴地，令潘妃行其上，叫"步步生莲花。"后以金莲指女子纤足。

凿井句：传说尧帝游于康衢，有一老人击壤而歌曰："日出而作，日入而息，凿井而饮，耕田而食，帝力于我何有哉！"清宵：杜甫诗有"思家步月清宵立"句。边韶：汉儒边韶，字孝先，性放达，开帐授徒，常昼眠，弟子编歌嘲之曰："边孝先，腹便便。夜读书，昼贪眠。"

126

豪饮二句：杜甫《饮中八仙歌》有"左相日兴费万钱，饮如长鲸吸百川"；"知章骑马似乘船，眼花落井水底眠"等语，形容醉人们的情态。千里句：翠钿，妇女用宝石金银雕饰的首饰，这里即代指妇女。"千里"疑当作"十里"。钿（diàn）：①把金属、宝石等镶嵌在器物上做装饰；②古代一种嵌金花的首饰。

吟对咏，授对传。乐矣对凄然。风鹏对雪雁，董杏对周莲。
春九十，岁三千。钟鼓对管弦。入山逢宰相，无事即神仙。
霞映武陵桃淡淡，烟荒隋堤柳绵绵。
七碗月团，啜罢清风生腋下；三杯云液，饮馀红雨晕腮边。

【注】

风鹏：《庄子》书中说，北海有一种大鱼，其名为鲲，变成大鸟，其名为鹏。鹏有几千里大小，它要飞到南海，需要积累很长时间的风浮起它才有可能。董杏：《神仙传》中载，三国东吴董奉为人治病不取报酬，病重的为他栽五棵杏，轻者栽一棵，数年后共得十万余株，郁然成林。周莲：宋儒周敦颐，性爱荷花，曾写《爱莲说》一篇，盛赞此花出淤泥而不染的高洁品质。

春九十二句：春光九十，意思是春光将尽。岁三千：极言年寿之长。传说汉武帝时，东郊献短人东方朔（字曼倩），谓帝曰："王母蟠桃，三千岁一熟，此儿已三偷之矣。"山中相：南朝（梁）陶弘景隐山中，武帝常问之以国事，时人称之"山中宰相"。武陵：陶渊明《桃花源记》写武陵一位渔夫，偶逢一处世外桃源。隋堤：炀帝自板渚引河达淮，岸上悉种柳。见齐韵第二章"隋堤"二句注。渚，水中间的小块陆地。

七碗二句：（唐）卢仝诗有"七碗吃不得也，唯觉两腋习习清风生"句。月团，茶名。唐卢仝《走笔谢孟谏议新茶》诗："开缄宛见谏议面，手阅月团三百片。"啜，（1）（chuò），①饮，吃；②哭泣的时候抽噎的样子；（2）（chuài），姓。

三杯二句：云液，酒的美称。（唐）白居易《对酒闲吟赠同老者》诗："云液洒六腑，阳和生四肢。"二句写酒后的形容。

中对外，后对先。树下对花前。玉柱对金屋，叠嶂对平川。孙子策，祖生鞭。盛席对华筵。解醉知茶力，消愁识酒权。丝剪芰荷开东沼，锦妆凫雁泛温泉。帝女衔石，海中遗魄为精卫；蜀王叫月，枝上游魂化杜鹃。

【注】

孙子策：孙子指春秋战国时吴国孙武。春秋时期著名军事家，著有《孙子》十三篇传世。祖生鞭：东晋祖逖与他的朋友刘琨同寝，他们立志收复中原，每天闻鸡鸣就起床舞剑。一次祖逖先醒，闻鸡鸣，逖蹴琨曰："此非恶声也。"琨恐曰："祖生先吾着鞭。"意思是比自己行动得快。逖（tì），远。琨（kūn），一种玉。

解醉二句：茶力、酒权互文，即茶和酒的功效。丝剪句：传说中隋炀帝的故事，说他曾命人用锦绢剪为荷花，遍 cha 池苑，从中游乐。芰（jì），古书上指菱。锦妆句：唐玄宗的故事。相传玄宗扩建华清宫汤池，规模宏丽，汤池内以玉莲为喷泉，又缝锦绣为凫雁，放于水中，自己乘小舟从中游嬉，极尽奢欲。

帝女二句：上古神话，赤帝有女名女娃，游于东海，溺而不返，魂魄变成一种鸟，名叫精卫，常常衔木石填海中。陶渊明诗："精卫衔微木，将以填沧海。"

蜀王二句：上古神话传说，蜀王名杜宇，在蜀治水，自以德薄，让位给大臣鳖冷，自己隐居山林，死后化为杜鹃鸟，夜夜悲啼，啼则吐血。李商隐诗："望帝真心托杜鹃。"

【典故】

汤显祖蟠龙绣凤

明朝戏曲家、文学家汤显祖，字义仍，号海若、若干、清远道人等，江西临川人（现抚州市），万历进士，著有《紫箫记》、《紫钗记》、《南柯记》、《还魂记》组成《临川入梦》其中"还魂记"即是"牡丹亭"最为著名，流传最广，家喻户晓。

汤显祖年轻时，不但长得一表人才，潇洒倜傥，而且才华超群，学识渊博，已成当他名人。

汤显祖的未婚妻舜英，是出生于一个大户人家的独生女儿，父母视为掌上明珠，为了培养女儿特聘请邻村的老秀才，专门教她读书，由于舜英的聪明伶俐，勤奋好学，几年时间通读了四书五经，很好掌握了诗词楹联的创作，成了远近有名的才女。但因为是女儿身，不能考取功名，闲居深闺，男大当婚，女大当嫁，双方父母商量，决定早日为他（她）们完婚。

结婚当天婚宴后，就在洞房花烛之夜，舜英为试试汤显祖的才华高低，在新房之内，突然指着有金龙图案缠绕的红蜡烛，出了一副对子请汤显祖应对：

红烛蟠龙，水里龙由火里去。

汤显祖毫无准备，突如其来的一击，弄得晕头转向，一时答不上来，等静下心来，看到娘子脚上穿的有凤凰的绣花鞋，触景生情灵机一动，答道：

花鞋绣凤，天边凤向地边来。

于是这副工整的对联是：

红烛蟠龙，水里龙由火里去。

花鞋绣凤，天边凤向地边来。

新娘心里十分满意，新娘指着蜡烛下面的鼎座又出一联：鼎甲一二三，汤显祖琢磨了一下，看见桌子上盘子里红枣莲子羹，象征早生贵子，他灵机一动，想到鼎是器物，盘也是器物，甲是天干之首，庚是天干之八位，庚是羹的谐音，于是答对曰："盘庚上中下。"这副联是：

鼎甲一二三，

盘庚上中下。

鼎对盘，甲对庚。鼎甲一二三殿试进士前三名，状元，榜眼和探花。商国君盘庚《尚书》中载有渡江南迁都于殷的告喻书分为上中下三部分，应对之巧妙。令新娘子佩服得五体投地，不由得从内心更加钟爱自己的夫君了。

二　萧

琴对管，斧对瓢。水怪对花妖。秋声对春色，白缣对红绡。

臣五代，事三朝。斗柄对弓腰。醉客歌金缕，佳人品玉箫。

风定落花闲不扫，霜馀残叶湿难烧。

千载兴周，尚父一竿投渭水；百年霸越，钱王万弩射江潮。

【注】

白缣句：缣（jiān），丝绢，这里指细绢。绡（xiāo），生丝，又指用生丝织的东西，这里指绸子。臣五代：指五代时官僚冯道，他曾历事后唐、后晋、后辽、后汉、后周，对丧君亡国毫不介意，并自号"长乐老"。旧时代拿他做没气节的典型。事三朝：沈约事南朝宋、齐、梁三朝。

斗柄句：斗柄，北斗七星中排成柄状的三星。弓腰，舞女反身将腰弯如弓形，叫作弓腰。醉客句："金缕"，词牌《贺新郎》的别名，或说即指唐女诗人杜秋娘所作《金缕衣》。（南宋）张无干《贺新郎》词有"举大白，听金缕"之名，举大白即饮酒。千载二句：西周初，吕望曾隐居在渭水垂钓，后被周文王聘请为太师，辅佐武王灭殷。被周武王尊为尚父。参见东韵第三章"吕望"句注。

百年二句：传说五代时钱镠（liú）为吴越王，做御潮铁柱于江中，未成而潮水大至。吴越王命以万弩射之，潮水乃退。筑土一升者，赏钱一升，名之曰钱塘。

荣对悴，夕对朝。露地对云霄。商彝对周鼎，殷濩对虞韶。
樊素口，小蛮腰。六诏对三苗。朝天车奕奕，出塞马萧萧。
公子幽兰重泛舸，王孙芳草正联镳。
潘岳高怀，曾向秋天吟蟋蟀；王维清兴，尝于雪夜画芭蕉。

【注】

商彝句：彝（yí），古代盛酒器。后泛指礼器。商彝、周鼎，即指商周二代的青铜器。殷濩句：濩（hù），传说是商汤王的舞乐。韶，传说帝舜时乐名。虞即指帝舜虞氏。樊素二句：樊素、小蛮都是白居易的歌伎。白有"樱桃樊素口，杨柳小蛮腰"的诗句。六诏句："诏"是唐代我国西南少数民族对王的称呼，时有蒙巂（xī）、越析、浪穹、澄睒（shǎn）、施浪、蒙舍诸诏，合称六诏。其地在今云南及四川西南部。三苗，传说尧、舜时代居住在西南的我国少数民族。

朝天句：朝天车，指大臣们登朝拜见皇帝所用车乘。奕奕，有次序的样子。出塞句：杜甫《后出塞》诗有"马鸣风萧萧"之句。萧萧，马嘶声或风声。公子句：屈原《九歌》："沅有芷兮澧（lǐ）有兰，思公子兮未敢言。"舸（gě），大船。泛舸即乘船游览。王孙句：刘安《招隐士》："王孙游兮不归，春草生兮萋萋。"镳（biāo），马嚼头。联镳，意思是并马而行。

潘岳二句：潘岳是晋诗人，他曾写有《蟋蟀赋》。王维二句：唐王维诗、画、书都有很高造诣。据说他的山水画随意写来，不分四时，曾画雪中芭蕉。

耕对读，牧对樵。琥珀对琼瑶。兔毫对鸿爪，桂楫对兰桡。

鱼潜藻，鹿藏蕉。水运对山遥。湘灵能鼓瑟，嬴女解吹箫。
雪点寒梅横小院，风吹弱柳覆平桥。
月牖通宵，绛蜡罢时光不减；风帘当昼，雕盘停后篆难消。

【注】

兔毫句：兔毫，笔名，这里指毛笔。鸿爪，指鸿雁在泥土上留下的脚印，比喻人生的阅历。（宋）苏轼诗："人生到处知何处？应似飞鸿踏雪泥；泥土偶然留指爪，鸿飞哪复计东西。"一说鸿爪指字名。

桂楫句：楫（jí）和桡（ráo）都是划船撑船的工具。桂是桂树，兰指木兰。用桂和木兰制成的楫和桡，无非言其贵重华美。苏轼《前赤壁赋》："桂棹兮端口兰桨"，也是这个意思。棹，①（zhào），划船的一种工具，形状和桨差不多；②（zhuō），同桌。鹿藏蕉：《列子·周穆王》："郑人有薪者，遇鹿而毙之，藏诸泥中，覆之以蕉，俄而失其处，遂以为梦，顺途而道其事。傍闻者取之，归告室人曰：'薪者梦得鹿，不知其处，我今得之，彼真在梦中矣。'"湘灵句：湘灵，尧女娥皇女英，哭舜于苍梧之野，死之为湘江之神。（唐）诗人钱起有《湘灵鼓瑟》诗，名句是"曲终人不见，江上数峰青。"《楚辞·远游》："使湘灵鼓瑟兮，令海若舞冯夷。"嬴女句：即弄玉的故事。秦王族姓嬴，故称弄玉为嬴女。见江韵第一章"跨凤"句注。绛蜡：即红烛。

月牖二句的意思是：由于月光透窗而入，即使灭掉红烛，室内仍很明亮。（唐）张九龄《望月怀远》："灭烛怜光满"，即此意。风帘二句：篆，指袅袅上升的香烟好像篆字一样。二句意思是，因为风帘遮掩门户，尽管雕盘中的薰香不再点燃，室内的香气也很难消失。

【典故】

一联解得店主忧

清朝时，浙江南部有个叫亚松岭的山脚下，一对老夫妻在这儿开了爿茶馆。茶馆地处三岔路口。凡是进出城的百姓都得从这儿经过，每天茶馆里人来客往，生意兴隆。

一天，城里赵秀才访友途经这里。他口渴难熬，便想到茶馆去喝杯茶解解渴再登前程。赵秀才跨进店门，主人便迎上来热情招呼。话语投机，不一会儿，就拉起家常。当秀才问及到茶馆生意时，店主满面愁容。原来这小小茶馆生意虽然不错，却有不少地方上熟人每天赊欠喝茶。有的拖上三月半载都不思还钱，弄得店里本钱一时难以周转。有碍于熟人熟面，情面难却，不得开口讨还。

赵纪洪一边茗茶，一边细听店主诉说苦衷，觉得店主言之有理，并深表同情，脑子里为店主打起主意来。

不一会儿，赵纪洪听完店主的诉说后，叫他拿来纸和笔，大笔一挥，写了一首诗贴在店堂内，诗云：

出门无伞望云遮，

生意又如水转车，

石上种松根本少，

诸君光顾莫言赊。

诗中不仅暗喻了店小本少，又婉转地道出开茶馆还得靠众人帮忙相助。

店主看罢，心中十分高兴，既而又请赵秀才再为茶馆大门题一联。赵秀才欣然同意店主的要求，心中盘算了一阵，他想 店主为人厚道，茶馆小本经营，得为他来个"一语双关"，既让茶客不好意思欠账，又能招揽生意发家致富。赵秀才思忖许久，然后抓起笔来，一副店门联写出来了：

问赊二字子丑寅；

现钱光顾午未申。

写毕，赵秀才向店主解释道："这上联有'子丑寅'少个'卯'字（'卯'谐音'没'，没有的意思），意思是茶客如果想赊欠，就没有茶喝；下联有'午未申'少个'酉'字（'酉'谐音'有'），意思是出现钱就请进来喝茶。"

店主一听，高兴得跳了起来，连呼："有意思，有意思！"

赵秀才为茶馆店堂题了一首诗，又为大门题了一联，果然平日喝茶欠账的人少了，而且还吸引了不少来客欣赏、喝茶，增加了茶馆生意。从此，茶馆越开越兴旺。

三 肴

诗对礼，卦对爻。燕引对莺调。晨钟对暮鼓，野馔对山肴。
雉方乳，鹊始巢。猛虎对神獒。疏星浮荇叶，皓月上松梢。
为邦自古推瑚琏，从政于今愧斗筲。
管鲍相知，能交忘形胶漆友；蔺廉有隙，终对刎颈死生交。

【注】

卦对爻：《周易》共分六十四卦，卦中各有六爻。燕引句：引和调都是歌曲，这里指燕和莺动听的鸣声。晨钟句：见冬韵第二章"暮鼓"句注。

野馔句：馔（zhuàn）、肴（yáo）是饭菜的统称，野馔、山肴指淡素的饭食。雉方乳：汉鲁恭为中军令，很有政绩，蝗不入境。河南尹闻之，使人往看。见野鸡伏于桑下，儿童不捕，惊问，儿童说："野鸡在孵卵，不要伤害它。"雉（zhì），野鸡。

鹊始巢：月令。季冬小寒，1月5～7日，285°，雁北向，鹊始巢，雉始雊（gòu）。神獒，传说能听懂人语的犬叫獒。獒（áo），一种凶猛的狗。

为邦句：《论语》载，一次孔子弟子子贡问老师："我是怎样一个人？"孔子说："你是能成器的。"又问："我是怎样的器？"孔子说："你是瑚琏。"瑚琏（hú niǎn），古代宗庙盛黍稷的器皿，是祭祀的贵重礼器，比喻子贡会成为治国的人才。为邦，治理国家。从政句：《论语》载，一次子贡问，当今做官的人怎么样，孔子说："噫，斗筲之人，何足算也！"筲：①一种小型竹器，②桶。斗筲之人，是说德薄才疏的人。

管鲍二句：春秋时，管仲和鲍叔牙非常好，患难与共，旧时代常以管鲍为朋友间的楷模。管仲，春秋初年政治家。经鲍叔牙推荐，被齐桓公任为上卿。相知，即相友好。胶漆，形容难解难分，关系极为密切。古诗："以胶投漆中，谁能别离此。"

蔺廉句：蔺相如和廉颇是战国时赵国的相和将军，廉颇对蔺相如不服气，多次侮辱对方，但相如避之。后廉颇觉悟，亲自登门负荆请罪，二人遂为刎颈之交。刎颈：指发誓同死的交情。

歌对舞，笑对嘲。耳语对神交。焉乌对亥豕，獭髓对鸾胶。
宜久敬，莫轻抛。一气对同胞。祭遵甘布被，张禄念绨袍。
花径风来逢客访，柴扉月到有僧敲。
夜雨园中，一颗不雕王子奈；秋风江上，三重曾卷杜公茅。

【注】

焉乌句：古文之讹。焉和乌，亥和豕，字形相近，往拄造成讹误。焉乌：谓字形相近而易讹。古谚云："书经三写，乌焉成马。"《吕氏春秋》中记载，子夏赴晋经卫国，有人说从书上读到"晋三豕（三头猪）过河"。子夏说，不对，一定是把"己亥"二字误作"三豕"了。到晋国一问，果然是"晋师己亥涉河。"前去伐秦。

獭髓句：獭（tǎ），水獭，旧传水獭的髓是很好的滋补品，服食能益神智；相传水獭的骨髓与玉屑、琥珀屑相和，可以灭瘢痕。鸾胶句：传说海上有凤麟洲，多仙人，以凤喙麟角合煎作膏，名续弦胶，能续弓弩断弦（见旧题东方朔《十

135

洲记》）。一气：犹云同气，指有血缘关系的亲属，多喻兄弟。

祭遵句：祭遵是东汉光武帝的将军。《后汉书·祭遵传》：称为人克己奉公，凡皇帝的赏赐一律分给士卒，家无私财，穿皮裤，盖布被，夫人裳不加缘，因而受到皇帝的敬重。张禄句：战国时，范雎和须贾同事魏王，须贾出于嫉妒，唆使魏相治范雎几至于死。后范雎逃到秦国，易姓名张禄，为秦相。后须贾使秦，范雎故意穿了一身破衣服去见须贾。贾不知其为秦相也，曰："范叔何一寒至此"，以己绨袍赠之。不久，须贾终于知道范雎原来就是秦相张禄，吓得赶忙登门请罪。范雎说："根据你旧日对我的态度，本当把你处死，但你送我一件袍子，看来还有点情谊，可以饶你一命。"（唐）高适《咏史》诗："尚有绨袍赠，应怜范叔寒。不知天下士，犹作布衣看。"专咏此事。绨：①（tí），光滑厚实的丝织品；②（tì），比绸子厚实、粗糙的纺织品，用丝做经，棉线做纬。柴扉句：此推衍唐诗人贾岛"僧敲月下门"句。夜雨一句：《二十四孝》载：晋人王祥至孝，后母不慈，命其看护后园柰树，柰落则鞭之。祥抱树大哭，感动上天，柰一颗不落。柰（nài）：落叶小乔木，花白色，果小，是苹果的一种。

秋风二句：杜公指杜甫。杜甫居成都时，一次大风吹坏了草堂，他曾为此写作了《茅屋为秋风所破歌》，中有"八月秋高风怒号，卷我屋上三重茅"之句。

衙对舍，廪对庖。玉磬对金铙。竹林对梅岭，起凤对腾蛟。
鲛绡帐，兽锦袍。露果对风档。扬州输橘柚，荆土贡菁茅。
断蛇埋地称孙叔，渡蚁作桥识宋郊。
好梦难成，蛩响阶前偏唧唧；良朋远到，鸡声窗外正嘐嘐。

【注】

廪对庖：廪（lǐn），粮仓。庖（páo），厨房。玉磬句：玉磬（qìng），古代的一种用玉或石制成的打击乐器。金铙（náo），一种用金属制成的打击乐器。竹林句：晋时嵇（jī）康与阮籍等七人为友，蔑视礼教，狂放不羁，经常聚在竹林中啸饮清谈，时人号为"竹林七贤"。梅岭：英州司寇种梅三十株于大庾岭，故庾岭多梅。（唐）宋之问《题大庾岭北驿》诗："明朝望乡处，应见岭头梅。"

起凤句：腾蛟、起凤，都是形容文采的超拔。（唐）王勃《滕王阁序》："腾蛟起凤，孟学士之词宗。"鲛绡：古代神话，南海外有鲛人，住在水中，善织绩，常出卖绡，眼能泣泪成珠。鲛绡，鲛人所织的细绢。鲛（jiāo），就是鲨鱼。绡（xiāo），生丝，又指用生丝织的东西。兽锦：绣有麟、豹一类野兽花纹的锦缎。又解为集麟豹毳，织为文绮，称兽锦。扬州二句：《尚书》有《禹贡》一篇，记述九州的山川土宜，提出扬州要贡赋橘柚，荆州要贡献菁茅。菁茅：一种草类，古人用以扎神像，灌酒其上，表示神饮，叫裸。又解为古代祭祀用以漉（lù）酒去滓。《穀梁传·僖四年》桓公曰："昭王南征不反，菁茅之贡不至，故周室不祭。"

断蛇句：迷信传说，孙叔敖，战国时楚国令尹，幼时，见两个头的蛇，杀而埋之，回家后对母亲哭诉。母问其故，他说："人们说遇到两头蛇的人一定要死，今天我遇到了。为了不至于让更多的人见而致死，我已杀死并且埋掉了它。"母亲说："我儿做了好事，天必报应。"后来孙叔敖果然做了楚国的令尹。

渡蚁句：迷信传说，宋郊为士人时，所居堂前有蚁穴为雨水冲毁，他编竹为桥让蚂蚁爬到了干处，据说因为有此阴德，后为状元。良朋二句：古民俗说，鸡叫客人到。《诗·郑风·风雨》："风雨潇潇，鸡鸣胶胶。既见君子，云胡不瘳。"瘳（chōu），病愈。杜甫诗也有"群鸡正乱叫，客至鸡斗争；驱鸡上树木，始闻扣柴荆"的话。嘐（jiāo）嘐同胶，鸡叫的声音。

【典故】

两广第一个状元莫宣卿

唐朝太和年间，封州（今封开县）出了一个神童，名叫莫宣卿，是岭南八大才子之一。他七岁时作了一首自述诗："英俊天下有，谁能佐圣君，我本南山凤，岂同凡鸟群。"他抱负不凡，果然到了十七岁，便考中了状元，成为广东、广西两省第一个状元。莫宣卿曾题《及第自咏》诗："羽翼高飞到碧霄，鹏程万里岂知遥。逡吞王母千年药，便夺龙头第一标。脚下云霞随地起，眼前尘土霎时销。万金书寄南归雁，三级天门已一跳。"

传说，有一姓梁县官经过封州，听说莫宣卿是神童，便去探望。见面后问道："你是莫家公子么？"莫宣卿答道："是，大人。"县官误以为他自称"大人"，便故意问道："廿曰小孩岂称大？"莫宣卿见对方将自己的莫字拆而为联，随口对道："三两木头不成官。"同样将县官的姓梁字拆而为联，巧妙应对。县官听了，见他出口不凡，顿时目瞪口呆。

神童难倒李歪才

古时有个才子叫刘靖宋，自幼聪颖，七岁就善诗对，被人们誉为"神童"。这年，他姑父的小店开张，父亲带他去庆贺。刘靖宋便为小店题写了门联："石铺大路通南北；砖砌小店卖东西。"门联贴出，顾客称赞。

乡里的纨绔子弟李富阳，平时自恃有点歪才，常以戏弄别人为乐。乡人讨厌他，叫他"李歪才"。这天，他听说新开店有个小孩会作对联，便走到店里要与刘靖宋比作对联，声言如对不上，就要撕碎门联。

刘靖宋见了，问道："先生贵姓？"李富阳傲慢地用联句答："骑青牛，过幽关，老子姓李。"说完轻蔑地反问道："你姓什么？"原来，这"老子"两字一语双关，既指道家李耳，又指自己。

刘靖宋听了，随即反唇相讥，吟道："斩白蛇，入淞吴，高祖姓刘。"

这里"高祖"也是双关语，既指汉高祖刘邦，又指自己。

李富阳没料到七岁小孩竟如此厉害，但仍不服气。他苦思良久，又出一拆字联："手摭目来看，看看看，万里长空开眼界。"谁知，刘靖宋稍加思索，随口对上"刀朝土去切，切切切，三斤头颅等闲看。"李富阳挖空心思，半晌无言。

孔子与子贡

一天，孔子领着学生们在野外进行御、射训练。中午，师生聚在树荫下休息，先解马放青，然后师生进行野炊。不料马跑到田里去吃庄稼。农人见了，大怒，上去把马牵走了。子贡追上农夫，给他作揖说："对不起，我们的马吃了您的庄稼，怪我们看管不严。请您原谅，将马还给我们，我们还要赶路呢。"农人置之不理。子贡回到树下将索马的经过讲给了孔子。孔子说："你用过分谦恭文雅的言辞向农人求情，好比用美妙的歌舞演示给盲人，这怎能有好的效果呢？这是你的错，不能归罪农人。"说着，让养马人去要马。养马人对农人说："我耕于东海，将往西海，我们的马驾车到这里，快要饿死了，只好放它吃点路旁的庄稼。你快点将马还给我们，要不，我们走不了就住到你家，车上六七个人都要你管饭，你不管饭的话，我们饿死在你家也不走，还怕你不偿命不成。"农人听了，吓得直打哆嗦，慌忙将马交还。养马人牵回马，孔子含笑看子贡一眼。子贡羞愧无地自容：身为言语科的学生，平时认为自己学习好得不得了，今天办这件事还不及一个养马人。先生教诲的"三人行，必有我师"真是至理名言啊。子贡从此变得谦虚谨慎起来。

一次，卫国一位使者向子贡了解孔子弟子的情况，子贡就介绍好学不倦的颜回，勇敢无畏的子路，多才多艺的冉求，节操高尚的曾参等同学，唯独没有谈他自己。后来孔子知道了这件事，高兴地对子贡说："你已经有知人之明了。知人之明，方能自知之明；自知之明的人，才能有大作为啊。"子贡施礼谢了老师的夸奖。孔子进一步给子贡说："你知道了谦虚，那谦虚的实质是什么呢？孔子不等子贡回答，接着说："就像大地一样，大地不比什么都低吗？但大地挖深了就涌出泉水来，播了种就长出五谷来，草木生长，鸟兽繁衍，所有的生命都来自大地，所有的死亡都回归大地，大地无所不包，无所不容，养育万物而从没听过它说什么。"子贡听了连连点头。

孔子名声越来越大，人们仰慕他古博今的知识，佩服他匡扶君王的方略，有抱负的君臣或派使者或亲自远道慕名来曲阜向孔子请教问题。这些天，连连有鲁定公、齐景公的使者向孔子问政，子贡均在场奉陪。事后，子贡问孔子："齐公请教老师为政的首要之务，老师的回答是节约财用；鲁公请教老师时，老师回答是了解下臣。为什么一个问题两个答案呢？"孔子说："这是因为两个国家的实际情况不同，齐国是个奢侈过度的国家，所以我给齐公的回答是节约财用。鲁国最大的问题是大夫间互相争权夺利，企图架空鲁公，所以我以鲁公的回答是了解臣下。"子贡听了，颇受启发，心中更加敬佩起老师来。

一次，卫国大夫公孙朝问子贡："仲尼的学问是从哪里来的呢？"子贡说："周文王和周武王的道，没有坠入地下，仍旧留存人间。贤能的人能够认识它的重要方面，不贤的人只能认识他的次要方面。周文王和周武王的道是无处不在的，我的老师是无处不学习的，又何必要有一个固定的老师呢。"子贡事后将他和公孙朝的话告诉孔子。孔子点头说："你回答得比我想的还精妙得当呀。"

公元前493年春天，子贡随孔子离开卫国，一路逶迤，次年春天到了宋国。宋国本是孔子先祖受封的地方，也是他夫人亓官氏的家乡，他年轻时还到宋国考察过殷礼，为此，孔子达算在宋国多停一段时间。谁知到了宋国，宋景公对孔子一行的到来表现十分冷漠，不仅内没有留用孔子的意思，连食宿也不予以安排，师徒的生活显得十分窘迫。看着先生愁眉不展的样子，子贡对孔子说："先生，我还有块美玉，是把它继续收藏在行囊里呢，还是把它卖掉？"孔子脸上有了喜色，笑着说："卖掉，卖掉，但要卖给识货的买主。"孔子联想到眼下自身的遭遇，打趣地说："连我自己都在等待识货的人，想将自己卖掉呢。"听了先生风趣而有几分伤感的话，看着手中的玉，子贡心里沉甸甸的。这快玉，还是他拜师时想作为拜师礼献给孔子的，当时孔子不收，他一直带在身边，没想到，在这种场合用上了它。子贡其实已物色了买主，这个买主就是宋国的大夫孙明子。孙明子为政勤勉，事君忠诚，却受到朝中善于弄权的司马桓魋的排挤。孙明子不畏权势，洁身自爱，为此特别喜玉。孙明子对子贡这位珍宝巨商的来到很关注，他在昨天宋景公会孔子的时，曾暗派使者向子贡打听美玉行情。子贡就将这块美玉卖给了他。孔子看着子贡卖玉得来的一大袋金银，心里踏实了许多。

子贡和孔子离开宋国，经郑国、陈国要去楚国，途中经过一片桑林，遇见连两位长相清秀的养蚕女子在林中采桑，孔子随吟了一句："南枝窈窕北枝长。"一采桑女随即答道："夫子在陈必绝粮。九曲明珠穿不得，著来问我采桑娘。当师徒十多人走到陈国和蔡国边界时。边界守军不让他们前往楚国。孔子师徒围困在前不挨村，后不着店的荒郊野外。被困的第四天，粮食没有了，他们只得挖野采充饥。几个弟子相继饿出了病，躺在地上，连爬起来的力气都没有了。孔子却神色坦然地坐在舆帐里，诵诗、唱歌、弹琴不止。子路心烦意乱地来见孔子，说："君子也有穷困的时候吗？"孔子看着满脸幽怨之色的子路，心平气和地说："君子在穷困的时候能坚守节操，小人遇到穷困不能控制自己，什么事都能干出来。"子路想说什么，却没说，赌气地扭身便走。孔子深知，在这危难关头，弟子们的思想很活跃，对他的作为不理解，对他的政治主张产生了怀疑。他想，很有必要和弟子们进行一下思想交流。于是，叫来刚刚离他而去的字路，问道："《诗？何草不黄》里说：'我们既不是野牛也不是猛虎，为什么要流在荒无人烟的野地里。'我们的主张不对吗？我们为什么会困在这里？"子路寻思了一下说："恐怕是我们的仁德还不够吧？所以，人们才不信任我们；恐怕我们的智谋还不够吧？人家才不放我们通行。"孔子摇头："假使有仁德的人能使人信任，那还会有伯夷、叔齐这样的好人饿死在首阳山呢？要是有智慧的人必定能够处处畅行无阻，哪还会有王子比干被剖心呢？"孔子又把子贡叫来，问他同一个问题。子贡说："是不是老师的主张太大了，因此天下没有一个国家能容纳老师。老师何不降低一下自己的政治主张，靠近一下现实呢？"子贡直来直去的话，其实是他思索了好久，早想向老师建议的一个问题。孔子不满意地说："赐呀，一个善于耕田的农夫，不见得有好收成；一个好的工匠虽有精巧的手艺，然而却未必能使人都称心如意；君子也是一样，他只能专心地修道，提出自己的政治主张，然而却不一定被社会容纳。现在，你不能坚信自己的理想，反而想一味地迎合众人，志气真是小啊！"子贡听了老师的话，开满心里虽然不舒服，也不完全同意老师的看法。但老师矢志不移的精神和高尚的操守却深深感动了他。孔子又叫去了颜回，也问了同样的问题。颜回说："老师的道理太大了，天下虽大却还是容不下。虽说如此，老师不改其志，依然推行自己的主张。不被世俗容纳有什么关系？不被世俗容纳才显出君子本色。"孔子听了颜回的话，愁苦了几天的脸上有了笑容，说："好小子，好小子！要是你将来成了大富翁，我一定做你的管账先生。"颜回走了，孔子看着颜回的背影，心花怒放地想弹奏一曲。他去拿琴，不经意碰了琴旁的一个袋子。袋子里面装的是前些天子贡卖玉的金银。看着这些钱袋，孔子想起刚才称赞颜回，批评子贡的话，感到脸上火辣辣的。他放下琴，一下子没了弹奏乐曲的兴致。孔子师徒被围困的第七天，来了位骑马的将军，他有意戏弄这些书生，令人拿出十多个九曲珠说："如果用丝线穿起来，就让你们进楚国。"孔子和弟子们不能穿这九曲珠。孔子想起采桑女的话，叹道：真是一语成谶啊。孔子便让子贡返回去向采桑女求教。子贡回到桑林旁的那户人家门前。家中人称女子不在，并以一菜瓜给子贡。子贡说："'瓜'子（籽）在内也。"这时，那个与孔子对诗的女子从房内走出来，她说给子贡穿九曲珠的办法"用蜜涂珠，以丝系蚁，如不肯过，用烟熏之。"子贡给女子施礼，并掏出银子，让女子给些吃的。女子给了子贡一大块羊肉和两条鱼。子贡再次谢女子。子贡回到孔子身边后，依采桑女教的方法穿了九曲珠。将军也不食言，便解除了对孔子师徒的围困。孔子师徒被围已达七日，师徒们已吃了几天野菜，许多弟子都饿得无精打采。围军一散，子贡急忙拿出向采桑女讨来的鱼和羊肉，大师兄颜回充当火头军，点火做起了野炊。颜回见老师和师弟们都饿得大眼瞪小眼，恨不得抓住生鱼就吃，拿过羊肉就啃的样子，不问三七二十一就把鱼肉、羊肉放在一个锅里煮起来。孔子向来主张"食不厌精"，他见颜回把鱼和羊肉放在一块，眉头皱了洲，但已有指责颜回的力气啦，只好听之任之，眯着双眼就等开锅了。过了一会，肉做熟了，颜回先给孔子端上了一碗。不知孔子是饥不择食，还是确觉得好吃味美，刚刚喝了一口汤就连连赞道："真鲜，真鲜！"孔子望着弟子们的吃相，突然皱起了眉头，自言自语地说道："仓颉造字，将合、赞二子的合写称鲜，这个鲜字是毫无道理的，鱼、羊肉合炖才叫鲜哪！干脆，从今天以后，就把鱼羊二字的合写当成'鲜'吧！"

弟子们听了，一边大吃二喝，一边连声称赞："改得好，鱼羊合炖为'鲜'，真是名副其实！名副其实！"从此，汉语中便有了这个看了令人口中生津，富有韵味，使人遐想的"鲜"字。

这天，子贡随孔子在楚国汉水采风。他们经过一处村庄时，看见一位美艳动人的少女正在溪畔浣纱。孔子对子贡说："去向那姑娘采一下风。她外表十分庄重安适，不知她的心底如何？你可以用巧言试探她。"子贡看着老师，神情有点不自然。孔子微笑着说："是碍于男女大防吧。"子贡笑着默认。孔子说："我曾说过，非礼勿视，非礼勿动。这都是指的非礼举止，至于采风，是合乎礼的。过去，为考察风俗民情、政事得失，古代帝王常常专设官职去做这样的事情。你去采风，不必忌讳。"子贡奉师命，走到姑娘身旁，举着一只杯施礼：这位大姐，俺是从北方来的，天气炎热，你能否给俺一杯水，以解口渴？"少女看了子贡一眼，微笑道："南国溪水，清凉透底，它属于过路人，并非俺个人所有．你要喝水尽可自己去舀，为何还要征得俺的同意呢？"少女嘴上虽这么说，还是接过子贡手中的杯子，舀了满满一杯，放在地上，很有礼貌地说："按照俺这里的礼节，这杯水俺不能亲自递到您手里，请原谅！"子贡把水端给孔子，将自己和少女的对话说了一遍，孔子听了点点头，又从车上拿出一张琴，对子贡说："你把这个拿去，在同她说几句，看她怎么回答。"子贡拿着琴，又走到少女跟前说："刚才喝了您送的水，听了您说的话，好似秋风送爽，仿佛雪中送炭，令俺周身舒畅．俺这里有琴一张，不知您会调情乎？"子贡故意把"琴"说成"情"，以观察少女的反应，开始那少女很反感地皱皱眉，接着又心平气和地对子贡说："俺是山野村姑，不通五音六律，怎么能与你调情呢？"少女也故意把"调琴"说成"调情"。子贡抱着琴回到孔子面前，把与少女的对话一说，孔子还是点点头说："再把一些银两送她，看她怎么说。"子贡第三次来到少女身边，说："刚才多承您的指教，因是赶路人，无以报答，现送您些银两略表寸心。"少女一听，站了起来，指着子贡怒斥道："你究竟是什么人？为什么有路不走，却三番两次在此纠缠俺？又为什么平白无故地送俺银两？你究竟安的什么心？俺一个年轻女子，怎会随便收你的东西？你要是还不走，俺就要喊人来对你不客气啦！"子贡见状，连声说："对不起，对不起！"孔子听了子贡的叙说，连连点头，赞叹道："对呀！对呀！《诗经．汉广》中说：'南国有很高大的树木，却不能在它下面休息；汉水有游春的少女，但不能对她行为不端。'南国少女果真如此呀！"

公元前479年三月初，子贡从齐回鲁去探望老师，孔子在儿子孔鲤、弟子颜回、子路相继去世后，心情一直不好，前些天，他得了病，今天，他感到时身体有所好转，正拄着枴仗由几个弟子陪着在院子进而散步。他看到进门的子贡，责备而亲情浓厚地说："赐，你为何来得这么晚呀？"子贡像请罪一样说："我不知道老师病了。"子贡扶老师进了屋。孔子让其他弟子离开，只留子贡在身边，他指指七紘琴。子贡会意，净手，坐下给老师鼓琴。孔子和琴而歌：

泰山其颓乎　（巍峨的泰山啊，将要崩颓）

梁木其坏乎　（巨大的梁柱啊，将要折断）

哲人其萎乎（一代哲人啊，将要凋谢枯萎）

歌声愈来愈弱，鼓着琴的子贡听着老师忧伤的歌，看着老师衰老的神态，子贡感到心尖发紧，喉头发胀，眼泪禁不住涌出眼窝，泪珠滴在琴弦上，又被颤动的琴弦弹得四下飞溅。二月十一日，关爱自己胜过父亲的老师孔子，在子贡日夜守护的床榻上与世长辞了。子贡忍着极度悲痛，安排孔子的后事。他对众师兄弟说："老师四年前失去了他唯一的儿子，我们这些弟子，就是他老人家的儿子，老师生前待我们胜父母，我们理应以儿子般的孝义回敬老师。"子贡拿出重金，为孔子准备厚葬。孔子丧礼的隆重程度，超过了任何一个诸侯，三千弟子一律以孝子身份披麻戴孝。孔子的棺椁停放在正厅，灵堂前跪得雪白一片，哀声震天动地。鲁哀公也来吊孝了，他宣读他的悼词："上天太不公平啦，不肯留下这位老人，让我一人在位，孤零零深感内疚。尼父啊，我失去了律己的榜样。以后向谁请教呢？"跪伏在地的子贡听到此愤然起身，向哀公说："失去礼节，秩序就要混乱，失去名分，就要产生过失，丧失意志，就会惑乱，失去所宜，就会出现过错。夫子生前不被重用，死后却来哀吊，此非礼也！以君主身份称一位失意大夫为父，亦非礼也！"子贡一言出口，满庭皆惊，都替子贡捏一把汗。哀公先是一怔，不仅没恼怒，反而赞许道："子贡，真君子也！寡人欲请你任左相之职，可肯赏脸！""鲁国胜任相职者，已升天矣！"子贡说着放声哭起来。安葬了孔子，子贡和师兄弟们在墓地开始为孔子守墓服丧。半个多月以后，春风送暖，大地开始复苏，子贡提议："我们该在老师坟墓前栽上各自喜欢的树，这样，即便我们服完丧离开这里，代表我们的树还在和老师做伴。子贡的建议得到了大家的一致赞同。子贡在孔子的墓道旁栽了一棵楷树，喻老师永远是自己心中的楷模。

四　豪

茭对茨，荻对蒿。山麓对江皋。莺簧对蝶板，麦浪对桃涛。
骐骥足，凤凰毛。美誉对嘉褒。文人窥蠹简，学士书兔毫。
马援南征载薏苡，张骞西使进葡萄。
辩口悬河，万语千言常亹亹；词源倒峡，连篇累牍自滔滔。

【注】

茭（jiāo）：喂牲口的干草。茭白：菰（gū）是多年生草本植物，生在浅水里，开淡紫红色小花，嫩茎经黑穗菌寄生后膨大，叫茭白，果实叫菰米，都可以吃。茨（cí）：①用茅或苇盖的房子。②蒺藜。荻（dí），多年生草本植物。茭、茨、荻都是指蒿草。螯（áo）：本指蟹的第一对前足，这里代指蟹类。莺簧句：莺簧指黄莺啼叫的声音美如笙簧。蝶板，蝴蝶的双翅忽开忽合好像乐器中的板。

桃涛：春二三月，桃花盛开之时，河中春汛，称为桃花汛。骐骥二句：骐骥（qí jì），良马。骐骥足，比喻人有才干。徐孝嗣曰："人中骐骥，能致千里"。凤凰毛，凤毛麟角，喻稀有的优秀人才。南朝（宋）谢凤与其子超宗，父子俱有文名，梁武帝赞扬谢超宗，说他"殊有凤毛"，意思是有其父的文才。蠹简：蠹（dù），蛀书虫。蠹简，指书籍。马援句：马援是东汉的将军，他南征交趾时，曾携带数车薏苡，以防治瘴疠。薏苡（yì yǐ），多年生草本

145

植物，即中药苡仁。

张骞句：汉武帝时，张骞曾两次出使西域，使汉族和少数民族、中国和外国的文化得以交流。传说中原地区的葡萄是他由西域带回来的，留种中国。辩口二联：都是形容人的善于谈吐。亹，（1）（mén）地名。亹源，在宁夏；（2）（wěi），①形容勤勉不倦；②形容向前推移、行进。亹亹（wěi），原意是勤奋的样子，这里是言不绝口的意思。词源倒峡：谓诗文雄健有力，气势豪迈。（唐）杜甫《醉歌行》诗："词源倒流三峡水，笔阵横扫千人军。"

　　梅对杏，李对桃。棫朴对旌旄。酒仙对诗史，德泽对恩膏。悬一榻，梦三刀。拙逸对贵劳。玉唐花烛绕，金殿月轮高。孤山看鹤盘云下，蜀道闻猿向月号。万事从人，有花有酒应自乐；百年皆客，一丘一壑尽吾豪。

【注】

　　棫朴句：棫朴（yù pǔ），棫朴，两种灌木名，说这种灌木可点燃祭天神。《诗经·大雅》中有《棫朴》一篇。棫，白桵；朴，枹（fú）木。意谓棫朴丛生，根枝茂密，共同附着。喻贤人众多，国家蕃兴。旌旄（jīng máo），指旗帜。酒仙：杜甫有《饮中八仙歌》，称李白、贺知章、李琎、张旭等为酒仙。诗史：杜甫的许多诗，较为真实地记述了当时的社会状况，被人称为"诗史"。德泽句：泽和膏都是指及时的好雨，因而被比作恩德。悬一榻句：悬一榻，后汉徐稚，字孺子，家贫，有德行，当时陈蕃为豫章太守，不接待宾客，只特设一榻待徐稚，徐来则放下，徐走后即悬起。

　　梦三刀句：迷信传说，（晋）王浚夜梦梁上悬三把刀，后又增加一把，醒来问别人是何吉凶。解者曰：三刀是州字，又加一把是"益"的意思，是益州也，所以您要做益州刺史了。后果守益州。孤山句：（宋）林逋，隐西湖孤山，常养两鹤，纵之则飞入云霄，盘旋久之乃下。蜀道句：古代四川多猿，所以民歌有"巴东三峡巫峡长，猿啼三声泪沾裳"的说法。

百年二句：这是一种消极的人生观，认为人生百年不过如客人一样暂住世间，应放浪山水之间，尽其豪情。

台对省，署对曹。分袂对同胞。鸣琴对击剑，返辙对回艚。
良借箸，操提刀。香茗对醇醪。滴泉归海大，篑土积山高。
石室客来煎雀舌，画堂宾至饮羊羔。
被谪贾生，湘水凄凉吟鹏鸟；遭谗屈子，江潭憔悴着离骚。

【注】

台对省二句：台、省、署、曹都是古时官府的名称。分袂：古时把离别称作分袂。袂（mèi），袖子。返辙：等于说回车。晋阮籍由于当时政治昏暗，心情苦闷，常酒醉后乘车出游，遇到绝路就痛哭而回。回艚：艚（cáo），就是船。（晋）王献之曾在雪夜乘船去访问他的老朋友戴逵，走到半路，忽然命令船只返回。人们问什么缘故，他说自己是"乘兴而来，兴尽而返。"良借箸：楚汉战争中，汉高祖听信郦生的话，准备把诸将分封于各地为侯王。张良认为这是错误的，就在酒宴前，借席上箸——陈说道理。箸（zhù），筷子。操提刀：传说匈奴使者要拜谒曹操，曹操自以为相貌不扬，恐为耻笑，于是让崔琰装扮成魏王，曹操自己装扮成卫士，提刀立旁。朝见后，让人问使者对魏王的印象。使者曰，魏王相貌亦复平常，但床头捉刀人（指曹操）乃真英雄耳。醇醪（chún láo），指好酒。

滴泉二句：都是说积少成多的意思。《荀子》说："不积小流无以成江河"；伪《尚书·旅獒》说："为山九仞，功亏一篑。"篑（kuì），古代盛土的筐子。雀舌：一种名茶。羊羔：美酒名。《事物绀珠》："羊羔酒出汾州，色白莹，饶风味。"绀（gàn），红青，微带红的黑色。（宋）苏轼诗："试开云梦羔儿酒"。被谪二句：（汉）贾谊被黜为长沙王太傅，内心悲，一日有猫头鹰进宅，人皆以为不祥，他就写了一篇《鹏鸟赋》抒发情怀。鹏（fú），一种猫头鹰类的鸟。贾谊事迹见支韵第三章"流涕策"注。

遭谗二句：战国时期楚国大夫，爱国诗人屈原，由于佞臣毁谤，遭到楚王贬谪，曾在湘江一带流浪，《史记·屈原贾生列传》："披发行吟泽畔，颜色憔悴，形容枯槁。"后投汨罗江而死。《离骚》是他写作的长诗。

【典故】

吴邦泰巧对获赏识

传说，清朝年间，吴川市水潭村曾出过一位才思敏捷的神童吴邦泰。

有一次，一位爱才的老逸士在龙头江上遇上吴邦泰，见他正在冒雨摸蚬，把蚬放在江堤上，便出句考他：水打龙头蚬。吴邦泰立即答道：风敲鹤嘴鱼。老进士又出一联：木锯板，板装船，木桅、木桨、木榫榫。邦泰又笑着答道：竹修篾，篾扎椅，竹柱、竹撑、竹钉钉。老进士深爱其才，收他为养子，供他读书。

后来吴邦泰学成，上京应考，宗师出联考试他：蚕结茧，茧牵丝，丝丝织成绫罗绸缎。吴邦泰立即回答：羊生毛，毛扎笔，笔笔写出锦绣文章。他才思敏捷，又深得宗师赞赏。

草药薏苡和马援的中医典故

中国成语博大精深，与草药也有不解之缘。有一味中药叫"薏苡"，与一个叫"薏苡明珠"的成语有关，这个成语是指无端受人诽谤而蒙冤的意思。它来自一段历史故事：东汉名将马援（伏波将军）领兵到南疆打仗，军中士卒病者甚多。当地民间有种用薏苡治瘴的方法，用后果然疗效显著。马援平定南疆凯旋归来时，带回几车薏苡药种。谁知马援死后，朝中有人诬告他带回来的几车薏苡，是搜刮来的大量明珠。这一事件，朝野都认为是一宗冤案，故把它说是"薏苡之谤"。白居易也曾写有"薏苡谗忧马伏波"之诗句。

薏苡作为一种中药，有其悠久的历史，早在《神农本草》中即有记载。薏苡是禾本科植物薏苡的种仁，其性味甘、淡、凉，入脾、肺、肾经。有健脾、利湿、清热和补肺等功用。是很好的草药医学教育网｀搜集整理。

现代医药学研究显示，薏苡含蛋白质、多种氨基酸、维生素和矿物质，其营养价值在禾本科植物中占第一位。薏苡仁用于临床治疗，可以强筋骨、消水肿、和中和益气等，另外，阑尾炎、关节炎、脚气病乃至肿瘤皆可使用，也可煮粥作为病后调养。薏苡的根、叶也可入药。薏苡的根除了具有清热、利湿、健脾的作用外，还可治黄疸、夜盲、驱蛔虫以及治疗牙痛等症。薏苡叶可替代绿茶，并有利尿作用。

薏苡还有养颜和美容功效，对年轻人身上或面部的瘊子，有十分好的疗效。用法为：成人天天用带壳的薏苡仁 50 克，洗净后加入两杯半水，煮熬到水减至一半时即可服用。一般服一个月。此种薏苡仁汤还对皮肤粗糙、疙瘩、雀斑等病症有治疗作用，美容也有效果。

马援铜柱

马援是东汉时期著名大将。马援的祖上是战国时赵国的名将赵奢，因为赵奢被封为马服君，所以他的后代因袭马姓。

马援在十二岁的时候就成了孤儿，生活十分艰难，但他有雄心壮志，刻苦习武，十八般武艺样样精通。马援的兄长们觉得他和平常的孩子不一样，日后一定会大有作为。

西汉末年，马援曾是割据陇西的隗嚣的部将，但他看到隗嚣心胸狭窄，不能成就大事，于是归附了光武帝刘秀，并得到光武帝的重用。

光武十七年（公元 41 年），南方的交址边境发生了征侧和征贰的叛乱。境外的敌人与之相呼应，企图摆脱对东汉政权的依附，征侧还自立为王，与东汉中央政权抗衡。

光武帝刘秀任命马援为伏波将军，率兵到交址郡平定征侧、征贰的叛乱。

马援率领的军队虽然骁勇善战，但对当地的地形不熟悉，战争开始时连连失利，打得很艰苦。直到建武十九年（公元 43 年），马援才变被动为主动，击败了叛军，并且活捉了叛军首领征侧、征贰，把他们送到洛阳处死。

后来，马援又率领大小战船两千多艘，战士两万余人，进击九真郡造反者征侧的余党。这次征讨比上一次顺利多了，叛军见大势已去，很快树倒猢狲散。马援率军从无功县到居风县，斩杀和俘获了三万五千多人，岭南一带完全平定了。

叛乱被平定之后，马援在交址郡的边界上竖立两根铜柱，作为东汉与南方各国的疆界标志。

马援回到洛阳，光武帝因其功劳显著，封他为新西侯。

后来，"马援铜柱"这个典故，用来表示将领在边地建功立业。

五　歌

微对巨，少对多。直干对平柯。蜂媒对蝶使，雨笠对烟蓑。
眉淡扫，面微酡。妙舞对清歌。轻衫裁夏葛，薄袂剪春罗。
将相兼行唐李靖，霸王杂用汉萧何。
月本阴精，岂有羿妻曾窃药；星为夜宿，浪传织女漫投梭。

【注】

平柯：柯，树枝。平柯犹言横枝。眉淡扫：（唐）张祐《集灵台》诗，讽刺杨妃姊妹，有"却嫌脂粉污颜色，淡扫蛾眉朝至尊"句。扫，描画。面微酡：酡（tuó），因酒醉而面带微红叫酡。《楚辞·招魂》："美人欲醉朱颜酡些"。春罗：适于春季穿的绫罗。将相句：李靖，唐初著名军事家。他曾在建立唐王朝的斗争中屡立战功，后又平突厥之叛，三定朔方，被封为卫国公。将相兼行是说他才兼文武。

霸王句：楚汉战争中，萧何辅佐汉高祖定三秦，后为汉相，制作律令，对汉王朝的建立和巩固卓有贡献。霸王杂用，是说"王道"和"霸道"两用。

儒家称以力假仁者为霸，以德行仁政者为王，或曰"王者施之以德，霸者施之以法，暴者施之以刑。"萧何：汉高祖谋士，后为丞相。

月本二句：古代神话传说，有穷国君后羿（yì）从西王母那里得到了长生药，其妻嫦娥窃之服用后飞升到月宫。本书作者认为，月本是阴气的精华，哪里有嫦娥飞升的事呢？星为二句：古代神话说，织女是天帝的孙女，整夜在那里织布。世传牛郎织女隔天以梭相投。本书作者认为，这种说法也是荒诞虚无的事。夜宿（xiù），夜间的星宿。浪传：胡传，乱传。

慈对善，虐对苛。缥缈对婆娑。长杨对细柳，嫩蕊对寒莎。
追风马，挽日戈。玉液对金波。紫诏衔丹凤，黄庭换白鹅。
画阁江城梅作调，兰舟野渡竹为歌。
门外雪飞，错认空中飘柳絮；岩边瀑响，误疑天半落银河。

【注】

婆娑：树木或人的身躯摇曳多姿的样子。娑（suō）。长杨句：长杨，汉宫殿名。细柳，见齐韵第三章"按辔"二句注。寒莎：秋天的莎草。莎①（suō）：莎草，多年生草本植物；②（shā）：多用于人名、地名。追风马：《淮南子》中有"以兔之走，使犬如马则逮日归（追）风"的说法，后常以追风形容马跑得快。《拾遗记》：周穆王八骏，有追风马。挽日戈：古代神话传说，楚国的鲁阳公与韩国人作战，战到天晚未分胜负，他举起戈来向太阳下令，太阳又从西方退了回来，他又继续战斗。玉液句：玉液，古人服食的用玉屑调成的药酒。金波，太阳照在水面或宫殿上反射回来的光线。紫诏句：《晋书·石季龙载记》说，当时以诏书五色纸衔木凤之口，后世遂称皇帝诏令叫凤诏。又解衔丹凤：古人书信用泥封，泥上盖印，皇帝诏书则用紫泥，称为紫泥诏或紫诏，常以龙凤为图饰。黄庭句：晋书法家王羲之喜欢山隐道士养的鹅，于是为道士写了一卷《黄庭经》，作为交换条件。李白诗："山隐道士如相见，应写黄庭换白鹅。"画阁句：这是对李白"黄鹤楼中吹玉笛，江城五月落梅花"两句诗的概括。梅作调，古代笛曲名有《梅花落》。竹为歌，此指歌咏民俗风土人情的《竹枝词》。

门外二句：晋谢奕女谢道韫，有才辩，一次降雪，他的叔父谢安问子侄们："大雪纷纭何所似？"朗曰："撒盐空中差可拟。"道韫曰："未若柳絮因风起。"安十分赞赏。岩边二句：李白《观庐山瀑布》："飞流直下三千尺，疑是银河落九天。"

松对竹，荇对荷。薜荔对藤萝。梯云对步月，樵唱对渔歌。
升鼎雉，听经鹅。北海对东坡。吴郎哀废宅，邵子乐行窝。
丽水良金皆待冶，昆山美玉总须磨。
雨过皇州，琉璃色灿华清瓦；风来帝苑，荷芰香飘太液波。

【注】

荇（xìng）荇菜：多年生草本植物。薜荔（bì lì）：南方的一种蔓生植物。梯云句：梯云犹言登云。李白诗："身登青云梯"。步月，在月光下散步。

升鼎雉：传说殷王武丁时祭祀太庙，有野鸡飞落鼎耳上而鸣，古人认为是一种祥瑞。听经鹅：佛教传说，僧志违养鹅能听经说法。

北海句：后汉孔融曾为北海太守，时人称之为北海，好宴客。他是当时著名的文人。东坡，宋代诗人苏轼，在黄冈东坡筑室，号东坡居士。吴郎句：吴郎指（唐）吴融，他曾写有《废宅》诗："风飘碧瓦雨摧垣，却有邻人与锁门。"邵子：（宋）经学家邵雍隐居不仕，居洛阳三十年，筑"安乐窝"以居，自称安乐先生。

丽水二句：旧传金生丽水，玉出昆仑。雨过二联：描写风雨中帝都景象。太液，即太液池，西汉时在长安掘成的人造湖。华清，即华清宫，在金陵，六朝（陈）时所建。芰（jì），古书上指菱。

笼对槛，巢对窝。及第对登科。冰清对玉润，地利对人和。
韩擒虎，荣驾鹅。青女对素娥。破头朱泚笏，折齿谢鲲梭。
留客酒杯应恨少，动人诗句不须多。
绿野凝烟，但听村前双牧笛；沧江积雪，唯看滩上一渔蓑。

【注】

冰清玉润：晋乐广、卫玠翁婿俱有名，时人称乐广为冰清，其婿卫玠为
玉润，喻人品高洁。玠（jiè），古代的一种礼器，即"大圭"。韩擒虎：隋
朝大将，屡立战功，渡江平陈战役就是由他统帅的。荣驾鹅：春秋时鲁昭公
之大臣。

青女句：青女，传说中的霜神。素娥：即嫦娥，月色白，故又称素娥。
李商隐诗："青女素娥俱耐冷，月中霜里斗婵娟。"破头句：（唐）德宗时，
京师兵变，德宗出逃，太尉朱泚欲窃位，司农卿段秀实执象笏击破其头，卒
遭所害。文天祥《正气歌》："或为击贼笏，逆竖头破裂"，即用此典故。
泚（cǐ），①清，鲜明；②用笔蘸墨：泚笔作书。笏（hù），古代大臣登朝
所持用以记事的手板。

折齿句：《晋书·谢鲲传》："邻家高氏女有美色，鲲尝挑之，女投梭，
折其两齿。"沧江二句：（唐）柳宗元《江雪》诗："孤舟蓑笠翁，独钓寒江雪。"

【典故】

孔融惨遭杀害

"孔融让梨"的故事流传天下，当时孔融才 4 岁，吃梨时就知道把大的

让给人家，把小的留给自己。而且他读书很用功，学问很渊博，工作能力很强，成年后，被公认为当时最著名、最优秀的知识分子。然而这样一位优秀知识分子，让曹操给杀了。

现在提到孔融之死，人们还指责曹操专横独断、摧残人才。这些指责是对的。但从孔融方面总结教训，孔融摆不正知识分子的位置，性格太张扬，也是他招致杀身之祸的深层原因。

曹操手下有很多知识分子。有的很老练，比如徐庶，低调极了，一句话都不说。孔融就不一样，抓住一切机会表现自己，处处想让人觉得自己比领导高明。有一次曹操颁布一条禁酒令，说酒可亡国，非严禁不可。孔融居然跳出来说，亡国的还有女人，怎么不把女人一起禁了？曹操无言以对，其他人心里幸灾乐祸却不动声色。为什么幸灾乐祸？一方面看了曹操的笑话。谁都知道曹操是个好色之徒，连儿子喜欢的女人也要抢过来，现在孔融提出禁女人，这不是戳到了曹操的痛处？另一方面准备看孔融的笑话。你孔融平时目中无人，今日得罪了曹操，等着穿小鞋吧。

公元197年，袁术在寿春称帝，曹操很生气，想灭袁术一时又灭不了，一腔怒火无处发泄，便迁怒于太尉杨彪。因为杨彪曾经和袁术联姻。曹操便诬陷杨彪，说他企图黜天子，上奏疏请求收捕下狱，判杨彪大逆不道之罪。孔融听说了这事儿，就跑到曹操跟前讲道理。他对曹操说："杨公有四代的清明大德，天下人都敬佩。《周书》上说，父子兄弟，有罪都不能连及，怎么能把袁术的罪归于杨公呢？"

曹操这时正在气头上，可孔融的话又无懈可击。但曹操还是不肯放过杨彪，他让许昌令满宠去审理杨彪的案子。孔融没办法，只得请尚书令荀彧托付满宠，说审理杨彪时，请只录口供，不要拷打。

结果满宠一句也不问，上来就按照法令拷打杨彪。几天后，满宠告诉曹操，说这杨彪经过拷打，一字也没说，这个人很有名气，如果不把他的罪过搞清楚，就不能服众。曹操没办法，只好把杨彪放了。

杨彪领教了曹操的厉害，惹不起躲得起，请求辞官，最终逃离了曹操的魔掌。而孔融不知趣，认为自己阻止了曹操加害杨彪，不免有点得意忘形，认为曹丞相也要敬重自己三分，经常在同僚们面前吹嘘。

建安十三年（208 年）七月，曹操要发兵南攻荆州刘备。他知道孔融和刘备的关系一向亲密，于是决定干掉孔融，以免他关键时候唱反调。但孔融是一位名士，不能说杀就杀。

曹操精心盘算，认为给孔融罗织罪名最为妥当。这罪名还不能是一个，要多个。曹操先是派素来与孔融关系不和的光禄勋郗虑出任御史大夫。郗虑一上任，曹操就指使他搜罗孔融的罪证。

很快，郗虑就搜罗到给孔融定罪的证据——孔融曾经扬言"有天下者，何必卯金刀"。卯金刀就是繁体的"刘"字。这就是谋反的证据。而且，从前孔融在北海的时候，看到皇室不安宁，召集徒众，图谋不轨，后来和孙权的使臣谈话时，又毁谤朝廷。这还不够，曹操督促郗虑继续调查。于是，郗虑又收集到孔融两大不孝的言论。一个是不尊重先哲。孔融曾和祢衡互相吹嘘，祢衡赞孔融，说你是"仲尼不死"；孔融则回赞祢衡，说你是"颜回复生"。另一个是不遵孝道。闹饥荒的时候，孔融对别人说，"如果父亲不好，宁肯把东西让给别人吃，让父亲饿死"；对于母亲，孔融认为，母亲和儿子没有什么爱，就像一件东西暂时寄放在瓦罐里，倒出来后双方就毫无关系了。

更狠、更绝的是曹操在判决书上的批语：融违反天道，败伦乱礼，虽肆市朝，犹恨其晚。这个批语一落笔，孔融人头落地。被杀的不仅是他本人，还有他全家。

六　麻

清对浊，美对嘉。鄙吝对矜夸。花须对柳眼，屋角对檐牙。

志和宅，博望槎。秋实对春华。乾炉烹白雪，坤鼎炼丹砂。

深宵望冷沙场月，边塞听残野戍笳。

满院松风，钟声隐隐为僧舍；半窗花月，锡影依依是道家。

【注】

花须句：花须，花蕊伸展如须。柳眼，柳叶如眉眼。李商隐诗："花须柳眼各无赖，紫蝶黄蜂俱有情。"志和宅：唐诗人张志和，肃宗朝命待诏翰林，授左金吾卫录事参军，后遭贬黜，遂不复仕。浪迹江湖，言以太虚（天）为庐，明月为伴，自号烟波钓徒。博望槎：博望，即张骞，因奉使西域有功封博望侯。相传他曾乘槎探求河源。槎（chá），木筏。杜甫诗："奉使虚随八月槎"，即用此事。

秋实句：春华秋实，古人比喻文采与德行。《颜氏家训》说："夫学者犹种树也，春玩其华，秋登其实。讲论文章，春华也，修身利行，秋实也。"乾炉二句：都是道教说法。乾炉指男，坤鼎指女。锡影句：僧人所持杖称锡。依依，隐隐约约的样子。

雷对电，雾对霞。蚁阵对蜂衙。寄梅对怀橘，酿酒对烹茶。
宜男草，益母花。杨柳对蒹葭。班姬辞帝辇，蔡琰泣胡笳。
舞榭歌楼千万尺，竹篱茅舍两三家。
珊枕半床，月明时梦飞塞外；银筝一奏，花落处人在天涯。

【注】

蜂衙：即蜂房。寄梅：南朝（宋）陆凯同范晔友好，时范晔在长安，陆凯自江南寄一枝梅花，并赠诗云："折花逢驿使，寄予陇头人。江南无所有，聊赠一枝春。"怀橘：三国时陆绩事母至孝，七岁曾于袁术处作客，见案上有橘，遂怀之，欲以送给母亲。袁术问明原因，大奇之，赠给很多。宜男草：即萱草，古人以为孕妇佩之可生男。益母花：中药名。蒹葭：即芦苇。

班姬句：汉成帝游后苑，命班婕妤（jié yú：汉代宫中女官名）同辇，班婕妤说："古代圣贤之君，都有名臣在旁；只有末代皇帝才亲近女色。"

成帝听了很钦佩。

　　蔡琰句：蔡琰（yǎn），即蔡文姬，蔡邕女，汉末著名才女，早寡，汉末被掳入胡，在南匈奴生活了十二年，后被曹操赎回。传说她曾写了《胡笳十八拍》，历述她的不幸遭遇。珊枕：即珊瑚枕。

　　圆对缺，正对斜。笑语对咨嗟。沈腰对潘鬓，孟笋对卢茶。
百舌鸟，两头蛇。帝里对仙家。尧仁敷率土，舜德被流沙。
桥上授书曾纳履，壁间题句已笼纱。
远塞迢迢，露碛风沙何不可及；长沙渺渺，雪涛烟浪信无涯。

【注】

　　咨嗟（zī jiē，文言叹词）：叹息。李白诗："侧身西望第咨嗟。"沈腰：南朝（梁）文学家沈约，字休文，体弱多病，腰肢纤弱。潘鬓：晋文学家潘岳，由于屡遭不幸，身体早衰，在《秋兴赋》中，他曾说自己三十二岁"始见二毛"，又说"班鬓承弁"，"素发垂领"。曰潘岳自伤，两鬓早白。南唐李煜《破阵子》词："一旦归为臣虏，沈腰潘鬓消磨。"孟笋：《二十四孝》，孟宗母病，思食鲜笋。宗守竹而哭，竹果生笋。卢茶：唐代诗人卢仝好茶，饮必七碗。参见先韵第三章"七碗"句注。两头蛇，见看韵第三章"断蛇"句注。帝里：犹言帝乡，指上帝所居之处。

　　尧仁二句：都是对尧舜的称颂。敷率土，是说遍及所有的地方。流沙，古人指中国以西极远的地区。桥上句：传说张良年轻时曾遇到一位坐在下邳圯（yí）桥上的老人，命他到桥下去取失落的鞋，张良恭恭敬敬地做了这件事，老人很高兴，曰孺子可教也，就授予他三卷兵书（传以韬钤），并说自己就是黄石公。纳履，穿鞋。圯（yí），桥。

　　壁间句：唐代王播少孤贫，客居扬州惠招寺木兰院，随僧斋食，为诸僧所不礼。后播显贵重游旧地，见昔日在该寺壁上所题诗句，僧已用碧纱盖护，

157

因题曰："上堂已散各西东，惭愧阇梨饭后钟。三十年来尘扑面，如今始得碧纱笼。"碛（qì）：水中堆沙。

疏对密，朴对华。义鹘对慈鸦。鹤群对雁阵，白苎对黄麻。
读三到，吟八叉。肃静对喧哗。围棋兼把钓，沉李并浮瓜。
羽客片时能煮石，狐禅千劫似蒸沙。
党尉粗豪，金帐笼香斟美酒；陶生清逸，银铛融雪啜团茶。

【注】

义鹘（hú）：是鹰类鸷禽。杜甫有《义鹘》诗，描写一只鹘杀死白蛇为苍鹰报仇的故事。鸷（zhì），凶猛的鸟。慈鸦：古人传说乌鸦是孝鸟，老鸟不能取食时，小鸟能反哺其母，因称慈鸦。

白苎句：苎（zhù），一种麻类，皮可为纺织原料。晋时有《白苎歌》。黄麻：此指黄麻纸，唐时以黄麻纸写诏书。读三到：古人经验，读书眼到、口到、心到。吟八叉：唐诗人温庭筠才思敏捷，传说他八叉其手而诗成，人呼之为温八叉。

沉李句：古人消暑，往往置水果于冷水中，故有沉李浮瓜之说。羽客句：羽客，即仙人。道教说仙人能煮白石为饭。（唐）韦应物诗："涧底束荆薪，归来煮白石。"

狐禅句：佛教说法，狐禅（chán）毫无意义，犹如蒸沙土，虽历尽千劫，不能成饭。佛经云，狐禅如蒸沙，千劫不能成饭。党尉二联：《事文类聚》载，（宋）学士陶毂得党太尉家姬。一次烹雪茶，陶问姬曰："党家有此味否？"姬曰："彼但知坐销金帐里，共饮羊羔美酒，浅斟低唱而已。"毂（gǔ），车轮中心，有洞可以插轴的部分，借指车轮或车。铛（chēng），平底锅。啜（chuò）：①饮，吃；②哭泣的时候抽噎（yè）的样子。

【典故】

王维与裴迪互为知音

史书记载，大唐诗人王维自妻子去世后，孤居三十年。禁肉食，绝彩衣。居室中除去茶档、茶臼、经案、绳床，此外一无所有，完全过着禅僧的生活。每当退朝之后，净室焚香，默坐独处，冥想诵经。

让人费解的是，直到现在，还没有发现王维悲悼妻子的诗歌，是失传了，还是压根没有写？也许，至情无语，大爱无声。有些痛，只能以沉默的方式来诠释吧。

为妻子没写过诗，但是对另一个男人，王维却写了好多首诗。这个男人就是田园诗人裴迪。王维给他写的诗有《菩提寺禁裴迪》、《山中与裴迪秀才书》、《酌酒与裴迪》、《赠裴十迪》、《口号又示裴迪》……特别是《赠裴迪》，看出他对裴迪真是情浓如蜜："不相见，不相见来久。日日泉水头，常忆同携手。携手本同心，复叹忽分襟。相忆今如此，相思深不深？"

当然，裴迪给王维写的诗也不少。翻开《全唐诗》，裴迪所存诗二十多首，都是与王维的赠答同咏之作。他们因为互为知音走到一起，都爱好山水，性情淡泊，而且称得上是生死之交。

裴迪救过王维一命，说来有点话长。当时，安禄山攻进长安，唐玄宗仓皇出逃。王维没跟上，被叛军抓获。王维名气大，安禄山让他当官，他吞药诈称有病，最后还是被迫做了伪官。叛军们搞庆功会，逼迫唐宫乐人表演节目，乐工雷海青摔碎乐器拒演，面向西面哭泣，被叛军肢解。王维知道了这件事。恰好这时，裴迪冒险来看王维，王维就偷偷写了一首《菩提寺禁裴迪》："万户伤心生野烟，百官何日再朝天？秋槐叶落空宫里，凝碧池头奏管弦。"

没想到，这首诗后来救了王维一命。乱军被平定后，以前在安禄山手下当过伪官的人都要治罪，罪分六等。王维被关进牢房，订为三等罪。王维的弟弟当时做刑部侍郎，正三品，相当于现在最高法院的副院长。他提出把自己官职削了，为王维赎罪。他还将这首《菩提寺禁裴迪》呈给唐肃宗。唐肃宗一看"万户伤心生野烟，百官何日再朝天"这一句，立即来了精神。这一句，不正是对大唐表忠心的吗？他免不了要找裴迪来作证，裴迪当然说是啊，说那天我去看王维，他亲口吟诵给我听的。

就这样，王维被赦免了，免于起诉。

王维因中药而结亲被传为佳话

唐代山水田园诗派大诗人王维在居士山隐居读书时，一次偶染小疾，便上街去买药。当他来到一家药店门口时，见柜台后坐着一位容貌秀丽、文静素雅的少女，心中不禁暗暗称奇："穷乡僻壤，竟有如此不俗之女，不知她才学如何，何不试她一试？"于是，王维上前问道："姑娘，今日小生出门忘带药方，望姑娘方便一二，不知可否？"姑娘彬彬有礼地答道："方便顾客，治病救人，是医家的本分。"

王维问道："一买宴罢客何方？"姑娘略加思索，莞尔一笑答道："酒毕宴罢客'当归'。"

王维接着又说："二买黑夜不迷途。"姑娘对答道："夜不迷途因'熟地'。"

王维继续说："三买艳阳牡丹妹。"姑娘回答道："牡丹花妹'芍药'红。"

接着，他俩又一问一答如下

"四买出征在万里。""万里戍疆有'远志'。"

"五买百年美貂裘。""百年貂裘好'陈皮'。"

"六买八月花吐蕊。""秋花朵朵点'桂枝'。"

"七买难见熟人面。""难见熟人是'生地'。"

"八买酸甜苦辣咸。""世人都称'五味子'。"

"九买蝴蝶穿花衣。""'香附'粉蝶双双归。"

"十买青藤缠古树。""青藤缠树是'寄生'。"

姑娘用10种药名巧妙地回答了王维提出的10个问题。王维对此十分佩服，连连赞赏，道谢而去。从此王维更加奋发攻读，后中进士，始终忘不了那姑娘，便去求婚，喜结良缘，留下了盛唐时期因中药而结亲的爱情佳话。

涂文长的故事

徐渭（1521年～1593年），字文清，后改字文长，号天池山人，青藤道士，又别署田水月，山阴（今属绍兴）人，明文学家、书画家，也是晚明时期思想解放运动的先驱。他一生作联很多（《徐渭集》载有对联118副，这在明代是很少见的，而所写出40字以上的长联就有12副，在明代几乎没有第二人。尤其是他最先突破百字长联，为绍兴开元寺大殿题的140字长联至今犹存），至今徐文长还有一些作联故事在浙江流传。

1. 徐文长妙写藏头诗

平湖秋月是西湖赏月最佳的地方。原先，这里称为孤山望湖亭。

这一年八月十五中秋佳节，绍兴才子徐文长正在杭州。他在天竺岣嵝山房独自一人饮酒赏月，几杯闷酒下肚，有些醉眼蒙胧。忽然，想起诗友们说过西湖孤山望湖亭是赏月的好地方，就趁着月色，踱着方步，向孤山望湖亭而来。

徐文长行行走走，一面欣赏着西湖月色，一面吟着咏月诗句，不觉已来到望湖亭前。这是一座临湖建筑，据全湖之胜，东可望湖滨，西可达苏堤，南可至南屏，整个外湖景色尽收眼底。这时，一轮皓月当空，风清清，水碧碧，远山蒙纱，近树笼烟，使人如置身于琼楼玉宇之中。他不禁诗兴勃发，画意盎然。

这时，猛听得望湖楼里传出一片吟诗声。徐文长一看，亭子里面坐满了人，桌上红烛高照，摆满了西瓜、红菱、月饼等各式时鲜果品酒肴，还有笔墨纸砚，看样子，是一群文人雅士在这里饮酒赏月，赋诗作画。徐文长信步走了进去，想看看热闹。

望湖亭里，果然是西泠诗社的文人雅士在饮酒赏月，正喝得兴高采烈，见有个陌生人进来，顿时没了声息。主持人见徐文长身穿青衫，头戴方巾，一副文士打扮，虽然衣着简朴，但雅而不俗，仪态从容，觉得不可怠慢，就起身把手一拱，招呼说："今日中秋佳节，我们西泠诗社社友，特在此饮酒赏月，作画吟诗。兄台如有雅兴，不妨稍坐片刻，以便求教。"说罢，将手向四壁挂着的书画一挥。

徐文长慢步绕亭一周，向四壁诗画略略扫了一眼，发现尽是平庸之作。

161

主持人见他一言不发，又没有马上离开的意思，就故意刁难他说："兄台文质彬彬，定是行家里手，今日萍水相逢，我等三生有幸，乞望作画题诗，以开我等眼界，为中秋雅集增色。"说罢，"嘿嘿"冷笑了几声。

徐文长看罢诗画，原想稍停一会就走，见他们有的面露骄矜之色，有的发着冷笑，心想：好吧，我正愁没有纸笔抒怀、何不借此凑凑热闹，逗趣他们一下。他也不谦让，来到书案前，将雪白的宣纸一铺，手执羊毫湖笔，饱蘸浓墨，"唰唰"几笔，天上出现了一轮圆月，又"唰啦"几笔，水中也映出圆月一轮，然后"嚓嚓"几笔，远处山色朦胧，近处湖亭跃然，湖上一叶扁舟，一渔翁在月影之中独酌。

这时，曲泠诗社文士，都围上来观看。见徐文长顷刻之间，画好了一幅"平湖秋月"图，水墨写意，落笔不凡．都十分惊讶。主持人看徐文长画得不错，想试试他的文才，就请他在画上题诗一首。徐文长也不推辞，提起笔来就写了两句：

天上一轮圆圆月，

水中圆圆一轮月。

"'天上一轮圆圆月，水中圆圆一轮月。'哈哈，这也算诗吗？"文士们正议论间，只见徐文长又提笔写下两句：

一色湖光万顷秋，

天堂人间共圆月。

文士们大吃一惊。他们原以为下面写不出什么好句子来，没想到徐文长这么一转一收，四句联起来一读，真是奇句妙文，情景交融，禁不住同声叫好："佳句，佳句，不知兄台来自何处，我等失敬！"

徐文长朝大家一笑，又提笔写了一首七言绝句：

平湖一色万顷秋，

湖光渺渺水长流。

秋月圆圆世间少，

月好四时最宜秋。

文士们一看，这首诗写得别致。每句头一个字特别大，连起来一读，竟是"平湖秋月"四字，原来是一首藏头诗。大家都拍手称绝，要徐文长留下高姓大名。

徐文长并不回答，只一笑，踏着月色而去。

故事二

徐文长十四岁时来到杭州。当时的杭州知府目中无人，他得知徐文长在杭州赋诗作画，颇受人们赞赏时，大为恼火，认为一个小毛孩子竟敢在他的辖区内舞文弄墨，真是不知天高地厚，便派衙役将徐文长招来对句。威胁他说如对不上，就驱逐出城。徐文长镇定自若，满口答应。知府带徐文长到西湖边，指着六和塔，说出上联："六塔重重，四面七棱八角。"

徐文长没有开口，只是扬了扬手。知府以为对不上，暗自高兴。他得意忘形地指着宝叔塔，又出了个上联："保俶塔，塔顶尖，尖如笔，笔写四海。"徐文长还是一言不发，而是用手指了指锦带桥，向知府拱拱手，然后，又两手平摊，往上一举。

知府见徐文长还是没有回答，就神气十足地说："连一句也对不出，还算什么神童！"立即下令："快把他赶出去！"这时，徐文长却理直气壮地哈哈大笑："休得无礼，下联早就对好了！"知府怒气冲冲地说："你敢无理狡辩，愚弄本府？"徐文长解释说："你是口出，我是手对。""手对！是什么意思？"知府追问道。

徐文长答道：对第一联扬了扬手，就是说"一掌平平，五指三长两短"；对第二联拱拱手，两手平摊，往上一举，是说"锦带桥，桥洞圆，圆似镜，镜照万国九州"。知府听了哑口无言，只好悻悻而去。

故事三

徐文长从小就善于动脑筋思考，他聪明、机智也充满了情趣。

徐文长的伯父很喜欢他，时常想些法子逗他玩，考他的思考能力。有一次，伯父领着徐文长来到一座贴着水面、桥身既窄又软的竹桥边，把两只水桶装满了水，对徐文长说："我想考考你，你能提着这两桶水过桥，我就送你一件礼物。"

少年徐文长想了一下，就脱下鞋，用两根绳子把小桶系住，然后再把装满了水的木桶放到水里，就这样他提着两根绳子走过了木桥。

伯父还想用一个更难的法子把徐文长难倒。他说："既然你过了桥，礼物我当然要给你，但必须要按我的要求去取礼物。"说着，他就把那件礼物吊到一根长竿顶上，并且告诉徐文长："你既不能站在凳子之类的高地方去取，又不能把竹竿横下来。"

伯父想，这下徐文长就没有办法了。

但徐文长摸了摸后脑勺，马上就想出了取礼物的方法。只见他拿住竹竿一直走到一口井边，然后把竹竿向井里放，当竹顶快到井口时，他就顺利地拿到了那件礼物。

伯父被聪明的徐文长惊呆了，不禁拍手称赞："真是聪明的徐文长啊！"

七 阳

台对阁，沼对塘。朝雨对夕阳。游人对隐士，谢女对秋娘。

三寸舌，九回肠。玉液对琼浆。秦皇照胆镜，徐肇返魂香。

青萍夜啸芙蓉匣，黄卷时摊薜荔床。

元亨利贞，天地一机成化育；仁义礼智，圣贤千古立纲常。

【注】

谢女句：谢女，指晋代才女谢道韫，人称咏絮高才。见歌韵第二章"门外"二句注。谢安问兄子胡儿曰："大雪纷纭何所似？"胡曰："撒盐空中差可拟。"兄女道韫曰："未若柳絮因风起。"安大奇之。秋娘，即杜秋娘，（唐）李锜妾，能诗，其《金缕衣》诗最为有名："劝君莫惜金缕衣，劝君惜取少年时。"锜（qí），①古代一种带三足的锅，②古代的一种锯。

三寸舌：指能说善辩。史载战国时毛遂以三寸之舌，强于百万之师。九回肠：形容人心情郁闷。司马迁在《报任安书》中曾说他"肠一日而九回"。

玉液句：玉液、琼浆，都是道教服食的药饵。秦皇句：传说秦始皇有照胆镜，能透视人的内脏，发现有人胆张心动，就意味着要暗害他，当即杀掉。徐肇句：《十洲记》载，西海申未洲上有大树，叶香闻数百里，煎制成膏，名返生香，死尸在地，闻之可活。又释徐肇遇苏德音，授以返魂香，燃之，能起上世忘魂。青萍：宝剑名。黄卷：用绢书写的书籍，此似指道书。

元亨二句：元亨利贞，是《周易·乾卦》中的一句。古人解释说："元者善之长也，亨者嘉之会也，利者义之和也，贞者事之干也。"称为四德。二句的意思是，由于天地有此四德，才化生了万物。

红对白，绿对黄。昼永对更长。龙飞对凤舞，锦缆对牙樯。
云弁使，雪衣娘。故国对他乡。雄文能徙鳄，艳曲为求凰。
九日高峰惊落帽，暮春曲水喜流觞。
僧占名山，云绕茂林藏古殿；客栖胜地，风飘落叶响空廊。

【注】

锦缆句：用锦缎做缆绳，以象牙为樯橹。杜甫诗："锦缆牙樯起白鸥"。樯（qiáng），桅杆。

云弁（biàn）二句：云弁使，指蜻蜓。雪衣娘，白鹦鹉也。雄文句：潮州有鳄鱼为害，韩愈做刺史，作《祭鳄鱼文》驱之，传说鳄鱼就迁到了它地。艳曲句：汉时成都卓王孙有女文君新寡，司马相如爱上了她，作《凤求凰》曲以挑之，文君于是同他私奔。九日句：（晋）孟嘉为恒温之参军，九月九日游龙山，群僚毕集，有风将孟嘉帽子吹落而不觉。孙盛作文嘲笑，他即时作答，四座皆服。杜甫诗："羞将短发还吹帽，笑倩旁人为正冠"即用此典。

暮春句：晋永和上巳日（农历三月初三），王羲之、王献之、谢安、孙绰诸人曾在山阴兰亭集会，于水边嬉游采兰，曲水流觞，饮酒赋诗以娱，以消除不祥，称为修禊。王羲之有《兰亭集序》记此事，文中有"暮春之初"，"引以为流觞曲水"等语。禊（xì），古代春秋两季在水边举行的除去不祥的祭祀。

笠翁对韵

衰对壮，弱对强。艳饰对新妆。御龙对司马，破竹对穿杨。
读斑马，识求羊。水色对山光。仙棋藏绿橘，客枕梦黄粱。
池草入诗因有梦，海棠带恨为无香。
风起画堂，帘箔影翻青荇沼；月斜金井，辘轳声度碧梧墙。

【注】

御龙句：御龙，驾驭龙。传说夏时刘累曾为孔甲养龙，因赐姓为御龙氏。司马，官名，也是姓。破竹：比喻做事顺利。《晋书·杜预传》："兵威已振，譬比破竹，数节之后，迎刃而解。"穿杨：传说楚将养由基善射，百步之内，可穿杨叶。斑马：班固作《汉书》，司马迁作《史记》。求羊：西汉末，蒋诩解官归桂林后，于竹林中开三条小径，惟故人求仲、羊仲从之游，不与俗人往还。

仙棋句：神话故事，巴邛（qióng）人家有橘树，一年忽长三枚，果实大如斗，剖之有二叟对弈。客枕句：（唐）沈既济小说《枕中记》，叙述少年卢生在旅店遇仙人吕翁，共憩旅肆。吕翁让他枕自己枕头睡觉，于是卢生梦到自己做了大官，穷极富贵。醒来，店主人煮的黄粱（小米）饭还没有熟。元代改编成名为《枕中记》的剧本，变为钟离权度吕岩成仙的故事。钟离权，（汉）人，途遇吕岩，让吕枕自己的枕头睡觉，吕在梦中富贵至极，一梦五十年，醒后店主人的黄粱米饭还未熟。吕笑云："黄粱犹未熟，一梦到华胥。"池草句：传说南朝（宋）诗人谢灵运，一次生病，因梦见族弟惠连而得"池塘生春草，园柳变鸣禽"之佳句。海棠句："（宋）彭渊林曰：吾生平五恨。一恨鱼多骨，二恨橘多酸，三恨菜性淡，四恨海棠无香，五恨曾子固不能诗。"曾子固，曾巩字子固，古文"唐宋八大家"之一。

月斜二句：辘轳（lù lu 露露），井上的汲水器。（宋）周邦彦词："更漏将残，辘轳牵金井。"

166

臣对子，帝对王。日月对风霜。乌台对紫府，雪牖对云房。香山社，昼锦堂。蔀屋对岩廊。芬椒涂内壁，文杏饰高粱。贫女幸分东壁影，幽心高卧北窗凉。

绣阁探春，丽日半笼青镜色；水亭醉夏，熏风常透碧筒香。

【注】

乌台：《汉书·朱博传》载，时御史府中列柏树，常有野乌数千栖息其上，后因称御史府（台）为乌台。紫府：道家称仙人居所。《抱朴子·祛惑》："及至天上，先过紫府，……"雪牖：雪窗。云房：僧、道或隐者所居之室。（唐）刘得仁《山中寻道人不巡》："石路特来寻道者，云房空见有仙经。"香山社：（唐）白居易于洛阳与胡杲（gǎo，明亮）、吉皎等八位老人结为九老会，因结于香山，故称为香山九老社。昼锦堂：北宋韩琦封魏国公，在做武康节度使时，于故乡相州修了一所殿堂，取名昼锦堂以致其荣，致仕退老其中。文学家欧阳修曾写有《昼锦堂记》，详述其事。蔀（bù）：①遮蔽。②古代历法称七十六年为一蔀。蔀屋，指草屋。岩廊，高大的宫殿。

芬椒句：汉代皇后所居宫室，以椒和泥涂内壁，取其香和多子之义，称椒房。文杏句：旧题司马相如《长门赋》："饰文杏以为梁"。后以杏梁指建筑华美。贫女句：《战国策》载寓言故事，齐女与邻妇共烛而绩，妇辞之，女曰："我贫无烛。一室之中，多不为暗，少不为明，何惜东壁余光。"邻妇觉得有理，就留下了她。（唐）李白诗："愿假东壁辉，余光照贫女。"

幽人句：晋代陶潜《与子俨等疏》："常言五六月中，北窗下卧，遇凉风暂至，自谓是羲皇上人。"意思是说他自己夏日卧北窗下，每当凉风吹来，就好像回到了无忧无虑的太古时代一样。（唐）白居易诗："清风北窗卧，可以傲羲皇。"碧筒：三国魏郑悫（què诚实，谨慎）取荷茎通之以盛酒，名曰碧筒杯。《诗腋·荷花》："是处搴（qiān，拔取）青盖，何人醉碧筒。"

【典故】

"孟嘉落帽"的故事

当涂县城南约5公里处有一座不显眼的小山，山势头北尾南，怪石蜿蜒，形如卧龙仰首，故名龙山。早在1600多年前，这里留下的"孟嘉落帽"的故事，至今广为流传，成为我国文学史上著名的历史典故。

公元365年（晋兴宁三年），东晋大司马桓温，在他西征、北伐累获胜利后，移镇当涂。孟嘉在桓温的幕内任参军，重阳节随桓温至龙山登高宴饮。席间风吹帽落而不觉，桓温命孙盛作《落帽赋》嘲笑他。孟嘉也若无其事作文与之对答。事后，桓温很是赞许，提升他为侍中郎。

这个故事的情节十分简单，也很平淡。但是，一千多年来，谁能理解其中的真实含义？后人只能从孟嘉的女婿陶渊明为他写的传记中猜测一二。这个传记对其中情节描写比较细致："九月九日温游龙山，参佐毕集，……时佐吏并着戎服，有风吹孟嘉帽坠落，温目左右及宾客勿言，以观其举止。君初不自觉。良久如厕，温命取以还之……，温命纸笔令（孙盛）嘲之。文成示温，温以着坐处（放在孟嘉的座位上）。君（孟嘉）归，见嘲笑而请笔作答。了不容思，文辞超卓，四座叹之。"陶渊明这段简短的记述，从最后三句可以看出，是在称赞他岳父的才学。认为"孟嘉落帽"的真实含义是：孟嘉有"倚马为文"的才华，桓温是一个重用人才的大将军。只不过是巧遇和利用了"孟嘉落帽"这个时机，作为一次测试而已。测试的结果：桓温没有处罚他，反而重用了他。

其实，事情并非如此简单，孟嘉风吹落帽不觉，按照封建时代的礼仪制度来说，是犯了不小的错误。古时官员都非常重视自己的官服（武官是戎装），它是为官仪表的象征，不能有不敬、不恭的表现。孟嘉风吹落帽不觉，桓温应从爱护官员的角度，提醒他拾起来，重新戴上，恢复仪容，也就完结了。可是桓温却心怀叵测，暗中算计，先后使了三个小动作：先是"目左右及宾客勿言，以观其举止。"继续看他的笑话；其次是利用孟嘉如厕时，"温命取以还之"。让孟嘉在此事上继续被动；再次是命孙盛作文嘲弄他，文章写好了，利用孟嘉未归时，放在他的座位上，以此羞辱他一番。桓温这样做的后果，可以预料：孟嘉受到羞辱，如有恼怒或流露不悦的表现，借此以重重地处罚他。

孟嘉对待桓温龙山宴饮，十分尊重，也很慎重。他深知风吹帽落，在礼仪上的失敬，只得佯而不觉，继续错下去。不能因为自己的举动，扫了群臣宴饮的雅兴，使得这次热烈而隆重的宴会受到影响，他回座位后，十分冷静，一如往常，见到嘲弄他的文章，不恼不怒，像什么事情也未发生一样，坦然面对，沉着自如、不假思索写出"文辞超卓"的美文以答。他不仅以自己的才华使众人叹服；更以"虚怀若谷"的坦荡胸怀和"大智若愚"的气质，终于使桓温信服。认为他不仅才德兼优，更能忠心尽力。从而提升和重用了他。

唐玄宗与词牌名"雨霖铃"

唐朝官府设有教坊，汇集乐曲，据记载有三百多个曲调，史称"教坊曲"。"教坊曲"约有半数成为后来的词调。"雨霖铃"一作"雨淋铃"，即唐教坊曲之一。据说这一词牌的产生与唐玄宗有关。你知道这个典故吗？

据宋人王灼《碧鸡漫志》记，唐玄宗避安禄山乱出逃，在马嵬坡迫于形势，将杨玉环赐死。后在阴雨连绵之夜，玄宗车行于蜀中栈道之上，马铃和着潇潇雨声，更添寥落与凄惨。他想自己身为一国之君，连心爱的妃子都保护不了，不觉悲从中来，口出"雨淋铃"三字。后来命教坊"采其声为《雨霖铃》曲，以记恨焉"，并叫伶人张野狐吹奏，从此流传于世。

唐玄宗亲试李泌

公元728年，京城长安举行了一次全国神童选拔，唐玄宗李隆基亲自登台观看。城楼下设有高坐，供神童们登台答辩。只见一位叫员俶的九岁孩子率先登台，舌战群童，击败了所有的对手。

唐玄宗非常高兴，将员俶叫到身边问："还有比你更聪明的孩子吗？"

员俶回答说他的表弟李泌年方七岁，才学比自己更高。玄宗立刻派人飞马把李泌接来。这时玄宗正与燕公张说对弈，便让张说以象棋为题，试试李泌的才学。张说出句道："方若棋盘，圆若棋子，动若棋生，静若棋死。"

李泌稍假思索即对："方若行义，圆若用智，动若骋材，静若得意。"

玄宗听后觉得答得别致，寓意深刻，连忙把李泌抱在怀里说："因为你年纪还小，如果七岁封官，不利于才智的发展。"接着又嘱咐李泌的父母要用心教子，使其将来成为国家的栋梁之材。

后来，李泌确实不负众望，大展经纶，成为肃宗、代宗、德宗三个朝代实际上的宰相。

情陷玉真公主，李白与王维争风吃醋

李白和王维同岁，文才也不下于王维，不过这李白有个毛病，好酒如命。李白曾有诗心怀歉疚地对自己的妻子说："三百六十日，日日醉如泥。虽为李白妇，何异太常妻。（《赠内诗》）"所谓太常妻，是说东汉有个叫周泽的官封太常，估计性功能不行，经常借口要洁身敬祖睡在斋宫里。天天这样，他老婆可受不了啦，就自己跑去看望他。他大怒，说妻子冒犯斋禁，竟把妻子送到牢里监禁起来。时人讥曰："生世不谐，为太常妻"。李白好酒如命，也经常烂醉如泥，未免就没有能尽到做丈夫的义务，故而赋诗向老婆道歉。玉真公主那里的美酒肯定很多，李白混熟了以后，肯定要大喝特喝，晚上不免要烂醉如泥，说不定还会吐玉真公主一身。所以，玉真公主把这位青莲居士尝了几口后，就还是觉得能和她花间弹曲、镜前写真、黄昏联句、清晨画眉的王维更好。

于是，玉真公主就把太白这位自我感觉超好的"芙蓉哥哥"晾在终南山下的"玉真公主别馆"里不管不问了。玉真公主的住处有好多，像什么玉真观、安国观、山居、别馆之类的。太白虽然心理素质很过硬，但时间一长也有点架不住劲了，当碰到张说的儿子张垍时，李白就大倒苦水，和张垍说什么："秋坐金张馆，繁阴昼不开。空烟迷雨色，萧飒望中来。翳翳昏垫苦，沉沉忧恨催。清秋何以慰，白酒盈吾杯。吟咏思管乐，此人已成灰。独酌聊自勉，谁贵经

纶才。弹剑谢公子，无鱼良可哀。（《玉真公主别馆苦雨赠卫尉张卿二首》"
发了一肚子牢骚。太白是爽利人，倒苦水也不看个对象，这个张垍虽是宫中
驸马，但恐怕和玉真公主之间也有说不清的关系。这个也不稀奇，郭淑妃是
同昌公主的亲娘，却连自己女儿的驸马都偷。《松窗杂录》中说，玄宗年间，
姚崇搜罗了证据想办张说，情况很危险。结果还是靠玉真公主向皇帝美言后
才免于灾祸。可见玉真公主和张家还是大有渊源的。不然张垍为什么到玉真
别馆来串门儿？李白好容易见到个人，拉住人家的手就诉苦，不免找错了对象。
张垍既然和玉真公主也有一腿，肯定见了太白后心里醋意盎然，哪里还会说
李白的好话。结果，张垍到了玄宗面前添油加醋，说了很多对李白不利的话，
李白这次的求官行动再次泡汤。说来张垍这人，也不是好人，他身为驸马，
老丈人玄宗待他恩德极厚，破格让他在宫中辟一小院居住，并赏赐很多东西
给他。但他却在后来的安史之乱中，留在京城投降安禄山，任叛贼的伪职，
可见并非正直忠义之人。

　　但是，玉真公主对李白毕竟还有着一丝情意。到了天宝年间，玉真公主
对王维渐渐疏远。王维开始躲到蓝田辋川别墅去和裴迪吟诗钓鱼去了，后来
又被打发到榆林等边塞之地作侍御史，这才有了我们所吟诵的"大漠孤烟直，
长河落日圆"一诗。而此时，玉真公主却鼓动皇帝哥哥宣诏李白入京。李白
乐得直蹦高："仰天大笑出门去，我辈岂是蓬蒿人！"入京后，李白很受玄
宗优待，封他为翰林学士，并曾有"驭手调羹，龙巾拭吐"之宠。但李白老
毛病不改，还是整天醉得昏天黑地——"天子呼来不上船"，天子都叫不醒，
公主叫他，肯定也是十次有八次叫不动。李白这人还超级自恋，整天得罪人，
到处泡美眉。《天元天宝遗事》一书中说，宁王府中有家妓名宠姐，貌美歌
甜，很受宁王宠爱，一般的外客不让见。李白喝得半醉，就"恃醉戏曰"："白
久闻王有宠姐善歌，今酒肴醉饱，群公宴倦，王何吝此女示于众！"宁王没
有好意思当场回绝，但是依旧是设了七宝花障，让宠姐在花障后歌唱。太白
只恨自己不长一双X光眼，能透过花障瞧一瞧人家宠姐的模样儿。但李白还
有个特点，挺会自我排解，自我安慰的，他说："虽不许见面，闻其声亦幸矣。"
太白那色迷迷的样子，可想而知。

　　于是，天宝三年，唐玄宗只好将他"赐金放还"。但此时玉真公主恐怕

171

还并不是太同意，于是玉真公主赌气对玄宗说："我的公主名号也不要了，把我那些级别和待遇都取消了吧。"玄宗开始不许。但玉真公主坚决要散去财产，辞掉公主的名号。这时候，玄宗有了杨贵妃在侧，不是说凡事都依着自己的妹妹玉真公主了；所以，虽然知道公主是在赌气，也没有顺着她的意再重用李白，听任她去除名号，散财修道。

不过，李白对玉真公主并不怨恨；相反，李白一生爱慕玉真公主。玉真公主晚年在安徽敬亭山修炼，李白也眼巴巴地赶到敬亭山上，赋诗道："众鸟高飞尽，孤云独去闲。相看两不厌，只有敬亭山"。江湖夜雨原来不知道这档子事，以为太白真觉得敬亭山美不可言，哪知道太白之意不在山，在乎玉真公主也。后来，玉真公主于七十多岁时去世，葬于敬亭山。太白也于同一年死于敬亭山的当涂县。太白和玉真公主的情缘，可谓不浅。太白曾有诗："常夸云月好，邀我敬亭山。五落洞庭叶，三江游未还。相思不可见，叹息损朱颜"。太白和玉真应该是彼此之间互有情意的，不过太白性子太过不羁，做情人可以，做老公实在有点不放心。玉真公主想必也是不喜欢受拘束的人，要不然她也不会自愿当女道士了。所以，太白和玉真公主是不会走到一起的。正像一首歌中唱得那样："缘分，缘分，就怕有缘没有份"。不过就这样也许最好，在岁月深渊，望明月远远，挺好。

八　庚

形对貌，色对声。夏邑对周京。江云对涧树，玉磬对银筝。
人姥姥，我卿卿。晓燕对春莺。玄霜舂玉杵，白露贮金茎。
贾客君山秋弄笛，仙人缑岭夜吹笙。
帝业独兴，尽道汉高能用将；父书空读，谁言赵括善知兵。

【注】

人姥姥：战国哲学家孟轲曾说："老吾老，以及人之老；幼吾幼，以及人之幼。"意思是，尊敬自己的老人，从而也尊敬别人的老人；爱自己的孩子，从而也爱别人的孩子。人姥姥，即尊敬别人的老人。《礼记·大学》："上老老而民兴孝，上长长而民兴弟（古同悌）。"第一个"老"字作动词用。

我卿卿：卿是对人的尊称，也是对妻子的昵（nì）称。西晋大臣王衍妻呼衍曰卿。衍曰："奈何卿我？"妻曰："我不卿卿，谁复卿卿。"（意为我不称你为卿，还有谁称你为卿呢）？故后以"卿卿我我"作为夫妻恩爱之典。

玄霜句：（唐）裴鉶《传奇》中讲一个故事，下第秀才裴航，遇到仙人云翘夫人，赠诗一首曰："一饮琼浆百感生，玄霜捣尽见云英。蓝桥便是神仙窟，何必崎岖上玉京。"后裴生经蓝桥驿，果遇一妪揖之求饮，妪使云英持瓯浆，令饮之。因诗合，欲娶云英，妪命裴购玉杵并捣药，果得玉杵。聘之，俱仙去。《太平广记·裴航》载，裴航，唐代长庆年间秀才，下第，舟过襄汉，遇云翘樊夫人，使其婢袅烟赠诗一绝。夫人答诗云："一饮琼浆百感生，玄霜捣尽见云英。蓝桥便是神仙路，何用崎岖上玉京。"后裴航经蓝桥驿，果遇云英送水，裴航以玉杵为聘礼，娶云英，二人俱升仙而去。玄霜，传说中的仙药。

白露句：汉武帝好神仙之术，史载他曾作铜柱，上有铜仙人擎玉盘，承接夜露，据说以此露和玉屑饮之可长生。杜甫诗："蓬莱宫阙对南山，承露金茎霄汉间。"又魏明帝亦作承露金茎，高十一丈。

贾客句：《博异志》载，有商人吕乡筠，善吹笛，一次泊舟君山附近，遇到一位老人，有合上天神乐、仙乐和自己欣赏的三支仙笛，吹奏数声，湖上风波大作。贾（gǔ）客，商人。仙人句：传说周灵王太子晋好吹笙，作《凤凰鸣》，遇浮邱公，接上嵩山。后于七月七日乘白鹤过缑氏山头，拱手谢别时人而去。缑（gōu），刀剑等柄上所缠的绳，缑岭，山名，在河南。

帝业二句：史载汉高帝刘邦善于用人，因而取得天下。汉高帝问韩信带兵几何？信曰："多多益善。"帝曰："卿何为我擒耶？"曰："陛下不善将兵，而善将将。"他自己曾说："运筹帷幄之中，决胜千里之外，吾不如子房（张良）；镇国家，抚百姓，给馈饷，不绝粮道，吾不如萧何；连百万之军，战必胜，攻必取，吾不如韩信。此三者皆人杰也，吾能用之，此吾所以取天下也。"饷，①拼命地往嘴里塞食物；②（náng）一种烤制成的面饼。

父书二句：赵奢是战国时赵之名将。奢死，赵王令以其子赵括代廉颇为将。蔺相如说，赵括只能读其父的兵书，没有实际经验。赵王不听，使其率兵与秦交战。结果赵括中箭死，几十万军队都投降秦国，被秦人活埋了。

功对业，性对情。月上对云行。乘龙对附骥，阆苑对蓬瀛。
春秋笔，月旦评。东作对西成。隋珠光照乘，和璧价连城。
三箭三人唐将勇，一琴一鹤赵公清。
汉帝求贤，诏访严滩逢故旧；宋廷优老，年尊洛社重耆英。

【注】

乘龙二句：（唐）杜甫诗："门阑多喜气，女婿喜乘龙。"因称女婿为乘龙快婿。《史记·伯夷列传》："颜渊虽笃学，附（fù）骥尾而行益显。"附骥的意思是托靠别人的力量使自己得以发展，喻附于先辈或名人之后。

阆苑句：阆（làng）苑：传说中的仙境，在昆仑山上。蓬瀛（péng yíng）：即蓬莱山，传说东海中的仙山。春秋笔：旧说孔子作《春秋》，一字荣于华衮（gǔn，古代君王的礼服），一字严于铁钺（yuè）。游、夏诸贤，不能赞一词。即寓褒贬于字里行间，后称此种笔法为春秋笔。

月旦评：汉末河南许劭与其兄许靖俱有高名，好在一起甄别、评论当地人物，每月变换一次，农历初一发布公告，人们称之为"月旦评"。后称品评人物为月旦评或月旦。劭（shào），①劝勉；②美好。

东作句：《书·尧典》中有"平秩东作"、"平秩西成"的话，"东作"是开始耕作，"西成"是收获之意。隋珠句：古代故事，一次隋侯出行，遇断蛇于路，隋侯命人给蛇敷药包扎，后蛇衔径寸之珠报偿隋侯，因称隋侯珠。

光照乘，是说把这种宝珠挂在车上可以照明前后。《战国策·楚策》："宝珍隋珠不知佩兮，袆（yī，美好，多用于人名）布与丝不知异兮。"

和璧句：《韩非子》载，楚人和氏得璞（未琢的玉石），献给武王，武王以为是石，砍去了和氏的一条腿；成王即位，又献给成王，成王仍以为是石，又砍去了他的另一条腿；文王即位，和氏抱璞而哭。文王使人剖开了这块玉石，发现果然是稀世之宝，就用它雕成一块璧，为了纪念和氏，因名和氏璧。连城，是说它值几座城的钱。传说秦王曾以十五城向赵换取它。三箭句：唐将薛仁贵东征与九姓突厥交战，三箭毙三人，威震军中。当时有歌谣曰："将军三箭定天山，壮士长歌入汉关"。一琴句：（宋）赵汴治成都，匹马入蜀，以一琴一鹤相随，为政清廉简易。

汉帝二句：即汉光武与严光（子陵）的故事。见微韵第二章"严滩"注。光武帝与严子陵友善，即位命访之，陵在富春江披裘钓泽中，载以至朝，帝以故人礼敬之。尝以同寝，陵以足加腹。太史奏曰，有客星犯主座。

宋庭二句：宋相文彦博，致仕后在洛阳同富弼、司马光等十三人，饮酒赋诗相乐，谓之耆英会。耆（qí）：年老。耆英，英俊的老年人。

昏对旦，晦对明。久雨对新晴。蓼湾对花港，竹友对梅兄。
黄石叟，丹丘生。犬吠对鸡鸣。暮山云外断，新水月中平。
半榻清风宜午梦，一犁好雨趁春耕。
王旦登庸，误我十年迟作相；刘蕡不第，愧他多士早成名。

【注】

晦（huì）：①昏暗不明；［晦气］，不顺利、倒霉；②夜晚；③夏历每月的末一天。黄石叟：即汉初张良所遇仙人黄石公，曾赠给张良兵书。见麻韵第三章"桥上"句注。丹丘生：道教传说中的仙人。丹丘，神话中的神仙之地，昼夜长明。

王旦二句：《宋史·王旦传》载，宋相王旦柄权十八年，死后，王钦若继为宰相。王钦若语人曰："子明（即王旦）迟我十年做宰相。"登庸：做官。

刘蕡（fén）二句：见文韵第二章"唐廷"二句注。

【典故】

"公羊"对"母狗"

"当官不为民做主，不如回家卖红薯。"这句话出自清官郑板桥之口。他这一"为官箴言"至今为后人所传诵。

郑板桥（郑燮）当年任山东潍县知县时，经常微服私访，考察民情，倾听民声，留下许多脍炙人口的故事。相传有一天，他路过一家学馆，传来琅琅书声，是先生给学生唱读："临财母苟得，临难母苟免。"他细心一听："呀，这位先生分明是在给学生教读《礼记》，怎么把'毋苟'读成'母苟'了呢？他不由停下脚步，细心地听先生进行讲解。那先生说："这'临财母苟得，临难母苟免'，就是说，一个人遇上不该得的钱，就不要去接受；遇到危难的时候，就该挺身而出，不要推卸责任。'母苟'者，乃'切勿'或'切不可'之意思是也。"

郑板桥听后，觉得先生的解释还不错，只是把"毋苟"这么普通常用的词儿读错，就太不应该了，这样怎能教好人家的子弟呢？

郑板桥于是推门进去，一时把师生都惊呆了，先生厉声问道："你是谁，竟莽撞进来，扰乱教学秩序？"板桥道："是小人莽撞了，只因适才听先生教学，把'毋苟'读成'母苟'，故而进来纠正的。这'母'不比那'毋'，一个念母，是母性的母，念'毛乌'切，五笔画；一个'毋'念'无'，四笔画。虽然形状相似，可其音与义各不相同。"那位先生觉得他在众学生面前削了自己的面子，不由得瞪他一眼，见他衣着朴素，又其貌不扬，想必也是浅薄之辈，斥道："你胡说，我素来就这样教的，从没有人说过错，你是什么人，竟敢教训起老夫子来？"

板桥道："和你一样我也是读书人，可能是我比你多读了点，多用功了点，也不算什么人物，只不过是康熙'秀才'、雍正'举人'、乾隆'进士'，现在是个'七品芝麻官'郑板桥是也。"

那位先生一时脸色铁青，慌忙跪下："小人有眼不识泰山，开罪了太老爷，俗话说'不知者不为罪'，你大人不记小人过，就宽恕我一回吧！"

板桥道："同是一辈书生，非是计较个人颜面，像你这样读错了字，人家好心给予纠正，你不但不虚心接受反而嘲弄他人，怎能为人师表、教书育人？我劝你还是放下教鞭，回去再多读一点书吧。"

那先生哀求道："小人如若失去这'升斗之谋'，上有老下有小，怕是半饱日子也过不上了！"板桥见他可怜兮兮的，也觉得难过，但又想：半饥半饱，毕竟没把人饿死，误了人家子弟才是大事哩，便说道："既然这样，那我就给你出个对子，对得上就让你续教，对不上那你就只好自卷铺盖打道回府了。"于是他就出了个"曲礼篇中无母狗"的上联，那位先生懵然，不但对不上，还羞得满脸通红。那先生回到家里细细反思，深感才疏学浅，不足以为人师，但他毫不气馁，反把"曲礼篇中无母狗"写成工工整整的七个大字，贴在自家的卧室里，用以激励自己，在耕作之余，夜夜青灯黄卷，三更灯火五更鸡，三年下来不但重修了《孟子》、《论语》，还读了《左公传》、《榖梁传》，当他读完《公羊传》时，已是三更，掩卷而思，忽然顿有所悟："哟，这'公羊'对'母狗'岂不是好？"他连夜搜索终于拟成"榖梁传外有公羊"的对句。第二天一早，他洗好脸后，庄重地把"曲礼篇中无母狗，榖梁传外有公羊"写成条幅，不日就去拜见郑板桥。郑板桥展开一看："呀，你已读过'三传'啦！这联不但对得好，还写得一手好字哩，敢问先生还有当先生的意愿否，如果有，我即推荐你到县'大成学馆'当首席先生如何？"

老先生双手合十，谢过郑板桥，重又操起那传道授业的师道来。

秀才初试小神童

蒋士铨少年天赋聪慧，勤奋攻书，能诗善对，被乡邻称为"小神童"，引起了当时许多文人墨客的关注。有一次，上饶一位博学多才的老秀才到铅山游览山水，寻访蒋士铨。

老秀才游历葛仙山后，从杨村（今杨林乡）经乌虎岩到铅山县城（今永平镇）南门，碰巧蒋士铨也在县城南门游玩，经人介绍老秀才与蒋士铨见了面。一老一少见面寒暄之后，老秀才即以请教的口气说："小先生，我游仙山，过虎岩，遇一人要我答对，我冥思苦想而对答不上，真乃羞愧得很，不知小先生肯指点否？"

蒋士铨听出话中有音，知道老先生要考自己，沉思了片刻，才谦虚而有礼貌地说："不知那人出了什么对？我将试对一下，如不妥帖，还请老先生多多指教。"

老秀才听了蒋士铨的话十分高兴，于是捻须晃脑地说："那人出对的上联是'虎岩无虎，呼虎成名——赵公元帅'，请小先生对出下联吧！"

蒋士铨低头思忖了一会，抬头遥望铅山县城西北面风波岭塔山上宝塔，脱口而出："有了，'塔山有塔，托塔为神——李靖天王'。这个下联是否妥帖，请老先生斧正。"

老秀才听了下联，翘首远眺宝塔，又捻须晃脑重念了几遍蒋士铨对的下联，惊叹不已，连连说："哈哈，果然名不虚传，真神童也，只要苦读多思，日后必成大器。"

士铨巧遇红花女

有一年春天，蒋士铨回到故乡，听说铅山县城（今永平镇）西北面风波岭上的风波亭出了鬼。士铨不相信神鬼，一天傍晚他独自去风波亭看看。他在亭内坐了很久，毫无怪异的现象。

太阳下山了，蒋士铨准备出亭回家。正在这时，风波岭头走下一群头戴红花，系绿穿红的采茶姑娘。士铨急忙出亭，请采茶村姑进亭歇息，想打听出鬼的事。村姑们见亭内突然走出一个人，又是秀才打扮，都吓呆了，以为真的见了活鬼。一个大胆村姑问士铨："你是活人还是死鬼？"士铨笑着说："我明明是个活人，怎么会是死鬼呢！"村姑们听说是活人，都深深地吐了一口气，放心了。士铨接着又说："我就是想知道风波亭出鬼是怎么一回事，请你们谈谈吧。"那个大胆村姑娓娓动听地介绍起来：

"不久前，有三个秀才在这座亭子里高谈阔论，吟诗作对。碰巧一个打鱼草的经过这里，以为秀才们是讲故事，也走进亭子去听。一个胖秀才不高兴地说：'你坐在这里干什么？我们吟诗作对，你又不懂，快击养鱼吧！'

"那个打鱼草的人，听了胖秀才的话十分生气，思忖了一番后说：'我不会写诗，但会出对子。我有一个对子，如果你们对得上，愿送鲜鱼三百斤，要是对不起，你们也不要装什么斯文，还是跟我去学打草养鱼吧！'

"三个秀才一听这话，不禁哈哈大笑起来。胖秀才抢着说：'你就出对吧，我就是死了也要对起来。'打鱼草的随口说道：'"青草鱼塘青草鱼口衔青草。"你们来对吧！'三个秀才一听，一个拍拍脑袋，一个捋捋胡须，胖秀才直盯眼睛，额头冒汗。很久很久，三个人都对不上来。打鱼草的挑起青草说：'我要回家养鱼了，你们慢慢去对吧！'

"胖秀才回到家里，日夜不停地念：'青草池塘青草鱼口衔青草'，可怜他坐立不安，饮食无味，后来忧郁成疾，病入膏肓。他临死时叮嘱家里的人说：'我死后，棺材停放在家里，等有人对上那个对子才安葬。'

"自那个胖秀才死后，每天傍晚，这风波亭里就隐隐若若有人在念：'青草池塘青草鱼口衔青草，……'大家都说是胖秀才的冤魂在作祟。先生，你说是吧。"

蒋士铨听完这段奇文，笑着说："没有神鬼的，那个秀才太迂腐了。啊，时间不早了，都回去吧！你们住在哪个村庄？"村姑们手指岭下答："就是前面不远的红花村。"

蒋士铨一听"红花村"三个字，又看看面前站着戴红系绿的采茶村姑，惊喜地叫："妙哉！那个对子的下联有了，你们听：'红花村庄红花女头戴红花。'这样对好吗？"村姑们仔细一想，原来先生把她们写进对子里去了，又对得很好，大家十分高兴，都说："生生对得好，你真聪明。"士铨说："是你们帮我对起来的，谢谢你们！"

蒋士铨对上这个对子后，胖秀才也就安葬了。从此风波亭不再闹鬼了。

士铨应对斥贪官

有一次，蒋士铨到城外去观赏田园风光，顺着小溪，走到一座水碓旁，只见几个舂米的乡民愁眉苦脸在对一个对子。乡民一遍又一遍地念上联："水打轮，轮打碓，舂谷舂米舂糠秕"……可是谁也对不出下联来。

蒋士铨见乡民为对一个对子，急得像热锅上的蚂蚁，于是好奇地问："你们是舂米的，为什么急着在这里对对子？"乡民见蒋士铨是个读书人的打扮，就像见到孔夫子一样高兴，皱眉舒眉，笑容满脸。一个乡民介绍说："刚才县官老爷下乡办事，经过水碓，出了一个对子要我们对上。老爷还说：'对上了有奖，对不上要罚。'我们都对不上。"蒋士铨问："怎样奖？如何罚？"

另一个乡民接着说："怎样奖老爷没有说，对不上就罚每人一担谷。我们家里正等着米下锅，罚去这担谷，全家人都要饿肚皮了。先生，你是读书的，帮忙对上这个对子吧，知县老爷就要回来了。"

蒋士铨听完乡民的话，感到这个知县十分可恶，要借帮助乡民对对子，教训教训一下这个贪官。蒋士铨问乡民："那个贪官是骑马还是坐轿来的？"乡民们异口同声道："是坐轿子出来的。"

蒋士铨低头一想，仰天大笑道："有了！"他附耳低声告诉乡民："等那个贪官回来对，你们就这样……对他的上联。"舂米的乡民高兴地说："先生对得好，骂得巧！谢谢先生。"

蒋士铨走后，那个贪官果然坐轿回来了。衙役对乡民嘲道："对子对起了吗？没对出来，就把谷子挑进城去！"舂米的乡民齐声答道："对好了！"贪官坐在轿内不相信地说："快快对上来吧！"一个乡民笑着说："老爷的上联是'水打轮，轮打碓，舂谷舂米舂糠秕'，小民们对的下联是'人抬轿，轿抬人，扛猪扛狗扛死人'。老爷，我们对得好不好？！"

贪官一听下联是辱骂自己的，十分恼怒，但对得工整贴切，自己又想不出好的下联，只好无可奈何地喝道："哼，好厉害的刁民！起轿回衙！"水碓边的乡民又笑又叫："人抬轿，轿抬人，扛猪扛狗扛死人……"

士铨赠联讽豪绅

有一年十二月，蒋士铨从北京回故乡省亲，消息传到一个豪绅耳里。这个豪绅正要过六十年，他为了装潢门面，故作斯文。抬高身价，想请蒋士铨为他写一副寿联。

豪绅带着贵重礼品来到蒋家，蒋士铨素知此人横行乡里，鱼肉乡民，本想拒不相见，但一转念：见见也好，可以伺机教训他一番。士铨与恶绅见面寒暄之后，豪绅开口了："听说蒋大人从京城回乡，我十分高兴。明日正好我过六十大寿，一请大人光临寒舍喝杯寿酒，二请大人为小民写一副寿联，这点薄礼请收下。哈哈，哈哈哈！"

蒋士铨想了一想，说："无功不受禄，礼我不能受，酒我也不想喝。你要一副寿联，我写好届时派人送去就是了。"

恶绅听了蒋士铨的话，心里想：你一不收礼，二不喝酒，还送我一副寿联。我却分文不花，太合算了。恶绅连忙说："好好，多谢了！"他起身拱手，告辞回家。

第二天正午，恶绅家里红烛高照，香烟缭绕，宾客云集。在祭祖拜寿，燃放爆竹之后，家人手捧红联禀道："蒋大人写的寿联送到！"恶绅一听，惊喜万分，急忙说："好，快把蒋大人送来的寿联悬挂中堂！"寿联挂出后，宾客听说是蒋士铨题送的，都来围观拜读。其中一人高声念道：

雪逞风威白占田园无比日；

云倚雨势黑蒙天地不多时。

在场围观的人多数是酒囊饭袋，纷纷拍手叫好。其中有三个秀才一看寿联惊得目瞪口呆，小声议论，连连摇头。

恶绅先听到大家拍手称赞，无比得意。后来他看到三个秀才窃窃私语，脸色不对，急忙拉三个秀才进厢房问："寿联上写的是什么意思？"第一个秀才直言不讳地说："寿联上写的是骂你的话。"第二个秀才拍马说："骂的意思千万别张扬出去！"第三个秀才讥讽挖苦道："越骂越发（财），恭喜老爷得到蒋士铨的真迹。"

恶绅一听三个秀才的话，气得脸红脖子粗，既不敢张声，又不好拿下刚挂上去的寿联，只好硬着头皮喊："请就席，开桌上菜吧……"自己却瘫倒在太师椅上。

九 青

庚对甲，已对丁。魏阙对彤庭。梅妻对鹤子，珠箔对银屏。
鸳浴沼，鹭飞汀。鸿雁对鹡鸰。人间寿者相，天上老人星。
八月好修攀桂斧，三春须系护花铃。
江阁凭临，一水净连天际碧；石栏闲倚，群山秀向雨馀青。

【注】

魏阙句：魏同巍，魏阙，高大的城阙。彤庭，指帝王宫殿。杜甫诗："彤庭所分帛，本自寒女出。"梅妻句：（宋）林逋，隐居西湖孤山，以梅鹤自娱。逋不娶，无子，时人说林"梅妻鹤子"。珠箔银屏：（唐）白居易《长恨歌》："珠箔银屏迤逦开。"鹡鸰（jí líng）：鸟名，生活在水边，食小虫，喜欢群飞。《诗·小雅·常棣》："脊令在原，兄弟急难。"脊令，后即以"鹡鸰在原"比喻兄弟友爱之情。人间句：旧时迷信，讲论骨相。寿者相，谓视其相为长寿者。

天上句：《史记·天官书》载天上有南极老人星，主寿。八月句：神话传说，汉人吴刚，因学仙有过，罚他砍月中桂树，桂树高五百尺，砍后伤口复合，所以吴刚要永远砍下去。旧时以科举登第为攀桂，考试一般定在八月，称"秋闱"。三春句：明代宁王爱花，尝作护花铃，蜂、鸟至则牵铃惊之。

危对乱，泰对宁。纳陛对趋庭。金盘对玉箸，泛梗对浮萍。

群玉圃，众芳亭。旧典对新型。骑牛闲读史，牧豕自横经。
秋首田中禾颖重，春馀园内菜花馨。
旅次凄凉，塞月江风皆惨淡；筵前欢笑，燕歌赵舞独娉婷。

【注】

纳陛句：纳陛，原意是深入殿堂的台阶，这里是登上台阶的意思。趋庭，
快步走过庭院。《论语》记载：孔子的儿子孔鲤，一次趋庭而过，被孔子叫住，
问他学诗学礼的情况。以后就把见父亲叫趋庭。泛梗：《说苑》中的一则寓言，
孟尝君入秦，客止之。见有木梗人谓土偶人曰："今将大雨，子必沮坏。"答曰：
"我沮，乃反吾真耳。今子，东园之桃也。刻子以为梗，雨至必浮，子泛泛
不知所至矣。"孟尝君乃止。后遂以泛梗比喻到处漂流，无处安身。李商隐
诗："薄官梗犹泛，故园芜已平。"（唐）徐夤《别》诗："酒尽欲终问后期，
泛萍浮梗不胜悲。"梗，这里指木偶。

群玉圃：传说仙人西王母居住在群玉山的瑶圃。骑牛句：隋末李密好学，
常将《汉书》一帙挂于牛角之上，骑牛读书。帙（zhì），包书的套子。牧豕句：
（汉）公孙宏，少贫，为人放猪，勤于学，常带经卷而读。年五十后位至丞相。
燕歌句：古代燕、赵多出歌伎，其人善歌舞。娉婷：舞姿优美的样子。

【典故】

先生牛

从前，有一个小官，后来退职靠教书为生，他瞧不起手艺人。一年端午节，
一个学生请他去吃饭。学生家里正请裁缝、木匠两位师傅干活，这个学生的
父亲就请他们三个同桌。那先生想：这两个"赤脚佬"，沾了我的光，要奚
落他们一下。吃饭时，他便说道："今天东家请客，我们同坐一桌，大家来
点诗文，以助酒兴如何？"两个师傅回答："好吧。"

他得意地开口道:"一点起,高、官、客,鸟字旁,鸡、鹅、鸭,无我先生高官客,尔等怎吃鸡鹅鸭?"

裁缝师傅听了,接着道:"雨字下,霜、雪、露,衣字旁,衫、袄、裤,我不制缝衫袄裤,先生怎御霜雪露?"

木匠师傅也慢悠悠地接口道:"一撇起,先、生、牛,木字旁,格、栅、楼,木匠不建格栅楼,何处关你先生牛!"

那退职小官听了,脸红气急,无言可答。

三十年结一对

清代有一个孝廉,叫赵礼甫,他一向喜好诗词对联。有一次,他与诗友叶廷琯等人欢骤,遂出了一句巧联,向朋友索对:

马宾王、骆宾王,马骆各宾王;

马宾王,即唐初曾经劝谏太宗皇帝少兴徭役、以隋为鉴的著名贤臣马周;骆宾王是众所周知的"初唐四杰"之一的诗人。二名入对,"马、骆、各"三字互相穿插,前"马"后"各",合成了中间的"骆",下联的结构也要求如此。结果,满座的诗人词客,包括叶廷琯在内,尽皆语塞。

席散之后,叶廷琯总是忘怀不下,但也没有找到好联相对。道光二十三年,时逢乡试。贵州正考官是龙元嘻,云南正考官为龚宝连。叶廷琯闻讯,灵机一动,随即对出下联:

龙主考,龚主考,龙龚共主考。

联中,"龙"对"马","主"对"宾",前"龙"后"共",合成,"龚",同上联一模一样真是天设地造。兼之云、贵邻省,龙、龚同科,遂使这个"共"字进一步坐实。

这一联语的形成,前后经历了三十年的岁月,堪称难得的佳联。

梅妻鹤子

凡梅界人士都知道杭州有许多赏梅胜地,而且知道杭州西湖的小孤山有许多梅花，那里有放鹤亭及林和靖先生墓，北宋时代的著名诗人林逋（即林和靖）就长眠在那里。当年他在此植梅，写过不少咏梅佳句，还因"梅妻鹤子"的佳话传说而闻名古今。

据史料记载，林逋（公元967～1024）字君复，浙江黄贤（今奉化市）人，出生于儒学世家，是北宋时代诗人。早年曾游历于江淮等地，后隐居于杭州西湖孤山之下，由于常年足不出户，以植梅养鹤为乐，又因传说他终生未娶，故有"梅妻鹤子"佳话的流传。直到今天，很多人都知道"梅妻鹤子"的故事，《辞海》关于"梅妻鹤子"条目这样记载的：

"宋代林逋隐居杭州西湖孤山，无妻无子，种梅养鹤以自娱，人称其"梅妻鹤子"。"

其实，林逋是以杰出的咏梅诗词闻名于世的。他隐居孤山，躬耕农桑并大量植梅，写出了不少咏梅佳句，其中《山园小梅》传出后脍炙人口，在诗词界引起了轰动：

众芳摇落独暄妍，占尽风情向小园；

疏影横斜水清浅，暗香浮动月黄昏。

霜禽欲下先偷眼，粉蝶如知合断魂；

幸有微吟可相狎，不须檀板共金尊。

这首诗不仅把幽静环境中的梅花清影和神韵写绝了，而且还把梅品、人品融汇到一起，其中"疏影""暗香"两句，更成为咏梅的千古绝唱，引起了许多文人的共鸣。从此以后，咏梅之风日盛，如宋代文坛上的几位大家欧阳修、苏轼、王安石、陆游、辛弃疾、杨万里、梅尧臣等，都写过许多咏梅诗词。苏轼甚至还把林逋的这首诗，作为咏物抒怀的范例让自己的儿子苏过学习。随着宋代咏梅风气的盛行，林逋之名与孤山梅花在文坛上也热了起来，出现了："明月孤山处士家"（陶宗仪诗），"潇洒孤山半支春"（赵孟頫诗），"幽人自咏孤山雪"（文徵明诗）等等，到了以后的明代，诗人王猗又有"不受尘埃半点浸，竹篱茅舍自甘心，只因误识林和靖，惹得诗人说到今"之句，这说明从北宋开始，由于林逋佳句的影响，确实把文人们的咏梅风炒热了起来。

其实，孤山之梅，在唐代即已见于白居易诗。当年白居易离开杭州后，曾作过一首《忆杭州梅花，因叙旧寄萧协律》：

三年闷闷在余杭，曾与梅花醉几场；

伍相庙边繁似雪，孤山园里丽如妆。

这证明杭州西湖的孤山在唐代即已有梅，但为什么后来林逋的诗掩过了白诗？这不仅因为在咏梅诗中林有许多好句，还因"梅妻鹤子"佳话的流传。此外，还与林逋的人品以及当时的社会环境政治背景有关。

40多年前在1961年3月21日的《光明日报》上，我国著名的诗词学家、浙江大学教授夏承焘先生曾发表过《东风世界话梅花》的文章，文中提到林逋的一些情况，大致的意思是：

林逋生前，隐居孤山，当时的杭州太守，每年都要以文字保荐，向林逋送去一些粟帛。林逋在宋仁宗天圣六年（1028年）去世后，当时的皇帝宋仁宗特地赐了一个谥号给林逋，称为"和靖先生"，由此，林逋的名气就更大了……，这其中的原因是：原先的老皇帝宋真宗，正由于为了挽回自己在异族争战中失去的威信，而由大臣王钦若假造帛书放在宫门上和泰山上．闹了一场"天书封禅"的鬼把戏。后来，老皇帝宋真宗还真的率领文武百官，装模作样地跪接"天书"，在浊气冲天和腐败的朝政中，一些大臣与无耻文人便借"天书封禅"之机趋炎附势，呈献谀文。可见"天书封禅"的闹剧，在当时是怎样的不得人心，朝政的腐败又是多么严恶的一个社会问题！林逋对朝廷这种劳民伤财的乱政，是表示过不满的。

夏承焘先生还认为：林逋虽然隐居于孤山，但他并不是一个遗世绝俗之人。林逋死了以后，后来的皇帝宋仁宗之所以赐谥号称他为"和靖先生"，只不过是因他名气太大，由于他曾被人民和士大夫所敬重和钦佩，这不是没有原因的。

至于林逋"无妻无子"、"以梅为妻、以鹤为子"的说法，完全是一种传说，是一个佳话故事而已。尤其是今天在我们全国梅界，更要弄清楚这一历史上的传说和故事。这里要提请注意的是：当今杭州的作家、茅盾文学奖的获得者王旭烽女士在其江南知性之旅第二集《绝色杭州》一书里，特地写到了"处士林和靖"，她在文章中有这样一段很有意味的话：

"都说林和靖终身不娶，方有'梅妻鹤子'之说，我却终有疑惑：那个终身只爱草木禽羽的人，果然能写出《长相思》来吗？

'吴山青，越山青，两岸青山相对迎，争忍离别情。君泪盈，妾泪盈，罗带同心结未成，江头潮难平'。

想来，处士林和靖也是有眼泪的，也是有爱情的。梅可爱，鹤可爱，但终究是人最可爱。我曾从杭州地方史专家林正秋先生处得知，林和靖果然是有爱情的，不但有爱情，而且还有婚姻，不但有婚姻，而且还有后代，后代大大的多，一分又为二了。一支在浙江奉化，人丁兴旺。另一支更了不得了，漂洋过海竟到了日本，到了日本还不算完，竟又成了日本人制作馒头的祖先，这几近乎传奇了。但奉化和日本二支林家，前些年又在杭州胜利会师，摄像于孤山祖先梅下，有林教授挽臂为证。这实在是货真价实的寻根文化了，至于它在学术上经不经得起千锤百炼，要靠史家去百花齐放、百家争鸣。在我，却是希望隐士有后的。绝人情爱的隐士，终不如增人情爱的隐士更可信呢……"

这段文字既抒情，又合乎常理的把长久以来关于林逋终身未娶，在孤山隐居以梅为妻，以鹤为子的传说，用以上事实作了澄清，纠正了过来，为林和靖先生还了正常人的人情味……

十 蒸

苹对蓼，莆对菱。雁弋对鱼罾。齐纨对鲁绮，蜀绵对吴绫。
星渐没，日初升。九聘对三征。萧何曾作吏，贾岛昔为僧。
贤人视履循规矩，大斧挥斤校准绳。
野渡春风，人喜乘潮移酒舫；江天暮雨，客愁隔岸对渔灯。

【注】

萍：水生植物。蓼（liǎo）：一年生或多年生草本植物。"茭"字原为"上草下角"，疑其为"茭"。弋（yì）：一种尾上带绳子的箭；雁弋即射雁的这种箭。罾（zēng）：一种用竹竿或木棍做的方形渔网。

齐纨二句：纨（wán）、绮、锦、绫都是名贵的丝织品；齐、鲁、蜀、吴是上述四种织品的产地。九聘句：聘和征都是王朝或官府聘请的意思。九聘，多次聘请，出典未详。三征，朝廷三次征召。《后汉书·杨伦传》："伦前后三征，皆以直谏不合。"

萧何句：史载萧何曾做沛郡的主吏椽，是管人事的小官。贾岛句：唐诗人贾岛曾为僧人，法名无本。韩愈赏其诗才，令其还俗，劝其读书，后登进士，官长江主簿。贤人句：《尔雅·释言》："履，礼也。"注："礼可以履行也。"所以说视履成规矩。

大匠句：《庄子》中的一则寓言说，郢（yǐng）人在鼻子尖上涂一点白土，一位石匠把父子抡得呼呼响，一下子就把泥点砍掉了，对鼻子丝毫无损。大匠，技术高超的匠人。斤，斧子的一种。舫（fǎng）：船，画舫（装饰华美专供旅游用的船）；酒舫，载酒或卖酒的船。

谈对吐，谓对称。冉闵对颜曾。侯嬴对伯嚭，祖逖对孙登。
抛白纻，宴红绫。胜友对良朋。争名如逐鹿，谋利似趋蝇。
仁杰姨惭周不仕，王陵母识汉方兴。
句写穷愁，浣花寄迹传工部；诗吟变乱，凝碧伤心叹右丞。

【注】

冉闵句：冉有、闵子骞（qiān）、颜渊、曾参都是孔子的高足弟子。侯嬴（yíng）句：侯嬴，战国时魏人，初为大梁（今河南开封）夷门的守门小吏，慷慨任侠，帮助信陵君窃符救赵，最后以身殉之。王维《夷门歌》专咏此事。嬴，姓。伯嚭（pǐ），即太宰嚭，春秋时（楚）伯州犁之孙，吴国奸臣。他受越王贿赂，劝吴王同越讲和。勾践灭吴，以伯嚭对其主不忠，杀之。嚭，大。祖逖句：祖逖，东晋时爱国将领。见先韵第四章"祖生鞭"注。逖（tì），远。孙登：晋初隐士。抛白纻（zhù）：（宋）裴思谦登第，以红笺数十幅入平康赋诗。王元之有诗云："利市襕衫抛白纻，风流名字写红笺。"白纻，白苎麻织成的衣服。白纻襕衫，唐举子之服。宴红绫：唐御膳以红绫饼为重。昭宗时放进士榜，得裴格等二十八人，会宴曲江，命御厨烧作红绫饼二十八枚赐之。僖（xī），快乐。逐鹿：逐鹿中原，原指在战场上争夺政权。后来又有"未知鹿死谁手"的话，比喻胜负难定，这里即用此意。《史记·淮阴侯列传》载：蒯通曰："秦失其鹿，天下共逐之"。趋蝇：追赶苍蝇。古有"蝇头微利"的说法，"趋蝇"是说十分不值得。

仁杰句：（唐）狄仁杰为武后相，其姨卢氏有子，杰欲官之，姨曰："姨止一子，不欲令事后周女主。"仁杰大惭而归。周，武则天的国号。王陵句：陵事汉，其母在楚，知汉必兴，嘱善事之。项羽令母召陵，母遂自刎。句写二句：这是写杜甫的事，杜拾遗曾为检校员外郎，后人称之为杜工部。晚年流落蜀中，寓居成都西郊浣花溪旁之浣花村草堂。

诗吟二句：右丞：这是写王维的事。王维官尚书右丞相，后人称之为王右丞。安史之乱陷身贼中，被迫为给事中。传说安禄山宴于凝碧宫，令乐人作乐，维闻而伤之，作七绝一首云："万户伤心生野烟，百官何日再朝天。秋槐花落空宫里，凝碧池头奏管弦。

【典故】

吴邦泰巧对获赏识

传说，清朝年间，吴川市水潭村曾出过一位才思敏捷的神童吴邦泰。

有一次，一位爱才的老逸士在龙头江上遇上吴邦泰，见他正在冒雨摸蚬，把蚬放在江堤上，便出句考他：水打龙头蚬。吴邦泰立即答道：风敲鹤嘴鱼。老进士又出一联：木锯板，板装船，木桅、木桨、木榫榫。邦泰又笑着答道：竹修篾，篾扎椅，竹柱、竹撑、竹钉钉。老进士深爱其才，收他为养子，供他读书。

后来吴邦泰学成，上京应考，宗师出联考试他：蚕结茧，茧牵丝，丝丝织成绫罗绸缎。吴邦泰立即回答：羊生毛，毛扎笔，笔笔写出锦绣文章。他才思敏捷，又深得宗师赞赏。

秀才改对联

从前，有个进士老爷，专横跋扈，不可一世。有年春节，他为了炫耀，在自己的大门上贴了这么一副对联：

父进士，子进士，父子皆进士；

婆夫人，媳夫人，婆媳均夫人。

正巧，镇上有个穷秀才，路过进士的家门，看见了这副对联。他先是露出鄙视的神态，接着，又露出一丝得意的笑容。到晚上，他见四下无人，就悄悄地在对联上加改了一些笔画。

第二天一大早，进士的门前围满了大堆看热闹的人，他们有说有笑，议论纷纷，大家都称赞："改得好！改得好！"门外的吵嚷声惊动了进士老爷，他连忙打开大门，一看，立即昏倒在门前的台阶上了。

原来，进士门前的对联，已被秀才改成了这样：

父进士，子进士，父子皆进士；

婆失夫，媳失夫，婆媳均失夫。

忘记一顿饭

乡村塾师在某家任教，事前讲明七夕乞巧节要设宴招待。到了七夕，主人家里毫无设宴的动静，老师便出了个上联给学生对——"客舍凄凉，恰是今宵七夕。"学生对不上来，便去告诉父亲。主人已领会联中的意思，笑着说："啊！我真的忘了。"并且代为对了下联——"寒斋寂寞，可移下月中秋。"

到了中秋节，还是没有动静。老师又出上联叫学生对——"绿竹本无心，遇节即时挨不过。"主人见了，又笑道："我又忘了。"代对下联道——"黄花如有约，重阳以后待何迟？"

转眼到了重阳节，依然没有动静。老师又出了上联——"汉三杰，张良

190

韩信狄仁杰。"主人见了大笑起来说："三杰是汉朝人，狄仁杰是唐朝人，老师怎么忘记了？"学生把父亲这番话转告塾师，老师说："我没有忘记。只是你父亲前唐后汉都记得清清楚楚，却偏偏忘了一顿饭。"

十一　尤

荣对辱，喜对忧。缱绻对绸缪。吴娃对越女，野马对沙鸥。
茶解渴，酒消愁。白眼对苍头。马迁修史记，孔子作春秋。
莘野耕夫闲举耜，渭滨渔父晚垂钓。
龙马游河，羲帝因图而画卦；神龟出洛，禹王取法以明畴。

【注】

缱绻句：缱绻（qiǎn quǎn）和绸缪（chóu móu），都是形容感情亲密、情意缠绵的样子。吴娃：吴地的姑娘。娃，少女。野马：《庄子·逍遥游》中说："野马也，尘埃也，生物之以息相吹也。"野马说的是早春大地上蒸腾的水蒸气。（唐）韩偓诗："窗里日光飞野马。"白眼：（晋）阮籍视人，能作青、白眼，见庸俗之士则以白眼对之。苍头：在秦末农民大起义中，有一支义军的士卒以青巾裹头，称苍头军。后世苍头多指老年仆人。马迁：即司马迁。

莘野句：此句疑用伊尹故事。《吕氏春秋》说：有侁（shēn）氏女子得婴儿于空桑之中，名伊尹，长而贤，商汤王准备聘请他，有侁氏不肯，汤于是聘有侁氏女，以伊尹为陪嫁奴隶取了去，后以为相，国大治。有侁氏即有莘氏。又解为《孟子·万章上》："伊尹耕于有莘之野，而乐尧舜之道焉。"莘，①（shēn），众多；②（xīn）：地名，莘庄，在上海市。渭滨渔父：指商代末年的姜尚。见萧韵第一章"千载"二句注。

龙马二句：见鱼韵第二章"洛龟"二句注。神龟二句：上古传说，夏禹

191

曾参照洛水神龟献出的宝书，制定了"洪范九畴"。

冠对履，舄对裘。院小对庭幽。面墙对膝地，错智对良筹。
孤嶂耸，大江流。芳泽对园丘。花潭来越唱，柳屿起吴讴。
莺懒燕忙三月雨，蚕摧蝉退一天秋。
钟子听琴，荒径入林山寂寂；谪仙捉月，洪涛接岸水悠悠。

【注】

舄（xì 细）：①鞋。②同潟，咸水浸渍的土地。面墙：《论语》记述孔子的话说："人而不为《周南》、《如南》，其犹正墙面而立也与？"后来"面墙"就成了思路闭塞的代用语。错智句：错指西汉政治家晁错，他在文帝时曾为太子家令，太子家令是主管太子府内庶务的官员，相当于太子府的总管，很有谋略，多智，大家称他为"智囊"。良指张良。良筹是说张良的高明策略。又解为汉初张良借箸筹划政事。芳泽：泽本是妇女用的脂粉，或说内衣，后芳泽即转为女性的代称。圆丘：是古代天子祭祀天神的地方，也写作圜丘。吴讴（ōu）：吴地的民歌。

钟子句：上古故事，余伯牙善于弹琴，钟子期善解琴，闻伯牙鼓《高山流水曲》，遂相知好。子期死，伯牙碎琴不复鼓，谓无知音也。

谪仙句：古代民间传说，诗人李白特别喜爱明月，在采石矶，一次酒醉，看到江心倒映的月影，就前去捕捉，结果溺水而死。谪（zhé），①谴责，责罚；②封建时代特指贬官。

鱼对鸟，鹊对鸠。翠馆对红楼。七贤对三友，爱日对悲秋。
虎类狗，蚁如牛。列辟对诸侯。陈唱临春乐，隋歌清夜游。

空中事业麒麟阁，地下文章鹦鹉洲。

旷野平原，猎士马蹄轻似箭；斜风细雨，牧童牛背稳如舟。

【注】

鹡：鹡鸰（jí líng），一种小鸟。七贤句：（晋）嵇（jī）康与阮籍、山涛、向秀、阮咸、王戎、刘伶友好，常宴集于竹林之下，号为竹林七贤。三友：以三种事物为友，如松、竹、梅；琴、酒、诗；梅、石、竹等。爱日：①指暖和的阳光；②珍惜时间。骆宾王《赠宋之问》诗："温辉凌爱日，壮气惊寒水。"虎类狗：东汉马援在《戒兄子严敦书》（写给侄子严敦的信）中，告诫他们说，学龙伯高，不成尤为谨慎之士，所谓刻鹄不成尚类鹜；学习豪侠好义的杜季良，不成为天下轻薄子，所谓画虎不成反类狗。蚁如牛：（晋）殷浩患耳疾，听见床下蚂蚁动，以为是牛斗之声。列辟（bì）：辟，君王；列辟等于说诸王侯。

陈唱句：南朝陈后主荒淫，修结绮、临春、望仙阁，与张丽华、江总、孔贵嫔诸人日夜游戏、歌唱，其中以《玉树后庭花》、《临春乐》为最有名。隋歌句：传说隋炀帝夏夜宴游，放萤火虫照明，歌清夜之曲；冬日剪彩为花。

空中句：汉宣帝时，为了表彰功臣，将霍光、苏武等画在麒麟阁上，共十一人。"空中事业"，是说功名富贵本来是虚幻的，这是作者的消极思想。地下句：三国时才士祢衡，因反对曹操，被排挤到荆州，后被刘表部下黄祖（忌其才）杀害。他曾写过《白鹦鹉赋》，因此他被害之处人们就称之为鹦鹉洲。"地下文章"是说该人已死去。

【典故】

五岁孩儿巧续妙联

相传清朝末期，惠阳区芦岚鲤鱼寨有一秀才，因父母相继去世，家道破落。

有一天夜里，梦见一鹤发童颜仙人，姗姗来到床前，对他耳语："观音阁背山面水，是富贵之地，你可去。"第二天醒来，秀才把梦中之事向妻子说了，便举家迁来观音阁经商。观音阁田地肥沃，水运方便，过往商客甚多。经过三年精心经营，秀才果然发迹，成为观音阁镇一巨富。

这年春节，秀才大摆筵席，宴请亲朋好友和镇里名流，以示庆贺。席间，宾主频频举杯。秀才心情十分喜悦，随口吟了一句上联：

鲤鱼寨鲤鱼跃龙门，年年有余。

可一时间想不出下联来。恰好有一朋友是教书先生，带着五岁孩儿前来赴宴。这孩儿走到秀才面前，彬彬有礼地说："伯父，让小侄来试续下联，可以吗？"秀才应允。这孩儿随即朗声诵道：

观音阁观音赐祥地，岁岁福音。

秀才和众人称赞不已。后来，秀才请了有名的石匠，用大理石凿上这副对联，竖立在大门两侧。可惜，在"文革"破"四旧"时，这副大理石对联被砸烂了。

李贤招婿语双关

程敏政，明代文学家。李贤，程同时代大学士，曾任宰相。相传程敏政当了翰林以后，李贤欲与女许之，某日在宴席上，因以席上藕片出上句。出句明说是"荷"与"藕"，实际上是说："因何而得偶？"意思是：我欲招你为婿，你凭什么成为我女儿的佳偶呢？程当即对出下联，对句明说杏梅二花，实则是"有幸不须媒"之意。程的对句巧妙地回答了李贤的试探性以联提问，委婉亦大方愉快地承领了李贤的美意。李贤乐不可支，就把女儿许配给了他。真是奇才快婿，妙对娶佳人。

十二 侵

歌对曲，啸对吟。往古对来今。山头对水面，远浦对遥岑。
勤三上，惜寸阴。茂树对平林。卞和三献玉，杨震四知金。
青皇风暖催芳草，白帝城高急暮砧。
绣虎雕龙，才子窗前挥彩笔；描鸾刺凤，佳人帘下度金针。

【注】

吟（yín），唱。声调抑扬地念；一种文体。勤三上：古人经验，认为善读者有"三上"之功，即枕上、途上、厕上。惜寸阴：东晋大将陶侃致力收复中原，朝夕运甓（pì），常勉励大家说："大禹惜寸阴，吾人当惜分阴。"寸阴，很短的时光。卞和句：见庚韵第二章"和璧"句注。卞和即和氏。

杨震句：（汉）杨震为青州刺史，所举秀才王密，暮夜怀金谒震以为酬谢。震怒曰："故人知君，君何以不知故人也？"密曰："夜无人知。"震曰："天知，地知，子知，我知，何谓无知？"当即拒绝了。青皇：又称东皇、青帝。东方为春，古人所谓司春之神，故代指春天。

白帝句：（唐）杜甫《秋兴八首》诗："寒衣处处催刀尺，白帝城高急暮砧。"白帝城在四川重庆市奉节县，三国刘备殁于此。砧（zhēn），捣衣石，这里指砧杵之声。

绣虎二句：曹子建有奇才，七步成诗，人称绣虎之手。雕龙：南朝（梁）刘勰（xié，多用于人名）《文心雕龙》十卷五十篇，论古今文章的体裁和创作，有很高价值，沈约善之。

登对眺，涉对临。瑞雪对甘霖。主欢对民乐，交浅对言深。
耻三战，乐七擒。顾曲对知音。大车行槛槛，驷马聚骎骎。
紫电青虹腾剑气，高山流水识琴心。

屈子怀君，极浦吟风悲泽畔；王郎忆友，扁舟卧雪访山阴。

【注】

交浅句：战国时范雎说秦王，有"交疏"、"言深"等语。交浅犹交疏，是说人与人的关系很一般，没有深交。言深，是讲了至关重要的意见。耻三战：传说春秋时鲁国将军曹刿，曾三次兵败于齐。后来齐桓公和鲁庄公盟于柯，曹刿用匕首逼住了齐桓公，终于索回了失去的国土。又据《史记·平原君虞卿列传》："毛遂谓楚王曰：白起小竖子耳！一战而举鄢郢（yān yǐng），再战而烧夷陵，三战而辱王之先人，而王不知耻焉！"

七擒句：传说孔明征南蛮，曾对其首领孟获七擒七纵，使孟获受到感化，最后归顺。顾曲：《三国志·周瑜传》载，三国（吴）周瑜善审音律，曲有阙误，瑜必知之，知之必顾，故时人谣曰："曲有误，周郎顾。"（唐）李瑞诗："欲得周郎顾，时时误拂弦。"

大车句：大车是上古载重的牛车。槛槛（kǎn），车声。《诗·王风·大车》："大车槛槛"。驷马句：也出典于《诗经》。《诗·小雅·四牡》："驾彼四骆，载骤骎骎。"驷马，上古一车四马，叫驷马。骤，奔驰。骎骎（qīn），马跑得很快的样子。紫电句：紫电青虹，形容宝剑的光华。（唐）王勃《滕王阁序》："紫电青霜，王将军之武库。"高山句：这是关于钟子期、俞伯牙的故事。参见尤韵第二章"钟子"二句注。据说一次伯牙弹琴，钟子期评论说，此曲"志在高山"；又弹，又评论说，此曲"志在流水"。琴心，琴曲的内容、主题。

屈子二句：见豪韵第三章"遭谗"二句注。极浦，犹言远浦，远方的水滨。王郎句：《世说新语·任诞》载，（晋）王子猷（献之）雪夜访山阴戴逵，半途而返，人问其故，王曰："吾本乘兴而来，兴尽而返，何必见戴。"见豪韵第三章"回艖"注。

睿思妙对宜从娃娃抓起

　　唐朝大文学家王勃的父亲王福畤在朝廷做官，一次，他的一位朱姓朋友生了儿子，王福畤带王勃前去祝贺。朱家客人想试试这个神童，就指着门上的珠帘对王勃说：门上挂珠帘，你说是王家帘，朱家帘？王勃随口答道：半夜生孩儿，我管他是子时儿，亥时而。众人听了赞不绝口。恰逢这年大考，王勃也去应试，主考见是一个小孩，有些不悦，说道：蓝衫拖地，怪貌谁能认？王勃答：紫冠冲天，奇才人不识。主考一惊，见小孩果然出众，便让他考试。王勃不负众望，19 岁就做了朝中官员。

　　明朝清官于谦儿时就才思敏捷。母亲给他梳了双髻，一和尚看见，便戏谑他"牛头且喜生龙角"，于谦当即回应"狗嘴何曾长象牙"，和尚暗吃一惊。于谦回家对母亲说：有人骂我，明天不梳双髻了。第二天，母亲便给他梳成三个髻。谁知又碰上那和尚，又戏曰："三角如鼓架"，于谦立回："一秃似擂槌"。还有一回，于谦身穿红衣骑马过桥，正好遇见太守，太守戏出一联："红孩儿骑马过桥"，于谦随口应："赤帝子斩蛇当道"，太守大为赞许。

　　清代学者魏源 9 岁时参加童子试。考前，塾师不放心，出上联相试："闲看门中月（繁体'闲'字'门'中为'月'）。"魏源看一眼墙上挂的"春耕图"，马上对出下联："思耕心上田。"参加考试那天，考官见其眉清目秀，举止可爱，就把他叫到跟前，以试其才华。考官指着茶杯上的太极图出上联曰："杯中含太极。"魏源摸了摸揣在怀中的两个麦饼，从容对出下联："腹内孕乾坤。"考官听后大惊。后果然中榜。

　　冰心十岁时就学了《论语》《左传》《唐诗》，能背诵许多有名的诗篇，并开始学做对联。有一回，老师刚说："鸡唱晓。"她便脱口而出："鸟鸣春。"老师一愣，又说："榴花照眼红。"冰心略思片刻，从容应道："柳絮笼衣白。"老师连连称赞对得好。

　　其实，神童的机敏妙对和长辈、塾师的调教、激励是分不开的，也和日常生活中的耳濡目染有密切关系。明代解缙九岁时，父亲经常引导他作诗对句，以锻炼这方面才能。一次父亲带他到江边洗澡，把脱下的衣服挂在老树上，出对云："千年老树为衣架。"解缙望着烟波浩渺的大江对道："万里长江作浴盆。"

　　梁启超从小受父辈悉心教育，"八岁学为文，九岁能缀千言"，有神童之称。十岁那年，他随父亲入城住在秀才李兆镜家。早晨，在花园玩耍时见带露杏花很可爱，便顺手折了一枝，藏在袖筒里。这一举动被父亲和朋友的家人看到，碍于面子，没有当面责备他。进到厅堂坐下后，梁启超的父亲始终为儿子的举动而惴惴不安，想暗示儿子一番，便对梁启超说："开宴前，我出上联，你对下联。对得妙，方可举箸，否则，只能在一旁为长辈们斟酒。"梁启超欣然应允。梁父略加思索，出了上联："袖中笼花，小子暗藏春色。"梁启超听了一惊，随后恍然大悟，知道父亲在暗示自己，不免有些羞愧，便对道："堂前悬镜，大人明察秋毫。"李兆镜拍掌叫绝说："让老夫也来考一考贤侄，'推车出小陌'。"梁启超立刻对上："策马入长安。"又是一片叫好声。

十三 覃

　　宫对阙，座对龛。水北对天南。蜃楼对蚁郡，伟论对高谈。
　　遴杞梓，树梗楠。得一对函三。八宝珊瑚枕，双珠玳瑁簪。
　　萧王待士心惟赤，卢相欺君面独蓝。
　　贾岛诗狂，手拟敲门行处想；张颠草圣，头能濡墨写时酣。

【注】

覃（1）（tán）：①深思，②姓；（2）（qín）：姓。龛（kāi）：佛舍。蜃（shèn）楼：海洋上由空气折射而成的幻影，古人以为是蜃（一种大蛤蜊）气所化，称蜃楼。东坡仕登州，作文祷海而海市见。蚁郡：（唐）李公佐《南柯太守传》写（汉）豪士淳于棼（fén，纷乱）酒醉后梦游大槐安国，被招为驸马，守南柯郡。醒后发现，原来槐安国和南柯郡是一群蚂蚁的窝巢。遴杞梓：遴（lín）谨慎选择；杞（qǐ）、梓（zǐ），两种木质优良的树，古人以喻优秀人才。《国语》："其大夫皆卿材也，若杞梓、皮革焉。"遴杞梓，比喻选拔人才。树楩楠：树，种植。楩（pián），木名，即黄楩树。楠，树名，楩、楠是两种木质优良的树，生在南方。树楩楠，比喻培养人才。得一："一"是个哲学概念。《老子》中有"昔之得一者：天得一以清，地得一以宁，神得一以灵，谷得一以盈，万物得一以生，侯王得一以为天下正"的话。函三：《易纬乾凿度》说："《易》一名而含三义：所谓易也，变易也，不易也。"意思是：《周易》的"易"字含三方面意义：简易、变易和不变。

双珠句：这是汉乐府《有所思》中的一句。玳瑁（dài mào），一种海龟，其甲可制作工艺品。萧王句：汉光武帝初起时，曾被更始帝刘玄封为萧王。他在镇压铜马、高湖等起义军时，收降许多人，并将首领封为列侯，以收买人心。所以当时有人说："萧王推赤心置人腹中，安得不投死乎！"

卢相句：（唐）卢杞长得特别丑陋，史称"鬼貌蓝色"，代宗时为相，迫害忠良，盘剥百姓，干了许多坏事。人曰"蓝面鬼"。贾岛二句：唐诗人贾岛，一次在驴背上得"鸟宿池边树，僧敲月下门"两句诗，开始想用"推"字，后改"敲"，仍觉未妥，不觉冲撞京兆尹韩愈。韩愈问明原因，想了一会，认为"敲"字好。这就是"推敲"一语的由来。

张颠二句：唐张旭，善草书，好酒，每次大醉，则呼叫狂走，或把墨水浇到头上，然后写字，时人称他为"张颠"。杜甫《饮中八仙歌》："张旭三杯草圣传，脱帽露顶王公前，挥毫落纸如云烟。"颠，疯子。濡（rú），沾染。

闻对见，解对谙。三橘对双柑。黄童对白叟，静女对奇男。
秋七七，径三三。海色对山岚。莺声何呖呖，虎视正眈眈。
仪封疆吏知尼父，函谷关人识老聃。

江相归池，止水自盟真是止；吴公作宰，贪泉虽饮亦何贪。

【注】

解（xiè）：明白。谙（ān）：了解，熟悉。双柑：（唐）冯贽《云仙杂记》卷二引《高隐外书》："晋戴颙，春日携双柑斗酒，人问何之，曰：'往听黄鹂声。此俗耳针砭，诗肠鼓吹，汝知之乎？'"颙（yóng）。静女：《诗经》篇名。静女是仪态端方的少女。秋七七：七七是传说中的人名，姓殷。鹤林寺杜鹃花，为天下第一。周宝谓殷七七曰："闻君能顷刻开花，今方重九，花能开乎？"七七曰："诺。"即于掌中作幻术使花开。夜间一女子曰："妾为上帝司此花，不久即归阆苑。"此七七即代指杜鹃花。径三三：陶渊明咏菊，"冶冶溶溶三径色，风风雨雨九秋时。"又注：陶渊明《归去来兮辞》有"三径就荒，松菊犹存"两句。此"径三三"即代指菊花。山岚（lán）：山中的雾气。鸾声句：《诗·小雅·庭燎》有"君子至上，鸾声哕哕"二句。鸾，车铃。哕，①（yuě），呕吐；②（huì），［象］乐声，［形］深谙。虎视句：这是《周易·颐卦》中的一句。眈眈（dān）：注视的样子。

仪封句：仪是春秋时卫国的地名。尼父即孔子。《论语》记载，孔子到卫国去，仪邑主管边境的"封人"要求见孔子，见过之后对孔子的学生说："你们不要为流亡而苦恼，上天将让孔子制礼作乐。"

函谷句：传说函谷关的令尹善天文，一次登楼四望，于东方见紫色云气，高兴地说：一定有圣人经过此地。后老子骑青牛过关。杜甫诗："东来紫气满函关"即用此典。聃（dān）：老子名李聃。

江相二句：《宋史·万里传》载，南宋末年，江万里为相，他听说元军已得襄樊，就在自家后园凿个池塘，题名"止水"。后元军至城破，万里遂投池自杀。吴公二句：《晋书·吴隐之传》载，（晋）吴隐之清廉，他到广州为刺史，州城附近有泉名"贪泉"，人们说，谁饮此水都会起贪心。吴隐之故意饮了贪泉水，并作诗一首说："古人云此水，一歃怀千金，试使夷齐饮，终当不易心。"到郡后更加廉洁自守。歃（shà），用嘴吸取。

【典故】

刘乃香巧对李元度

清代道光举人李元度，工于文学，颇有才名。四川人刘乃香慕名专程去拜访他，想当面试试他的才学。

二人相见后，刘乃香问道："贵性？"

李元度从容地答道："骑青牛，过函谷，老子姓李。"

"老子"指春秋末道家学派创始人李耳，曾骑青牛出函谷关。这里的"老子"，又是李元度倨傲的自称，一语双关。

接着李元度又反问刘乃香"高姓"。

刘乃香高声应道："斩白蛇，入武关，高祖是刘。"

"高祖"指西汉开国皇帝汉高祖刘邦。刘邦当沛县亭长时，于丰西泽中起事。路遇白蛇挡道，他拔剑斩蛇。后来至武关入秦，战胜项羽，作了皇帝。这里的高祖，又指曾祖父的父亲，是刘乃香倨傲的自称，也是一语双关。

十四 盐

宽对猛，冷对炎。清直对尊严。云头对雨脚，鹤发对龙髯。
风台谏，肃堂廉。保泰对鸣谦。五湖归范蠡，三径隐陶潜。
一剑成功堪佩印，百钱满卦便垂帘。
浊酒停杯，容我半酣愁际饮；好花傍座，看他微笑悟时拈。

【注】

宽对猛：《左传》载（郑）大夫子产临终前对他的儿子说："我死，子必为政。惟有德者能以宽服民，其次莫如猛。"宽，指仁厚；猛，指严厉。

鹤发句：鹤发，是说人发白如鹤羽，指老人。龙髯（rán），龙的胡须。传说黄帝在鼎湖乘龙而升天，小臣扯龙髯而上，结果扯断了龙须。

风台二句：风即讽，讽谏；台，台省；谏，谏臣。古谏官所居官署称讽台。

肃堂廉：肃堂即官署；廉，阶陛之侧隅（yú）也。此指廉正。《治安策》曰："人主如堂，人臣如陛，众庶如地。"保泰句：泰和谦是《周易》的两个卦名。保泰，意为保持安康。鸣谦是谦卦的一句爻辞，意思是以谦虚的品德为人所知。

五湖二句：范蠡：字少伯，佐越王勾践破吴，成功，载西施归五湖。一剑：战国时苏秦曾佩一剑说六国，后为纵约长，佩六国相印。百钱：（汉）严君平隐居成都，以卖卜自给，每日得百钱，即闭户垂帘而授《老子》。浊酒句：杜甫诗："艰难苦恨繁霜鬓，潦倒新亭浊酒杯。"

好花二句：佛教故事，传说在灵山会上，释迦牟尼拿出一朵花，众人都不解其意，唯独迦叶尊者露出笑颜，表示对佛的旨意有所领悟。后遂以拈花微笑，表示心心相印、两心相通。拈（niān），用手指轻轻拿着。

连对断，减对添。淡泊对安恬。回头对极目，水底对山尖。

腰袅袅，手纤纤。凤卜对鸾占。开田多种粟，煮海尽成盐。

居同九世张公艺，恩给千人范仲淹。

箫弄凤来，秦女有缘能跨羽；鼎成龙去，轩臣无计得攀髯。

【注】

手纤纤：形容手指细而长。《古诗十九首》："娥娥红粉妆，纤纤出素手。"凤卜句：凤卜、鸾占意同，见微韵第二章"采凤飞"句注。居同句：唐人张公艺，九世同居。高宗祭泰山，幸其第，问何以能此，公书百"忍"字以进之。恩给句：（宋）范仲淹居官后，于姑苏城郊买良田千亩，建立"义庄"，以收养贫困的亲族。

202

箫弄二句：见东韵第三章"凤翔"二句注。鼎成二句：见前章"龙髯"注。轩臣：轩辕黄帝的大臣。攀髯：传说轩辕黄帝铸鼎成，龙降，骑之上升。其臣攀龙髯欲随之升天，未得。

人对己，爱对嫌。举止对观瞻。四知对三语，义正对辞严。
勤雪案，课风檐。漏箭对书笺。文繁归獭祭，体艳别香奁。
昨夜题诗更一字，早春来燕卷重帘。
诗以史名，愁里悲歌怀杜甫；笔经人索，梦中显晦老江淹。

【注】

四知句：四知见侵韵第一章"杨震"句注。三语：据《晋书》载，一次王戎问老子、孔子之道于阮瞻，阮瞻曰："将无同。"意思是"大约差不多"。王戎听了很满意，就聘其为椽（署员），时人称阮瞻为"三语椽"。勤雪案二句：雪案、风檐，形容读书条件很艰苦，勤和课指学习。

文繁句：早春刚刚解冻，水獭把鱼衔出水面，排列在冰上，古人以为这是獭在祭祀，称为獭祭鱼。唐诗人李商隐作诗爱用典故，经常把翻阅的书排在一旁，书册左右麟次，时人也就称他为獭祭鱼。体艳句：体艳指爱情或色情诗。唐诗人韩偓（wò 卧，用于人名）喜欢写这类诗，诗集名《香奁集》，时人号为"香奁体"。香奁（lián 连），妇女梳妆用的匣子。昨夜句：唐僧齐已作《早梅》诗，曰："前村深雪里，昨夜数枝开"。许丁卯改为"一枝开"。时人称为"一字师"。

诗以二句：见豪韵第二章"诗史"注。史名：杜甫感痛时事，发之为诗，人称为"诗史"。笔经二句：见支韵第一章"五色笔"注。《南史·江淹传》载，江淹尝宿于冶亭，梦一老丈自称郭璞，谓淹曰："吾有笔在卿处多年，可以见还。"淹乃探怀中得一五色笔以授之。此后文思枯竭，人谓江郎才尽。

【典故】

汉朝杨震为官清廉，不谋私利。他始终以"清白吏"为座右铭，严格要求自己，"不受私谒"，这在古代不但是十分可贵的品德，就是在现代也是人们十分欢迎和敬仰的品质。

杨震在由荆州刺史调任东莱太守赴任途中，路经昌邑（今山东巨野县东南）时，昌邑县令王密，是他在任荆州刺史时举"茂才"提拔起来的官员，听说杨震途经本地，为了报答杨震的恩情，特备黄金十斤，于白天谒见后，又乘更深夜静无人之机，将白银送给杨震。杨震不但不接受，还批评说："我和你是故交，关系比较密切，我很了解你的为人，而你却不了解我的为人，这是为什么呢？"王密说："深夜无人知道。"杨震说："天知、地知、我知、你知怎能说无人知道呢？"受到谴责后，王密十分惭愧，只好作罢。杨震"暮夜却金"的事，古今中外，影响很大，后人因此称杨震为"四知先生"．

杨震为官，从不谋取私利。在任涿郡（今河北省涿州市）太守期间，从不吃请受贿，也不因私事求人、请人、托人，请客送礼。他的子孙们与平民百姓一样，蔬食步行，生活十分简朴。亲朋好友劝他为子孙后代置办些产业，杨震坚决不肯，他说："让后世人都称他们为'清白吏'子孙，这样的遗产，难道不丰厚吗！"杨震为官唯才是举，选贤任能。

汉安帝元初四年（公元117），杨震被调人朝廷担任太仆之职，后来升调为太常。杨震在任太常之前，博士选举大多名不副实。杨震任太常后，唯才是举，他所选用的陈留、杨伦等，都是通晓经书、学识过人的今名士，能将所从事的本门学业弘扬光大，儒生们对此称赞不已。

延光二年，杨震代替刘恺为太尉，汉安帝的舅父、官居大鸿胪（九卿之一，分管礼仪）的耿宝向杨震推荐中常侍（传达皇帝诏令和掌管文书的官员）李闰的哥哥，想让其入朝做官，杨震坚决予以拒绝。于是耿宝就亲自到杨震住处拜访，并威胁说："李常侍是皇上所重用的人，想让你征召他的哥哥入朝做官，我耿宝仅仅只是给你传达一下皇上的意思而已。"杨震义正词严地说："如果朝廷想让"三公"之府征召谁，就应该由尚书那里把皇帝的敕书送来，怎么能让你来传达皇上的意思呢？"耿宝无言以对，愤恨而去。

皇后的哥哥官居执金吾（督巡三辅治安）的阎显也利用职权向杨震推荐自己的亲友人朝做官，杨震同样予以拒绝。而掌管工程建设的司空刘授听到这个消息后，当即征召此二人入朝做官，并且在很短时间内予以提升。两相对比，可见杨震为官是何等的光明磊落，无私无畏。但杨震因此招致阎显怨恨。

故事一：

杨震为官疾恶如仇，敢于直谏。永宁元年，他代替刘恺任司徒职务，第二年，邓太后逝世后，朝廷中皇帝身边的内宠开始横行。汉安帝的乳母王圣，因从小保养安帝辛勤周到有功，深受安帝信任尊重。王圣便仗此地位骄横放纵，连她的女儿伯荣也经常出入禁宫，传播贿赂。于是，杨震就给安帝上书说："臣听说，自古以来施政，主要是选用德才兼备的贤能人士治理国家，管理主要是惩治去除违法乱纪行为，所以唐尧虞舜时代，贤能有德的人，都在朝中为官，而恶人则被流放监禁，天下百姓都心悦诚服，国家一派兴旺发达的气象。

当今之世，古人推崇的忠、信、敬、刚、柔、和、固、贞、顺等九种道德，未能发扬光大，而按幸小人却充斥朝廷内外。阿母王圣，出身卑微，因遭千载难逢的机会，得以奉养圣上。

虽然有推燥居湿抚养陛下的辛勤劳苦，但陛下对她前后所封赏的财富荣耀，已远远超过了她的功劳。然而她贪得无厌的心理无法得到满足，经常交际朝臣，接受贿赂、请托，扰乱天下，使朝廷清正的名声受到损毁，如同日月蒙上灰尘一样。

《尚书》曾告诫说：母鸡啼鸣是不祥之兆；《诗经》也讽喻奸诈多谋的女子参政是丧国的根源。过去郑庄公屈从母亲意愿，任由弟弟叔段骄横不法，结果，叔段准备谋反，郑庄公不得不用暴力手段将其弟诛杀。

《春秋》对此事持贬抑态度，认为郑庄公'不教而诛'，是不道德的。自古以来，奸诈的女子和小人都是很难相处的，亲近她们，她们就会嬉闹放纵；疏远她们，她们又会心怀怨恨。

《易经》上说：'无所遂其心愿，只能在家中操持家务'，说的就是奸诈的妇人不能干预政事。因此，应当迅速送阿母出宫，让她居住在外面，同时还要阻断她女儿同宫内的往来，这样就能使恩情和德行都继续保持下来，对陛下和阿母都是好事。

205

请陛下舍弃有碍大局的儿女私情，割除有害国家的仁爱优柔之心，把精力集中在日理万机的朝政上，谨慎使用封赏拜爵的权力，减少下面的贡奉，减少百姓的赋役征发，使天下德能兼备的'鹤鸣之士'都群集在陛下周围，为朝廷出力；让正在朝廷做官的士大夫莫因朝政不清而懊悔出仕；对诸侯国不要横征暴敛，使他们心存不满；让百姓安居乐业而不抱怨朝廷。要循着先朝英明皇帝的治国法则而行，与英明伟大的哲王比德，这岂不是很美好的事吗！"

书上安帝后，安帝不仅不采纳杨震的忠谏，还把奏章拿出来给乳母王圣等看，一方面加深了这些人对杨震的憎恨，另一方面，这些人认为有皇帝的庇护，其行为更加骄横放纵。

故事二：

乳母王圣的女儿伯荣，得意忘形，与已故的朝阳侯刘护的远房堂兄刘瑰勾搭成奸，刘瑰为趋炎附势，遂娶伯荣为妻。安帝因此而让刘瑰承袭了刘护的爵位，官至侍中之职。对此，杨震坚决反对，再次向安帝上书说：

"臣听说过去高祖皇帝执政时曾与群臣相约，不是有功之臣不得封侯拜爵。在爵位的继承上，自古以来都是父死子继，兄亡弟及，以防别人篡夺爵位。臣见诏书赐刘护的远房堂兄刘瑰承袭了刘护爵位为侯，而刘护的同胞弟弟刘威如今还健在，为什么不让刘威袭其胞兄刘护的爵位而让刘瑰承袭呢？

臣听说，天子只封有功之臣，诸侯靠德行获得爵位。刘瑰没有任何功劳和德行，仅仅以匹配阿母之女的缘故，一时间就位至侍中，又得以封侯，这既不符合高祖定下的老制度，又不合乎道义，以致满朝文武议论纷纷，百姓迷惑不解。请陛下以历史为镜鉴，按照帝王应该遵循的规则办事，很人心，安天下。"

对于杨震的再次忠谏，昏庸的安帝仍然我行我素，不予理睬。

故事三：

延光年间杨震任太尉时，安帝下诏派人为阿母王圣修建府第，中常侍樊丰及侍中周广、谢挥等人，便从一旁推波助澜，弄得朝廷倾摇，不得安宁。为此，杨震又向安帝上书说：

"臣听说耕种九年必有三年的储备积蓄，所以尧帝遇到洪水灾害时，人民照样有饭吃，有衣穿，不受饥饿折磨。臣思虑，如今灾害发生，且日见扩大，百姓储备空虚，不能自足，再加上蝗虫成灾，羌虏侵掠，边关震扰，战事连年不息，兵马粮草难以供应，大司农主管的国库资财匮乏，恐怕国家到了难以安定的时候了。

臣适才看到皇上下诏为阿母在津城门内大建府第，合两坊为一坊，将街道都占完了，雕刻装饰极其精致。如今盛夏，正是草木旺长农业生产大忙的时候，在自然灾害严重、国库空虚、农业大忙的情况下，动用大量人力、财力、物力，开山取石，修建府第，不是很不合时宜吗？特别是动用大匠、左校以及其他官员，建造衙门官署几十处，相互攀比，费用过亿，耗资特别巨大。

周广、谢恽兄弟，既不是皇上重要亲戚，又不是皇室枝叶贵属，仅仅依附皇上周围亲幸的奸债小人，与樊丰、王永等人共分权力，嘱托遍布州郡，威势动摇大臣，宰相衙府想征召人才，大多都要看他们的眼色行事，被招来的人差不多都是通过行贿买官的无能之辈，甚至一些过去因贪污纳贿被禁锢不许做官的人，一些放浪形骸、胡作非为的人，也都通过行贿重新得到了高官显位，以致黑白混淆，清浊不分，天下舆论哗然，都说上流地位是用金钱买来的，使朝廷招来无数讽刺谩骂。

臣曾听老师说过：国家向人民征用赋役太多的话，百姓财尽就会埋怨，力尽就会叛乱。百姓同朝廷离心离德了，朝廷怎么去依靠百姓？所以，孔夫子说：'百姓不富足，君王又怎能富足呢？'请陛下斟酌考虑。"

樊丰、谢挥等人见安帝不听杨震接二连三的苦谏，便更加肆无忌惮，进而假造诏书，调拨司农所管国库钱粮、大匠所管众多现成材木，各自大起家舍、园地、庐观，花费人力、财力不计其数。

故事四：

为了规劝皇帝亲贤臣、远小人，杨震因京城地震一事又上书宣帝说："臣幸蒙皇上恩宠，得以位列三公之位，却不能弘扬正气，调和阴阳。

十二月四日，京城发生地震，臣曾听老师说过：'地是阴气之精，应当安安静静地承受阳气。'而发生地震，其原因就是阴气太盛所致。

地震的那天是戊辰日全天干中的戊和地支中的辰都位列第五属土性，加上地震，三方面都是土，其征兆应该指的是中宫，是皇上周围的宦官过分擅权干预政事的征象。

臣想陛下常常为边境战事未完需要大量钱物而忧心忡忡，因而自己生活异常俭朴，宫殿墙倾屋斜，仅用柱子来撑，并不进行修建，这样做是想让远近百姓都知道国家财政困难，皇帝带头实施政化清流，使老百姓学习效法皇帝的做法，节俭办事。

而陛下身边那些亲幸小人，不与皇上同心同德，骄奢淫逸，超越礼法规则行事，广招工匠，盛修宅第，卖弄权势，作威作福，致使天下百姓人人怨恨。地震就发生在京城，恐怕是上天发怒而惩罚的吧。再说，一冬无雪，今春又没有下雨，百官为此十分焦虑，而陛下身旁那些势利小人，仍旧修缮不停，这才是真正导致上天久旱不雨的原因呢。

《尚书》中说：'只有君主可以作威作福，锦衣玉食，做臣子的是不能仿效的。'请陛下刚健中正，逐弃那些骄奢不法的近幸小人，让那些蛊惑人心的传言停止传播，诚心诚意地接受皇天上帝的警示告诫，不要再让那些作威作福的幸臣小人再继续掌握实权，横行霸道，则天下幸甚，国家幸甚。"

杨震前后所上奏章婉转诚恳，切中时弊，安帝对此一点也听不进去，而且产生了厌烦不满情绪，樊丰等人更是侧目而视，恨之入骨。但都因杨震是当时名儒，名声很大而不敢加害于他。

故事五：

不久河间（今河北雄县一带）有一名叫赵腾的男子到宫门上书，批评朝政。安帝阅后非常生气，下诏将赵腾收捕入狱，严刑拷问，最后以诬惘皇上的罪名结案。

杨震知道后，立即上书营救赵腾。

他说："臣听说尧舜时代，在朝廷置放敢于直谏的鼓，标立敢于诽谤的木，用以鼓励官吏和百姓给皇帝提批评意见；殷周时代的英明君主，特别注意倾听百姓的怨愤谩骂和不满，用以修正自己治国中的缺点和错误，用德行去教育感化人民。

之所以这样做，就是为了让下情尽数上达，使人民无所忌讳地畅所欲言，让最下层人都能把意见讲出来，以便广泛采纳众议扩集思广益。

赵腾虽因言语激烈攻击朝政而获罪，但这与那些杀人放火的犯罪分子是有明显差别的，臣请陛下减免已经定下的罪名，保全赵腾的性命，并以此鼓励最下层的广大人民坦率直言，以求广开言路，获取教益。"

安帝看了杨震奏章，仍不醒悟，将赵腾押赴都市斩首。

十五 咸

薙对植，芟对芟。二伯对三监。朝臣对国老，职事对官衔。
鹿麌麌，兔毚毚。启牍对开缄。绿杨莺睍睆，红杏燕呢喃。
半篱白酒娱陶令，一枕黄粱度吕岩。
九夏炎飙，长日风亭留客骑；三冬寒冽，漫天雪浪驻征帆。

【注】

薙（tì）：除去野草。芟（shān）：割草。薙、芟都是斩除野草的意思。二伯句：二伯，西周时主掌国事的两个大臣，所谓"自陕以东，周公主之；自陕以西，召公主之"。三监，武王灭殷后，封纣子武庚于商都，派自己的三个弟弟管叔、蔡叔和霍叔监督，称三监。

鹿麌麌一句：麌（yǔ），鹿成群结队的样子。《诗经·小雅·吉日》中有"兽之所同，麀（yōu）鹿麌麌"的句子。兔毚毚：毚（chán），兔跳动的样子。《诗经·小雅·巧言》："跃跃毚兔，遇犬获之。"注：毚兔，狡兔也，喻谗人。

启牍句：启牍和开缄都是拆开信件的意思。睍睆（xiàn huǎn）：即莺啼的声音。《诗·邶（bèi）风·凯风》："睍睆黄鸟，载好其音。"睆，①明亮。②美好。呢喃（ní nán）：燕子叫声。（宋）刘季孙诗："呢喃燕子语梁间"。半篱句：陶令，即陶渊明。因为他曾为彭泽令，故称。

一枕句：见阳韵第三章"客枕"句注。原故事中的吕翁和卢生，后人附会成八仙中的钟离权度化吕洞宾（岩），所以这里说"度吕岩"。炎飙（biāo）：热风。飙：狂风。

笠翁对韵

梧对杞，柏对杉。夏濩对韶濩。涧瀍对溱洧，巩洛对崤函。

藏书洞，避诏岩。脱俗对超凡。贤人羞献媚，正士嫉工谗。

霸越谋臣推少伯，佐唐藩将重浑瑊。

邺下狂生，羯鼓三挝羞锦袄；江州司马，琵琶一曲湿青衫。

【注】

夏濩句：见萧韵第二章"殷濩（hù）"句注。韶濩，汤代乐曲名。南朝梁王简栖《头陀寺碑文》云："步中雅颂，聚合韶濩。"注引郑玄："韶，舜乐也；濩，汤乐也。"也以指庙堂之乐或泛指古乐。涧瀍（chán）句：涧、瀍、溱、洧（wěi），古代四条河流。《尚书·禹贡》有"导洛自熊耳东北会于涧瀍"话。《诗经》有《溱洧》篇。溱，①（zhēn）：溱头河，水名，在河南省；②（qín）溱潼，地名，在江苏省姜堰市。洧，洧川，地名，在河南省尉氏县。

巩洛句：巩，古地名，洛水流经其旁。巩洛，《史记·苏秦传》："说韩宜惠王，韩北有巩洛成皋之固、西有宜阳商贩之塞。"崤（xiáo）：崤山，山名，又叫"崤陵"，其西有函谷关，故称崤函。崤函，汉张平子《两京赋》："左有崤函重险，桃林之塞。"此处指崤山、函谷，均为险要之地。巩、洛、崤、函均在今河南省。藏书洞：指传说中的二酉山，四川酉阳县翠屏山麓的小酉山石 xue 中，有书千卷，相传秦人读书于此。称为"二酉藏书洞"。避诏岩：指汉初"四皓"所隐的商山，"四皓"（详见齐韵第一章"角里"二句注），高帝召之不至，故称其隐居的岩洞为"避诏岩"。

霸越句：少伯，越国大夫范蠡的字。见虞韵第一章"归湖"注。佐唐句：浑瑊（jiān），唐王朝著名少数民族的将领，曾从李光弼、郭子仪平"安史之乱"，以功为太常卿。德宗出逃奉天，浑瑊率家人子弟从，与朱泚（cǐ）拒战，全城倚重，德宗得以保全。瑊：瑊石，一种像玉的美石。

邺下二句：狂生指祢衡。传说曹操欲辱祢衡，命他为鼓吏，击鼓为客人

210

助酒兴。他不仅毫无惧色，反而脱掉衣服，敲起慷慨昂扬的"渔阳三挝"，以回敬曹操。"渔阳三挝"，传说中古代的鼓曲名。锦袄，指曹操。挝：①（zhuā）：打，这里指敲鼓。②（wō）：老挝。

江州二句：唐诗人白居易曾谪为江州司马，一次到浔阳江边送客，遇到一位流落为商人妇的琵琶女，为他弹奏了一曲，引起了他强烈的共鸣，为之流下了泪水。故作长诗《琵琶行》。其中最后两句是："座中泣下谁最多，江州司马湿青衫。"

　　袍对笏，履对衫。匹马对孤帆。琢磨对雕镂，刻画对镌镵。
星北拱，日西衔。卮漏对鼎馋。江边生桂若，海外树都咸。
但得恢恢存利刃，何须咄咄达空函。
彩凤知音，乐典后夔须九奏；金人守口，圣如尼父亦三缄。

【注】

镌镵：都是刻削的意思。星北拱：星指北极星，拱是烘托、环绕的意思。古人认为群星都围绕北极星而分布。《论语》记孔子的话说："为政以德，譬如北辰，居其所而群星拱之。"卮漏：卮（zhī），古代一种盛酒器。古语有"川源而不能实漏卮"的话，意为漏洞虽小，如不堵塞则后患无穷。鼎馋：孔子的祖先正考父为宋大夫，其家有鼎名馋鼎。上面的铭文是："一命而偻（lǔ），再命而伛（yǔ），三命而俯。循墙而走，亦莫敢余侮。饘（zhān，厚粥）于是，粥于是，以糊余口。"馋同嗛（qiàn），吃。桂若：桂树。若，杜若，香草名。都咸：传说中生于海外的神木。

但得句：《庄子·养生主》中的一则寓言，说宋国有个庖丁，善于解牛，他的刀用了十九年，解过数千头牛，还好像新磨的一样。因为牛的关节之间是有缝隙的，而刀刃却很薄，让薄薄的刀刃通过有缝隙的关节，自然"恢恢乎其于游刃必有余地"。恢恢，宽绰的样子。咄咄（duō duō）：表示惊讶的

211

语气。（晋）殷浩得到桓温将推荐他作尚书令的消息，非常高兴，准备回信，又怕言语不周，把信取出放进几十次，结果却寄出了空信封。后桓温将免职，他整日用手在空中乱划，连呼"咄咄怪事。"

乐典句：后夔（kuí），即夔，传说是舜的乐官，他奏起乐来，百兽起舞，凤凰也飞来。九奏，奏乐九曲。《书·益稷》："箫韶九成，凤凰来仪。"

金人二句：尼父即孔子。相传孔子入周太庙，见有铸金人，三缄其口，背后有铭文："古之慎言人也。"三缄，封闭多层。两句的意思是，圣达如孔子，也要学习金人那样守口如瓶，讲话谨慎。

【典故】

无情对

对联中有一种无情对，是指上下两联虽字字相对，可从意思上看，却根本是两回事。举个例子："公门桃李争荣日"的下联是"法国荷兰比利时"。上联描写的是春天公门桃李争艳春意盎然的景致，下联不过一些欧洲国家的排列。这二者在文字上是字字相对，意思上毫不相干。不过真正好的无情对看似无情实际上却很有意，即"道是无情却有情"。

清代有人到广东文士何淡如家求征下联，这上联是"有酒何妨邀月饮"，何淡如提笔做对"无线不得吃云吞"。这里的"邀月饮"与"吃云吞"便是无情对：字面上相对，意思一个是指请月亮一块儿喝酒，另一个是指吃"抄手"（粤语"云吞"）。然而放在句中它有意思连贯，"无情"而"有意"。现代著名散文家、教育家夏研尊曾写就这样一副对联"命苦不如趁早死，家贫无奈做先生"，这里的"趁早死"与"做先生"也构成了无情对，而整个上下联意思又相通互补。

明代才子解缙小时非常顽皮，一次他将一只小鸭子带到学堂玩，结果给姓石的先生看见了。石先生不客气地抓起砖头将鸭子砸死，然后出了一个"细羽家禽砖后死"的上联给解缙对——要求必须字字相对，对得不工整打屁股！

于是解缙一个字一个字地对了："细"对"粗"，"羽"对"毛"，"家"对"野"，"禽"对"兽"，"砖"对"石"，"后"对"先"，"死"对"生"，这么一对下来便成了"粗毛野兽石先生"——这对石生先而言，也真成了"无情对"！无奈石先生也只有哑巴吃黄连——有苦说不出了。

有人会说无情对不过是文字游戏，不值得花工夫。我却认为无情对这种文字形式很好地体现了我们思维认识中的"正""反""和"三阶段。

1932 年，陈寅恪应清华大学中文系主任刘文典之邀代拟当年夏季入学考试题目，其中就有为"孙行者"与"少小离家老大回"对下联。陈先生以为"凡能对上等对子者，其人思想必通贯而有条理，绝非仅知配拟字句者所能企及，故可借之选拔高才之士也"。这该是大学者的真知灼见。